Shuangqu Gongqiao Jiagu Gaizao Chengtao Jishu

双曲拱桥加固改造成套技术

江西中煤建设工程有限公司

谌润水　周锦中　主编

吴利平　主审

人民交通出版社

内 容 提 要

本书以实例为主线，系统地阐述了双曲拱桥的加固改造成套技术。全书共分6篇，涵盖了绪论，主拱圈加固与改造技术，拱上建筑的加固与改造，桥面系的加固改造及拓宽，双曲拱桥墩、台及基础的加固与改造，双曲拱桥拆除技术等内容。

本书可供双曲拱桥加固设计和施工的工程技术人员借鉴参考，亦可供大专院校桥梁专业师生学习使用。

图书在版编目(CIP)数据

双曲拱桥加固改造成套技术/谌润水主编. —北京：人民交通出版社，2009.5

ISBN 978-7-114-07738-8

I. 双… II. 谌… III. ①双曲拱桥—加固②双曲拱桥—改造 IV. U448.225.7

中国版本图书馆CIP数据核字(2009)第069440号

书　　名：双曲拱桥加固改造成套技术
著 作 者：谌润水　周锦中
责任编辑：岑　瑜
出版发行：人民交通出版社
地　　址：（100011）北京市朝阳区安定门外外馆斜街3号
网　　址：http：//www.ccpress.com.cn
销售电话：（010）59757973，59757969
总 经 销：北京中交盛世书刊有限公司
经　　销：各地新华书店
印　　刷：北京交通印务实业公司
开　　本：787×1092　1/16
印　　张：24.25
字　　数：600千
版　　次：2009年5月第1版
印　　次：2009年5月第1次印刷
书　　号：ISBN 978-7-114-07738-8
印　　数：0001～3000册
定　　价：55.00元
（如有印刷、装订质量问题的图书由本社负责调换）

《双曲拱桥加固改造成套技术》编写领导小组

主　　任　龚绍礼

副 主 任　周锦中

委　　员　胡新平　姜海华　李全林　邓东林　胡忠民

廖永明　陈立新　俞宽坤　谌润水　吴利平

《双曲拱桥加固改造成套技术》编写委员会

主　　编　谌润水

副 主 编　周锦中　谌洁君

主　　审　吴利平

编写人员　周锦中　谌润水　吴利平　谌洁君　姜海华

邓东林　胡忠民　曾水泉　刘　宙　肖新成

尚小亮　占小勇　许定国　朱　晗　曾明水

刘林平　章亮亮　谌乐强　刘小勤　鄢　真

吴玥楠　叶小丰

前 言
Qianyan

迄今为止，双曲拱桥仍是我国独有的、极具中华民族气息与特点的桥型，是20世纪60年代中期我国江苏无锡建桥工人首创的一种轻型拱式桥梁，也是传统桥型与现代施工工艺相结合的产物。其新颖、轻巧的外形，经济实用的结构，极为符合国人的审美观和价值观，也映衬出其产生的时代背景，因而被认可和广泛应用。

由于双曲拱桥具有经济实用的结构、美观轻巧的外形，加之便于施工、自重轻、造价低廉、节省木料和钢材以及装配式施工能够缩短工期等特点，结合其诞生的历史背景，这种桥型一问世，就迅速在全国范围内得到大量的推广应用。据不完全统计，在双曲拱桥问世后的十年内，全国就建成4 000多座，总长约30万延米。但是，这一桥型诞生于技术和经济均欠发达的历史时期，加之过快地推广应用和其本身的特点，使得双曲拱桥在当前的交通需求下，既显现出先天的不足，也表现出其本身作为拱式桥梁的承载潜能；随着我国桥梁加固改造技术水平的提高与发展，这一桥型充分体现出顽强的生命力。概要地说，主要体现在以下几方面：①双曲拱桥是由拱肋、拱波、拱板和横向联系按一定顺序组合成主拱圈，而且设置横向联系的初衷更多地是为了拱肋间的稳定与联系，而对均衡和分配各拱肋内力缺乏充分的考虑；②过分地强调经济，使其主要结构尺寸偏小、用钢量偏低；③20世纪经济和技术水平偏低，设计荷载标准偏低，也使其先天存在不足而不能满足当前的交通需求；④拱形结构本身的超载潜力，在一定程度上弥补了该桥型的先天不足；⑤双曲拱桥独特的桥型结构，使其存在诸如改变截面形式和结构形式等对其进行加固补强的可能性，并在这种可能下较大幅度地提高了该桥型的荷载等级和承载能力；⑥随着技术标准、荷载等级、设计和施工水平的提高，如果能够适当调整结构尺寸、用钢量并协调配置组成桥梁的各构件之间的联结，双曲拱桥依然能够充分胜任新的设计荷载标准要求，并保持其独有的民族特色。

在以上认识的基础上，通过多年来对危旧双曲拱桥检测与加固设计的实践，我们深深体会到：一方面，在役的双曲拱桥数量众多，虽然由于各种原因，这些桥梁均存在不适应日益增长的交通需求的现状（包括病害和设计标准偏低等原因），但如果全部拆除重建，对资源的占用、对环境的影响以及对社会和交通的影响均显得十分沉重；其二，不同时期修建的双曲拱桥，其主拱圈的结构形式存在较大的差异；第三，在双曲拱桥的形成过程中，设计理论和相关的假设存在较大的变化，但趋于成熟；第四，双曲拱的结构特点决定其维修、加固和提高荷载等级并重新利用的前景十分广阔。然而，在双曲拱桥的加固设计实践中，缺乏较为系统和全面的参考资料，可能大家都意识到了这一点。基于此种考虑，我们编写了本书。本书的主要特点表现在如下几方面：

(1)较为系统地介绍了双曲拱桥这一桥型的发展历史和结构特点，并在此基础上结合多年现场旧桥检测经验对其典型病害的表现及原因予以总结；

(2)按双曲拱桥的结构组成，分五大部分(包括主拱圈、拱上建筑、桥面系、下部构造和基础以及旧桥拆除)，以实例为主、理论为辅，系统地介绍如何针对不同的病害、荷载等级和桥梁服务要求开展加固设计，并提出具体的施工控制要求；

(3)以实例为主线，系统地介绍了在不同的荷载等级和运营要求下，如何协调双曲拱桥各构件维修、加固处理措施之间的关系；

(4)如何从技术与经济相结合的角度出发，开展双曲拱桥的加固设计；

(5)以实例为基础，提出了判定双曲拱桥是否具有加固利用价值的一些方法和理论依据。

危旧双曲拱桥和其他桥型的旧桥一样，其加固改造工作的实践性非常强，因桥、因地不同，其措施和方法亦会存在不同，而且一座桥梁的加固改造成功与否，必须通过运营使用来检验。所以本书以实例为主线，系统地阐述了双曲拱桥的加固改造成套技术。由于采用的实例是不同时期作者和其他设计工作者与学者加固设计的成功案例，实例中的理论观点和加固措施必然存在一定的差异，所以，希望能够在给双曲拱桥加固设计和施工的工程技术人员提供参考的同时，读者应当结合具体的桥梁加固要求有区别地借鉴和使用。为了系统阐述双曲拱桥的加固改造成套技术，书中引用和借鉴了国内部分公开出版物上的资料，在此对有关研究人员和作者深表谢意。

本书共分六篇三十章，各篇章均可独立成篇，又相互关联，形成一个整体。全书由谌润水、吴利平、谌洁君负责统稿，吴雪敏负责全书的文字录入，谌润水、周锦中主编，吴利平主审。各章的编写人如下。第一篇：周锦中、谌洁君、吴利平；第二篇，第一章(第一～八节)：刘宙，第一章(第九～第十一节)：占小勇，第二章：章亮亮、吴玥楠，第三章：吴玥楠、叶小丰，第四章：曾明水、鄢真，第五章：曾水泉、章亮亮，第六章：朱晗、许定国，第七章：姜海华、谌润水；第三篇，第一、二章：许定国，第三、四章：谌洁君；第四篇，第一、二章：谌乐强、吴利平，第三、四章：胡忠民、谌洁君，第五、六章：曾水泉、谌乐强，第七章：邓东林、刘宙，第八章：鄢真、谌润水，第九章：肖新成；第五篇，第一、二章：刘小勤、叶小丰，第三、四章：刘林平、刘小勤；第六篇：尚小亮、谌润水。

本书的编写过程中，江西省煤田地质局对此十分重视，给予了大力支持，并列入2008年度重点科研计划。人民交通出版社为编写本书提出了具体指导性意见、付出了辛勤的劳动，另外，许多同行、专家和技术人员给予了积极帮助与支持。在此，谨向所有关心、支持本书编写和出版的有关领导、专家、学者和编辑们表示衷心感谢。限于作者水平，书中疏漏及错误在所难免，恳请读者和同行批评指正。

编著者

2008年11月于南昌

目 录

Mulu

第一篇 绪 论

第二篇 主拱圈加固与改造技术

第三篇 拱上建筑的加固与改造

第四篇　桥面系的加固改造及拓宽

第五篇 双曲拱桥墩、台及基础的加固与改造

第六篇 双曲拱桥拆除技术

第 一 篇

绪 论

第一章 双曲拱桥的历史沿革

第一节 双曲拱桥的创建

双曲拱桥是20世纪60年代中期，我国江苏省无锡县的建桥工人经过实践首创的一种轻型拱式桥梁，迄今仍是我国独有的、极具中华民族气息与特色的桥型。在我国桥梁建设史上，双曲拱桥曾发挥了重要作用，亦为我国的经济建设作出了显著贡献。在2003年由交通部主编并出版的我国第一部《中国桥谱》中，就收录了110座全国各地的双曲拱桥照片和简要信息。

20世纪50～60年代，由于自然灾害和其他客观因素的影响，我国的建设资金和钢材十分匮乏；用料少、造价省的圬工拱桥就成为当时修建公路桥梁的首选桥型。在此历史背景下，苏松源等于1964年带领江苏省无锡县桥梁工程队，在继承传统石拱桥结构特点的基础上，汲取装配式钢筋混凝土结构在施工上的优点，创建了一种新型拱桥——双曲拱桥。第一座双曲拱桥位于无锡县东亭镇，故称“东拱桥”（图1.1.1）。该桥是一座农用桥，全长仅为9m，宽1.5m，矢跨比1/10，主拱圈为三肋两波砖砌结构，可通行手扶拖拉机。

创建双曲拱桥的技术思路是根据建筑圬工拱桥的传统方法，结合钢筋混凝土桥梁施工可以分部件预制安装的工艺，在预制钢筋混凝土曲梁（拱肋）上面平砌砖的单曲结构桥型，拱肋之间用扁铁连接。试建过程中，又把平砌砖改成拱形（拱波）；由于在主拱圈的纵横两个方向都是拱形建筑，因而命名为“双曲拱桥”。[1]

最初双曲拱桥的雏形，是用两根配钢筋的预制混凝土拱形肋（称为拱肋）架设在桥台上，两肋间用几根预制的混凝土拉杆互相连接，并用空心螺杆栓紧和拱肋组成拱架。然后在拱肋上横向砌砖拱（称为拱波），再在砖拱上浇一层混凝土（称为拱板）将各部分结合成整体而形成主拱圈（图1.1.2为双曲拱桥的雏形）[2]。

图1.1.1 我国第一座双曲拱桥——东拱桥

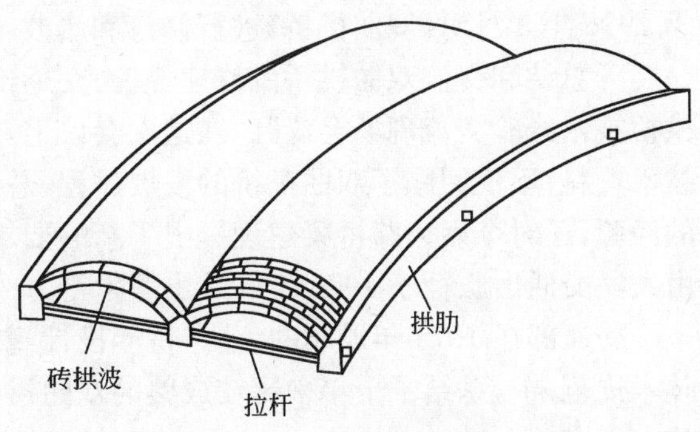

图1.1.2 双曲拱桥的雏形

随着双曲拱桥在全国范围内广泛推广与应用，双曲拱桥的结构形式和组成趋于多样化。从桥梁外形看，双曲拱桥和一般的圬工拱桥完全一样，为弧度不同的主拱圈；但双曲拱桥主拱圈横截面中的横向拱是显著区别于其他拱桥之处，亦是该桥型的主要优点和特点之一。因此，双曲拱桥是介于板拱与肋拱之间的一种推力结构形式。由于大部分公路双曲拱桥多为少筋混凝土结构，因此，双曲拱桥基本上仍属于圬工拱桥的范畴。

双曲拱桥充分汲取了装配式钢筋混凝土结构在施工上的优点，将主拱圈化整为零，分成拱肋、拱波、拱板和横向联系几个部分，分别预制、安装。这种施工方式一方面可以充分利用平行流水的施工组织方式缩短工期，另一方面先安装的构件起到了支撑模板的作用，降低了对施工设备的要求，且便于进行无支架施工，节省了木材、降低了造价。正是基于双曲拱桥独有的特点，中国工程院院士郑皆连首创了“双曲拱桥无支架施工法”，该法第一次被应用在广西灵山县三里江大桥上[3]。该桥建成后，双曲拱桥无支架吊装施工工艺在全国得到迅速推广。

第二节　双曲拱桥的发展与典型双曲拱桥介绍

一、双曲拱桥的发展与推广

由于双曲拱桥既继承了修建传统的砖石拱桥就地取材、建造技术易为群众掌握和结构上的优良造型等精华部分，还汲取了近代装配式钢筋混凝土桥梁可以预制和快速安装等施工工艺上的长处。因此，在 1964 年第一座双曲拱农用桥诞生后的短短七年里，据南方八个省不完全统计，已建造双曲拱公路桥达十万多延米。在农用桥方面发展更快，仅江苏省南通一个地区，就建造了双曲拱桥三千一百多座，长达六万多延米。

江苏省无锡县地处太湖之滨，水网交织，全县有近四千座农用桥，其中 80% 是临时性木桥。这些桥梁解放前年久失修，破烂不堪；新中国成立后，虽进行了大量的整修和改建工作，一时仍难于改变桥梁落后的根本面貌。而采用双曲拱桥型每年可以建造三百多座农用桥和公路桥，极大地缓解了当时的交通运输压力，为当地的经济建设作出了巨大贡献。

二、及时总结经验，推动和规范双曲拱桥的应用

早在 1971 年，人民交通出版社就组织力量总结了江苏省无锡县创建和其他省（市）、自治区推广和发展双曲拱桥方面的经验，编写了《双曲拱桥》一书，汇集了一本《双曲拱桥图集》。并于 1976 年 8 月对《双曲拱桥》进行修订和删改，更名为《公路桥涵工人丛书——双曲拱桥》。

为总结和交流双曲拱桥的修建经验，交通部于 1972 年 11 月在湖南省长沙市召开了“双曲拱桥技术经验交流现场会议”。在这次会议上，各有关单位提出了大量经验总结、科研成果和技术资料；不仅回顾了双曲拱桥的发展过程，总结和交流了双曲拱桥在设计、施工、科研各方面的经验，还对今后公路桥梁建设提出了新的要求。会后，交通部公路局将部分资料汇编成册，由人民交通出版社于 1975 年 3 月出版发行。

交通部在 1974 年颁布的《公路桥涵设计规范》和 1975 年颁布的《公路双曲拱桥设计施工技术规范》中，总结了十年来比较成熟的双曲拱桥设计和施工的经验，提出了技术要求，作出了技术规定。

交通部科学研究院于 1977 年联合江苏省交通局、湖南省交通局和江苏省无锡县交通局，编

写了《公路双曲拱桥——上部构造设计计算》一书，并由人民交通出版社于 1980 年 4 月出版发行。

另外，在双曲拱桥的发展和应用初期，通过科研和生产实践，许多设计、科研和施工单位以及高等院校都及时写出了大量双曲拱桥的技术总结资料、科学实验报告、理论探讨论文和通俗读物，并进行交流，使双曲拱桥的建设得以蓬勃发展和不断完善。

正是由于及时总结设计、施工和科研等方面的经验，使得双曲拱桥由简单的农用小桥，推广应用到公路桥、铁路桥、水利工程以及码头工程；由几米的小桥，发展到跨径百余米的大桥，双曲拱桥的桥型也发展得更加丰富多样。在施工工艺上，定型预制和装配化方面有很快的发展，无支架施工已由单孔吊装发展到能进行多孔连续吊装。双曲拱桥的设计计算方法，也在丰富的实践基础上逐步改进、完善和发展。

三、典型双曲拱桥介绍

由于双曲拱桥用料省、造价低、施工简便、建造速度快，在当时的历史背景下，该桥型的问世为加快我国桥梁建设速度、发展交通运输事业、加强国防战备等方面都起着显著的积极作用。如：我国著名的南京长江大桥引桥就是采用这种极富民族特色的双曲拱结构，全长 760m 的 22 孔双曲拱引桥仅用了 69 天就全部架设完毕。又如：我国建设规模最大的双曲拱桥——长沙湘江一桥(图 1.1.3)，全长 1532m，均采用双曲拱桥型。主桥桥面宽 20m，设计荷载为汽车—20 级，挂车—100。大桥主拱圈由拱肋、拱波、填平层和拱板组合而成。当时仅用了一年的时间，于 1972 年建成通车，这在国内外桥梁建筑史上也不多见[4]。将长沙湘江一桥与同位于湘江上的湘潭大桥(钢筋混凝土肋拱桥)的用料进行比较，前者较后者每延米节省钢材 68%，木材 40%[5]。由于具有上述优点，在双曲拱桥问世后的十年内，全国就建成该结构形式的桥梁 4000 多座，总长约 30 万延米[4]。

图 1.1.3　长沙湘江一桥

在首座双曲拱桥建成后，工程技术人员根据其力学特点，采用技术与经济结合的原理，使双曲拱桥的结构形式得到进一步的完善和丰富。比如：四川万县的巫山官渡桥，跨径为 50m，横断面形式为单波双曲石砌主拱(图 1.1.4)。施工时先砌筑拱肋，待脱架后再砌筑拱波[6]。

建成于 1980 年的广西龙武桥则是一座主跨跨径为 100m 的悬链线石肋双曲拱桥，它位于龙武至檀圩公路上，跨越鸣哣江。其主拱圈为四肋三波加两悬半波平板式结构，上部结构为花岗岩粗料石砌筑。施工时先中间两肋，后旁边两肋，拱肋采用块石两环错缝砌筑，每环砌完都

在拱顶进行土法尖拱。与钢筋混凝土双曲拱桥相比，充分利用了当地丰富的石材并节约了钢材；与传统石拱桥相比，不需搭设满堂脚手架，方便施工且工期更短。

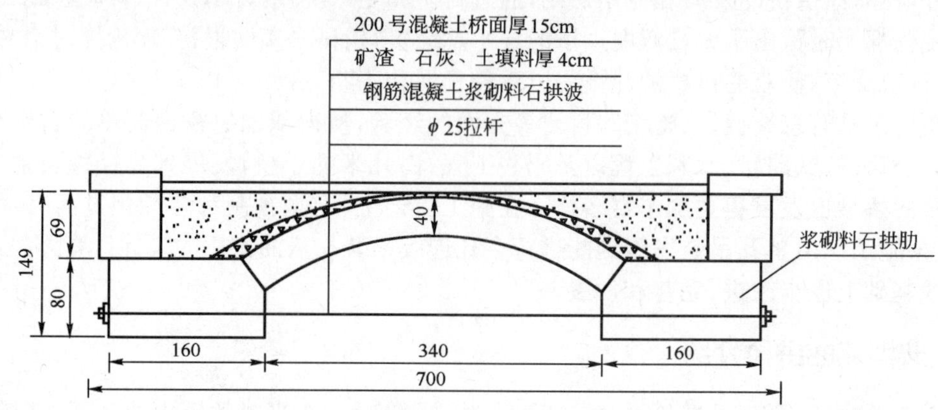

图 1.1.4　巫山官渡桥主拱圈断面(尺寸单位:cm)

采用无肋双曲拱桥亦能解决缺乏钢材的困难，就承载能力来说，也可以用于公路桥。无肋双曲拱桥拱波有砖石、预制混凝土及砌石三种形式。建成于 1976 年 1 月的湖南省洞口县廻澜桥(设计荷载为：汽车—15 级，挂车—80)就是一座石砌无肋双曲拱桥。这座三孔净跨径为 36m，全长为 139.7m 的大桥仅用了 167 天就建成了。[7]

为了充分发挥原有吊装设备的作用、加快施工进度，江苏省镇江养路段将拱肋与拱波预制成分条分段的“飞鸟式”断面，如图 1.1.5a)所示。江西省南昌市政工程处在处理跨径为 6～10m 的小桥中，将主拱圈按拱波宽为单元，采用纵向分条的方式，做成预制构件，如图 1.1.5b)所示。预制主拱圈安装就位后，在波沟里现浇混凝土三角层，以加强横向刚度；拱上建筑采用实腹式(铺设路面)[8]。

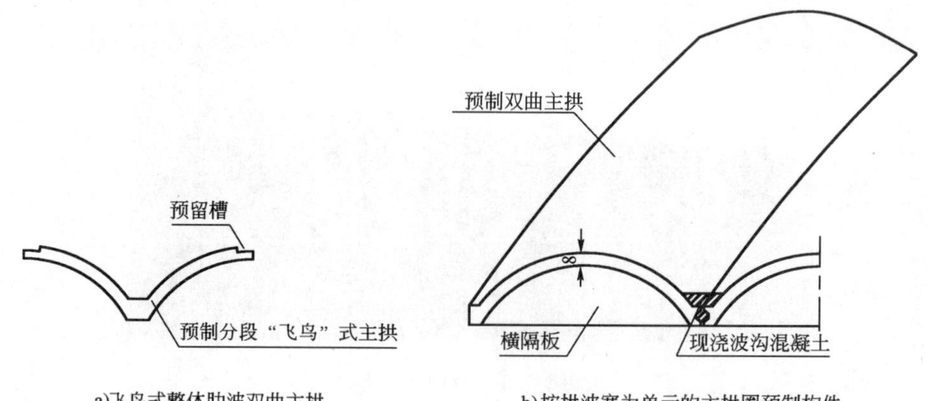

a)飞鸟式整体肋波双曲主拱　　b)按拱波宽为单元的主拱圈预制构件

图 1.1.5　预制主拱构造图

随着我国国力的不断增强，双曲拱桥已由最初的农用桥发展到大跨径的公路、铁路用桥。我国跨径最大的双曲拱桥是河南省嵩县的前河大桥(图 1.1.6)。该桥跨径为 150m，建成于 1967 年 3 月。为了取得较大的断面高度以提高惯性矩，大桥主拱圈采用了多波高低肋截面形式[6]。但是，由于施工难度较大，未得到推广[2]。

图 1.1.6　河南省嵩县前河大桥

双曲拱桥因其结构轻巧，适合于在软土地基上建造，也可以采用不同的跨径或不对称拱轴线主拱以满足地形要求。比如湖南省吉首大庸线上跨越酉水的罗依溪桥（图 1.1.7），因受下游凤滩水电站水位的控制，采用了 4 孔不等跨双曲拱桥，跨径分别为 53m＋116m＋2×70m，桥高 86m，全长 365m。

图 1.1.7　湖南省罗依溪大桥

1967 年竣工，位于湖南省鄗县至郴县公路上的红星大桥（图 1.1.8）采用了 8 次抛物线作为拱轴线，使其与恒载压力线相吻合。该桥跨越深谷，桥高达 65m，主拱采用跨径为 108m 的三铰拱，副拱跨径分别为 24.5m、9m 及 7m，全长 155.8m。

图 1.1.8　湖南省红星大桥

于 1974 年建成的兰江桥（图 1.1.9）位于浙江省兰溪市，跨越兰江；主桥长为 505.68m，行车道宽 8m。主桥为 10 孔净跨径 36m，矢跨比为 1/6 的 4 肋 3 波加两悬半波的双曲拱。兰江桥最大的特色在于双曲拱支承于预应力混凝土箱形悬臂桥墩悬臂端部（悬臂长度为 5.4m）。

卫东桥（图 1.1.10）、民主桥（图 1.1.11）都是无锡县桥梁工程队（现称无锡桥梁工程公司）设计、施工的，前者结构纤细轻盈，适宜于软土地基上建造；后者构思独特，充分发挥双曲拱桥构造特点，是一座组合拼装成三叉形的双曲拱桥。

图 1.1.9　浙江省兰江桥

图 1.1.10　江苏省卫东桥

图 1.1.11　江苏省民主桥

第三节　双曲拱桥的使用现状

双曲拱桥结构新颖、外形美观轻巧，迄今仍是我国所独有、极具中华民族气息与特点的桥型。时至今日，双曲拱桥这一桥型仍因其独有的外形和特点常常被应用于新建桥梁中。例如：2008 年 3 月 18 日建成通车的南水北调中线京石段河北 S3 标杜北南桥(3×25m)，就是一座典型的双曲拱桥。其上部结构包括双曲拱主拱圈、空腹式拱上建筑和桥面系等。主要施工工艺和顺序分别为：拱肋、拱波、空腹拱的预制及安装，拱波现浇层，排架柱，空腹拱填平层，桥面铺装，桥面沥青混凝土以及预制人行道板铺设，栏杆预制及安装；下部结构包括摩擦桩基础、墩柱与盖梁。

据不完全统计，仅江苏省苏北某地级市乡道、县道、国道、省道上目前仍有双曲拱桥810多座，约占桥梁总数的3/4[9]。但是，由于当时设计水平和荷载标准偏低、构件预制工艺标准低、安装质量与当前的使用要求存在差距，加上钢材用量少、横向联结能力及结构整体性能差等先天的不足，在长期重荷载、大交通量的运营情况下，大部分双曲拱桥都出现了不同程度的结构病害或者已经发展成为危桥。近几年甚至发生了多起双曲拱桥垮塌的事故，例如：建成于1985年6月的316国道陕西省白河县境内的冷水河大桥，于2006年11月发生了单孔垮塌事故(图1.1.12)。冷水河大桥全长122m，桥高约30m，宽7m，主跨上部结构为两孔不等跨(20m+80m)混凝土双曲拱；垮塌的是跨径为80m的桥孔。经专家现场踏勘调查分析，冷水河大桥经使用多年后，结构松动，导致拱肋出现向外失稳，诱发拱桥上部结构突然垮塌。冷水河大桥设计标准低(汽车—15级，挂车—80)，然而近几年交通量增大，重载超限车辆剧增，并经受了多次洪水埋没桥面的浸泡，拱圈整体性受到严重削弱，导致拱圈部分区段承压超过材料承载能力的抗压强度，出现局部脆性破坏，诱发整体垮塌。[28]

图1.1.12 垮塌的冷水河大桥[10]

与其他拱式桥梁一样，双曲拱桥具有一定的超载能力；对于已出现病害的双曲拱桥，只要通过检测、分析，揭示病害的产生原因，并有针对性地采取相应的技术措施进行处治，大多数双曲拱桥是可以继续运营的。如：南京长江大桥建成于1968年，通车近30年来，随着区域经济和物流业的高速发展，交通运输流量猛增，该桥承受了远远超过原设计荷载标准(汽车—18级)的交通量和载重量，当然也出现了较为严重的病害。1996年7月，南京铁路分局在省、市政府的支持下，投资2 000多万元，在检测、分析病害的基础上，有针对性地对南京长江大桥公路桥全桥进行了彻底的整修，修复了严重损坏的结构，提高了公路桥面质量，保障了大桥的通畅。[11]

又如：江西省内第一座无筋无肋双曲拱桥——广昌县顺化大桥，建成于1969年10月。在历经三十几年的风雨侵蚀，加上交通量剧增，尽管交通流量和车载超过原设计标准，但是，该桥承受了超过设计标准的交通流。2003年地方公路管理部门对该桥进行了有针对性地维修，至今使用状况良好。[12]

当然，我们也可以采取重建的方式处理上述出现严重病害的双曲拱桥。但是，一方面需要投入大量的资金和各类资源；另一方面拆除旧桥对环境和现有交通的正常运营均会带来不利的影响；其三，在全国存在大量该类型桥梁的现状下，对出现病害的该种桥型采取全部重建的方式进行处理，其资源的需求量和影响都是巨大的。而采用有针对性的技术措施进行维修和加固处理，使该类型桥梁能够更好地服务于交通运输事业，应该是当代工程技术人员的责任和具有可行性的使命。

第四节 双曲拱桥加固、改造的重要意义

一、近年来国内外重大桥梁安全事故

根据《第二次全国公路普查主要数据公报》，截至2000年底，我国已建有各类公路桥梁

2 719万余座，累计 103 112 万延米，其中有 9 597 座桥梁被定为危桥[13]。这些危桥的继续运营，最终极有可能导致安全事故的发生。

近年来，国内外发生了多起重大桥梁垮塌事故。1999 年 1 月，重庆市綦江县城区的彩虹桥（中承式钢管混凝土拱桥）突然整体垮塌，造成 40 余人死亡。2007 年 9 月，越南南部的一座在建桥梁垮塌，造成至少 60 人死亡。2007 年 8 月，美国明尼苏达州大桥突然垮塌，造成至少 7 人死亡（图 1.1.13）。同月，湖南省凤凰县在建沱江大桥突然垮塌，造成 64 人死亡（图 1.1.14）。2007 年 6 月，广东佛山一艘运砂船撞击了九江大桥桥墩，200m 桥跨坍塌，造成 8 人死亡（图 1.1.15）。

图 1.1.13　美国明尼苏达州大桥

图 1.1.14　湖南省凤凰县沱江大桥

图 1.1.15　广东省佛山市九江大桥

二、国内外旧桥加固事业的发展

近二三十年来，国内在桥梁加固、改造技术方面积累了丰富的实践经验，并取得了丰硕的科研成果。目前取得的主要成果有由交通部公路科学研究所主持，联合长安大学公路学院、东南大学交通学院、长沙理工大学及江西、新疆等九省（区），于 2005 年完成的交通部西部交通建设科技项目“公路旧桥检测评定与加固技术研究及推广应用”，为我国路网优化改造和交通部“十五”、“十一五”期间危桥改造计划的顺利实施，提供了强有力的技术支持；通过研究，创建了公路混凝土旧桥耐久性评价指标体系与评定方法；制定了适用于我国公路混凝土旧桥的材质状况标准与耐久性检测指南；按照桥型种类，提出了旧桥结构检算的参数、要点与方法；制定了公路旧桥结构检算分析指南，为我国开展公路旧桥承载力检算分析工作提供了技术支持。

由中交第一公路勘察设计研究院主编的《公路桥梁加固设计规范》和《公路桥梁加固施工技术规范》也于 2008 年 10 月 1 日起正式颁布实施。目前，交通运输部公路司组织一些省市公路局、交通部公路科学研究所等单位，正在编制“公路混凝土桥梁加固技术规程”，用以规范、指导公路混凝土桥梁的加固工作。

美国对于旧桥改造工作的高度重视是从银桥(Silver Bridge)事故开始的。1967年12月5日，横跨俄亥俄河的银桥发生垮塌事故，造成46人死亡。事故调查结果表明，这座建于1928年的旧桥没有得到良好的保养，部分钢构件严重锈蚀并最终导致该桥垮塌。美国朝野为这一灾难震惊，国会随即通过了一系列的法律，对旧桥的维护改造工作进行规范。美国联邦公路局以及各级公路管理部门也开始将旧桥改造工作提上重要的议事日程，制定了相应的技术政策和管理程序——《国家桥梁检测标准》，并于1971年4月开始应用于公路管理工作。公路桥梁更换和改造项目(the highway bridge replacement and rehabilitation program)随后于1978年开始实施。20世纪80年代中期，美国国会通过了汽油税新税制，美国联邦公路局以增加公路预算为契机，以州际高速公路(包括桥梁)的翻修、改建为重点课题，着手研究制定了修理、修复、翻修和改建的4R计划，旧桥改造水平明显提高。联邦公路局每年向国会提交年度报告时，旧桥改造总是与公路路面状况一起，作为一个单独的主题来陈述[14]。

根据美国联邦公路局2003年度呈交给国会的报告，美国在2002年度需要改造的旧桥有170 050座，占全国桥梁总数的29%，有关详细情况见表1-1-1(为了对比，在表1-1-2中列出了我国的有关数据)。美国联邦公路局2003年度的预算为242亿美元，其中80%(约200亿美元)用于维持和提高基础设施的服务水平[14]。

美国桥梁状态(2002年统计) 表1-1-1

桥梁状况	NHS		联邦资助公路		非联邦资助公路		合 计	
	数量(座)	百分比(%)	数量(座)	百分比(%)	数量(座)	百分比(%)	数量(座)	百分比(%)
结构缺陷	8 177	6.3	20 095	11.7	59 878	21.1	88 150	15
功能缺陷	21 712	16.7	24 627	14.3	35 561	12.6	81 900	14
无缺陷	100 335	77	127 449	74	187 708	66.3	415 492	71
合计	130 224	100	172 171	100	283 147	100	585 542	100

注:NHS为国家公路系统(national highway system)，包括所有州际公路和重要干线公路。

中国桥梁状况(2002年统计) 表1-1-2

桥梁状况	国 道		省 道		县乡道和专用公路		合 计	
	数量(座)	百分比(%)	数量(座)	百分比(%)	数量(座)	百分比(%)	数量(座)	百分比(%)
结构缺陷	521	1.1	1 251	2.2	8 359	4.6	10 131	3.6
合计	46 930	100	56 842	100	180 345	100	284 117	100

注:有结构缺陷的桥梁指桥梁状态为三类以上的危桥，有功能缺陷的桥梁未做统计。

三、对双曲拱桥进行加固改造的重要意义

对旧桥、危桥的加固维修，以及如何提高其承载力的问题研究、试验与推广，是非常有必要的。很多资料表明，当前有些交通发达的国家，桥梁建设的重点已放到了旧桥的加固与改造方面，而新建桥梁已降为次要地位。国内旧桥加固或改造的经验也表明，在一般情况下，桥梁的加固费用约为新建桥梁费用的10%～40%；双曲拱桥的加固改造费用约为新建桥梁费用的20%～40%。因此，加速我国旧桥加固或改造技术的研究，不仅能更好地、及时地为现代交通运输服务，而且能为国家带来巨大的经济效益和社会效益[15]。

由于特定年代和经济建设的需要，我国在全国范围内建设了数量众多的双曲拱桥；当时技术水平的局限和现今经济快速发展的需求，使20世纪修建的双曲拱桥在长期的荷载作用下，加之超限超载车辆日益激增，这批双曲拱桥已逐步成为危旧桥梁。如果对这批荷载等级较低、已出现各种病害、不能继续正常使用的双曲拱桥进行加固改造，使其继续服务于我国的交通事业，无疑将节约大量建设资金，并且能够使这种我国独有的、极具民族特色的桥型得以继续长久保存下来。

第二章　双曲拱桥的构造与特点

双曲拱桥一般由主拱圈、拱上建筑(包括腹拱墩、腹拱圈、实腹段和桥面系)和下部构造的桥墩、桥台及防护结构等组成(图 1.2.1)。[2]由于下部结构多为浆砌片石圬工实体,且因地制宜、就地取材,因而结构形式多样。所以,本章仅介绍上部结构的构造与特点。

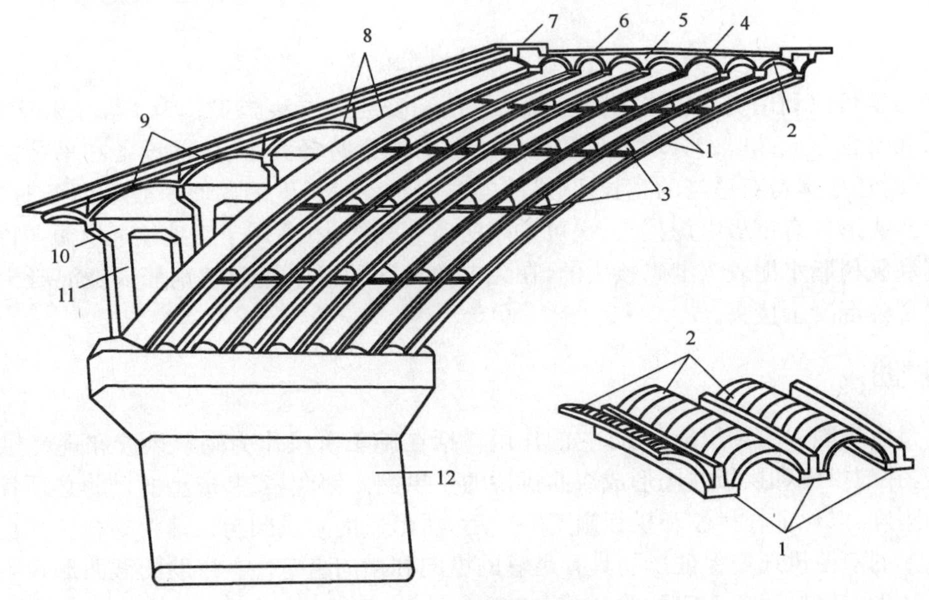

图 1.2.1　双曲拱桥的结构组成

1-主拱肋;2-预制拱波;3-横隔板(或横系梁);4-防水层;5-填料;6-桥面;7-人行道构件;8-侧墙;9-腹拱圈;10-腹拱墩盖梁;11-立柱(腹拱墩);12-主桥墩

第一节　主拱圈的构造[2,6,16]

双曲拱桥主拱圈由拱肋、拱波、拱板、横向联系等几部分组成,其外形在纵横两个方向均呈弧形。施工时,先将主拱圈划分成拱肋、拱波、拱板及横向联系四部分,并预制拱肋(一般分三～五段)、拱波和横向联系(横系梁或横隔板),即“化整为零”;然后吊装钢筋混凝土拱肋(分段)合龙成拱并与横向联系构件组成拱形框架,在拱肋间安装拱波,随后现浇混凝土拱板,形成主拱圈,即“集零为整”。根据桥梁跨径和宽度以及使用目的的不同,主拱圈可以设计成单波、多波、悬半波等断面形式(图 1.2.2)。有的大跨径桥采用高低拱肋配双层拱波的组合形式,以取得较大的断面高度和惯性矩。

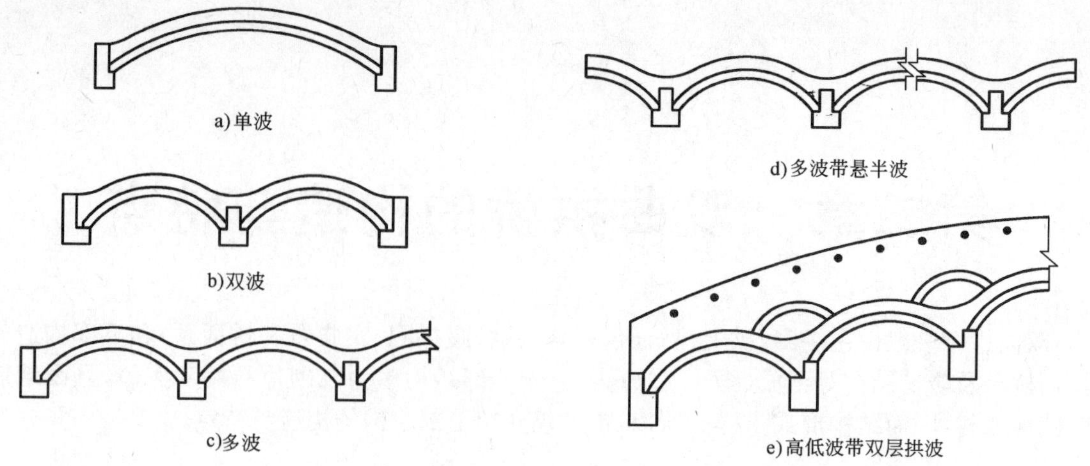

图 1.2.2 主拱圈断面形式

拱肋通常可以利用支架现浇混凝土或采用预制安装的方法施工。为了施工和运输方便，预制的拱肋常常分成几段。分段数目和长度应根据桥梁跨径大小、运输设备和吊装能力等条件确定，同时还应保持有适当的宽长比(拱肋的宽度和分段长度的比值一般不小于 1/50)。一般常用的接头形式有钢板电焊接头，也可采用法兰螺栓接头(适用于工地缺乏电源条件)，还有采用涂刷环氧树脂水泥胶头卡砌接头的，在无电源地区还可采用环状钢筋现浇混凝土接头或绑扎钢筋现浇混凝土接头。

一、拱肋

拱肋是主拱圈的重要组成部分，它的作用包括在施工阶段作为砌筑拱波和现浇拱板的支架和模板，并与拱波和拱板共同形成双曲拱桥的主拱圈。因此，安装成型的拱肋必须具有足够的强度和刚度，以保证在拱波和拱板施工完成后，所形成的主拱圈与设计相吻合。特别是采用无支架施工的双曲拱还需保证拱肋具有足够的纵向和横向稳定性。拱肋的截面形式主要有矩形、凸形、U 形、单波匚形、工字形等(图 1.2.3)。

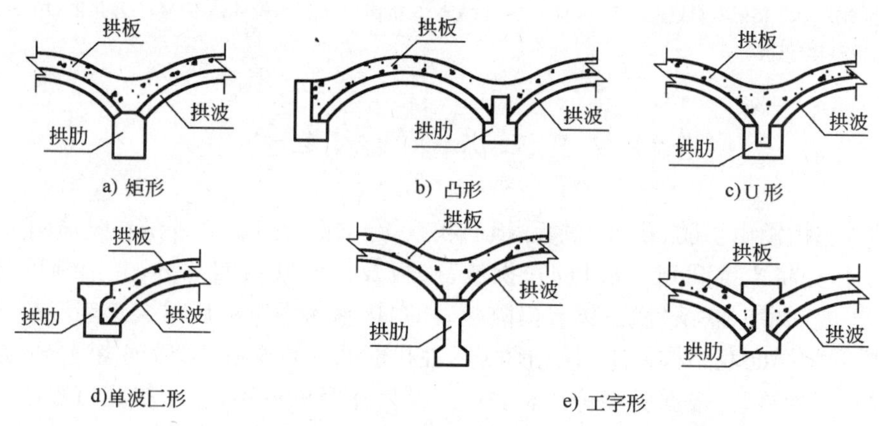

图 1.2.3 拱肋的主要截面形式

一般双曲拱桥跨径在20～25m以下时，拱肋可采取整根预制和吊装。跨径再大时，常分为三段或五段预制和安装。在简易排架上施工的拱肋，可采用主筋焊接、绑扎或主筋环状套接等现浇混凝土接头。没有简易排架时，较常用的有钢板电焊接头、环氧树脂电焊主筋搭接接头或法兰螺栓接头。有时为了便于拱肋的吊装定位，在接头处设简易定位器。

值得关注的是拱肋的拱脚部分与墩台拱座的连接，常用的方式有两种：一种是把拱肋按原截面做得长一些，安装时插入墩台拱座预留的坑槽内，插入长度一般为20～50cm；另一种是在拱肋起拱线下增设一个方头，使拱肋搁放比较平稳，并便于调整墩台间的尺寸误差。在调整就位后，用钢板或铁板把方头卡紧，然后浇筑高强度等级砂浆封固（图1.2.4）。这种形式对无支架施工十分方便。

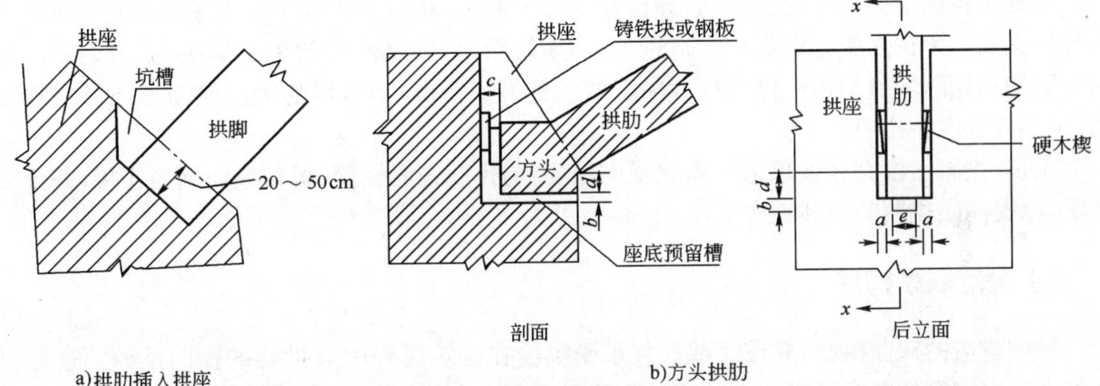

图1.2.4　拱肋与拱座的连接

大跨径双曲拱桥，特别是单波截面时，常将拱脚段拱肋适当放宽，一般自$L/8$开始逐渐加宽至拱脚截面，以满足拱脚截面承载压应力的需要。

二、拱波

拱波多做成圆弧形，矢跨比一般为1/3～1/5（图1.2.5）。单波的矢跨比为1/3～1/6。拱波净跨以1.3～2m为宜，拱波厚度一般为6～8cm，拱波的宽度为0.3～0.5m。为了加强拱波与现浇混凝土拱板的结合，将拱波做成如图1.2.6所示的结构。

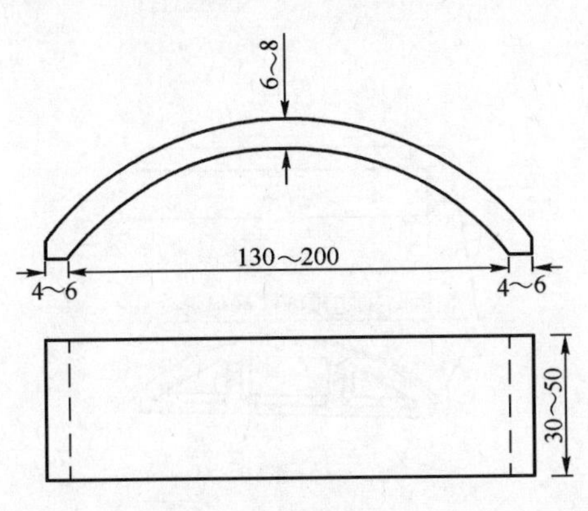

图1.2.5　拱波的立、平面大样（尺寸单位：cm）

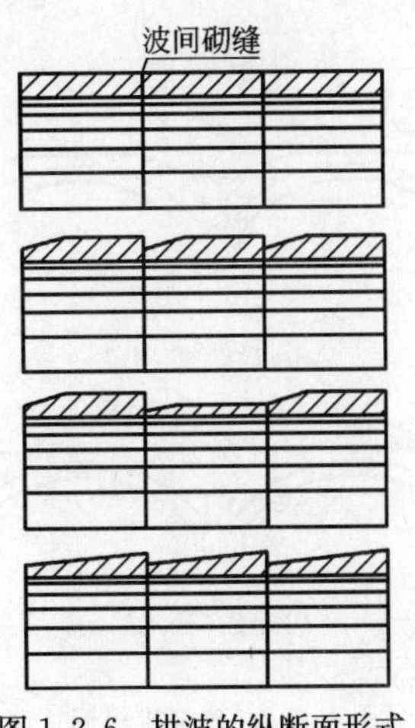

图1.2.6　拱波的纵断面形式

大型拱波内配置直径为4～6mm的钢筋网，网格间距一般为30cm×30cm，随着荷载等级的提高，这个间距可控制在15cm×15cm。

三、拱板

早期修建的双曲拱桥使用平板式拱板[图1.2.7c)]，因其体积大，且主拱圈截面厚薄不均，刚度相差较大，以波顶最为薄弱，在活载、混凝土收缩和温度变化等附加荷载作用下，常导致波顶纵向开裂。后来多采用波形或折线形拱板[图1.2.7a)、b)]，其厚度不小于预制拱波的厚度。使用波形或折线形拱板既可节省材料，减轻自重，又使主拱圈截面刚度均匀，截面形心接近中部，受力比较合理。

拱板中根据受力情况配置钢筋，即使在计算不需配筋时，一般也会在拱板顶部适当布置纵向构造钢筋。无论是受力钢筋或构造钢筋，均须与墩、台拱座伸出的钢筋焊接；受力钢筋一般向上延伸到相邻墩台的第一排立柱或横墙处。若为平铰拱，则板顶的纵向钢筋不通过拱脚截面，也不锚入墩台拱座。

拱顶、拱脚区段宜在板顶适当布置横向钢筋，与拱肋锚固钢筋、板顶纵向钢筋连接，并予以张紧，以提高主拱圈的整体性。

四、横向联系构件

早期建造的双曲拱桥，只设一些拉杆承受拱波在砌筑过程中对拱肋的横向推力。这种拉杆是由一根钢筋拉条穿过拱肋上预留的孔眼和混凝土套管而组成，如图1.2.8a)。20世纪70年代以后，除了设置拉杆外，还在拱顶、$L/4$、分段吊装拱肋接头处附近以及立柱下面均设置横隔板，这样不但加强了拱肋、拱波等构件的横向联系[图1.2.8b)、c)]，还有利于横向分布主拱圈所承受的外力，加强了主拱圈的整体性。

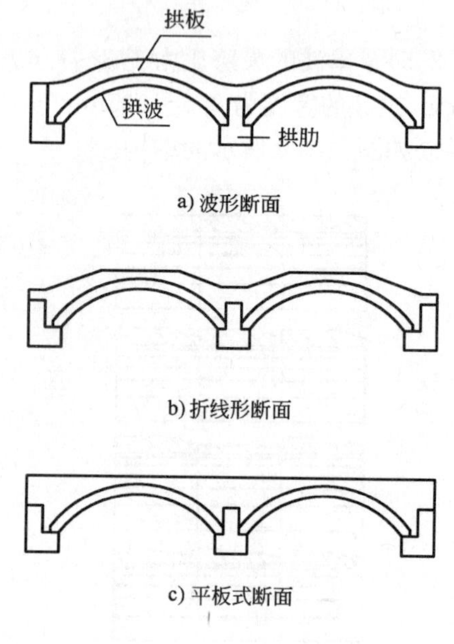

图1.2.7　现浇拱板形式

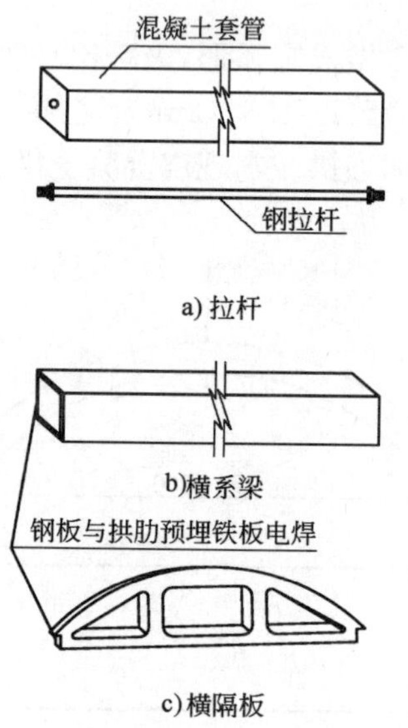

图1.2.8　横向联系的形式

第二节　拱上建筑的构造[2]

一、拱上建筑的布置

拱上建筑分为空腹式和实腹式两种。双曲拱桥一般多设计成空腹式，跨径 13m 以下才采用实腹式。有时跨径虽小于 13m，但由于地基较差，或需利用腹孔排水，也往往采用空腹式。实腹式拱上建筑与一般石拱桥同，本节只介绍空腹式拱上建筑。

过去的桥梁在布置空腹式拱上建筑时一般遵循以下几点。

(1)为了使悬链线拱轴系数 m 值尽可能小些，以利于无支架施工，空腹式拱上建筑挖空范围一般达到 $L/3$ 左右(图 1.2.9)。这样，既降低了拱轴系数，也减轻了拱上建筑的重量。

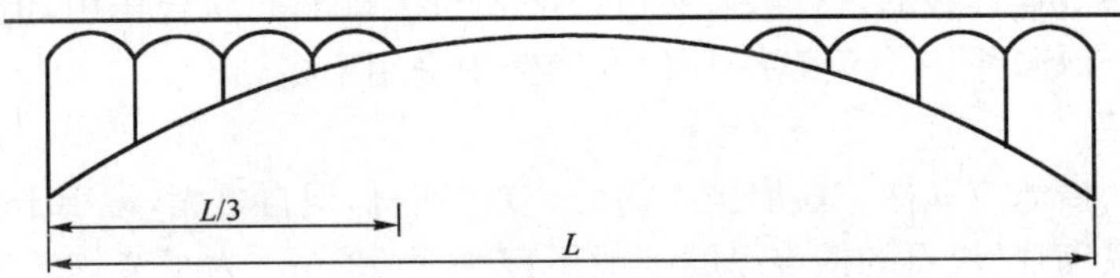

图 1.2.9　空腹式拱上建筑

(2)为了使主拱圈受力较均匀，腹孔的跨径不宜过大，一般不大于主拱圈跨径的 1/8～1/15，其比值随主拱圈跨径的增大而减少。

(3)腹孔一般采用拱式结构，如此，一方面能够节省钢材，另一方面桥梁的造型美观。

(4)在软土地基上，一般采用轻型的拱上建筑，以减小对基础的要求。一般地，填料拱上建筑的重量大约相当于主拱圈重量的两倍左右，而拱上填料重量约占其中一半。因此，在软土地基上修建双曲拱桥，除加大挖空范围外，还往往采用直接在主拱圈上铺混凝土桥面的无填料拱上建筑。此时，须考虑活载的冲击力。

(5)靠墩台的边腹拱为适应温度、混凝土收缩和水平位移的影响，宜做成三铰拱或两铰拱，一般均做成平铰。靠墩台的铰上侧墙应设伸缩缝，其他应设变形缝；栏杆也采取相应措施，以防产生裂缝。大跨径双曲拱桥必要时将靠近拱顶的腹拱或其他腹拱做成三铰拱或两铰拱。

(6)腹孔的构造统一，以方便施工。

二、空腹式拱上建筑的各组成部分

1. 腹孔

(1)拱式腹孔

拱式腹孔较多采用的是等截面圆弧线混凝土板拱，跨径一般为 1～3m，有时用到更大一些。矢跨比一般为 1/4～1/6，有时也用到 1/8。腹拱圈厚度一般为 15～25cm。预制板拱横向分块宽度，按安装能力和方式而定。施工时可按全厚预制后安装；也可先预制 6～8cm 厚的板拱，安装后再在其上现浇一层混凝土，不过应注意预制和现浇混凝土之间的联系和整体性。

腹拱跨径较大，达到 4～6m 时，可以采用等截面圆弧线双曲拱，预制拱波厚 6cm，然后按设计要求现浇拱板混凝土。

腹拱跨径较大时，也可采用薄壳，一般厚度为 7～10cm，壳中部一般设置构造钢筋网，壳四边和斜角处也配置钢筋，壳的边肋应有足够的刚度。

上述几种形式都适用于有填料的情况，无填料时则采用平坦腹拱，跨径 3～5m，下缘矢跨比 1/10～1/15，跨中厚度为 14～20cm。板上直接浇筑混凝土桥面，桥面内宜布置直径为 5mm、间距不大于 10～15cm 的钢筋网。各排盖梁上均应设置伸入混凝土现浇层内的锚固钢筋，直径 8～10mm，间距不大于 25～30cm。因为在此状态下，腹拱往往会由于拱座位移、降温和收缩等原因，引起边腹拱下沉，影响桥面平整。后来的设计中，往往使边平铰不光滑，加大摩阻力，并设有锚固钢筋与墩台立柱的盖梁连接，以控制下沉量。

(2)梁板式腹孔

对于无填料的轻型拱上建筑，为减轻拱上建筑重量，一般采用简支结构，如钢筋混凝土板或空心板；跨径较大时考虑采用预应力钢筋混凝土空心板。实心板的高度一般为腹孔跨径的 1/12～1/16，这种结构用钢量较多，参与主拱圈的联合作用很小。

也有把腹孔做成连续板的，这样，虽然可以增大与主拱圈的联合作用，但所用钢材比简支板还多，施工也较麻烦，往往并不经济，所以在实践中采用不多。

2. 横墙或立柱

腹孔墩常采用横墙或立柱。横墙施工简便，节省钢材，但自重大，常用于基础较好、河流有漂浮物的桥梁。浆砌片、块石的横墙厚度一般不宜小于 50cm。为了节省圬工，横墙也可在横向挖空。

地基较差时，为了减轻自重采用立柱。每排立柱数与拱肋数相同，有时少于拱肋数。立柱钢筋向上伸入盖梁的中部，向下伸入主拱圈内部，并可靠地予以锚固。立柱较高时，在立柱间设置横系梁，其上下间距不宜大于 6m。现场浇筑的立柱，耗用木材多，施工进度慢，故尽可能采取预制安装，此时接头钢筋必须牢固焊接，并用混凝土包住。有时也可在接头处预埋钢板，焊接装配，以加快施工进度。立柱与盖梁的接头处，可在盖梁中留出空洞，把立柱预留钢筋伸入洞内，用高强度等级砂浆封口。立柱的厚度不宜小于表 1-2-1 的尺寸。立柱的横向宽度可略大于其厚度，但是，一般不宜大于拱肋宽度。

立柱最小厚度 表 1-2-1

腹孔跨径(m)	1～2	3	4	4	6
立柱厚度(cm)	20～25	28	30	35	40

3. 底梁与盖梁

底梁的作用是传递横墙或立柱的荷载并使之较均匀地分布到主拱圈；底梁应有一个平面，以便横墙砌筑或立柱的安装。一般底梁宽度按横墙或立柱每边加宽 5cm，便于横墙或立柱的施工放样。立柱的底梁一般仅布置少量构造钢筋，下与拱肋钢筋、上与立柱钢筋相连，但立柱处应加强横向联系，以防底梁开裂。早期修建的横墙底梁一般未配筋，但是结合结构受力情况给予横墙底梁配筋，将有利于荷载的横桥向分布并使主拱圈能够协调承受荷载。

立柱上设有盖梁，一般采用整根预制钢筋混凝土连续梁。其上为拱式结构时，截面形式为凸形或⌂形；其上为板梁式结构时，截面形式为矩形。就腹拱的施工方便而言，凸形截面较好。横墙上一般设有混凝土腹孔墩帽，不必配筋，截面形式同盖梁。腹孔墩帽或盖梁的底宽一般略大于横墙或立柱。

4. 拱上填料、桥面、侧墙及其他

主拱圈拱顶和腹拱拱顶上的填料厚度（自拱板顶起算，包括路面在内），一般不小于 30cm，

以减轻车辆荷载对主拱圈的冲击作用。按早期规范的规定，设置不小于 30cm 厚的拱上填料后就不必计及汽车荷载对桥梁的冲击力；但以现行规范来看，这个厚度明显不足，当填料厚度大于 50cm 时，行车荷载对桥梁的冲击力方可忽略。

拱上填料一般采用砂砾，也可采用较轻的炉渣。软土地基上采用轻型拱上建筑时，可不设填料，在拱圈上直接铺筑混凝土桥面；但是，其行车道边缘的厚度应大于 8cm。为了较好地分布汽车荷载，拱顶部分的混凝土桥面内可设直径 8mm、间距 10～15cm 的钢筋网格。钢筋混凝土桥面应适当设置伸缩缝。

双曲拱桥的主拱圈，由于荷载作用、混凝土收缩和徐变、桥台位移等因素的影响，会产生一定的下沉，其中一部分可能在预拱度中不能包括。因此，单孔拱桥可以将桥面纵坡设计成中间高两边低的直线，中间变坡点处设置较大半径的竖曲线，使桥面下沉后仍平缓光滑。

有拱上填料的双曲拱桥，拱圈以上应修筑侧墙，侧墙一般采用浆砌片石。侧墙顶宽 40～50cm，背坡斜率一般采用 4∶1。腹拱铰上的侧墙应设伸缩缝或变形缝。

有拱上填料的双曲拱桥，应设置防水层。防水层在全桥范围内不宜断开，通过伸缩缝或变形缝处应采取措施，使之既能防水，又可适当变形。防水层一般采用沥青油毡、胶泥、防水砂浆或三合土。渗入拱上建筑内的水沿防水层汇集于预埋在拱腔内的泄水管中排出，这在气候寒冷的地区特别重要，可防止冻胀危害。

为便于桥面排水，应设桥面横坡，桥面横坡与引道路面横坡一致，以利桥面排水。人行道设置倾向行车道方向 1%～2%的横坡。每孔至少设一对桥面泄水管。

第三章 双曲拱桥的典型病害及其原因分析

按照病害发生部位的不同，双曲拱桥的常见结构性病害可分为：主拱圈病害，拱上建筑病害，及桥墩、桥台的病害等。双曲拱桥的典型结构性病害及病理特征如表 1-3-1 所示，而裂缝则是各种典型病害的主要表现形式，见图 1.3.1 所示。

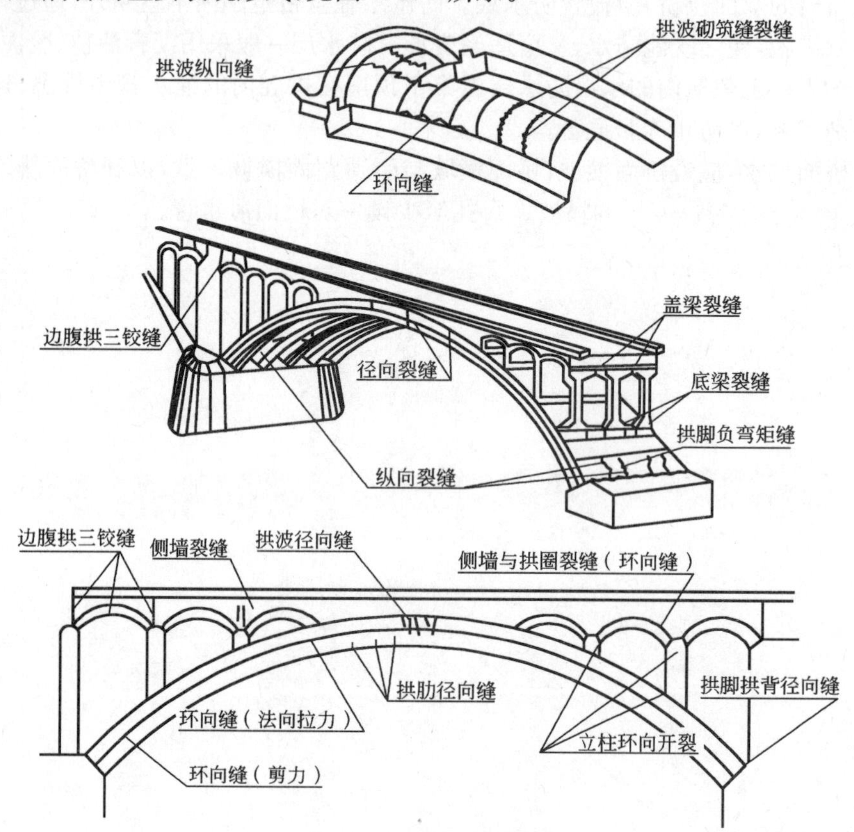

图 1.3.1 双曲拱桥裂缝类型

双曲拱桥典型结构性病害及其病理特征 表 1-3-1

结构部位	典型结构性病害	病理特征
主拱圈	(1)主拱圈拱波纵向开裂； (2)拱肋与拱波间产生环向裂缝； (3)拱肋及拱背径向开裂	(1)拱波纵向裂缝多贯穿整个拱圈，裂缝宽多由拱顶向拱脚逐渐变窄； (2)拱肋与拱波间环向裂缝多产生于拱顶附近； (3)径向裂缝多产生于拱顶拱肋下缘与拱脚拱背上缘

续上表

结构部位	典型结构性病害	病理特征
腹拱圈	(1)腹拱圈环向开裂； (2)腹拱圈横向开裂	(1)腹拱圈环向裂缝多产生于桥面中心线及拱波中心线处，靠近拱顶的腹拱较其他腹拱出现开裂现象的几率更大； (2)腹拱圈横向裂缝多位于拱顶、拱脚两截面，越靠近主拱圈拱顶，裂缝越多、越宽
腹拱墩	(1)腹拱立柱根部环向开裂； (2)腹拱立柱盖梁开裂严重； (3)实体式腹拱墩身竖向开裂	(1)越靠近拱顶的腹拱立柱，环向裂缝越多、越宽； (2)腹拱墩盖梁裂缝多位于盖梁与立柱的连接处及跨中部位； (3)实体式腹拱墩身裂缝多产生于桥面中心线附近
桥面	(1)桥面纵向开裂； (2)桥面横向开裂	桥面一般纵缝较多，多位于拱波中心线附近

第一节 主拱圈的常见病害[2,17-18]

主拱圈的裂缝可以分为环向缝、径向缝和波顶纵缝三大类。

一、环向缝

环向缝是产生在拱肋、拱波结合面上，平行于拱轴线的裂缝。

环向缝又可分为法向拉力环向缝和剪力环向缝两种。法向拉力环向缝出现在拱顶附近正弯矩较大的区段。由于正弯矩的作用，主拱圈截面下部出现拉应力，当肋、波的结合面承受的实际拉应力大于结合面的极限拉应力时，即会出现法向拉力环向缝。

剪力环向缝则出现在拱脚附近剪力较大的区段。当实际剪应力大于结合面的极限剪应力时，即出现剪力环向缝。

环向缝产生的原因，主要是没有采取足够保证主拱圈整体性的有效措施。有时设计中虽采取了保证组合截面在荷载作用下的整体性措施，但没有考虑桥台水平位移或不均匀沉陷的影响，仍会出现环向缝。

二、径向缝

径向缝是垂直于拱轴线方向的裂缝，主要有拱肋径向缝和拱背径向缝。

拱肋径向缝产生在拱顶附近正弯矩较大的区段。产生的原因往往是由于桥台发生过大的水平位移或承受了过大的荷载，导致拱顶附近正弯矩大大增加，拱肋的拉应力超过极限拉应力所致。采用较大拱轴系数的双曲拱桥，拱顶区段较平坦，拱顶正弯矩要大些，出现拱肋径向缝的可能性就大些。当拱肋径向缝伴随环向缝同时出现时，将严重削弱主拱圈的截面强度，危害很大。过宽和过密集的拱肋径向缝也将削弱主拱圈截面。

拱背径向缝多产生在拱脚附近负弯矩区段。拱肋安装不当也常会出现拱背径向缝。

拱背不设锚入台座钢筋的双曲拱桥，拱背径向缝往往出现在拱脚截面，即与台座的接触面上。这种裂缝的危害一般不大，但是它会引起主拱圈内力的重分布，减少拱脚弯矩。应防止过大的桥台位移，因为它将使拱脚截面拱肋混凝土压应力超过极限值而被压坏。

三、波顶纵缝

波顶纵缝是出现在拱波顶部沿拱轴线方向的裂缝，较多地出现在拱顶附近，有时也出现在拱脚附近。

早期修建的填平式拱板，由于波顶为最薄弱截面，波脚拱板现浇混凝土厚度大、收缩多，容易因收缩而在波顶拉裂。当采用波形或折线形拱板时，这种裂缝相对少一些。

横向联系不够是产生波顶纵缝的又一个重要原因。在双曲拱桥中，横向联系一般比较薄弱，荷载横向分布很不均匀，加之拱波在横桥向有连拱作用，从而造成波顶开裂，波顶纵向裂缝以拱顶截面最为严重。桥越宽（热胀冷缩越突出）、拱波的矢跨比越小（连拱作用越显著）、横向联系越弱，出现纵向裂缝的可能性越大。如果采用足够数量的横隔板或横系梁，主拱圈横向刚度较大，即可有效防止这种裂缝的产生。

采用过大拱轴系数的双曲拱，拱顶区段非常平坦，也容易出现拱顶区段的波顶纵缝。

四、横向联系病害

双曲拱桥横向联系的主要作用是抵抗拱波产生的水平推力、保证拱肋间的相对位置不变，一般尺寸都较小，抗剪和抗弯的强度和刚度相应较弱，与拱肋联结处的抗剪能力也偏小；当承受较大的外荷载时，其功能将需要通过抗剪强度横向传递拱肋间的内力和位移，当内力和位移过大时，产生较大的内力和变形，导致横系梁开裂、脱落，无法有效地横向分配荷载。当横向联系布置不够或强度不足而产生破坏时，将会使拱桥横向稳定性降低，使得主拱圈的整体性和刚度降低，车轮荷载横向传递受阻，各拱肋不能共同受力，这将导致：

(1)拱波顶纵向开裂；

(2)拱波与拱肋相接处环向开裂；

(3)横系梁（横隔板）在接头处断裂；

(4)各片拱肋下挠不均等。

第二节　拱上建筑病害[2,17,19]

一、桥面系病害

桥面及附属设施，包括桥面铺装层、桥面防水层、桥面排水设施、桥面伸缩缝装置、栏杆以及桥头引道。它们的好坏将直接影响到桥梁结构的使用性能和耐久性。常见的桥面系病害有：桥面不平整，栏杆断裂、残缺，跳车等。当发现桥面及附属设施有缺陷时，应当及时修补完善。

(1)桥面不平整

修建年代较早的公路双曲拱桥，大多采用砂石路面作为桥面铺装，随着交通事业的发展，重建为沥青表面处治、热拌沥青碎石或混凝土路面，也有部分在建设时就采用混凝土路面，但是，其钢筋用量很少或不用钢筋。桥面铺装的刚度普遍较低，且通常不设基层，在重车荷载的作用下，桥面比较容易产生纵向、横向或网状裂缝，有的甚至表层剥落、下陷。

桥面不平整对行车的影响，轻则使行车有轻微颠簸，重则会引起跳车，加剧构件疲劳，影响

桥梁的使用功能和寿命。

(2)桥梁栏杆断裂、残缺

栏杆损坏的原因绝大多数是由交通事故造成的；也有因为桥梁净宽窄，车辆交会不顺或与之连接的道路线形较差，运载过长货物的车辆在桥上行驶不慎造成的；还有的是因为桥梁没有设置伸缩缝，栏杆不能自由伸缩所导致的；少数是人为碰损或盗窃所致。桥梁栏杆损坏，如不及时修整，不但影响美观，更重要的是使行人和车辆缺乏安全感。

(3)桥头跳车

桥头跳车不但影响车速、降低行车质量，而且还会影响桥梁使用寿命。

跳车产生的主要原因是由于桥头引道与桥台之间存在不均匀沉降，也有因为桥面伸缩缝不平顺或者损坏，致使桥梁桥面与引道路面衔接处不平整，从而使车辆驶过桥头时，产生轻微或严重的跳车。

二、腹拱病害

在对危旧双曲拱桥的调查中，发现几乎所有空腹式双曲拱桥的腹拱都有不同程度的损坏。腹拱病害的类型主要有腹拱圈裂缝、立柱或横墙的规律性裂缝以及盖梁和底梁的裂缝等，见图1.3.1所示。

(1)腹拱圈裂缝

腹拱圈裂缝病害主要有腹拱横向裂缝和环向裂缝，且横向裂缝较为严重，对结构的影响也较大。

腹拱圈横向裂缝多发生在靠拱顶部位的第一、二个腹拱的拱顶，这种裂缝与主拱圈刚度有关。对于一端支承在墩台上，另一端支承在主拱圈上的边腹拱，由于桥台自身的位移以及在活载作用下主拱圈变形与桥台变形的不一致容易导致边腹拱的开裂；对于均设置于主拱圈上的腹拱，如果主拱圈刚度较小，在荷载作用下拱圈变形明显，也容易导致开裂。

腹拱的环向裂缝一般是因主拱圈横向不均匀变形，或腹拱圈预制分块太多以及其整体性差而产生的。这种裂缝在靠近拱顶的腹拱出现的可能性较其他腹拱更大。

(2)立柱或横墙的规律性裂缝

有些双曲拱桥的横墙或立柱，其上、下端会出现有规律的裂缝，如图1.3.2所示。一般短横墙和立柱的裂缝较宽，高横墙和立柱的裂缝较窄，甚至不开裂。这是由于在荷载作用下，主拱圈产生下挠，致使横墙或立柱两端拉裂。短横墙或立柱的抗推刚度大，加之主拱圈下挠又多，因而两端裂缝就较高横墙和立柱的大些。当各排横墙和立柱的抗推刚度不协调、相差较大时，就会加重这种裂缝的发展。

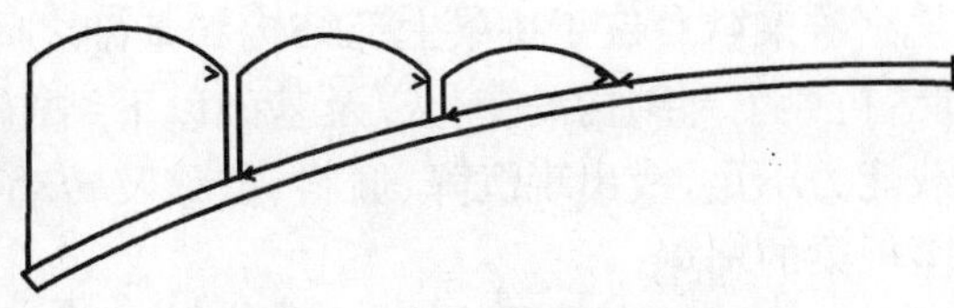

图1.3.2　横墙或立柱有规律的裂缝

对于横向整体性不是很好的双曲拱桥梁，主拱圈各拱肋的变形可能不同，这样就使得横墙会产生不均匀沉降，以致出现竖向裂缝。

(3)盖梁和底梁裂缝

在对双曲拱桥的调查中发现，很多立柱的盖梁和底梁都出现裂缝，如图1.3.1所示。究其原因，主要是结构的横向联系不够，当主拱圈横向发生不均匀变形时，就会引起各立柱的不均匀沉降，进而导致盖梁裂缝的产生。也有可能是由于盖梁内配筋较少，在跨中正弯矩区及支点负弯矩区因产生的内力超过承载能力而开裂。而立柱下底梁的受力状态实为在竖向集中力作用下的弹性地基连续梁，当底梁上缘未配筋或配筋太少时，就会产生裂缝。

三、侧墙病害

侧墙的病害主要有侧墙鼓胀、外倾和竖向开裂等。

(1)侧墙鼓胀外倾

双曲拱桥产生侧墙鼓胀外倾病害，一般是由于排水不畅，拱上填料内积聚了大量水分而造成的。

(2)竖向裂缝

侧墙的竖向裂缝(图 1.3.1)一般是由于侧墙膨胀外倾产生的拉应力过大造成的；或是由于腹拱圈开裂，进而造成腹拱墩顶侧墙开裂。

(3)侧墙与主拱圈的结合面开裂

这主要是由于拱上侧墙和台后侧墙之间未留变形缝且砌筑质量不好引起的。

第三节　墩台及基础的常见病害

墩台和基础是桥梁的重要组成部分，它是直接承受桥梁上部结构的荷载，同时将荷载传递给地基的受力结构。桥台将桥梁与路堤相连接，因此，它除了承受上部结构的荷载外，还要承受来自台后路堤填土的土压力。桥墩除了承受上部结构的荷载外，还要承受风力、流水压力、冰压力、浮力以及在特殊情况下可能发生的船只或漂流物的撞击力等的作用。此外，由于过桥车辆的日益重型化，实际上大部分活载强度已超过设计规范规定的负荷要求，墩台的负荷强度在不断地增加，经常受到过重活载的作用。这样，桥梁墩台基础在经过多年使用后，出现不同程度的损坏，产生各种缺陷。

一、墩台身的病害[20]

桥梁墩台位于桥梁上部结构和基础之间，它关系到桥跨结构在平面和高程上的位置。因此，桥梁上部结构的变化以及基础以下结构的变化，都将会对它产生损坏和影响。同时墩台承载能力不足，或出现沉降、倾斜、位移及转动，也将引起桥梁上部结构的损坏，严重时会导致整座桥梁的坍塌。

多数双曲拱桥的墩台是由圬工砌体、混凝土或钢筋混凝土构件组成的，它的缺陷和病害主要有承载能力不足、沉降、倾斜、移位、转动及开裂等。裂缝是墩台的主要病害，常见的裂缝有网状裂缝、水平裂缝、竖向裂缝及桥台侧墙、前墙和翼墙的倾斜与开裂等。

网状裂缝(图 1.3.3)多出现在桥墩的向阳面，水位线以上。这主要是由于混凝土内部水化热、内外部温差所产生的温度应力、混凝土干缩的原因所造成。

竖向裂缝(图 1.3.4)多呈下宽上窄形式，系基础不均匀沉降所致。

水平裂缝(图 1.3.5)通常是由于混凝土接缝不良造成的。

桥台侧墙、前墙的倾斜与开裂(图 1.3.6)，其原因是：填土遇水发胀、胀冻或地基承载力不足，引起桥台侧墙、前墙下沉或外倾，进而导致开裂。

另外，桥梁墩台在船只、漂流物的碰撞下，或跨线桥桥墩受到车辆的撞击，将会产生局部破坏，造成混凝土的剥离与脱落。

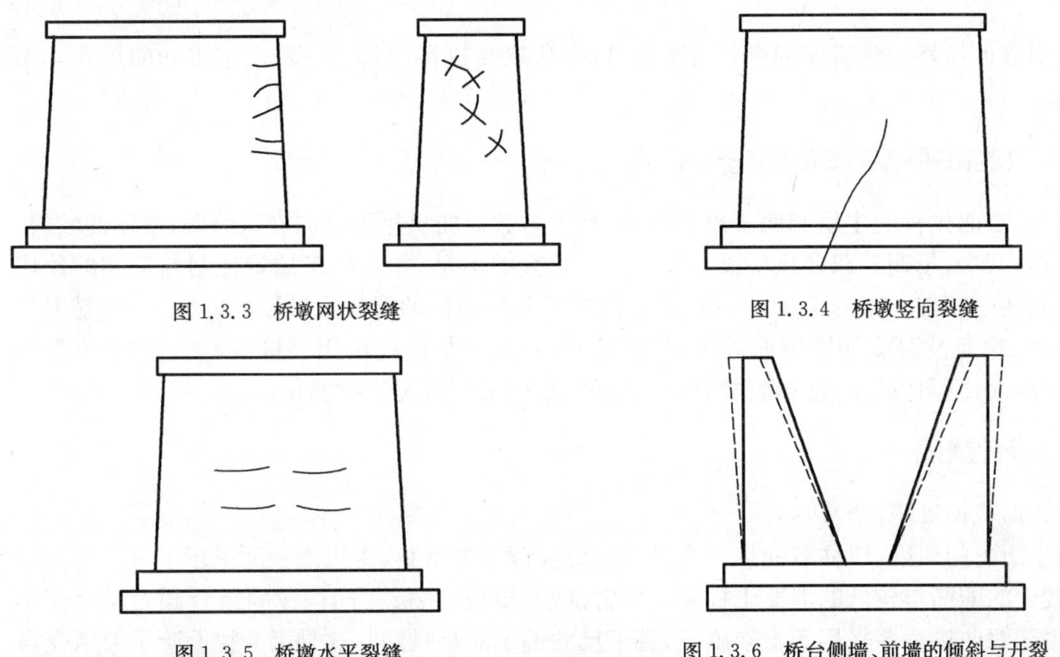

图 1.3.3　桥墩网状裂缝

图 1.3.4　桥墩竖向裂缝

图 1.3.5　桥墩水平裂缝

图 1.3.6　桥台侧墙、前墙的倾斜与开裂

二、桥梁基础的病害[20]

双曲拱桥的基础以浅基础为主，也有一定数量的桥梁采用桩基础。常见的病害有基础的不均匀沉降、冲刷、滑移倾斜、基础结构物的异常应力和开裂等。

由于地基的压密下沉引起的基础沉降，对于任何一座桥梁来说都是难以避免的，在一定范围内这是正常现象，而超出一定的范围则将对桥梁产生有害的影响。特别对于修建在软土地基上的双曲拱桥，由于经常受到土基压实下沉和地下水位升降等的影响，往往还将产生不均匀沉降。

造成基础滑移和倾斜的主要原因如下。

(1)由于受到洪水的冲刷，墩台基础时常发生滑移病害，其病害程度与洪水的冲刷深度密切相关。

(2)河床受到洪水冲刷后，首先桥墩临水面地基土层被冲走，导致墩台基础侧向压力减小，使其产生侧向滑移。

(3)位于软弱地基上的桥梁，遇到台背高填方路堤时，如果台背填土处理不当，往往会造成过大的主动土压力，导致桥台前倾，或土体下沉向前滑移，致使台顶后仰、倾斜。

(4)双曲拱桥在竖向荷载作用下，将会产生水平推力，相对梁式桥梁而言，更容易发生墩台的移位现象；而墩台的位移会引起主拱圈的开裂，使得主拱圈的拱顶下沉、拱变得更坦，从而产生更大的水平推力，这又将加重墩台的滑移，造成恶性循环。

基础结构物由于受力不均，往往产生局部异常应力，并导致横向和竖向裂缝。在特殊荷载作用下，还会使基础结构物因出现异常应力而产生局部损坏。

第四节　双曲拱桥的常见病害原因分析

在对双曲拱桥的病害原因进行分析时，可以从双曲拱桥的构造、设计、施工和使用等几个方面着手。

一、双曲拱桥结构本身的先天不足

首先，双曲拱桥的主拱圈属于组合截面，且大多数双曲拱桥的横向联系薄弱，整体性较差，容易开裂；其次，早期的双曲拱桥设计理论存在较大的不足，并且施工质量控制与现实的使用要求之间还是存在一定的距离；[17]第三，双曲拱桥各部构件的混凝土龄期相差较大，容易引起由于收缩、徐变及温度等原因形成的裂缝；第四，双曲拱桥结构的用钢量少，在结构产生裂缝后，有效截面面积将减小，使得裂缝进一步发展，结构工作状况持续恶化。

二、设计缺陷

1. 拱肋截面过小，强度不足

由于历史的原因，以往双曲拱桥的设计过分强调节省材料，主拱圈截面采用了过小的截面尺寸、较少的配筋与较低的混凝土标号。尽管拱肋、拱波、拱板共同构成的组合截面尺寸并不小，但由于双曲拱桥多采用无支架施工，真正尺寸偏小的是拱肋。这是因为拱肋除了要承受自身重量外，还要承受架设拱波、拱板时所产生的应力，只有拱板浇筑完成并达到一定强度后，方能形成主拱圈共同承担拱上恒载及活载。由于拱肋先期应力累积太大，故较小截面尺寸的拱肋及很少的配筋使得主拱圈正截面强度不足。这通常表现在：①主拱圈（拱肋）挠度过大，拱轴线偏离设计拱轴线过大；②拱肋压应力过大，拱肋中纵向钢筋直径偏小，箍筋间距偏大，造成纵向钢筋失稳外鼓，特别是在锈蚀后更为严重；[21]③在组合式主拱圈中，当拱肋混凝土达到极限强度时，拱波和拱板的强度可能距离极限强度还有一定的距离；这种由于施工阶段所造成的主拱圈内部应力的不协调，与设计假设的截面应力一致之间存在较大的偏差。

2. 横向联系不足[17]

双曲拱桥的各片拱肋之间设置横向联系是很重要的。当拱肋间没有横向联系时，在集中荷载（车辆荷载）作用下，各片拱肋的变形在横桥方向是很不均匀的。有横向联系的拱圈，各片拱肋间的变形就比较均匀。而且，随着横向联系的加强，各片拱肋间的变形就更趋于一致。由于横向联系的设立，使单片的拱肋在横向联成整体，形成一个拱形框架，从而大大加强了拱肋的横向刚度，保证了拱肋的横向稳定性。

早期修建的双曲拱桥，横向联系采用较多的是横向拉杆，它由钢筋拉条穿过拱肋上预留的孔眼和混凝土套管组合而成。由于套管和拱肋不成整体，极易松动，对加强主拱圈的横向刚度作用不大。后来虽改用横系梁或横隔板，但也存在构造处理不当或刚度过小的问题。这些问题主要有：横系梁或横隔板在构造上不完整，即全桥横向不贯通；因施工不当使得横系梁（或横隔板）横向多呈折线，钢筋不连续，横向连接处混凝土不密实等；横系梁（或横隔板）尺寸太小，即纵向刚度小，整体上起不到横向传递荷载的作用；拱板中的横向钢筋或分布钢筋太少等。

横向联系还包括另一个重要部分，就是拱肋与拱波的联系，当拱肋中伸出的连接钢筋数量不足时，拱波就将完全简支于拱肋上，致使结构的整体性减弱。

3. 拱上建筑构造不当

一般的拱桥设计不考虑拱上建筑对拱圈的影响，即结构上应保证边腹孔具有较小的抗推刚度和适量的自由变形。但多数双曲拱桥在修建过程中并未设伸缩缝、变形缝或边腹孔的铰，或因设置不当而失去功能，这些都将引起腹拱圈和侧墙等的损坏。[21]

4. 基础处理不当

当双曲拱桥的墩台置于软土地基上时，由于基础结构形式或对基础处理不当，墩台发生过量的不均匀沉降和水平位移，导致主拱圈产生过大的变形与开裂。[21]

5. 桥面结构不当

双曲拱桥拱顶刚度较小，全桥竖向刚度不均匀。拱顶填料多为砂砾石、碎石、矿渣等透水性较好的材料填筑，但这些材料难以压实，加上不均匀的竖向刚度，使旧桥面破碎严重，并严重渗水，而桥面修补材料又使恒载增加，加剧桥梁病害。[21]

三、施工原因

施工是设计的实现过程，设计正确与否、是否完善，在施工中都会得到检验。同时，施工的质量优劣，也将影响桥梁的性能。在桥梁建设中，尽管设计正确，但施工方法不当，施工质量控制不严，施工过程中遇到一些非预见性灾害，也常常导致桥梁承载能力降低，不能达到设计的预期目的。由于施工原因导致的桥梁承载能力降低，可以概括为以下几个方面。

(1)材料质量问题

在施工中所使用的混凝土、钢筋、砂砾等材料，质量达不到规范要求，是导致桥梁结构产生各种质量缺陷的内在因素。

混凝土的质量缺陷主要有蜂窝、麻面、露筋、剥落等表层缺陷和混凝土强度、抗渗标号、抗冻标号不足等内部缺陷。

双曲拱桥的拱上填料大多采用砂砾，砂砾的强度足够，但当级配不当时，难以压实，造成对桥面铺装的刚度不一，引起桥面铺装的破坏。在调查中还发现，有些双曲拱桥的填料含有淤泥。

(2)施工质量问题

在公路桥梁修建过程中，由于工种多、工序多，加之现场施工，每位施工员往往要担负多方面的工作，如钢筋工、起重工、混凝土工等，稍有疏忽就会出错，很有可能使结构存在缺陷。

在双曲拱桥中，拱肋大多是预制吊装的，如果安装不好，尺寸出现偏差，就会改变结构的受力体系，从而使结构强度存在问题。另外拱肋是个细长杆件，在运输及起吊过程中容易损伤，也会造成桥梁承载能力的降低。

混凝土的浇筑和养生是施工中存在问题较多的一个方面。混凝土浇筑不慎会导致结构出现空洞、蜂窝和麻面等缺陷；养生不足又会使结构出现裂缝。

(3)施工方法不当

由于施工方法不当、施工质量控制不严，在施工过程中遇到非预见性的灾害，常常影响到工程质量，导致桥梁的承载能力下降，达不到设计的预期目标。

四、使用因素

在过去的几十年里，随着交通量的逐渐增长和重车荷载的不断增多，桥梁的设计荷载等级也在逐渐增大。而过去已建成的双曲拱桥大都采用汽车－13级。拖车－60的荷载标准，显然不能适应交通运输日益发展的需要，难免会发生这样那样的病害。加之交通碰撞事故，地震、洪水的破坏，环境恶劣、化学腐蚀，周边出现不均匀沉降等，这些都将使桥梁产生损坏。而长期以来“重建轻养，养路不养桥”的思想，使得桥梁在发生病害和损坏后得不到及时的加固维修，导致病害不断发展，也是桥梁承载力下降的一大原因。

五、其他原因

在对双曲拱桥进行病害分析时，应当结合修建双曲拱桥的时代背景。由于双曲拱桥自身的优点，在20世纪的特定历史时期得到了推广和发展；但是，由于设计理论的不足和各项假设与实际之间存在的差异，导致不同时期修建的双曲拱桥的病害存在一定的差异；这是分析双曲拱桥病害和确定是否具有维修加固价值所应该考虑的重要因素。

此外，由于修建双曲拱桥对施工企业的技术装备要求不高，这类桥梁大多由当地农民建造完成，且边设计边施工的居多，缺乏系统的设计和施工质量保证体系。因而设计、施工质量与现实要求存在一定的差距，为日后双曲拱桥产生各种病害埋下伏笔。

第四章　双曲拱桥的加固改造成套技术简介

双曲拱桥的加固、改造成套技术主要涉及主拱圈、拱上建筑、桥面系、墩台与基础加固改造，以及拆除五个部分，详见第二～六篇。

第一节　主拱圈加固改造技术

一、增大截面法提高主拱圈承载能力

增大截面法通过增大构件的截面和配筋，用以提高构件的强度、刚度、稳定性和抗裂性，也可用来修补裂缝等。它是一种被动加固方法。通常采用的锚喷混凝土法、外包混凝土法和填芯法均属于增大截面加固法。

对于空腹式双曲拱桥，主拱圈在支承断面上存在较大的水平推力和负弯矩，而通常拱板内仅设置构造钢筋，抵抗负弯矩的能力较差。所以可通过在拱背上缘增设受力钢筋承受拉应力、现浇混凝土增大截面面积及抵抗矩，达到同时提高抵抗水平推力和负弯矩的能力。这种加固方法通常被称为拱背上缘现浇混凝土加固法。

而锚喷混凝土加固主拱圈是借助高速喷射机械，将新混凝土混合料连续地喷射到已锚固好钢筋网的受喷面上，凝结硬化形成钢筋混凝土，从而增大主拱圈的受力截面和补强钢筋，加强结构的整体性能，使其能够承受更大的外荷载作用。

填芯加固法是通过在双曲拱桥拱波内填筑混凝土，来增大主拱圈断面的面积，从而提高桥梁承载能力的加固方法。

二、粘贴法加固主拱肋

粘贴法主要是通过在主拱肋受拉区底缘或受力薄弱部位粘贴钢板、钢筋或碳纤维布等材料，以提高主拱肋的抗拉能力和承载能力。

三、增强拱肋间横向联系

双曲拱桥主拱圈是由多个构件组合而成的，各构件间能否共同工作将直接影响主拱圈的承载能力。而早期修建的双曲拱桥，其拱肋间横向联系往往比较薄弱，因此需对横向联系予以加强。加强横向联系的方法包括增设横隔板(或横系梁)、对原横系梁外包混凝土等。

四、改变截面形式加固主拱圈

双曲拱桥主拱圈一般是由拱波、拱板及横向联系将拱肋联系在一起。通过在原主拱肋下

缘增设钢筋混凝土底板，将原有开口截面改造为闭口单箱多室截面，从而大幅度地提高各构件共同承担荷载的性能，桥梁整体受力性能得到大幅提高。

五、体外预应力加固主拱圈

通过在拱顶附近增设直线形或折线形体外预应力筋，可以改善主拱圈拱顶截面的应力状态，将构件受力状态由受拉变为受压，从而主动地提高该截面的承载能力。

另外，还可通过新增主拱圈钢承托并施加预加压力，实现对原主拱圈的部分卸载，降低主拱圈的应力水平，达到有效提高承载能力的目的。

对于横向联系较差，甚至拱波与拱肋的连接出现松动的双曲拱桥，可以通过新增横系梁，并在横系梁中张拉横向预应力，来提高双曲拱桥的整体刚度。

六、主拱圈的其他加固方法

双曲拱桥主拱圈的加固方法，除了上面介绍的几种外，还可以根据桥梁的实际情况采取下列加固方法：

(1)主拱肋下加水平系杆加固主拱圈；

(2)腹孔增设水平系杆和斜撑加固主拱圈；

(3)原拱肋下增设刚架拱片加固主拱圈；

(4)原拱肋下增设新拱肋加固主拱圈；

(5)缩小主拱圈跨径等；

(6)对需增大截面的主拱圈，采用压抹混凝土法施工；

(7)对原主拱肋已锈断钢筋予以植筋修复。

上述加固方法的机理、设计、施工方法和应用实例，详见第二篇各章节。

第二节　拱上建筑加固改造技术

一、外包混凝土加固腹拱墩

双曲拱桥腹拱墩包括墙式腹拱墩和排架(立柱)式腹拱墩两种，可采用外包混凝土法对以上两种腹拱墩进行加固。对于墙式腹拱墩，可以通过外包混凝土提高其刚度；对于排架(立柱)式腹拱墩，则还可将其改造成为墙式腹拱墩，达到间接提高双曲拱桥横向整体性能的目的。

二、腹拱圈下缘套拱加固

对存在严重病害的腹拱圈下缘浇筑一道新的腹拱圈，形成原腹拱圈内套一个新拱圈的形式。假设原腹拱圈承受原恒载和因套拱而新增的那部分恒载，新增套拱则与原腹拱圈一起共同承受活载。

三、改变拱上建筑结构形式

对拱式拱上建筑双曲拱桥可以从主拱圈上(拱背)加固主拱圈，即通过拆除拱式拱上建筑中的传力结构(拱上填料、侧墙、护拱)，使主拱和腹拱的拱背完全暴露，再在主拱圈的拱背上，

根据需要浇筑钢筋混凝土或素混凝土，使主拱圈成为变截面的组合截面拱，然后接高立柱（腹拱墩），按梁板式拱上建筑的程序完成改造施工。由于改造后的拱上建筑既有梁又有拱，故称为梁拱式拱上建筑[22]。

对于拱上建筑已经松动了的双曲拱桥，可以把除腹拱墩以外的拱上建筑全部拆除，在加高原腹拱墩、增设盖梁和腹拱墩后，再设置桥面板，形成梁板式拱上建筑。桥面板可使用简支结构，也可使用连续结构。连续桥面板可以采用直接现浇施工，也可以采用先预制安装简支桥面板，再通过现浇钢筋混凝土使简支板转变体系为结构连续板的施工方法。

还可以将拱式拱上建筑改造为弧形框体结构：拆除原拱上建筑，在原主拱圈横截面拱背波谷处，加一条顺桥向弧形肋，使之与横桥向排架底座形成框体。这样就改变了原主拱圈的受力状态，加强了横桥向刚度和拱肋之间力的横向传递，同时也使较窄的拱桥主拱圈全部参加工作的假设更为合理[23]。

如果原双曲拱桥拱上建筑（腹拱）损坏严重，宽度尚能够满足使用要求，可以将拱上建筑全都拆除，利用原主拱圈作为下弦杆，重做斜杆、竖杆及上弦杆，改变为一座桁架拱桥。或拆除腹拱圈、腹拱墩后，重做弦杆和斜撑，形成一座刚架拱桥。

四、拱上换填减轻主拱圈的荷载

将现有实腹段拱上填料予以挖除，以较轻的高强材料（如陶粒混凝土）换填，同时加设防水层。当然，拆除原拱上填料时应由跨中对称地向拱脚方向进行[24]。

第三节　桥面系的加固改造及拓宽

一、重建桥面系

如果桥梁主体结构良好且桥面宽度能够满足现在及将来一段时间交通发展的要求，仅仅是桥面系损坏严重，可以通过重建桥面系的方法进行加固。为了提高桥面铺装的抗压和抗弯强度，可在混凝土中加入适量钢纤维。施工时需采取有效措施，使钢纤维在混凝土中成纵向条状集束排列，以有利于抵抗收缩应力、温度应力及荷载的传递。

二、重建桥面系的同时拓宽桥面

如果双曲拱桥拱上填料压实度较差，在长期营运中已产生填料不均匀沉降，并导致桥面开裂甚至碎裂、侧墙竖向开裂等病害。在加固时不论是使用重型机械压实拱上填料，还是采用人工夯实，都会对主拱圈造成过大的冲击力。这时可以采取凿除原桥面铺装层及部分侧墙后，现浇内设双层钢筋网的、支撑于拱腔填料及两侧侧墙上的整体式桥面板的方法对桥面系进行加固。由于整体式桥面板实际上是支撑于弹性地基上，为提高其承载能力，在其下现浇贫混凝土基层。

三、增设钢筋混凝土悬臂挑梁拓宽桥面

在重建整体式桥面板的同时，若采用悬臂形式设置人行道挑梁，可较大幅度地拓宽桥面系。悬臂挑梁与桥面板一次性浇筑成形，使之成一整体；新浇筑的桥面板也就成为人行道悬臂挑梁的锚固区。这种加固方法的益处是：①有效拓宽桥面系；②提高桥梁的横向整体性；③防

止桥面积水下渗、侵蚀主拱圈。这是最简便和有效的桥面拓宽改造方法，同时还可和其他桥梁上部结构加固补强方法一并使用。

四、增设(增大)边拱肋的拓宽方法

拆除双曲拱桥一侧(或两侧)栏杆及人行道板后，在一侧(或两侧)增设边拱肋，可实现拓宽双曲拱桥的目的。或者可以增大边拱肋截面后再增设悬半波，以拓宽桥梁。

五、改造拱上建筑的同时拓宽桥面

对需要改造拱上建筑的双曲拱桥，可在改造的同时拓宽桥面。主要的做法是：拆除原空腹段腹拱圈以上的部分后将原有腹拱墩接高、在原实腹段拆除后增设腹拱墩，然后在每个腹拱墩顶现浇两侧带悬臂的钢筋混凝土墩帽，桥面板搁置在悬臂墩帽上以拓宽桥面。

六、其他的拓宽方法

在原双曲拱桥旁，单侧或双侧自下向上新建墩、台及上部构造，实现老桥的拓宽等。

七、预制安装整体性桥面板拓宽窄桥面

如果原桥桥面较窄，不能实现半幅施工半幅通车，且受到当地交通、地理条件的限制，无法中断交通。这时若要对桥面实现拓宽，就只能采用预制安装桥面板的方法，尽量缩短在桥上作业的时间。这种方法对施工工艺精度要求较高，还需特别注意采取有效可行的措施保证预制桥面板与原侧墙的连接。

第四节　桥墩、桥台与基础的加固与改造技术

一、外包混凝土加固重力式墩、台

对刚度不够的墩、台身，可以通过外包钢筋混凝土的方法提高其刚度，也可以利用外包混凝土中的受力钢筋提高墩、台身的抗拉能力，同时防止墩台身的进一步风化、腐蚀。

二、扁担梁法加固重力式桥台

当重力式桥台的一面竖向或斜竖向开裂，且裂缝宽度较窄时，可在桥台身的外侧设置内设双层钢筋网的扁担梁，解决因土压力或竖向荷载过大引起的墙体斜、竖向开裂的问题。

三、圈梁法加固重力式墩、台

对于竖向开裂的重力式桥墩，及有两面或两面以上墙体都开裂的重力式桥台，可采用圈梁法加固。这种加固方法可解决因台后土压力或墩顶竖向荷载过大而导致的墙体开裂问题。对桥墩，可设多道 50～100cm 高的圈梁；对于桥台，可开挖部分台后路基填土后，在腹拱圈拱脚下方设置一道 100cm 高的圈梁，再视桥台实际病害情况，与扁担梁法或外包混凝土法一起使用。

四、现浇整体盖板改造 U 形桥台

凿除台后路面，并开挖部分台后填料，在现浇贫混凝土基层后，现浇支承于桥台前、侧墙上

的整体式盖板(内置双层钢筋网)。这种加固方法可有效避免因汽车荷载挤压台腔填料(尤其是采用了不透水的黏性土等填料),导致土压力过大、侧墙开裂的问题。

五、拉梁法加固重力式桥台

挖开台腔填料,在前墙背面增设钢筋混凝土拉梁后重新回填,以提高前墙抗推能力。

六、顶推法调整拱桥拱脚水平位移

对拱脚出现了水平位移的双曲拱桥,通过顶推可以改变现有拱脚位置、调整主拱圈内力,使其主要控制截面的恒载应力向均匀受压方向转化[25]。

七、锚杆法加固U形桥台

通过在两侧墙设置预应力锚杆对拉,来抵抗侧墙所受倾覆力矩,限制桥台病害的进一步发展。该法需要在侧墙上浇筑钢筋混凝土框架,利用框架提供锚杆反力,并增加两侧墙的整体性;待框架达到设计强度要求后张拉锚杆;最后进行灌浆和外锚头的防护处理[26]。

八、注浆法加固墩、台地基

对墩、台基础地基承载力不足的问题,可以采用高压旋喷、静力注浆等加固方法。

九、扩大墩、台基础提高承载能力

对需要提高荷载等级,但原地基承载力不够的桥梁基础,可以采用扩大基础的方式增大基底面积,进而减小对地基的压应力。

第五节　江西省已加固改造的部分双曲拱桥简介

危旧双曲拱桥和其他桥型的旧桥一样,其加固改造工作的实践性非常强,因地、因桥其加固方法各不相同。要做好此项工作,不仅要准确分析、判定桥梁各种病害及其产生原因,然后针对性地提出加固改造措施,还要多借鉴已实施加固改造桥梁的成功或不成功经验与教训。一座桥梁的加固改造工作成功与否,一定要通过实践(通车使用)来检验。表1-4-1列出江西省近20年已加固改造的部分双曲拱桥情况。

江西省部分已加固改造双曲拱桥情况一览表　　表1-4-1

序号	桥　名	主要结构情况	修建时间	加固(设计)时间	主要病害情况	主要加固改造措施	备　注
1	萍乡西门韶井大桥	2孔50m空腹式双曲拱,矢跨比1/10,m=2.814,11肋10波,净—12m+2×1.4m,原设计荷载:汽—13,拖—60	1972年	2008年	主拱肋底部混凝土局部破损、露筋;部分横系梁混凝土破损、露筋;大部分腹拱圈存在开裂、混凝土剥落;桥面磨耗、积水严重	现浇外包混凝土加大拱肋截面;外包混凝土加大横系梁截面;重做连续板式拱上建筑和桥面系。设计荷载:公路—II级	已收录在第二篇第一章第七节

续上表

序号	桥　名	主要结构情况	修建时间	加固(设计)时间	主要病害情况	主要加固改造措施	备　注
2	上饶香屯大桥	5孔45m空腹式双曲拱,6肋5波,矢跨比1/6,桥面净—7m+2×0.25m,原设计荷载:汽—13,拖—60	1969年	1990年	主拱圈拱轴线普遍下沉,肋、波及连接处均存在结构裂缝,桥面变形、破碎,腹拱与侧墙也多处开裂、渗水	锚喷混凝土加固主拱肋和拱波,拱顶三根横系梁改为横隔板,其余的加大截面。设计荷载:汽—超20,挂—120	已收录在第二篇第一章第九节
3	赣州南河大桥	3孔80m空腹式U形肋双曲拱,矢跨比1/10,$m=2.814$,桥面净宽:12m+2×2.0m,原设计荷载:汽—20,挂—100	1990年	2000年	主拱圈拱脚上缘较多裂缝;微弯板与主拱肋搭接处局部断裂;桥面局部龟裂、破损	锚喷混凝土加固主拱肋及肋间微弯板底部,加高横隔板;锚喷混凝土加固拱上腹孔槽形梁。设计荷载:汽—20,挂—100	已收录在第二篇第一章第十节
4	贵溪信江大桥	9孔40m空腹式双曲拱,矢跨比1/5,$m=1.756$,6肋5波;净－10m+2×2.80m;设计荷载:汽—20,挂—100	1980年	2004年	主拱肋下缘局部开裂,20%拱波开裂;桥面和腹拱圈局部破损严重	粘贴碳纤维布加固主拱肋,部分重建腹拱圈和桥面铺装。设计荷载:汽—20,挂—100	已收录在第二篇第二章第五节
5	景德镇韩渡大桥	9孔42m无填料空腹式双曲拱,4肋3波,矢跨比1/4;$m=1.756$,净—7m+2×0.75m,原设计荷载:汽—13,拖—60	1973年	2008年	桥面纵、横向开裂严重,腹孔墩立柱严重开裂;主拱肋混凝土局部剥落、露筋;跨中拱波纵向开裂严重	粘贴碳纤维布加固主拱肋;拱脚上缘现浇混凝土;重建连续板拱上建筑;增设横隔板;重做桥面铺装。设计荷载:公路—II级	已收录在第二篇第二章第六节
6	上饶横街大桥	4孔33.4m及32.3m空腹式双曲拱,矢跨比1/5.66,桥面净—6m+2×0.75m,原设计荷载:汽—13,拖—60	1975年	2008年	部分拱波跨中顺桥向开裂;桥面铺装破损严重;各腹拱圈砌缝不同程度脱落	主拱肋下缘粘贴钢板;横系梁改为横隔板;加高侧墙;重做钢筋混凝土桥面铺装。桥面净—6m+2×0.75m。设计荷载:公路—II级	已收录在第二篇第三章第四节
7	抚州南丰窑上桥	2孔20m空腹式片石双曲拱,5肋4波,矢跨比1/5,桥面净—7m,原设计荷载:汽—13,拖—60	1966年	1992年	主拱肋多处0.3～2mm宽横向裂缝;腹拱顶横向贯通裂缝;桥面网裂破碎	在拱肋底缘用环氧砂浆粘贴钢筋,拱脚上缘现浇钢筋混凝土,重做钢筋混凝土桥面。设计荷载:汽—20,挂—100	已收录在第二篇第三章第六节

续上表

序号	桥 名	主要结构情况	修建时间	加固(设计)时间	主要病害情况	主要加固改造措施	备 注
8	吉安黑里桥——无筋无肋双曲拱桥	1孔净跨径12m无筋无肋空腹式双曲拱桥,矢跨比1/4,原设计荷载:汽—15,拖—60	1970年	1992年	未发现明显病害	环氧砂浆钢筋粘贴在拱圈底部。设计荷载:汽—20,挂—100	已收录在第二篇第三章第七节
9	抚州花山界桥	1孔30m空腹式双曲拱,矢跨比1/6,净—7m+2×0.5m,原设计荷载:汽—13,拖—60	1970年	2003年	主拱肋多处横向开裂、露筋;腹拱拱脚全部开裂;拱波大部分开裂;横系梁混凝土部分剥落	锚喷混凝土加固主拱圈和腹拱圈;拱脚上缘现浇混凝土;横系梁改为横隔板,重做钢筋混凝土桥面铺装。设计荷载:汽—20,挂—100	已收录在第二篇第四章第四节
10	抚州南丰大桥	8孔30m空腹式双曲拱;矢跨比1/6,m=4.324,净—7m+2×1.0m,原设计荷载:汽—13,拖—60	1969年	2003年	主拱肋混凝土局部破损、露筋;拱波裂缝较多;腹拱圈损坏较多。横系梁少且截面小;桥面破损严重	锚喷混凝土加固主拱圈和腹拱圈;横系梁旁增设横隔板;重做钢筋混凝土桥面铺装。设计荷载:汽—20,挂—100	已收录在第二篇第四章第五节
11	景德镇西河大桥	2孔30m空腹式双曲拱,8肋7波,矢跨比1/6,m=4.324,桥面净—7m+2×1.0m,原设计荷载:汽—13,拖—60	1970年	1992年	主拱肋下挠、开裂;横向拉杆断面小;侧墙开裂、外胀;桥面破损严重	锚喷混凝土加固主拱肋和腹孔;加设横隔板;重做桥面和侧墙。设计荷载:汽—20,挂—100	已收录在第二篇第四章第六节
12	修水杨坪桥	1孔20m空腹式双曲拱,矢跨比1/5,m=2.514,5肋4波,原设计荷载:汽—13,拖—60	1970年	1994年	主拱肋跨中开裂,横系杆少而小;腹拱纵向开裂	锚喷混凝土加固主拱圈;增设九道横隔板;钢抓钉修补腹孔裂缝。设计荷载:汽—20,挂—100	已收录在第二篇第四章第七节
13	修水渣津大桥	2孔36m空腹式双曲拱,3肋2波,矢跨比1/7,m=2.240;桥面净—4.5m+2×0.25m,原设计荷载:汽—10	1994年	2007年	主拱拱轴线变化较大,桥面铺装破损严重	在拱肋底缘满跨横桥向现浇15cm厚钢筋混凝土底板,形成箱形截面;拱脚上缘现浇不等厚钢筋混凝土;重做桥面。设计荷载:公路—II级	已收录在第二篇第五章第三节
14	宜春西村袁河大桥	3孔35.28m空腹式双曲拱,矢跨比1/6,m=4.324,5肋4波,拱轴系数4.324,原设计荷载:汽—13,拖—60	1975年	1997年	主拱肋局部混凝土碎裂,主筋锈蚀严重,部分主筋锈断;腹拱圈局部纵横开裂、渗水;桥面严重碎裂	压抹混凝土加固主拱圈和腹拱;增设横隔板;重做钢筋混凝土桥面。设计荷载:汽—15,挂—80	已收录在第二篇第七章第六节

续上表

序号	桥　名	主要结构情况	修建时间	加固(设计)时间	主要病害情况	主要加固改造措施	备　注
15	景德镇吕蒙渡大桥	6孔36m空腹式双曲拱，4肋3波，矢跨比1/6，m=2.240，原设计荷载：汽—13，拖—60	1974年	2005年	桥面铺装大面积网裂、局部破碎下沉；排架柱式腹拱墩立柱上端压裂，部分盖梁开裂、露筋；腹孔微弯板开裂	粘贴碳纤维布加固主拱肋；重做连续板式拱上建筑；横系梁改为横隔板。设计荷载：汽—20，挂—100	已收录在第三篇第三章第三节
16	景德镇天宝桥	2孔30m空腹式双曲拱，矢跨比1/6.36，m=1.543，8肋7波，原设计荷载：汽—15，挂—80	1974年	2005年	主拱肋多处混凝土碎裂、露筋，锈蚀严重；部分拱波断裂；腹拱圈开裂、变形；侧墙开裂、外倾；桥面破碎	化学灌浆法修补主拱肋裂缝；拆除并重做拱上建筑及桥面。设计荷载：城市—B级	已收录在第三篇第三章第二节
17	萍乡黄花大桥	3孔约28.5m空腹式双曲拱，矢跨比1/6，m=2.20，净—7.3m+2×0.25m，原设计荷载：汽—13，拖—60	1974年	1993年	经结构检查和静载试验，未发现明显病害，但需要提载和拓宽	锚喷混凝土加固主拱圈和腹孔，拱脚上缘现浇混凝土，重做桥面并悬臂拓宽至净—9m+2×1.5m。设计荷载：汽—20，挂—100	已收录在第四篇第二章
18	修水走马岗大桥	2孔40m空腹式双曲拱，矢跨比1/10，m=2.514，桥面净—7m+2×0.35m，原设计荷载：汽—13，拖—60	1974年	2005年	拱顶下沉严重、拱肋下缘开裂；腹拱圈损坏严重；拱上侧墙砌石风化严重；桥面坑洼、起伏	粘贴碳纤维布加固主拱肋；重做连续板拱上建筑，并拓宽桥面宽至净—9m+2×1.5m；设计荷载：汽—20，挂—100	已收录在第四篇第五章
19	上饶信江大桥	6孔34m空腹式双曲拱，矢跨比1/7.78，m=1.988，7肋6波，净—11m+2×2m，原设计荷载：汽—15，挂—80	1978年	2008年	部分拱肋跨中下缘开裂，各跨拱脚处拱波渗水严重；横系梁、横隔板与拱肋连接处开裂、露筋；墩、台顶桥面纵、横向开裂	外包混凝土加固主拱圈；重做桥面并悬臂拓宽桥面。设计荷载：城市—A级	已收录在第四篇第七章
20	修水沙滩大桥	2孔40m空腹式双曲拱，矢跨比1/6，m=3.893，3肋2波加两半悬波，净—4.5m+2×0.325m，原设计荷载：汽—15，挂—80	1974年	2008年	桥面网裂，腹拱顶横桥向贯穿开裂，桥面窄	在主拱圈底缘现浇整体式钢筋混凝土板，形成箱形截面；拆除并重做预制安装的整体式桥面进行拓宽。设计荷载：公路—II级	已收录在第四篇第九章

参考文献

[1] 桥梁史话编写组. 桥梁史话. 上海:上海科学技术出版社,1979.

[2] 交通部科学研究院,江苏交通局,湖南省交通局,江苏省无锡县交通局. 公路双曲拱桥上部构造设计计算. 北京:人民交通出版社,1980.

[3] 李智琨,彭岳琳. 拱桥王国的开拓者——记广西首位中国工程院院士郑皆连. 沿海企业与科技,2001(4).

[4] 姚玲森. 桥梁工程. 北京:人民交通出版社, 2005.

[5] 交通部双曲拱桥技术经验交流现场会议. 公路双曲拱桥设计施工经验选编. 北京:人民交通出版社,1975.

[6]《双曲拱桥》三结合编写小组. 公路桥涵工人丛书——双曲拱桥. 北京:人民交通出版社,1976.

[7] 湖南省洞口县交通局. 石砌无肋单波双曲拱桥——迴澜桥. 中南公路工程,1977(1).

[8]《双曲拱桥》三结合编写小组. 双曲拱桥. 北京:人民交通出版社,1971.

[9] 李金荣. 双曲拱桥拆除事故原因及对策. 劳动保护,2005(7).

[10] 王培民. 专家彻查桥梁垮塌事故 谁的问题谁负责. www. hsw. cn,2006,12.

[11] 李涛. 南京长江大桥公路双曲拱桥桥面整修设计. 公路交通科技,1997(2).

[12] 王华晶. 广昌公路分局紧急修复顺化桥. 省公路局宣传处,2003,12.

[13] 交通部第二次全国公路普查办公室. 第二次全国公路普查主要数据公报,2002,2.

[14] 郭福波. 美国的旧桥改造工作. 中外公路,2003(3).

[15] 张开鹏,蒋玉龙,曾雪芳. 桥梁加固的发展与展望. 公路,2005(8).

[16] 顾懋清,石绍甫,陈祥宝. 拱桥. 北京:人民交通出版社,2000.

[17] 夏伟. 双曲拱桥病害类型及加固方法研究. 合肥:合肥工业大学,2006.

[18] 王国鼎,袁海庆,陈开利. 桥梁检测与加固. 北京:人民交通出版社,2003.

[19] 周瀛. 旧双曲拱桥上部结构检算若干问题研究. 南京:东南大学,2004.

[20] 蒙云,卢波. 桥梁加固与改造. 北京:人民交通出版社,2004.

[21] 刘国林,罗锡国. 双曲拱桥加固. 中南公路工程,2002(12).

[22] 王国鼎,杜志刚. 拱桥改造加固新途径——梁拱式拱上建筑新桥型专题之一. 公路,2001(12).

[23] 陈海涛,赵继鹏,孙玉梅. 加固双曲拱桥提高荷载等级及整体稳定性探讨. 黑龙江交通科技,2007(11).

[24] 孙晶辉,孙中强,王文革. 拱上换填法维修加固双曲拱桥的实践. 山东水利,2006(2).

[25] 张书廷. 双曲拱桥拱座位移病害整治的顶推技术. 公路交通科技,1986(3).

[26] 武建,朱纬,朱雨林. 预应力锚杆在桥台加固中的应用. 湖南交通科技,2007(12).

[27] 王灿,朱新实. 双曲拱桥病害原因分析及处治对策的研究. 公路,2002(11).

[28] 周沐辉. 陕西 49 座双曲拱桥需立即修缮. 华商报,2006. 12.

第二篇

主拱圈加固与改造技术

由于双曲拱桥具有结构新颖美观、轻巧、省材料等优点，20 世纪 60～80 年代期间，全国各地修建了数量众多的双曲拱桥。受到当时经济水平和技术条件的限制，存在设计水平、施工控制水平和荷载标准均偏低，且结构用钢量不足的问题。加上双曲拱桥的主拱圈是由拱肋、拱波、拱板等构件组合而成，存在整体性不足等先天缺陷。90 年代以来，我国经济的快速增长引起交通流和重交通量急剧增长，大部分双曲拱桥都出现了不同程度的病害，许多已成为危桥。这批危旧双曲拱桥主拱圈的病害具有一定的规律性，工程技术人员经过研究病害成因，就能确定并创新双曲拱桥加固技术，为成功地加固或修复双曲拱桥，并使这一我国独有的桥型继续服务于交通运输事业奠定了基础；并能节省大量建设资金，减少环境污染，符合节能减排、可持续发展的国家方针。本篇主要介绍当前双曲拱桥主拱圈加固与改造所运用的主要技术。

第一章 增大截面法加固主拱圈

第一节 增大截面法在双曲拱桥加固的应用简介

由于增大截面加固法具有工艺简单、效果明显、适用面广等特点，所以在双曲拱桥主拱圈加固中的应用已有多年的历史和经验。

一、增大截面(现浇混凝土)法加固主拱肋的早期应用

福建省英溪桥是一座单孔跨径80m，矢跨比为1/8的双曲拱桥。桥面净宽为净－7m＋2×0.25m(安全带)，设计荷载为汽车—13级、拖车—60。桥台基础置于砂砾卵石层上。1972年初，该桥建成后不久就发现跨中桥面下沉；至1973年，主拱圈跨中下挠度达20cm。1973年4月，在对英溪桥进行桥面系整修时，为调平桥面线形，增铺了3～20cm厚桥面填料。此后，拱顶跨中挠度不断增大，至1974年10月下挠度达50cm，主拱肋跨中截面密布了横向细裂缝。

1974年12月对该桥进行整体维修加固，采取在主拱肋侧面外包10cm、底面外包10(拱顶)～25cm(拱脚)厚钢筋混凝土(即“增大截面法”)进行加固，并在原拱扳上加浇10cm厚混凝土，改波形拱板为平板式拱板。该桥经增大截面法加固主拱肋后，1975年12月至1977年3月间逐月进行了观测，主拱圈各控制截面的挠度值基本上没有变化。[1]

二、增大截面(填芯)法加固主拱圈的应用

广西壮族自治区色八线河口桥于1967年进行了加宽，加宽部分为2孔净跨径为20m的双曲拱，设计荷载为汽车—13级、拖车—60。1984年按通行挂车—90的特种荷载进行加固，方法是在原拱上悬挂模板，在拱波上打洞(洞断面40cm×40cm，每孔6个)，再沿桥横向对称灌注混凝土，直至填满波间空槽，形成板拱为止。该桥经采用填芯法加固后安全通过90t重车。[1]

第二节 增大截面法的加固机理

增大截面法主要是通过增加受压区混凝土和增设受拉区钢筋，来提高构件的强度、刚度、稳定性和抗裂性等。按施工方法的不同，增大截面加固法可以分为锚喷混凝土法、现浇混凝土法和填芯法。锚喷混凝土法多在对主拱圈下缘增大截面时使用。由于锚喷混凝土的回弹量较大，对水泥、石料的浪费较多，再加上采用锚喷法施工后的结构表面不够平整，又容易对自然环境造成污染，目前已较少采用。现在更多的是采用现浇混凝土来增大构件截面。现浇混凝土法可应用于在拱肋下缘或拱背上缘增大截面，其适用性较强；而填芯法主要用于填充拱波内

芯，使之形成板拱截面。

通常采用增大截面法加固后的结构受力性能与未经加固的普通结构有较大差异。首先，加固后的结构属于二次受力结构，加固前原结构已经承受了荷载(第一次受力)，尤其是当原结构因承载力不足而进行加固时，其截面应力、应变一般都很高。然而，新加部分在加固后并不立即分担荷载，而是在新增荷载作用下(第二次加载情况下)才开始受力。当桥梁承受活载时，就可能出现原结构已处于极限状态，而新增部分仍处于应力初始状态。也就是说，当原结构达到极限状态时，新加部分的应力应变水平可能还很低；破坏时，新加部分可能达不到自身的极限状态，其潜力可能得不到充分发挥。所以在施工中最好是先卸去部分拱上自重，然后再实施增大截面法施工。其次，加固结构属二次组合结构，新、旧两部分存在整体工作、共同受力问题，而整体工作的关键，主要取决于结合面的构造处理及施工质量。由于结合面混凝土的黏结强度一般总是远远低于混凝土本身的强度，因此，在总体承载力上二次组合结构比一次整体浇筑结构一般要低一些。加固结构受力特征的上述差异，决定了混凝土结构加固计算分析和构造处理，不能完全沿用普通结构概念进行设计。被加固构件破坏时，往往是原结构首先破坏和退出工作，之后新增部分的应力才会陡增。

增大截面法一般适合于桥梁下部结构和地基状况良好、地基承载能力有一定潜力的双曲拱桥。

一、锚喷混凝土的加固机理[2]

“锚喷混凝土加固法”实际上由两部分组成，首先是将锚筋锚入拟补强结构内，挂设补强钢筋网，然后再喷射一定厚度的混凝土，形成与原结构共同承受外荷载作用的组合结构。所以锚喷混凝土是借助喷射机械，利用压缩空气将新混凝土混合料，通过管道高速喷射到已锚固好钢筋网的受喷面上，待其凝结硬化形成钢筋混凝土外包层。

锚喷混凝土不需振捣，而是在高速喷射时，由水泥与集料的反复连续撞击使混凝土压密，同时又可采用较小的水灰比(通常为 0.4～0.45)，使其与混凝土、砖石、钢材产生较高的黏结强度，所以新旧混凝土结合面上能够传递拉应力和剪应力。

锚喷混凝土一般分为干式和湿式两种施工方式，其中干式喷射混凝土在较早的旧桥加固中采用较多，但后来应用发展起来的湿式喷射混凝土，由于明显优于干式喷射混凝土，因此已成为世界各国喷射混凝土技术的发展趋向，目前我国也主要采用湿喷技术。

1. 干式喷射混凝土的特点

喷射混凝土的混合料是在干燥的情况下充分拌和，然后通过送料软管靠压缩空气送到专用的喷嘴处，喷嘴内装有多孔集流腔，水在压力下通过多孔集流腔与混合料拌和。

喷射混凝土的运输、加水拌和和振捣三个工艺程序，均是利用空压机产生的压缩空气通过喷射机使混凝土连续高速喷向受喷面，并与受喷面形成整体一次完成。

由于混凝土的混合料是在干燥状态下拌和的，水则是在喷射过程中加入，所以，水灰比的掌握完全凭借喷射机操作人员(俗称喷射手)的经验。因此，喷射手的操作技艺是干式喷射混凝土质量好坏的关键。

2. 湿式喷射混凝土的特点

湿式喷射混凝土的明显特点是，所采用的喷射机允许混凝土混合料在进入喷射机前或在喷射机中加入足够的拌和水并拌和均匀，然后再通过送料软管送至喷嘴喷射到受喷面上。所

以，混凝土的水灰比能准确控制，有利于水和水泥的水化，因而粉尘较小、回弹量较少，混凝土均质性好，强度易于保证，但设备较干喷机复杂。

二、现浇混凝土法加固机理

现浇混凝土法加固主拱圈，其出发点亦是在原主拱肋外侧锚固钢筋网后，再装模和现浇混凝土，从而加大原主拱肋的截面和配筋，达到提高主拱肋承载能力和刚度之目的。此加固方法除施工工艺和锚喷混凝土法不同之外，其加固机理都是一样的。

三、填芯法的加固机理[3]

填芯加固法也是增大截面加固法的一种。当需要加固主拱圈时，在拱波内腔填筑钢筋混凝土，填芯混凝土与原拱肋形成新的支承构件，这样就存在着原主拱圈先承担上部构造的自重已处于受力状态，而新增构件没有受力，不发生变形，具有二次受力特性，所以在施工中应尽量先卸去部分桥面自重，并且在浇筑填芯混凝土时，在拱架下施加一向上的反力给原拱肋，保证新增构件也可承担部分上部结构自重，从而使新旧构件所处的应力状态能比较接近，可以共同承担外力作用。

混凝土具有收缩与徐变的性能，原拱圈混凝土的收缩与徐变都已结束；要保证新旧构件连接可靠、协同工作，就应该尽可能地减少新混凝土的收缩和徐变，设计时应在新的混凝土中掺入一定量微膨胀剂，使新构件产生一定的自应力，以补偿混凝土的收缩。

当双曲拱桥主拱圈在拱波下填筑混凝土后，由于拱波、拱板、拱肋和新的钢筋混凝土构件形成整体，从而提高了双曲拱桥的承载力，又增加了原双曲拱桥的整体性，自然也就修补了原拱波中的裂缝，可谓一举多得。

双曲拱桥充分利用了拱形结构的特点，尤其是其腹拱部分。但是，作为以小偏心受压为前提的双曲拱桥主拱圈结构，由于其本身轻巧、节省材料的特点，导致在当前重交通量的情况下，其受力状态会偏离设计的预期；当外荷载超过原设计标准时，主拱圈截面本身承载能力也存在较大的不足。因此，以填芯法增加主拱圈抵抗外荷载的截面面积，提高主拱圈的承载能力，在主拱圈截面承载能力不足时，不失为一有效的加固方法。

填芯加固法经济适用，工期短，无水下作业，适合于所处水流较深的双曲拱桥。但填芯混凝土自重大，对于按拱顶正弯矩控制设计的双曲拱桥如需要全断面填筑拱波内腔，就不是很经济了。

无论是采用喷射混凝土法还是现浇混凝土法或填芯法加固主拱圈，当增加新结构后，原结构的受力状态在一定程度上应该处于二维或三维受力状态，混凝土的极限强度将有所提高。一般设计时不会考虑这一点，那么从理论上来说预留了一定的安全储备；另外，在采用增大截面法加固主拱圈时，应该尽量使新增的混凝土牢固地包裹原有混凝土，有意识地使原有混凝土处于二维或三维受力状态，这对于改善和提高新旧混凝土的整体受力性能是有好处的。

总之，增大截面加固法是一种被动加固法，加固后的构件具有二次受力特性，新增部分只能和原主拱肋一道承担活荷载的作用，而且存在应力滞后现象。但该加固方法具有能够显著提高构件刚度和稳定性等优点，这是其他加固方法所不及的。因此，该加固方法仍在大量的桥梁和建筑物加固改造工程中应用，并列入了《公路桥梁加固设计规范》(JTG/T J22—2008)和《公路桥梁加固施工技术规范》(JTG/T J23—2008)中。

第三节　设计要点和计算方法

一、设计要点

使用外包混凝土加固结构时，可参照以下设计要点。

(1)桥梁加固设计计算时，应考虑分阶段受力。在新加材料与原结构(构件)未有效结合前，其恒载(含新加材料重量)应由原结构截面承担；有效结合后施加的荷载(恒载、活载、附加荷载)由加固后的组合截面承担。[4]

(2)如果原结构处于材料的弹性阶段，截面应变符合虎克定律，截面变形满足平截面假定。但是当新、旧组合结构的承载力达到极限状态时，原结构材料已进入弹塑性阶段，材料的弹性模量 E 为变量，平截面假定也不再适用。

(3)混凝土结构加固后的极限承载力，应以原结构(构件)截面中混凝土或钢筋的设计强度值控制。[4]

(4)偏安全地不考虑由于新浇混凝土使原结构处于二维或三维受力状况而产生的应力重分布现象。这种假设与实际情况并不相符，但是目前缺乏系统的理论依据来说明应力重分布对原结构材料强度的提高程度。

(5)由于被加固构件新增钢筋的数量由原构件材料的设计强度控制，因此可依据平截面假定，利用原结构钢筋达到其设计强度时相应的应变值计算新增钢筋的应变，再由应变算得应力后，进行加固后组合构件承载力的计算。

(6)设计时必须采取措施保证新、老材料间的结合面牢固无错动，使其共同受力。

二、计算方法

1. 计算原则

(1)双曲拱桥加固前的极限承载能力应参照《公路钢筋混凝土及预应力混凝土桥涵设计规范》(JTG D62—2004)(以下简称《桥涵设计规范》)的相关规定计算。

(2)计算现浇混凝土加厚层与原构件之间混凝土收缩差效应时，应考虑混凝土徐变的影响。无可靠技术资料作依据时，对整体浇筑的混凝土加厚层，可按相应于温度降低 15～20℃考虑；对分段浇筑的混凝土加厚层，可按相应于温度降低 10～15℃考虑。[4]

(3)计算用原材料强度应采用现场实测值。

(4)分阶段进行结构受力计算。对原截面需进行施工阶段验算，将组合截面不同材料换算为同一种材料进行截面几何特性计算后，考虑新、老结构共同承受活载作用。

(5)桥梁加固规范指出，两阶段受力组合受弯混凝土构件的截面相对界限受压高度值与相应整体截面的界限受压高度值并不相同。将《桥涵设计规范》中对受弯构件整体截面规定的 ξ_b 值与周旺华著《现代混凝土叠合结构》一书中的 ξ_b 比较：钢筋混凝土受弯构件，比书中的最小值小 6%～7%；预应力混凝土受弯构件，比书中最小值小 11%。为简便，仍取 ξ_b 与一般整浇梁相同，即《桥涵设计规范》对 ξ_b 的规定值是偏于安全的。[4]

2. 增大截面法加固桥梁构件的作用(或荷载)效应计算

第一阶段：加固现浇混凝土层达到强度标准值之前，原构件承受的荷载应考虑加固时包括

其自重在内的恒载、新增现浇混凝土自重及施工时附加的其他荷载。

作用效应组合系数取值:加固时包括原构件自重在内的恒载与现浇混凝土层自重的荷载效应分项系数为1.2;施工时附加的其他荷载效应的分项系数为1.4。

第二阶段:加固现浇混凝土层达到强度标准值后,加固后构件按整体计算,作用(或荷载)应考虑包括加固后构件自重在内的恒载,二期作用的恒载及使用阶段的可变作用。

作用效应组合系数取值:恒载的荷载效应分项系数为1.2;使用阶段的可变作用效应分项系数按现行《公路桥涵设计通用规范》(JTG D60—2004)取用。

如果以应变控制,则计算阶段可以划分为:原主拱施工完成、拱上建筑完成、拆除部分拱上建筑减载(如果拆除的话)、新增加固混凝土部分加载、新增拱上建筑部分加载、活载等。划分原则根据加固施工方案确定计算应该划分的阶段可能更符合实际,而不是简单的假设。

3. 主拱圈截面换算

双曲拱桥主拱圈是在架设好的拱肋上砌筑预制拱波,再现浇拱板组成的组合截面。无论使用哪种计算方法进行计算,均需要计算换算截面特性。由于各部分的材料不同,弹性模量和计算强度也不相同,换算方法可以考虑使用材料强度系数换算,也可以考虑使用弹性模量进行换算。有研究表明,使用有限元法对双曲拱主拱圈建立模型计算截面特性,并与上述两种计算方法对比,确定使用弹性模量换算法得到的结果更符合有限元模型得到的结果。[5]

拱波一般为预制安装构件,但是由于:①砌筑拱波的弹性模量非常接近于预制拱波混凝土的弹性模量;②实际主拱圈压应力远比因砂浆与预制块混凝土收缩差产生的拉应力大,拱轴线可能变动;而且由于现浇拱板混凝土的收缩对于拱波起到预加力的作用,拱波及拱板接触面很大,对于拱波有很大的约束;③因混凝土的徐变作用,砂浆与预制块混凝土的收缩差影响将降至微不足道的程度;④实践证明,一般不会出现拱板、拱波分离的现象。因此,可以将拱波和拱板看作是一个部件,砌筑拱波的作用非常接近于整体拱波。在分析计算中,对于拱波应按其弹性模量来换算等效截面特征值。[6]对组合截面也采取同样的方法,将主拱圈新增部分材料用弹性模量换算成与原主拱圈同一种材料进行截面特性计算。

第四节 构造及施工要求

一、构造要求

增大截面法加固构件时一般应满足以下构造要求。

1. 新浇混凝土应符合的要求

(1)新浇混凝土强度宜比原构件混凝土强度提高一个等级,且不低于C25。[4]

(2)新浇混凝土的最小厚度,对板不宜小于100mm,对梁和受压构件不宜小于150mm。[4]

(3)在受压区增设现浇混凝土加厚层加固的受弯构件,现浇混凝土层厚度还应满足下列条件:

$$\frac{h_1}{h} \geqslant 0.8$$

式中:h_1——原构件截面的高度;

h——加固后构件截面的高度。

(4)新浇混凝土的集料不宜超过其厚度的1/2及加固钢筋最小间距的3/4,当新浇混凝土层厚度小于100mm时，可采用小石子混凝土或喷射高性能抗拉复合砂浆。在结构尺寸复杂和新浇混凝土施工条件差的情况下，可采用微膨胀或自密实混凝土。[4]

2. 加固的钢筋应符合的要求

(1)在受压区增设现浇混凝土加厚层加固的受弯构件，加固用纵向普通钢筋的直径应不小于10mm。

(2)在受拉区增设现浇混凝土加厚层加固的受弯构件和增大截面加固受压构件，加固的纵向钢筋应采用带肋钢筋，其直径应不小于12mm，也不宜大于25mm。[4]

(3)加固的构造钢筋直径不小于10mm，箍筋直径不宜小于8mm。[4]

3. 应按《公路钢筋混凝土及预应力混凝土桥涵设计规范》(JTG D62—2004)对新增钢筋的构造要求进行设置，并符合的要求

(1)当新增纵向钢筋与原构件受力钢筋采用短筋焊接时[图2.1.1a)]，短筋的直径不宜小于12mm，各短筋的中距不大于500mm。[4]

(2)当用单侧或双侧加固时，应设置U形箍筋[图2.1.1b)]或封闭式箍筋，并与原构件牢固连接。[4]

(3)原构件属于新老混凝土之间结合面范围的表面应凿成凹凸差不小于6mm的粗糙面。

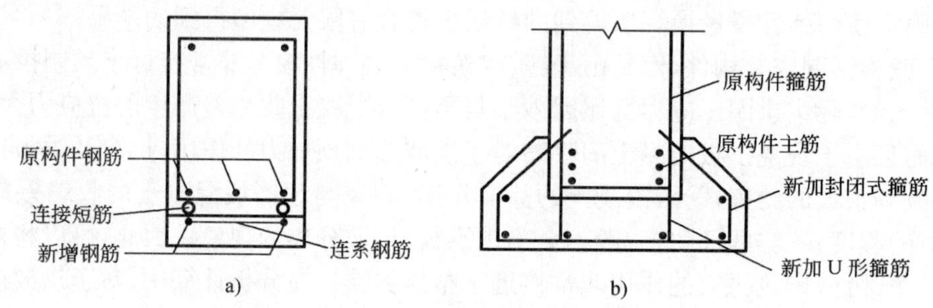

图2.1.1 增大截面法加固钢筋构造

二、施工工艺要求

1. 外包混凝土增大截面加固法应遵循的工序和原则

(1)为了加强新、旧混凝土的结合，应对原构件混凝土存在的缺陷清理至密实部位，并将构件表面凿毛，要求打成麻坑或沟槽。麻坑或沟槽深度不宜小于6mm，间距不宜大于箍筋的间距或200mm。

(2)应将原构件的棱角敲掉，同时除去浮碴、尘土。

(3)原有混凝土表面应冲洗干净。浇筑混凝土前，原混凝土表面应以水泥浆等界面剂进行处理，或充分湿润但不积水，以加强新、旧混凝土的结合。

2. 对原有和新设受力钢筋应进行除锈处理

有条件时，在受力钢筋施焊前采取卸荷或支顶措施，并逐根分区、分段、分层进行焊接，以减少原受力钢筋的热变形，使原结构的承载力不致遭受较大影响。

3. 外包混凝土采用现浇混凝土时采取的措施

外包混凝土如采用整体现浇混凝土时，必须采取措施保证模板搭设、钢筋安置以及新混凝土的浇筑和振捣的质量，在达到混凝土密实要求的同时，应加强新浇混凝土的养护，养护期最好达14d以上。

4. 锚喷混凝土的施工工艺

(1)打毛并清洗被加固构件的表面

(2)按设计要求在构件表面安设锚固钢筋

(3)安设补强钢筋网

钢筋周围应有足够的间隙,以便喷射混凝土能完全包裹钢筋。注意将钢筋网牢固地绑扎或点焊在锚固筋上,以免喷射混凝土混合料时钢筋位置产生移动。采用点焊连接时应对钢筋根部进行降温处理,以免植筋胶或环氧砂浆因温度过高老化。

(4)喷射混凝土

①首先检查喷射机是否正常,同时用高压水冲洗掉凿毛时剩余碎碴,并充分湿润受喷面。

②干喷法:将水泥、砂子、集料按试验配合比在干燥时充分拌和,内掺一定比例的速凝剂(一般按水泥质量的2%~5%),然后送进干喷机。

③湿喷法:按试验配合比将材料加水拌和成混凝土混合料,完成后送进湿喷机内。

④喷射混凝土,应注意如下事项。

喷嘴与受喷面的最佳距离一般为0.8~1.5m,距离过大将增加回弹量,并降低密实度,从而也降低了强度。喷嘴应尽量与受喷面垂直,否则会降低混凝土密实度。当对配有钢筋网的受喷面进行喷射时,喷嘴应更靠近受喷面一些,且与垂直方向稍偏离一个小角度,以便获得较好的喷射效果,同时便于排除回弹物。

喷射混凝土下垂脱落和回弹量过大,是向顶面喷射混凝土的两大问题。下垂常常是喷层过厚或过湿造成的。由于新喷上的混凝土混合料,其抗拉及黏结强度都很低,一旦喷射混凝土的自重大于其与顶部受喷面的黏结强度时,即出现下垂或脱落。因此较厚的喷射混凝土应分层喷射,前后层喷射的间隔时间应为2~4h。一次喷射厚度以喷射混凝土不滑移、不坠落为度。既不能因喷层太厚而影响喷射混凝土的黏结力和凝聚力,又不能因喷层太薄而增加回弹量。

⑤回弹物中水泥含量很少,主要为粗集料,凝结硬化后则是一种松散、多孔隙的块体。因此,应及时予以清除,不能使之聚集在结构物内,更不能将其放入下批混合料中,否则将影响喷射混凝土的质量。

(5)表面整理

喷射面自然整平,不论从结构强度和耐久性方面来讲,都是可取的。然而,喷射面过于粗糙,对于要求表面光滑和外形美观的桥孔,应及时修整。一般可在喷射混凝土初凝后(喷射后15~20min)用刮刀将设计线以外多余的材料刮掉,然后再喷或抹一层砂浆;或在喷射面上直接喷或抹一层砂浆。

(6)喷射混凝土的养生

喷射混凝土终凝2h后,应及时喷水养生。养生时间应不少于7d。对于水泥含量高、表面粗糙的薄层喷射混凝土结构的养生,是确保其强度形成和避免表面开裂的重要措施。

第五节 增大截面(现浇混凝土)法加固主拱圈实例一[7]

一、桥梁概况

某桥建于20世纪70年代初,为单孔跨径16m空腹式双曲拱桥,主拱圈由5肋4波组成,桥面净宽 7.0m，设计荷载为汽车—13 级、拖车—60。使用多年后，因拱肋刚度不足致使拱肋变形、主拱圈拱脚产生负弯矩裂缝、拱波开裂、腹拱也产生裂缝。桥梁加固前已被评定为危桥，并控制重车通行。

二、拟定加固方案

(1)采用外包钢筋混凝土加大原拱肋，以增大拱肋截面尺寸、增加拱肋断面的配筋率、提高拱肋的抗弯刚度，如图 2.1.2 所示。

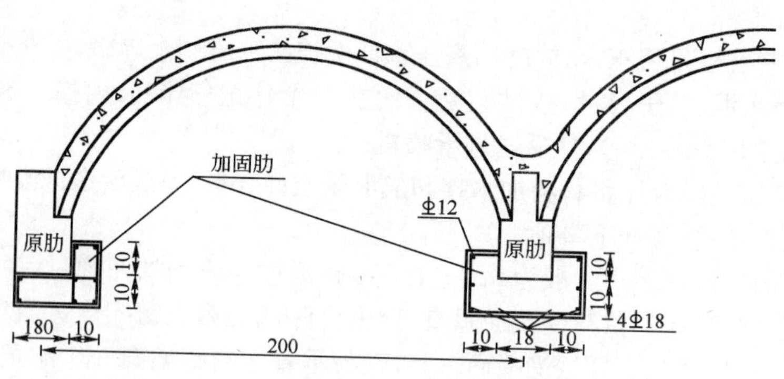

图 2.1.2 增大拱肋截面(尺寸单位:cm)

(2)增强主拱肋间横向联系，加大原有横系梁截面，并在每两道原横系梁之间增设一道横系梁，以加强主拱圈的抗扭刚度和横向整体性。

(3)为使拱肋加固时不受车辆荷载的影响，在桥面上架设钢桁架片，其跨径须大于桥梁的净跨，以保证拱肋施工期间不受振动，直至达到设计强度要求。

(4)修复腹拱圈开裂部分，保证桥梁整体完好。

三、施工工序

(1)准备工作。因该桥不能中断交通进行施工，故在开工前，将钢桁架片搭设在桥面上，高出桥面 20cm 左右，净跨不小于 20m，使整个桥的上部构造不受车辆荷载的影响。同时搭好路面接线，保证车辆能够正常通行。

(2)处理原拱肋。将原拱肋与外包混凝土的结合面凿毛，使原拱肋混凝土中的粗集料外露(但要适度)，并按一定的距离凿出部分箍筋用于连接加固钢筋用。凿毛后必须用水冲洗干净，使新老混凝土结合牢固。

(3)施工时必须单根肋施工，不得同时进行，以保证桥身整体稳固。拱肋凿毛后应立即架设钢筋，并按一定的距离用吊筋与原拱肋箍筋焊接，以保证钢筋位置准确。立模时要搭好排架，确保模板不变形、不移位，拱度与原拱肋一致。在混凝土浇筑中，因截面较小，振捣较为困难，可将微型振动棒改进后使用，必须确保混凝土密实。待一根主拱肋加固施工完毕，并达到一定的强度后方可进行下一根主拱肋施工。

(4)所有拱肋施工完毕后即可进行横系梁施工。横系梁增大截面施工方法与拱肋增大截面的施工方法相同。对所有开裂部位进行处理、冲洗，吹干后用环氧胶砂修补。

四、加固效果评价

该桥加固竣工通车后，尽管通行交通量大，超重车辆剧增，至今各构件工作状况仍较好，桥梁承载能力得到了很大的提高。根据交通量调查结果，该桥能够承受汽车—20 级、挂车—100 车辆荷载。

第六节　增大截面(现浇混凝土)法加固主拱圈实例二[8]

一、桥梁概况

广西某桥为一孔净跨径为 47.37m，净矢高为 4.884 m 的空腹式双曲拱桥，矢跨比为 1/9.7，主拱圈为 6 肋 5 波，桥台为扩大基础配重力式台，台后设有挡墙。桥宽为 7.5m，桥面净宽为净—6m+2×0.75m 人行道。原设计荷载：汽—13，拖—60。加固设计荷载为：公路—II 级，车道荷载效应系数按四级公路中重车较少的情况取用 0.8；人群荷载取用 3.45kN/m^2。

经现场调查测量，该桥主拱圈在拱顶及 $L/4$ 跨部位均发现贯穿拱肋的裂缝，缝宽为 0.5～3mm，且拱顶下挠严重；部分腹拱圈拱顶出现横向裂缝，拱脚变形明显；桥台处拱上横墙存在明显变形；桥面铺装破坏严重，沥青面层大面积龟裂。加固设计按原设计图及外观实测资料进行计算分析及施工图的绘制。

二、加固方案及技术处理

1. 计算假定

本桥计算时，根据旧桥设计资料，材料按以下特性取用。

主拱圈拱波、拱板：C20 混凝土。

主拱肋：C25 混凝土。

立柱：M8 浆砌片石。

腹拱圈：C15 混凝土预制块。

参考旧桥设计图纸，本桥的基础嵌入岩石中，计算时桥台按固接处理。

2. 加固方案确定

由于旧桥原拱上建筑为拱式腹拱，这种结构自重较大，在主拱圈矢跨比为 1/9.7 的情况下，恒载在拱脚产生的负弯矩偏大，且压力线偏离截面形心较大，这是造成荷载组合后拱脚处偏心距不满足规范要求的主要原因之一。通过计算对比，采用拆除原拱上建筑，更换为自重较轻的梁式腹拱，将大大减小主拱圈所受拱上恒载的大小。

计算结果表明，改变拱上建筑形式后，拱脚处负弯矩较更换前减少了 8 000kN·m，拱脚区段恒载压力线也恢复到了较合理的位置。在减轻拱上恒载的基础上，还采用外包混凝土增大了主拱圈拱肋截面，提高其承受荷载的能力。

3. 加固设计要点

本桥原设计净矢高为 5.244m，矢跨比为 1/9，实测净矢高为 4.884m，矢跨比为 1/9.7，拱顶下挠严重。由于旧桥设计图纸与实际桥梁结构不一致，不排除部分下挠值是施工原因引起的。因此，加固设计计算按照实测资料进行，原桥设计图纸仅做参考。

加固方案：拆除旧桥桥面、人行道、栏杆、拱上填料、腹拱圈、横墙、拱顶实腹段等拱上结构，仅利用了主拱圈，重新修建拱上立柱、横墙、盖梁、行车道板、拱顶实腹段、人行道、栏杆及桥面铺装。

对原桥主拱圈拱肋采用增大截面法加固。在主拱圈拱肋下缘现浇 20cm 厚、两侧面现浇 12cm 厚的 C30 混凝土（内设 Φ25 纵向钢筋），增大拱肋截面，以提高主拱圈抗弯拉的能力；拱脚上缘第一个腹拱范围内全宽浇筑 12cm 厚 C30 混凝土，以增大拱脚截面面积，提高主拱圈抵抗拱脚负弯矩的能力。

三、施工方法及注意事项

(1)在加固施工之前，应对主拱圈进行全面的裂缝及缺陷普查，将裂缝及缺陷情况在现场标示后及时通知业主、监理及设计单位，确定修补工程数量。须将裂缝及缺陷修补后方能进行下一步施工。

(2)按纵向、横向均匀对称的原则进行以下施工内容。

①完全中断交通，同时加强交通标志的设立及交通管理。

②从跨中往拱脚方向对称拆除旧桥面、人行道、栏杆、拱上填料、腹拱圈、横墙等拱上建筑，仅保留原桥主拱圈。

③浇筑拱脚附近主拱圈拱背上缘 12cm 厚钢筋混凝土。

④主拱肋加固。首先对新旧混凝土结合面进行凿毛处理（露出新鲜混凝土粗集料），清洁混凝土表面，修补原拱肋裂缝，根据施工放样钻孔植筋、挂网，喷涂界面剂，从拱脚往拱顶对称浇筑拱肋外包混凝土。

⑤横系梁加固。首先凿除旧横系梁下缘混凝土，直至露出下缘主筋，用新增箍筋箍住原横系梁主筋和新增主筋，再浇筑 C30 钢筋混凝土。横系梁外包混凝土应由拱脚往拱顶对称浇筑。

⑥从拱脚往跨中对称浇筑拱上立柱、盖梁、横墙、挑梁、拱顶实腹段 C20 混凝土。

⑦从两桥台往跨中对称架设行车道板。

⑧现浇混凝土桥面铺装，安装人行道及两侧栏杆。施工时必须保证从拱脚往拱顶对称施工。

(3)为减少外包混凝土收缩的影响，可在拱肋及横系梁的外包混凝土中添加少量膨胀剂。

(4)按设计要求在被加固表面钻锚固孔，洗净孔中的灰尘后用植筋胶嵌固锚固钢筋。钻孔前必须使用钢筋探测器探测构件原有钢筋的位置，以避免钻孔植筋时破坏旧桥结构。钻孔时若遇到原有结构钢筋，必须做孔位移动。未尽事宜参照《钢筋混凝土结构后锚固技术规程》(JGJ 145—2004)及产品使用说明执行。

(5)界面剂的使用方法：

①为保证良好的界面黏结，老混凝土表面应进行凿毛处理，凿除表层，直至露出粗集料；

②用钢丝刷清除表面疏松颗粒，并用无油压缩空气吹净粉尘后用清水冲洗干净；

③湿润老混凝土表面，但必须保证混凝土表面无积水；

④根据施工具体情况，调配适当稠度的 JN-J 浆料，JN-J 浆料在施工现场直接将两组分拌和均匀即可，可采用人工搅拌，JN-J 浆料配比可根据流动性要求来进行调整；

⑤老混凝土表面喷涂（可用油漆喷枪）或涂刮一层调配好的 JN-J 浆料，涂刮厚度应尽可能

均匀，厚度为 2mm；

⑥老混凝土表面涂刮 JN-J 浆料后，应在浆料初凝前浇筑新混凝土，一般情况下不超过 60min。

(6)新混凝土浇筑后应注意加强养护。

四、加固效果评价

(1)该桥加固改造经费仅为修建同规模、同标准新桥的 43%，本桥加固改造后达到公路—II 级荷载标准。

(2)把拱式拱上建筑更换为梁式拱上建筑形式，可以减轻桥梁恒载，改善拱肋、拱脚受力状况。采用外包混凝土增大主拱圈拱肋和拱脚截面，以提高其抗弯拉及抵抗负弯矩的能力，达到提高旧双曲拱桥荷载等级的目的。

(3)是否能进行加固并提高荷载等级，首先要验算基础是否满足所提高的荷载等级的要求。否则，应采取适当的技术措施对基础进行处理。

第七节 增大截面(现浇混凝土)法加固主拱圈实例三[9]

一、桥梁概况

江西省萍乡市西门韶井大桥建成于 1972 年，桥梁全长 120.5m，桥面横向布置为：净—12m+2×1.4m 人行道，原设计荷载为：汽车—13 级，拖车—60。上部结构为 2 孔净跨径 50m 的空腹式双曲拱桥。主拱净矢高为 5m，矢跨比为 1/10，实测拱轴系数 $m=2.814$，原主拱肋主筋为三根 Φ22 钢筋。主拱圈由 11 根拱肋组成，主拱肋宽度为 22cm，高度为 40cm，主拱肋间距为 130cm。实测拱波净跨径为 130cm，净矢高约 50cm；每两根主拱肋间设置 13 道横系梁，横系梁宽 20cm，高 30cm，横系梁净间距为 370cm(沿拱弧线方向)。每跨主拱圈均设有 8 个腹拱(以拱顶为对称，每侧各 4 个)，腹拱圈净跨径约为 320cm，净矢高为 95cm，每排腹拱墩由 11 根立柱组成，立柱截面尺寸为 23cm×40cm。

二、桥梁结构检查及现状评定情况

韶井大桥结构检算结果表明：上部构造目前极限承载能力不能满足原设计荷载汽车—13 级、拖车—60 的使用要求。该桥主要存在的病害情况如下：

(1)桥面磨耗、积水现象严重；

(2)0 号台台后填土不均匀下沉现象严重，实测不均匀沉降值达到 14.4cm，桥头搭板开裂破损，形成凹槽；

(3)人行道大面积破损、碎裂、钢筋外露且严重锈蚀；

(4)主拱肋底部混凝土破损、碎裂、钢筋外露；

(5)部分横系梁局部混凝土破损、碎裂、钢筋外露等；

(6)拱波间接缝多处存在严重漏水现象，且纵桥向开裂，裂缝长度最大达 10 余米，宽度为 0.5～5mm 之间，拱波开裂现象多集中于实腹段；

(7)腹拱墩立柱及盖梁局部混凝土破损、剥落，钢筋外露；

(8)拱脚腹拱拱波纵向开裂；

(9)大部分腹拱圈存在纵向开裂、横向贯通开裂，表面混凝土风化、剥落、渗水严重等病害；

(10)该桥整体刚度无法满足设计荷载使用要求，拱肋间横向整体性较差。

三、加固技术指标

(1)桥面净宽：净—12m+2×1.4m人行道(维持原桥面宽度)。

(2)设计荷载：公路—II级。

四、加固设计要点

本桥的主要受力构件主拱圈按公路—II级标准进行结构计算，计算结果表明：通过适当增大主拱肋截面的受力面积能够满足设计荷载的要求，并在尽量节约加固维修成本以及保证施工安全、可行的前提下，对存在问题的构件分别进行加固设计或拆除重建，详见图2.1.3。

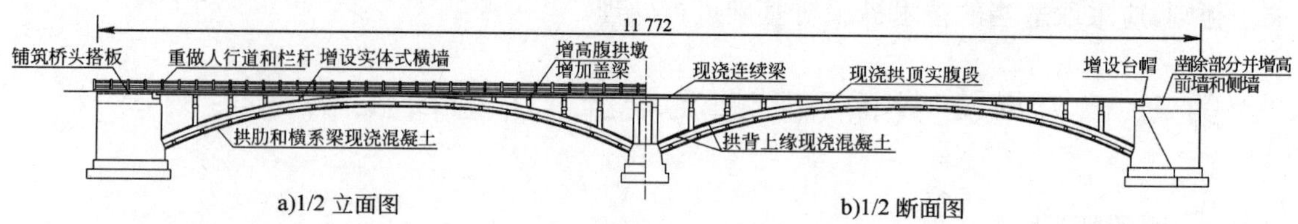

图2.1.3　加固总体布置图(尺寸单位：cm)

1.拱上建筑维修加固方案

(1)拆除原桥面系、拱上侧墙及腹拱圈；

(2)将靠近拱脚的两个腹拱墩加高至设计高程后增设盖梁；

(3)将靠近拱顶的两腹拱墩处增设横墙式腹拱墩；

(4)在腹孔墩盖梁顶设置2mm厚橡胶垫片，以免桥面板与腹拱墩刚接；

(5)现浇25cm厚连续桥面板。

2.主拱圈维修加固方案

(1)对主拱圈拱肋底部及侧面分别现浇15cm厚及12cm厚C35混凝土以增大截面并提高主拱圈的承载能力，如图2.1.4所示；对横系梁外包6cm(顶面、侧面)厚及10cm(底面)厚钢筋混凝土增强主拱圈横向刚度，如图2.1.5所示。

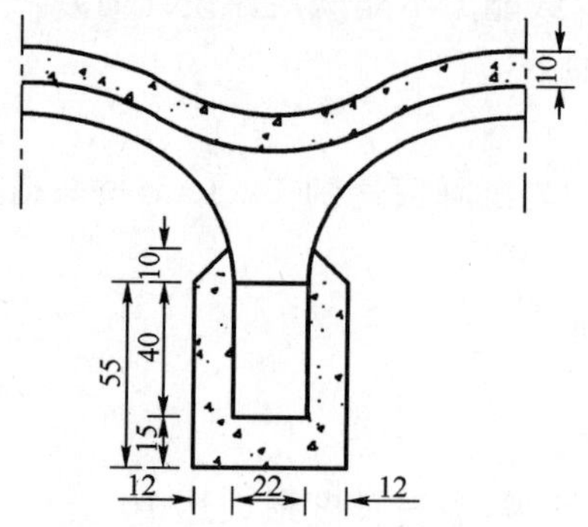

图2.1.4　主拱圈加固一般构造图

(尺寸单位：cm)

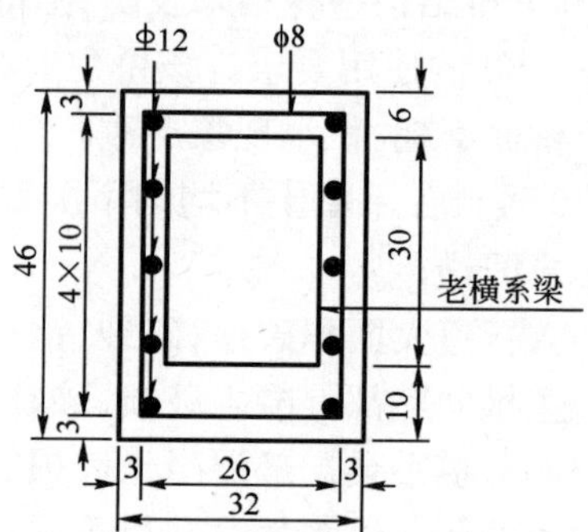

图2.1.5　横系梁加固横断面构造图

(尺寸单位：cm)

(2)在距拱脚最近的两个腹孔范围内的拱背上缘现浇钢筋混凝土，以增强主拱圈拱脚截面的承载能力，详见图 2.1.6 所示。

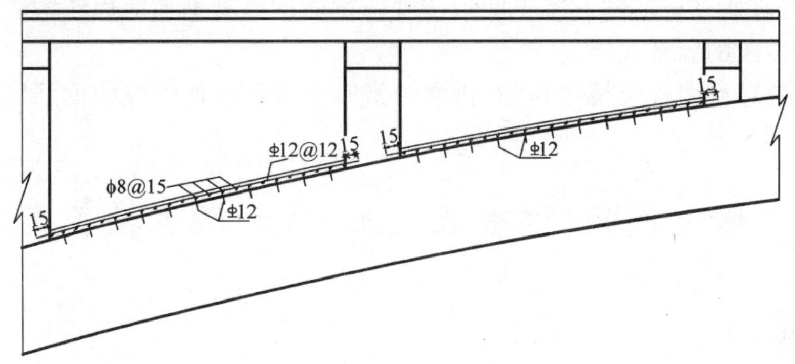

图 2.1.6 拱背现浇混凝土钢筋构造图(尺寸单位：cm)

3. 桥面系

(1)拆除原桥面铺装及栏杆；

(2)重新设置 8cm 厚钢筋混凝土桥面铺装层，重新预制安装人行道板，安装原桥拆除下来的栏杆及扶手；

(3)各墩、台处的桥面内均设置型钢伸缩缝；

(4)在人行道板内埋设 PVC 泄水管。

4. 桥墩、桥台

(1)加高原桥墩上腹孔墩，并设置横梁以支撑连续板；

(2)加高原桥台前墙及侧墙以支撑桥面连续板及桥头搭板。

五、维修加固施工要点

旧桥维修加固是一项繁杂的系统工程，虽工程量不大，但涉及诸多隐蔽工程、施工工艺多且复杂，因而建议由具有相应资质与类似工程施工经验的施工单位施工，并聘请具有旧桥加固工程施工经验的工程师进行监理。施工中应严格按照《公路桥涵施工技术规范》(JTJ 041—2000)及旧桥相关工艺的施工规程进行施工，并应特别注意以下几点。

(1)由于本桥没有原来的设计资料、施工资料、养护资料，且原桥施工工艺和施工质量较差，拱圈变形严重，因此设计计算用的某些尺寸按常规估算，计算结果与实际情况不可避免会有误差，在施工过程中要注意观察，如发现有问题应及时采取措施进行处理。

(2)凿除旧桥面栏杆、拱上侧墙及腹拱圈过程中，不允许采用大型机械设备，应采用人工进行凿除或挖除，以免对大桥主拱圈造成新的损伤，及时将废料运至弃土场地。

(3)拆除工程与混凝土浇筑工程均应在孔与孔之间对称、均匀作业，并切实做好安全保护工作，准备好需要的应急材料和相应的应急措施，以策安全。

(4)现浇桥面铺装前，应对桥面铺装钢筋网采用短钢筋严格定位固定，以免浇筑混凝土时钢筋网下沉。同时桥面钢筋网的焊接或搭接的方式应满足《钢筋焊接网混凝土结构技术规程》(JGJ 114—2003)的要求。

(5)在浇筑拱肋混凝土时可在每个槽体内预埋 2 根“L”形灌浆孔(可插入 PVC 管或镀锌钢管作灌浆管)，在浇筑完混凝土后，对新旧结构间的缝隙内压注水泥净浆。

(6)施工时应采用现浇干硬性混凝土(坍落度为1～3cm)。

(7)对原结构的所有拟浇混凝土表面均应进行凿毛并清洗;如遇原结构有裂缝的地方,可用人工把裂缝轻轻凿开至新鲜混凝土面后清洗。在浇筑混凝土前对原结构表面进行充分湿润,以利新老混凝土的紧密连接。

(8)在现浇连续桥面板及桥台台帽、桥墩盖梁时注意预埋伸缩缝锚固筋及人行道板所用钢筋。

第八节　增大截面(锚喷混凝土)法加固主拱圈实例一[10]

一、桥梁概述

某桥为两孔跨径15m,全长34.2m的钢筋混凝土双曲拱桥,U形桥台,钻孔灌注桩基础,于1973年下半年建成通车。原设计荷载是1972年的规范标准,折算为设计荷载为:汽车—15级,挂车—80。

二、加固设计要点

(1)加固要求:该桥折算原设计荷载为汽车—15级,挂车—80,要求通过加固改造后设计荷载提高到汽车—20级,挂车—100。

(2)结构现状:该桥拱肋和拱波均存在超出规范限值的裂缝,跨中承受正弯矩的能力不足和横向连接不够是该桥的主要缺陷。

(3)加固方案:根据双曲拱桥主要受力构件——主拱圈是偏心受压构件的特点,增大主拱圈的截面是提高荷载等级一个非常有效的方法。因此,采用增大主拱圈截面和增设横隔板的方法加固该双曲拱桥。增大主拱圈截面主要有增大拱肋截面和加厚拱背两种方式,施工方法有现浇和喷射混凝土两种。下面从技术和经济两方面对这三种方法进行比较。

1.技术方面

现浇混凝土加厚拱背法:此方法是清除拱上填料,在原来的拱背上面浇筑一层钢筋混凝土,通过植筋,使新加部分和原拱背结合在一起。这种方法不能明显提高跨中抵抗正弯矩的能力,一般需要与改变拱上建筑相结合才能起到提高荷载等级的作用。该桥跨径不大,拱上建筑基本完好,因此该方法不适合该桥的加固改造。

现浇混凝土法需架立好增设钢筋后立模浇筑,而主拱圈由拱肋、拱波及拱板组合而成,若对整个主拱圈下缘均增大截面的话,无疑存在支模、浇捣混凝土均很难施工的问题,这时采用不需支模的锚喷混凝土法无疑更为简便。与现浇混凝土法相比,锚喷混凝土的回弹量大,且需分层分次施工,所以对于只需增大主拱肋截面、支模较为方便的情况,采用现浇混凝土无疑更为适合。

2.经济方面

材料用量少、受场地限制造成的施工难度是桥梁加固的一个特点,特别是对于小跨径的桥梁来说,决定加固费用的主要方面是施工难度大、施工工期紧等原因产生的人工和台班费用。

采用现浇混凝土增大拱肋截面加固时,凿出原拱肋钢筋、钢筋的连接和在有限的空间进行

混凝土的浇筑，均是比较困难的。这就造成了施工工期较长，影响桥面交通时间长，从加固费用和社会效益两方面来说均是不经济的。

采用锚喷混凝土法增大拱肋截面加固时，主要是植筋、钢筋网架设和喷射混凝土三个工序，施工时，工人操作空间大，施工方便，能有效地缩短施工工期，在加固费用和社会效益方面均优越于现浇混凝土增大拱肋截面法。

3. 加固方案

通过上述分析，决定采用锚喷混凝土法加固该桥。

此双曲拱桥随着服役时间的增长和重车辆交通的增多，已经出现了较严重的裂缝病害，特别是波顶纵缝在跨中区段开裂比较严重，加固方案为：

(1)在拱肋下缘锚喷 C30 混凝土(厚 10cm)，在拱肋侧面及拱波下缘锚喷 C30 混凝土(厚 6cm)，在拱脚处拱背上缘现浇 C30 混凝土(厚 10cm)；

(2)在 $L/4$、跨中、$3L/4$ 处加设三道横隔板。

三、加固效果评价

为了解加固后该桥的工作状况并检验加固的效果，对加固后的双曲拱桥进行了荷载试验。

为了保证试验的安全，检测出桥梁的实际承载能力，根据试验车在各测试截面的弯矩影响线上的最不利位置分四级加载。

由试验实测得到的应变值可以看出，各工况最不利截面的效验系数均小于 1，说明加固后该桥的承载能力达到了汽车—20 级的要求；由分级加载的应变变化可以看出，结构在试验荷载下基本处于弹性工作阶段，加固提载效果明显。

第九节　增大截面(锚喷混凝土)法加固主拱圈实例二

一、大桥设计简况

香屯大桥位于江西省乐平至德兴公路上，距德兴市 7km，跨越乐安河。1967 年由江西省公路局进行勘测设计，于 1968 年 6 月开始施工，1969 年 8 月竣工。

大桥设计荷载原为汽车—13 级，拖车—60，桥面净宽为净—7m＋2×0. 25m 安全带。上部构造为 5 孔 45m 的双曲拱，矢跨比为 1/6，横向采用 6 肋 5 波。下部构造为重力式实体桥墩和加后座的 U 形桥台。除德兴台奠基于密实卵石层以外，其余墩台均建于千枚岩基岩上，如图 2. 1. 7 所示。

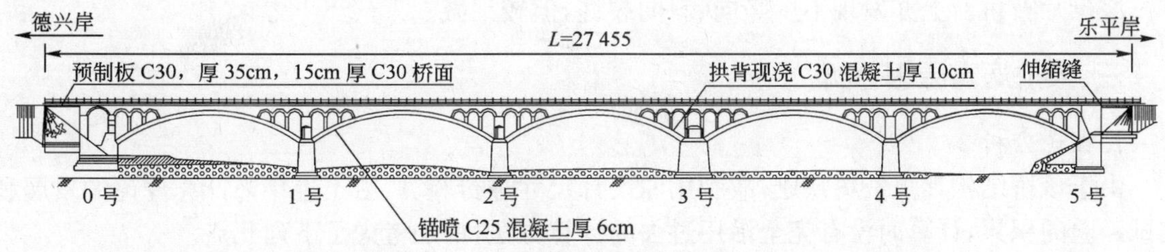

图 2. 1. 7　香屯大桥总体布置图(尺寸单位：cm)

大桥一般均按设计图纸进行施工，各孔主拱圈均采用有支架现浇施工，对称加载。德兴岸桥台基础下基时比设计图加深了 1m，以确保基底强度的要求；两桥台后座挡墙均奠基于台背回填土上。

二、香屯大桥病害状况

1. 主拱圈裂缝

(1)主拱圈中波纵向裂缝。大桥横向中心线正处于第 3 拱波波顶处，检查时发现各孔中波波顶均存在纵向裂缝，一般自拱顶开始至 $L/4$ 附近为止，但第 5 孔则在两拱脚之间均存在，裂缝宽度最大约 0.4mm。

(2)肋、波连接处裂缝。各孔拱波与拱肋连接处大部分均发生裂缝，有的较细，有的十分明显且有不少水泥砂浆脱落现象，亦有不少在该处渗水的现象。

(3)拱肋裂缝。各孔拱肋均有横向裂缝，而以第 1、5 孔比较集中，有不少是 U 形裂缝，这些裂缝多发生在拱顶前后 10m 左右范围内。

(4)横系梁裂缝。为数较少但除第 1、4 孔外均有发现。

2. 主拱圈拱轴线下降

主拱轴线普遍下沉，拱顶下沉 5～18cm，$L/4$ 点下降 0～9cm，而且上下水下沉值很不一致。

3. 桥面变形及破碎

桥面纵向变形已呈波浪形，但高差尚不很大。而桥面破碎现象甚为严重，且集中在第 3～5 孔及两台后座上，在墩顶附近伸缩缝处裂缝尤其发达，以致破碎露筋。

4. 腹拱、立墙病害

腹拱及立墙均为浆砌片石材料，由于防水层质量差，许多腹孔及立墙上均有渗水痕迹，以致发现不少因长年渗水侵蚀所产生的悬挂着的“石笋”。腹拱圈及立墙上也发现有裂缝。

5. 桥台后座变形严重

两桥台后座挡墙与桥台连接处沉降缝均增大至 8～10cm(设计为 2cm)宽，且从外部可见内部填料中的空洞。在横向，后座两挡墙均偏出桥台外缘 5～8cm。据该桥的管养单位反映，后座上桥面沉陷多次，修补时发现其填料在上层为煤渣，车辆通过时，煤渣则由沉降缝处外泄，因而其上路面不能稳定。

6. 墩台身裂缝

各桥墩上均存在竖向裂缝，反映了施工时混凝土浇筑及其所用材料存在一定质量问题，许多裂缝多为早期出现，因年代较久，沿缝出现白色晶体析出物。

浆砌片石桥台上亦发现不少竖向、斜向裂缝，但较细微。

三、大桥病害原因分析

1. 理论分析

由于该桥结构计算资料缺乏，故利用原设计尺寸进行验算，由于近年来计算理论的发展和测试经验的积累，计算时没有完全沿用过去的计算方法，增加考虑了下列几点。

(1)拱上构造的共同作用。该桥为拱式拱上构造，共同作用影响较大，计算时在活载内力中已考虑了这种作用。

(2)活载横向分布。过去的设计一般不考虑,但横向分布影响是客观存在,必须计入。在计算时,结合拱结构实际测试的经验,只在活载距截面较近时才计入横向分布,否则亦按均匀分布。具体来说,只对拱顶及 $L/4$ 点的正弯矩和拱脚的负弯矩才计入,而对 $L/4$ 点的负弯矩和拱脚正弯矩不计。

(3)当混凝土截面拉应力超限时按材料进入塑性状态验算。

按材料力学公式计算得主拱圈上下缘应力见表 2-1-1。

主拱圈截面应力表(单位:MPa)　　表 2-1-1

序号	荷载		拱顶		L/4		拱脚	
			$\sigma_上$	$\sigma_下$	$\sigma_上$	$\sigma_下$	$\sigma_上$	$\sigma_下$
1	恒+汽—20	M+	4.25	−0.34	4.28	−0.35	5.62	−1.25
2		M−			2.41	3.53	2.94	3.91
3	恒+汽—20+降温	M+	3.76	−1.12	3.55	−0.85	3.57	0.71
4		M−			2.06	2.46	1.43	4.84
5	恒+挂—100	M+	4.13	−1.18	4.03	−1.27	4.96	−1.81
6		M−			1.78	3.38	1.62	4.98
7	恒+超—20	M+	4.49	−0.34	4.50	−0.69	6.13	−2.14
8		M−			2.22	4.05	2.69	4.93
9	恒+汽—超 20+降温	M+	3.96	−1.11	3.73	−0.92	3.99	0
10		M−			1.91	2.86	1.23	5.65
11	恒+挂—120	M+	4.54	−1.76	4.37	−1.82	5.30	−2.34
12		M−			1.67	3.76	1.28	5.80

表 2-1-1 为按换算截面求得的应力值,该换算截面系按全截面均为拱板材料考虑的,故上缘应力值是实际的,下缘应力值还应乘以肋、板弹性模量比 $n=1.208$。拱板、拱波为旧 150 号混凝土,允许拉应力为 0.55MPa。拱肋为旧 250 号混凝土,允许拉应力为 0.8MPa,显然不少截面已超过允许应力限值。如将各超应力截面计入塑性影响计算,则结果见表 2-1-2。

截面进入塑性的压应力计算表　　表 2-1-2

表 2-1-1 中的序号	拱顶		L/4		拱脚	
	偏心距 (m)	压应力 (MPa)	偏心距 (m)	压应力 (MPa)	偏心距 (m)	压应力 (MPa)
1					0.173	5.11
3	0.183	3.42				
5	0.189	3.70	0.198	3.74	0.211	4.94
7					0.207	5.97
9	0.188	3.52	0.180	3.33		
11	0.218	4.70	0.227	4.79	0.234	6.15

表 2-1-2 所示压应力均为上缘压应力值，拱板允许压应力为 $\sigma_a=5.5$MPa，截面的允许偏心距为 0.260m，由此可见，这座 20 世纪 60 年代后期设计的桥梁，从设计的尺寸上说可以通过汽车—20 级设计荷载和挂车—100 验算荷载。即便对于汽车—超 20 和挂车—120 等级的荷载，也仅是在拱脚处应力超过允许值。

现场测量数据表明主拱圈已有明显的下沉，由于徐变收缩产生的下降是常见的，它不致引起恒载内力的改变，而由于拱轴线下降引起活载内力的变化，据计算，本桥仅在 5%以内。然而本桥拱轴线下降的原因显然不完全是由于徐变收缩，有很大部分是由于施工原因。若竣工时拱轴线位置便比设计值低，则将引起较大的恒载内力。分析时，按比设计拱顶低 10cm 的拱轴线进行计算，恒载在拱顶全断面将增加 400kN · m 的弯矩，对拱顶受力状况很不利。

2. 主拱圈病害

(1)设计问题

大桥于 20 世纪 60 年代后期设计，构造上亦反映了那个时代双曲拱桥的设计特点，其中与今天的病害密切相关的是：拱圈在构造上未能很好地保证其整体性，使计算结果的成立在一定程度上失去了前提，主要表现如下：其一是横断面上缘为平板式，造成在肋处厚度达 1.10m，而在波顶处厚度仅 0.26m，这种刚度的悬殊既易产生纵向收缩裂缝，也不利于横向挠度及内力的传递，给重车偏载造成的中波纵向裂缝提供了条件；其二是拱肋混凝土与波、板混凝土标号的过大差异(拱肋旧 250 号，波、板旧 150 号)，这种差异无疑增加了收缩差和温差内力。同时，肋与波、板的结合面过小，联结构造太弱，由于拱脚区段的剪力和拱顶区段的径向拉力作用，导致了大量肋波接合处裂缝的出现，经计算，即使在拱肋较多地将钢筋伸入拱板的拱脚附近截面，在重车通过时，如接缝的平均抗剪强度可达 0.4MPa，其剪力钢筋亦需承受大于 200MPa 的剪应力；其三是横向联系薄弱，截面纤细的横系梁虽多而密，相对肋、波、板而言，只是柔性构件，对拱圈的横向整体性作用有限。

(2)重车交通量的不断增长

据调查，1979 年返修桥面时，拱圈上的裂缝并不太多，此后重车日益增加，病害则日见严重，特别是铜矿运矿石重车经大桥去乐平或经大桥去火车站，回来则为空车，在大桥上经常会车。随着交通量的增加，桥上会车日见频繁，重车则多在一侧车道上行驶，这种经常性的重车偏载对桥中心线附近拱圈进行反复交替的剪切，而该处拱圈仅有 26cm 厚，且基本上没有钢筋，系梁断面仅 15cm×18cm，抗剪作用甚微，因而每孔主拱圈均产生中波上的纵向裂缝，由于空腹段强大的立墙可起横向联系的作用，而实腹段主拱圈距活载又近，故此裂缝一般在两 $L/4$ 点之间。分道行驶的拱桥一般要求有构造措施来抵抗错动剪力，大桥构造在这方面也是不足的。1979 年新修的混凝土桥面虽已加钢筋，但是分离式的构造无助于抵抗纵移错剪。所幸本桥立墙刚度较大，纵移作用对本桥影响尚属次要。

在肋与板、波整体性受到一定程度的破坏和横向整体性不能很好地保证的条件下，重车荷载有增无减地继续作用，势必使拱圈在许多局部呈现单个或少数构件受力集中现象，全断面受力甚不均匀。如在实腹段中波纵向缝已经形成时，单侧重车荷载则主要地由拱圈的两个半单元承受，而在肋波裂缝严重处，拱肋便可能因应力超限而开裂。

(3)施工原因

大桥施工时限于当时的历史条件，在质量控制上是存在一定的问题，净跨径误差最大达

32cm;德兴岸第一孔拱肋下缘满布砂浆修补的痕迹;行车道边缘低于安全带顶面均小于设计的20cm,反映了施工时或者1979年返修时桥面厚度未很好地掌握。

尤其是拱轴线高程大大低于设计值,可能大部分是施工原因:一是预拱度未留足,二是卸架过早和水灰比过大,三是施工控制高程不严。如前所述,施工尺寸造成的拱轴线低于设计值,将明显增加恒载在拱顶处的内力,再加上桥面厚度的增加,则会导致本来强度可以满足的拱顶截面变得应力超限。这也是拱肋U形裂缝大量发生在拱顶附近的原因之一。

3.桥台后座变形

后座不可避免地要置于回填土上,该回填土夯实程度很难查考,但即使夯实质量较好,仍难以完全避免在100多平方米基底面积内的不均匀沉陷。后座虽为整体基础,但由于墙身太高,重量甚大,0.75m厚的片石混凝土和1.45m厚的浆砌片石基础仍不足以维持后座的整体刚性,如有不均匀沉陷的发生,则很有可能使后座基础顶面在桥中线附近(该处最薄弱)开裂。加上日益增加的往来重车作用,填料的土压力则促使挡墙向外侧倾斜和位移。后座与桥台间的沉降缝之所以大大增宽,亦由于沉陷造成。

4.桥面破碎

第一次修建的桥面,按设计图应是20cm厚的混凝土,但经过10年后至1979年又不得不翻修,铺筑了10cm厚的钢筋混凝土桥面,至今又相当破碎,分析有如下三点原因。①缺乏基层。拱桥拱上填料厚薄不一对面层的刚性不一,沉陷不一,砂砾填料只能算桥面的垫层,而缺乏整体性好,具有足够强度的基层,这也是许多拱桥的混凝土桥面不能达到使用寿命的原因之一。②重车交通量增长。据观测站统计的交通量,70kN以下重车尚不到总数的10%,但这种统计数字由于统计口径的不一致,不能完全作为桥面的设计依据。因经常出现的铜矿重车及大型集装箱重车的轴重均大大超过路面设计的标准轴载,如有精确的统计数字,来进行标准轴载的换算,则极有可能得出大桥交通量已达路面设计中的“中等”级交通量的结论,而需要重新设计大桥桥面。③变形缝数量多,且接缝处未处理好。拱桥墩台处的变形缝在桥面处是较难处理的一个问题,它的变形比刚性路面中的胀缝更大而且更复杂。但原桥面在该处未作任何处理,故有缝处的破碎现象尤为严重。

5.其他病害

桥墩墩身竖向裂缝及桥台砌体上的竖向裂缝数量虽多,但不似新产生的,且与外荷载作用的关系不甚明显,分析可能与施工工艺及材质有关。腹拱及立墙上的裂缝除上述原因外,还与防水层质量不良有关。

四、大桥加固设计方案

从对全桥进行检查及分析的情况来看,尚未发现墩台基础出现病害的现象,即使是置于非岩石基底上的德兴岸桥台,亦未发现位移的迹象,所以大桥的加固主要针对上部构造和桥台后座。根据大桥的现场检查结果,依据病害原因分析和结构验算结果,提出了以下两个加固方案供比选。

第一方案:按维持目前桥面宽度,荷载等级按汽车—20级,挂车—100考虑。

1.主拱圈整体性加强

(1)实腹段横系梁改成横隔板,目的在于加强横向整体性,使全拱宽共同受力。

(2)各拱肋与拱波衔接处用钢筋网喷锚加固,目的在于外贴剪力和拉力钢筋,加强肋、波板的全断面受力。

2. 重修桥面

将原有桥面彻底清除，并挖去部分填料，适当减载，加做水泥稳定砂砾基层，再在其上浇筑与缘石、侧墙相连的钢筋混凝土桥面，并在接缝处设置传力杆，目的在于改善桥面行车状况和加强拱的整体受力。

3. 将桥台后座上路面改成钢筋混凝土单向板，支承于两后座上

以使活载压力直接作用在挡墙上从而减少挡墙土压力和增加挡墙基底阻力。

4. 立墙和腹拱裂缝修补

仅选择宽度大于0.5mm的浆砌圬工裂缝进行压水泥浆修补，一般小裂缝不作处理。

5. 墩身裂缝采用环氧树脂砂浆或喷锚套箍进行加固

第二方案：按加宽行车道至9m，荷载等级按汽车—超20级、挂车—120考虑。

(1)主拱圈拱肋及拱波部分外包钢筋网并用喷锚混凝土适当加大拱圈截面。横向联系加强部分基本同方案一。

(2)拆除原桥面及栏杆、安全带，加挑梁悬出该部分。重建整体性的钢筋混凝土桥面(同方案一)。

(3)桥台后座处理及其他部位修补基本与第一方案相同。

(4)乐平岸桥头改线。为改变桥头交通堵塞现象，桥头引道线形应予改善，特别是该交叉道口位置宜作一定的移动。

五、结构检查的复查情况

1989年3月22日至3月28日对香屯大桥再次进行了检查，这次复查与1988年9月的大桥检查时间间隔为半年。在这半年时间内，大桥交通量稍有增长，较为突出的是在1988年12月大桥通过了1 340kN运输变压器的大型平板车及其410kN牵引车。通过重车前，在大桥德兴岸第一孔进行了以330kN双轴矿用车作为活载的试验，后又在该孔以4辆单重超过300kN的矿山汽车进行了总载1 300kN的等效荷载试验。

在这段时间内大桥养护维修情况均未变化，其他使用方面的状况均同以前。

1. 大桥病害复查情况

基于上述使用情况和两次检查的时间间隔，本次检查重点为主拱圈病害的变化。由于德兴岸第一孔经重车反复加载次数最多，故拱圈检查又以第一孔为重点。

总的情况是，这次检查发现主拱圈裂缝比上次检查时数量增多了，裂缝集中的部位在纵向是拱顶区段，在横向是第3、4两肋(中肋)上。裂缝的最大宽度与第一次检查的相近，尚未发现特大裂缝，但超过0.2mm的裂缝数目增加了。

此外，肋、波间的环形缝比上次检查时也加长了，反映了拱圈某些区段整体性的削弱有所加剧。

大桥其他部位的病害情况没有发现明显的发展。

2. 对大桥病害的看法及处理意见

两次检查时间只隔半年，可见大桥拱圈裂缝的发展是较快的，除交通量增长的因素外，分析主要原因是大桥通过了1 340kN重车，这从裂缝集中增加的部位可以反映出来。大桥的病害应该说是加剧了，但不能说已达到即将破坏的程度，因无铰拱截面开裂以后内力将

发生重分配，这是拱桥承载能力的“潜力”之一，也是拱桥的安全储备之一。从保证正常使用的观点看，维持结构按设计的受力状态和支承状态进行使用是养护和维修的目的，计入安全储备的承载能力不应看成是正常的承载能力。第一次检查的结果已充分说明大桥必须立即进行维修加固，方可保证其正常使用，此次复查的结果进一步反映了加固工作的紧迫性。

由复查情况看，大桥加固的方案仍按前面的方案选用。

六、大桥的结构验算

(一)加固前主拱圈验算

由于检测结果是实际丈量尺寸与大桥原设计的结构尺寸基本吻合，拱肋、拱波、拱板按测量数据取用。计算时，根据近年来理论的发展和测试经验的积累，还考虑了下列三点。①拱上构造的共同作用。该桥为拱式拱上构造，共同作用影响较大，计算活载内力时考虑了这种作用。②活载横向分布，结合拱结构实际测试的经验，计算拱顶及 $L/4$ 点的正弯矩和拱脚的负弯矩时才计入，而对 $L/4$ 点的负弯矩和拱脚正弯矩不计。③当混凝土截面拉应力超限时按材料进入塑性状态验算，降温按－20℃，收缩徐变按－10℃计。

按大桥设计的结构尺寸(与实际丈量基本吻合)，假定主拱圈整体受力状况良好，进行强度验算，目的是分析现有结构病害原因及提供加固决策的依据。

1. 恒载计算

(1)桥面恒载

根据原设计图以及调查实桥情况采用计算的桥面恒载如图 2.1.8 尺寸计算(拱顶以上部分)。

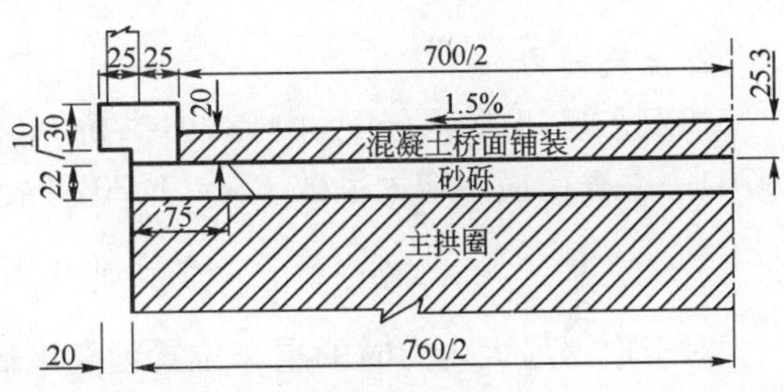

图 2.1.8 拱顶横断面图(尺寸单位:cm)

一侧安全带：(0.4×0.3＋0.2×0.3)×24＝4.3(kN/m)。

一侧栏杆：0.7kN/m。

一侧混凝土路面：(0.2＋0.253)/2×3.5×24＝19.0(kN/m)。

一侧侧墙：0.75×0.22×25＝3.8(kN/m)。

一侧砂砾：(3.80－0.75)×0.22×17＝11.4(kN/m)。

全拱宽：Q＝(4.3＋0.7＋19.0＋3.8＋11.4)×2＝78.4(kN/m)。

全拱宽 5 单元(每单元宽 1.46m)，每单元承担

$$q = Q/5 = 15.68\text{kN/m}$$

(2)每单元主拱圈截面几何特性

拱肋旧 250 号混凝土：E＝2.9×10^4MPa。

拱波、拱板旧 150 号混凝土：E＝2.4×10^4MPa。

$$n = 2.9/2.4 = 1.2083$$

换算截面形心距截面上缘 y＝73.11cm。

拱肋单位重度 γ＝25kN/m^3，拱波、拱板 γ＝24kN/m^3。

每单元主拱圈截面几何特性见表 2-1-3 所示。

每单元主拱圈截面几何特性表　　表 2-1-3

项目＼部位	拱　肋	拱　波	拱　板	拱圈换算截面
面积(cm^2)	1 605	1 571	4 281	7 790.9
惯矩(cm^4)	385 002	227 425	638 108	7 164 298

注：拱肋、拱波、拱板为实际数值，换算截面按旧 150 号混凝土换算。

(3)拱上构造(按每单元 1.46m 宽计)

第一立墙脚总重力 P_1=225.9kN。

第二立墙脚总重力 P_2=159.1kN。

第三立墙脚总重力 P_3=52.9kN。

实腹段拱上构造分 6 块计，各块重力为：

$P_4=74.0\text{kN}$、$P_5=63.9\text{kN}$、$P_6=40.2\text{kN}$、$P_7=22.4\text{kN}$、$P_8=10.2\text{kN}$、$P_9=3.0\text{kN}$

由于横系梁甚密，按 0.33kN/m 加入桥面均布荷载中，故 $q=15.68+0.33=16.01(\text{kN/m})$。

(4)恒载内力

将拱圈轴线分为 16 个单元，按刚度法计算得恒载内力如表 2-1-4。

香屯大桥恒载内力计算结果表　　表 2-1-4

拱　顶		L/4		拱　脚	
N(kN)	M(kN·m)	N(kN)	M(kN·m)	N(kN)	M(kN·m)
1 906	33	1 999	70	2 410	197

2. 活载内力

按双车道，5 单元分配，由《双曲拱桥》(《双曲拱桥》三结合编写小组，人民交通出版社，1976)一书查得横向增大系数 $K_{汽}=1.20$，$K_{挂}=1.40$，故横向分布系数取值为：

$$\eta_{汽}=\frac{2}{5}\times1.2=0.48,\eta_{挂}=\frac{1}{5}\times1.4=0.28$$

对于取得最大内力时的重车位置远离该截面位置时，根据多次试验情况，其内力横向分布较为均匀，则按平均分配。即对 $L/4$ 截面的负弯矩、拱脚正弯矩及其相应的内力，均取横向分布系数为：

$$\eta_{汽}=\frac{2}{5}=0.40,\eta_{挂}=\frac{1}{5}=0.20$$

3. 降温及收缩徐变内力

(1)降温按－20℃，收缩徐变按－10℃，计算降温值为：20×0.7＋10×0.45＝18.5(℃)，按降温－20℃计。各荷载的内力均按不考虑拱上构造共同作用，计算结果及其组合见表 2-1-5。

不计拱上构造共同作用的内力及应力验算结果(横向一个单元)　　表 2-1-5

序号	荷　载		拱顶 N(kN)	拱顶 M(kN·m)	L/4 N(kN)	L/4 M(kN·m)	拱脚 N(kN)	拱脚 M(KN·m)
1	恒载		1 906	33	1 999	70	2 410	197
2	汽—20	max	196	296	121	301	162	346
3		max			178	－186	135	－360

续上表

序 号	荷 载		拱顶 N(kN)	拱顶 M(kN·m)	L/4 N(kN)	L/4 M(kN·m)	拱脚 N(kN)	拱脚 M(kN·m)
4	挂—100	max	373	445	186	470	201	491
5		max			267	−260	269	−652
6	汽—超 20	max	325	314	145	349	193	473
7		max			215	−246	273	−475
8	挂—120	max	447	534	223	564	241	589
9		max			321	−312	322	−782
10	降温及收缩徐变		−41	98	−39	41	−31	−214
汽车—20 级、挂车—100 组合	1+2 1+3		2 102	329	2 120 2 177	371 −116	2 572 2 545	543 −163
	(1+4)/1.25 (1+5)/1.25		1 823	382	1 748 1 813	432 −152	2 089 2 143	550 −364
汽车—超 20、挂车—120 组合	1+6 1+7		2 231	347	2 144 2 214	419 −176	2 603 2 683	670 −278
	(1+6+10)/1.25 (1+7+10)/1.25		1 752	356	1 684 1 740	368 −108	2 058 2 122	365 −394
	(1+8)/1.25 (1+9)/1.25		1 882	454	1 778 1 856	507 −194	2 121 2 186	629 −468

(2)考虑计入拱上构造联合作用影响，现计算各刚度比如下。

立墙与腹拱均为旧 50 号砂浆砌块石，其弹性模量为：

$$E = 800K[\sigma_a] = 800\times 2.5\times 2\,500 = 0.5\times 107(\mathrm{kN/m^2})$$

取一单元宽 1.46m 计算，腹拱刚度为：

$$E_2 I_2 = 0.5\times 10^7\times \frac{1.46\times 0.35^3}{12} = 26\,080(\mathrm{kN\cdot m^2})$$

立墙刚度为：

$$E_3 I_3 = 0.5\times 10^7\times \frac{1.46\times 0.9^3}{12} = 443\,480(\mathrm{kN\cdot m^2})$$

主拱刚度为：

$$E_1 I_1 = 2.4\times 10^7\times 0.071\,643 = 1\,719\,430(\mathrm{kN\cdot m^2})$$

$$\therefore \quad E_1 I_1/E_2 I_2 = 66, E_1 I_1/E_3 I_3 = 3.9\approx 4$$

查《双曲拱桥》一书得弯矩折减系数如下。

拱顶：β=0.897。$L/4$：β=0.769。拱脚：β=0.722。

将各活载弯矩乘以相应 β 值后得内力结果如表 2-1-6。

计入拱上构造作用的主拱圈内力表(横向一单元)　　表 2-1-6

序号	荷　载		拱　顶		$L/4$		拱　脚	
			N(kN)	M(kN·m)	N(kN)	M(kN·m)	N(kN)	M(kN·m)
1	恒载		1 906	33	1 999	70	2 410	197
2	汽—20	max	196	266	121	231	162	250
3		max			178	−143	135	−260
4	挂—100	max	373	399	186	361	201	354
5		max			267	−200	269	−471
6	汽—超 20	max	325	282	145	268	193	342
7		max			215	−189	273	−343
8	挂—120	max	447	479	223	434	241	426
9		max			321	−240	322	−565
10	降温及收缩徐变		−41	98	−39	41	−31	−214
内力组合	(1+2)		2 102	299	2 120	301	2 572	447
	(1+3)				2 177	−73	2 545	−63
	(1+2+10)/1.25		1 649	318	1 665	274	2 033	186
	(1+3+10)/1.25				1 710	−26	2 011	−222
	(1+6)		2 231	315	2 144	338	2 603	539
	(1+7)				2 214	−119	2 683	−146
	(1+6+10)/1.25		1 752	330	1 684	303	2 058	260
	(1+7+10)/1.25				1 740	−62	2 122	−288
	(1+8)/1.25		1 882	410	1 778	403	2 121	498
	(1+9)/1.25				1 856	−136	2 186	−294

(3)每单元换算截面积 $A=0.779\ 0.9\mathrm{m}^2$，$I=0.071\ 643\mathrm{m}^4$，截面高度 $h=1.10\mathrm{m}$，重心 $y_{上}=0.371\ 1\mathrm{m}$，$y_{下}=0.728\ 9\mathrm{m}$，$W_{上}=\dfrac{0.071\ 643}{0.371\ 1}=0.193\ 1(\mathrm{m}^3)$，$W_{下}=\dfrac{0.071\ 643}{0.728\ 9}=0.098\ 29(\mathrm{m}^3)$。按表 2-1-6 组合计算得拱圈应力如表 2-1-1。

(4)对于表 2-1-1 中出现拉应力的情况，按混凝土进入塑性状态计算：

截面形心至上边缘 $y=0.371\ 1\mathrm{m}$，截面含 2Φ18 钢筋，其含筋率为：

$$p=\frac{5.09}{7\ 790.9}=0.065\%>0.05\%$$

故允许偏心增加 $0.1y$。

在主要组合时，$[e_0]=0.7y=0.26\mathrm{m}$。

在附加组合时，$[e_0]=0.8y=0.30\mathrm{m}$。

①汽车—20 级主要组合时拱顶拉应力小于允许拉应力，可拱脚处有 −1.25MPa 拉应力，其偏心：

$$e=\frac{447}{2\ 572}=0.173(\mathrm{m})<0.5y_1=0.186(\mathrm{m})$$

则

$$\varphi = 1 - 1.6 \times \frac{0.173}{0.3711} + 1.8 \times \left(\frac{0.173}{0.3711}\right)^2 = 0.645$$

$$\therefore \sigma_a = \frac{2572}{0.645 \times 0.7791} = 5120(\text{kN/m}^2) < 5500(\text{kN/m}^2) \quad (\text{旧 150 号混凝土拱板})$$

②在挂车—100 附加组合时拱脚处有−1.81MPa 拉应力，其偏心为：

$$e = \frac{441}{2089} = 0.211(\text{m}) > 0.5y_1$$

按进入塑性状态计算，则

$$\varphi = 1.43 - 1.56 \times \frac{0.211}{0.3711} = 0.543$$

$$\therefore \sigma_a = \frac{2089}{0.543 \times 0.7791} = 4940(\text{kN/m}^2) < 5500(\text{kN/m}^2)(\text{拱板})$$

③在 $L/4$ 产生−1.27MPa 拉应力时，其偏心为：

$$e = \frac{345}{1748} = 0.197(\text{m}) > 0.5y_1$$

按进入塑性状态计算，则

$$\varphi = 1.43 - 1.56 \times \frac{0.197}{0.3711} = 0.602$$

$$\therefore \sigma_a = \frac{1748}{0.602 \times 0.7791} = 3727(\text{kN/m}^2) < 5500(\text{kN/m}^2)$$

④在拱顶产生−1.18MPa 拉应力时，其偏心为：

$$e = \frac{346}{1823} = 0.190(\text{m}) > 0.5y_1$$

按进入塑性状态计算，则

$$\varphi = 1.43 - 1.56 \times \frac{0.190}{0.3711} = 0.631$$

$$\therefore \sigma_a = \frac{1823}{0.631 \times 0.7791} = 3710(\text{kN/m}^2) < 5500(\text{kN/m}^2)$$

故在汽车—20 级、挂车—100 荷载作用下截面强度均可通过。

⑤汽车—超 20、挂车—120 荷载下，拱顶出现−1.76MPa 拉应力，其偏心为：

$$e = \frac{410}{1882} = 0.218(\text{m}) > 0.5y_1$$

按进入塑性状态计算，则

$$\varphi = 1.43 - 1.56 \times \frac{0.218}{0.3711} = 0.514$$

$$\therefore \sigma_a = \frac{1882}{0.514 \times 0.7791} = 4700(\text{kN/m}^2) < 5500(\text{kN/m}^2)$$

⑥在 $L/4$ 截面出现−1.82MPa 拉应力，其偏心为：

$$e = \frac{403}{1778} = 0.227(\text{m}) > 0.5y_1$$

按进入塑性状态计算，则

$$\varphi = 1.43 - 1.56 \times \frac{0.227}{0.371\,1} = 0.476$$

$$\therefore \sigma_a = \frac{1\,778}{0.476 \times 0.779\,1} = 4\,790(\mathrm{kN/m^2}) < 5\,500(\mathrm{kN/m^2})$$

⑦在拱脚截面出现－2.34MPa拉应力，其偏心为：

$$e = \frac{498}{2\,121} = 0.235(\mathrm{m}) > 0.5y_1$$

按进入塑性状态计算，则

$$\varphi = 1.43 - 1.56 \times \frac{0.235}{0.371\,1} = 0.442$$

$$\therefore \sigma_a = \frac{2\,121}{0.442 \times 0.779\,1} = 6\,160(\mathrm{kN/m^2}) > 5\,500(\mathrm{kN/m^2})$$

故在汽—超20、挂—120作用下，拱脚截面通不过。

(5)将各超应力截面计入塑性影响，按混凝土进入塑性状态计算，则可满足容许应力要求。

由计算结果得出，这座20世纪60年代后期设计的桥梁，从设计的尺寸上说可以通过汽车—20级设计荷载和挂车—100验算荷载。对于汽车—超20级和挂车—120等级的荷载，按截面混凝土进入塑性状态计算，也仅是在拱脚处应力超过容许值(在拱脚截面出现－2.34MPa拉应力时，按塑性状态验算，其最大压应力为6.16MPa>5.5MPa)，这仅是理论计算值，系按无损坏状态计算的，与现状不符。

(二)加固后主拱圈验算

1.加固后主拱圈各截面应力计算

主拱圈加固是在拱圈下缘(包括拱波)锚喷C25混凝土，厚6cm，在拱脚两腹拱立墙间的拱圈上缘现浇C30混凝土，厚10cm。恒载内力(包括横系梁)根据加固后设计尺寸计算。活载内力及附加内力计算同加固前验算方法一样，亦考虑了拱上构造共同作用等，其应力计算见表2-1-7(拱圈上缘现浇混凝土只计入恒载，在此未计入组合截面)。

加固后主拱圈截面应力表(单位：MPa)　　表2-1-7

荷载		拱顶		L/4		拱脚	
		$\sigma_上$	$\sigma_下$	$\sigma_上$	$\sigma_下$	$\sigma_上$	$\sigma_下$
恒＋汽—20	正 M	3.78	－0.25	3.40	0.40	3.07	2.80
	负 M			1.91	3.00	0.942	6.25
恒＋汽—20＋降温	正 M	0.33	－0.76	2.82	0.066	1.73	3.39
	负 M			1.63	2.15	0.023	6.14
恒＋挂—100	正 M	3.61	－0.78	3.20	－0.33	2.83	1.71
	负 M			1.41	2.78	0.16	6.25
恒＋汽—超20	正 M	3.98	－0.23	3.57	0.17	3.48	2.21
	负 M			1.76	3.35	0.74	6.95
恒＋汽—超20＋降温	正 M	3.47	－0.75	2.96	－0.12	2.05	2.91
	负 M			1.51	2.42	－1.40	6.70
恒＋挂—120	正 M	3.93	－1.16	3.47	－0.70	3.10	1.35
	负 M			1.32	3.04	－0.10	6.81

注：拱圈上缘现浇混凝土只计入恒载，未计入组合截面。[σ]＝5.5MPa。

2. 加固后主拱圈截面拉应力超限的处理

对于拱脚截面：恒＋汽—超 20＋降温组合中拉应力－1.40MPa。

对于拱顶截面：恒＋挂—100 组合中拉应力－0.78MPa；

恒＋挂—120 组合中拉应力－1.16MPa。

对于 $L/4$ 截面：恒＋挂—120 组合中拉应力－0.7MPa。

对于出现拉应力超限情况按混凝土进入塑性阶段计算，计算结果表明拱顶、$L/4$ 截面的压应力均小于容许值。而拱脚截面如考虑拱圈上缘 C30 现浇钢筋混凝土共同作用，其计算结果见表 2-1-8，拱脚上缘无拉应力，下缘最大压应力为 5.79 MPa＞[σ]＝5.5MPa，约大 5%左右，考虑拱肋钢筋作用，可认为拱脚截面能通过汽车—超 20，挂车—120 活载。

拱脚截面应力表 表 2-1-8

荷载		$\sigma_{上}$(MPa)	$\sigma_{下}$(MPa)	荷载		$\sigma_{上}$(MPa)	$\sigma_{下}$(MPa)
恒＋汽—20	正 M	2.59	2.38	恒＋汽—超 20	正 M	2.92	1.89
	负 M	0.92	5.21		负 M	0.77	5.79
恒＋汽—20＋降温	正 M	1.50	2.84	恒＋汽—超 20＋降温	正 M	1.76	2.45
	负 M	1.59	5.10		负 M	0.04	5.56
恒＋挂—100	正 M	2.37	1.47	恒＋挂—120	正 M	2.59	1.17
	负 M	0.28	5.20		负 M	0.07	5.65

（三）加固前、后对桥台后座的验算结果

（1）对两岸桥台后座按原设计尺寸及地质资料进行稳定性验算，用主动土压力计算，满足稳定性要求，可见，后座向外倾斜大都是由桥台后座的不均匀沉降引起。

（2）针对桥台后座侧墙向外侧移 7cm，采用钢筋混凝土单向板的加固方法，其作用为：①活载直接作用到侧墙上，减去了活载引起的土压力；②起拉梁作用，使侧墙不再继续向外倾斜。假定填料为夯实砂土，由于挡墙底面较大，可视为固接，顶面与单向板有锚杆连接为铰结，计算图式可简化如图 2.1.9 所示。

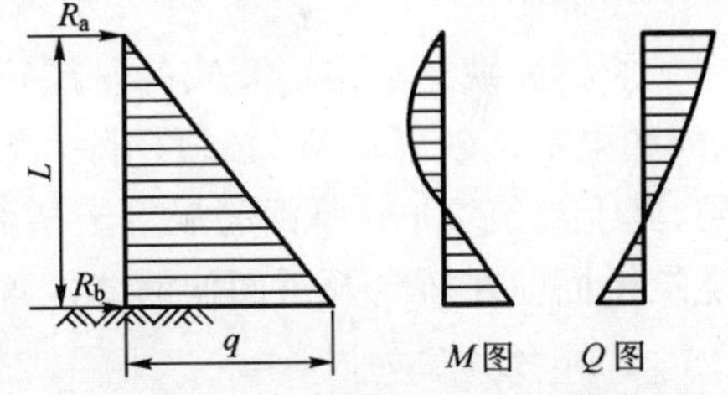

图 2.1.9 桥台侧墙计算内力图示

对两岸桥台挡墙的顶面及底面的应力分别进行了计算，均在容许范围内。基础及地基的受力情况与加固前大致相同，其不均匀沉降已经过 20 年，无大发展，故基本能满足使用要求。

七、加固设计要点

通过对该桥进行检查及分析的情况来看，尚未发现墩台基础出现病害的反映，即使是置于非岩石基底上的德兴岸桥台亦未发现位移的迹象，所以大桥的加固主要针对上部构造和桥台后座。

1. 主拱圈加固

原横系梁尺寸偏小，横向联系差，属薄弱构件，针对这一病害，将原横系梁由 116cm×15cm×18cm 加大截面尺寸至 116cm×15cm×50cm，把拱顶部分三根横系梁改为横隔板

116cm×30cm×84cm,以加强横向整体性,使全拱宽共同受力。除端系梁外,其他横系梁原定用喷锚技术施工,后改为预制安装。

由于主拱圈受力大,裂缝多,采用拱肋及拱波部分外包钢筋网并喷射6cm厚C25混凝土加固拱圈截面,以提高各孔的整体刚度和承载力,锚固钢筋插入深度必须大于8cm,焊接长度应大于12cm,喷射混凝土按先两拱脚后拱顶顺序进行,其竣工后外露面的凹凸差值不大于1.5cm。施工中应做到边喷射作业边对已喷射混凝土用喷射养护液养生,拱波上较大裂缝用钢扒钉卡紧。然后将缝凿成"V"形,再填塞M12砂浆。为使拱脚应力减小,在每跨拱脚至第二腹孔的拱圈顶现浇10cm厚C30混凝土,其设计图如图2.1.10所示。

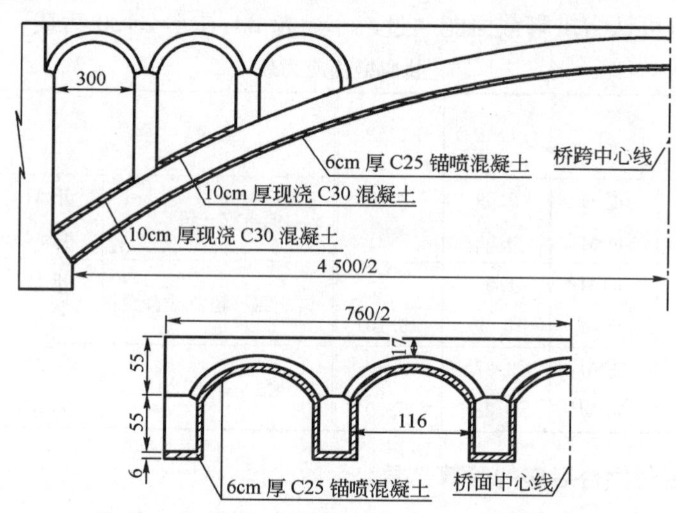

图2.1.10 主拱圈加固设计图(尺寸单位:cm)

2.桥面

原桥面缺乏稳定而坚实的基层,整体性差,有必要将原桥面彻底清除,并挖除部分砂砾垫层(如果不是砂砾填料,必须挖除,换上砂砾填料,并夯实),再加铺15cm厚水泥稳定砂砾基层,其上浇筑20cm厚钢筋混凝土桥面。桥面低于安全带顶面24cm,施工时保证有半幅通车,浇筑桥面前在桥台及桥面伸缩缝位置焊接固定槽钢,以保证伸缩缝的安装。

3.桥台后座加固

将桥台后座上路面除去,改成C30混凝土单向简支预制板(厚35cm),支承于两侧墙上。用Φ24mm的锚固钢筋使之与侧墙相接,锚固钢筋长95cm(插入侧墙30cm,穿过帽石30cm,插入预制板35cm)。其上铺装15cm厚C30混凝土桥面。钢筋混凝土板与后座填料间留有空隙,以使活载压力直接作用在侧墙上,从而减去了活载引起的对侧墙的土压力,并增加侧墙抗剪能力和基底摩阻力。施工时应先将后座侧墙上栏杆、安全带拆除,凿除原桥面及侧墙至帽石底面,浇筑钢筋混凝土帽石,并插入锚固钢筋。在帽石施工时,中间桥面可单向通车,钢筋混凝土帽石成型后,将原中间桥面清除至帽石顶面下10cm,施工中采用边清除原路面边铺设预制混凝土板,保证通车可采用临时跳板,预制板铺设完毕后,现浇15cm厚钢筋混凝土桥面。

4.其他

立墙腹拱上的裂缝仅选择裂缝宽度大于0.5mm的浆砌圬工裂缝采用压注水泥浆的方式进行修补,一般小裂缝仅作抹面处理。墩台裂缝较小,采用环氧树脂砂浆抹面。

八、加固后静载试验

香屯大桥原设计荷载为汽车—15 级，拖车—60，原桥曾于 1988 年 12 月加固前进行过荷载试验，当时从短时强度方面预测本桥能承受总重为 1 340kN 的平板挂车(变压器 1 000kN，平板挂车自重为 340kN)。本桥于 1988 年 12 月 19 日顺利通过总重为 1 370kN 平板挂车。由于本桥当时裂缝较多，如拱肋全断面环裂，肋波结合面裂缝宽度达 0.8mm，因此本桥于 1990 年进行了加固，即在主拱圈底面锚喷一层设计厚度为 6cm 的钢筋混凝土进行加固，加固后设计荷载提高到汽车—超 20，挂车—120。因江西省德兴铜矿基建指挥部还需运输大型设备过桥，特委托原上海城市建设学院建筑工程测试中心再次对该桥加固后承载能力进行检测和鉴定，试验准备工作于 1991 年 3 月 6 日开始，荷载试验于 3 月 17 日 3：00～24：00 进行，3 月 18 日现场试验工作结束。下面将该试验的内容与结果介绍如下。

1.试验前宏观检查

(1)裂缝及结合面检查

①原主拱圈裂缝除边肋外侧尚能见到外，其余均因锚喷加固、修补、封缝而未见，新锚喷的混凝土表面也未见任何裂缝，仅在边肋外侧可见新喷混凝土与老拱肋底之间的结合面有裂缝，裂缝宽度为 0.1mm，在试验荷载作用下，略有扩大，但不明显。初步认为，这类裂缝是由于荷载作用及新老混凝土收缩差所致，这也说明新老结合面抗拉强度不能完全地满足整体结构所产生的剪力和拉力要求。

②在布置测点时，发现在十字交叉的补强钢筋背部，即该处补强筋与主拱圈底面之间由于补强筋的阻挡，锚喷混凝土未能完全喷入，产生空穴，这就使得喷锚混凝土与原主拱圈的结合面只有部分结合，而不是全部结合，这必然影响到锚喷混凝土与原结构之间的整体性，这在应变检测中反应了这个情况。

③为了了解新老混凝土结合面抗剪抗拉强度，曾采用混凝土钻孔机钻取包括新老混凝土相结合的芯样，但在钻孔过程中已使新老混凝土结合面断裂，有的在取出芯样时已造成结合面断裂，因此关于结合面抗剪、抗拉强度试验的试件未能取到，这表明本桥喷锚混凝土与老混凝土之间的结合面抗剪抗拉强度是低于整体混凝土的。

(2)变形检查

由德兴岸边孔的路缘石高程可知，拱顶桥面高程比拱脚处桥面低 44mm，与加固前相近，说明本桥墩台稳固，未因喷锚混凝土恒载增加而致墩台变位。

2.材料强度

(1)钢筋强度

原桥拱肋下缘钢筋为 5 号钢。

锚喷补强钢筋为 II 级钢。

(2)混凝土强度

①原桥拱肋混凝土实测强度为 C25；

②锚喷混凝土强度检测评定如下。

评定方法：采用回弹法与芯样法综合评定。

回弹法：采用 HT-225 型回弹仪，选择喷锚混凝土石子之间水泥砂浆的回弹值，并按“喷射

混凝土"推荐的公式进行强度计算，由此获得本桥喷锚混凝土的回弹法强度为C21。

芯样法：本次芯样为直径50mm、高50mm的圆柱体，分别在南桥台的第二肋和第三肋拱背及南桥台胸墙处钻取，其试压强度分别为16.8MPa、3.3 MPa和19.8MPa，舍去3.3 MPa，取平均为18.3 MPa。

强度推定：由于本次钻机长度大于拱肋净距，无法钻取肋侧和肋底芯样，只能在拱脚背部钻取，而这部分喷射混凝土由于自由散落量较多，造成表面松散，故芯样强度略偏低，估计仰喷者要好些，现取回弹法和芯样法推定强度的平均值19.65 MPa，故锚喷混凝土实测推定强度为C20。

(3)锚喷混凝土碳化深度

锚喷混凝土碳化深度为1mm。

3.应力、应变检测

(1)检测对象

由于本桥为5孔等跨双曲拱桥，通过实地了解，选择德兴方向边孔为试验对象，其理由如下：①该孔是喷锚补强的第一孔，从全桥来看，由于开始无经验，因此本孔喷锚质量与其他几孔相比要不足些；②该孔滩地无水，便于搭设支架。

(2)测点布置

本孔应变和变位测点主要是布置在跨中截面(A)，$L/4$截面(B)和拱脚截面(C)，测点布置示于图2.1.11和图2.1.12。

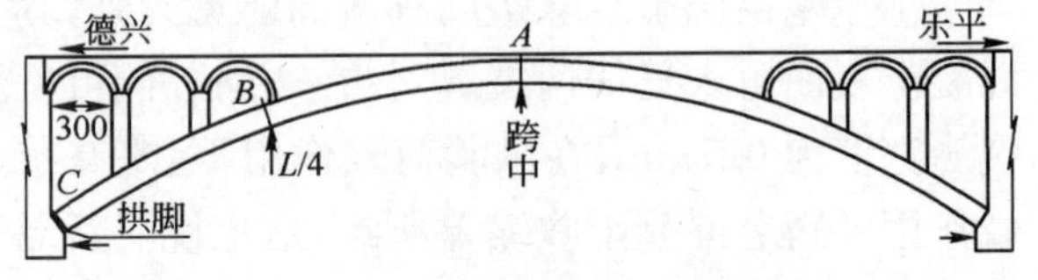

图2.1.11 顺桥向测点布置图(尺寸单位:cm)

原拱肋下缘钢筋仅在跨中A截面上游边肋布置，为了避免因布置测点而过多破损锚喷混凝土，故其他测点均布置在锚喷钢筋上。

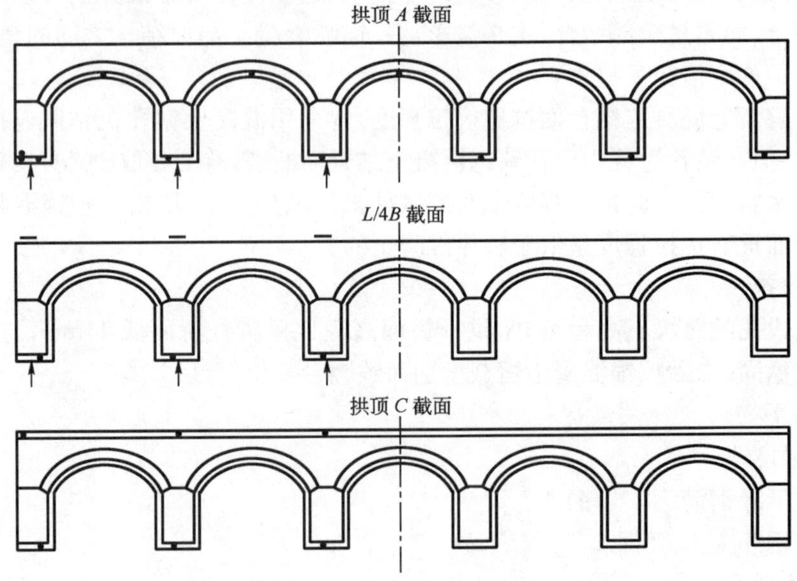

图2.1.12 横桥向测点布置图

"■"表示钢筋应变测点；"—"表示混凝土表面应变测点；"↑"表示电测位移计

(3)试验荷载

本次试验采用三辆汽车荷载，两辆为双轴红岩矿用车，主要指标如表2-1-9所示。

双轴红岩矿用车的主要指标 表 2-1-9

车　辆	1号车(车号 48)	2号车(车号 39)
轴距(m)	3.5	3.5
后轮距(m)	1.81	1.81
前轮距(m)	2.006	2.006
前轴重(kN)	64.25	74.25
后轴重(kN)	162.95	160.40
总重(kN)	227.20	234.65
平均(kN)	230.925	

一辆为长江 QY-125 型汽车，主要指标见表 2-1-10。

QY-125 型汽车吊技术指标 表 2-1-10

轴　号	A	B	C	D	E	F	总重
轴重(kN)	130	130	125.1	214.9	214.9	125.1	940
轮距(m)	2.5	2.5	2.5	2.2	2.2	2.5	

两辆矿用车主要用于影响线及荷载横向分布实测。

一辆汽车吊主要用于裂缝挠度检测及影响线和荷载横向分布验证。

测影响线时，2 号车偏上游，1 号车偏下游。

(4)荷载横向分布系数测定

本桥荷载横向分布系数以跨中挠度分布为依据，由于挠度测点仅布置在三根肋，因此对横向偏载下的荷载横向分布可利用反力互等定理，即在对称的横向位置也布置一次相同荷载即可，补充求得未布置测点的三根肋的横向分布。

双列汽车偏载下的实测横向分布系数[图 2.1.13a)]是由两辆标称 200kN 红岩双轴汽车加载，求得后轴布置于跨中。

挂车中载和挂车偏载实测横向分布系数[图 2.1.13c)和图 2.1.13d)]分别由一辆标称 200kN 红岩双轴汽车后轴作用于跨中截面按叠加原理求得。

总重为 940kN 的长江 QY-125 型吊车位于横向中载时的横向分布系数[图 2.1.13b)]，是当该车后轴位于跨中截面时求得。

由上述实测荷载横向分布系数图可知，双列汽车偏载和总重为 940kN 的长江 QY-125 型吊车横向中载时，均与由刚性横梁法计算的荷载横向分布系数相接近，而挂车荷载横向分布系数实测值显示出中间肋挠度小、边肋挠度大的分布形状，显然挂车与前两种荷载的分布形式不一致，这种情况在 1988 年本桥加固前荷载试验时已有发现，现经分析，其主要原因是实腹段拱上填料为有一定刚度的贫混凝土浇筑而成，而它与主拱圈之间又没有整体联系，可能它们之间有裂缝，因此当桥面荷载作用时，在拱上贫混凝土填料层形成一个压力内拱，使荷载向两边肋传递得多，而中间传递得少。

当桥面作用的荷载较大，实腹段拱上贫混凝土垫层的刚度不足以形成一个较强大的压力内拱，而与主拱圈变形一致，因此横向分布系数的分布图显示出与轻荷载作用的分布图不一致，考虑到挂车横向分布是利用 200kN 单辆双轴汽车加载，按叠加原理求得的，因此每次加载荷载较轻，这样求得的横向分布显然与实际挂车加载的横向分布是有差异的。根据 940kN 吊车与双列汽车偏载的横向分布与按刚性横梁法计算的横向分布较接近这一实际情况，故推测挂车的荷载横向分布也取用按刚性横梁法计算的。

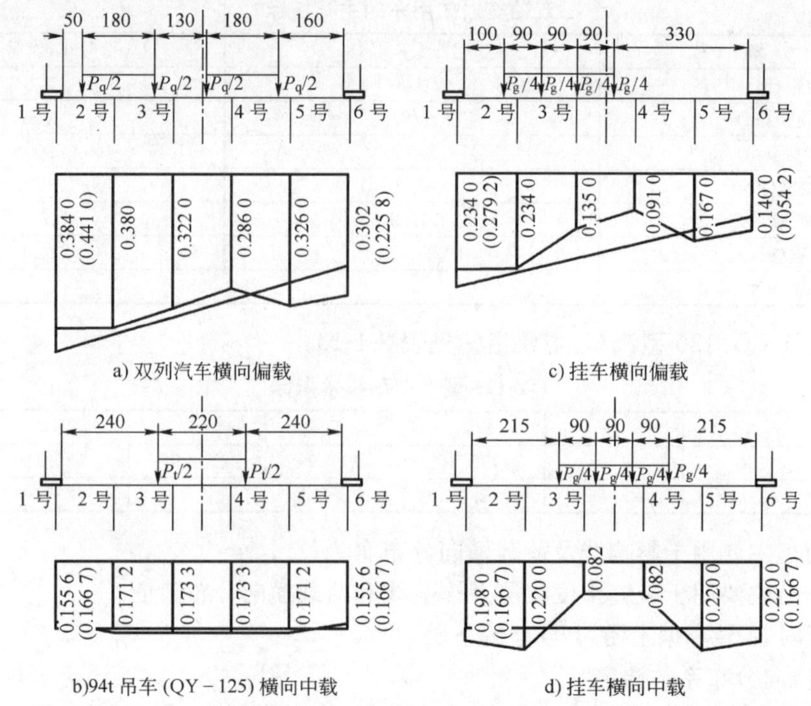

图 2.1.13 实测横向分布系数图(尺寸单位:cm)

注:实测值的数字无括号;计算值的数字有括号

在预测承载能力时为偏安全起见,采用实测的与由刚性横梁法计算的横向分布系数比较,取大者进行计算。

(5)控制测点(应变和挠度)影响线测定

本桥影响线均以实桥实际状态(实际材性状态,变形后的轴线状态,裂缝状态和拱上建筑共同作用状态等)为力学模型进行实测,它包含了设计计算图式所没有包括的各种有利和不利因素,因此,由此影响线预测推定承载能力是代表实桥的实际承载能力。

本次检测以双列汽车(双轴红岩矿用车)横向偏载载位下,在顺桥向安排一系列汽车载位进行实测,并按迭代原理进行换算,获得各测点(应变和挠度)实际影响线,考虑边肋受力最大。故下面列出边肋(1 号肋)各控制测点实测影响线,见图 2.1.14～图 2.1.21 所示。

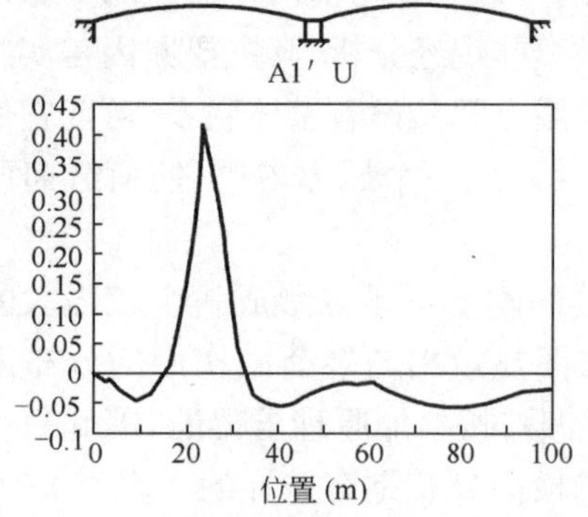

图 2.1.14 1 号肋跨中截面原肋下缘钢筋实测应变影响线

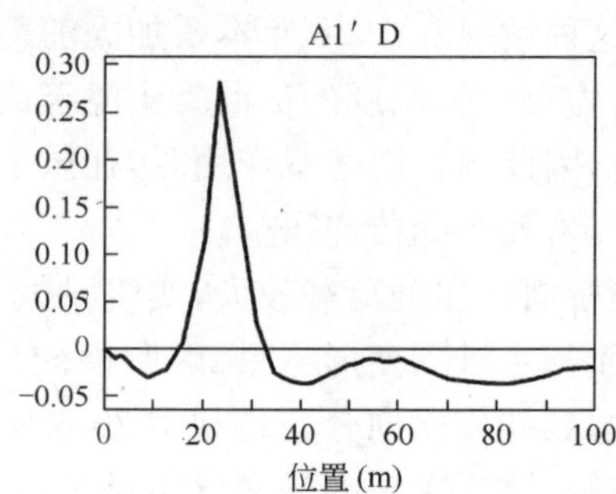

图 2.1.15 1 号肋跨中截面下缘锚喷补强筋实测应变影响线

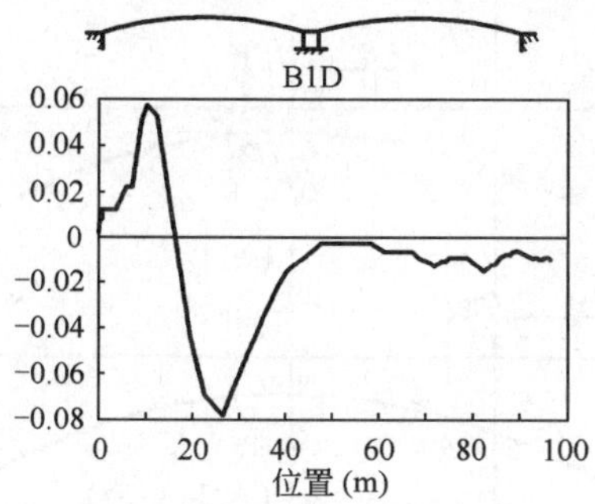

图 2.1.16　1 号肋四分点截面下缘锚喷补强筋实测应变影响线

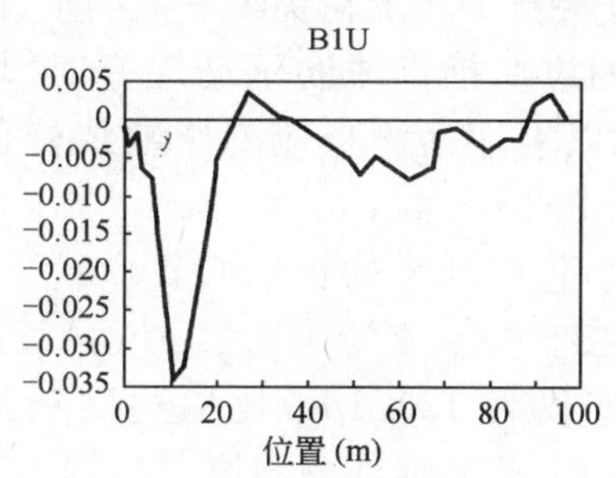

图 2.1.17　1 号肋四分点截面上缘混凝土实测应变影响线

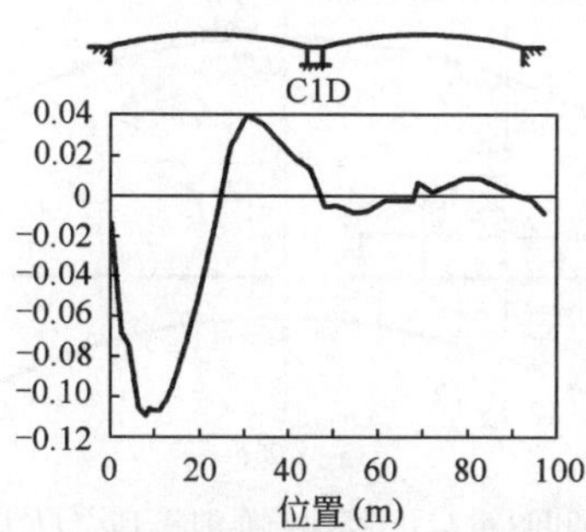

图 2.1.18　1 号拱脚截面下缘锚喷补强筋实测应变影响线

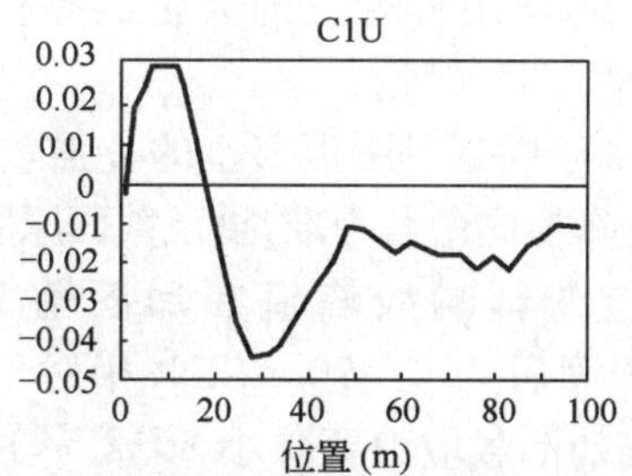

图 2.1.19　1 号拱脚截面上缘锚喷补强筋实测应变影响线

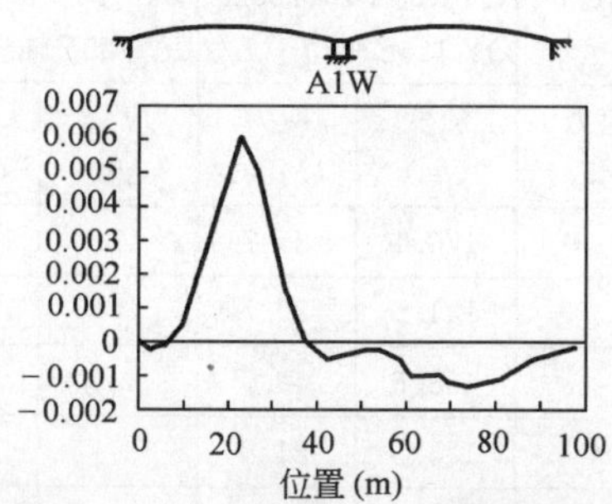

图 2.1.20　1 号肋跨中实测挠度影响线

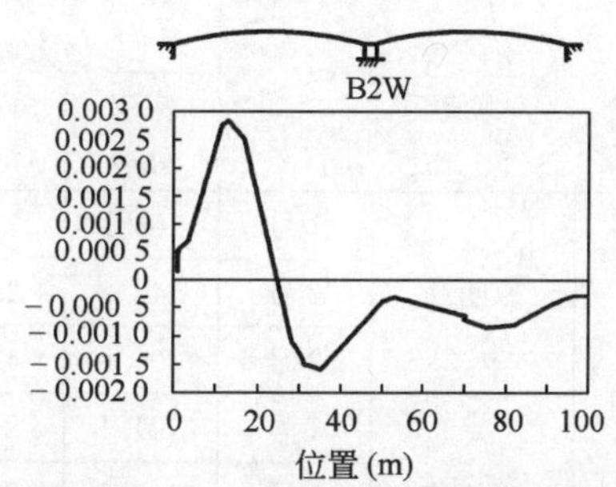

图 2.1.21　1 号肋四分点实测挠度影响线

(6)长江 QY-125 汽车吊重 940kN，沿桥梁中线布置(横向中载)

加载工况详见图 2.1.22 所示。

①各工况应变、应力如表 2-1-11 所示。

②裂缝

长江 QY-125 型吊车作用在跨中时，最大裂缝为 0.15mm，大部分为 0.05mm。

(7)锚喷混凝土与原主拱圈的共同作用程度分析

由前述宏观检查中已知，由于锚喷混凝土与原结构的结合面存在空穴，结合面黏结力较低等原因，会影响其共同作用，那么本桥锚喷补强混凝土与原结构的共同作用程度为多少呢？

根据拱顶截面原肋(1 号)下缘钢筋与其补强钢筋的实测应变影响线，其峰值分别为 0.410 $\mu\varepsilon$/kN 和 0.292$\mu\varepsilon$/kN。由此可见，后者比前者小，这说明补强筋虽起作用，但其效果要比完全的整体作用要差些。

由于测点多布置在锚喷补强筋上，因此由该测点的应变推算原肋钢筋应变时，均偏安全，均乘以上述两测点应变影响线峰值之比 0.410/0.292=1.404 1。

当总重 940kN 的长江 QY-125 型吊车荷载作用在跨中时，上游边肋（1 号肋）截面补强钢筋应变仅为 120.1$\mu\varepsilon$，比原边肋钢筋应变 166.1$\mu\varepsilon$ 小，若补强部分与原主拱圈为完全的整体作用，则补强钢筋应变应为 182$\mu\varepsilon$，才符合变形平截面假定，由此可以评定本桥喷锚补强混凝土共同作用程度仅为完全的整体作用的 120.1/182=65.6%。

(8)关于喷锚补强混凝土的补强效果分析

以挂车横向中载为准，拱顶截面原肋下缘钢筋实测应变影响线峰值在加固前为 0.673 $\mu\varepsilon$/kN，加固后为 0.470$\mu\varepsilon$/kN，相对于加固前原肋钢筋的活载应力要减小 30.2%，这充分说明锚喷混凝土的加固是有一定效果的。

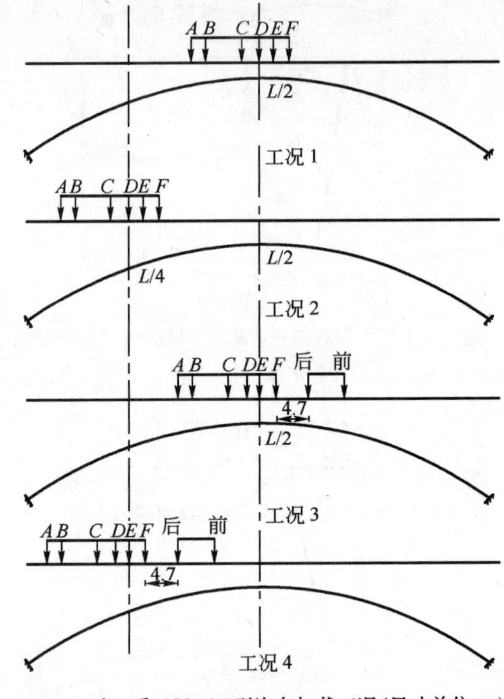

图 2.1.22 940kN 重 QY-125 型汽车加载工况（尺寸单位：m）

QY-125 型吊车（940kN）横向加载时各测点应力 表 2-1-11

肋号	力值	工况	QY-125D 轴位于 $L/2$		QY-125D 轴位于 $L/4$		QY-125+2×200kN QY-125E 轴位于 $L/2$		QY-125+2×200kN QY-125E 轴位于 $L/4$	
			应变 ($\mu\varepsilon$)	应力 (MPa)	应变 ($\mu\varepsilon$)	应力 (MPa)	应变 ($\mu\varepsilon$)	应力 (MPa)	应变 ($\mu\varepsilon$)	应力 (MPa)
拱顶截面	原肋筋	1 号	166.1	34.9			170.1	35.7		
		2 号	142.2	29.9			141.5	29.7		
		3 号	200.8	42.2			193.6	40.7		
	喷锚筋	1 号	121.1	24.2			123.9	24.8		
		2 号	103.7	20.7			103.1	20.6		
		3 号	146.4	29.3			141.1	28.2		
$L/4$ 下缘	原肋筋	1 号			47.2	9.9			30.3	6.4
		2 号			43.6	9.2			27.6	6.4
		3 号			48.0	10.1			26.2	5.5
	喷锚筋	1 号			34.4	6.9			22.1	4.4
		2 号			31.8	6.4			20.1	1.0
		3 号			35.0	7			19.1	3.8
$L/4$ 上缘	原肋混凝土表面	1 号			−13.2	−0.4			−15.1	−0.4
		2 号			−13.8	−0.4			−15.3	−0.4
		3 号			−11.5	−0.3			−10.7	−0.3

续上表

工况 力值 肋号			QY-125D 轴位于 $L/2$		QY-125D 轴位于 $L/4$		QY-125+2×200kN QY-125E 轴位于 $L/2$		QY-125+2×200kN QY-125E 轴位于 $L/4$	
			应变 (με)	应力 (MPa)	应变 (με)	应力 (MPa)	应变 (με)	应力 (MPa)	应变 (με)	应力 (MPa)
拱脚截面上缘	原肋混凝土表面	1号			+26.2	+0.8			+27.6	+0.8
		2号			+36.0	+1.0			+37.3	+1.0
		3号			+27.8	+0.8			+29.4	+0.9
	喷锚筋	1号			+19.1	+3.8			+20.1	+4.0
		2号			+26.3	+5.3			+27.2	+5.4
		3号			+20.3	+4.1			+21.4	+4.3
拱脚截面下缘	原肋混凝土表面	1号			−81.4	−2.4			−107.6	−3.1
		2号			−99.7	−2.9			−131.4	−3.8
		3号			−90.04	−2.6			−115.9	−3.4
	喷锚筋	1号			−59.4	−11.9			−78.4	−15.7
		2号			−72.8	−14.6			−93.8	−18.76
		3号			−66.0	13.2			−84.5	−16.9
$L/2$ 截面(mm)		1号	3.166	0.155			3.904	0.1611		
		2号	3.483	0.171			4.111	0.1697		
		3号	3.526	0.173			4.099	0.1692		
$L/4$ 截面(mm)		1号			1.584	0.1630			1.980	0.1661
		2号			1.608	0.1655			1.994	0.1672
		3号			1.666	0.1715			1.988	0.1667

(9)控制测点总应力和挠度

总应力由如下几项按规范规定叠加而成。

①原恒载及温度应力由主拱圈承担(由计算推求)。

②锚喷混凝土恒载由原桥结构承受(考虑拱上建筑联合作用)。

③活载应力按实测影响线并结合荷载横向分布系数计算推定。

表2-1-12～表2-1-14分别列出汽—超20主要荷载组合，挂车—120附加荷载组合和特挂—150附加荷载组合的总应力和挠度。

汽—超20主要荷载组合各控制点应力及挠度总值 表2-1-12

测点	恒载+温差、收缩、徐变应力	汽—超20	总值	容许值
跨中原肋下缘钢筋应力(MPa)	−118	−49.04	−167	−160
跨中锚筋下缘应力(MPa)		−38.5	−38.5	−185
$L/4$ 原肋下缘钢筋应力(MPa)	+10.3	−9.62	+0.68	−160
$L/4$ 原肋上缘混凝土应力(MPa)	+3.25	+0.65	+3.9	+7
拱脚下缘混凝土应力(MPa)	+2.90	+4.25	+6.65	+9
拱脚上缘混凝土应力(MPa)	+3.70	+1.77	+5.5	+5.5
跨中挠度(mm)		5.9	5.9	45

挂车—120 附加荷载组合各控制点应力及挠度总值　　表 2-1-13

测　点	恒载＋温差、收缩、徐变应力	汽超—20	总　值	容　许　值
跨中原肋下缘钢筋应力(MPa)	－89	－96	－185	－200
跨中下缘锚筋应力(MPa)	0	－63.7	－63.7	－231
L/4 原肋下缘钢筋应力(MPa)	＋13.44	－19.8	－6.36	－200
L/4 原肋上缘混凝土应力(MPa)	＋3.20	＋1.2	＋4.4	＋6.9
拱脚原肋混凝土应力(MPa)	＋2.95	＋7.3	＋10.25	＋11.25
拱脚原肋混凝土上缘应力(MPa)	＋3.58	＋2.78	＋6.36	＋6.9
跨中挠度(mm)		9.22	9.22	

特挂—150 附加荷载组合各控制点应力及挠度总值　　表 2-1-14

测　点	恒载＋温差、收缩、徐变应力	汽—超 20	总　值	容　许　值
跨中原肋下缘钢筋应力(MPa)	－89	－97.8	－186.8	－200
跨中下缘锚筋应力(MPa)	－0	－61.6	－61.6	－231
L/4 原肋下缘钢筋应力(MPa)	1.3	5.6	6.9	＋11.25
L/4 原肋上缘混凝土应力(MPa)	3.20	1.2	4.4	＋6.9
拱脚下缘混凝土应力(MPa)	2.95	7.9	1 085	＋11.25
拱脚上缘混凝土应力(MPa)	3.58	3.06	6.64	＋6.9
跨中挠度(mm)		11.06	11.06	56

注：表 2-1-12～表 2-1-14 中，

①应力符号："－"为拉，"＋"为压；

②挠度为正负挠度之和；

③主要荷载组合应力总值为恒＋温升(或温降)＋汽—超 20，附加荷载组合应力总值为恒＋挂(或特挂)；

④汽车荷载应力(或挠度)已考虑冲击系数 $1+\mu=1.1$；

⑤恒载(或恒＋温)应力由计算而得；

⑥本桥平均温度假定 15℃，年最高温度为 29.7℃，年最冷温度为 4.6℃，构件收缩按降温 10℃计算；

⑦原肋拱顶下缘钢筋总应力略大于容许值，但超过部分小于 5%容许范围；

⑧容许应力取交通部标准 1975 年《公路桥涵设计规范》。

(10)裂缝宽度预测

本桥在试验荷载(940kN 吊车)作用下，拱顶区段垂直主拱轴线方向的受力裂缝宽度的最大值为 0.1mm。为此，按相应钢筋活载应变值推定其设计荷载时的最大裂缝宽度如下：

双列汽—超 20　　$f_{max}=0.12\text{mm}<[f_{max}]=0.2\text{mm}$

挂车—120　　$f_{max}=0.25\text{mm}<[f_{max}]=0.3\text{mm}$

特挂—150　　$f_{max}=0.26\text{mm}<[f_{max}]=0.3\text{mm}$

4. 加固效果和承载能力评定

(1)在汽—超 20 主要组合荷载、挂车—120 附加组合荷载和特挂—150 附加组合荷载作用下，预测各测点应力、变形和裂缝宽度均满足规范规定的容许限值，因此本桥能承受汽—超 20、挂车—120 和特挂—150。

(2)本桥采用锚喷混凝土补强提高旧桥承载能力达到预期效果。

(3)本桥锚喷混凝土补强层与旧桥共同作用是不完全的。由于锚喷混凝土中存在空穴,结合黏结强度不高等原因,共同作用程度仅达 65.6%。建议今后在设计和施工工艺上予以改进,提高共同作用程度,使喷锚混凝土层与旧桥起到完全的整体作用,提高加固效果。

(4)由于老桥收缩、徐变已基本完成,所以喷锚混凝土不承受原桥及自身恒载,在工作阶段仅承受活载,故锚喷混凝土强度不作为控制强度。

第十节 增大截面(锚喷混凝土)法加固主拱圈实例三

一、大桥工程概况

1. 大桥概况

南河大桥位于江西省赣州市区,于 1987 年 11 月开工,1990 年 12 月竣工。南河大桥全长 322.5m,桥面总宽为 16.50m[12.0m(行车道)+2×2.0m(人行道)]。上部构造:主孔为 3 孔净跨为 80m 的等截面悬链线 U 形肋双曲拱,拱轴系数 $m=2.814$,矢跨比 $f_0/L_0=1/10$。副孔为北引桥 2 孔、南引桥 3 孔共 5 孔标准跨径 13m 简支槽形梁。下部构造:主孔为重力式桥墩、U 形桥台,副孔为轻型桥台。设计荷载:汽车—20 级,挂车—100,人群荷载 3.5kN/m^2,管线荷载 2 ×1.5kN/m。具体布置见图 2.1.23 所示。

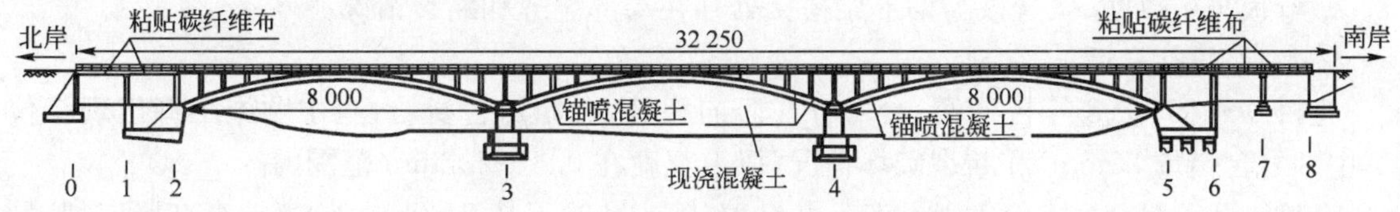

图 2.1.23 南河大桥立面图(尺寸单位:cm)

2. 大桥现状情况

南河大桥是连接赣州市区与水南开发区的重要通道,交通量大,在营运中曾先后两次出现质量问题。

1993 年 8 月 19 日和 8 月 26 日,大桥南北两岸下游的人行道先后两次发生塌落事故,塌落总长 51m。事故发生后,组成调查小组专门对此事进行了现场调查,得出了事故结论。1994 年 1 月～6 月除对南河大桥已经塌落的人行道悬臂梁、人行道板全面修复之外,对未塌落的人行道悬臂梁也进行了加固处理,更换了全桥人行道栏杆。

1998 年 4 月,南河大桥 3 号墩伸缩缝往南 6m 处桥面出现混凝土碎裂、隆起、露筋现象,桥面下简支槽形梁和微弯板均出现较为严重的裂缝。此后,4 号墩伸缩缝处一块桥面微弯板碎裂,桥面出现了孔洞,槽形梁端头混凝土碎裂,钢筋全部外露。1998 年对已经破坏的槽梁和微弯板进行了修复,并更换了全桥伸缩缝。

二、大桥结构检测与病害调查

1. 本桥结构检测和病害调查的主要内容

①测量拱轴线坐标与设计理论值对照;

②检查主拱圈破损和裂缝等情况,重点部位为主拱圈拱顶下缘、拱脚上缘;

③检查拱上腹孔槽梁、立墙出现的破损和裂缝情况;

④检查副跨槽形梁、墩身出现的破损和裂缝情况，检查桥面损坏情况。

(1)主桥拱脚高差、净跨和拱轴线测量

在大桥南北两岸各设立2处导线点(导线测量精度为 $f_s=1/35\ 000$)和四等水准点，经联测，建立坐标系统，在此基础上测量出主拱肋肋底坐标值。为保证检测数据准确性，每个测点分别采用精密水准仪和红外测距仪进行测量，并对两种测量方法结果与设计拱轴线坐标值对照。

(2)全桥主要病害检查

①主拱肋

对全桥主拱肋进行检查，重点部位为主拱圈拱顶下缘、拱脚上下缘裂缝开展情况，5号台拱脚上缘存在较多裂缝，宽度在0.1～0.3mm范围内。2号台拱脚上缘存在两条横向裂缝，宽度在0.1mm左右。其他部位未见肉眼能见裂缝。

②槽形梁、微弯板

全桥拱上腹孔槽形梁、副跨槽形梁和相应微弯板出现裂缝的范围较广，宽度在0.1mm左右，从裂缝渗出结晶判断，裂缝产生在通车后不久。存在裂缝比较多的主要有两跨。

北引桥第二跨6片槽形梁和部分微弯板距离1号墩0.5～0.8 m横截面上存在破损裂缝。主桥第一孔第一腹孔4号、5号槽形梁距离2号台0.3～0.5 m处出现网状裂缝，宽度在0.2mm左右。

微弯板与主拱肋、微弯板与槽形梁搭接处存在局部裂缝和断裂情况。

③台身、腹孔立墙

全桥0号、5号、8号台台帽、台身存在竖向裂缝，台帽与台身、台身中顺施工缝出现错位(其中8号台错位20mm)和断裂破坏情况，以上宽度在0.3～2.2mm范围内。

全桥主孔 $L/4$、$3L/4$ 位置上共有5孔立墙(除主孔第三孔 $3L/4$ 处外)普遍存在竖向裂缝。

④桥面系

行车道主要发现横向裂缝，主拱跨中桥面混凝土存在龟裂、破损情况，人行道发现纵向裂缝。全桥大部分人行道板下悬臂微弯板与悬臂梁搭接处断裂。

2. 结构检查和病害调查小结

通过以上观察测量和病害调查，参照有关规范和办法，对南河大桥测量数据和病害调查资料进行了整理和分析，小结如下。

(1)在主拱范围内，车辆通过时，有明显的振感。

(2)主拱三孔拱脚实测高程值(主孔第一孔3号墩拱脚为实测高程原点)与设计值的差值，南北桥台相差在100mm左右，主要是5号台1号肋相差比较大，结合5号台拱脚上缘和台身竖向两处裂缝开展情况综合分析，5号台曾产生过不均匀沉降。沉降是否稳定，应进一步观察。

(3)主拱第三孔拱轴线实测值与设计值的差值，拱顶截面下挠在55～67mm范围内，$L/4$ 截面1号肋下挠23mm，$3L/4$ 截面下挠在31～66mm范围内。

(4)全桥结构多处存在裂缝和破坏，对照《公路旧桥承载能力鉴定方法》中表3.1裂缝限值表，主要有0号、8号台台身竖向裂缝，主孔 $L/4$、$3L/4$ 位置处腹孔立墙普遍存在竖向裂缝，裂缝宽度超过“允许最大裂缝宽度0.3mm”的要求；5号台台身裂缝长度超过“不允许贯通墩台身截面一半”的要求；全桥人行道板下悬臂微弯板与悬臂梁搭接处绝大部分断裂。

(5)微弯板与主拱肋、微弯板与槽形梁搭接处,按设计要求搭接宽度为1cm,不宜凿开观察与判别实际搭接质量情况,全桥搭接处比较多地存在局部裂缝和破碎情况。

(6)全桥桥面系虽经过两次修复和加固处理,仍存在较多裂缝,人行道板全桥亦普遍存在纵向裂缝,表明加固处理后人行道悬臂挑梁的截面刚度仍然不足。行车道横向裂缝大部分发生在槽形梁伸缩缝处,主要为结构反射裂缝。

(7)全桥在施工缝处理,墩台与墩帽、墩帽与墩身的竖向连接方面,存在问题较多;存在施工缝开裂和错位,全桥混凝土表面麻面、蜂窝、露筋,以及主拱拱肋跑模等施工质量问题。

三、大桥的承载能力及现状的综合评议

(1)对南河大桥主拱圈进行结构验算时,在营运阶段的设计荷载(汽车—20级、挂车—100)作用下,拱脚截面的偏心距超过了容许值,正截面强度也不够;在全桥现状检查时亦在2号、5号台拱脚处拱背面发现横向裂缝,但缝宽均未超过普通混凝土容许开裂的缝宽0.3mm,并在部分拱脚的拱背发现纵向裂缝,位置在两拱肋之间的微弯板中部。而主拱圈拱顶和$L/4$截面在结构验算时均能满足设计与规范要求。

(2)本次南河大桥静载试验时,主孔拱脚截面的加载效率系数已达0.987,即在试验荷载作用下拱脚截面负弯矩非常接近在最不利情况时设计荷载作用下,拱脚截面产生的最大负弯矩值。试验过程中,经仔细观察拱脚处拱背面,未发现新裂缝产生;拱背原有裂缝,亦未发现肉眼能见的增宽和发展。

(3)全桥的现状检查和病害调查结果表明,南河大桥主孔和副孔的上部结构均不同程度存在病害和缺陷;车辆通过时,伴有明显的振感;副孔的墩台病害也较严重;人行道板全桥普遍存在纵向裂缝;微弯板搭接处存在局部裂缝和破碎情况,亟待维修和加固等处理。

四、大修加固设计及施工要点

1.大修加固原则

根据南河大桥业已查明的病害和存在的缺陷,在原设计标准的基础上,针对南河大桥现有病害进行处理与维修和缺陷补强,使之达到设计要求。同时,根据委托方的“限价设计”原则,以及为方便施工并确保大修加固的工程质量,本设计对原大修加固方案中局部加固措施进行了调整。

2.大修加固方案比选

南河大桥主桥由3孔净跨80m主桥组成,以下分别针对不同结构部位的病害和缺陷提出两套大修加固方案供比选,如表2-1-15所示。

推荐第二方案理由:本方案充分考虑利用原桥和部位结构进行加固补强,大修加固费用较省,因施工而中断或影响交通较少,大修加固后能够达到和满足原设计荷载:汽车—20、挂车—100、人群3.5kN/m^{2}的要求。

3.大修加固设计要点

(1)上部构造

①主拱圈加固

加固方案比选　　表 2-1-15

大修加固方案		大修加固理由
第一方案	第二方案(推荐方案)	
主桥(共三孔,逐孔施工) (1)主拱圈加固补强: ①拱圈底面锚喷混凝土(厚 6cm),加高横隔板; ②拱脚(两孔腹孔)顶面现浇厚 10cm 钢筋混凝土层。 (2)拆除明、暗腹孔的槽形梁,更换成同跨径的现浇钢筋混凝土整体式桥面板。 (3)现浇桥面铺装,加强悬臂梁。 (4)恢复安装人行道、栏杆、灯柱和自来水管等。 (5)恢复泄水孔、伸缩缝	主桥(共三孔,逐孔施工) (1)主拱圈加固补强: ①拱圈底面锚喷混凝土(厚 6cm),加高横隔板; ②拱脚(两孔腹孔)顶面现浇厚 10cm 钢筋混凝土层。 (2)清理或更换墩、台上支座和伸缩缝。 (3)修补槽形梁裂缝,视情况加强或增设槽形梁间横向联系。 (4)凿除原桥面铺装,拆除原钢筋网;重新布设钢筋网,横向伸至人行道π形梁内纵梁底部和悬臂梁顶面外缘,现浇 C30 纤维网纤维混凝土桥面铺装。 (5)施工中暴露的病害处理。 (6)恢复安装人行道、栏杆、灯柱、自来水管等。 (7)恢复泄水孔、伸缩缝	(1)主拱圈在设计荷载作用下,拱脚截面的偏心距超过容许值,正截面强度亦不够,应予加大截面; (2)主拱圈整体刚度较差,横向联系不强,致使车辆通过有明显振感,考虑通过锚喷混凝土加固拱腹面和加高横隔板予以加强,使之达到使用要求; (3)各槽形梁间横向联系较弱,人行道悬臂梁抗弯和抗倾覆能力较差,通过重浇钢筋混凝土桥面予以综合处理和加强

由于主拱圈拱脚截面在设计荷载作用下偏心距超过设计容许值,正截面强度亦不够,主拱圈整体刚度差,横向联系不强,致使车辆通行时有明显振感。经多年使用,出现较多病害,针对此种情况,加固设计对主拱圈采取了以下加固措施:

a. 对主拱圈的 U 形肋底部及 U 形肋之间的微弯板底部锚固钢筋网后喷射混凝土,以增大主拱圈截面和横向联系,使之达到增大主拱圈抗弯拉能力的目的,如图 2.1.24 所示。

b. 加高 U 形肋之间横隔板,以加大主拱圈之间的横向联系,使主拱圈整体受力性能提高,如图 2.1.24 所示。

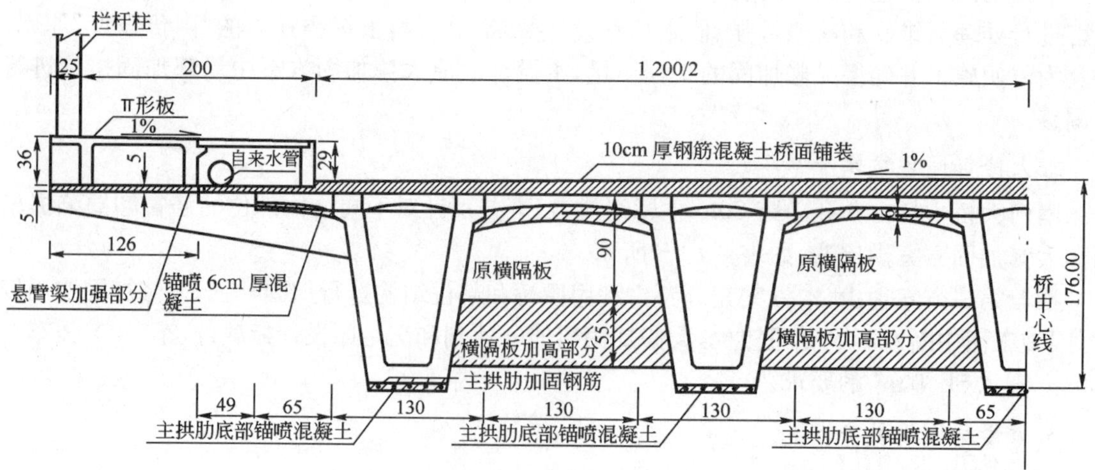

图 2.1.24　主拱圈加固 1/2 横断面图(拱顶截面)(尺寸单位:cm)

c. 在拱脚背部固定一层钢筋网，并浇筑 10cm 厚混凝土，增大主拱圈拱脚截面积，以提高抵抗负弯矩的能力。

②拱上腹孔

由于各槽形梁间横向联系较弱，拟对拱上腹孔槽形梁之间的微弯板和悬臂板底部锚固一层钢筋网，并锚喷 4cm 厚混凝土，以增强微弯板和悬臂板的抗弯性能和槽形梁的整体联系，见图 2.1.25 所示。

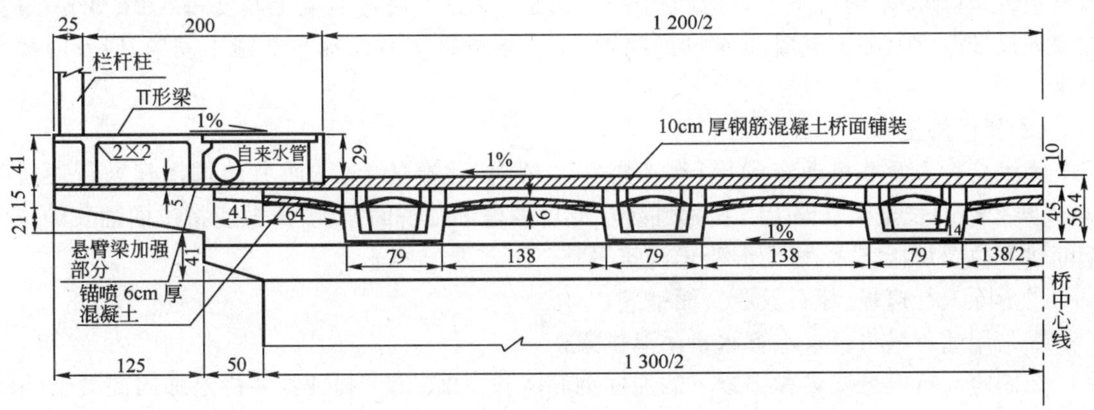

图 2.1.25 拱上腹孔加固 1/2 横断面图(尺寸单位：cm)

(2)桥面构造

桥面的质量好坏和性能影响着整个桥梁的受力性能。加固设计拟将原桥面铺装层凿除(5cm 厚混凝土和 2cm 厚沥青)，并在其上浇筑 10cm 厚钢筋混凝土桥面(每立方米混凝土掺 80kg 钢纤维)。可加强桥梁的横向整体性，使桥梁全宽共同受力。

(3)人行道及悬臂挑梁

由于原人行道悬臂梁和自来水管挑梁的抗弯与抗倾覆能力较差，拟在人行道悬臂梁和自来水管挑梁上全长范围内加铺一层钢筋网，在其上浇筑 5cm 厚钢纤维混凝土，并通过和桥面铺装钢筋及混凝土桥面联系，以增强悬臂梁和自来水管挑梁的抗弯拉和抗倾覆能力，见图 2.1.24和图 2.1.25 所示。

(4)伸缩缝、泄水管

在主孔桥墩、主副孔过渡墩中心及桥台上分别设置 HXZ-80 型和 HXZ-40 型伸缩缝。

4. 大修加固施工要点及工艺要求

在大修加固施工过程中，应严格按照交通部《公路桥涵施工技术规范》(JTJ 041—89)(现规范已改为 JTJ 041—2000)中的有关条款进行，并注意以下有关事项。

(1)主桥主拱圈、拱上腹孔间和引桥槽形梁之间的微弯板等采用锚固钢筋网后喷射混凝土加大主拱圈截面，起加固和加强作用，施工时应严格按照锚喷工艺要求进行

①对被加固表面进行凿毛，并用高压水冲洗干净。

②按设计要求在被加固表面钻固定锚固钢筋的孔，洗净孔中灰尘，用 M12.5 水泥砂浆嵌固牢锚固钢筋。

③修补裂缝和局部破碎空洞。

④将加固钢筋网绑扎或点焊在锚固钢筋上，以免喷射混凝土时位置移动。

⑤喷射混凝土施工

a. 施喷混凝土前，用高压水泵喷水冲洗，充分湿润拟喷表面，以利喷射混凝土与原结构的黏结，待表面无积水时，即可施喷混凝土。

b. 喷射混凝土的施工方法建议采用"湿喷法"，即用于喷射的混凝土在混凝土搅拌机中加水拌和好后送入喷射机中喷射。

c. 喷射混凝土时，喷枪距离构件表面 0.8～1.5m，先在构件表面喷一层水泥砂浆，再喷射混凝土，以利新喷射混凝土更好地和构件表面结合受力。喷射混凝土厚度每次 2～3cm，逐步加厚至设计厚度。喷射混凝土至设计厚度后，应尽量将其表面抹平。施工完毕，应及时喷水养生。

(2)桥面施工

为维持行人及非机动车的通行，考虑在主桥南、北端的上、下游方向均搭建人行便桥各 50m(共 200m)长至沿江路上。桥面铺装层亦可考虑半幅桥面宽施工，但应将桥面铺装的横向钢筋错开位置焊接牢靠，桥面混凝土浇筑平整。工艺要求如下：

①拆除人行道板、缘石及原桥面铺装；

②采用葫芦吊将自来水管水平吊离挑梁；

③固定人行道悬臂梁和挑梁下的加固钢筋网和桥面铺装钢筋网，并浇筑加固混凝土(5cm 厚)，稍微浇出人行道缘石。

(3)浇筑缘石、安装人行道梁后，浇筑桥面铺装混凝土，在浇筑桥面混凝土时注意的几点

①必须采用强制式搅拌机，以采用先干拌后湿拌的方法为宜。

②投料顺序为：碎石→1/2 钢纤维干拌 1min→砂→水泥→1/2 钢纤维干拌 1min→加水湿拌 1.5min 左右为宜。

③钢纤维在使用前开袋抖散开，切不可成堆倒入。

④严格控制拌和时间，搅拌好的钢纤维混凝土(SFRC)应该是钢纤维均匀分散在整个混凝土拌和物中，无黏团和集结现象。

(4)伸缩缝、泄水管

伸缩缝的锚固钢筋应锚入主梁和微弯板内 5cm 深，先用电锤钻眼并用水泥砂浆嵌固好锚固钢筋。在浇筑伸缩缝内混凝土时，应对主梁表面及铺装层表面凿毛，且应将桥面铺装纵向钢筋与伸缩缝横筋点焊，以增强伸缩缝两侧混凝土的整体受力。在安装过程中，应严格在厂家的指导下进行施工。

对原有泄水管应进行疏通清理，恢复正常使用。

第十一节　增大截面(填芯)法加固实例[3]

一、桥梁概况

某双曲拱桥始建于 1970 年 8 月，于 1972 年 7 月建成，大桥总长 344.50 m，桥面宽度为净—9m+2 ×2.0m(人行道)，原设计荷载为汽车—13 级，拖车—60；主跨为 7 孔净跨 36m 等截面悬链线空腹式双曲拱桥，主拱圈由 9 根拱肋 8 个拱波组成，拱轴系数 $m=4.324$，矢跨比

$f_0/L_0=1/6$。大桥场地地质状况良好，桥梁基础支承在风化粉砂岩上，地基承载力标准值为400～800kPa。大桥现有高峰小时交通量为机动车 885.5 当量小汽车数量/h，非机动车 763 辆/h。现有大桥的通行能力已处于饱和状态，塞车现象经常发生；到 2020 年其高峰小时机动车交通量将达 3 000 当量小汽车数量/h。可见，拓宽和改造大桥不仅十分必要，而且已是迫在眉睫。

二、桥梁检测结果

经荷载试验检测，在按现行桥规不考虑拱上建筑的联合作用和横向分布时，大桥主孔的承载能力不能满足汽车—20 级、挂车—100 的荷载要求。该桥横向联系较弱，活载横向不均匀分布比较明显。荷载试验还表明，在荷载作用下，墩台变位值较小，基础稳固。

三、拓宽改造方案

该桥在进行拓宽改造设计时，进行了多方案的比选。①方案一为直接在老桥两侧对称拓宽桥梁。加宽原桥墩，拓宽部分的上部结构直接支承在新建的桥墩上，新建的上部结构采用刚架拱。其拓宽后的桥面总宽度为净—18.0m+2×3.0m 人行道，较原桥宽增加了 11m。②方案二为单侧拓宽法，即在原桥侧的下游另加一座桥，下部结构重新做，而上游在原桥墩上另加一片拱肋，上部结构采用与原桥同结构的双曲拱，其拓宽后的桥面总宽度为 24.0m，较原桥宽增加了 11m。③方案三，充分利用现有桥墩，将原桥墩两侧加高，上部采用Π形钢梁作为人行道，在原桥两边用挑梁往外各挑出 0.50m，形成 14.0m 的车行道。拓宽后的桥面总宽度为净—14.0m+2×2.8m=19.6m，比原桥宽增加了 6.6m。④方案四(见图 2.1.26)充分利用现有桥梁基础、桥墩和地基良好的特点，对现有双曲拱圈拱波内腔填芯加固，提高原桥拱圈的承载能力。而后，桥面用钢筋混凝土挑梁拓宽；拓宽后的桥面宽度为净—15.0m+2×2.75m 人行道，比原桥宽增加了 7.5m。

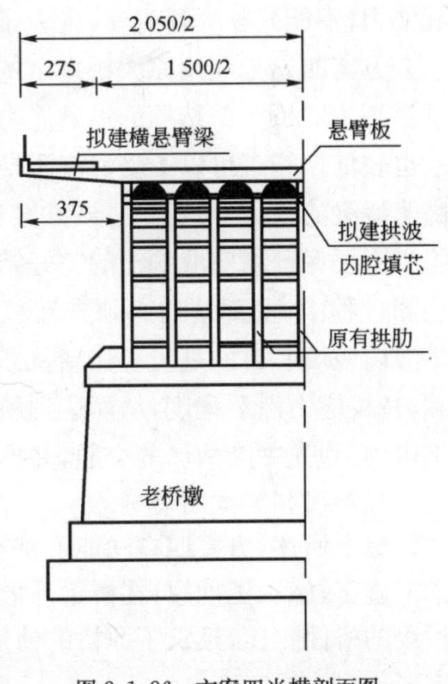

图 2.1.26 方案四半横剖面图
(尺寸单位：cm)

四、方案的比选与确定

1. 功能和造型

按城市交通规划要求，该桥 2020 年的交通量将达到 3 000 当量小汽车数量/h，2020 年以后增多的交通量将由上游规划修建的大桥来分流。所以，该桥必须按四车道设计。方案一、二完全可以满足交通增长的需要，并且两侧都留了一个非机动车道，方案三、四只能满足近期交通增长的需要，中、远期的交通增长应由规划修建的大桥来分流，所以要提前 5 年修建上游规划的大桥。

在桥梁造型方面，方案一的斜腿刚架拱与双曲拱桥难以协调、统一，但是两端接线方便，与原道路、引桥连接顺畅。方案二与原桥梁造型完全吻合，保证了原桥的风格，但是由于单边拓宽，与原引桥、道路连接不顺。方案三是用Π形钢梁拓宽，1.8 m高的钢梁与原拱圈相比，显得过于沉重。方案四采用挑梁拓宽和填芯加固法，既保证了原桥的风格，桥梁也得以对称拓宽，又使得与原桥梁引道连接顺畅。

2. 经济性比较

四个比选方案的造价相差较大，方案二用Π形钢梁加宽，造价最高，而且后期维护费用很高；方案四充分利用了原桥结构，发挥原拱桥结构的承载潜力，基础和桥墩都是利用原桥，工程总造价也最低；方案四的工程造价分别比方案一、二、三下降了 41.6 %、40.4%和 62.9 %，平均下降了 48.3%。

3. 技术比较

方案一、二、三是在原桥梁的侧面另加座桥梁，基础和桥墩都要重新施工。由于该桥所处河水的常水位都在 4～5 m，水下扩大基础和重力式桥墩的围堰将会遇到较大困难。方案四的施工方案最简单，避免了水下施工，施工设备要求较低、结构简单、受力明确。方案一、二、三的上部结构脱离了原拱圈结构，对原有拱圈结构存在的病害没有处理，也就无法提高原拱桥的承载能力，不能延长大桥寿命，失去了加固的意义。

方案四充分利用原大桥富余的承载能力（相对于原设计荷载而言），在旧桥拱波内腔填芯，既提高了旧桥上部结构的承载能力，延长了桥梁的使用寿命，又避免了水下施工，施工设备要求也较低。施工可以不受河流汛期的影响；同时，桥面的悬臂梁也增加了桥梁的横向联系，提高了桥梁的整体性。但是，该方案存在主拱圈中新旧构件如何共同承受外力的问题，另外，在施工中要保证新旧混凝土的完好结合和混凝土浇筑质量也会遇到较大的困难。而且在主拱圈加固过程中，上部结构必须先卸载，使原主拱圈释放部分应力，然后才能施工拱波内腔填芯。拱波内腔填芯目的是为了让新浇筑的钢筋混凝土填芯拱圈能参与承担部分恒载和新增的活载，减少应力滞后程度，从而达到新旧拱圈共同承担外力的目的。因此，在桥梁的加固拓宽施工中，必须先中断两岸的交通，并拆除桥面系。

4. 加固拓宽方案的确定

综上所述，方案四在功能上基本满足了交通量发展要求；工程造价远小于其他方案；没有水下施工，施工工期短；在桥梁外形上保证了原双曲拱桥的风格；在加固提载的同时，拓宽了原桥梁的桥面宽度，延长了原桥的使用寿命。所以，最后选择了方案四作为该桥加固拓宽的实施方案。

第二章 粘贴碳纤维布法加固主拱圈

第一节 粘贴法加固主拱圈的材料特性

工程材料的进步及新材料的出现，历来是土木工程发展的基础和动力。碳纤维材料的出现和成功应用于土木工程的加固与补强，使土木工程加固技术研究更上一个台阶。碳纤维布是一种新型建材，因其质轻、耐腐蚀、片材很薄、抗拉强度高，而被广泛应用于各类桥梁的补强和加固中，以提高桥梁的承载能力，尤其是当建筑高度受限制时的首选补强加固用材料，而且其施工工艺相对也较为简单。

一、碳纤维复合材料

碳纤维复合材料通常由纤维和基体组成。加固混凝土结构用的纤维材料目前主要有三种：玻璃纤维（GFRP）、碳纤维(CFRP)和芳纶纤维(AFRP)。碳纤维复合材料的力学特点是其应力、应变量完全线弹性，不存在屈服点或塑性区。由于碳纤维材料具有高强、轻质、耐腐蚀、耐疲劳等优异物理力学性能，以及现场施工便捷的优点，所以是旧桥加固补强的理想材料。

普通碳纤维是以聚丙烯腈(PAN)或中间相沥青(MPP)纤维为原料经高温碳化制成，碳化程度决定着诸如弹性模量、密度与导电性等性能，碳纤维长丝直径通常在 5μm～8μm 之间，并合成含 3 000～18 000 根的长丝束。为改善碳纤维与基体的亲和性，纤维本身要经过表面处理，形成能与基体反应的活性基团。

加固混凝土构件所用的碳纤维布，是由碳纤维长丝经编织而制成的柔软片材。

碳纤维布在编织时，将大量的碳纤维长丝沿一个主方向均匀平铺，用极少的非主方向碳纤维丝将主方向碳纤维丝编织连接在一起，形成很薄的以主纤维方向受力的碳纤维布。

加固混凝土构件时，按构件的不同受力特点用黏结材料将碳纤维布有序地缠绕粘贴于构件表面，实现对构件变形的约束，并以此提高构件的极限强度和承载能力。

根据碳纤维布的品质不同，其厚度在 0.11～0.43mm，幅宽在 20～100cm，卷材长度为 50～100m。交通运输部 2008 年 10 月颁布的推荐性标准《公路桥梁加固设计规范》(JTG/T J22—2008)要求，碳纤维应选用不大于 12k(1k＝1 000)的小丝束聚丙烯腈基(PAN 基纤维)，不得使用大丝束纤维，且要求碳纤维的主要力学性能应符合表 2-2-1 的规定。

桥梁加固用碳纤维复合材料主要力学性能指标　　表 2-2-1

<table>
<tr><th colspan="3">性能项目
纤维类别</th><th>抗拉强度标准值(MPa)</th><th>弹性模量(MPa)</th><th>伸长率(%)</th><th>弯曲强度(MPa)</th><th>纤维复合材料与混凝土正拉黏结强度(MPa)</th><th>层间剪切强度(MPa)</th></tr>
<tr><td rowspan="4">碳纤维</td><td rowspan="2">布料</td><td>I级</td><td>≥3 400</td><td>$\geq 2.4\times10^5$</td><td>≥1.7</td><td>≥700</td><td rowspan="4">≥2.5，且为混凝土内聚破坏</td><td>≥45</td></tr>
<tr><td>II级</td><td>≥3 000</td><td>$\geq 2.1\times10^5$</td><td>≥1.5</td><td>≥600</td><td>≥35</td></tr>
<tr><td rowspan="2">板材</td><td>I级</td><td>≥2 400</td><td>$\geq 1.6\times10^5$</td><td>≥1.7</td><td>—</td><td>≥50</td></tr>
<tr><td>II级</td><td>≥2 000</td><td>$\geq 1.4\times10^5$</td><td>≥1.5</td><td>—</td><td>≥40</td></tr>
</table>

二、黏结材料

黏结材料的性能是保证碳纤维布与混凝土共同工作的关键，也是两者之间传力途径中的薄弱环节，因此，黏结材料应有足够的刚度与强度来保证碳纤维与混凝土间剪力的传递，同时应有足够的韧性，不会因混凝土开裂而导致脆性黏结破坏。此外，由于旧桥加固均在野外，所以黏结材料还应能在一般气候条件下固化，且固化时间适宜(一般保证有 3h 左右)，对组分含量不敏感，具有适宜的流动性和黏度，固化收缩率小。

黏结材料是将连续纤维状的碳纤维结合在一起，同时又与混凝土表面黏合的系列黏结材料。它主要包括三类材料：底层涂料、整平材料和浸渍树脂。

1. 底层涂料(底涂胶)

在处理好的混凝土表面上，涂一层很薄的底层胶，既可以浸入混凝土表面，强化混凝土表面强度，又可以改进胶接性能，从而使混凝土与碳纤维布之间的黏结性能得以提高，因此要求底涂胶必须具有很低的黏度，以及与混凝土良好的黏结性能，以便于涂刷在混凝土表面后，胶黏剂能渗入混凝土结构中。为保证性能，应尽量避免使用溶剂型胶。

2. 整平材料(找平胶)

碳纤维布只有与所加固补强的混凝土表面紧密接触，才能产生良好的补强效果。但混凝土表面的锐利突起物、错位和转角部位等都可能使碳纤维布产生损伤，并引起强度降低。混凝土表面的模板错位及混凝土气孔很难通过基底处理一道工序彻底清理。因此，在涂敷的底层涂料指触干燥后，必须用找平胶进行找平，同时将矩形断面直角打磨后修补成圆弧状。

找平胶应具有优良的力学性能，以及良好的施工性能与触变性能。在施工过程中，找平胶应易于操作，且不随时间的延长出现明显的变形，并防止胶的滴挂。一般的普通环氧树脂的黏结强度和韧性都达不到找平胶的要求，不应调配使用。

3. 浸渍树脂(粘贴主胶)

浸渍树脂在黏结材料中起着至关重要的作用，它连接底胶与碳纤维布。它的黏度应控制在一定范围，有利于浸渍树脂顺利地将碳纤维布黏附于混凝土表面，经过碾压，使浸渍树脂很容易浸透碳纤维布，形成一个复合性整体，共同抵抗外力作用。

浸渍树脂不仅应具有良好的渗透性，以利于浸透碳纤维布，同时还应具有一定的初黏力，防止粘贴的碳纤维布塌落而形成空洞或空隙，并且本身具有良好的触变性，易于施工且不会发生明显的滴淌现象。另外，胶黏剂与碳纤维的相容性和黏结力必须极好，才能满足碳纤维布和混凝土形成预期的复合材料。

4. 防护材料(罩面胶)

罩面胶主要是为了施工表面的美观和保护碳纤维布。一般要求材料能涂敷在碳纤维布表

面,并不脱层,不掉落,能长期在冷热干湿的空气中稳定,防止复合材料被紫外线直接照射。它的选择范围较大,丙烯酸体系、聚氨酯体系、不饱和聚酯体系、有机混凝土、有机氟体系等都适合。

5.胶与胶的相容性

碳纤维布加固补强施工过程中,胶是一层一层叠加上去复合而成的,与混凝土直接接触的只有底涂胶,找平胶与底涂胶、碳纤维布粘贴主胶黏结,而粘贴主胶与底胶、找平胶、碳纤维布和罩面胶相连,因此不同胶黏剂之间的相容性、黏结性问题应予以充分考虑。一般来讲,同一类型的胶黏剂黏结性较好,不同类型的胶黏剂黏结相容性就需做预先的试验加以论证。

第二节 粘贴碳纤维布法加固主拱圈的机理

一、加固受力特点分析

(1)与传统的其他加固方法相比,采用碳纤维布加固双曲拱桥主拱圈能最小程度地改变原有结构的应力分布,保证在设计荷载范围内与原结构共同受力。

(2)将抗拉性能优良的碳纤维布用黏结材料粘贴到构件的相应部位,主要是受拉或弯拉部位,使其与原结构一起参与受力,即碳纤维布可以与原结构内布置的钢筋一道共同承受拉力,以提高旧桥的承载能力。

(3)沿双曲拱桥主拱肋的拉应力方向(或与裂缝正交方向)粘贴碳纤维布,两端分别设置锚固端,据此可约束混凝土表面裂缝、防止裂缝再扩展,从而达到提高构件抗拉强度、减小构件挠度、改善主拱肋受力状态的目的。

(4)目前可用于旧桥结构加固用的碳纤维材料有单向碳纤维布、单向碳纤维交织布、双向碳纤维交织布、单向碳纤维板材及预应力碳纤维板等,可根据不同的结构部位和受力特性与方向等,选择相应的碳纤维布(板)进行加固。

(5)碳纤维布加固混凝土构件,在提高其抗弯承载力的同时还可能影响受弯构件的破坏形态。当碳纤维布用量过多时,构件的破坏形态将由碳纤维被拉断引起的破坏转变为混凝土被突然压碎破坏。与此同时,由于碳纤维为完全弹性的材料,它与钢筋的共同工作会减弱钢筋塑性性能对构件延性的影响。碳纤维布用量过多,构件延性将有所降低。因此,碳纤维布用于钢筋混凝土双曲拱桥主拱肋的加固补强时,应根据实际情况合理使用。

(6)由于碳纤维布加固后,在最后破坏时的突然性(拉断或剥离等脆性破坏),其承载力极限状态不能按普通钢筋混凝土来定义,一般应按补强加固后组合结构应变量的协调进行抗弯承载力计算。

(7)试验研究证实,碳纤维布能够提高混凝土的抗剪承载力,其作用机理与箍筋类似,同时还能明显改善构件的变形性能,增强构件的变形能力。

(8)碳纤维布与混凝土基层界面,可分为两个界面区,即混凝土基层与黏结树脂界面区和黏结树脂与碳纤维布界面区。黏结性能的本质是接触面间的相互作用,宏观上表现为液态聚合物浸润表面后形成的机械锁结,微观上表现为扩散后相互缠结作用或化学键作用或静电吸引作用,或其复合作用。

(9)如果原构件材料已达到弯拉承载能力极限,粘贴纤维材料后发挥的作用并不大。这是因为加固后构件依变形协调条件分配后续荷载,纤维材料面积小,如果弹性模量不高时,其刚度就更低,难以承担后加荷载。

(10)计算碳纤维布用量时,应以原结构混凝土或钢筋的设计强度来控制设计。

(11)依据平截面假定,利用原结构混凝土或钢筋达到其设计强度时相应的应变值计算碳纤维材料的应变值,并计算加固后组合截面的极限承载能力。

二、碳纤维布加固旧桥特点

1.不增加恒载及断面尺寸

碳纤维布的自重仅为200～300g/m^2,设计厚度为0.111～0.167mm,加上环氧树脂系列的黏结材料自重也很轻,对整个结构重量及桥下净空的影响微乎甚微,可忽略不计。同时,碳纤维布可以多层粘贴。根据补强的要求,碳纤维布可以在一个部位重叠粘贴。这一优点更是传统补强方式所难以比拟的。

2.可适应不同构件形状,成型很方便

斜、弯、坡及异型结构的补强,采用传统的方法,施工难度极大,采用碳纤维补强法,因碳纤维布的随型性极强的特点,可以随结构外形变化进行施工,从而降低施工难度,减少施工成本,缩短施工工期。

3.施工简便

特别是当双曲拱腹拱内的作业空间受到限制时,碳纤维布加固法是可优先选择的一种方法。该法工艺简便,无需大型设备、模板及支撑,操作起来简单易行,因而施工时所需工作面小,在作业空间受限制时,该优点是其他加固方法无法比拟的。

4.采用碳纤维布加固补强,对原结构不会产生新的损伤

碳纤维布加固补强系采用浸渍树脂系列的黏结材料进行黏贴,不需要设置锚固螺栓及开凿混凝土等,因而不会对已经损伤的结构产生新的破坏,更可避免钻孔时与结构内原有钢筋和预应力索发生冲突而引发新的问题。

5.能有效地封闭混凝土的裂缝

碳纤维布(片)粘贴在混凝土的表面,不仅封闭混凝土的裂缝,其高强度和高模量的特性还约束了混凝土结构裂缝的生成与扩展,改变了裂缝的形态,使宽而深的裂缝变成分散的细微裂缝,从而提高了混凝土构件的整体刚度。

6.碳纤维布(片)具有优良的耐化学腐蚀性

碳纤维布(片)是一种复合材料,几乎无腐蚀性和磁性,具有较好的耐热性,不仅能经得起水泥碱性的侵蚀,而且应用于经常受盐侵蚀等腐蚀性环境时,其寿命也较长。因而碳纤维布加固法,在不利环境下较其他方法更显出其优异性。

7.不影响结构的外观

碳纤维布(片)的厚度很薄,粘贴固化后其表面还可以涂刷一层与原有结构外观颜色一致的涂料,不影响结构的外观。

8.不能提高原构件的刚度

碳纤维片材质量很轻、面积很小,不能提高原结构的刚度。

第三节 碳纤维布加固施工工艺与要求

一、一般施工工艺

1. 施工前的准备作业

2. 基面处理

(1)混凝土表面的劣化层(如浮浆、风化层等)要用砂轮机进行清除和打磨;

(2)基面的错位与凸出部分要磨平,转角部位要进行倒角处理;

(3)裂缝部分要注入环氧树脂浆进行修补。

3. 基面的清洗

(1)先用钢丝刷将表面松散浮渣刷去,然后用压缩空气除去粉尘;

(2)用丙酮或无水酒精擦拭表面,也可用清水冲洗,但必须保证其充分干燥后才能进行下一道工序的施工。

4. 涂刷底胶

(1)按比例准确配制好底胶并搅拌均匀,注意一次调和量在可使用时间内用完,超过时间的绝对不能使用,以确保粘贴质量;

(2)用滚筒或刷子均匀地涂抹在基面上,注意直横均匀涂抹,自然风干,如在冬季施工,胶的黏度较高,不能涂得太厚;

(3)底胶硬化后,在表面有凸起部分时,要用磨光机或砂纸打光;

(4)待底胶指触干燥后,进入下道工序。

5. 粘贴面的修补

(1)若发现粘贴面不平整部位,应用找平胶进行修补,保证粘贴面的平整,以确保加固效果;

(2)待找平胶指触干燥后进入下一道工序。

6. 粘贴碳纤维布

(1)在待粘贴面上画出各层位置;

(2)依设计尺寸裁剪碳纤维布,应根据现场施工经验和作业空间确定下料长度,若需要进行接长时,接头的长度应根据设计要求和有关规范要求而定,一般不得小于15cm;

(3)下料数量应以当天能用完为准;

(4)粘贴碳纤维布时,应依设计位置由上而下、由左至右有秩序地粘贴,并以滚筒压挤贴片,使碳纤维布与浸渍树脂充分结合,同时用压板去除气泡;

(5)即时观察贴片是否粘贴密实,若发现有间隙或气泡,应及时处理。

7. 罩面防护处理

(1)粘贴完碳纤维布后,及时在其表面再直横均匀涂抹一层浸渍树脂,自然风干;

(2)确保贴片表面已充分风干结合后,在其表面涂抹罩面胶或采取其他措施处理,以保证各层胶的耐久性。

二、粘贴施工要求

1. 对被加固构件的基面要求

因为用碳纤维布加固混凝土构件是依赖于碳纤维布与构件表面的粘贴效率,所以要求基面的混凝土强度等级不低于C15。同时要求被加固构件应具有良好的保护层，即基面平整且具有一定强度。对于构件有剥落、起皮、腐蚀、裂缝及严重碳化等表面缺损，必须先进行修复，并将粘贴基面打磨平整、清理干净，且不应存在尖锐棱角和浮灰粉尘，防止碳纤维布的局部剥断破坏和粘贴失效。

2. 碳纤维布的粘贴

用碳纤维布加固混凝土构件宜采用薄布多层的粘贴方法，使其与黏结材料充分浸润，确保黏结效率。

对于受弯构件宜在受拉区沿轴向平直粘贴碳纤维布进行加固补强，并且在主纤维方向的断面端部进行附加锚固处理。

3. 碳纤维布的搭接与截断

加固用的碳纤维布一般不宜采取沿主纤维方向的搭接，尤其是对受拉构件和受弯构件受拉区的加固。根据国内外对碳纤维布与混凝土间黏结锚固的试验结果，黏结应力主要集中于端部100mm长度范围内，黏结破坏是脆性的，且黏结应力一般不会产生扩展。因此，若碳纤维布确需搭接时，其搭接部位应避开构件应力最大区段，搭接长度不应小于100mm，且搭接端部应平整无翘曲。多层搭接的各层接口位置不应在同一截面，每层接口位置的净距宜大于200mm。

4. 施工时应注意的其他事项

(1)现场气温低于5℃及雨大或可能结露时，应停止施工；

(2)在施工现场，应做好防火等安全措施；

(3)各种胶黏附在皮肤上时，要用肥皂水冲洗，特别是进入眼内，要立即用水冲洗，或接受医生诊治。

5. 加固所用的碳纤维布及其配套黏结材料均应有厂家所提供的材料检验证明和合格证

第四节　粘贴碳纤维布加固主拱圈实例一[11]

一、桥梁概况

江苏某大桥于1971年建成通车，该桥为9孔跨径16m的空腹式双曲拱桥，设计荷载为汽车—15级，桥宽5.3m，主拱圈由5肋4波组成。该桥维修加固前桥面损坏严重，侧墙出现错位，挡墙出现裂缝，混凝土桥面及泥结碎石基层都已损坏，但主拱肋边肋混凝土基本完好。为保障该桥的正常运行，决定对本桥进行加固。加固后的荷载标准为汽车—20级，人群荷载按《城市桥梁设计荷载标准》(CJJ 77—98)中第4.1.9条取用；无通航要求；抗震按七度设防。

二、改造加固施工

(1)拆除原桥面铺装、栏杆、缘石；

(2)清除原拱上填料，露出主拱圈拱背和腹拱圈拱背；

(3)整修加固拱肋，拱肋下缘满贴一层碳纤维布，拱脚至第二腹拱立墙处的拱肋下缘再贴一层碳纤维布，拱脚至第二腹拱立墙处的拱背满贴一层碳纤维布；

(4)第一腹拱立墙两侧对应拱肋位置贴一层碳纤维布，两边都贴，每边贴5条，增加腹拱立

墙的抗推刚度；

(5)拱脚至第二腹拱立墙位置的拱肋每隔50cm设一道碳纤维布包箍，包箍宽10cm，垂直拱轴线方向贴至拱波上10cm后结束，见图2.2.1所示；

(6)安装横系梁，凿除拱肋对应处的混凝土，横系梁钢筋与拱肋钢筋焊接在一起；

(7)整修腹拱，将桥墩上腹拱及两侧各一孔腹拱改造成三铰拱(平铰)；

(8)整修侧墙，对侧墙损坏部分拆除整修；

(9)回填拱上填料，填料采用固化粉煤灰(90kg固化剂/m^3)；腹拱及拱顶最小填料厚度30cm，要求平整密实；

(10)桥面铺装采用20cm厚钢筋混凝土桥面，设双层焊接钢筋网；

(11)新建缘石和栏杆。

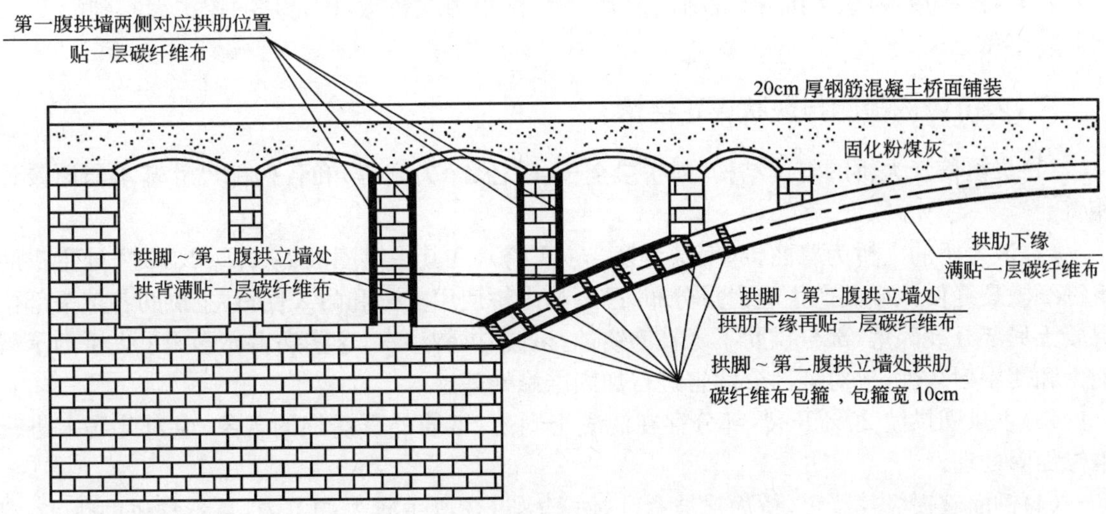

图2.2.1 碳纤维布加固主拱圈构造图

三、改造效果评价

该桥的加固改造是在充分利用原结构进行技术改造的基础上，对主拱圈比较完好的双曲拱桥采用碳纤维布进行加固补强。通过加固补强不仅提高了桥梁的承载能力，还充分利用了现有结构，节省投资，缩短工期，提高了效益。

第五节 粘贴碳纤维布加固主拱圈实例二

一、大桥概况

1980年9月，江西省贵溪信江大桥建成通车，该桥全长514.04m，上部结构为：主桥9孔跨径40m等截面悬链线空腹式钢筋混凝土双曲拱，加鹰潭岸2孔跨径25m等截面悬链线空腹式钢筋混凝土槽形肋拱及贵溪岸1孔跨径20m钢筋混凝土简支T形梁(跨越沿江路)。桥面净空为：净－10m＋2×2.80m人行道。该桥原设计荷载为：汽车－20级，人群－3.5kN/m^2；验算荷载为挂车－100；通航等级为VI级。主桥40m跨径的主拱圈净矢跨比$f_0/L_0=1/5$，拱

轴系数 $m=1.756$。跨径 25m 副孔的主拱圈净矢跨比 $f_0/L_0=1/8$，拱轴系数 $m=3.500$。

(1)上部构造：主桥主拱圈每跨由 6 肋 5 波组成，拱肋中距为 285cm，主拱圈全宽 14.7m。主拱圈截面由拱肋、拱波和现浇混凝土填平层组成；其中拱肋宽为 45cm、高 55cm。施工过程：分三段预制、无支架吊装，接头位置在反弯点附近，采用环氧树脂水泥胶卡砌接头；每跨拱肋均按等弧长设置 15 道横隔板及横系梁联结；每跨各设 10 个腹拱，腹拱跨径为 240cm。跨径 25m 副孔主拱圈由 6 片槽形拱肋及 5 片微弯板和 2 片悬臂微弯板组成，拱肋中距为 234cm，主拱圈全宽 14.04m；拱肋宽 134cm，高 59cm，每跨拱肋均按等弧长设置 4 道横隔板；每跨各设 8 个腹拱，其中 6 个腹拱跨径为 200cm，另外 2 个为小腹拱。简支 T 梁跨线桥由 10 片 T 形梁组成，T 形梁中距为 160cm，T 形梁高 130cm，梁肋宽 18cm，翼板宽 160cm，按等间距设置 3 道中横隔板和 2 道端横隔板。

(2)下部构造：桥墩为沉井（或明挖扩大）基础配重力式桥墩，桥台是明挖扩大基础配 U 形台与轻型桥台。

二、大桥结构检测与现状评定结论

(1)贵溪信江大桥的整体结构（如桥梁全长、跨径、净矢高等）和各构件尺寸基本与原设计相符。

(2)该大桥的主桥为双曲拱（编号为第 3～11 跨），在其主拱圈的 $L/4$、$L/2$、$3L/4$ 处主拱肋下缘细微裂缝使该截面产生应力重分布，已影响大桥使用安全和耐久性；且主拱肋各接头部位混凝土局部开裂碎落，部分拱肋下缘箍筋锈蚀，拱波、拱脚渗水，这些病害亦影响了大桥的承载能力和使用耐久性，应对该部分病害进行加固维修处理。

(3)主拱圈拱波 20%开裂，部分存在混凝土剥落、钢筋外露锈蚀的现象，应对此病害进行维修加固处理。

(4)桥面破损极其严重，桥面横坡紊乱，使车辆过往产生较大冲击力，且不利桥面排水，建议全部凿除原桥面，重新浇筑钢筋混凝土整体桥面。

(5)部分人行道栏杆破损，危及行人安全，应对破损栏杆进行修复或更换。

(6)桥墩两侧第一个腹拱圈及 6 号墩上腹拱圈的横向裂缝基本贯穿整个腹拱圈全宽，局部已完全断裂，混凝土大块碎落，钢筋外露且锈蚀严重，渗水相当严重，个别腹拱圈局部拱脚移位，应尽快采取措施予以加固补强或更换。

(7)桥墩两侧第一个腹拱墩盖梁开裂严重，钢筋外露锈蚀严重，已严重威胁到大桥的使用安全，应予以维修加固。

(8)6 号桥墩上的腹拱墩盖梁开裂严重，应予以加固补强。

(9)在每个桥墩附近的桥面均设有 4 道伸缩缝，跨搭钢板式伸缩缝的覆盖钢板断裂丢失较多，橡胶板式伸缩缝的橡胶条固定螺栓疏松脱落、伸缩缝下陷等较严重病害，已不能维持大桥正常的伸缩，亦增大了过往车辆的冲击力，渗水严重，严重影响了大桥的使用安全，必须重新设置伸缩缝。

(10)桥梁墩台使用情况尚好，未见有影响大桥使用安全的病害，只存在较少量的裂缝。由于检测时水流湍急，水位较高，无法检测到桥墩下部及基础的病害，所以建议在水位较低时，应对桥墩冲刷情况进行进一步的结构病害检查。

(11)跨线桥支座钢板锈蚀严重，呈层状粉碎性剥落，且主梁与台背间的预留间隙被垃圾、

泥土等堵塞，主梁已无法正常伸缩，应清除预留缝内泥土、垃圾并及时更换支座。

三、大桥结构验算

1. 验算荷载确定

贵溪信江大桥原设计荷载为汽车—20级，挂车—100，人群—3.5kN/m^2。

本桥验算按3列车队布载计算出最大横向分布系数与2列车队所计算的横向分布系数相比，取大者为控制，挂车按1辆车进行计算(按中载计算)。

2. 承载能力验算系数的确定

(1)承载能力系数(Z_1)的确定

本次承载能力验算系数(Z_1)的确定，参照结构检查中各构件技术状况评定值确定。

根据主桥主(腹)拱圈技术状况评定值，及综合检测的各项指标与参数，确定主跨主拱圈承载能力验算系数 $Z_1=1.0$，腹拱圈承载能力验算系数 $Z_1=0.9$，T梁承载能力验算系数 $Z_1=1.0$。

(2)承载能力恶化系数(ξ_e)的确定

根据主桥各构件检测评定指标及实际检测情况，取用主拱圈承载能力恶化系数 $\xi_e=0.04$，腹拱圈承载能力恶化系数 $\xi_e=0.12$，T梁承载能力恶化系数 $\xi_e=0.04$。

(3)截面折减系数(ξ_c、ξ_s)的确定

考虑到主桥双曲拱主拱圈拱肋下缘在拱顶截面附近存有一些较窄的裂缝，而拱脚状况良好(未发现有结构受力裂缝)，因而主拱圈拱顶截面、$L/4$ 截面折减系数 $\xi_c=0.9$、钢筋折减系数 $\xi_s=1$，拱脚截面折减系数 $\xi_c=1.0$、钢筋折减系数 $\xi_s=1.0$。

鉴于主桥腹拱圈损坏较为严重，部分在拱顶截面完全断裂，因而本次结构检算中考虑腹拱圈截面折减系数 $\xi_c=0.6$、钢筋折减系数 $\xi_s=0.8$。

T梁目前使用状况尚好，仅在跨中附近存有竖向裂缝，且缝宽均小，因而取用截面折减系数 $\xi_c=0.98$、钢筋折减系数 $\xi_s=1.0$。

(4)活载影响修正折减系数(ξ_g)的确定

贵溪信江大桥是贵溪市连接南北两岸唯一的桥梁，交通量极大，属于频繁通行大吨位车的重载交通桥梁。根据实际调查的大桥典型代表交通量、大吨位车辆混入率、轴载情况，本次验算取活载影响修正系数 $\xi_g=1.2$。

3. 双曲拱建模要点

贵溪信江大桥第3～11跨(主桥)为典型的双曲拱桥，属超静定结构。拱肋净跨径为 $L_0=4\,000$cm，净矢高 $f_0=800$cm，拱轴系数 $m=1.756$，主拱圈由6肋5波构成，每跨按等弧长各设置了15道横隔板(或横系梁)，拱肋中至中距离为285cm，主拱圈全宽1 470cm。为更好地协调拱圈受力，主拱圈背缘在桥墩两侧的第1个腹拱范围内设置30～32cm厚的钢筋混凝土护拱。每跨以拱顶对称在两侧各设置5个腹拱，腹拱圈为18cm厚钢筋混凝土预制块连接而成。验算中模型建立要点如下：

(1)根据双曲拱桥的结构尺寸、受力特点等，将一跨上部构造离散成141个节点、148个单元和4个支撑单元，见图2.2.2所示；

(2)主拱圈在安装时按铰接考虑，安装完后进行铰接—固接体系转换；

(3)计算中按弹性支撑连续梁法计算出每片拱肋的横向分布系数，再将空间桥梁结构简化

为平面结构进行计算；

(4)考虑该大桥使用至今已 25 年，检查中亦未发现大桥墩台存在不协调变形与因不协调变形而产生的病害，因而分析大桥墩台沉降已趋于稳定，本次验算不考虑墩台沉降产生的附加内力；

(5)温度变化按全结构整体升温＋20℃与整体降温－20℃计算；

(6)根据实际施工顺序，按主拱圈安装、主拱圈支撑体系转换、浇筑腹拱墩、浇筑腹拱圈、浇筑桥面及安装人行道构件六个阶段(见图 2.2.2)进行计算；

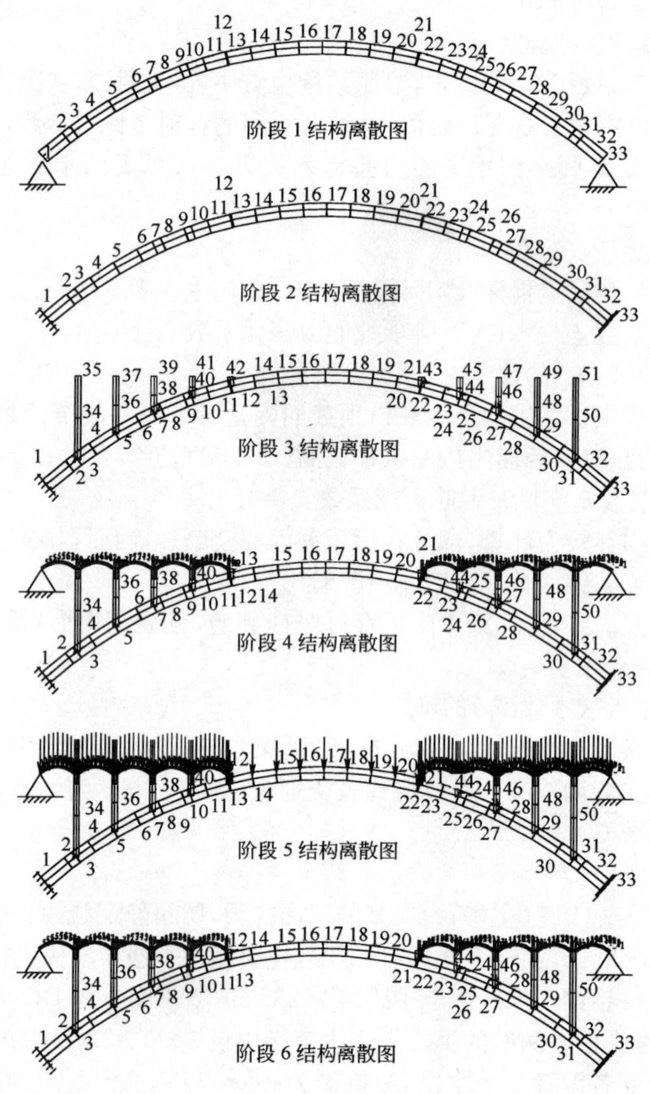

图 2.2.2　双曲拱结构离散图

(7)活载内力采用动态规划法在影响线上加载计算。

4. 结构验算结果

结构验算结果见表 2-2-2 所示。

双曲拱主拱圈内力组合一览表 表 2-2-2

荷载组合情况	拱顶		$L/4$		拱脚	
	M(kN·m)	N(kN)	M(kN·m)	N(kN)	M(kN·m)	N(kN)
结构重力	748.5	4 178.0	246.3	5 620.0	−1 803.0	7 454.0
汽车—20 级(M_{max})	1 307.0	1 056.0	883.6	848.7	1 171.0	1 288.0
汽车—20 级(M_{min})	−554.7	805.6	−580.2	1 302.0	−1 520.0	947.2
挂车—100(M_{max})	1 822.0	2 101.0	1 156.0	1 495.0	1 951.0	1 938.0
挂车—100(M_{min})	−575.3	1 036.0	−1 039.0	2 349.0	−2 643.0	1 959.0
人群(M_{max})	192.8	250.2	125.8	167.0	340.2	351.0
人群(M_{min})	−133.5	250.2	−150.9	371.8	−294.5	274.2
温度上升+20℃	−620.31	221.38	−206.5	207.06	1 180.4	165.53
温度下降−20℃	620.31	−221.38	206.5	−207.06	−1180.4	−165.53
1.2 或 0.9 结+1.4 汽(M_{max})	2 997.9	6 842.3	1 708.7	8 166.0	493.0	11 239.4
1.2 或 0.9 结+1.4 汽(M_{min})	−289.8	6 491.7	−801.9	9 087.3	−4 703.9	10654.8
1.1 或 0.8 结+1.3 汽(M_{max})+1.3 温升	1 966.7	6 581.7	1 314.7	7 771.6	2 056.7	10545.3
1.1 或 0.8 结+1.3 汽(M_{min})+1.3 温升	−1 102.3	6 256.1	−1 021.8	8 627.1	−2 807.6	10 002.4
1.1 或 0.8 结+1.3 汽(M_{max})+1.3 温降	3 579.5	6 006.1	1 851.6	7 233.2	−1 012.4	10 114.9
1.1 或 0.8 结+1.3 汽(M_{min})+1.3 温降	510.5	5 680.5	−484.9	8 088.8	−5 876.7	9 572.0
1.2 或 0.9 结+1.4 挂(M_{max})	3 449.0	7 955.0	1 914.0	8 837.0	1 108.7	11 658.0
1.2 或 0.9 结+1.4 挂(M_{min})	−131.8	6 464.0	−1 232.9	10 032.6	5 863.8	11 687.4

经综合检算,贵溪信江大桥主桥(双曲拱)的主拱圈基本满足汽车—20 级、挂车—100(中载)、人群 3.5kN/m² 的荷载使用要求,但双曲拱跨的腹拱圈(包括 6 号墩上的腹拱圈)已完全不能满足汽车—20 级、挂车—100(中载)、人群 3.5kN/m² 的原设计荷载使用要求,应采取措施予以加固补强。

四、加固设计要点

根据结构检查有关数据及结构检算结果,对贵溪信江大桥采取以下维修加固措施,以达到加固设计标准。

1. 主拱肋(见图 2.2.3)

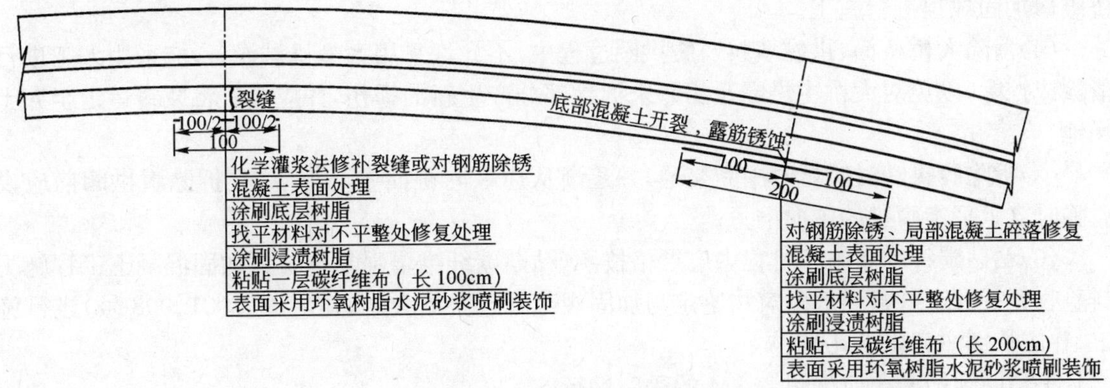

图 2.2.3 主拱圈粘贴碳纤维布构造图(尺寸单位:cm)

(1)对主拱肋局部混凝土碎落处,应将周边松散混凝土凿除,对已锈蚀钢筋除锈,并采用环氧树脂小石子混凝土修复;

(2)对主拱肋箍筋外露锈蚀部位,应对锈蚀处进行除锈并磨平,粘贴一层碳纤维布予以封闭;

(3)主拱肋拱顶截面下缘 1m 范围内及破损部位粘贴一层碳纤维布。

2. 腹拱墩维修

(1)对横墙式腹拱墩与门形拱式腹拱墩裂缝采用化学灌浆法修复,设置骑缝钢筋控制裂缝的进一步扩展,并采用环氧树脂砂浆抹面防护;

(2)对桥墩两侧的第 1 个腹拱墩盖梁下缘粘贴一层 6mm 厚钢板,增强盖梁的抗弯能力,并在盖梁与立柱连接处设置钢板承托,增强支点截面附近抗剪能力。

3. 腹拱圈

(1)对损坏较为严重的腹拱圈予以拆除,重新预制安装;

(2)对部分腹拱圈开裂处采用设置骑缝钢筋法予以修补。

4. 桥面

凿除桥墩(台)两侧第 1、2 腹拱范围及所有桥墩上的桥面铺装层,重新浇筑 C40 防水混凝土桥面(内设置 2 层焊接钢筋网)。

5. 伸缩缝

更换全桥 44 条伸缩缝。

6. 清除跨线桥墩(台)帽上的垃圾与余土,并对支座进行防锈处理等

7. 台后路面

凿除并重做贵溪岸台后路面,并加设钢筋网。

五、加固施工要点

(1)根据本桥加固拓宽特点,采取半幅桥宽施工。

(2)施工过程中要求根据设计和相应规范的要求以及施工人员和设备的具体情况,在每道工序施工之前制定出详细的施工组织设计或施工方案,并报监理工程师审查批准,从而确保桥梁施工安全和质量。

(3)施工过程中应严格按照交通部《公路桥涵施工技术规范》(JTJ 041—2000)及相应的旧桥维修加固规程进行施工。

(4)凿除大桥桥面、拱腔填料及腹拱圈过程中,不允许采用大型机械设备,应采用人工进行凿除或挖除,以免对大桥主拱圈及相邻未拆除部分产生新的损伤,并应及时将废料运走至弃土场地。

(5)拆除腹拱圈时应暂时中断交通,并逐渐从边缘向桥面中心拆除,在拆除腹拱圈前应设置临时支承平衡腹拱的单向推力。

(6)粘贴碳纤维布施工过程中应严格按照《粘贴碳纤维增强复合材料加固混凝土工程施工与验收暂行规定》(建设部建筑物鉴定与加固规范管理委员会颁,建规固[2001]008 号)进行施工,并应特别注意以下几点:

①粘贴碳纤维布应按图 2.2.4 的程序进行施工。

②粘贴碳纤维布时及黏结胶达到强度前,不允许对上部构造增加重荷载作用,以免影响粘

贴质量；

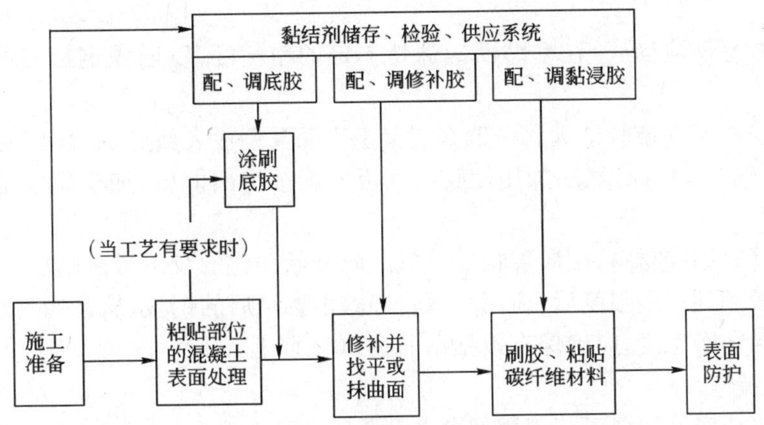

图 2.2.4 粘贴碳纤维布程序框图

③要求粘贴前应清除拱肋下缘表面疏松部分，至露出混凝土结构层，若有裂缝，应先行修补，用修补材料将混凝土表层修复平整，要求平整度达到 5mm/m；

④粘贴碳纤维布时，应使碳纤维布材料充分浸润，确保黏结效率；

⑤施工前应对粘贴表面混凝土含水率及所处的环境进行测量，若混凝土表层含水率大于4%或现场气温低于 5℃时，应停止施工或采取措施；

⑥碳纤维布是否与被黏结面充分黏合直接关系到碳纤维布的施工质量，在粘贴后应仔细检查粘贴面，若发现碳纤维布与拱肋混凝土底面之间有气孔，应采用注射针管进行注射黏结胶修补，确保碳纤维布与拱肋底面充分黏合；

⑦在施工现场，应做好防火等安全措施；

⑧各种胶黏附在皮肤上时，要用肥皂水冲洗，特别是进入眼内，要立即用水冲洗，或接受医生诊治；

⑨加固所用的碳纤维布及其配套黏结材料均应有厂家所提供的材料检验证明和合格证，本次加固维修所采用的碳纤维布技术指标要求如表 2-2-3 所示。

表 2-2-3

碳纤维布技术指标一览表

碳纤维类别	单位面积质量(g/m^2)	设计厚度(mm)	抗拉设计强度(MPa)	弹性模量(MPa)
$T700P_L$	300	0.167	3 500	2.35×10^5

(7)腹拱墩盖梁粘贴钢板

①施工工艺流程：

a. 磨平梁底粘贴面；b. 钻锚孔，直径要求达到设计要求；c. 清洗梁底与锚孔后用环氧砂浆锚固锚杆；d. 钢板钻孔、除锈及粗糙处理；e. 将 WL-JGM 建筑结构胶均匀涂刷到钢板上，并使钢板与梁的锚孔对应；f. 拧紧螺母对钢板加压，使黏结胶从四周溢出；g. 待黏结胶凝固后，在钢板表面涂刷 WL-JGM 特防涂浆防锈，涂刷面大于钢板表面四周各 1cm。

②要求粘贴钢板前应清除梁底表面疏松部分，至露出混凝土结构层。

③打磨梁底及钻锚孔后应用高压水冲洗梁底及锚孔直至无浮尘。

④钻锚杆孔时，应注意按先小后大的顺序选用钻头，钻孔过程中不能伤害结构原有钢筋。

⑤施工过程中应确保粘贴钢板与主梁混凝土之间充满黏结剂。

⑥切记！粘贴钢板前，应对所采用的黏结剂进行抗拔试验，确定黏结强度符合要求后方可使用。

⑦粘贴钢板除锈应彻底，且粘贴面应保持一定的粗糙度，以增强钢板与混凝土之间的黏结力。

⑧粘贴时应注意黏结胶饱满。一般在混凝土表面及钢板表面分别涂刷一层均匀的黏结胶薄层，合计层厚约 3～4mm，然后加压使胶在钢板四周被挤出即可，加压后胶层以 1～3mm 厚为宜。

⑨慎重选择黏结胶材料，配胶要精确。施工时开始固化的胶不得再用。

⑩待黏结胶达到一定强度后，应用小锤轻轻敲击黏结后的钢板，从音响判断黏结效果或用超声波法探测黏结密实度，应确保有效粘贴面在 90％以上。

(8)修补裂缝

①化学灌浆法修补裂缝工艺流程如图 2.2.5 所示。

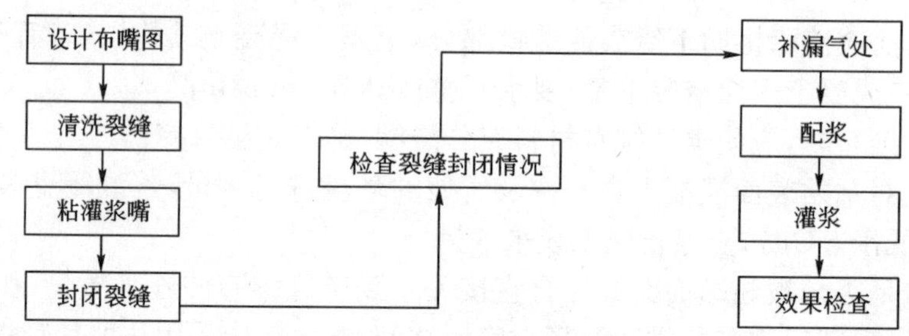

图 2.2.5　化学灌浆施工流程图

②注意事项

a. 布嘴原则：每隔 25cm 布嘴一个。

b. 化学灌浆所采用的黏结剂，应进行相关性能指标试验，要求黏结剂抗拉强度大于 3MPa。

c. 灌浆设备由电动空压机、储气罐、送气管、储浆罐组成。

d. 灌浆嘴由钢材制作而成，输浆及送气管采用 ϕ90mm、耐压 1MPa 以上的耐压管。

e. 施工过程中，竖直裂缝按先下后上的灌浆顺序施工。

f. 灌浆嘴应在浆液初凝后方可拔下(一般初凝时间为 4h)。

g. 施工过程中若发现新的裂缝，应同时按照以上施工工艺进行修补，工程量以实际为准。

(9)修复局部损坏部位时，应对原构件混凝土存在的缺陷清理凿除，并将构件表面凿毛，原有表面应冲洗干净，浇筑混凝土前，原混凝土表面应以水泥浆等界面剂进行处理，以加强新老混凝土的结合；对原有钢筋应除锈，用 30 号小石子环氧树脂混凝土封闭，恢复至原尺寸。

(10)桥面铺装焊接钢筋网应进行严格定位，确保上、下缘净保护层厚度。

(11)焊接钢筋网要求采用成品带肋钢筋网。

(12)桥面铺装用钢纤维混凝土要求采用强制式搅拌机进行拌和。

(13)焊接钢筋网应通长布置，若因运输等因素确需截断，则要求钢筋网进行焊接，焊缝长度应满足规范要求。

(14)伸缩缝安装应在厂家指导下进行，以确保安装质量。

(15)在浇筑素混凝土拱腔填料时,必须保证伸缩缝处预留必要的缝宽。

(16)新浇筑的桥面板左右半幅钢筋网要求焊成整体。

第六节 粘贴碳纤维布加固主拱圈实例三

一、桥梁概况

江西省乐平市韩渡大桥建成于1973年,位于原国道206线乐平至鹰潭段,距乐平市约10km,是一座跨越乐安河的重要公路桥梁。大桥全长436.36m,建成后使用至今已有35年之久。

韩渡大桥原设计荷载等级为:汽车—13级,拖车—60;桥面净宽为净—7m+2×0.75m(人行道)。上部构造为9孔净跨径42m的无填料空腹式双曲拱桥。主拱圈净矢跨比为1/4,拱轴线采用等截面悬链线,拱轴系数m=1.756。主拱圈由4肋3波组成,总宽度为760cm,主拱肋宽度为25cm。经现场量测,主拱圈各细部尺寸实测值与设计值基本相符。

拱上建筑为排架式空腹结构。每跨主拱圈对称设置有12个微弯板腹孔,各桥墩处也设置有1个腹孔。实腹段采用混凝土填平。

大桥下部构造为扩大基础配重力式桥墩及空腹式L形桥台。

二、桥梁主要病害

经现场使用免棱镜全站仪对主拱圈拱轴线进行实测,确定实际拱轴线线形与推定的理论值较为吻合。但由于拱肋间的横向联系较弱、主拱圈横向刚度较差,导致跨中截面附近拱波纵向开裂现象较严重。主拱肋局部(第一跨上游侧第一片拱肋1/4跨处)存在混凝土脱落、钢筋外露且锈蚀的现象。

每跨腹孔微弯板拱顶位置均有一条横桥向的贯穿裂缝。腹拱墩立柱与底梁相接处开裂甚至碎裂、立柱根部环向开裂、部分系梁与立柱连接处混凝土脱落露筋。各腹孔墩盖梁在支点负弯矩区和跨中正弯矩区均有裂缝存在(缝宽最大达1mm)。从整个腹孔墩的病害形式和产生部位来看,这主要是由于立柱截面较小,导致腹孔墩刚度较小、墩身抗压和抗弯能力均较差,加上现行重载交通的作用而引起的。且腹孔墩盖梁截面尺寸较小、配筋较少,承受不了支点和跨中截面的正、负弯矩,从而产生裂缝。

大桥桥面混凝土纵、横向开裂现象严重,裂缝宽度多达1~2mm。其纵向裂缝位置与腹孔墩盖梁跨中和支点位置(空腹段)及拱肋、拱波拱顶位置(实腹段)对应,这主要是因为空腹段腹孔墩盖梁在跨中正弯矩区及支点负弯矩开裂,而实腹段主拱圈拱波拱顶开裂,这两种裂缝反射到桥面上所致。横向裂缝是由于腹孔微弯板拱顶裂缝反射到桥面所造成的。可见全桥横向整体性较差。人行道板顶面的砂浆抹面已经局部剥落,部分人行道板间已裂开,且存在相对错位的现象。栏杆缺失、折断,人行道缘石破碎情况也较严重。这与该桥当年的设计标准偏低、人行道与挑梁的组合相对简易有着必然的关系,需要及时采取适当措施进行处理,以保证过往行人的安全。

乐平岸桥台台后副孔拱圈存在纵桥向裂缝。乐平岸桥台下游侧八字墙及鹰潭岸桥台上游侧八字墙均存在水平开裂现象。

三、维修加固设计标准

(1)设计荷载:公路—II级。

(2)桥面净宽:净—7m+2×0.75m(人行道)。

四、结构计算

实测主拱圈拱轴线形与推定理论拱轴线形基本相符,故本次计算依据推定理论拱轴线的坐标,采用桥梁结构计算程序MIDAS-Civil建立有限单元模型进行验算分析。计算时考虑拱上建筑参与共同受力,将加固前的桥梁结构简化成780个节点、852个单元;加固后的桥梁结构简化成828个节点、1 207个单元。加固前、后的分析模型见图2.2.6、图2.2.7所示。

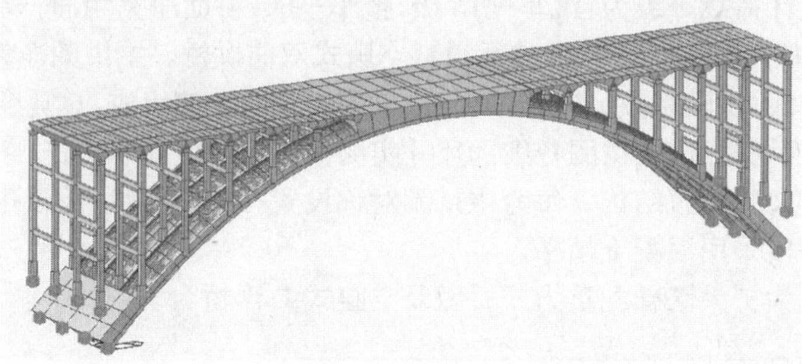

图2.2.6 韩渡大桥加固前结构计算模型图

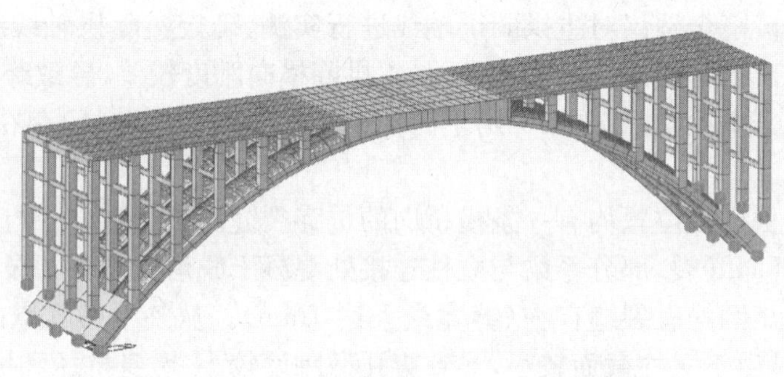

图2.2.7 韩渡大桥加固后结构计算模型图

大桥验算组合主要采用承载能力极限状态设计基本组合、正常使用极限组合设计作用短期效应组合和作用长期效应组合。

根据韩渡大桥结构形式、实际状况及受力特点,着重对主要控制断面(拱脚、四分跨、跨中)部位进行验算。验算结果详见表2-2-4、表2-2-5所示。计算结果表明,加固后的韩渡大桥其控制截面承载能力满足公路—II级荷载要求。

加固前主拱圈截面结构计算结果一览表　　表2-2-4

位　置	荷载组合	弯矩(kN·m)	轴力(kN)	偏心距(m)	弯矩抗力(kN·m)	轴向抗力(kN)
拱脚	组合三	−975.6	−2 343.3	0.416	−1 019.7	−1 968.2
$L/4$	组合三	+823.4	−1 092.7	0.754	+1 037.0	−823.1
跨中	组合三	+793.9	−1 117.5	0.710	+900.8	−666.1

注:表中轴力"−"号表示压力,"+"号表示拉力;弯矩"+"号表示正弯矩,"−"号表示负弯矩。

加固后主拱圈截面结构计算结果一览表 表 2-2-5

位置	荷载组合	弯矩(kN·m)	轴力(kN)	偏心距(m)	弯矩抗力(kN·m)	轴向抗力(kN)
拱脚	组合三	−1 173.0	−2 901.0	0.404	−1 626.0	−3 084.3
$L/4$	组合三	+680.7	−1 413.6	0.482	+1 865.4	−2 243.1
跨中	组合三	+753.7	−1 263.2	0.597	+1 299.9	−1 286.2

注:表中轴力"−"号表示压力,"+"号表示拉力;弯矩"+"号表示正弯矩,"−"号表示负弯矩。

五、维修加固方案

根据现场结构检查有关数据及结构验算的结果,对大桥采取了粘贴碳纤维布、改微弯板拱上建筑为连续板式拱上建筑、外包混凝土加固腹孔墩等方法对大桥进行维修加固,具体设计方案如下(见图 2.2.8)。

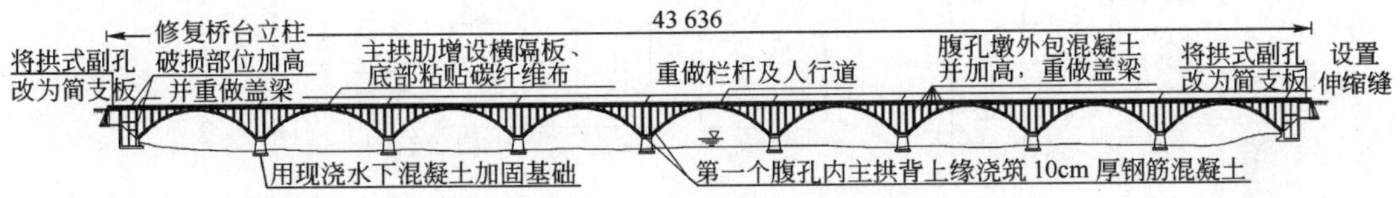

图 2.2.8 大桥加固立面总体布置图(尺寸单位:cm)

(1)主拱圈维修加固:

①在拱肋下缘,以跨中为对称的两侧各 7.5m(总长 15m)范围内粘贴两层碳纤维布;

②通过增设横隔板使得各片主拱肋能够共同承担荷载的作用,并提高大桥的横向刚度;

③在距拱脚第一个腹孔范围内的拱背上缘现浇一层钢筋混凝土来增强主拱圈抵抗拱脚负弯矩的能力;

④对拱肋或拱波的混凝土脱落、露筋锈蚀部位进行除锈和修复。

(2)桥墩、桥台立柱及腹孔墩损坏情况较为严重,为此,设计拆除全桥原桥面系、腹孔微弯板及腹孔墩盖梁、桥台立柱盖梁;对腹孔墩及桥台立柱及横系梁外包钢筋混凝土、加高立柱并重做盖梁,对原实腹段人行道挑梁予以凿除并重做。

(3)原腹孔微弯板已普遍产生严重损坏,如对其进行加固会增加拱上恒载,所以选择改微弯板式拱上建筑为梁式拱上建筑的方案。拆除原腹孔微弯板并重浇连续桥面板,再在连续桥面板上浇筑桥面铺装。在连续桥面板与腹孔盖梁间设置 2mm 厚的橡胶垫片。对人行道系拆除后重做。

(4)将主孔微弯板式拱上建筑改为连续板式拱上建筑后,台后副孔若仍保持为拱式桥梁,而桥台为 L 形,对台身而言,由台后副拱产生的水平推力不再与拱上建筑的水平推力保持平衡,故拆除原副孔拱圈,并重做现浇简支板、浇筑桥面铺装,凿除并重浇部分副孔桥台,简支板与桥台间设置油毛毡。最后对两岸桥台八字墙裂缝予以修复。

(5)此次加固设计桥面高程较原桥面高出 6cm,设计考虑在两岸桥头引道各 6m 范围内采用沥青路面接顺。

(6)对被水流冲刷严重或已淘空的水下基础开挖四周岩层至 50cm 深度处,再对开挖面至基础顶面以上 50cm 范围内现浇 C25 干硬性混凝土。

(7)对全桥混凝土破损部分予以钢筋除锈和修复。

六、施工工艺

(1)根据双曲拱桥的受力特性和本桥的特点,在组织进行腹孔微弯板及腹孔墩盖梁拆除和重做时一定要遵循对称的原则,并随时观测施工跨及相邻跨四分点、拱顶的挠度、横向位移及构件裂缝,以免主拱圈受力状态发生不利变化而造成垮塌性事故。在凿除大桥实腹段原桥面系的过程中,不允许采用大型机械设备,应进行人工凿除或挖除,以免对大桥造成新的损伤(尤其注意不要伤及主拱圈),并及时将废料运至弃土场地。

(2)对主拱圈拱背、桥墩(台)立柱及腹孔墩的加固均采用植筋、布置好钢筋网后再浇筑混凝土的方案进行。施工时应严格按照下列工艺要求进行。[4]

①植筋工艺流程(图 2.2.9)及注意事项如下。

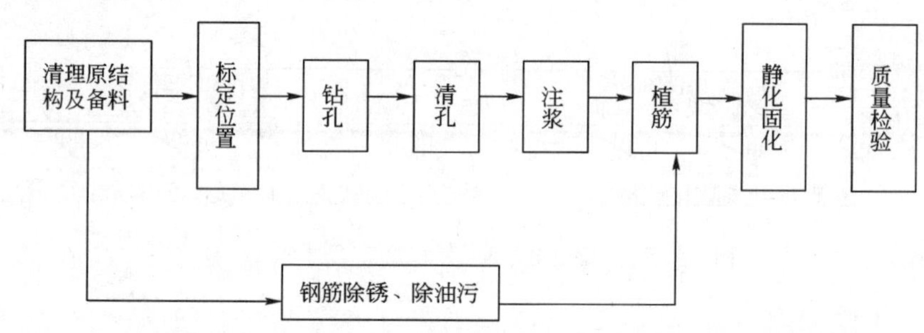

图 2.2.9　植筋施工工艺流程图

a. 钻孔过程中,当遇到原结构内钢筋时应立即停钻,并适当调整钻孔位置。废孔应采用环氧砂浆填实,必要时插入钢筋。

b. 应对钻孔孔洞和钢筋进行清洁、除锈、除油。

c. 灌注环氧砂浆应采用专门的灌注器或注射器进行,灌注方式应不妨碍孔中的空气排出。严禁采用将环氧砂浆直接涂抹在钢筋上植入孔中的植筋方式。灌注量应保证在植入钢筋后有少许浆液溢出。注入量一般为孔深的 2/3。

d. 注入环氧砂浆后立即单向旋转插入钢筋,并尽量使植入的钢筋与孔壁间的间隙均匀,直至达到规定的深度。

e. 在环氧砂浆完全固化前,不得触动或振动已植钢筋,以免影响其黏结性能。

f. 钻孔直径应较钢筋公称直径大 4mm,直径允许偏差为±2mm。

g. 钻孔深度的误差应控制在±5mm 以内。

②对原构件混凝土存在的缺陷凿除至密实部位,并将构件表面凿毛,要求凿除面积大于原构件面积的 80%,凿除深度宜大于碳化层厚度,并凿成麻坑或沟槽状,沟槽深度不小于 6mm,并露出粗骨料。

③应对加固构件已锈蚀钢筋进行除锈。

④浇筑混凝土前对拟浇筑表面采用高压水冲洗干净。

⑤要求钢筋网与植筋间采用绑扎或点焊方式连接,以免浇筑混凝土时钢筋的位置发生移动。若采用点焊施工,应对植筋外露部分的根部采取降温措施,以免导致环氧砂浆老化。

⑥在浇筑混凝土前应注意检查模板的安装是否到位。

⑦对腹孔墩立柱及横系梁进行四面外包混凝土加固时，应将构件的棱角敲掉，并同时除去构件表面浮渣。

⑧在拱背上缘现浇混凝土时，应由拱脚向拱顶方向浇筑。

⑨要求加固部分混凝土采用强度等级不低于32.5级的硅酸盐水泥、快硬硅酸盐水泥或普通硅酸盐水泥。配置环氧砂浆用水泥强度等级不应低于42.5级。

⑩加固混凝土用粗集料应选用致密坚硬、强度高、耐久性好的碎石，其最大粒径不大于2cm；细集料应选用中、粗砂，其细度模数一般应控制在2.6～3.7之间。

⑪使用商品混凝土时，不得掺入粉煤灰。

(3)粘贴碳纤维布施工过程中应严格按照《粘贴碳纤维增强复合材料加固混凝土工程施工与验收暂行规定》(建设部建筑物鉴定与加固规范管理委员会颁，建规固[2001]008号)进行施工并注意以下事项：

①粘贴碳纤维布应在拆除桥面与腹孔微弯板、腹孔墩盖梁，并在拱脚附近拱背上缘现浇混凝土等工序完成之后进行，尽量减轻上部构造的恒载作用，以充分发挥碳纤维布的高强性能；

②粘贴碳纤维布时及黏结胶达到强度前，不允许对上部构造增加重荷载作用，以免影响粘贴质量；

③在粘贴胶达到强度后，才可开始浇筑腹孔墩外包混凝土与桥面板混凝土；

④要求粘贴前清除拱肋下缘表面疏松部分，直至露出混凝土结构层，若有裂缝，应先予以修补；

⑤粘贴碳纤维布时，应使碳纤维布材料充分浸润，确保粘贴质量；

⑥施工前应对粘贴表面混凝土含水率及所处的环境进行测量，若混凝土表层含水率大于4%或现场气温低于5℃时，应停止施工或采取措施；

⑦碳纤维布是否与被黏结面充分黏合直接关系到碳纤维布的施工质量，在粘贴后应仔细检查粘贴面，若发现碳纤维布与拱肋混凝土底面之间有气孔，应采用注射针管进行注射黏结胶修补，确保碳纤维布与拱肋底面充分黏合。

(4)在拆除原桥面系后，应先对主拱圈进行加固，待加固部分达到设计强度后再进行后续工序的施工。并结合工程实际情况制订适宜的施工方案。

(5)拆除桥面系、人行道挑梁及腹孔墩盖梁前，需对大桥两侧现有的电缆、管线等做适当处理，并在整个施工过程中注意此方面的安全控制，在施工完成后应及时给予恢复。

(6)现浇整体桥面板时，应严格控制钢筋网片的定位，确保钢筋网上、下保护层厚度符合设计和相关规范的要求。

第三章　粘钢板(筋)法加固主拱圈

第一节　粘钢法加固主拱圈的机理

采用环氧树脂系列黏结剂或建筑结构胶将钢板或钢筋等抗拉强度高的材料粘贴在结构物的受拉边缘或薄弱部位，使之与原结构物形成整体共同受力，以提高其刚度和强度，改善原结构的应力状态，限制裂缝的进一步发展，从而达到加固补强、提高桥梁承载能力，是粘贴钢板(或钢筋)加固法的目的。该加固方法具有施工简便，粘钢所占空间小，不减小桥梁净空，加固施工周期短，消耗材料少，粘钢加固部位、范围与强度可视设计构造需要灵活设置，并可在不影响交通的情况下施工。所以，粘钢法是常用的旧桥加固技术。

一、粘贴钢板加固设计

首先，应对双曲拱桥主拱圈存在的病害与产生缺陷的原因进行分析，当确定采用粘贴钢板(或钢筋)进行加固后，根据病害与缺陷的所在部位，确定钢板(或钢筋)的规格、粘贴部位和形式。一般将钢板(或钢筋)粘贴在被加固的主拱肋底缘，以便充分发挥钢板(或钢筋)的强度与作用，同时封闭粘贴部位的裂缝和缺陷，约束混凝土变形，从而有效地提高被加固构件的刚度和抗裂性。设计时，可根据需要与可能在不同的部位粘贴钢板(或钢筋)，有效地发挥粘贴构件的抗弯、抗剪、抗压性能。

(1)为了提高双曲拱桥主拱圈的抗弯能力，一般在主拱肋受拉侧的表面粘贴钢板(或钢筋)，使钢板(或钢筋)与主拱肋形成整体来受力，此时以钢板(或钢筋)与混凝土黏结处的混凝土局部抗剪切强度控制设计。合理与安全的设计应控制在钢板(或钢筋)发生屈服变形前，且黏结处混凝土不出现剪切破坏。

(2)补强设计时，原有构件承受恒载与活载，增加的钢板仅与原结构共同承受活载作用。与前面两章所阐述的加固方法一样，以原结构材料强度控制设计，粘贴钢板(或钢筋)的应力以应变计算。当原截面材料达到极限值时，后加钢板或钢筋的应变值达到最大。

(3)在结构设计时，加固用的钢板可按实际需要采用不同的形状，但钢板的厚度必须比计算出的厚度大些。用于抗弯能力补强的钢板尺寸应尽可能薄而宽，厚度一般为 4～6mm，较薄的钢板一般或通常有足够的弹性来适应构件表面形状。

(4)设计钢板(或钢筋)长度时，应将钢板(或钢筋)的两端延伸到低应力区，以减少钢板(或钢筋)锚固端的黏结应力集中，防止黏结部位构件出现裂缝或粘贴钢板(或钢筋)被拉脱现象的发生。

(5)粘钢法加固主拱圈，如何确保钢板(或钢筋)和被加固的主拱肋形成整体受力是加固成功与否的关键。所以,在补强设计时,除应考虑钢板(或钢筋)具有足够的锚固长度、黏结剂具有足够的黏结强度和耐久性外,为避免钢板(或钢筋)在自由端脱胶拉开,端部可用夹紧螺栓固定,或设置U形箍板、水平锚固板等,并在钢板(或钢筋)上按一定的距离用螺栓固定,确保钢板(或钢筋)与混凝土之间的黏结力满足抗拉或抗剪强度的需要。

二、材料与构造要求

(1)加固所用的黏结剂应具有黏结强度高、耐久性好的特点,且应该具有一定弹性。

(2)加固使用的钢板,一般以3号钢或16锰钢为宜。钢板、连接螺栓及焊缝的强度设计值,应按现行国家标准《钢结构设计规范》(GB 50017—2003)规定采用。

(3)粘钢板加固结合面的黏结强度,除黏结剂本身强度应确保外,主要取决于被加固的主拱肋混凝土强度。因此,粘钢板加固基层的混凝土强度等级不应低于C20。

(4)粘贴钢板在加固点外的锚固长度,除满足计算值外,尚应保证一定的构造要求。对于受拉区,不得小于$200t$(t为钢板厚度),亦不得小于600mm;对于受压区,不得小于$160t$,亦不得小于480mm;同时,锚固区尚宜增设U形箍板或螺栓等附加锚固措施。

(5)为防止钢板锈蚀,延缓黏结剂的老化,钢板表面应作密封防水和防腐处理。

三、粘贴钢板加固的施工工艺[12]

1. 粘贴钢板施工应注意的方面

(1)待黏结部位的混凝土表面应清凿平顺、坚硬干净;

(2)钢板除锈要彻底,且表面应有一定的粗糙度;

(3)慎重选择胶黏材料,配胶要精确,施工时开始固化的胶不得再用;

(4)粘贴时注意环氧砂浆饱满,一般在混凝土表面及钢板表面分别涂刷一层均匀的环氧砂浆薄层,合计层厚约2mm,然后加压使之密贴并使之固定(黏结剂固化前应有措施使钢板固定并夹紧);

(5)粘贴前在混凝土上钻孔并安装锚固螺栓(兼作固定件和压紧件),要求埋设牢固,具有可靠的抗拔力,以保持粘贴钢板时有效地加压,同时还可帮助钢板克服剪切变形或破坏,有利于粘贴的耐久作用;

(6)对钢板外表面应进行防锈处理和被加固部位构件的外观处理。

2. 黏结剂施工必须遵守的安全规定

(1)配制黏结剂用的原料应密封保存,远离火源,避免阳光直接照射;

(2)配制和使用场所,必须保持通风良好;

(3)操作人员应穿工作服,戴防护口罩和手套;

(4)工作场所应配备各种必要的灭火器以备救护。

第二节 粘贴钢板法加固主拱圈实例一[13]

一、桥梁概况

某桥为1978年修建的3孔净跨30m空腹式双曲拱桥,桥梁全长135.8m,桥面宽度为净—9m+2×1.0m(人行道),桥面为双向横坡,不设纵坡。设计荷载为汽车—20级,挂车—100。

该桥主拱圈净矢高为6m，矢跨比为1/5，设计拱轴系数为1.758。上部结构的主拱圈为等截面悬链线无铰拱，每孔主拱圈由5根拱肋、4个拱波及横向联系组成。中拱肋肋高为35cm，肋底宽32cm，呈倒T形截面；边拱肋肋高为35cm，肋底宽32cm，呈L形截面；肋间净距2.08m。主拱肋间通过预制拱波、现浇拱板及预制横系梁连接形成主拱圈。

拱上建筑为空腹式微弯板式腹孔，靠近拱顶的腹孔墩由现浇混凝土横墙构成，其余腹孔墩采用钢筋混凝土框架式结构，立柱为矩形截面。立柱顶横向设有盖梁，拱顶为长10.2m的混凝土实腹段；桥墩构造为桩柱式墩，桥台为桩基础配L形桥台。该桥结构立面布置如图2.3.1所示。

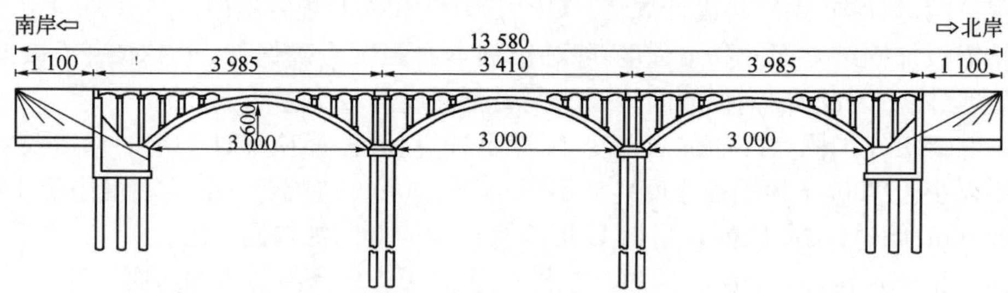

图2.3.1 桥梁结构立面布置图(尺寸单位：cm)

二、桥梁病害检查与分析

1.桥梁的外观质量检查

按照路线方向对主拱圈进行编号，即南岸为第一孔，北岸为第三孔。

(1)第一孔桥台拱脚处，西侧边拱肋侧面有开裂现象，裂缝从外侧边拱肋上缘向拱肋底部发展，缝宽呈上宽下窄的趋势，并与该截面主拱肋垂直，最大裂缝宽度为0.24mm，裂缝长度为22cm，超过截面形心轴；

(2)主拱圈拱肋存在多处混凝土剥落、露筋等现象，露筋处钢筋表面锈蚀；

(3)由于主拱肋为预制拼装构件，第一孔部分主拱肋分段接头处砂浆剥落，拱肋接头焊接钢板锈蚀；

(4)拱上立柱及横梁多处存在混凝土开裂、剥落等现象，特别是由于钢筋锈蚀膨胀导致混凝土疏松开裂的现象普遍存在；

(5)主拱肋间横系梁钢板接头局部砂浆保护层剥落，钢板严重锈蚀；

(6)大部分腹孔微弯板跨中存在横向裂缝。

2.桥梁的静载试验检测结果

选择对南岸第一孔进行加载试验，根据桥梁荷载试验检测结果，在最大控制荷载作用下拱肋未产生可见裂缝，桥台拱脚水平变位小，相对残余变形小于规定值，桥梁实测拱轴线与设计拱轴线基本吻合。但在试验荷载作用下$2L/3$截面挠度校验系数为1.17～1.20，大于1.0；在试验荷载作用下$L/3$测试截面主拱肋下缘混凝土应变校验系数均大于1.0。

对试验孔主拱肋混凝土强度进行了回弹法检测，采用批量构件评定法，主拱肋混凝土实测强度等级为C39.3，大于设计强度等级C30。

经过验算，该桥不满足汽车—20级、挂车—100荷载等级的正常使用极限状态要求，该桥虽处于弹性工作状态，但整体刚度偏弱，且强度储备不足，故评定为Ⅳ类桥梁，需进行大修或改造。

三、桥梁的加固设计要点

经分析、比选，决定采用粘贴钢板法对本桥进行加固。粘贴钢板法是用环氧树脂黏结剂将钢板粘贴锚固在混凝土结构的受拉侧或薄弱部位，使其与结构形成整体，以钢板代替钢筋来提高混凝土构件的承载能力。该加固方法施工快速、现场基本无湿作业或仅有抹灰等少量湿作业，对桥面交通及桥下通航影响小，且加固后对原结构外观和原有净空无显著影响。

该桥加固改造后的荷载等级仍为汽—20，挂—100；由于桥梁墩、台未出现明显病害，桥台处未发生横向位移的现象，因此加固重点是通过对上部构造主要构件粘贴钢板以改善桥梁整体受力状况，并针对桥梁病害进行维修改造，提高结构整体受力性能，延长桥梁使用寿命。具体加固措施如下。

(1)主拱圈整体性加固和截面加固。对主拱圈沿主拱肋底缘纵向及横隔板底面沿桥宽方向通长粘贴5mm厚的钢板，并对原有横隔板焊接接头进行除锈和封闭处理，板材指标应满足Q235钢板的要求，以达到增强原结构横向联系，提高主拱圈的整体性和截面承载能力之目的。对边拱肋裂缝进行封闭处理。考虑结构耐久性，在拱肋两侧裂缝处各粘贴一块长度为50cm、厚度10cm、宽度为30cm的钢板。

(2)拱上建筑改造。考虑拱上建筑微弯板、横梁开裂现象严重，通过计算后确定，将原桥拱上空腹式微弯板和腹孔墩盖梁予以拆除，将微弯板改为连续板式结构，同时对桥面进行施工处理，改变了拱上建筑的结构体系。

(3)主要病害维修处理。对原桥构件如主拱圈、立柱的裂缝通过化学灌浆进行封闭处理；对露筋及混凝土剥落、疏松处保护层凿除、清理，对已锈蚀的钢筋除锈或补强后采用环氧砂浆抹面处理。

(4)桥梁喷涂翻新。

四、桥梁的加固与改造施工

1.老桥拱上构件的卸荷

由于该桥主拱圈采用的是悬链线无铰拱，属于三次超静定结构，内力分布比较均匀，结构整体刚度较大，同时依据《公路旧桥承载力试验鉴定方法》，在最不利荷载作用下的跨中相对残余挠度为7.4%和13.6%，满足不大于20%的要求，推定整个桥梁结构的竖向刚度较大。按照拱桥受力特点，拆除过程中施工人员分三队六组，遵循对称施工、纵横向荷载均衡、主拱圈受力均衡的原则进行拆除。

考虑卸载的安全性和可靠性，为避免跨中“冒顶”、$L/4$处塌拱，拆除工作从各跨的拱顶向拱脚对称同步拆除。拱上构件拆除的顺序为：栏杆、人行道、桥面铺装、侧板、微弯板上填料、微弯板、拱顶填料、横梁、盖梁、部分立柱等。

2.粘贴钢板加固施工

(1)施工准备。钢板的粘贴要根据现场实际情况，可采用搭设支架或吊架（遇通航要求时）施工。

(2)混凝土表面处理。人工将主拱圈及横系梁底面部位混凝土的表面用砂轮磨平，成形后的表面以能见到混凝土粗骨料为准。对主拱圈底缘待贴钢板的位置弹出墨线，螺栓位置用钢尺依据设计图纸准确测量，并用红油漆准确标记。

(3)钢板粘贴面处理。制作用于粘贴加固的钢板,并对其表面进行处理,钢板按所需尺寸切割而成。钢板粘贴面采用刨床加工成菱形或格状刻痕,钢板除锈采用手工操作,钢丝刷除锈,对于不易除去的部位,采用铰磨机带金刚刷处理;有条件的可采用喷砂除锈。

(4)安装钢板。安装钢板前,采用脱脂棉蘸丙酮将混凝土表面和钢板黏结面擦拭干净。

(5)粘钢板用环氧树脂坍落度应稍大,以便在给钢板加压时,材料和钢板充分接触。在做表面防腐层时,拌制的坍落度可稍小,以便和钢板的黏结牢固。

(6)在钢板和混凝土黏结面上用刮刀均匀涂刷配制好的环氧树脂打底层。粘贴时,若发现接缝有空隙,及时用胶结剂填补。为了避免有空隙,在钢板上均匀铺一层环氧砂浆,厚度为4mm左右。压贴钢板,并迅速拧紧锚固锚栓,通过加压使多余的胶液沿板边挤出。

(7)钢板的固定。粘贴钢板前用冲击电钻在钢板与混凝土底面上钻孔,孔位按间距30cm、梅花形布置,钻孔时应注意避让主拱肋钢筋以免损坏主拱肋。如遇到拱肋内钢筋,可稍微移位,错开后再钻孔就位。用空压机将孔眼内粉末吹净,插入膨胀螺栓,并进行紧固,以检查螺栓可靠性。

(8)表面处理及防腐。环氧树脂需养生三天,随着气温增高,养生时间可适当减少。钢板与混凝土表面之间的缝隙用稠度较高的环氧树脂水泥砂浆来填塞、勾缝,锚固螺栓帽用环氧树脂水泥砂浆封住。钢板表面用钢丝刷除锈,并采用1cm厚环氧砂浆包裹,主要目的是防止已粘贴上的钢板氧化生锈。亦可采用其他饰面防腐材料加以保护。

3.裂缝维修施工

在裂缝修补前对混凝土表面用高压水冲洗干净,将裂缝出现的位置标注清楚,测出裂缝的宽度、深度、长度及变化情况,并做好记录,按裂缝宽度大小分类,以便在裂缝修补时进行统一部署,安排施工。

对于混凝土构件上小于等于0.15mm的裂缝,采用环氧胶泥进行表面封闭处理;对于宽度大于0.15mm的裂缝采用化学压力灌浆封缝处理。对于比较深的裂缝,采用在裂缝上进行钻孔(选最小孔径),孔距为0.2~0.3m,安放灌浆嘴用环氧胶固定;对于走向不规则裂缝,除骑缝钻孔外,需加钻斜孔,扩大灌浆通路,钻孔后应清除孔内碎屑粉尘。

五、加固效果评价

(1)加固后该桥使用状况良好,通过动静载试验进行了测评。静载试验表明在试验荷载作用下结构的挠度校验系数为0.485~0.753,较《公路旧桥承载能力试验鉴定方法》给出的同类桥的挠度校检系数0.7~1.0范围要小。

(2)控制截面的应变校验系数平均值为0.471~0.807,较《公路旧桥承载能力试验鉴定方法》给出的同类桥应变校检系数0.6~1.0范围要小。

(3)加固后该桥梁结构在设计活载作用下,结构基本处于弹性工作状态。相对于加固前,桥梁的刚度和结构强度有了显著提高。动载试验表明结构的一阶实测自振频率为3.91Hz,高于理论计算频率值(2.93Hz),说明结构的加固补强效果较明显。实测冲击系数为0.076,小于加固前的0.08。该桥动刚度满足设计要求,结构抗冲击性能良好;挠度、应力及裂缝宽度未超过限值;达到了加固的目的,使用一年后桥梁运营状况良好。

(4)旧桥加固工程方法很多,粘钢法与其他的加固方法比较,坚固耐用,结构的强度和刚度都有明显的提高;施工便捷快速,经济合理。

第三节 粘贴钢板法加固主拱圈实例二[14]

一、桥梁概况

湖南湘西某桥为单跨空腹式无铰双曲拱桥，由于建成年代较早，该桥的设计和施工资料均无法查找，通过调查和现场测量，该桥拱轴线形为悬链线，净跨径为 20m，净矢高为 3.54m，桥梁全宽 9.3m（8.7m 行车道＋2×0.30m 安全带）；主拱圈为等截面，采用回弹法测得混凝土标号相当于现行规范的 C20。

该桥存在的主要病害：

(1)该桥建于 20 世纪 70 年代，推定其设计荷载为汽车—15 级、挂车—100；由于年久失修、失养，已不适合交通量日益增长的需要；

(2)由于设计或施工的缺陷以及各种不利因素的共同作用（如碳化、氯离子侵入、酸侵蚀、碱—集料反应、冻融等），已使得桥梁钢筋严重锈蚀；

(3)全桥主拱圈拱肋共观测到 12 条裂缝，每根拱肋均有 2～3 条裂缝，裂缝开展高度均达 35cm 以上，最大裂缝宽度为 1.22mm。

二、主拱圈拱轴线的拟合

对于悬链线双曲拱桥的承载力计算，确定其主拱圈的实际拱轴线形是关键。为得到合理的与实测数据（见图 2.3.2）符合较好的主拱圈拱轴线，可采用最小二乘法拟合求得拱轴系数。

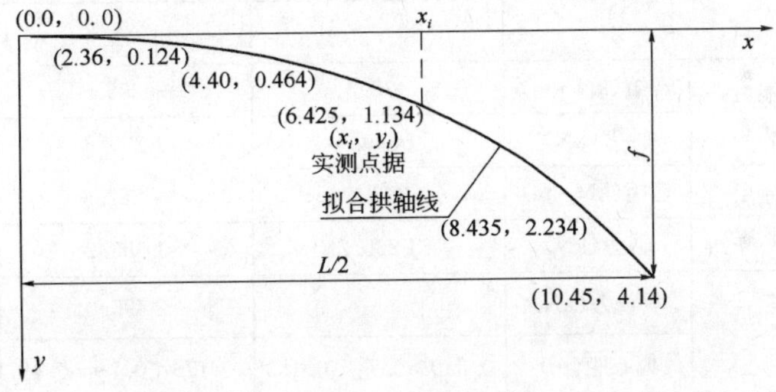

图 2.3.2 主拱圈拱轴线的实测点与拟合线

$$S=\sum_{i=1}^{n}[y(x_i)-y_i]^2 \tag{2-3-1}$$

$$y(x_i)=\frac{f}{m-1}[\text{ch}(k\xi_i)-1] \tag{2-3-2}$$

$$k=\text{ch}^{-1}m$$

$$\xi_i=2x_i/L$$

式中：L——计算跨径；

f——矢高。

将式(2-3-2)代入式(2-3-1)，令$\frac{\partial S}{\partial m}=0$，取$L=20.9$，$f=4.14$，得$m=6.95$。

三、加固前桥梁承载力的评估

该桥加固后，将要承受的设计荷载为汽车—20级，挂车—100。加固前先通过理论计算估算旧桥承载能力，再进行荷载试验以评估桥梁的安全承载力及实际刚度。

用精密水准仪测得两边拱脚高差不超过1.5mm，故认为拱脚没有相对沉降，水平距离测量结果为20.005m，可认为拱脚没有相对水平位移。

1.承载力理论分析

(1)结构内力计算

用有限单元法按平面杆系计算结构内力，将全桥主拱圈分为40个梁单元、41个节点，荷载包括拱圈自重分布荷载、实腹段拱上建筑分布荷载、空腹段恒载等效为集中力作用；活载作用在空腹段时，按杠杆原理分配到立墙、实腹段末端或桥台。按荷载组合计算拱脚、拱顶、$L/4$跨截面的最不利内力。活载横向分布系数：拱顶按修正偏心压力法计算，拱脚按平均分配考虑，$L/4$截面按线性内插计算。部分理论计算结果见表2-3-1。此外，用同一模型分析计算得到桥梁的基频为10.82Hz。

(2)估算主拱圈承载力

由于没有配筋资料，偏安全地按素混凝土构件计算，采用偏压构件计算公式估算主拱圈的承载能力。经计算，拱顶偏心距不满足规范要求，$L/4$截面承受正弯矩时偏心距略大于容许偏心距。各截面的承载能力和偏心距理论值亦见表2-3-1。

加固前单片拱顶和$L/4$截面的验算内力与承载力理论估算结果 表2-3-1

项目			拱顶	$L/4$	
验算内力	承载能力极限状态	弯矩(kN·m)	475.2	−299.8	267.7
		轴力(kN)	1 399.0	1 279.8	1 364.7
	正常使用极限状态	弯矩(kN·m)	358.4	−267.6	172.4
		轴力(kN)	1 265.2	1 086.2	1 096.3
极限承载能力		承载力(kN)	—	2 495.0	1 816.4
		偏心距(m)	$0.340>0.7y=0.182$	$0.176<0.7y=0.42$	$0.196>0.7y=0.182$

注：y为荷载偏心方向截面形心至边缘的距离。

2.现场荷载试验

现场荷载试验分为两部分：一是静载试验，验证和评估承载力及变形特征；二是动载试验，主要目的是掌握桥梁的相关动力参数，评估桥的刚度及阻尼大小等。

静载试验按拱顶正弯矩影响线布载。静载试验应变片布置在单侧拱脚截面和拱顶截面，挠度测点布置在理论受力最大的1号肋拱脚、拱顶、$L/4$，及2号、4号、5号肋的拱顶位置。为确保桥梁和测试人员的安全，试验过程中要严格观测应变和挠度的大小及裂缝扩展情况，判断是否能继续加载。现场车辆布载按理论分析在拱顶产生的弯矩和轴力分别为验算值的72.8%和75.4%。拱脚截面压应变、拱顶截面拉应变及各拱肋挠度值测试结果见表2-3-2。

试验最大荷载下拱肋应变、挠度 表 2-3-2

拱肋号		1号	2号	3号	4号	5号	理论最大值
应变(με)	拱脚	−17	−20	−14	−11	−12	—
	拱顶	10	26	24	12	3.5	103
挠度(mm)		0.1(1/4 跨) 0.3(拱顶) 0.2(3/4 跨)	0.9	—	0.6	−0.2	—

(1)对表 2-3-2 数据进行分析可知：在加载的过程中，主拱圈挠度很小，符合拱桥变形规律，表明该桥的刚度较大；由于裂缝的存在，拱顶截面肋底实测应变明显小于理论值。此外，卸载 1h 后观测，拱脚应变仍有增加，并且各肋趋向均匀，表明荷载传到拱脚存在明显滞后现象；此后各测点应变均开始恢复。整个加、卸载过程中测试到的最大正应变为 29με，最大负应变为−29με，换算成混凝土的拉压应力均在 0.3～0.7MPa 之间。另外各拱肋的应变在拱顶差值较大，说明拱肋的横向联系较弱。

(2)裂缝观测结果：大多数裂缝有不同程度的扩展，其中扩展最大者是原来观测到的最宽裂缝，扩展了 0.28mm。卸载后裂缝闭合情况良好，最大残余扩展宽度 0.02mm。利用动态数据采集系统测试该桥 12 h 随机振动信号，分析计算得到该桥实测基频为 13.7 Hz，比理论计算的基频 10.82Hz 大，进一步论证该桥具有较大刚度；阻尼比计算结果等于 0.033 4，表明该桥的减振性良好。

3. 旧桥承载力评估结论

由理论评估分析可知，该桥要求达到汽车—20 级、挂车—100 荷载标准，拱顶至 $L/4$ 的承载能力将不足，$L/4$ 至拱脚区段承载能力可满足要求，这与裂缝分布规律、荷载试验结果一致。荷载试验还表明桥梁裂缝有扩展趋势，但桥梁整体抗变形刚度较大。综合结论为：该双曲拱桥需要进行加固补强才能达到新规范的荷载标准要求。

四、粘钢加固设计

旧桥加固应满足“恒载应力”准则、“组合应力”准则、“极限承载力”准则，根据此桥拱顶两边各 3m 范围裂缝集中、受力不利的特点，经比较决定采用粘贴整体钢板法加固该桥。此法形成强度快，封闭交通时间短，施工不需搭设支架模板，费用经济合理，另外对原结构外观和净空无显著影响，适合当地实情。

为便于估算粘贴钢板的横截面面积，如前述将构件视为偏压构件，采用容许应力法，利用弯曲应力计算公式对钢板横截面面积进行估算，其具体计算公式为：

$$A_g=\frac{M_{eff}}{\phi_1[\sigma_g]z}=\frac{M_{eff}}{0.92h\phi_1[\sigma_g]} \tag{2-3-3}$$

式中：M_{eff}——外荷载对换算截面上核心点的等效弯矩，$M_{eff}=M-NK_s$，K_s 为截面上核心距；

ϕ_1——粘贴钢板的协调工作系数，取 0.75；

z——内力偶臂，根据经验取 $0.92h$。

计算换算截面几何特性时，混凝土的面积应取有效面积，扣除已开裂混凝土的面积。由式(2-3-3)估算结果，拟定加固采用 Q235 钢板，厚度为 4mm，具体加固设计方案略。具体操作和注意事项可参考其他文献。

粘钢板方案初步确定后，应再验算加固后结构的承载能力。主拱圈受力分析如下。

加固前桥梁自重、混凝土收缩徐变产生的内力分布已经完成，由原结构承担；加固粘贴的钢板只参与承受活载内力。因此，用加固前的拱轴线计算恒载效应，加固后的拱轴线计算活载效应。验算结构承载能力时采用应力叠加法，对于拱顶截面，验算截面上缘混凝土应力、下缘钢板应力：

$$\begin{cases}\sigma_{h}=\sigma_{hg}+\sigma_{hq}\leqslant[\sigma_{h}]\\ \sigma_{s}=\sigma_{sq}\leqslant[\sigma_{g}]\end{cases} \tag{2-3-4}$$

式中：σ_{hg}——加固前恒载作用下旧截面上缘混凝土压应力；

σ_{hq}——加固后活载作用下新截面上缘混凝土压应力；

σ_{sq}——加固后活载作用下新截面下缘钢板拉应力。

经验算，$\sigma_{h}=6.96$MPa，$\sigma_{s}=103.1$ MPa，均小于两者的容许应力，加固方案可行。

五、加固效果评价

(1)采用实测资料以最小二乘法拟合的拱轴线来进行双曲拱桥的内力分析，其结果符合该桥实际情况，说明利用实测数据确定拱轴线的方法可行。

(2)采用理论分析与荷载试验相结合，来评估桥梁原有的承载能力，所得结论基本一致，荷载试验实测应变和裂缝扩展情况能论证理论计算结果，表明用此法评估旧桥承载力是可靠的。

(3)采用应力叠加法验算加固后的承载力，受力分析明确，结果可靠。

(4)通过粘贴整体钢板加固补强，可使该桥满足汽车—20 级、挂车—100 的荷载等级要求。

(5)粘贴整体钢板加固拱桥，具有施工周期短、材料消耗少、工艺简便、投资少、对环境和交通影响小等优点。

第四节　粘贴钢板法加固主拱圈实例三

一、横街大桥概况

横街大桥位于江西省玉山县十坊线上，跨越信江，始建于 1974 年，竣工于 1975 年，全长 166.70m。桥梁主要概况如下。

(1)该桥上部构造由 4 孔净跨径为 33.4m 及 32.3m 的等截面悬链线空腹式钢筋混凝土双曲拱组成。实测双曲拱净矢跨比为 $f_0/L_0=1/5.66$。主拱圈由六肋五波组成，总宽度为 7.50m；拱肋高度为 56cm，底宽为 25cm。拱上建筑为墙体式空腹构造，每跨主拱圈的两拱脚附近均设有三个净跨径为 2.4m 的腹拱，2 号墩(单向推力墩)上设有一个净跨径为 2m 的腹拱。腹拱圈厚度为 30cm，净矢跨比为 1/2，拱上腹拱墩厚度为 60cm；腹拱圈及腹拱墩身均为浆砌块石。

(2)下部构造共设有三座桥墩、两座桥台。桥墩采用混凝土墩身及基础。1、3 号墩墩顶宽度均为 2.6m、2 号墩墩顶宽度为 4.9m。两岸桥台采用浆砌片石重力式 U 形桥台，并均设置有过人孔。

(3)大桥原设计技术标准如下。

①设计荷载：汽车—13 级，拖车—60。

②桥面净空:净—6m+2×0.75m(人行道)。

二、大桥病害检查情况

随着国民经济建设的发展,通过十坊线和横街大桥的交通量和载重量均远远超过了原设计标准和承载能力。该路线管养单位已对除横街大桥以外十坊线的其他路段进行了拓宽改建(提载至二级公路标准),故大桥桥面宽度较两岸引道的路面宽度更窄,在通行能力和承载能力两方面均成为十坊线的瓶颈,急需拓宽大桥行车道并提高大桥荷载等级。

为查明该桥的现存病害及其产生原因,确保横街大桥过往车辆与行人的安全,对该桥进行了全面的结构检查和病害原因分析,发现大桥存在以下主要病害:

(1)桥面铺装严重开裂、破损,桥面积水渗透至拱腔填料内,此种水损害现象长期存在极易导致拱腔填料遇水膨胀后对侧墙产生过大土压力以致侧墙开裂;

(2)部分拱波跨中沿顺桥向开裂、渗水,并有白色晶体析出,表明大桥横向整体性能较差,各根拱肋之间不能共同受力;

(3)各腹拱圈砌缝均存在不同程度的脱落现象,桥面积水渗透至腹拱圈底面,形成大面积白色晶体;

(4)部分腹拱墩过人孔拱顶处竖向开裂;

(5)两岸桥台上过人孔均已采用现浇混凝土板加固。

三、加固提载设计标准

(1)设计荷载:公路—II级。

(2)桥面净空:净—6m+2×0.75m(人行道)。

四、结构计算

1. 计算参数取值

(1)设计荷载:公路-II级。

(2)该桥已营运三十余年,本次计算不考虑混凝土收缩徐变的影响。

2. 结构分析

(1)结构分析模型建立

将桥梁结构简化为522个节点、663个单元,采用桥梁结构计算程序MIDAS-Civil建立有限单元模型并进行验算分析。

(2)验算荷载组合采用的类型

大桥验算组合主要采用承载能力极限状态设计基本组合、正常使用极限组合设计作用短期效应组合和作用长期效应组合。

3. 结构验算结果

根据横街大桥结构形式、实际状况及受力特点,着重对主要控制断面(拱顶、$L/4$及拱脚)及结构薄弱部位进行验算,验算结果表明,加固提载之后的横街大桥,其控制截面满足公路—II级荷载要求。

五、加固提载设计要点

根据结构检查有关数据及进一步对横街大桥进行结构验算的结果,对大桥采用以下措施进行加固提载(见图2.3.3)。

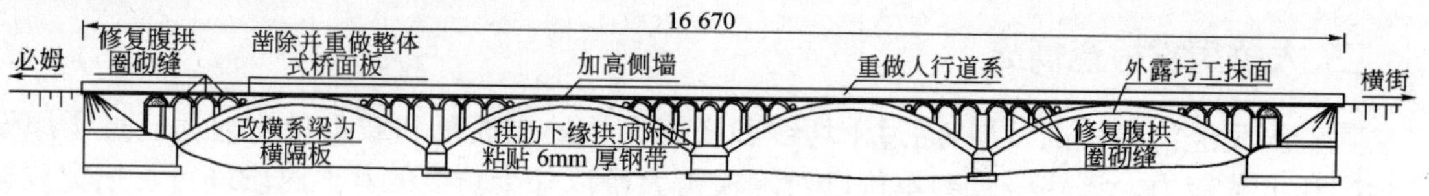

图2.3.3 加固提载总体布置图(尺寸单位:cm)

1.主拱圈提载加固

更换已开裂及破损严重的拱波;在主拱肋下缘以拱顶为对称的9m范围内粘贴6×250mm钢带提高主拱肋拱顶抵抗正弯矩的能力;改全桥横系梁为横隔板,以增强主拱圈横向刚度使各根拱肋共同参与承受荷载。

2.桥面拓宽提载

(1)拆除原桥面系并重做整体式桥面板(下设15cm厚C15贫混凝土基层),此时桥面板可看作是在侧墙上固结,在填料上弹性支承。刚度强大的桥面板可以防止积水继续渗透至主拱圈,不再使拱腔填料因渗水对侧墙产生过大的土压力。

(2)浇筑钢筋混凝土加高原有侧墙,使得有足够厚度的拱腔填料来扩散汽车荷载,减小汽车对主、腹拱圈的冲击。

3.腹拱墩提载加固

对腹拱墩过人孔拱顶竖向裂缝进行修补,并在两侧锚固骑缝钢筋以控制裂缝发展,并抹一层环氧砂浆(内置一层$\phi 2$钢丝网防止砂浆脱落)防锈。

4.腹拱圈提载加固

对腹拱圈砌缝脱落处进行勾缝修复。

六、施工要点

(1)拆除大桥原桥面系及部分拱波的过程中,不允许采用大型机械设备,应采用人工进行凿除或挖除,以免对大桥造成新的损伤(尤其注意不要伤及主拱圈),并应及时将废料运至弃土场地。

(2)凿除并重做部分主拱圈拱波及侧墙后,均需锚固钢筋网后再浇混凝土进行加固,施工时应注意以下几点:

①按设计要求钻锚固孔,并清洗干净孔内灰尘后再灌注环氧砂浆、插入锚固筋,在环氧砂浆的强度达到70%后再固定钢筋网;

②钢筋网应绑扎或点焊在锚固筋上,以免振捣混凝土时钢筋网移位;

③锚固深度的误差应控制在±5mm以内;

④对浇筑表面应清洗干净并充分湿润后再进行混凝土的浇筑;

⑤在浇筑混凝土前应注意检查模板的安装是否到位。

(3)若需采用半幅桥面拓宽施工时,应先对主拱圈加固,待加固部分达到设计强度后再拆除原桥面系,并结合工程实际情况制订适宜的施工方案,在保证工程质量的前提下,切实维护好交通并注意施工安全。

(4)整体桥面板横向钢筋应错开接缝位置,确保接缝处的工程质量。

(5)现浇整体桥面板时,应对钢筋严格定位,确保钢筋上、下混凝土保护层的厚度。

(6)拱肋粘贴钢带注意事项如下。

①粘贴钢带施工工艺流程：加工钢带→在拱肋表面钻锚固孔→凿毛原构件表面→在钢带表面钻锚栓孔→清洗构件表面及锚固孔→在锚固孔内灌注环氧砂浆→插入锚栓→待环氧砂浆强度达到70%后安装钢带→压力注浆法粘贴钢带→旋紧锚栓螺帽→抹环氧砂浆。

②采用压力注浆法进行粘贴主拱肋钢带的施工。

③在对钢带进行加工时注意钻 ϕ16mm 锚栓孔。

④要求在钢带外抹一层25mm厚环氧砂浆对钢带进行防护，并注意日常维护。

⑤在粘贴钢带前应将拟粘贴表面凿毛并清洗干净。

⑥应先在拱肋下缘锚固好锚栓后，再在钢带上进行锚栓孔放样并钻孔。

⑦施工时不可一次性地钻好所有锚孔后再插入锚栓，应间隔一定间距边钻孔边插入锚栓。

⑧施工时应先在拱肋上钻好锚孔并锚固好锚栓，为避免锚孔与原拱肋内钢筋相冲突，可凿开部分混凝土保护层、找到钢筋位置后再布置孔位进行钻孔，钻孔过程遇到钢筋时可适当调整孔位。

第五节　粘贴钢板法加固主拱圈实例四

一、桥梁概况

某桥是位于江西省的一座城市公路两用桥梁，该桥上部构造为2跨35m空腹式双曲拱，矢跨比为1/5，每跨由7片拱肋构成，拱肋中至中距离为145cm，每跨拱肋各设置13道横系梁连接，系梁横断面尺寸为15cm×15cm，主拱圈总高为86cm，每跨设置8个腹拱，腹拱跨径为240cm，腹拱受力由腹拱墩柱直接传至主拱肋，桥面净宽为净—7m+2×1.5m（人行道），主拱圈全宽10.25m，下部构造为重力式墩台。

二、桥梁病害检查

1.主（腹）拱圈病害检查

主（腹）拱圈是拱桥受力的核心构件，它的好坏直接关系到桥梁的受力状况，因此现场对主（腹）拱圈进行了详细的检测，主要检测内容有：拱轴线形、拱圈裂缝及局部破损情况调查等。

经对全桥主拱圈进行仔细检查，未发现有较严重的病害。多根拱肋拱顶下缘局部出现细微裂缝，裂缝最宽为0.15mm，未超过规范允许值。预制拱波施工的安装间隙较宽，渗水较为严重，分析为桥面渗水经拱腔填料渗出。

经检查，全桥共有10个腹拱圈拱顶附近出现横向贯穿裂缝，裂缝宽为0.1～0.3mm不等，渗水较为严重，周边伴有白色结晶体析出，腹拱圈拱脚处局部混凝土碎裂脱落。

2.腹拱墩检查

桥梁腹拱墩为7根立柱（支撑于拱肋上），柱子上用高为35cm的钢筋混凝土横梁连接，柱子截面尺寸为45cm×45cm，立柱间距为145cm。经检查，大部分腹拱墩横梁混凝土风化现象严重，横梁底面钢筋多处外露，锈蚀极其严重。分析其产生原因为桥面渗水经拱腔填料渗至腹拱圈拱脚处，并因腹拱圈为预制安装构件及拱脚开裂等原因，积水渗流至腹拱墩顶，经长时间的侵蚀作用，逐步使腹拱墩钢筋锈蚀、混凝土剥蚀。

3. 桥台检查

桥台为浆砌片石桥台，经检查，两岸桥台台身距上游侧边缘 120～130cm 处均有一条竖向裂缝，裂缝由腹拱脚起一直延伸至主拱圈顶面，在竖向裂缝两侧伴生有多条水平向短裂缝，缝宽为 3～5mm 不等。未发现有其余结构病害。

4. 桥墩检查

桥墩为浆砌块石重力式墩身，多年经流水及风化作用，砌石表面风化层较厚，砌石间砂浆脱落较多。由于结构检查时下雨及河水浑浊，且未查询到原施工记录，无法探明桥墩基础实际状况。经分析：桥梁经多年使用，认为桥墩基础变形已基本稳定。桥墩的好坏直接关系到全桥上部构造的受力状况，应在枯水季节查明桥墩基础冲刷情况，并采取相应措施予以加固及防护，以延长桥墩的使用寿命。

三、桥梁结构验算

目前公路行业广泛应用的旧桥承载能力评定方法是我国交通部在 1988 年颁布的《公路旧桥承载能力鉴定方法(试行)》，该方法是主要基于荷载试验的评定方法。其对旧桥承载能力的验算基本上是按现行的有关公路桥梁设计规范进行，并根据桥梁的调查、验算及荷载试验情况，采用旧桥验算系数 Z_1 对检查结果进行适当的修正。基于桥梁运营时间长，并存在较多的病害情况，因此本次结构验算根据《公路旧桥承载能力鉴定方法》第三章第一节表 3.1 和第二章第三节表 2.2 的规定，采用验算系数 $Z_1=0.9$。并根据荷载效应不利组合的设计值小于或等于结构抗力效应设计值的方程式进行验算。

$$S_d(\gamma_g G;\gamma_q \sum Q)\leqslant \gamma_b R_d\left(\frac{R_c}{\gamma_c};\frac{R_s}{\gamma_s}\right)Z_1$$

1. 验算荷载的采用

本次验算主要为通行运输重型设备的超限车辆，因此验算过程中分别按照汽车荷载、挂车荷载、人群荷载以及本次拟运输重型设备超限车辆荷载进行验算。

2. 验算要点及假设

(1)验算采用的结构尺寸以实际测量数据和材料强度为依据。

(2)验算过程中不考虑拱上侧墙、拱腔填料及桥面等参与共同受力，仅作为二期恒载计入作用。

(3)根据桥梁结构形式、实际状况及受力特点，着重对主要控制断面(拱顶、$L/4$ 及拱脚)、结构薄弱部位进行验算。

(4)本次结构验算建立在平面杆系的基础上，近似地用横向分布系数的概念来考虑空间荷载效应。荷载横向分布系数按弹性支承连续梁法简化计算。

(5)为便于建模，考虑拱波与拱肋组合断面一次性形成。

(6)基于结构检查中发现桥梁存在较多病害，影响桥梁结构的横向整体受力性能，拟对桥梁的这些病害予以加固维修、处理。因此，验算中仍考虑这些桥梁上部构造的横向整体受力性能符合设计要求。

(7)考虑到拱肋与拱波并非一次浇筑成及材料的差异性等因素，验算过程中偏安全地将主拱圈混凝土强度综合为 C20($R_a^j=14$MPa)进行验算。

(8)由于未查询到桥梁结构的设计、施工记录及有关竣工资料，并考虑到该桥已使用近三十余年,基础已趋于稳定,本次验算考虑桥梁墩台基础置于岩石上进行验算。

3.验算模型及过程

为能提高计算精度,在几何形状上尽可能反映桥梁真实情况,在单元离散时,不仅桥梁各结构位置精确,对截面尺寸稍有变化处均设置了节点元素,因此结构离散成的杆单元较密集,将一跨离散成89个节点、72个桥面系单元和94个非桥面系单元,并按施工程序分现浇主拱圈阶段、浇筑腹拱墩阶段、安装腹拱圈阶段、砌筑侧墙和填筑拱腔填料,以及安装人行道构件阶段,分阶段进行验算。验算模型见图2.3.4所示。

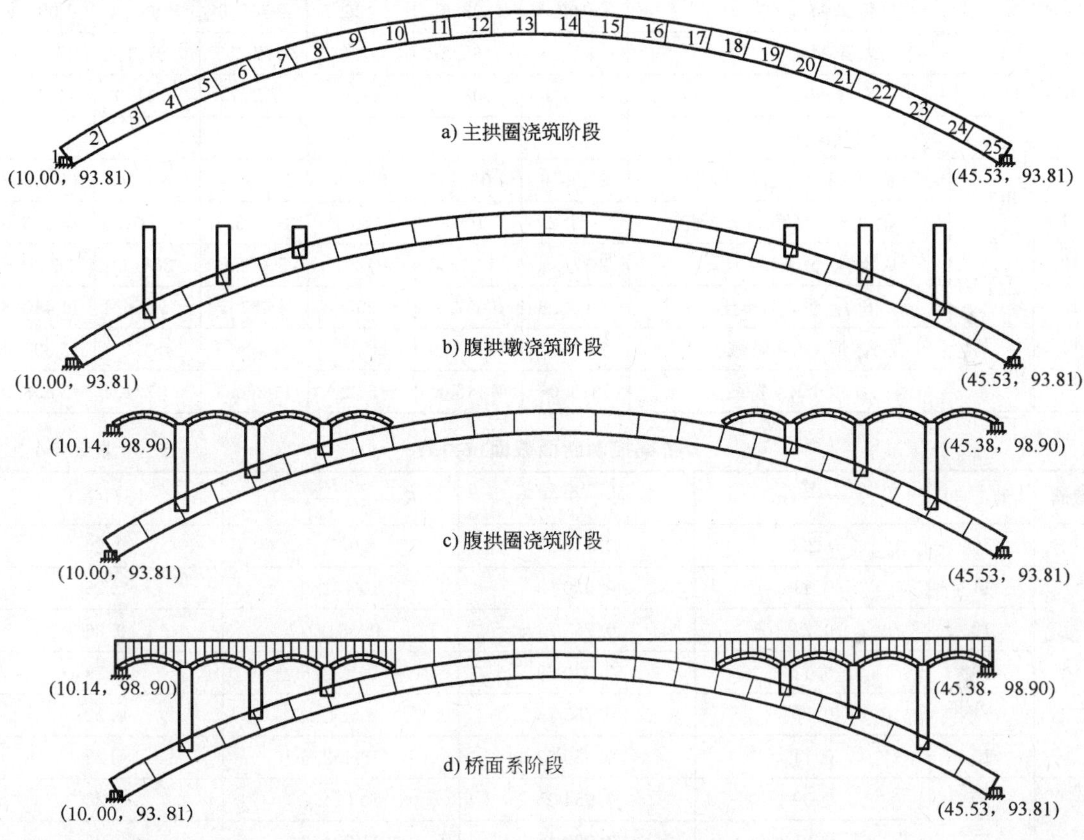

图2.3.4 结构检算离散图

4.验算结果

计算中考虑的荷载有:结构恒载、二期恒载、汽车荷载、挂车荷载、人群荷载及运输重型设备特载。其中汽车荷载、挂车荷载按最不利位置布载,特载则按其实际行车路线(沿桥梁中心线)进行计算,活载采用动态规划法在结构影响线上加载计算,采用交通部公路科学研究所编"公路桥梁结构设计程序GQJS"进行分析,验算结果详见表2-3-3、表2-3-4所示。

桥梁控制断面内力一览表 表2-3-3

编号	荷载效应	拱顶		$L/4$		拱脚	
		M(kN·m)	N(kN)	M(kN·m)	N(kN)	M(kN·m)	N(kN)
1	恒载	1 073.3	7 118.2	276.3	9 608.9	939.2	1 002.4
2	汽—15M_{max}	711.9	1 378.7	421.8	530.8	461.9	1 466.0

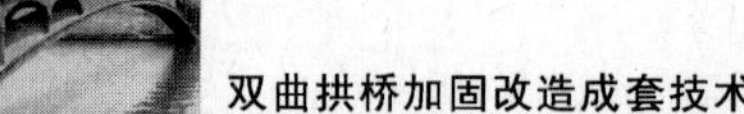

续上表

编号	荷载效应		拱顶		L/4		拱脚	
			M(kN·m)	N(kN)	M(kN·m)	N(kN)	M(kN·m)	N(kN)
3	汽−15M_{min}		−130.6	436.4	−264.2	1 440.6	−592.9	539.5
4	挂−80M_{max}		1 022.1	1 765.0	604.3	766.3	711.0	1 910.6
5	挂−80M_{min}		−125.0	475.5	−416.7	2 013.1	−845.1	1 572.9
6	特载 M_{max}		768.0	2 242.6	338.7	825.4	797.5	2 370.2
7	特载 M_{min}		−109.3	528.9	−436.7	2 508.6	−632.4	1 078.6
8	人群 M_{max}		80.2	166.2	37.3	77.7	81.1	248.9
9	人群 M_{min}		−20.7	108.4	43.2	252.3	−61.0	109.0
	荷载组合							
10	组合 I	$\gamma_{恒}$ 恒+1.4(汽$_{max}$+人群)	2 396.9	1 0704.7	974.3	11 182.6	94.9	14 499.7
11		$\gamma_{恒}$ 恒+1.4(汽$_{min}$+人群)	754.2	7 169.1	−69.0	10 118.1	−1 802.5	13 006.8
12	组合 III	0.8($\gamma_{恒}$ 恒+1.4 挂$_{max}$)	2 175.1	11 012.8	942.1	9 122.8	264.1	9 399.2
13		0.8($\gamma_{恒}$ 恒+1.4 挂$_{min}$)	−632.8	5 657.7	−267.8	8 453.1	−1 656.1	11 440.8
14	组合 IV	$\gamma_{恒}$ 恒+1.4 特载$_{max}$	2 363.2	11 681.5	805.7	11 486.2	451.2	12 392.4
15		$\gamma_{恒}$ 恒+1.4 特载$_{min}$	813.0	7 146.8	−362.7	11 260.1	−1 772.4	13 608.9

桥梁控制断面截面抗力表 表 2-3-4

截面	编号	$e_0=\frac{M}{N}$(m)	$\alpha=\frac{1-(e_0/y)^{3.5}}{1+(e_0/\gamma_w)^2}$	$R_N=\alpha A\frac{R_a^j}{\gamma_m}$(kN)	$[e_0]$(m)
拱顶	10	0.220	0.716 62	8 033.5	0.26
	11	0.11	0.930 63	10 432.6	0.26
	12	0.20	0.765 73	8 584.1	0.26
	13	0.11	0.930 63	10 432.6	0.26
	14	0.20	0.765 73	8 584.1	0.22
	15	0.11	0.930 63	10 432.6	0.22
L/4	10	0.09	0.954 01	10 694.7	0.26
	11	0.01	0.999 46	11 204.2	0.26
	12	0.10	0.942 94	10 570.6	0.26
	13	0.03	0.995 07	11 155.0	0.26
	14	0.07	0.972 5	10 902.0	0.22
	15	0.03	0.995 07	11 155.0	0.22
拱脚	10	0.01	0.999 46	11 204.2	0.26
	11	0.14	0.886 35	9 936.3	0.26
	12	0.03	0.995 07	1 155.0	0.26
	13	0.15	0.869 16	9 743.5	0.26
	14	0.04	0.991 18	11 111.4	0.22
	15	0.13	0.902 33	10 115.4	0.22
$R_N=\alpha AR_a^j/\gamma_m$, $\gamma_m=2.31$, $A=1.849\ 7m^2$, $R_a^j=14MPa$					

5. 验算结果分析

从表 2-3-3 与表 2-3-4 可看出，该桥在不考虑验算系数 Z 和未加固提载时不能满足超限车辆通行荷载要求，应予以加固提载。

四、加固设计要点（见图 2.3.5）

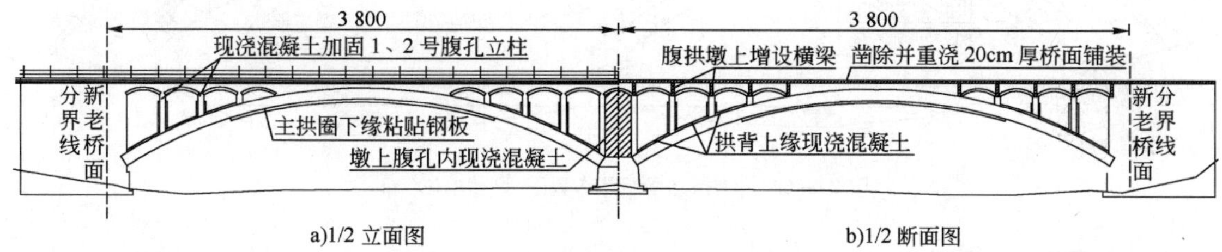

图 2.3.5 加固总体布置图（尺寸单位：cm）

（1）经对桥梁进行结构验算，上部结构主拱圈不能满足超限运输车辆的荷载使用要求，本次加固主要通过以下几个措施对主拱圈进行加固：

①在拱顶至 $L/4$ 段拱肋下缘粘贴钢板（厚 8mm），以增强该段拱肋承受轴力及正弯矩的能力；

②对靠近每个拱脚的主拱圈背部（三个腹拱段）先将拱波间凹部浇平，而后再浇筑一层 10cm 厚钢筋混凝土，增大该段主拱圈截面，达到提高该段抵抗轴力和弯矩能力的目的；

③将腹拱墩柱底部 1m 高范围内现浇成整体墩身，增强主拱圈横向整体受力性能。

（2）从现场检测结果可以看出，大部分腹拱圈因无法承受过大弯矩而产生横向贯穿裂缝，渗水严重。本次加固维修通过在腹拱墩上设置横梁，并重浇钢筋混凝土桥面而改变传力途径，以减小腹拱圈所承受的外力。

（3）经检测，桥墩上两腹拱墩倾斜较为严重，改变了原受力结构，因此，加固设计将两腹拱墩之间采用混凝土浇成实体，以改善两腹拱墩的受力。

第六节 粘贴钢筋法加固主拱圈实例一

一、南丰窑上桥概况

窑上桥位于江西省南丰县白舍镇 206 国道 K1728＋200 处，为 2 孔净跨 20m 空腹式悬链线片石双曲拱桥，$f_0/L_0=1/5$，全桥长 43.80m。桥面净宽 7m，无人行道。设计荷载为汽车—13 级、拖车—60。该桥于 1966 年竣工。

窑上桥上部构造每孔有拱肋 5 根，肋底宽 0.4m，肋中心间距为 1.65m，高 0.92m，各肋间有细长钢筋混凝土拉杆联系。下部构造为石砌重力式墩台。原设计由恒载＋拖—60 控制，按容许应力法计算，拱顶截面底部拉应力达 0.5MPa。由于通过的汽车载重愈来愈大（经常可见大型集装箱车通过），拱肋已不能承担过重车辆荷载的作用，肋身可见 0.3～2mm 宽横向裂缝多条。该桥为混凝土桥面，现亦已网裂破碎，裂缝大都在 0.5～1cm 宽以上。空腹边小拱顶横向裂缝贯通，缝宽在 1cm 左右。显然该桥上部结构技术状况应在三类至四类之间，处于危险状态。

为确保该桥安全行车，确定加固方案为：在拱肋底部用环氧砂浆粘贴钢筋，原桥面凿除改为钢筋混凝土桥面，以增强全桥整体性，改进横向分布状况(见图 2.3.6)。

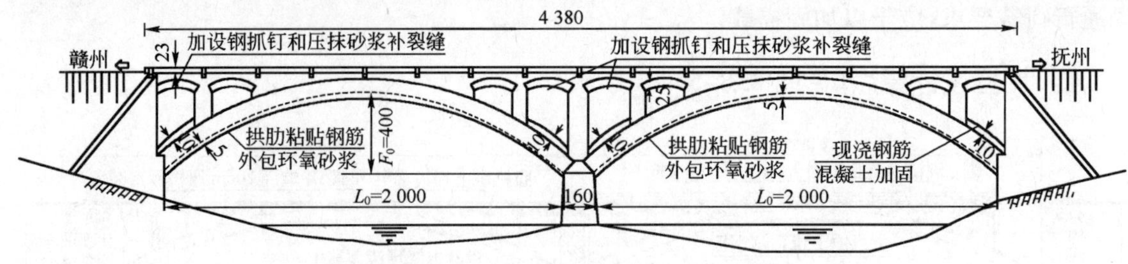

图 2.3.6　窑上桥加固总体布置图(尺寸单位：cm)

二、加固设计标准

(1)设计荷载：汽车—20 级、挂车—100。

(2)桥面净宽：净—7m，无人行道。

三、设计、施工要点

(1)拱肋设计、施工要点如下。

①拱肋加固设计按复合断面，分别按容许应力法及极限状态法进行了计算。计算结果表明，在汽车—20 级、挂车—100 荷载作用下，原拱顶及拱脚截面均不满足要求，故均需予以加固增强。

②拱肋加固施工(图 2.3.7)。加固前，肋底及侧面均应用钢丝刷清除表面油污和泥灰，并用水冲洗干净，待干燥后，在被加固面涂抹一层环氧水泥浆，再将肋底钢筋装入，挂于两侧锚筋上的箍筋内。压抹环氧砂浆前，将箍筋向上托紧，并将箍筋焊在锚筋上，肋底钢筋焊于箍筋上。

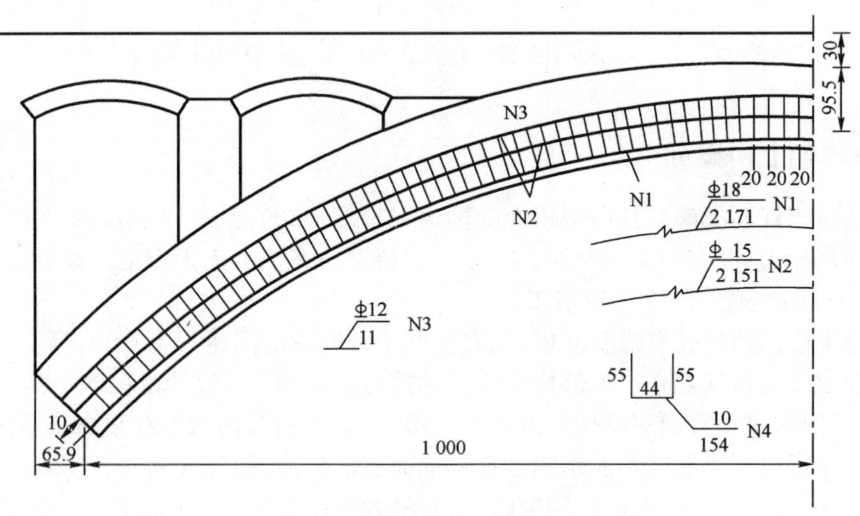

图 2.3.7　拱肋加固构造图(尺寸单位：cm；直径单位：mm)

拱肋底部设ϕ 18 钢筋，用 3cm 厚环氧砂浆粘贴于原拱肋底，贯穿全跨；在环氧砂浆外，用 M12.5 水泥砂浆压抹覆盖，厚 3cm。肋两侧距肋底 50.5cm 高度范围内，亦用 M12.5 水泥砂浆压抹 5cm 厚。

压抹环氧砂浆应分层进行，一次 1cm 厚左右，待稍干后再压抹一层，直至所需厚度。注意钢筋与肋底间用环氧砂浆黏合紧密。压抹水泥砂浆亦按此法进行。

配制环氧砂浆，必须分盘拌和，每盘环氧树脂以少于 5N 为宜，以防加入固化剂时不易散热，发生爆聚结硬。环氧树脂胶浆以小盘配制，大盘拌和填料（水泥、细砂），然后将胶浆倒入大盘，搅拌均匀，颗粒色泽一致为止。

(2)由于拱脚截面处抗拉能力不足，在拱背用 10cm 厚钢筋混凝土加固，加固钢筋应插入立柱内，并用锚筋和拱顶相连。

(3)拱肋上边小拱拱顶横向裂缝，设ϕ 12 骑缝钢钉加固，再用水泥砂浆压抹入缝内并覆盖钢钉。

(4)每孔拱肋增设横隔板 7 道，以加强横向联系（图 2.3.8）。

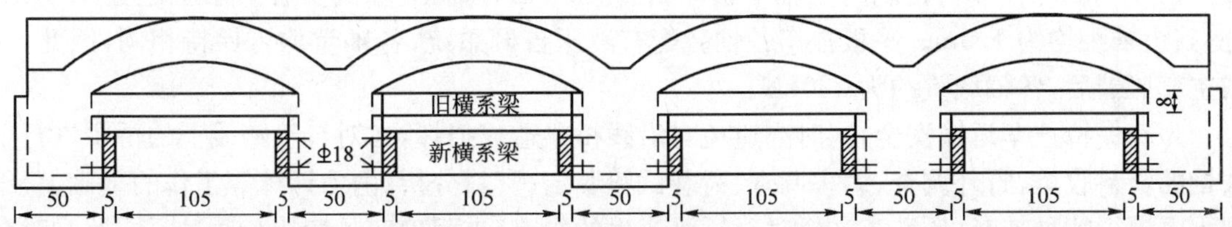

图 2.3.8　增设横系梁构造图（尺寸单位 cm；直径单位：mm）

(5)原桥面混凝土破碎严重，凿除另进行钢筋混凝土桥面铺装，需采用半幅施工方法施工。栏杆柱下悬臂托梁、栏杆柱及扶手按原设计图重新恢复。

四、加固施工程序（图 2.3.9）

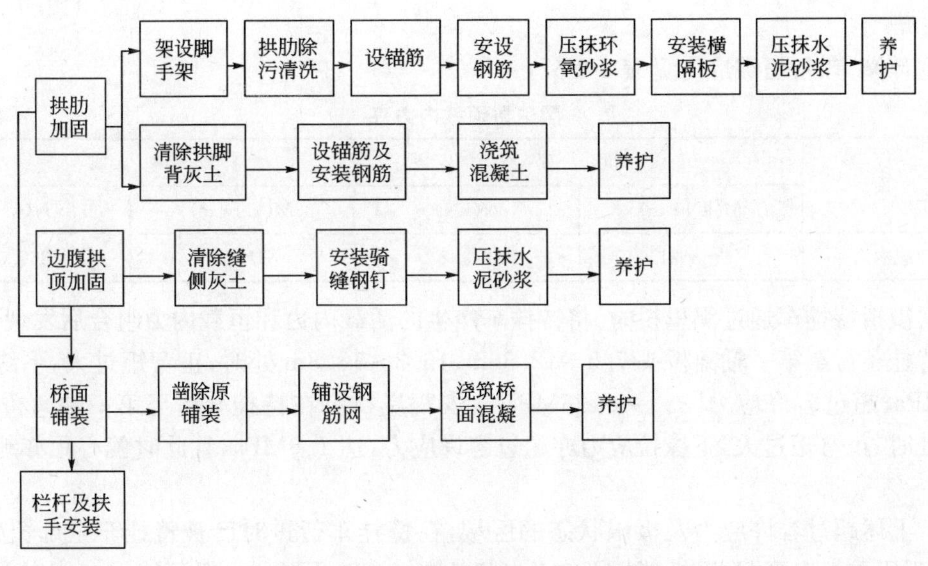

图 2.3.9　窑上桥粘贴钢筋法加固施工框图

第七节 粘贴钢筋法加固主拱圈实例二

一、无筋无肋双曲拱桥概况

安吉公路黑里桥是一座无筋无肋双曲拱桥，位于江西省安福县至吉安市公路上，为一孔净跨径 $L_0=12$m，矢跨比 $f/L=1/4$，主拱圈厚 0.70m 的 C15 混凝土预制块砌成的无筋无肋空腹式双曲拱桥。该桥设计荷载为汽车—15 级、拖车—60。

由于江西省万安水电站的配套工程：吉安 220kV 变电所需要运进一台重量 1 300kN 的主变压器（不能再拆卸的主体），最后确定的最佳运输路线是由安福火车站至吉安的变电所，全程 50km，途经黑里桥。确定的运输特挂车为：主车为"斯康麦尔"牌三轴车，其第一轴至第二轴距离为 4.35m，第二轴至第三轴距离为 5.181m，自重 155kN，为有力地拉曳挂车，尚需在其上放置压铁 300kN。挂车为自制的七轴平板车，自重 340kN，轴距：除两头各一个轴距为 1.575m 外，其余轴距均为 1.5m。平板挂车各轴装配有液压自调系统，各轴重均可保持相同，因此，装载主变压器后，各轴载重约为 230kN。

为确保特挂车运输安全，同时亦避免对沿线桥梁造成损坏，在对行经路线上的桥梁进行了大量的资料收集、野外调查、病害调查、荷载试验鉴定、资料分析、内力计算等工作的基础上，编制程序模拟特种挂车、压重车过桥时对桥梁产生的影响，进而确定了特挂车通过不同桥梁时在桥梁中超出极限承载力的区段，确定了各桥的过车方案和加固处理措施。

二、黑里桥的加固

经现场详细勘察黑里桥，未发现较为严重病害。经计算，该桥拱圈单元力学特性为：

面积 $A=0.309\,3\text{m}^2$，$I=0.016\,09\text{m}^4$，$y_上=0.112$m，$y_下=0.388$m，$W_上=0.069\,19\text{m}^3$，$W_下=0.035\,968\text{m}^3$。

根据计算，该桥恒载应力见表 2-3-5。

黑里桥恒载内力表　　表 2-3-5

截　面	拱　顶		拱　脚	
	M(kN·m)	N(kN)	M(kN·m)	N(kN)
拱脚恒载内力	−3.21	233.2	11.41	366.03

根据模拟特挂车通过黑里桥时，将特挂车产生的活载内力和恒载内力组合后发现，吉安岸拱脚在特挂车行至第一轴离桥头 7.5～12.56m、16.3～18.8m 处时，正弯矩过大，下缘拉应力达 0.8MPa，超过容许应力$[\sigma_w]=0.25$MPa 。安福岸拱脚在特挂车行至第一轴离桥头 22～27.6m 处时，正弯矩过大，下缘拉应力亦超过容许应力，达 1.6MPa，且此时偏心距亦超过容许范围。

由于上述超过容许应力及极限状态的区域，在特挂车行进时已被特挂车全部覆盖了，所以，无法用压重车来配载，以抵消桥上有关断面上的弯矩。因此，为保证特挂车能安全通过黑里桥，必须对该桥进行加固补强。

黑里桥的加固补强方案的确定，首先是考虑了特挂车要求通行的时间甚紧的特点，同时根据该桥的结构理论计算结果来决定。在进行了多个加固方案比选后，决定以环氧砂浆将钢筋粘贴在拱圈底部的加固补强方案。

黑里桥经加固补强后，于1992年2月安全通过总重近2 000kN的特挂车。经跟踪观察，加固效果很好，特挂车通行时和之后均未发现明显的肉眼能见病害。该桥运营至今，状况良好。

第四章　增强拱肋间横向联系法加固主拱圈

桥梁横向联系在任何形式的桥梁结构中都是非常重要的。对于双曲拱桥，从其结构受力的要求来看，它要求横系梁承担在拱肋间横向传递荷载的任务。但是，早期的双曲拱桥对此要求没有给予充分的重视，所以设计时，横系梁更多是体现横向联系各拱肋的作用。此种不重视所导致的结果是：横系梁发生破坏的现象较为普遍。由于横系梁的功能不能满足其应有的要求，导致主拱圈的整体性能较差；在外荷载作用下，变形协调性也较差，从而进一步导致其他病害的发生。

当横系梁发生破坏后，就无法有效地横向分布荷载，从而引起拱肋的受力与变形不均匀，导致个别拱肋受力过大而破坏。同时，各片拱肋所产生的位移不同，使得横系梁的受力不再是单纯的受拉状态，而是拉、弯、扭、剪等受力状态共同存在；当作用较大的外荷载时，横系梁就会产生较大的剪切应力和剪切变形，导致横系梁在端部被剪坏。如此往复就形成了一种恶性循环，使得横系梁与其他构件之间相互影响，病害加重，给桥梁结构的安全性、耐久性和可靠性都带来了不利的影响。

因此，增强主拱圈的拱肋间横向联系，是加固利用好双曲拱桥的重要技术措施之一。

第一节　加固机理与加固方法

一、加固机理

病害产生原因：双曲拱桥的横系梁（横隔板），最初的作用仅是连接拱肋，所以一般尺寸都较小，强度和刚度也相应较弱，与拱肋连接处的抗剪能力也偏小，当承受较大的外荷载作用时，由于拱肋间相对变形较大，容易导致横系梁开裂、脱落。

加固原理：增强拱肋间横向联系，是为了使拱肋间的相对变形减小、主拱圈的整体性得到加强并共同承受外荷载的作用，属于双曲拱桥加固方法中的增加构件加固法之一，包括改横系梁为横隔板、增设横隔板两种加固方法。加固效果在于改善和提高主拱圈的横向整体受力性能和整体刚度。

二、加固方法

1. 改横系梁为横隔板

早期修建的双曲拱桥，一般都是采用预制安装法施工横系梁，而且横系梁的截面尺寸偏

小，主拱圈各片拱肋间的横向联系十分薄弱。如果原桥横系梁数量足够、间距适中，可以将原有横系梁加高改造为横隔板，或紧靠着重做一块新的横隔板。这种由横系梁改造成的横隔板，必须与拱波、拱肋间固接。

2. 增设横系梁(横隔板)[15]

当双曲拱桥原有横向联系设置得较少，其整体性和抗振性均存在较大的不足时，必须在主拱圈的拱肋间增设钢筋混凝土横系梁或横隔板。布置位置为拱顶、腹孔墩下方、原分段吊装的拱肋接头处，间距为 3～4m。

三、新增或改造横隔板时应注意的问题

横向联系是保障双曲拱桥主拱圈整体性的关键所在，针对其病害，全国很多地方的双曲拱桥均采用了增强拱肋间横向联系的加固措施，有的是增设钢筋混凝土横隔板，有的是将横系梁改为横隔板，有的还在新增的横隔板中施加横向预应力。无论采用哪种方式，在新增或改造横系梁(板)时，应注意以下几方面问题。

(1)旧双曲拱桥横向联系加固的前提是桥梁墩、台无大的水平位移和明显沉降，桥梁本身无过大不可修复的损坏。[15]

(2)将横系梁改造为横隔板时，应注意新老混凝土的结合，建议首先将新老混凝土接触面认真凿毛，接触面用混凝土界面剂或水泥浆涂刷；同时应在新加混凝土中掺入适量膨胀剂，以补偿新加混凝土的收缩徐变。[15]

(3)增设新的横系梁(板)时，先将欲增加横隔板部位的拱肋处混凝土凿除，露出拱肋纵向主筋，然后使用双面搭接电弧焊(应采取适当的降温措施，以免对原结构钢筋及混凝土造成损害)把新增横系梁(板)部分的横桥向钢筋与拱肋纵向钢筋焊接，再将焊缝处的焊渣敲除；或先在拱肋上钻孔植筋，再将新增横系梁(板)的横向钢筋与之焊接；然后支模用不低于 C30 的混凝土浇筑新的横系梁(板)与拱肋形成整体。[16]

第二节　增设横系梁实例及理论分析[16]

一、桥梁概况

某桥为 4 孔净跨径 45m 钢筋混凝土双曲拱桥，桥面宽为净—6m+2×1.0m(人行道)，上部结构主拱圈高 1m，由 6 根拱肋 5 个拱波组成；桥墩(台)及桥台翼墙采用旧 170 号混凝土，基础采用旧 150 号混凝土，拱座用旧 250 号钢筋混凝土；桥墩、桥台基础均为明挖扩大基础，基底基岩为砂岩；桥梁原设计荷载为汽车—13 级、拖车—60；该桥始建于 1969 年，于 1971 年投入运营。

二、桥梁结构计算模型的建立

利用 ANSYS 程序，采用空间有限元法对该桥进行了结构计算，建立模型时主拱肋、拱波和拱板均采用实体单元模拟，横系梁采用梁单元模拟，桥墩采用实体单元模拟，桥面铺装层以及附属栏杆等采用在节点上加集中质量单元的方法处理，全桥离散后共划分为 8 903 个节点，19 562 个单元，形成全桥三维计算模型。

三、横系梁对桥梁整体刚度的影响分析

横系梁从拱肋安装时就发挥着横向联系的作用，它的好坏直接影响到双曲拱桥的整体刚度。调查发现，几乎所有双曲拱桥的横向联系都存在病害。以下从改变桥梁横向联系的角度入手，对因增加横系梁对桥梁整体刚度、强度、稳定性和荷载横向分布系数产生的影响进行分析。

分析时，分别选取主拱圈 $L/8$ 截面、$L/4$ 截面和跨中截面各拱肋为研究对象；分别考虑保持现有横系梁，将小横系梁截面(0.15cm×0.15cm)增大到大横系梁截面(0.15cm×0.40cm)，将大横系梁截面加宽(0.40cm×0.40cm)，再将横系梁加密 4 种情况，计算出桥梁在汽车—15 级荷载作用下不同截面位置的挠度、应力、轴力、弯矩及自振频率等。依据挠度值计算了桥梁的横向分布系数，计算断面如图 2.4.1，计算结果如表 2-4-1～表 2-4-3 所示。

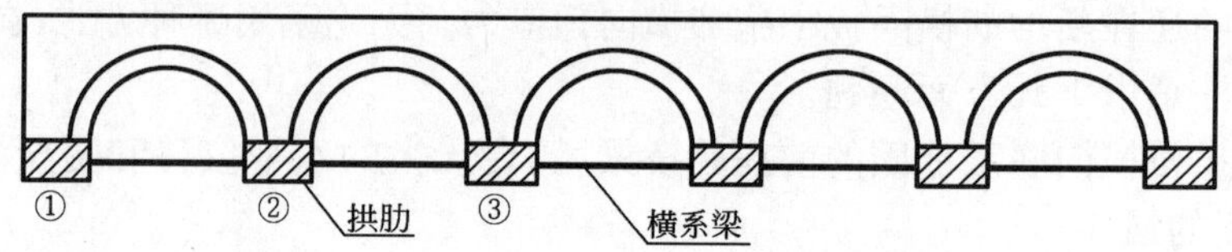

图 2.4.1 主拱圈计算断面布置图

桥梁轴力对比 表 2-4-1

横系梁	拱脚轴力(×10^5N)	$L/4$ 轴力(×10^5N)	$L/2$ 轴力(×10^5N)
原有状态	−2.94/−3.80/−3.59	−2.90/−3.65/−3.38	−2.87/−3.51/−3.24
小截面增到大截面	−3.20/−3.73/−3.41	−3.09/−3.58/−3.27	−3.00/−3.47/−3.17
大横系梁宽度加宽	−3.04/−3.78/−3.52	−2.92/−3.64/−3.37	−2.85/−3.52/−3.26
横系梁中间加密	−2.87/−3.79/−3.68	−2.81/−3.65/−3.46	−2.83/−3.50/−3.29

注：数据依次为 1 号拱肋、2 号拱肋、3 号拱肋的轴力值，“−”表示压应力。

桥梁弯矩对比 表 2-4-2

横系梁	$L/2$ 弯矩(×10^5N·m)	$L/4$ 弯矩(×10^5N·m)	$L/8$ 弯矩(×10^5N·m)
原有状态	−1.39/−1.89/−1.78	5.76/5.36/5.06	7.91/8.21/7.71
小截面增到大截面	−1.41/−1.91/−1.71	3.32/3.44/3.26	5.68/6.06/5.90
大横系梁宽度加倍	−1.42/−1.87/−1.75	2.98/3.55/3.32	5.10/6.37/6.01
横系梁中间加密	−1.38/−1.88/−1.80	2.73/3.59/3.43	4.80/6.39/6.19

注：数据依次为 1 号拱肋、2 号拱肋、3 号拱肋的弯矩值。

汽车—15 级作用下的各力学参数及横向分布系数 表 2-4-3

横系梁	挠度最大值(mm)	应力最大值(MPa)	横向分布系数	自振圆频率(Hz)
原有状态	11.1	−0.42	0.22/0.16/0.12	2.518
小截面增到大截面	10.5	−0.41	0.21/0.16/0.13	2.533
大横系梁宽度加倍	9.9	−0.38	0.20/0.16/0.14	2.592
横系梁中间加密	9.2	−0.35	0.17/0.17/0.16	2.661

注：①挠度最大值和应力最大值是指 6 个拱肋中的最大值；

②加载方式采用横向对称加载，横向分布系数依次为 1 号、2 号、3 号拱肋的横向分布系数；

③“−”表示压应力。

由表 2-4-3 中可以看出：加强横向联系对于增加全桥整体刚度的效果是十分明显的；挠度和应力的最大值都在不断降低，自振频率也在增大，而横向分布系数更趋于平均。图 2.4.2 描述了分别在现在状态下、小截面增大到与大横系梁截面相同的情况下、所有横系梁宽度都加宽且纵向在横系梁中间再增设横系梁的情况下桥梁结构挠度的变化。从图 2.4.2 中可以看出桥梁挠度最大值在不断降低，3 片拱肋的挠度值也越来越趋于平均，说明桥梁整体刚度有所增加，荷载横向分布越来越好，桥梁的受力达到了协调一致。

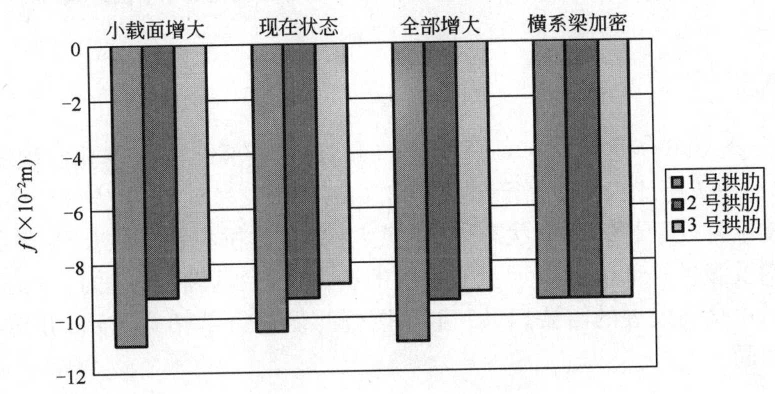

图 2.4.2 拱肋挠度比较图

四、增设横系梁的效果研究

通过数值模拟结果，确定出双曲拱桥主拱圈整体性的薄弱之处在于横向联系不足；而横向联系在桥梁设计阶段就没有充分考虑到其重要性，结果导致了桥梁结构的刚度降低，承载能力下降。为了能够弥补双曲拱桥在设计阶段遗留下来的“先天不足”，增加既有双曲拱桥的横向联系是重点。除了修补原有横系梁外，增加新的横系梁也是改善桥梁整体性能的一个有效途径。

增设新的横系梁(见图 2.4.3)用于钢筋混凝土双曲拱桥的横向加固，上述的数值模拟结果作为理论依据，经过在公路双曲拱桥加固中实践证明，这种方法能够取得良好的加固效果。利用数值模拟的方法对既有双曲拱桥加固前后的效果进行了分析，对比结果如表 2-4-4 所示。

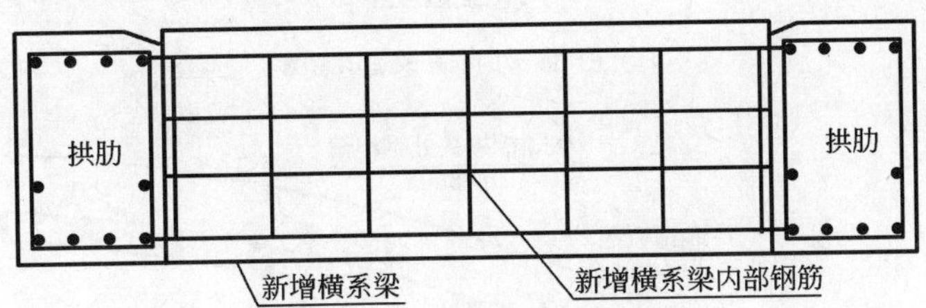

图 2.4.3 新增横向联系加固图

桥梁加固前后的各力学参数对比

表 2-4-4

计算内容	理论值		计算内容	理论值	
	加固前	加固后		加固前	加固后
变形(mm)	11.1	9.2	一阶横向(Hz)	3.015	3.188
应力(MPa)	−0.42	−0.35	一阶竖向(Hz)	5.414	5.603
一阶纵向(Hz)	2.518	2.641	横向分布系数	0.22/0.16/0.12	0.18/0.16/0.16

由表2-4-4中的数据可以看出:利用增设新横系梁的方法增强主拱圈的横向联系后,各力学参数都有改善,横向分布系数趋于平均,主拱圈受力更趋合理。说明该方法对双曲拱桥整体刚度的提高是有效的。此外,还应该配合其他加固方法对双曲拱桥的其他结构部位进行适当的加固处理,才能综合提高桥梁的整体性能和使用寿命。

第三节　改造横系梁为横隔板加固主拱圈实例一[17]

一、桥梁概况

某双曲拱桥于1966年建成通车,原桥总长31.2m。上部结构为单孔空腹式双曲拱,主拱圈净跨径为24m,净矢跨比为1/6。行车道宽7.0m,附设2×0.5m护轮带,全桥宽度8.4m。由于近年来桥梁经常处于超载运营状态,交通量大;有些建桥材料的性质逐渐发生衰变退化,使得该桥主拱圈及腹拱等部位发生了不同程度的病害,桥台基础也出现了一定程度的沉降。

为了适应城市交通发展的需要,1991年在该桥两侧进行了拓宽改造,并对原有主拱圈横向联系进行了加固。

二、主拱圈横向联系加固措施

(1)保留原有拱肋横系梁,再新增厚度为20cm的横隔板,以保证拱肋间有足够的横向联系。为了不损伤主拱肋,先在主拱肋上用环氧树脂粘贴厚8mm的钢抱箍,并在钢抱箍上设置钢耳板与新增横隔板内钢筋骨架焊接牢固后再浇筑混凝土,见图2.4.4所示。横隔板采用二次浇筑完成,第一次浇筑至拱肋顶,待拱波安装之后再进行二次浇筑。

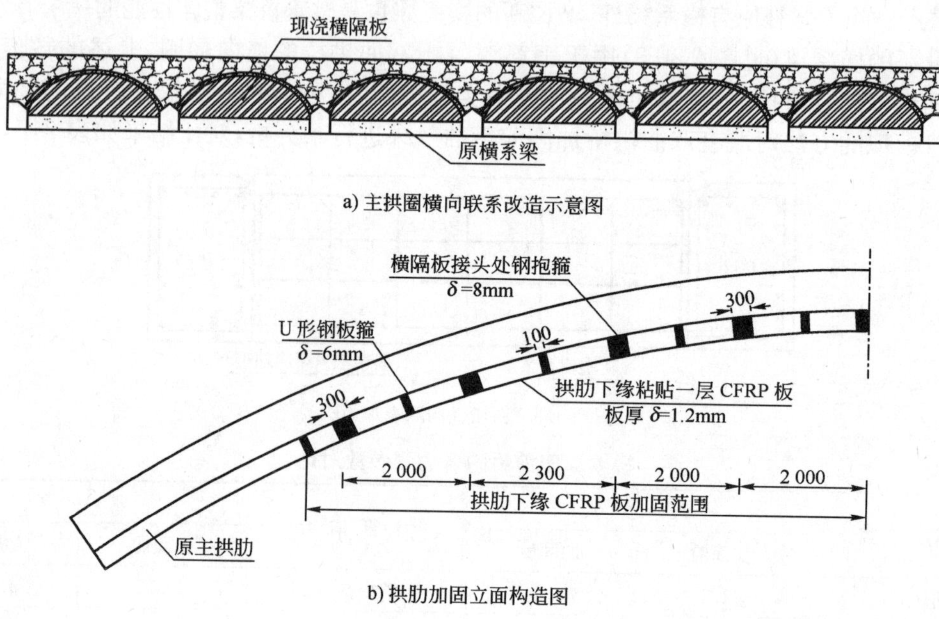

a)主拱圈横向联系改造示意图

b)拱肋加固立面构造图

图　2.4.4

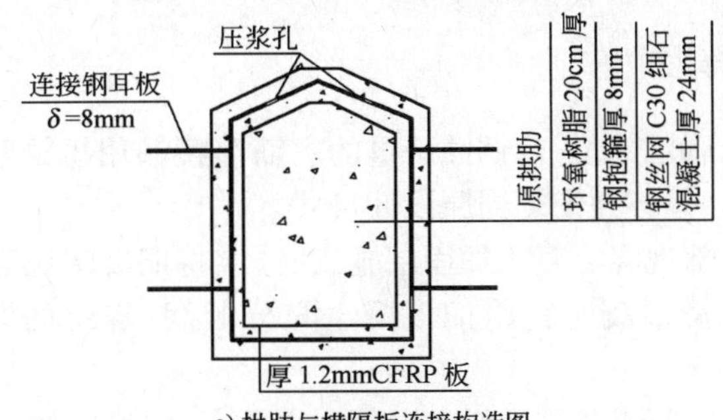

c) 拱肋与横隔板连接构造图

图 2.4.4 主拱圈加固图(尺寸单位:cm)

(2)对主拱肋承受正弯矩段的底面粘贴一层碳纤维板(厚度为 1.2mm,宽度为 20cm)。为保证粘贴的碳纤维板能够和拱肋共同受力,在粘贴碳纤维板范围设置 Q235 钢板 U 形箍(宽 100mm,厚 6mm),采用环氧黏结。各段钢板 U 形箍的水平间距为 100cm,在碳纤维板端部加密至 50cm 的间距。

第四节 改造横系梁为横隔板加固主拱圈实例二

一、花山界桥概况

花山界桥原为 1 孔 30m 钢筋混凝土空腹式双曲拱桥,位于江西与福建交界的公路上;全长 40m,建于 1970 年。设计荷载为汽车—13 级、拖车—60;桥面净宽为:净－7m＋2×0.5m(安全带)。因该桥设计荷载较低,加上年久失修,已出现多处病害,其主要表现为主拱肋多处出现横向裂缝,保护层脱落露筋;腹拱脚全部开裂,并有多处裂缝,拱波大部分出现裂缝,横系梁部分出现裂缝和剥落;此桥下部构造完好无病害。

二、主要加固维修措施

本桥的大修加固方法是:在原桥主拱圈底部全幅范围内锚喷钢筋混凝土加固补强,靠拱脚两个腹拱处的主拱圈背面现浇 10cm 厚钢筋混凝土,以提高主拱圈拱脚处抵抗负弯矩的能力,并将原有横系梁改为横隔板,以增强拱肋间的横向联系,提高整体受力性能;对腹拱圈采用锚喷混凝土加固;并凿除原桥面铺装层,重新浇筑 C35 钢筋混凝土桥面铺装层;在两桥台处各增设一条伸缩缝,见图 2.4.5 所示。

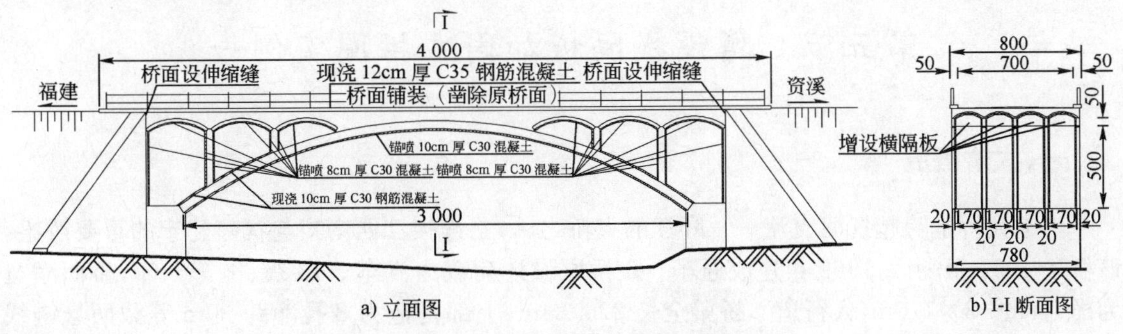

图 2.4.5 花山界桥加固总体布置图(尺寸单位:cm)

三、加固施工注意事项

(1)对主拱肋混凝土剥落部位,待锈蚀严重的主筋与箍筋用短钢筋补焊连接后,采用小石子混凝土(内掺环氧树脂)修补并恢复到原设计尺寸。

(2)主拱圈空腹段背部现浇混凝土加固层施工时,应将旧混凝土表面凿毛(凿毛深度应大于 6mm)并冲洗干净;现浇混凝土前将旧混凝土充分湿润;浇筑的混凝土尽量振(或插)捣密实。

(3)在施工桥面的贫混凝土基层和桥面混凝土之前:①应将增加的泄水管和原来的泄水管安置和恢复好,桥面施工的同时确保其今后能有效排水;②切实预埋好各伸缩缝的预埋件,预留好安装伸缩缝的位置,确保尺寸准确。

(4)主拱圈及拱上腹拱圈等采用固定钢筋网后锚喷混凝土来加大拱圈截面,起到加固和增强抗拉能力的作用。施工时应严格按照下列锚喷工艺要求进行:

①对主拱圈及腹拱圈底部进行凿毛并用高压水冲洗干净。

②按设计要求在拱圈底面钻固定钢筋的锚孔,孔深 10cm 左右,直径为 14mm,孔中灰尘要冲洗干净。

③用 M2.5 水泥砂浆将锚固钢筋嵌固在锚孔中。

④压注水泥浆修补拱圈裂缝,并在裂缝两侧设骑缝钉(骑缝钉的施工方法同锚固钢筋)。

⑤将加固钢筋网绑扎或点焊在锚固钢筋上,以免喷射混凝土时位置移动。

⑥喷射混凝土。施工时应注意以下几方面。

a. 施喷混凝土前,用高压水泵喷水冲洗并充分湿润拟喷表面,以利喷射混凝土与原结构的黏结,待表面无积水时,即可施喷混凝土。

b. 喷射混凝土的施工方法采用“湿喷法”,即用于喷射的混凝土在搅拌机中加水拌和好后送入喷射机中喷射。

c. 喷射混凝土时喷枪距离构件表面约 0.8～1.5m,先在构件表面喷一层水泥砂浆,再喷射混凝土,以利新喷射混凝土更好地和拱圈表面结合受力,喷射混凝土厚度每次 2～3cm,逐步加厚至设计厚度,喷射混凝土至设计厚度后,应尽量将其表面抹平,并应及时喷水养生一定时间。

(5)裂缝修复。先将裂缝凿成 V 形槽,清除槽内碎屑粉末后,涂上环氧树脂,然后高压灌入环氧砂浆,并锚入骑缝钢筋,最后采用环氧砂浆抹面,对骑缝钢筋进行防护。

(6)桥面铺装中的伸缩缝可根据施工中的实际情况酌情设置。

第五节　增设横隔板加固主拱圈实例一

一、大桥概况

南丰大桥是跨越抚河支流——盱江的大桥之一,是连接江西南丰与福建建宁的重要桥梁。该桥于 1967 年设计,1969 年建成通车。该桥原设计荷载为汽车－13 级、拖车－60,桥面净宽为净—7m＋2×1.0m(人行道),桥梁全长 276.34m,上部构造为 8 孔净跨 30m 等截面悬链线钢筋混凝土双曲拱桥,见图 2.4.6 所示。

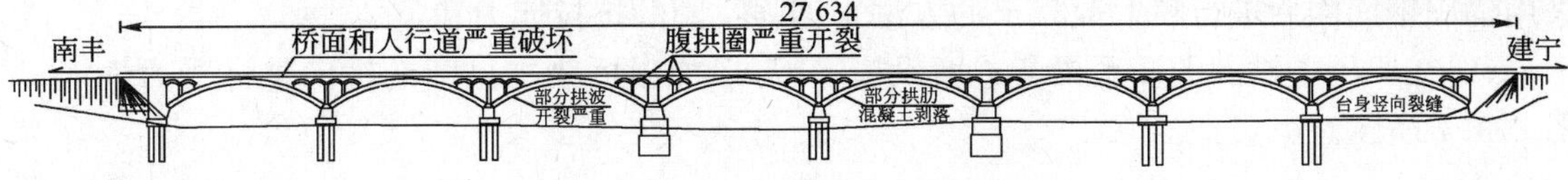

图 2.4.6 现状总体布置图(尺寸单位:cm)

大桥每跨主拱圈由 8 片拱肋组成(宽度 7.5m),净矢高 5.0m,净矢跨比为 1/6,拱轴系数 $m=4.324$。主拱圈截面由主拱肋(高 41cm)、拱波(高 49cm)和填平层(高 10cm)组成,其中主拱肋为 250 号混凝土(原标号),拱波和填平层均为 140 号混凝土(原标号)。拱波呈半圆形(净跨为 81cm),施工时将拱波分成宽 50cm 的块件预制安装。每跨在拱肋上按拱背等弧长八等分设置了七根横系梁,横系梁断面尺寸为 10cm×12cm。拱上侧墙为 140 号片石混凝土(原标号),拱腔内填砂砾、片石;桥面铺装为 20cm 厚 200 号混凝土(原标号)桥面,仅在桥墩上桥面连续处设置了一层钢筋网(钢筋直径为 $\phi8$)。

下部构造共设置了 2 座桥台、2 座单向推力墩和 5 座一般桥墩。桥台为钢筋混凝土钻孔灌注桩(桩基础)配 U 形桥台,桥台拱座采用 250 号混凝土(原标号),台身及侧墙均采用浆砌片石。单向推力墩为钢筋混凝土沉井基础配片石混凝土重力式桥墩,其他桥墩为钢筋混凝土灌注桩基础配片石混凝土重力式桥墩。

二、结构检查及现状评定结论

通过对南丰大桥进行全面的现场结构检查、室内分析和评定,主要现状评定结论如下。

(1)南丰大桥的整体结构和细部尺寸基本符合原设计值。

(2)南丰大桥 6、7 跨因被洪水掏空桥墩基础而垮塌,已完全破坏,应拆除予以重建。

(3)南丰大桥主拱圈拱肋未发现有超过规范允许值的裂缝,但部分拱肋存在局部混凝土剥落、钢筋锈蚀严重等病害,已影响大桥的承载能力和安全,应对拱肋进行局部维修处理。

(4)主拱圈拱波裂缝较多,且宽度较大,局部已超出允许值几十倍;大部分裂缝均已贯穿拱波及填平层,给大桥的正常使用造成严重威胁和隐患。

(5)主拱圈拱波与拱肋间的裂缝已改变了桥梁结构的整体受力状态,减小了拱圈受力截面,应采取一定加固措施予以加固维修。

(6)腹拱圈损坏较为严重,裂缝多而密,且基本贯穿腹拱全跨,严重影响了腹拱的受力状况,应进行加固维修。

(7)主拱圈横系梁少且截面积过小,全桥整体受力性能差,应采取相关措施进一步加强桥梁的横向整体性。

(8)桥面破损严重,使车辆过往产生较大冲击力且不利于桥面排水,建议凿除并重新浇筑钢筋混凝土桥面。

(9)人行道梁破坏极其严重,混凝土碎裂、钢筋锈蚀,已危及行人安全,建议对全桥人行道梁全部进行更换。

(10)人行道板破坏严重,多块板断裂,已不能继续使用,建议全部予以更换。

三、大修加固设计要点

(1)针对该桥主拱圈和腹拱圈裂缝较大、较多的实际情况,并考虑实际施工条件,对主拱圈采用锚固钢筋网后进行喷射混凝土的方法来增强拱圈的抗拉能力和整体性。

(2)在原桥主拱圈的横系梁旁边增设横隔板，以加强桥梁主拱圈的横向整体受力性能，见图 2.4.7 所示。

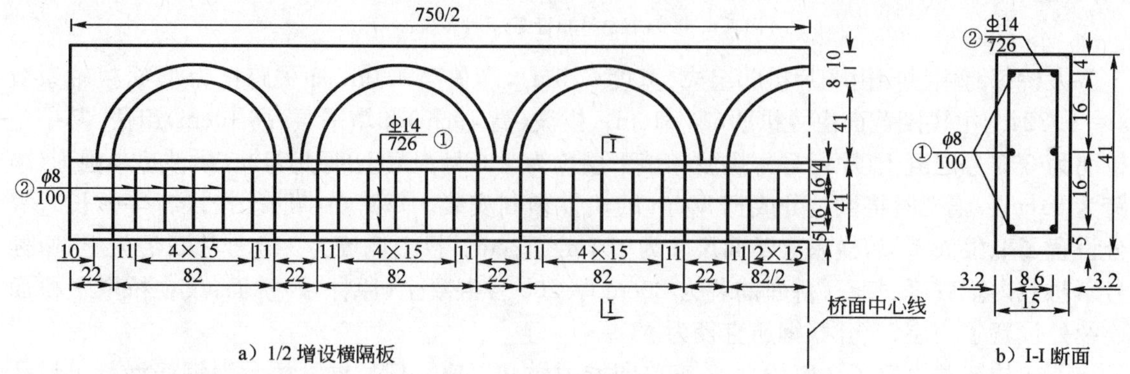

图 2.4.7　增设横隔板构造图(尺寸单位:cm;直径单位:mm)

(3)对主拱圈和腹拱圈裂缝锚固骑缝钢筋后，采用压力灌注环氧砂浆进行修补。

四、施工要点及工艺要求

(1)主拱圈及拱上腹拱圈等采用锚固钢筋网后喷射混凝土加大拱圈截面，达到加固和增强抵抗正弯矩的作用。施工时应严格按照锚喷施工工艺要求来进行。

(2)采用锚固骑缝钢筋修补裂缝的施工工艺:高压清洗裂缝→锚固骑缝钢筋→封缝→压灌环氧砂浆→养生。

(3)锚喷混凝土前应将主拱圈和腹拱圈的裂缝修补好后，再锚喷混凝土。

第六节　增设横隔板加固主拱圈实例二

一、大桥概况及加固前结构检查

1. 大桥概况

西河大桥位于江西省景德镇市区，南北向跨越西河。该桥建于 1970 年，为一座双孔空腹拱式拱上建筑双曲拱桥，全长 93.34m。每孔净跨径 $L_0=30$m，净矢高 $f_0=5$m，净矢跨比 $f_0/L_0=1/6$，拱轴系数 $m=4.324$ 的悬链线。桥面净宽为净—7m+2×1.0m(人行道)。主拱圈横截面为 8 肋 7 波组成，拱圈宽 7.5m。拱肋为矩形截面、旧 250 号钢筋混凝土构件，拱波为半圆拱波，现浇拱板为填平式拱板，两者材料均为旧 140 号素混凝土，混凝土骨料为砾石混凝土。设计荷载为汽车—13 级、拖车—60，详见图 2.4.8 所示。

由于景德镇市交通量日益增多，载重车轴重加大，桥南端已建成路幅全宽 40m 的出口路。现拟在原西河大桥位置扩建桥面宽达 40m 的桥梁，载重等级采用汽车—20 级、挂车—100，而对原西河大桥(旧桥)予以加固利用。

通过静载试验对该旧桥进行承载能力的评定，以确定是否需要采用适当的维修或加固措施，以保证该桥在新设计荷载等级下安全正常使用。

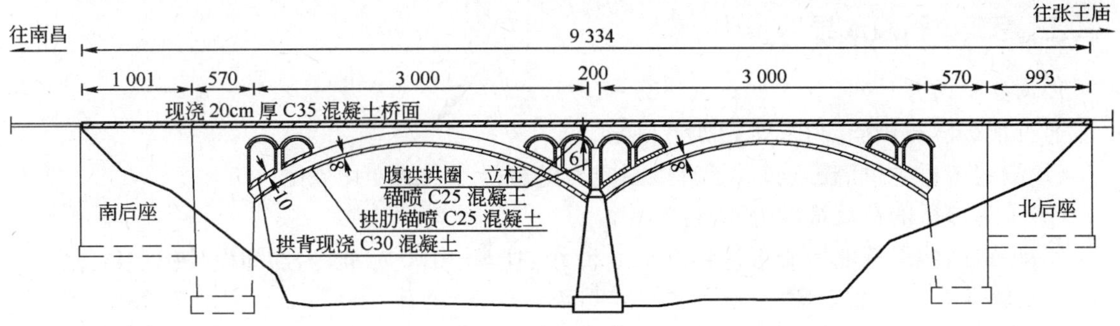

图 2.4.8 加固总体布置图(尺寸单位:cm)

1990 年 12 月 7 日首先进行了西河大桥结构的一般检查和详细检查。根据检查的结果,选择南孔作为试验孔。静载试验于 1991 年元月 12 日至 14 日晚间 22:00 至次日凌晨 4:00 间进行。

2.西河大桥一般检查及详细检查结果

经现场实桥量测,该桥总长为 93.34m,两孔净跨径均为 30m。桥面净宽为(7.02~7.12)m+2×1.0m(人行道)。桥面纵坡基本上为平坡,横坡约为 1%。

桥面平整度较差,有隆起、沉陷和纵横向开裂现象。此系桥面下填料不均匀、欠密实所致。

拱圈尺寸、拱肋宽度、高度均符合设计要求,总体比设计尺寸略大。拱肋混凝土强度,经用超声回弹综合检测法测定,扣除了碳化深度对测试的影响,并考虑了混凝土龄期与强度的增长关系,判断为 C25 混凝土。

拱轴线实测结果表明现状轴线接近设计拱轴线,但在拱顶和 $L/4$(或 $3L/4$)处向下偏离约 0.9~12.6cm,大多是由于混凝土主拱圈的收缩、徐变所引起。北孔 $L/4$ 点偏离设计轴线为 12.6cm,可能还与施工原因有关。

经检测,南、北两孔在拱顶区段时,拱肋均有径向裂缝。裂缝分布规律为南孔最多,北孔较少,边肋最多,中肋较少。裂缝宽度一般在 0.1~0.3mm 范围内。拱顶产生径向裂缝的主要原因,一是拱轴系数过大,二是桥墩台可能发生过较大水平位移,使拱顶区段正弯矩大大增加所致。

南、北孔在拱顶区段及 $L/4$ 区段,均发现边拱波(1 号、7 号拱波)波顶纵向裂缝,缝宽一般在 2~5mm 左右,最大达 8mm,个别地方呈破碎状。产生裂缝的主要原因是该桥采用填平式拱板,波顶为最薄弱截面,现浇混凝土在波脚厚度大、收缩多,致使波顶受拉,加之横向联系刚度小,拱肋扭转及横向变形过大,导致波顶开裂。

南、北孔边肋拱顶区段亦观察到环向缝,以南孔居多。主要是法向拉力环向缝,说明拱波与拱肋间的结合不够理想。

拱肋间横系梁与拱肋的联结尚好。只有个别横系梁出现宽达 0.1mm 的裂缝。

拱上建筑的腹拱裂缝较多,尤以两侧顺桥向裂缝较为严重,缝宽达 3~5mm,其他裂缝宽度在 0.5mm 左右。

南桥台上游拱脚上侧墙发现有顺桥向剪切缝,成台阶状。桥台与台后座之间出现明显拉开现象,侧向观察缝宽为上大、下小趋势。上口约 9cm,说明后座已发生向后倾斜、沉陷。桥台后座侧墙均有向外胀开现象,最大达 2cm 左右。

二、静载试验及成果

1. 试验目的

通过现场静载试验，力求达到如下目的。

(1)测定该桥主拱圈影响线，了解拱圈应力随载位不同的变化规律。

(2)了解该桥的荷载横向分布规律。

(3)评定结构承载能力能否达到汽车—20 级、挂车—100 标准，为加固设计提供依据。

2. 试验荷载及加载方案

(1)测定主拱圈影响线

根据景德镇市现有条件，采用江淮牌汽车一辆，该车轴距为 5.4m，经载重物后测定，前轴重 55.5kN，后轴重 137kN。试验中，江淮牌汽车在桥上沿桥轴线有 16 个载位，其布置见图2.4.9 所示。

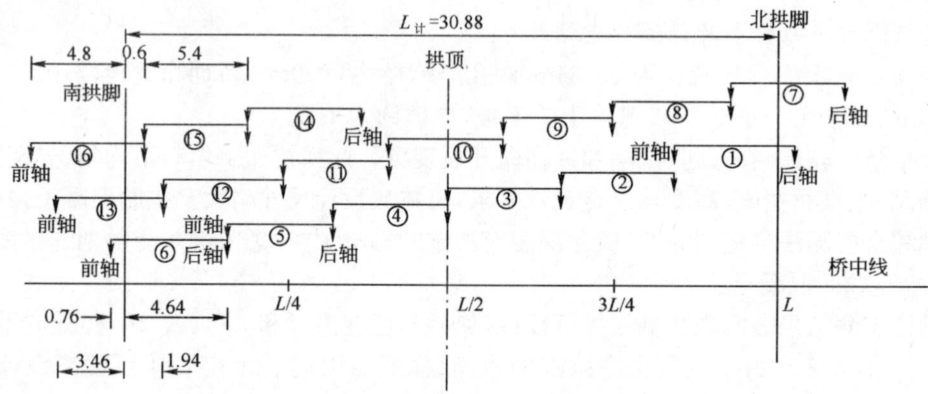

图 2.4.9 实测纵向影响线加载车位图(尺寸单位:m)

(2)拱顶偏载静力试验

采用自制的两个水箱就位装水加载，按总重 169kN、200kN、220kN、250kN、280kN、300kN 六级进行。拱顶偏载布置见图 2.4.10 所示。

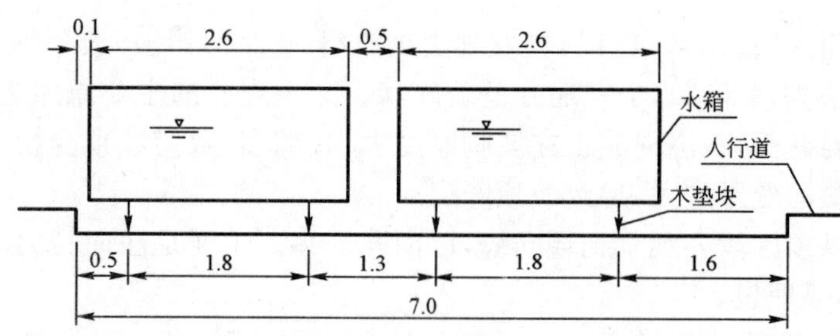

图 2.4.10 静载试验水箱加载布置图(尺寸单位:m)

(3)拱脚偏载静力试验

加载工具和分级同拱顶偏载。

3. 静力荷载试验的观测项目

(1)拱圈跨中及 $L/4$ 挠度和墩、台水平位移，用千分表及百分表量测。

(2)拱圈跨中及 $L/4$、拱脚下缘钢筋应变和混凝土应变用电阻应变片、支座式应变计、千分

表作传感器量测。

4. 对西河大桥鉴定意见

(1)拱圈轴线在拱顶、四分点均有下挠现象，其余各点基本接近设计轴线。

(2)拱圈混凝土强度经检测为C25，符合设计要求，但下缘钢筋保护层太厚，很多处达5～6cm。边肋箍筋侧向保护层太薄，以致保护层混凝土脱落、箍筋外露。

(3)跨中拱肋径向缝和横向缝达0.1～0.3mm，边拱波纵向裂缝较大，最大达3mm，腹拱圈裂缝较多，裂缝宽最大达5mm。

(4)拱圈横向联系薄弱，横向拉杆断面较小。

(5)以2×300kN水箱在拱顶偏载时，跨中下缘混凝土应力和跨中、$L/4$断面、$3L/4$断面挠度均大于理论计算值较多，校验系数以拱顶下缘拉应力为准，在1.424～1.633间，太大则不安全。

(6)受荷时，墩台发生转动，起拱线相对水平位移最大达0.81mm。

(7)在恒载＋汽—20重车(2×300kN水箱静载)的共同作用下，拱顶下缘应力即使考虑腹拱的共同作用，断面内力也已达到混凝土抗拉设计强度。

5. 对西河大桥加固的措施

(1)拱顶强度和拱顶、$L/4$及$3L/4$截面刚度不足，应将整个拱圈截面加大，并在肋底增设钢筋，拱波底亦应增设钢筋及加厚。

(2)加强拱圈横向联系，在原横拉杆处，加设刚度较大的横隔板。

(3)拆除桥面，将其下填料改为水泥类稳定材料，重建桥面。

(4)拆除翻修桥台侧墙开裂处，并应采取措施防止侧墙外胀。

(5)桥台后座应防止在重载作用下继续倾斜。

(6)拱圈加固采取锚喷混凝土方法，可不中断交通，加固费用经济，且施工速度较快。

三、加固设计与施工

1. 设计标准

(1)设计荷载：汽车—20级，挂车—100。

(2)桥面净宽：净—7.5m。

2. 加固设计方案

(1)加固补强措施

①由于设计荷载增大，原桥拱肋、拱波、腹拱圈、拱上立墙裂缝较大，且多，故将分别对拱肋、拱波、腹拱圈、拱上立墙等采取锚固钢筋网后喷射混凝土加固，并在拱背现浇10cm厚钢筋混凝土。详见图2.4.11所示。

②加强拱圈横向联系。在原横拉杆处，预制安装较大刚度的横系梁，见图2.4.12所示。

③先用钢抓钉跨缝加固拱波、腹拱裂缝，然后将缝凿成倒三角形，用M12砂浆压入补平。

(2)重修桥面

由于原桥面破损较大，故将原桥面挖除，然后将全桥桥面浇成连续板，仅在桥两头设置两道伸缩缝。但在跨越桥台和后座，以及桥墩处桥面中设置双层钢筋网。

(3)桥台侧墙

由于外侧已修建新桥桥台，故不再考虑加固。

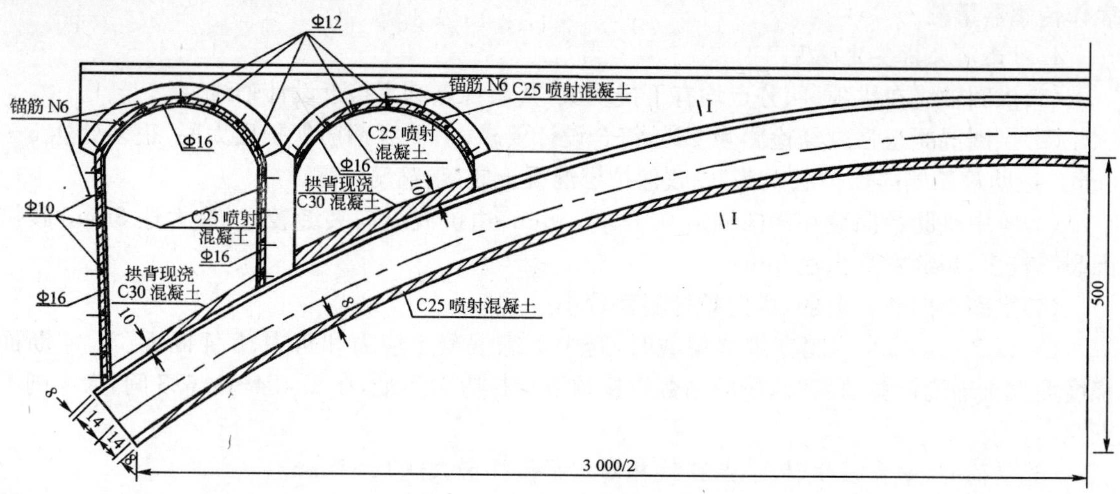

a)1/2 主拱圈立面图

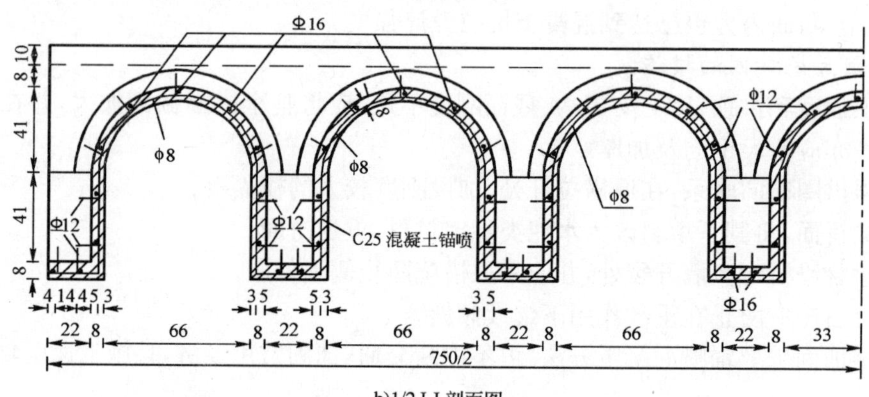

b)1/2 I-I 剖面图

图 2.4.11　主拱圈加固结构布置图(尺寸单位:cm;直径单位:mm)

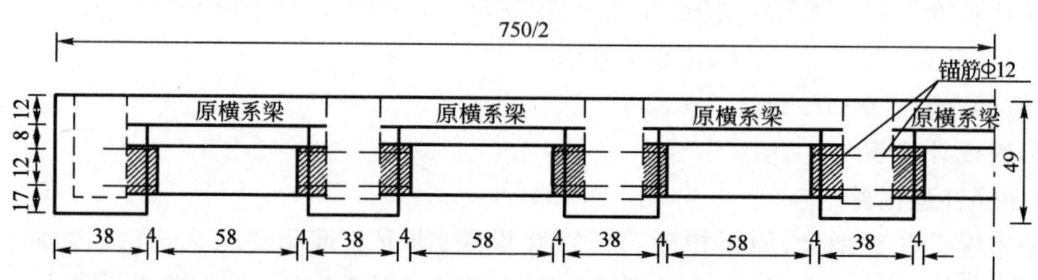

图 2.4.12　横系梁加固构造图(尺寸单位:cm;直径单位:mm)

3. 设计施工要点

(1)拱肋、拱波、腹拱圈、拱上立墙等采用外包钢筋网并用锚喷混凝土加大截面,施工时应严格按照下列锚喷工艺要求进行。

①凿毛并清洗被加固构件的表面。

②按设计要求在构件表面钻固定锚固钢筋的锚固孔,孔深不得小于 8cm,直径不得小于 12mm,孔中灰尘要冲洗干净。

③用 M12 水泥砂浆将锚固钢筋嵌固在孔中。

④将加固钢筋网绑扎或点焊在锚固钢筋上，以免喷射混凝土时位置移动。安装钢筋时要尽量避免三根钢筋相交叉，以免喷射混凝土时出现空洞。

⑤喷射混凝土时，喷枪距离构件表面约 0.8～1.5m，先在构件表面喷一层水泥砂浆，再喷射混凝土，以利新旧混凝土更好地结合受力。喷射混凝土厚度每次 2～3cm，逐步加厚至设计厚度。锚喷混凝土 C25。

(2)横系梁的预制安装。为了方便施工和加快施工时间，增加横系梁采取预制安装的施工方法。要求施工时构件尺寸和预留外伸钢筋位置要准确。施工顺序为：先将预制好的横系梁安装就位，将其两端外伸钢筋和拱肋上锚筋焊接好，再一道锚喷拱肋的加固混凝土(厚 8cm)和横系梁接头混凝土(厚 4cm)。

(3)桥面施工

①拆除原桥面铺装。

②绑扎跨墩和桥台及后座上的钢筋网。

③全桥一次性浇筑 C35 混凝土桥面，厚 20cm(边缘)，并设置 1.5%双向横坡。

第七节 增设横隔板加固主拱圈实例三

一、工程概况

杨坪桥位于江西省修水县柯龙公路 K95+507 处。为一孔净跨 19.91m 片石混凝土空腹式双曲拱桥。该桥由地方修建，于 1970 年 11 月竣工。由于交通量不断增大，车辆吨位不断增加，发现该桥在多条拱肋跨中范围均存在宽度为 2～4mm 横向裂缝，缝宽超出养护规范容许值甚多，决定对该桥进行加固维修(图 2.4.13)。

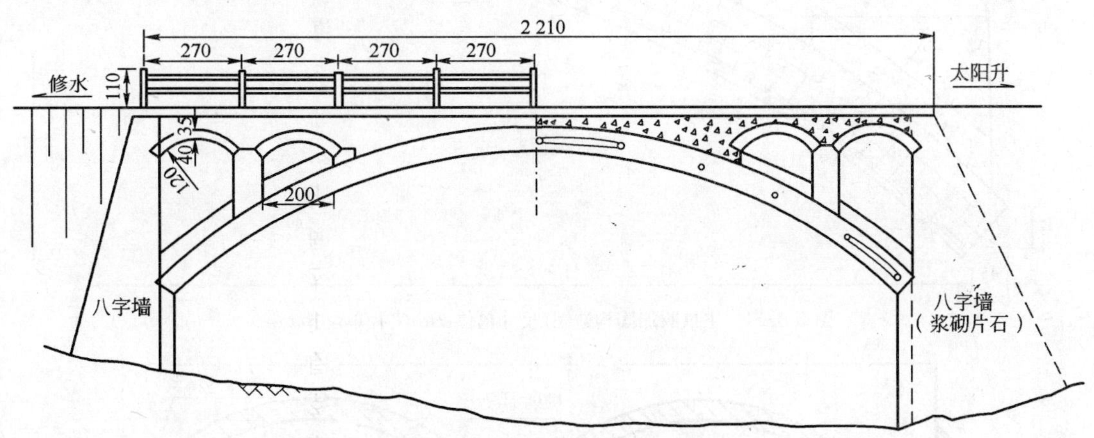

图 2.4.13 杨坪桥加固总体布置图(尺寸单位：cm)

二、结构检查

由于原桥竣工图及原设计图纸均未查寻到，故对该桥外观尺寸进行了量测，并调查了该桥病害情况。

经分析、计算检测资料，计算结果为：该桥拱轴系数 $m=2.514$，净矢跨比为 1/5，净跨径为

20m，两台起拱线高度相差约 20cm。主拱圈有 5 根肋，肋宽为 0.4m，肋间净跨为 1.25m。拱波净矢跨比亦为 1/5。肋间横向联系为 10cm×12cm 横系杆，共 4×11 根，在两拱端及跨中横系杆间尚设有斜向撑杆联系。拱上腹拱每端有两孔，跨度为 2.00m，净矢跨比为 1/5，腹拱圈厚 0.35m，混凝土现浇而成。

经结构检查查明：主拱圈拱肋跨中范围裂缝共有 16 根，裂缝均贯通至拱波脚。裂缝尤以中肋最多。裂缝分布情况表明该桥横向分布情况不好，横系梁过小，对改善该桥横向分布的作用不大。检查时可见，边腹拱拱圈也出现纵向裂缝（顺流水方向），裂缝最宽处达 30mm。此种裂缝系由于边腹拱未设铰而引起。从桥上看，原栏杆在太阳升岸下游一边损毁两根栏杆，全桥栏杆安装高低不平，很不美观。太阳升岸下游八字墙有冲空现象，空洞宽约 2m 左右。太阳升岸桥台靠水面附近勾缝被冲空。

三、加固设计方案

根据检测资料及病害情况，通过计算分析，确定采取下列措施对该桥进行加固。

(1)主拱圈（图 2.4.14）。对主拱圈裂缝进行灌注环氧砂浆处理黏结。并用锚喷混凝土加强。肋间增设九排 0.15m×0.35m 断面的横隔板（图 2.4.15），以增强拱圈横向分布荷载的能力。

(2)边腹拱裂缝处理。先用钢抓钉跨裂缝将两侧扣住，然后将裂缝凿成 V 形，用 M12 水泥砂浆封补。

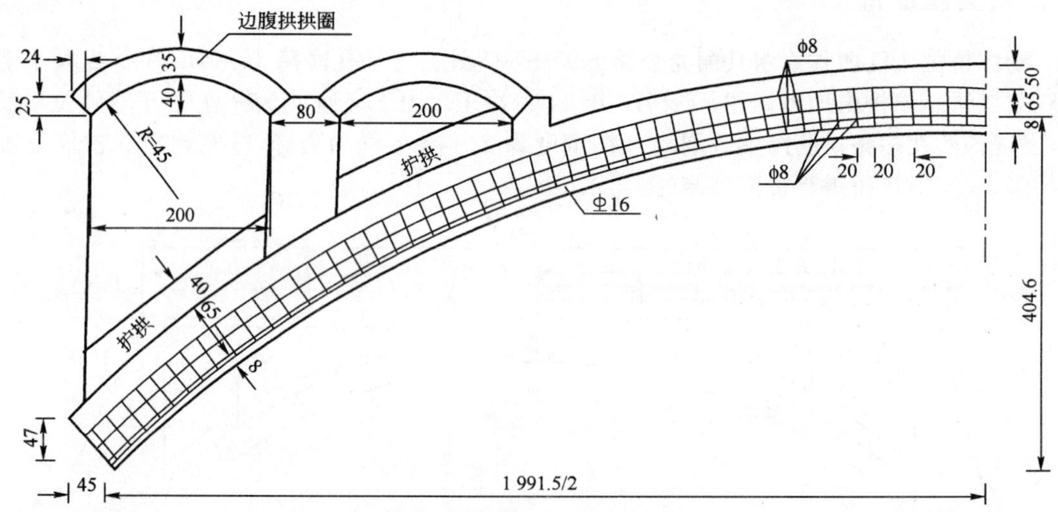

图 2.4.14 主拱圈加固构造图（尺寸单位：cm；直径单位：mm）

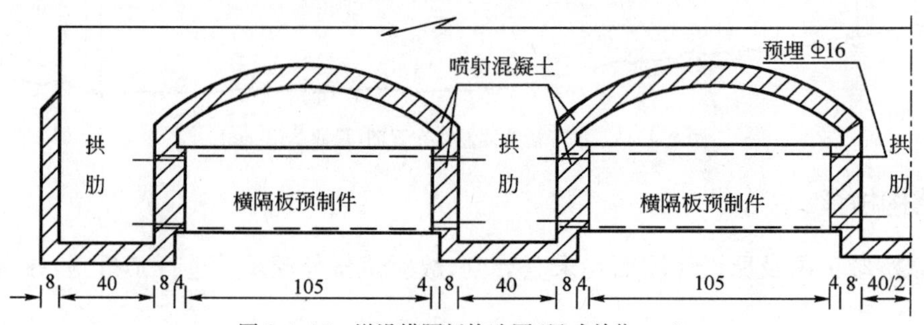

图 2.4.15 增设横隔板构造图（尺寸单位：cm）

(3)其他修整工程。补缺并修整桥上栏杆。八字墙下空洞用浆砌片石填塞。补充勾缝桥台勾缝冲空处。

四、加固施工要点

1. 主拱圈锚喷混凝土加固

(1)主拱圈裂缝处理。应逐肋逐条处理,先将裂缝凿成V形槽(深2cm、宽4cm);清除槽内碎屑粉末后涂上环氧树脂,然后压入环氧砂浆。

(2)主拱圈腹部(包括肋底、肋侧与拱波底)在锚喷混凝土前应充分凿毛并清洗。

(3)按设计要求在受喷面钻锚筋孔(孔深10cm);孔中粉末在冲干净后用M12砂浆将锚筋嵌固在孔中。

(4)将加固钢筋网先绑扎,后点焊在锚筋上,钢筋网交叉点也应点焊,以免喷射混凝土时钢筋位置移动。

(5)喷射混凝土时,应将受喷面用清水充分湿润,再在该面上喷一层M12水泥砂浆,再喷射混凝土,使新旧混凝土结合良好。喷射混凝土应自拱脚向拱顶分层进行,层厚每次2～3cm,逐步加厚至设计厚度。喷射时应注意充满钢筋网内,且没有空穴。

2. 新增横隔板

采取预制安装方式施工,两肋间同一横隔板的预埋短钢筋位置要准确对齐,以免安装横隔板困难;安装横隔板时,在就位后将横隔板两端外伸钢筋和预埋短钢筋焊接好;接头的喷射混凝土则和主拱圈喷射混凝土同时完成。当新增横隔板位置和原横系梁位置有冲突时,可适当移动位置,但不得偏离太远。

3. 边腹拱裂缝处理

(1)先沿裂缝跨缝布设钢抓钉。

(2)将裂缝凿开成V形槽(深2cm,宽4cm)。将槽内粉末碎屑冲洗干净后,再压抹入M12水泥砂浆。

五、施工程序(图2.14.6)

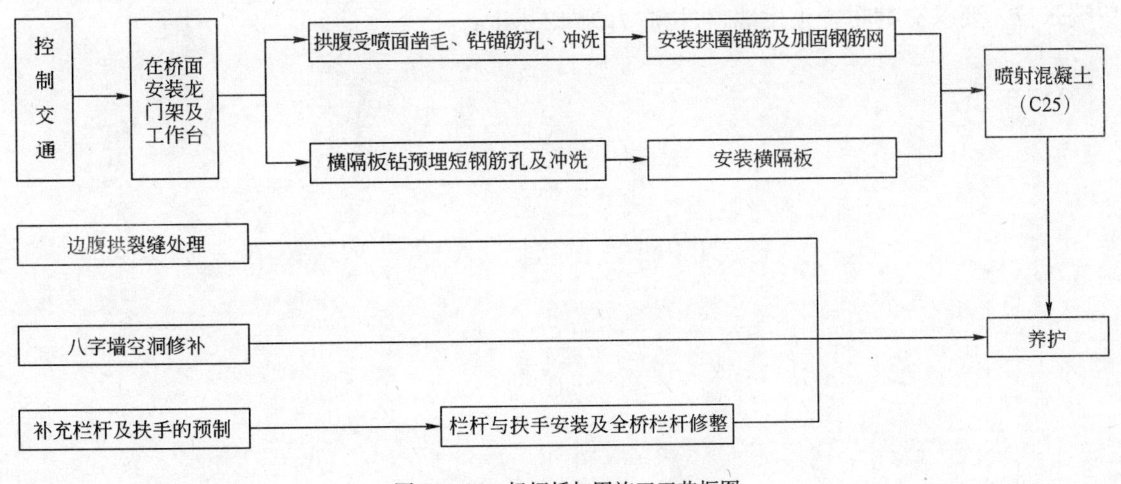

图2.4.16　杨坪桥加固施工工艺框图

第八节　增设预应力横隔板实例[18]

一、桥梁概况

某空腹式双曲拱桥于 1976 年 10 月建成通车，设计荷载为汽车—13 级、拖车—60，全长 360. 599 m。桥面净宽 9 m，行车道净宽 8. 0m。上部结构为 4×40m+5×30m 无铰双曲拱，横向由 5 条 C25 混凝土拱肋组成，拱肋间砌筑 C25 混凝土预制拱波，并在拱波上现浇 C25 拱板。40m 跨主拱每端设置 4 个腹拱，30 m 跨每端设置 3 个腹拱。边腹拱为三铰拱，其余为两铰拱。

二、主拱圈横向联系加固措施

针对该双曲拱桥的病害，在加强横向联系方面采取加大拱肋截面高度，增强抵抗弯矩的能力，加大实腹段拱肋截面；增加横隔板，并张拉横向预应力，以加强主拱圈整体性，详见图2. 4. 17 所示。

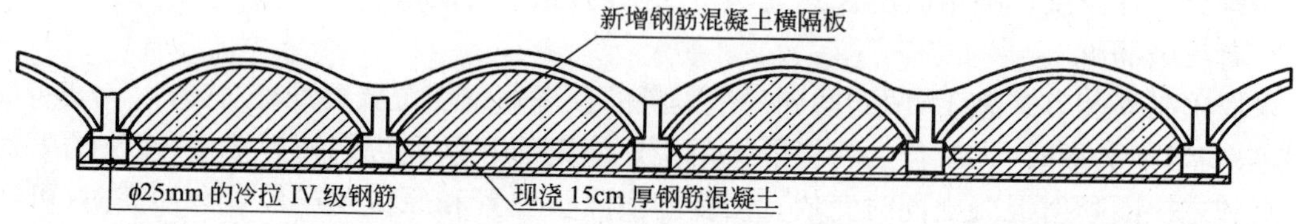

图 2. 4. 17　主拱圈新增预应力横隔板

对 40m 桥跨，在拱顶实腹段附近的 9 根横系梁之间各加 1 片横隔板；对 30m 桥跨，在拱顶实腹段附近的 7 根横系梁之间各加 1 片横隔板。上与拱波相接、下与加固后拱肋底面同高，宽度为 25cm。并在新增横隔板中全桥宽施加横向预应力，以增强横向整体性。将增加横隔板处的拱肋表面凿毛，植筋；绑扎钢筋网后浇筑 C30 混凝土。在预应力钢筋需通过横隔板的位置预留孔道，在拱肋相应位置上开孔，布置预应力筋，待横隔板混凝土达到强度后，即刻张拉预应力筋。预应力筋采用直径 25 mm 的冷拉 IV 级钢筋，极限强度 750MPa，每条横隔梁设 2 根，单端张拉。要求交替布置张拉端，张拉应力为 425MPa。

第五章　改变截面形式法加固主拱圈

第一节　加固机理及特点

一、加固机理

双曲拱桥加固方案的确定，必须根据可靠的桥梁检测资料、原始资料和桥梁所需承担的交通要求，谨慎选择加固方案。不同的加固方案有着不同的作用机理和结构特征，既要消除原有结构的病害，还要兼顾综合提高桥梁的承载能力，所以不能完全套用现有的加固方案。

通过改变截面形式加固主拱圈的加固原理是：在主拱圈的拱肋底缘现浇钢筋混凝土薄板，并将拱肋两两横向相连，把双曲拱改造为箱形拱，增大主拱圈的截面面积，通过增设下缘受拉主筋、降低截面形心高度分别达到提高主拱圈抵抗正、负弯矩的能力，从而提高其承载能力；同时使整座桥梁的上部结构形成牢固的整体，解决双曲拱桥存在的主拱圈整体性较差的“先天不足”问题。

改造之后的主拱圈横向联系增强，横向刚度增大，主拱圈承压面积增大，可以明显减小截面的应力值，也能从根本上解决正截面面积不足和横向联系不足的问题；其抗弯和抗扭刚度显著增大，拱肋、拱波以及拱板相对变形显著减小；新增的钢筋混凝土底板使主拱圈截面重心整体下移，使得主拱圈的受力状态与设计预期的受力状态相接近，从而大幅度提高桥梁的承载能力。

双曲拱桥的主拱圈是由拱肋、拱波、拱板和横向联系等几部分组成；正是由于主拱圈截面的这个特点，使得将双曲拱桥改造为箱形拱桥成为可能。因此，近些年国内有不少把双曲拱桥进行箱形拱改造的成功实例。

二、加固方法的特点[19]

把双曲拱桥改造为箱形拱实质上也属于增大截面加固法的一种，其原理也是通过增大主拱圈的截面面积，从而提高其承载能力，但是与简单的增大截面加固方法相比，有如下特点。

(1)施工方便。对于桥下净空不高的双曲拱桥，主拱圈下增加的拱板可以满堂支架现浇施工，如果桥梁较高或河流流水湍急，可以采用悬吊的移动模板现浇施工，方便快捷。

(2)对旧桥破坏小。与喷射混凝土加固方法相比，箱形拱改造法仅需在主拱肋底部按一定间距植入适量连接钢筋，避免了在拱肋、拱波大面积的钻孔与植筋作业，减少了对本就薄弱的拱波的破坏。

(3)双曲拱桥主拱圈作为由拱肋、拱波、横系梁等拼装而成的组合结构，均存在整体性差的缺陷，进行箱形拱改造后，可有效地增强主拱圈的横向联系，使主拱圈的整体性得到很大的提高。

(4)大面积高强度的钢筋混凝土底板与旧拱圈共同受力，提高了旧桥的承载能力。

第二节　改变截面形式加固主拱圈实例一[20]

一、桥梁概况

某双曲拱桥修建于1982年，位于山西省晋煤外运的主干线上，该路段交通量大，重型车辆多。该桥原设计上部结构为空腹式悬链线无铰双曲拱，主拱圈由五肋四波加两侧悬半波组成；下部结构为重力式墩台基础，设计跨径为两孔16 m，矢跨比为1/6，拱轴线系数 $m=1.347$，桥面宽度为净—9m+2×0.25m(安全带)，原设计荷载汽车—20级、挂车—100。

该桥拱上建筑为排架式钢筋混凝土腹拱墩及微弯板腹拱。由于大交通量和超负荷使用，导致主拱圈部分拱波顶顺行车方向出现裂缝，最大裂缝宽度达1.0 mm，少数拱波严重破坏；由于无桥头搭板造成桥头跳车，以致腹拱微弯板断裂；桥面系损坏严重，排水不畅，桥面凹凸不平，大部分栏杆被撞断损坏；桥梁墩台状况良好。经对上部构造加固改造后，能达到提高承载能力的目的。

根据现场采用回弹法抽样调查结果，拱肋混凝土的平均强度为26.4MPa，拱波混凝土的平均强度为21.0 MPa，达不到设计要求。根据现交通量及荷载的要求，按汽车—超20级、挂车—120对该桥进行加固和提高荷载等级。

二、加固方法及施工工艺

1.加固方法

针对双曲拱桥“集零为整”的建桥工艺，以及上部结构整体性能差并出现径向裂缝等病害，经多种方案比选，确定采用改主拱圈截面为箱形拱法加固原桥。也就是在现有双曲拱主拱圈的肋底现浇筑一块钢筋混凝土板将主拱圈底面封闭，把原来的双曲拱截面改变成箱形拱截面，见图2.5.1所示；同时根据计算结果在空腹段拱脚拱背上缘现浇一层钢筋混凝土。

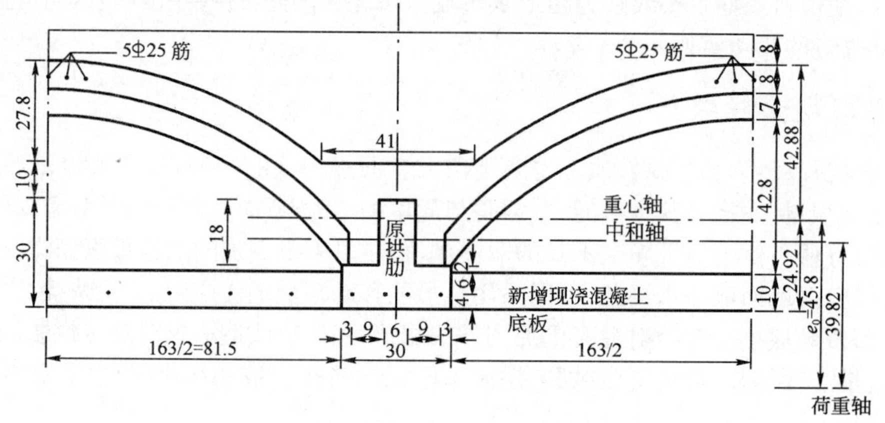

图2.5.1　主拱圈下缘现浇底板(尺寸单位：cm；直径单位：mm)

利用箱形截面受力特性，把多根肋连接在一起，提高原桥的整体受力性能来弥补双曲拱结构的不足，加大截面，提高承载力。底板混凝土与原桥拱肋强度一致，采用10cm厚C25混凝土，宽度与原桥主拱圈同宽；每孔底板内增设纵向ϕ20主筋4×9＝36(根)，并绑扎在横桥向箍筋上。箍筋采用ϕ8钢筋，顺桥向间隔20cm设置一根，每孔布置33根，焊接在原拱肋主筋下面，使原拱肋主筋与新布主筋保持同一高度，并满足汽车—超20级、挂车—120的荷载要求；拱脚因负弯矩产生的拉应力可通过在拱背上缘现浇一层混凝土并布设钢筋网来满足要求。

2.施工工艺及注意事项

(1)新增的底板内主筋及拱脚上缘主筋，均应遵照设计插入墩、台帽及腹孔墩底梁一定深度。可用电钻或人工打孔，当达到要求深度时，将孔内灰尘吹洗干净，注入环氧树脂后将主筋插入孔内。

(2)为增强新旧混凝土的连接，凡与新混凝土接触的旧混凝土表面，均应人工凿毛并用水冲洗干净、充分湿润后再浇筑新混凝土。

(3)底板钢筋应焊接在原拱肋主筋下面。可用人工凿去箍筋处的混凝土保护层，使拱肋主筋外露，用钢丝刷除主筋上的水泥浆，再进行电焊。

(4)混凝土底板施工视现场情况择优选用支模现浇或吊架施工。

(5)拱波顶和台帽上的裂缝应采用环氧树脂胶液灌缝封固。环氧树脂胶液宜用小型手压泵注射。

(6)对于损坏的桥面、栏杆，应挖除重修，包括增设桥头搭板、回填矿渣等轻质材料、改善路面及排水管道、改栏杆为防撞护栏等。

三、加固前后试验结果分析

1.静载试验

荷载标准：加固前按汽车—20级、挂车—100荷载标准试验；加固后按汽车—超20级、挂车—120荷载标准试验。

(1)应力测试

①加固前，在不同荷载作用下，各测试断面实测应力值的校验系数部分大于1；校验系数偏大说明桥梁结构本身已遭到损坏，部分拱波出现纵向裂缝造成结构本身强度下降。加固后，在不同荷载作用下，各测试断面实测应力值的校验系数均在0.21～0.96之间；表明加固后桥梁结构本身的实际强度满足设计强度的要求。

②加固前后拱顶下缘实测拉应力分别为－1.99MPa和－0.44MPa，校验系数分别为1.05和0.78，加固后比加固前提高78％。

③加固前后$L/4$截面下缘实测拉应力分别为－2.71MPa和－0.63MPa，校验系数分别为1.04和0.72，加固后下缘拉应力比加固前降低77％；上缘实测压应力分别为1.76MPa和0.77MPa，校验系数分别为0.71和0.45，加固后的上缘压应力比加固前降低56％。

④拱脚下缘实测压应力分别为2.81MPa和0.65MPa，加固后比加固前降低77％。

⑤从应力测试结果及分析看，加固后的实测应力值均小于理论计算值，组合后的应力值也均小于容许应力值，说明该桥加固后主要受力结构在强度方面有较大的提高。

(2)挠度测试

①加固前，在不同荷载作用下，各测试断面实测挠度值普遍大于计算值，拱顶实测最大挠

度值为－1.39mm，计算值为－1.11mm，校验系数为1.25；$L/4$跨实测最大下挠值为－1.16mm，计算值为－0.85mm，校验系数为1.36；最大上挠值为0.24mm，计算值为0.46mm，校验系数为0.52。表明加固前桥梁结构本身实际刚度已小于设计刚度。

②加固后，在不同荷载作用下，各测试断面实测挠度值的校验系数均在0.06～0.96之间，相对残余变形最大为18%，拱顶实测最大挠度值为－0.59，计算值为－0.94，校验系数为0.63。$L/4$跨截面实测最大下挠值为－0.31mm，计算值为－0.69mm，校验系数为0.45；最大上挠值为0.02mm，计算值为0.20mm，校验系数为0.12。表明加固后桥梁结构的实际刚度满足设计刚度的要求，加固后比加固前提高66%。

③从挠度测试结果及分析看，加固后的实测挠度值均小于理论计算值，且还小于按规范规定的容许挠度值$f=L/800=20$mm，说明加固后该桥梁结构在刚度方面是有保证的。

2. 动载试验

(1)从加固后桥梁在受迫振动荷载作用下得到的冲击系数结果看，由动应力分析得到的主拱圈冲击系数的平均值为1.06，由动挠度分析得到的拱上结构的冲击系数平均值为1.29，说明拱背填料使汽车产生的冲击力传到主拱圈后有所减小。

(2)加固前桥梁在受迫振动荷载作用下，测得强迫振动频率平均值为2.76Hz；加固后，桥梁本身固有频率的实测平均值为4.07Hz。两者有一定差别，故产生共振的可能性不大。

(3)从所测得结构的平均对数衰减率0.324及振幅为0.018m来看，该结构衰减快、振幅小，表明桥梁刚度大，汽车对桥梁产生的振动会很快地衰减，对该桥的抗振动是有利的。

四、加固效果

在采用加固后的设计荷载标准进行的静载试验荷载作用下，加固后桥梁梁体各强度控制截面应力实测值均小于相应理论计算值，说明加固后的桥梁结构有较好的受力性能，在强度方面能满足汽车—超20级、挂车—120荷载的标准要求。实测挠度值小于计算值，在刚度方面也能够满足要求。通过动力试验所反映的自身振动特性、动力响应及动力性能均能够满足正常运营荷载状态下的使用要求。该桥加固效果较好，加固后桥梁结构本身的强度和刚度都有了很大提高，能够满足提高荷载等级的要求。

第三节　改变截面形式加固主拱圈实例二

一、桥梁概况

渣津大桥位于江西省修水县，全长86.5m，为两孔净跨径36m的钢筋混凝土双曲拱桥，矢跨比为1/7，净矢高为5.14m，拱轴系数$m=2.24$。桥面横向布置：0.25m(安全带)＋4.5m(车道)＋0.25m(安全带)，见图2.5.2所示。原设计荷载标准：汽车—10级。加固提载后荷载等级：公路—II级。

二、大桥结构检测主要结论

通过对渣津大桥进行全面的结构检查、室内分析，并综合分析大桥的相关资料，具体评定结论如下。

图 2.5.2 渣津大桥加固前全景

(1)渣津大桥主拱圈拱轴线形与设计拱轴线形相差较大,改变和影响了大桥的结构受力状态。

(2)大桥主拱肋混凝土:第一跨混凝土强度符合设计值,第二跨混凝土强度比设计值稍低。

(3)主拱肋下缘钢筋直径、根数与设计相符,但保护层较厚,减小和削弱了结构的有效面积。

(4)桥面铺装层坑槽、露骨、磨耗严重且普遍开裂,行车冲击系数大,建议尽早采取措施维修,以免该桥在目前状态下使用造成主拱进一步损坏。栏杆开裂、破损、折断多处,建议予以维修。

(5)由于引桥缺乏设计图纸等原始资料,实测混凝土强度较低,梁底有露筋等病害,应尽早进行维修加固处理。

三、加固前结构验算

1. 结构验算要点及条件设定

验算采用的结构尺寸以实际测量数据和材料强度为依据。验算过程中不考虑拱上侧墙、拱腔填料及桥面等参与共同受力,仅作为二期恒载计入作用。

根据渣津大桥结构形式、实际状况及受力特点,着重对主要控制断面(拱顶、$L/4$ 及拱脚)、结构薄弱部位进行验算。通过现场检测,了解到拱肋、拱波及拱板之间结合状况良好,可以认为其能整体协同工作。所以在考虑拱上建筑联合作用的有限元建模时,采用空间梁格法模拟拱圈。把每个拱肋和相应的拱板看成一根纵梁,按《公路钢筋混凝土及预应力混凝土桥涵设计规范》(JTG D60—2004)的规定,对拱上为排架式立柱的双曲拱桥,考虑了活载的横向不均匀分布,符合结构的实际受力特点,实现梁格法对双曲拱桥的模拟,得到较合理的计算结果。

由于主拱圈由 3 肋 2 波组成(见图 2.5.3),建模时分为 3 个单元,每个单元横断面见图 2.5.4,每个拱圈单元在有限元模型中皆分为 20 个计算单元。

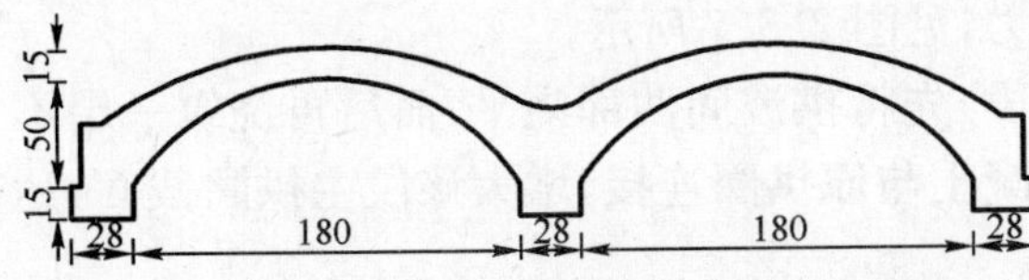

图 2.5.3 渣津大桥加固前主拱圈断面图(尺寸单位:cm)

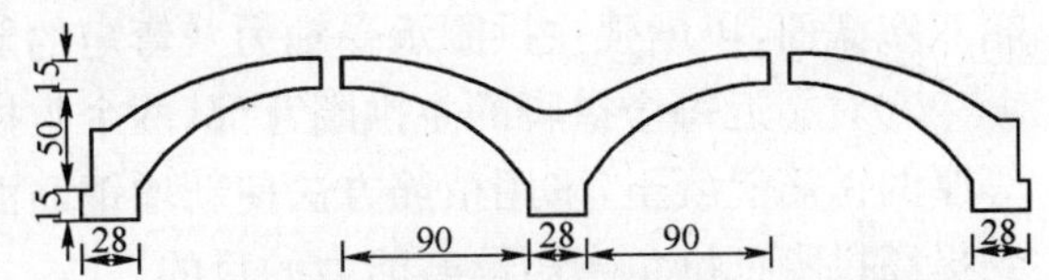

图 2.5.4 主拱圈横向单元划分断面图(尺寸单位:cm)

2. 有限元模型的建立

为了提高渣津大桥主拱圈有限单元模型的计算精度，在几何形状上尽可能反映桥梁的真实情况，在单元离散时，不仅桥梁各结构位置精确，对截面尺寸稍有变化处均设置了节点元素，因此结构离散成的梁单元较密集，并按施工程序分现浇主拱圈阶段、浇筑腹拱墩阶段、安装腹拱拱圈阶段、二期恒载阶段，以及安装栏杆构件阶段，分阶段进行验算。建模时按实测坐标拟合后的拱轴线在 MIDAS-Civil2006 中建立空间模型，结构有限元模型如图 2.5.5 所示。

计算中考虑的荷载有：结构自重恒载、二期恒载、汽车荷载、人群荷载（取 $3kN/m^2$）和温度荷载。其中汽车荷载按规范中规定的最不利位置布载，活载采用动态规划法在相关结构影响线上加载，采用桥梁结构计算程序 MIDAS 对渣津大桥进行计算分析。

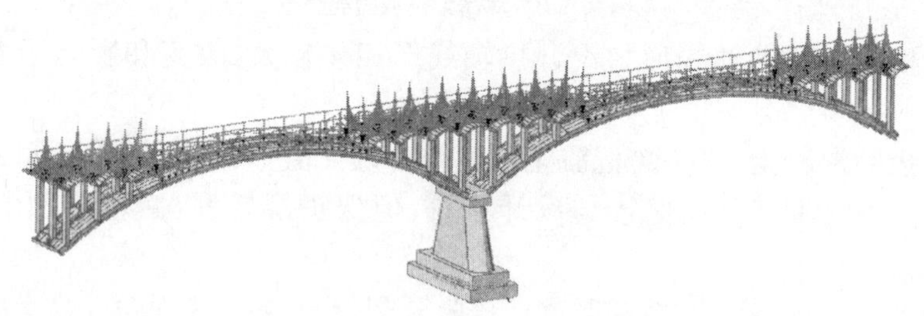

图 2.5.5　渣津大桥 MIDAS 结构计算模型图

3. 加固前结构验算结果

(1)恒载应力验算[12]

桥梁加固前，在自身恒载作用下拱圈边缘的恒载应力应当满足强度要求，否则，桥梁属于危桥，只能废弃，无法通过加固措施使之重新利用，即：

$$\sigma_{恒} < \sigma_{L}$$

式中：$\sigma_{恒}$——加固前后，桥梁在恒载作用下主拱圈的边缘应力；

σ_{L}——主拱圈边缘应力限值。

计算结果表明该桥主拱截面在恒载作用下的挠度（小于 $L/1\,000$）和应力都在容许范围之内，具备提载加固的前提条件。

(2)在不考虑检算系数 Z 和未加固提载时，渣津大桥能够满足原设计荷载汽—10 荷载要求，但不能满足新规范公路—II 级荷载要求，应予加固提载

四、加固设计要点

(1)主拱圈加固方案如下。

经过对渣津大桥进行结构检算，判定上部结构主拱圈不能满足公路—II 级的荷载使用要求，本次设计主要通过以下几个措施对主拱圈进行加固，见图 2.5.6 所示。

①在拱肋底缘满跨横桥向现浇 15cm 厚的钢筋混凝土底板，使主拱圈截面形成封闭式单箱双室截面，以增强主拱圈承受轴力及弯矩的能力，见图 2.5.7 所示。

②对靠近每个拱脚的主拱圈背部（两个腹拱段）先将拱波间凹部浇平，而后再浇筑一层不等厚的钢筋混凝土，采用植筋方法使新增钢筋混凝土与原拱圈连接，增大该段主拱圈截面，达到提高拱脚抵抗负弯矩承载能力的目的。

(2)由检测结果可看出，大部分腹拱圈因无法承受过大弯矩而产生横向裂缝。本次加固维

修通过加铺10cm厚钢筋混凝土桥面而改变传力途径，以减小腹拱圈受力。

(3)经检测，大部分腹拱墩立柱钢筋外露，0号台上的一个腹拱墩柱已出现倾斜，改变了结构原有受力特性，本次加固将对腹拱墩柱采用外包10cm厚钢筋混凝土，以增强主拱圈横向整体受力性能，同时改善已倾斜腹拱墩柱的受力。

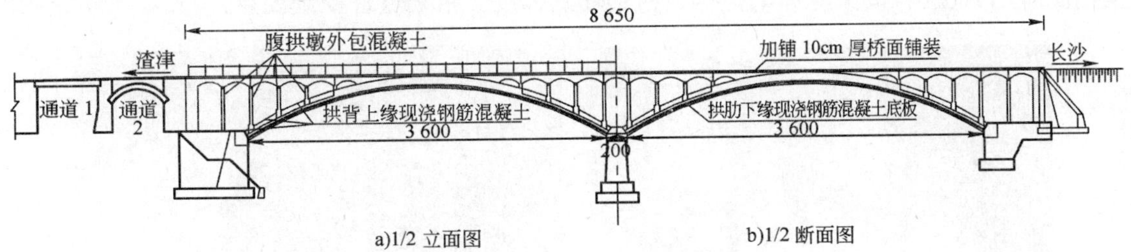

a)1/2立面图　　b)1/2断面图

图2.5.6　渣津大桥加固总体布置图(尺寸单位：cm)

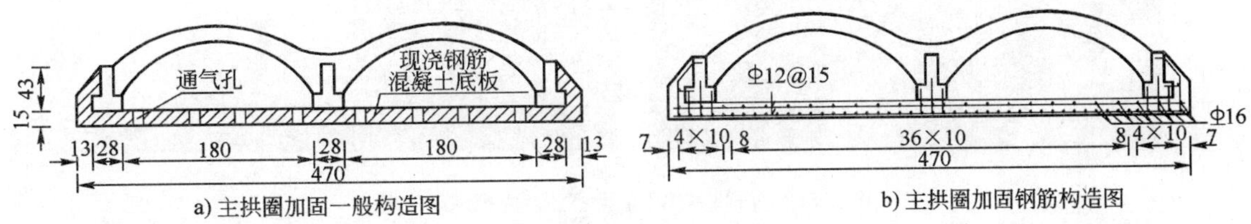

a)主拱圈加固一般构造图　　b)主拱圈加固钢筋构造图

图2.5.7　主拱圈加固构造图(尺寸单位：cm)

五、加固施工工艺要点

1.现浇拱肋底缘混凝土底板

全桥拱肋底缘混凝土底板采取分段施工，在施工过程中应严格按照《公路桥涵施工技术规范》(JTJ 041—2000)有关条款执行，并注意以下几点。

(1)对拱肋表面凿毛并清洗，以保证新旧混凝土有良好的结合，在锚固筋处钻孔、清孔、植筋。

(2)植筋施工。为了保证新浇筑的混凝土与旧混凝土的联结，采用了种植钢筋的技术。主要施工步骤如下。

①按设计要求放样出对应拱肋及横系梁上锚固孔的具体位置，并按设计图纸的尺寸要求，将新、旧混凝土结合面凿毛并冲洗干净，骨料如有松动，必须一并凿除掉。

按设计要求测量放样，利用墨线或者粉笔画出十字线标定钢筋种植的位置。在主拱圈上用电锤打眼植筋。钻孔前由质检人员检查钻头尺寸，钻孔结束后，由质检人员对钻孔深度、孔径进一步检查，钻孔深度用钢卷尺量测，孔径以相同直径的钢筋自由插入为合格。对于使用的钻头，注意因磨损过大而使孔径偏小，一般要求孔径应比设计的植筋直径大4mm，钻孔过大反而不利于植筋的效果，同时注意钻孔的垂直度。

②清孔。清孔是植筋施工的一道重要工序，直接影响钢筋的锚固效果，施工中必须高度重视。清孔时，先将高压空气用硬质排气管插入孔底，再向上拔1～2cm，吹出孔内残留物；再用对应孔径的毛刷对孔壁进行反复清刷，用高压空气进行清孔，最后重复刷孔清孔，直至孔内清干净为止。

③植筋(图2.5.8)。植筋胶在使用前，先将管头部分混合胶弃掉，对于孔深较大的孔，用

加长管将植筋胶直接注入孔底，注胶量约为孔深的三分之二。钢筋清洁，除去锚筋上的锈斑、浮土等，作好插入深度控制标记。如果发生植筋胶不足的现象，必须拔除钢筋，补加植筋胶后重新植入（本过程必须在4～5min内操作完毕），严禁直接从顶部补加。植筋时，配备4人为一组进行，应缓慢旋转插入钢筋，使每个螺纹均被黏合剂裹敷，使多余的黏合剂从孔内挤压而出。至孔底时用力顶出，按深度标记检查种植钢筋的深度。植筋过程控制要点：

图2.5.8　渣津大桥主拱圈植筋及立模施工现场

a. 固定种植钢筋操作人员，施工单位派固定人员跟踪检查，填写施工记录，质检员、施工员在记录上签字；

b. 每一结构种植钢筋全部作隐蔽检查，隐蔽工程检查记录由施工员和监理工程师签字；

c. 种植钢筋施工时，每批种植钢筋都应对清孔、钻孔深度、种植钢筋深度、种植胶饱满度四个影响钢筋植固力的重要指标进行重点检查，做到每孔必查，每孔均有记录；

d. 施工中，钻孔碰到原结构内钢筋时，应调整孔位钻孔，对弃孔需用环氧砂浆修复；

e. 钻孔、清孔、植筋应采取流水作业的方法，随钻、随清、随植，不可在主拱圈上同时留有许多钻孔而影响主拱圈的强度，待植筋以后，可以认为植筋对主拱圈的强度没有影响。

(3)绑扎钢筋网，并与锚固筋焊好和定位，安装模板。

(4)钢筋混凝土结构施工：

①通过侧模上预留的灌注孔口浇筑外包混凝土并振捣密实。

②分段浇筑底板混凝土并振捣密实，建议合龙位置设在$L/4$和$3L/4$处，合龙段1m范围内混凝土加入膨胀剂，以提高合龙效果。

③混凝土结构施工须严格按照施工技术规范进行，所有进场材料必须符合规范要求，按规定抽检频率进行检验。现场拌制的混凝土，须按照理论配合比，结合施工时砂、石的含水量换算成施工配合比，施工时严格控制坍落度，确保混凝土施工质量。浇筑混凝土前，为了保证新老混凝土黏结牢固，要保证原混凝土面处于潮湿状态，再浇筑混凝土。混凝土由手推车运送到工作平台后，用PVC导管灌入模内。

④混凝土初凝后，用湿麻袋进行覆盖养护，终凝后洒水养护。非承重侧模板应在混凝土强度能保证其表面及棱角不致因拆模而损坏时方可拆除。钢筋混凝土结构的承重模板、支架和拱架，应在混凝土强度能承受其自重及其他可能的叠加荷载时方可拆除；拆模后仍然覆盖洒水养护，到混凝土达到设计强度为止。

2. 重浇桥面及浇筑拱背混凝土

桥面施工要求全幅进行，以加强横向整体性能，施工过程中应严格按照《公路桥涵施工技术规范》(JTJ 041—2000)有关条款执行，并注意以下几点：

①新增桥面铺装层中的横向钢筋要求通长设置，若确需截断，则接头必须严格执行《公路桥涵施工技术规范》(JTJ 041—2000)中的相关条款；

②浇筑桥面前，应首先将破损、松散的老桥面清除干净，然后用混凝土填平原有的桥面板，对其表面进行拉毛并清洁干净，按设计要求铺设桥面钢筋网，施工中应确保桥面铺装层中钢筋网的保护层厚度；

③桥面铺装施工时应根据原泄水孔预留 PVC 泄水管位置；

④主拱圈拱脚段拱背浇筑混凝土前应对结合面拉毛并清洗干净；

⑤桥面铺装层和拱背均应按设计要求设置锚固筋，然后绑扎钢筋网并相互焊接与定位，如与原结构内钢筋冲突，可适当调整锚固位置；

⑥钻锚固孔后应及时将锚固筋锚入，不允许全部钻孔完成后再锚入钢筋(最多连续钻 2 排孔洞后就应锚入钢筋)，以避免钻孔削弱原拱肋受力截面。

六、加固后结构验算结论

(1)在不考虑拱上建筑联合作用的加固后桥梁，1 号墩主拱圈拱脚截面的偏心距和容许偏心距逼近，但未超过其容许值，故加固后的主拱圈截面能够满足截面强度的要求。

(2)当考虑拱上建筑联合作用时，加固后各控制截面均能满足公路—II 级荷载作用下截面强度的要求。

加固后渣津大桥有限元模型见图 2.5.9 所示。渣津大桥加固效果见图 2.5.10 所示。

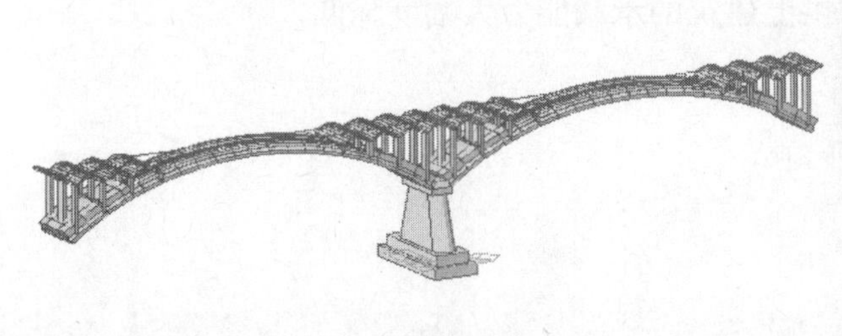

图 2.5.9 加固后渣津大桥有限元模型图

图 2.5.10 渣津大桥加固效果照片

第四节 改变截面形式加固主拱圈实例三

一、桥梁概况

江西省修水某空腹式双曲拱桥，于 1975 年建成通车，全长 146.62m，见图 2.5.11 所示。

(1)该桥上部构造为 4 孔净跨径约 30m 的等截面悬链线空腹式钢筋混凝土双曲拱。实测并推定双曲拱净矢跨比为 $f_0/L_0=1/6$，拱轴系数 $m=2.240$。

主拱圈由四肋三波及两个悬半波组成，总宽度为 7.40m；拱肋高度为 20cm，底宽为 25cm。

拱上为墙体式空腹构造，每跨主拱圈的两拱脚附近均设有两个净跨径为 2.5m 的腹拱圈，2 号墩(单向推力墩)上设有一个净跨径为 1.824m 的腹拱圈。腹拱圈厚度为 25cm，净矢跨比为 1/5，腹拱墩厚度为 40cm。

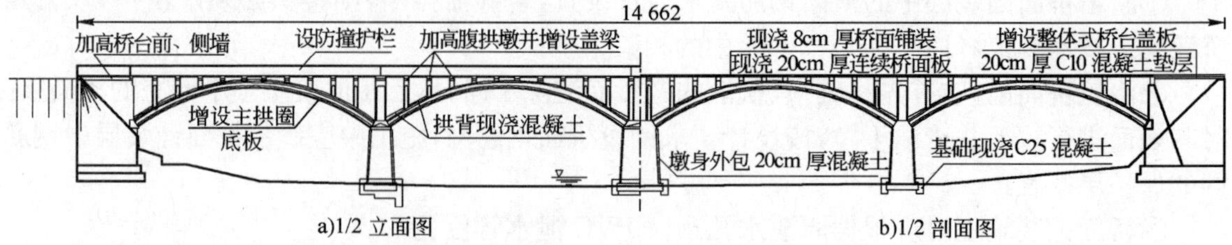

图 2.5.11　加固总体布置图(尺寸单位:cm)

(2)本桥下部构造共设有三座桥墩、两座桥台。

桥墩采用浆砌片石重力式墩身。1～3 号墩墩顶宽度分别为 2.47m、4.067m、2.381m。两岸桥台采用浆砌片石重力式 U 形桥台。

(3)大桥原设计技术标准如下。

①设计荷载:汽车—13 级，拖车—60。

②桥面净空:净—7m+2×0.25m(栏杆)。

(4)该桥存在以下主要病害:

①桥墩基底被水流严重冲空，已发现的空洞深度达 0.6m，纵桥向贯穿至桥墩中心线处，而且桥墩部分基础未放置在岩层上，极大地危害到了大桥的安全使用;

②各墩、台砌缝均被水流严重冲空，且部分桥墩基础破损严重;

③1 号桥墩墩身竖向开裂现象较为严重;

④部分腹拱圈松动，并向上游侧偏移，拱上建筑的承载能力大幅度降低;

⑤腹拱墩处侧墙竖向开裂;

⑥桥面铺装横桥向开裂。

二、加固提载设计标准

(1)设计荷载:公路—I 级。

(2)桥面净空:净－7m+2×0.45m(防撞护栏)。

三、加固设计要点

根据结构检查有关数据及对该桥进行的结构验算结果，拟采用以下措施对该桥进行加固提载。

1. 腹拱圈

原桥腹拱圈已开裂松动，且向上游侧偏移，若在过往振动车辆的持续作用下任其发展，将造成腹孔垮塌的严重后果;若对其进行工程量较大的加固处理，会给主拱圈增加不少的拱上恒载，故本次加固采用了改拱式拱上建筑为梁式拱上建筑的加固方案。

(1)拆除原桥面系、拱上侧墙及腹拱圈;

(2)将原有腹拱墩外包一层钢筋混凝土，将腹拱墩厚度增大至 60cm，并将腹拱墩加高至设

计高程后增设盖梁，见图 2.5.11 所示；

(3)在原实腹段增设 6 道腹拱墩；

(4)在腹孔墩盖梁顶面设置 2mm 厚橡胶垫片，以免桥面板与腹拱墩刚接；

(5)现浇 20cm 厚连续桥面板。

2. 主拱圈

(1)在主拱圈底部现浇 15cm 厚 C35 钢筋混凝土底板，改善主拱圈的整体受力性能（成为箱形截面），以提高主拱圈的承载能力，详见图 2.5.12 所示；

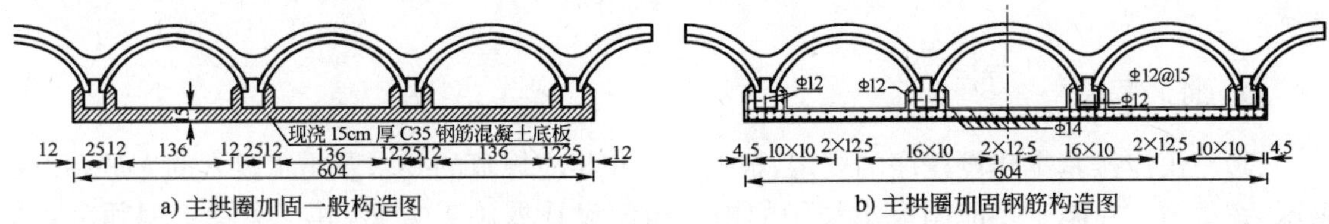

图 2.5.12 主拱圈加固构造图（尺寸单位：cm；直径单位：mm）

(2)在距拱脚最近的两个腹孔内的拱背上缘现浇钢筋混凝土，以增强主拱圈拱脚截面承受负弯矩的能力。

3. 桥面系

(1)拆除原桥面铺装及栏杆；

(2)重新设置 8cm 厚钢筋混凝土桥面铺装层及防撞护栏；

(3)采用沥青混凝土接顺桥头路面（设 2% 的纵坡）；

(4)各墩、台处的桥面内均设置 40 型伸缩缝；

(5)在防撞护栏内预埋 PVC 泄水管。

4. 桥墩

(1)开挖桥墩基础四周底面的砂砾层，直到进入微风化岩层 50cm 深处，再对开挖面至基础顶面以上 50cm 范围内现浇 C25 干硬性混凝土；

(2)修补桥墩墩身裂缝，并在裂缝两侧锚固骑缝钢筋，控制裂缝宽度的继续发展；

(3)在桥墩墩身表面外包 20cm 厚 C30 钢筋混凝土。

5. 桥台

(1)加高桥台前、侧墙至设计高程，并在桥台前墙上增设现浇桥面板用盖梁；

(2)现浇桥台整体式盖板及 C10 贫混凝土基层。

四、结构计算

1. 计算参数取值

(1)设计荷载：公路—I 级。

(2)该桥已营运三十余年，本次计算未考虑混凝土收缩徐变的影响。

2. 结构分析

(1)结构分析模型建立：将桥梁结构简化成 116 个节点、150 个单元，采用桥梁结构计算程序 MIDAS 建立有限单元模型并进行验算分析。分析模型见图 2.5.13 所示。

(2)验算荷载组合采用的类型：承载能力极限状态设计、基本组合、正常使用极限组合设计。

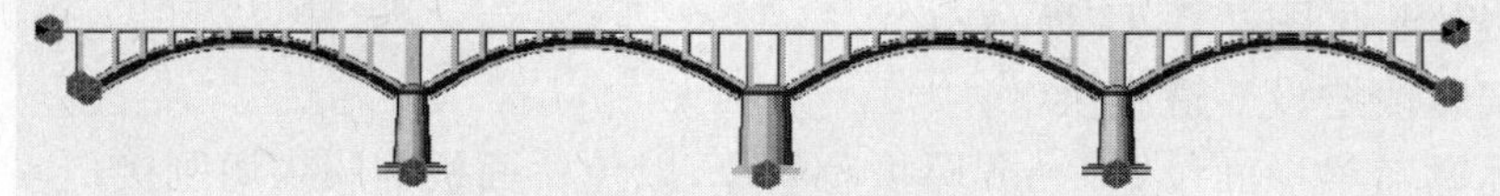

图 2.5.13　大桥结构验算离散图

3.结果验算

根据该桥结构形式、实际状况及受力特点，着重对主要控制断面（拱顶、$L/4$ 及拱脚）、结构薄弱部位进行验算，验算结果证明加固提载之后，该桥控制截面承载能力满足公路—I级荷载要求。

五、施工要点

（1）施工应按基本建设程序的规定，根据设计和相应规范的要求及施工投入的人员和设备情况，在每道工序施工之前制订出详细的施工组织设计或施工方案，并报监理工程师审查批准，从而确保桥梁施工安全和质量。

（2）拆除大桥桥面、侧墙及腹拱圈的过程中，不允许采用大型机械设备，应采用人工进行凿除或挖除，以免对大桥主拱圈造成新的损伤，并及时将废料运至弃土场地。

（3）拆除腹拱圈时应注意以腹拱墩及拱顶为对称轴，对称、依次拆除，以免突然拆除或不对称拆除造成腹拱墩和拱肋垮塌，并切实做好安全保护工作，准备好必须的应急材料、措施，以策安全。

（4）现浇桥面连续板时，应对钢筋严格定位，确保钢筋上、下保护层厚度符合设计要求。

（5）在施工过程中，若发现有新的病害，应一并处理。

（6）现浇桥面铺装混凝土前，应对桥面铺装钢筋网采用短钢筋严格定位固定，以免浇筑混凝土时钢筋网下沉。

第六章　体外预应力法加固主拱圈

体外预应力是相对体内预应力而言的，也就是把预应力筋布置在主体结构之外。采用体外预应力加固桥梁上部构造多用于梁桥，对于存在拱圈纵向开裂或横向开裂，以及桥台产生位移或者拱顶下挠等病害的双曲拱桥也可采用此法进行加固整治。

第一节　体外预应力法加固机理、特点及施工工艺[12]

一、体外预应力法加固机理

体外预应力加固桥梁是以粗钢筋、钢绞线或高强钢丝等钢材作为施力工具，对桥梁结构施加预应力，且预加应力的数值和分布能将使用荷载产生的应力抵消到一个合适的程度，以改善旧桥使用性能，且新增预应力筋能提高其极限承载能力。从力学角度分析，预应力索与被加固结构或构件在同一截面上的变形是不协调的，这是体外索与普通预应力筋的区别所在。

在双曲拱桥加固的实际应用中，体外预应力加固技术分为预应力筋（束）纵向张拉及横向张拉两种。对于拱脚（或拱座、桥台）存在水平位移的双曲拱桥，为防止位移进一步发展、提高拱的承载能力，可以在拱脚（或拱座、桥台）设置锚固点，用预应力钢筋或钢筋混凝土拉杆将两拱脚（或拱座、桥台）连接起来，通过张拉预应力构件达到加固补强的目的。对于拱上建筑或桥台的侧墙有外鼓或外倾病害的桥梁，利用横桥向安设的预应力筋并张拉筋束至一定的应力值也可以达到加固的目的。

体外预应力加固技术具有加固、卸载和改变结构或构件内力分布三重效果，适用于中小跨径桥梁的加固整治；对于大跨径桥梁，采用该项技术加固时宜配合其他加固方法进行综合整治，以达到良好的加固效果。

二、体外预应力加固技术的特点

1. 体外预应力加固技术具有的优点

（1）能够有效恢复或较大幅度地提高旧桥承载能力，加固后所能达到的荷载等级与原桥病害情况、原来的设计标准及安全储备有关。

（2）体外预应力加固技术所需设备简单，投资较少，施工工期短，经济效益明显。

（3）在加固过程中，可以实现不中断交通或对交通影响很小。

（4）对原桥结构损伤较小。

2. 该技术具有的缺点

(1)对预应力筋束的防腐、防锈要求高。

(2)由于钢材的徐变、锚固构件振动等原因,预应力筋内的应力水平逐渐降低。

(3)拱桥采用此项技术对桥下净空影响较大。

三、体外预应力加固技术的适用范围

对于主拱圈纵向开裂的双曲拱桥,宜设置横桥向钢拉杆施加预应力加固;对主拱圈横向开裂或桥台位移、拱顶下挠的双曲拱桥,则可采用顺桥向设置钢筋混凝土拉杆或钢拉杆施加预应力进行加固。

由于在拱脚(或拱座、桥台)上设置预应力筋或拉杆、采取纵向张拉形式时,预应力钢筋对桥下净空影响较大,因此对有通航要求的双曲拱桥应充分考虑此方面的影响。

四、体外预应力加固的施工工艺

双曲拱桥与梁式桥体外预应力加固技术的施工工艺相似,纵向张拉预应力筋(束)的体外预应力加固施工工艺如下。

(1)安装锚固板。锚固板可用厚钢板制成,在钢丝束的位置上钻出穿丝孔,并用锚固筋和环氧砂浆将锚固板固定在拱脚。

(2)安装箍圈或定位梢。U 形箍圈可用 HRB335 钢筋焊制,末端设有穿预应力筋束的套环。

(3)布设钢丝束。

(4)张拉。在一端用千斤顶等设备张拉,待达到预应力值后,再进行锚固并浇筑混凝土封闭。

(5)进行必要的防护处理。张拉完毕后,在钢丝束上涂防锈防腐涂料并做其他相关处理。

第二节　折线式体外预应力束加固实例[21]

一、桥梁概况

某双曲拱桥建于 1975 年 9 月,上部结构为 1 孔 42m 的六肋五波空腹式钢筋混凝土双曲拱,下部结构为重力式桥台,桥面宽度为净—6m＋2×0. 55m(人行道),桥梁全长 55m。设计荷载标准为汽车—13 级、拖车—60。该桥的主要病害为:①实腹段下挠 20cm;②主拱圈开裂,四分点至拱顶拱肋底面最大裂缝宽度达 0. 62mm,四分点至拱脚主拱圈顶面裂缝宽度达 1. 20mm。

二、主要加固措施

根据病害发展情况,确定采取如下方案予以加固。

(1)空腹段将主拱圈顶面凿毛后布设 ϕ10mm@20cm 的防裂钢筋,浇筑厚度为 10cm 的 C30 混凝土拱板。

(2)在中性轴下方增设折线式体外预应力钢绞线,如图 2. 6. 1 所示。主拱圈每一单元波布

设 ϕ15.24mm 的钢绞线两根，单根拉力为 120kN，钢绞线总拉力为 1 200kN。

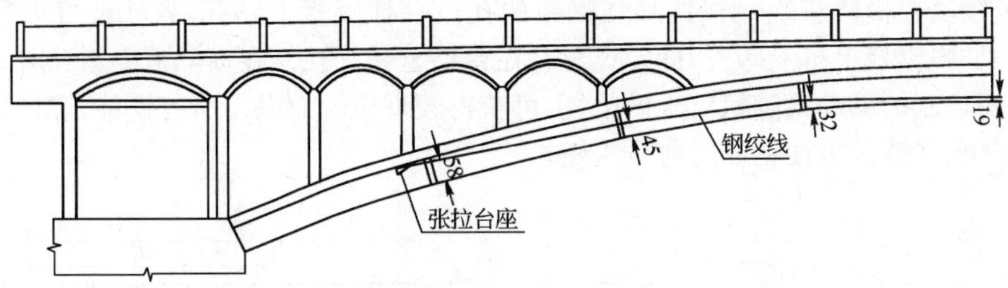

图 2.6.1　体外预应力钢绞线布置示意图(尺寸单位:cm)

三、增设体外预应力钢绞线施工工艺

1. 体外预应力施工工艺流程

图 2.6.2 为体外预应力施工工艺流程图。

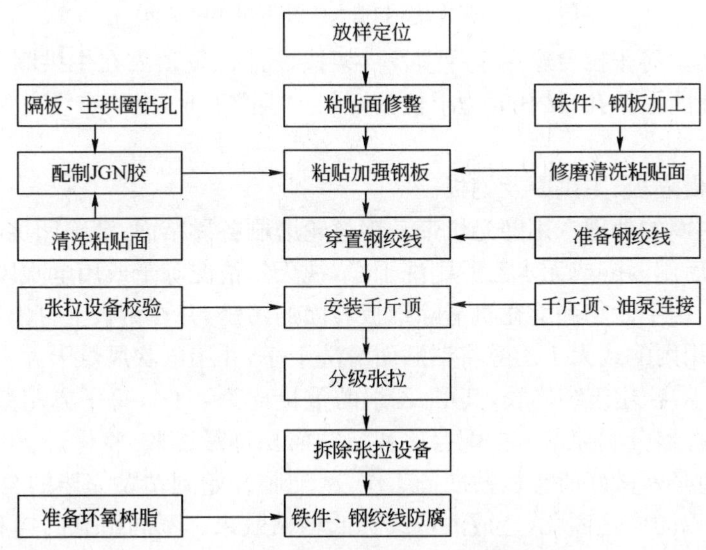

图 2.6.2　体外预应力施工工艺流程图

2. 各工艺施工要点

(1)放样定位

根据钢绞线的布设位置，找出每个单元波的中心，依据加强钢板和张拉台座的尺寸，分别在横隔板和主拱圈上画线定位，并使画线范围比构件尺寸大出 10cm。

(2)粘贴面修平

用錾子及扁铲将所有粘贴面修凿平整。修凿横隔板时，用 60cm 的直尺标定，使其与修凿面间无缝隙。修凿主拱圈时，依照张拉台座(图 2.6.3)实体修凿，在张拉台座上涂上墨水与主拱圈靠紧，使粘贴面全部印上痕迹。

(3)粘贴程序

①铁件、钢板加工。所用铁件、钢板在工厂按设计加工，所有加工件均需满足设计的有关要求。制作加强钢板时，除导向管孔洞全部钻好外，其余螺栓孔按加强钢板数量的一半施钻，另一半采用配钻。张拉台座可在工厂一次加工成型。

②横隔板钻孔。根据加工好的加强钢板，按导向管的位置在横隔板上钻孔，然后用导向管将加强钢板紧固在横隔板上。根据加强钢板的孔位在横隔板上钻孔，各孔钻好后更换钻具。在需配钻的加强钢板上打上印迹，确定孔位并在台钻上钻好孔。在横隔板上钻孔时，为确保孔位准确，利用自制的移动式随机支架做承托，可获得较理想的效果。所有铁件、螺栓、导向管均须与横隔板统一编号，以便粘贴时对号入座。

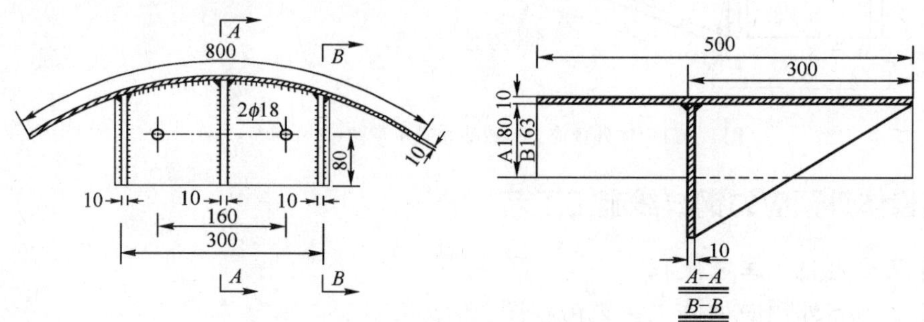

图 2.6.3　张拉台座构造大样图(尺寸单位:mm)

③主拱圈钻孔。将张拉台座用千斤顶及支架按设计位置顶靠在主拱圈上，按张拉台座上的螺栓孔位在主孔圈上钻孔，钻孔时力求使钻杆与主拱圈垂直，以便布设高强螺栓并使其处于较好的受力状态。

④修磨、清洗横隔板、主拱圈及钢板。

横隔板及主拱圈的处理。用磨光机带动钢丝轮磨刷各黏结面，清除凹坑内的粉尘，再用吹风机吹掉浮尘，最后用丙酮或无水乙醇刷洗干净，视天气情况晾干或用电吹风吹干。

钢板的处理。用手砂轮和磨光机清除钢板表面的污锈，并在钢板上打出纹路，使其具有一定的粗糙度，最后用丙酮或无水乙醇将粘贴面清洗干净，并用电吹风烘干。

⑤配胶：采用 JGN 建筑结构胶，其甲、乙组的重量比为 4∶1，每平方用量 8～10kg。配胶前将甲、乙组用搅拌器分别拌匀。按配合比和粘贴面积称量配胶，将甲、乙组混合后用搅拌器拌匀备用。配胶前必须做好所有粘贴准备工作，从配胶开始到粘贴完毕的全部操作时间须控制在 40min 以内，以防中途固化，造成浪费或降低粘贴效果。不同组分的拌和工具、容器不得混用，需分开放置。

⑥涂胶粘贴、加压固化。在钢板黏结面上均匀涂抹 JGN 胶，涂胶厚度控制在 5mm，并使其中间厚周边薄，涂胶后迅速配装，将导向管和紧固螺栓旋紧。紧固螺栓的顺序为先低后高、先下后上、先周边后中间。

(4)准备、穿置钢绞线

根据两张拉台座间的净距(34.0mm)每端另加 50cm 的工作长度，用型材切割机下料。下料时将锯口两端用钢丝绑紧，以防切割过程中切口松散。将截好的钢绞线穿入各导向管及张拉台座上，为便于穿束及减少摩阻，在各导向管内涂以优质润滑油，最后将各根钢绞线调整顺直，并在两端安装 XQM 工作锚。

(5)安装千斤顶和分级张拉

①张拉设备的选用。根据钢绞线的设计张拉力(120kN)及其布置形式，选用 QYCW270 型穿心式千斤顶和 ZBF3-63 型电动油泵。千斤顶和油泵须事先在拉伸机上标定油压和拉力的关系，并绘制油压—拉力关系曲线，以便实际张拉时准确控制拉力。

②安装千斤顶，分级张拉及张拉设备拆除。由于钢绞线以折线形式设置，各横隔板处摩阻较大，为减少摩阻损失，采用两端张拉。在钢绞线的两端安装千斤顶，开启油泵，使工具锚初步进入工作状态，然后进行分级张拉，每级均须持荷 5min。张拉时以中波为对称向两边波依次分级张拉。每级张拉完成后及时测量拱轴线上拱顶、四分点及八分点的高程变化情况。张拉完成后拆除张拉千斤顶，同时仔细检查各工作锚的工作情况，发现异常问题及时处理。

(6)钢绞线、铁件防腐

清除钢绞线上的油污及铁件上的浮锈，涂刷两遍环氧树脂防护。

四、加固效果评价

(1)加固前，因实腹段下挠致使主拱圈裂缝超过限值，经桥梁管理系统分析评定，该桥已属危桥。通过增设折线式体外预应力钢绞线加固后，该桥主拱圈最大裂缝由 0.62mm 减小到 0.16mm，有效地控制了病害的发展，满足了正常使用的要求。

(2)就其经济效益而言，采用该方法处治此类病害，其费用仅为“顶推法”的 60%，且施工中不必中断交通，可最大限度地发挥其社会效益。

第三节　直线式体外预应力束加固实例[22]

一、桥梁概况

湖南省某大桥建于 1969 年，其上部结构为 2 孔净跨径 34m 双曲拱，下部为钻孔灌注桩基础(西岸桥台为扩大基础)及混凝土桥墩；浆砌片石组合式桥台；由于在现浇主拱拱肋时，大水冲斜了拱架，加上钻孔灌注桩在浇筑混凝土之前，清孔存在施工质量问题，因而修建不久即发现拱顶下沉，尤其东岸一孔，拱顶下沉较大，1988 年检测时，下沉量为 12cm。两四分跨范围内的拱肋下部开裂，五条拱肋分别有 20～26 道裂缝，其中中间三条拱肋每条肋裂缝宽度共为 8～9mm，东岸一孔五条肋裂缝总宽约 40mm，其中最宽的一条裂缝达 1.09mm；此外，主拱脚背面有一道 3mm 宽的裂缝。经过对该桥实测拱轴线形，以汽车—15 级、挂车—80 荷载等级进行了原设计的容许应力法内力验算。算得拱顶下缘拉应力达 2.55MPa，拱脚下缘压应力达 14.4MPa，均超出了容许值。通过对该桥进行静载试验和观察了解，并通过分析室内检测数据证实墩、台基础沉降已趋稳定。因此，对该桥的加固处理，可以集中于上部构造，经分析后决定采用体外预应力法进行加固。

二、设计方案

双曲拱桥的拱顶下缘拉应力和拱脚下缘的压应力较大，属于两个控制截面。一般来说，$L/4$ 截面的承载力较有富余。如何能充分发挥非控制截面的潜力，同时改善拱顶截面和拱脚截面的应力状况，这是改变结构受力加固方案的主要思路。由于该桥是拱顶下缘开裂，施加预应力位置必须在弹性中心以下，才能对拱顶截面产生负弯矩；对于拱脚截面上缘的裂缝，因为预应力锚固有一定困难，则采用增设拱背钢筋，增厚拱脚截面混凝土，使其中性轴上移的措施。

为使上述措施能产生理想的加固效果，在理论上通过平面杆系有限元法，在计算机上反复上下移动施加预应力的水平位置和大小(计算原则是拱顶截面上缘不出现拉应力)。计算结果

显示，水平力作用于拱顶下缘以下 57.6cm，所加预应力为 1 600kN 为宜。在结构措施上，为使新老混凝土能联结良好、共同受力，除在老混凝土表面凿毛外，还用电锤在原主拱圈拱背(拱脚至 $L/4$ 点，拱肋上方)钻直径 16mm、深 20cm 的植筋孔，插入Φ 12mm 的钢筋，以利结合面抗剪、抗拉。此外，在墩、台拱脚拱背上，采用风枪顺拱轴方向打入深约 60cmϕ16mm 的孔，以锚固拱脚处拱背增设的主筋。

设计采用的预应力拉索为 7ϕ5 钢绞线，为了保证其耐久性，采用了 PE 热挤注塑防腐钢绞线；单索布置、单索张拉，在有限的空间范围内，使用了小巧灵活的 YC-20 千斤顶；索力以油泵压力为主要控制，见图 2.6.4 所示。图 2.6.5 所示为拱上构造配筋图。

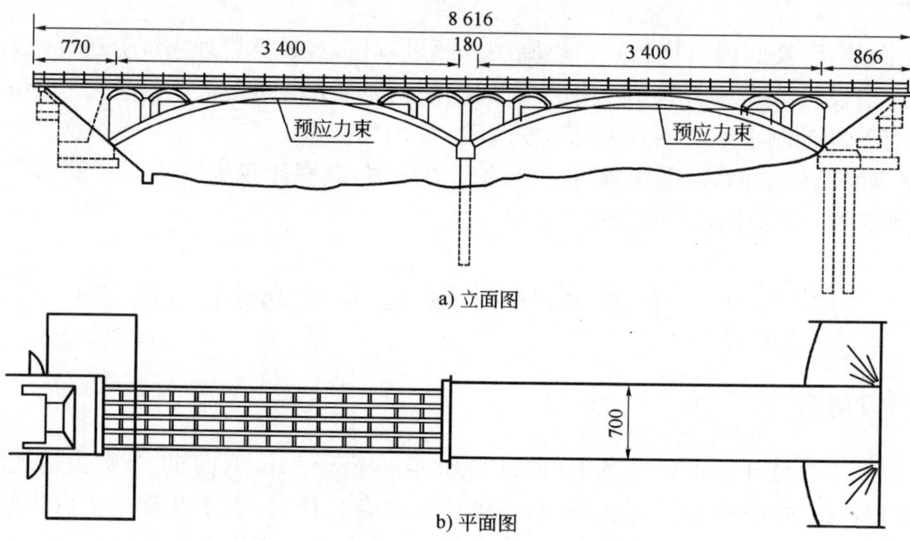

图 2.6.4　体外预应力加固总体布置(尺寸单位：cm)

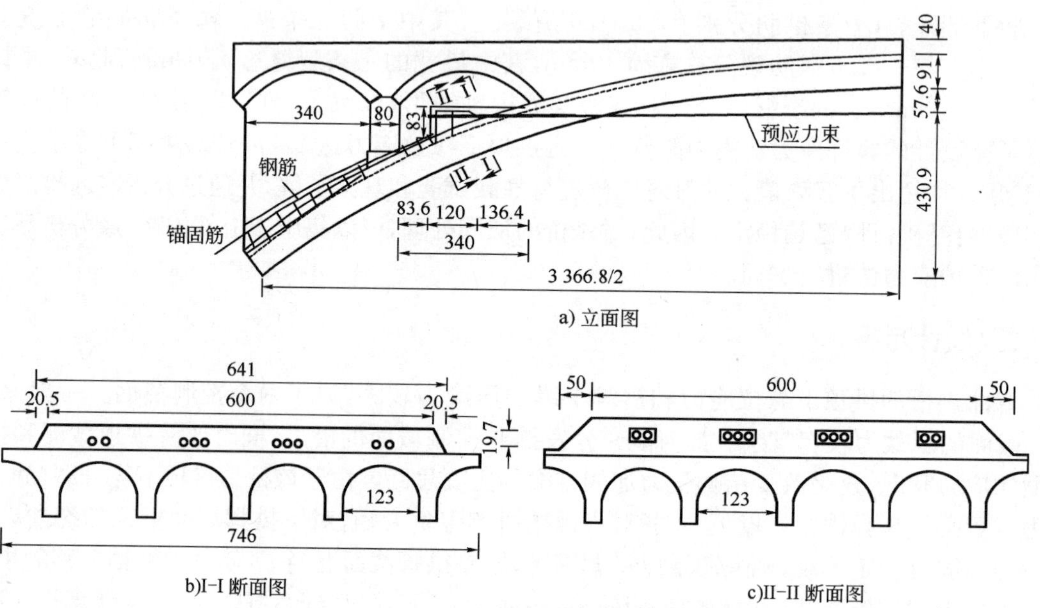

图 2.6.5　拱上构造配筋图(尺寸单位：cm)

三、加固效果评价

通过对加固前后的静载试验和裂缝观测数据进行对比分析，对该桥的加固效果加以评价。加固前后的静载试验均采用同种车型（2 辆黄河牌货车）、相同重量 400kN（加固后实际为 410kN 多，超重 3%）、同一位置（后轮于拱顶正中，两车相对而行）加载，其测试数据显示，加固效果十分明显。

1. 挠度

加固后实测拱顶挠度比加固前平均减少 52.7%，四分点减少 65.3%，见表 2-6-1。从计算挠度值对比看，加固后的实测挠度仅为计算值的 1/3 左右，见表 2-6-2。在静载试验中还发现，卸载后拱顶产生较大回弹（拱顶上升），这是因为施加预应力索的作用，使拱顶下缘承受由预应力产生的压力，迫使拱顶回升，达到了预期效果。

加固前后实测挠度值对照表（单位：mm） 表 2-6-1

加载重(kN)	量 测 部 位	Ⅰ 肋		Ⅱ 肋		Ⅴ 肋	
		加固前	加固后	加固前	加固后	加固前	加固后
300	1/2	2.75	1.33	2.94	1.66	2.65	1.42
	1/4(祁东岸)	0.76	0.30	0.75	0.33	0.71	0.37
	1/4(衡阳岸)	0.72		0.73		0.74	
400	1/2	3.83	1.66	4.15	2.14	3.68	1.72
	1/4(祁东岸)	1.03	0.50	1.06	0.59	0.96	0.43
	1/4(衡阳岸)	0.94	0.24	0.98	0.59	0.97	0.23

加固后静载实测挠度与计算挠度值对比表 表 2-6-2

加载重量(kN)	量 测 部 位	实测值(平均)(mm)	计算值(mm)
400	拱顶	1.84	5.43
	1/4(祁东岸)	0.51	1.87
	1/4(衡阳岸)	0.35	1.18

2. 应变

加固前后应变片均贴于拱顶下缘（拱肋下缘侧边上）；而拱脚上缘和四分点截面的粘贴位置发生变化，测试数据不作对比；另外，由于拱脚截面已加厚，也无法对比；故只对拱顶下缘应力情况进行了对比。从拱顶截面的实测数据看出，加固后拱顶下缘拉应力很小，且出现压应力；而且卸载后拱顶下缘压应力继续增大，与挠度变化相对应，证明新加的体外预应力已完全起作用了。

3. 裂缝

通过张拉预应力束，原有裂缝宽度有所回缩，回缩量为 30.3%。在张拉体外预应力束之前，专门对一条主拱肋的全部裂缝和其他肋任选裂缝进行了标记和观测；张拉后对做了标记的同一位置再次进行观测，发现所有裂缝均有程度不等的回缩（详见表 2-6-3）；表 2-6-3 中Ⅰ号肋的全部裂缝都进行了观测，该肋的总裂缝宽度由 9.49mm 回缩至 6.61mm。估计在行车运营中，由于车辆的反复荷载作用，裂缝在预压力作用下还有可能回缩。

预应力钢索张拉前后裂缝宽度对照表(单位:mm)　表 2-6-3

肋　号	裂缝编号	张拉前	张拉后	肋号	裂缝编号	张拉前	张拉后
I	1	0.30	0.21	I	19	0.20	0.08
I	2	0.30	0.27	I	20	0.17	0.07
I	3	0.64	0.53	I	21	0.16	0.15
I	4	0.47	0.35	II	8	0.86	0.68
I	5	0.85	0.28	II	10	0.82	0.62
I	6	0.32	0.28	II	12	0.50	0.37
I	7	0.34	0.32	II	13	0.64	0.50
I	8	0.36	0.26	II	15	0.75	0.55
I	9	0.40	0.37	II	17	0.76	0.45
I	10	0.46	0.40	IV	11	0.87	0.59
I	11	0.35	0.25	IV	12	0.62	0.45
I	12	0.28	0.13	IV	13	0.63	0.48
I	13	0.82	0.49	IV	17	0.70	0.65
I	14	0.90	0.69	V	10	1.22	1.12
I	15	0.75	0.58	V	13	0.23	0.11
I	16	0.52	0.25	V	14	0.42	0.25
I	17	0.42	0.29	V	15	0.50	0.38
I	18	0.42	0.36	I肋合计		9.49	6.61

注:I号肋全肋共 21 条裂缝,其裂缝宽共减少 30.3%。

4.拱顶高程

张拉预应力前后,均从水准基点引出高程,对拱顶有标记部位进行了水准测量。经比较,张拉加固后,拱顶平均上升 2.35mm。由于张拉前测量高程时气温较低(为 15℃),张拉后测量高程时气温上升了 10℃;除温度影响外,主要原因是体外预应力的作用。估计加固初期,拱顶还会少量上升。由于拱桥内力复杂,为避免上挠过大,体外预应力不能无限制地施加。

四、经济效益分析

(1)用体外预应力加固双曲拱桥,免去了桥面开挖工作,不需要为了在拱下(或肋下)浇筑混凝土而搭设满堂支架,也不需要为数众多的模板工程,避免了工作场面狭窄而采取的大量辅助工作,能大大节省投资。本桥用体外预应力加固方案与增加拱肋截面加固方案相比较,其费用只是后者费用的 40%左右;若按新修一座桥梁计算,体外预应力加固只需其费用的 15%～10%。本桥全长 86.16m,体外预应力加固仅用钢材 0.581t(包括 700kg 钢绞线)、水泥 2.5t、人工 1 020 工日。可见体外预应力加固费用十分低廉。

(2)由于桥面只作少量修复,避免了新修渡口或修建临时便道,没有给行车营运带来干扰,大大地减少了临时工程量,而且这对旧桥加固来说(对勉强维持通车的旧桥)不中断行车,是难于实现的。本方法不仅大量节省临时工程量,而且对交通量较大、不能中断行车的道路桥梁来说,其社会影响较好。

(3)施工操作条件比其他加固方式优越,电锤、风枪打眼、钢筋安装、混凝土浇筑等作业均在空腹拱内进行，施工作业从上往下，安全感好，质量易于控制。由于采用了单束钢绞线张拉，施工机具小型化，作业轻巧，所需作业场地小，能节省大量机具费、人工费。

(4)采用PE热挤塑钢绞线，可以有效地防止钢绞线锈蚀，延长其使用寿命。由于是单股体外索，今后换索操作十分方便，因而不受使用年限的制约。在设计施工中还可预留多余的孔道，用以增减预应力索来调整结构受力，而且在桥梁纵、横向均可使用。此方法对不能影响桥下通航、排洪等情况的双曲拱桥可以采用，其他形式的拱桥也可采用，应用十分广泛。

(5)本方法适用的前提条件是，原桥结构本身的承载能力适宜于预应力加固，尤其是双曲拱桥，若原桥结构轻巧，不适宜使用预应力法加固时，应该审慎地选择使用。

第四节　预应力钢拱承托加固主拱圈[23]

预应力钢拱承托加固方法是通过新增预应力钢拱对主拱肋形成承托，以降低主拱圈的应力水平，并使加固结构与原结构共同承担恒载和活荷载，从而达到有效提高双曲拱桥承载能力的目的。此法具有不中断交通、不改变桥梁结构、基本不增加双曲拱桥结构高度、对桥下通航能力影响不大等优点。

一、预应力钢拱承托加固机理

通过对钢拱施加轴向预应力，形成对主拱圈的径向力；因径向力与外荷载的方向相反，从而达到对主拱圈卸载和提高桥梁承载力的目的。在实际运用时，可以根据混凝土双曲拱桥主拱和基础的实际承载力，合理选择加固钢拱的预应力大小和基础形式(是否与原拱共用同一基础)，达到加固、提载的设计要求。

二、预应力钢拱承托加固的设计要点

(1)通过现场测试、分析和计算，对双曲拱桥的损伤状况和承载能力进行评定。

(2)根据评定结果，结合对双曲拱桥加固、提载等级的要求，分析、计算确定加固钢拱内的预应力水平和加固后双曲拱桥各构件的应力水平。

(3)进行加固钢拱的截面设计、构造设计。

(4)原双曲拱桥混凝土构件的加固补强设计，加固施工设计。

(5)最后进行承载力验算。

三、预应力钢拱承托加固的施工工序

(1)对原拱肋混凝土表面进行处理，凿除表面破损混凝土，清理钢筋及混凝土的表面，采用高强度等级环氧砂浆补平原损伤部位。

(2)钢拱的放样、加工制作。钢拱可以由槽钢和钢板围焊组成。

(3)钢板与主拱侧面角钢焊接以及槽钢的吊装焊接。

(4)主拱根部植筋，焊接固定加固支座，浇筑支座混凝土。

(5)施加钢拱预应力。

(6)在钢拱承托内压浆填充。

(7)喷射混凝土包裹外露型钢，以起到保护层的作用。

四、预应力钢拱承托加固主拱圈实例

1. 桥梁概况

某桥建于1976年，是一座钢筋混凝土空腹式双曲拱桥，跨径20.4m，矢高3.9m，桥面宽10.65m，纵向设有5肋4波。桥上是市区的一条主要交通干道，桥下要求能通行游船。因城市发展的需要，该桥两侧于1992年和2002年分别进行了2次拓宽。

该桥原设计图纸及相关资料已丢失，根据推测，原设计荷载为：汽车—15级，挂车—80。结合现场实测，描绘原桥的结构构造图，主要结构参数见图2.6.6。由于城市建设的需要及远期规划，该桥的设计荷载等级需提升至汽车—20级、挂车—100。同时，在对该桥进行全面检测后发现，该桥的主要结构构件除存在应力水平过高、承载力偏低的现象外，局部尚有不同程度的损伤和开裂。结合提高使用荷载等级的目的，要求对该桥的现状进行全面的评估鉴定，并对其进行相应的加固处理。

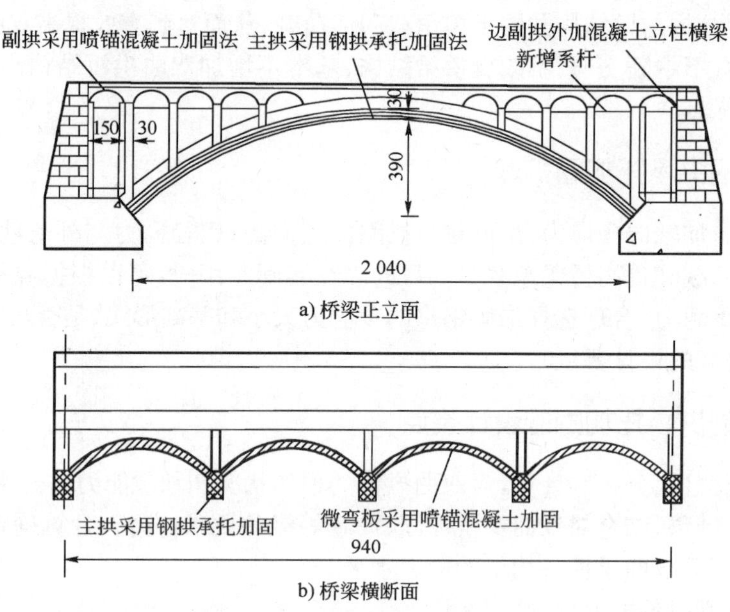

图2.6.6 桥梁构造、加固示意图(尺寸单位:cm)

2. 现场勘查及桥梁损伤情况

根据现场对桥梁损伤情况进行调查及实测，该桥的破损及裂缝主要出现在以下几个部位。

(1)主拱肋：该桥共有5道主拱肋，裂缝主要出现在两侧的主拱肋上，主要为拱肋下部的顺钢筋走向的裂缝。裂缝宽度为0.5～2.0mm、长度为0.5～3.5m，局部伴随有混凝土剥落、钢筋严重锈蚀的现象。主拱肋未见横向裂缝，说明拱脚未发生明显的水平位移。主拱肋自身的外观状态较好，对后期的加固处理比较有利。

(2)腹拱：该桥每端各有5个腹拱，大部分开裂严重。裂缝形态为腹拱跨中部位横向开裂，裂缝宽度较大，最大值接近10mm，一般均贯穿整个腹拱。腹拱裂缝对桥梁工作性能的影响极大，危及桥梁正常安全工作。

(3)拱波：现场调查发现两处拱波跨中横向开裂，长度为2～3m，宽度为1～2mm。此外，连接主拱肋的横系梁根部也出现了不同程度的露筋，部位集中在与两边主拱肋连接的根部。

横系梁性能的劣化使得主拱圈横向整体性能减弱，进一步导致主拱肋侧移、拱波开裂。

3.桥梁结构检验及评定

经回弹试验和混凝土碳化深度的检验，主拱肋混凝土强度为30.6～52.1MPa；最大碳化深度在6mm左右；混凝土强度与密实性良好。为充分了解该桥的结构性能，组织进行了现场荷载试验，并建立了较精细的计算模型进行校核。

(1)试验结果与理论计算值的分析对比

用2辆各重15t的汽车现场加载；采用3种工况形式，即加载车辆分别停在1/4跨、1/2跨、3/4跨；量测项目包括拱脚位移、拱肋位移和变形。

采用计算机建立全桥的二维模型，应用SAP2000软件，模拟加载各个工况。

①各级荷载下实测竖向挠度数据比计算值略大，说明主拱圈虽然存在一定的损伤，但损伤对整个主拱圈刚度影响不大，桥梁有通过进一步加固处理就能有效提高承载能力的可能。

②各级荷载下跨中位置与1/4跨位置实测的拱肋轴向应变数值极小(只有几十微应变)，拱脚的水平位移接近于0，说明主拱工作状态良好，具备补强加固的前提。

③理论分析表明，桥梁空载时主拱肋的应力水平(轴压比)已较高，分别达到50%(边拱)和80%(中拱)，试验荷载下，最大应力水平已超过94%，表明桥梁主拱的强度储备已非常小，必须尽快进行补强加固处理。

④该桥稳定性存在隐患。由于部分拱肋存在顺筋裂缝，拱肋截面被削弱、纵筋锈蚀，并引起主拱拱轴线偏位；同时横系梁开裂、露筋严重，拱波也多处开裂，严重不利于主拱的稳定。此外腹拱横向裂缝已对桥梁运营构成威胁，结构损伤以及耐久性问题严重，均需进行必要的加固补强处理。

(2)评定结论

经过初步测算，对该桥进行加固处理将比拆除重建节省一半以上的费用；如采用合适的加固方案，施工期间基本不影响桥梁的使用，工期仅需1～2个月(重建工期将在半年以上)。经过加固处理的桥梁完全可以满足各项使用要求，其可靠性指标在新的荷载等级作用下完全可以达到要求。

4.加固方案的选择及设计

(1)加固方案的选择原则

①应满足使用功能要求。加固后的结构矢高不得有较大的变化，且应满足荷载等级汽车—20级的要求，并有足够的耐久性。

②后加固结构的重量尽量不要附着在原结构上，以免增加原结构的应力水平。

③加固施工过程应尽量不对原结构(特别是主要构件)造成进一步的损伤。

④后加固结构必须与原结构能很好地协同工作，当使用荷载作用后，后加结构材料应能尽快地参与受力。

因此，传统的“增大截面加固法”难以满足以上诸多方面的要求，而且过多锚杆对原结构损伤较大，新加混凝土的重量大多悬挂于原结构上，加大了原结构的应力水平，难以满足功能要求。

经过认真比选，决定采用“预应力钢拱承托复合锚喷混凝土加固法”。主拱肋通过对新增钢拱轴向预加压力，实现对原主拱圈部分卸载的目的；腹拱及拱波采用锚喷混凝土加固；横系梁采用钢板加强、外包钢筋混凝土围套加固。

(2)加固方案设计

①主拱肋。采用12mm厚钢板与25b槽钢焊成骨架承托原主拱肋(图2.6.7),配合预加推力进行加固。为了解决钢骨架的稳定和与主拱肋的连接,在主拱肋两侧每隔一定距离设置不等边角钢连接件与下部钢板焊接,侧面用膨胀螺栓与主拱肋锚紧。

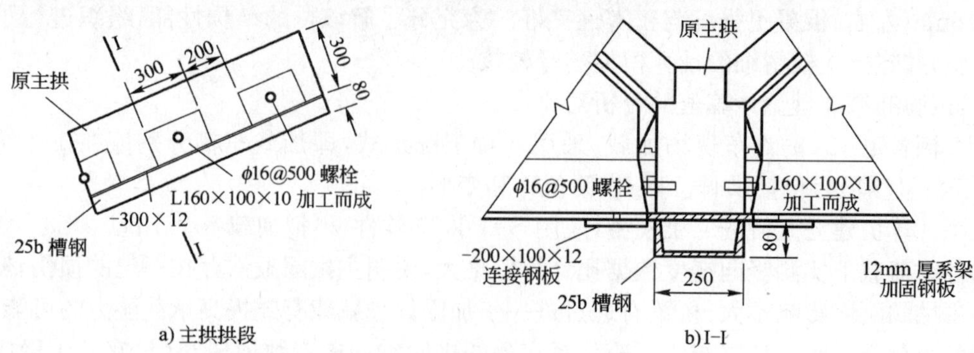

图2.6.7　主拱肋加固构造示意图(尺寸单位:mm)

钢骨架焊接完成并安装就位后,侧面暂时不与主拱肋锚紧;在钢骨架与拱脚连接处,于钢板上焊接临时牛腿,利用千斤顶施加轴向推力(两端同时顶推),达到设计要求后,将钢骨架与基础预埋钢构件焊接。

钢骨架预应力水平的选择应结合计算分析结果,考虑以下几个因素:

a. 设计活荷载对每根拱肋的轴向力净增约70kN;

b. 后加材料对每根拱肋轴力净增约50kN;

c. 原主拱肋截面削弱约10%,加固后必须满足新的使用荷载及新规范的可靠指标要求;

d. 原结构在自重下主拱肋的轴力大约为400kN(边拱肋)和700kN(中拱肋),预加推力不能造成原结构的破坏;

e. 钢构架本身的强度和稳定,不宜使其应力水平过大。

最终选定的预顶推力为150kN。经初步分析,能基本平衡设计活载及后加结构的自重。加固后的桥梁当设计活载加上以后,原主拱肋的应力水平比加固前原桥空载时的应力水平略低。

②拱波。采用锚喷法加固,拱波本身受力较小,加固的目的,除提高其承载力外,更希望对主拱肋提供更好侧向支撑,增加全桥的整体性,并增强耐久性。为改善加固效果,拱波的喷射混凝土在两侧支撑于主拱肋的加固骨架上。同时,拱波上应按一定间距(400mm)设置一锚孔埋设吊筋(植筋),悬挂钢筋网后喷射细石子混凝土,见图2.6.8所示。

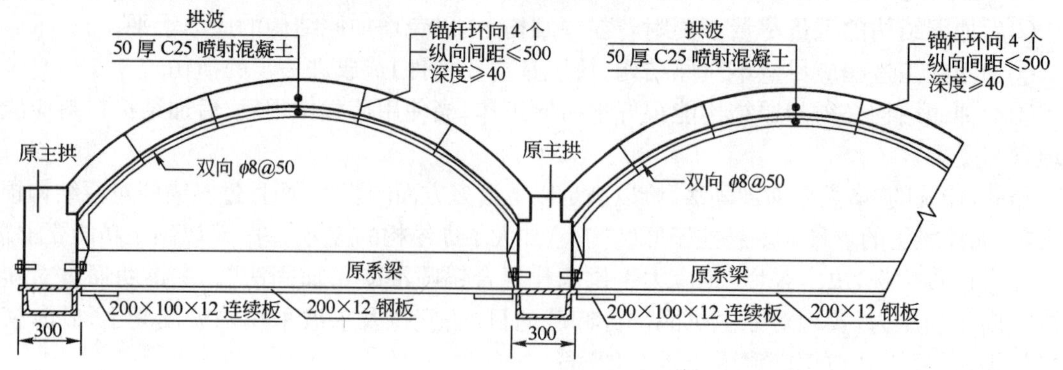

图2.6.8　主拱圈拱波及横系梁加固方法(尺寸单位:mm)

③横系梁。采用120mm×12mm钢板将后加固的主拱钢骨架在原横系梁的下部拉接，然后绑扎外套钢筋笼、喷射混凝土包裹以改善其耐久性能。

④腹拱。采用锚喷加固方法。锚喷施工前，在原腹拱墩盖梁上每隔50cm设置Φ16mm的锚固螺栓，于盖梁两侧锚固2根160a槽钢，腹拱的锚喷混凝土支撑于该槽钢上。边腹拱立墙侧面重新现浇混凝土立柱、横梁，支撑后喷混凝土重量。

5.主拱加固施工步骤及注意事项

本桥梁加固施工的主要步骤为：首先施工主拱，其次为拱波、横系梁，最后加固腹拱。

(1)主拱施工步骤

①原拱肋混凝土表面处理，凿除表面破损混凝土，清理干净钢筋及混凝土表面；采用高强度等级环氧砂浆补平原损伤部位；

②主拱轴线实测；

③钢板及钢构件放样加工制作；

④主拱根部植筋，焊接固定加固支座，浇筑支座混凝土；

⑤钢骨架吊装、焊接；

⑥焊接临时牛腿，施加预应力，焊接连接钢板、钢护套，撤除千斤顶，割除临时牛腿；

⑦钢骨架两侧用膨胀螺栓与主拱锚固；

⑧横系梁、拱波加固；

⑨喷射混凝土包裹外露型钢。

(2)主拱施工中，应注意的事项

①主拱施工前，原拱肋混凝土表面必须处理，凿除破损混凝土，清理干净钢筋及混凝土表面；采用高强度等级环氧砂浆修复；钻孔植筋时，严禁损伤或截断原结构钢筋；

②拱脚必须做好可靠的连接处理，通过设置放大的支撑肋板，分别与钢骨架及拱脚底部锚固钢板焊接，局部可以结合浇筑混凝土施工，以改善支座性能[图2.6.9a)]；

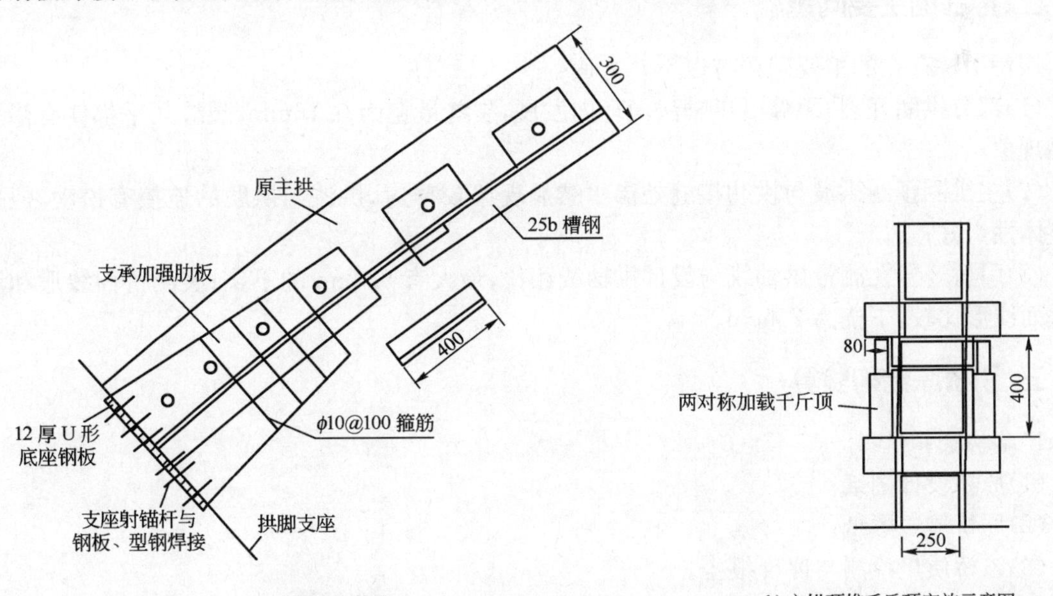

图2.6.9　加固桥梁主拱支座及预加应力方法(尺寸单位：mm)

③型钢骨架于拱脚锚固前，施加轴向预应力时，所有主拱拱脚必须同时顶推，并做好各项监测，每根拱肋必须使用4只千斤顶，每端拱肋两侧对称布置2只千斤顶，以保持预加推力的合力与钢骨架的重心接近，不宜在钢骨架下部直接顶推[图2.6.9b)]。

按照上述方法，对该桥进行了加固施工，施工工期为一个半月，施工期间，仅在主拱施加预应力的数小时之内对桥面交通进行了限制；由于选择在交通不繁忙时段顶推，未对桥面的交通造成影响。

6.加固效果评价

采用预应力技术的加固方法能够有效降低原结构的应力水平(对原结构实施卸载、降荷)，减小新加结构的应力滞后现象，发挥后加材料的高强特性，结构概念明确，加固效率高，综合效果好。

该桥采用预应力钢拱承托加固方法处理后，荷载等级有了较大提高，结构可靠性达到了现行规范的要求。使用性能完全满足了要求，桥下净空改变极小(约10cm)，在加固施工期间，没有影响桥梁的正常使用。

第五节　横向张拉预应力加固双曲拱桥[24]

一、桥梁概况

某大桥建于1984年9月，其引桥上部结构为净跨径20m的双曲拱桥，拱轴线为悬链线，矢跨比为1/5，拱轴系数$m=1.756$。下部结构采用钻孔灌注桩基础。桥梁设计荷载为汽车—20级、挂车—100，人群2.5kN/m^2，桥面布置为净—9m(车行道)+2×1.5m(人行道)，设置双向1.5%横坡。

二、存在的主要问题

该桥引桥存在的主要问题有以下几方面：

(1)部分拱肋开裂，裂缝沿拱轴法向环向发展，裂缝最宽为0.16mm，裂缝几乎都伴有渗水结晶现象；

(2)主拱圈预制拱波与拱肋接缝处渗水结晶现象较普遍，拱波与拱肋的连接有松动，但拱的整体性尚好；

(3)引桥8号孔测量拱轴线与设计拱轴线相比，最大有9.4cm的下挠；实测桥面线形和设计桥面线形比较，下挠为2.5cm。

三、引桥原结构验算

1.结构验算依据

(1)原桥设计图纸；

(2)原桥竣工图纸；

(3)该桥质量检测与评价报告。

2.计算模型的选择

本次验算采用平面杆系有限元程序，作用荷载如下：

(1)恒载;

(2)汽车—20 级荷载、挂车—100 荷载;

(3)混凝土收缩按结构均匀降温－15℃考虑;

(4)主桥、引桥公用墩沉降 3cm(根据实测拱脚高差比竣工时大 26mm)。

按规范的组合 I、组合 II 和组合 III 进行了组合,求得了结构各截面的最大内力。由于除主拱圈出现细小裂缝外,其他构件基本完好,本次仅验算主拱圈各截面的强度。

3. 计算结果分析

(1)计算参数

①拱肋、拱波和拱板强度、刚度不同,以拱肋为标准层做折算。

②活载横向分布增大系数参考《双曲拱桥》的结果,全桥取相同值:$\eta_{汽}=1.15$,$\eta_{挂}=1.25$。横向分布系数 $m_{汽}=0.67$,$m_{挂}=0.29$。汽车按三列布载,挂车居中布置。

③冲击系数按规范取值:$\mu=0.2$。

(2)内力计算结果

根据以上所取模型和参数计算拱圈各截面的内力,由于恒载作用、体系降温、拱肋上下缘温差及活载作用时,各跨的内力基本相同,仅第三跨右侧沉降时,各跨内力相差较大,为便于计算取支座沉降时内力最大的第三跨进行内力组合,组合结果见表 2-6-4。

引桥主拱圈各截面内力组合结果 表 2-6-4

荷载效应		系数	拱顶		L/4		拱脚	
			M(kN·m)	N(kN)	M(kN·m)	N(kN)	M(kN·m)	N(kN)
恒载		1.2(0.9)	18.5	627.7	30.9	654.2	−59.9	833.8
体系降温		1.4	37.3	26.6	20.0	25.7	−67.8	20.7
支座沉降			−6.0	4.6	77.8	0.2	−185.2	16.6
汽车—20 级	最大		133.8	208.0	109.0	98.6	101.5	176.6
	最小		−39.2	97.2	−61.4	191.9	−131.0	192.7
挂车—100	最大		121.7	275.2	103.3	98.3	97.9	207.1
	最小		−24.6	26.8	−63.8	232.1	−145.4	292.5
组合 I	最大	1.0	209.5	1 044.4	181.7	923.1	83.1	1 040.3
	最小		−38.2	701.0	−61.5	913.7	−275.4	1 410.1
组合 II	最大	0.8	209.4	865.3	167.8	767.3	−9.5	855.4
	最小		11.2	590.6	−26.8	759.7	−296.3	1151.2
组合 III	最大		160.4	840.7	232.5	738.6	−176.2	850.8
	最小		−37.3	566.0	47.4	731.0	−427.7	1 146.6
组合 IV	最大		154.1	910.6	145.4	738.1	66.5	822.3
	最小		14.2	482.0	−41.8	731.0	−220.4	1 128.0

(3)截面强度检算

正截面强度按规范公式:

$$N_{\mathrm{j}} \leqslant \alpha A R_{\mathrm{a}}^{\mathrm{j}} / \gamma_{\mathrm{m}} = N_{\mathrm{R}}$$

$$\alpha = \frac{1-(e_0/y)^{\mathrm{m}}}{1-(e_0/\gamma_{\mathrm{w}})^2}$$

其中，$y_{上}=0.33$，$y_{下}=0.47$，$\gamma_w=0.236$，$m=3.5$，$\gamma_m=1.0$，C20 混凝土 $R_a^j=17.5$MPa。考虑到拱肋配筋较多(结构受拉边设有不小于截面面积 0.05%的纵向钢筋时，容许偏心距可增大 0.1y)，容许偏心距增加了 0.1y，验算结果见表 2-6-5。

主拱圈各截面偏心距验算结果 表 2-6-5

截面		e_0	a	N_R(kN)	$[e_0]$
组合 I	$L/2$	0.201	0.551	3 427	$[e_0]_{上}=0.231$ $[e_0]_{下}=0.329$
	$L/4$	0.205	0.537	3 342	
	拱脚	−0.201	0.478	2 970	
组合 II	$L/2$	0.242	0.440	2 735	$[e_0]_{上}=0.264$ $[e_0]_{下}=0.376$
	$L/4$	0.227	0.479	2 978	
	拱脚	−0.270	0.220	1 370	
组合 III	$L/2$	0.191	0.577	3 590	
	$L/4$	<u>0.323</u>	—	—	
	拱脚	<u>−0.476</u>	—	—	
组合 IV	$L/2$	0.169	0.642	3 994	
	$L/4$	0.197	0.561	3 492	
	拱脚	−0.195	0.499	3 102	

表 2-6-5 中带下划线 e_0 超过$[e_0]$，对圬工结构超出《公路砖石及混凝土桥涵设计规范》(JTJ 022—85)[现规范已更改为《公路圬工桥涵设计规范》(JTG D61—2005)]表 3.0.2-1 的规定，表明组合 III 即“恒载+汽车+沉降”时 $L/4$ 和拱脚处主拱肋的截面强度不满足要求，这与现场检测发现引桥 8 号拱腹拱出现横向贯通裂缝的病害也是相吻合的。可见拱脚较大的不均匀沉降应为 8 号拱腹拱开裂的直接原因。

四、引桥基于检测结果的桥梁现状评价

1. 基于检测结果的使用功能评价

(1)设计技术标准

①在原设计荷载标准下，主桥除盖梁裂缝宽度超出规范要求外，其余均满足规范要求。

②桥面的净宽、基础的埋置深度能够满足运营的要求。

(2)桥涵各部件完好程度

①主拱圈拱肋在拱脚附近多处有裂缝，裂缝以环向为主，少量竖向、横向，拱脚的环状裂缝几乎都伴有渗水结晶现象。全桥共计 98 条，最大宽度为 0.16mm，发生在 2 号拱。引桥8 号拱的 4 号、5 号肋西侧拱脚，5 号肋东侧拱脚，引桥 10 号拱 4 号肋东侧拱脚，引桥 15 号拱 1 号肋东侧拱脚均有露筋现象，拱脚在保护层厚度较薄的地方出现钢筋锈蚀并诱发混凝土胀裂。

②腹拱在每跨设有变形缝的边腹拱和腹拱拱脚渗水严重，表面附着有较厚的泥浆层，腹拱

伴有局部混凝土缺损和拱脚骨料外露、开裂等病害。东侧引桥 8 号拱 2～5 号腹拱拱顶附近均存在横、纵向裂缝，裂缝以贯通缝为主，最大缝宽大于 1mm。

③挑梁表面大部分都存在水迹，表面附着有较厚的泥浆层，为长期受腹拱接缝处渗水及拱腔填料沉淀所致；由于渗水侵蚀作用及盖梁保护层厚度个别部位严重不足（＜6mm，小于仪器最小量程），在盖梁保护层厚度较薄的地方出现钢筋锈蚀并诱发混凝土胀裂。在引桥 8 号拱的下游侧 4 号挑梁根部发现裂缝，缝宽 0.2mm，长 38cm，2 号挑梁裂缝从端部向中部沿轴线方向发展，宽度为 0.35mm，长度为 70cm。

从以上各部件的病害来看，现桥梁的正常使用受到一定影响。

2. 基于检测结果的承载能力评价

(1)评定系数的确定

①承载能力检算系数(Z_1)

引桥拱肋的承载能力检算系数 $Z_1=1.14$。

②截面折减系数(ξ_c)

截面折减系数 $\xi_c=0.989$。

③活载影响修正折减系数(ξ_q)

引桥活载影响修正折减系数 $\xi_q=1.099$。

(2)持久状态桥梁结构承载能力极限状态评定计算

对于砖、石及混凝土桥，将《公路砖石及混凝土桥涵设计规范》(JTJ 022—85)第 3.0.1 条效应不利组合设计值小于或等于结构抗力的方程式变更如下：

$$S_d(\gamma_{s0}\psi\sum\gamma_{s1}Q)\leqslant R_d(R_a^j/\gamma_m,\alpha_k)Z_1\xi_c$$

正截面强度公式变化为：

$$N_j\leqslant \alpha AR_a^j/\gamma_m Z_1\xi_c$$

$$\alpha=\frac{1-(e_0/y)^m}{1-(e_0/\gamma_w)^2}$$

根据原结构计算结果，现仅选第三孔(引桥 8 号孔)为计算对象，考虑活载影响修正折减系数($\xi_q=1.099$)后活载内力和组合结果见表 2-6-6 和表 2-6-7。

引桥第三孔主拱圈活载作用下内力 表 2-6-6

荷载截面		汽车—20 级				挂车—100			
		M_{max} (kN·m)	对应 N (kN)	M_{max} (kN·m)	对应 N (kN)	M_{max} (kN·m)	对应 N (kN)	M_{max} (kN·m)	对应 N (kN)
第三跨	拱脚	99.9	178.0	−136.2	219.0	73.3	221.6	−155.3	332.3
	$L/4$	119.8	108.4	−67.5	210.9	113.5	108.0	−70.1	255.1
	$L/2$	147.0	228.6	−43.1	106.8	133.7	302.4	−27.0	29.5
	$L/4$	119.8	108.4	−67.5	210.9	113.5	108.0	−70.1	255.1
	拱脚	111.5	194.1	−144.0	211.8	107.6	227.6	−159.8	321.5

内力组合结果　表 2-6-7

荷载效应		系数	拱顶		L/4		拱脚	
			M (kN·m)	N (kN)	M (kN·m)	N (kN)	M (kN·m)	N (kN)
恒载		1.2(0.9)	18.5	627.7	30.9	654.2	−59.9	833.8
体系降温		1.4	37.3	26.6	20.0	25.7	−67.8	20.7
支座沉降			−6.0	4.6	77.8	0.2	−185.2	16.6
汽车—20级	最大		147.0	228.6	119.8	108.4	111.5	194.1
	最小		−43.1	106.8	−67.5	210.9	−144.0	211.8
挂车—100	最大		133.7	302.4	113.5	108.0	107.6	227.6
	最小		−27.0	29.5	−70.1	255.1	−159.8	321.5
组合 I	最大	1.0	228.1	1 073.3	204.8	936.7	102.3	1 022.1
	最小		−43.7	714.5	−66.7	884.0	−273.4	1 297.0
组合 II	最大	0.8	224.2	888.4	186.2	778.2	5.9	840.9
	最小		6.8	601.4	−30.9	736.0	−294.7	1 060.8
组合 III	最大		175.7	863.8	251.0	749.6	−140.0	1 036.4
	最小		−41.7	576.7	33.8	707.5	−411.8	856.1
组合 IV	最大		167.6	941.3	156.8	749.0	77.4	855.3
	最小		−17.0	484.9	−56.3	756.7	−236.5	1 160.5

考虑承载能力验算系数($Z_1=1.14$)和截面折减系数($\xi_c=0.989$)计算得到各种组合内力值，见表 2-6-8。

组合内力值　表 2-6-8

截面		e_0	α	N_R(kN)	外力 N_j(kN)	$[e_0]$
组合 I	L/2	0.212	0.518	3 632	1 073.3	$[e_0]_上=0.231$ $[e_0]_下=0.329$
	L/4	0.219	0.501	3 515	936.7	
	拱脚	−0.211	0.440	3 087	1 297.0	
组合 II	L/2	0.252	0.414	2 900	888.4	$[e_0]_上=0.264$ $[e_0]_下=0.376$
	L/4	0.239	0.447	3 132	778.2	
	拱脚	−0.278	0.190	1 331	1 060.8	
组合 III	L/2	0.203	0.543	3 808	863.8	
	L/4	<u>0.335</u>	—	—	—	
	拱脚	<u>−0.481</u>	—	—	—	
组合 IV	L/2	0.178	0.616	4 320	941.3	
	L/4	0.209	0.527	3 693	749.0	
	拱脚	−0.204	0.467	3 274	1 160.5	

表 2-6-8 中带下划线 e_0 超过$[e_0]$，对圬工结构超出《公路砖石及混凝土桥涵设计规范》(JTJ 022—85)表 3.0.2-1 规定，表明组合 III 即“恒载+汽车+支座沉降”时 $L/4$ 和拱脚拱肋截面强度不满足要求。

3. 引桥(双曲拱)加固设计方案比选

针对引桥病害提出两个加固方案。

(1)加大拱肋截面(方案一)

主要加固措施:加高横系梁,并张拉横向预应力加强整体性;加大拱脚和 $L/4$ 截面高度,增强抵抗弯矩的能力。

①加大拱肋截面,将原拱肋外表面凿毛,在混凝土接触表面植筋,绑扎拱肋钢筋,立模,浇筑 C30 混凝土。在拱脚下缘拱座植筋,要求植筋深度不小于 $10d$,并与拱肋新增截面的钢筋焊接。

②加大 1、2 号腹孔间拱板截面,将拱脚至第二腹孔的拱板顶面凿毛,并在表面植筋。按横向 15cm 的间距布置直径 12mm 的 HRB335 级纵向钢筋,并保证与墩顶横墙和腹孔横墙植筋焊接,喷射 8cm 厚 C30 混凝土,分两次喷射,每次喷射 4cm 厚。

③加高拱肋横系梁高度,新增截面和拱肋截面一样高,并在 1、3、5、7、9 号系梁新增截面上施加横向预应力。系梁底面凿毛、植筋后绑扎钢筋、布置预应力粗钢筋、最后浇筑 C30 混凝土,要求和拱肋新增截面混凝土同时浇筑。预应力筋用直径 32mm、极限强度 750MPa 的精轧螺纹钢筋,每条横系梁设两根,单端张拉,要求交替布置张拉端,张拉控制应力为 525MPa。

(2)粘贴钢板条、加宽横系梁、加大拱脚和 $L/4$ 截面高度(方案二)

①在拱肋截面下缘粘贴钢板条,将原拱肋下表面凿毛,按设计剪切钢板条,并植入螺栓达到设计要求后、粘贴钢板条,拧紧螺母加压。要求对钢板条做防腐处理。

②加大 1、2 号腹孔间拱板截面,凿毛拱脚至第二腹孔拱板顶面,并在表面植筋。按横向 15cm 的间距布置纵向直径 12mm 的 HRB335 级钢筋,并保证与墩顶横墙与腹孔横墙植筋焊接,现浇 15cm 厚 C30 混凝土。

③加宽拱肋横系梁,将系梁侧面与相邻拱肋侧面凿毛,植筋,绑扎钢筋,立模并浇筑 C30 混凝土。

(3)加固方案比选

引桥的加固施工主要针对拱肋,对交通的影响较小,主要从施工的难度、工期和经济性等几个方面对方案进行了比选,并给出推荐方案,见表 2-6-9。

引桥加固方案比选　　表 2-6-9

方　案	经济性	工　期	施工难度	加固效果	
方案一	共计 140.7 万元	210d,稍长	一般	较好	推荐
方案二	共计 164.1 万元	190d,稍短	一般	好	

从加固施工的角度出发,这两个方案都是可行的,在评审会上,专家的意见也不一致,最终根据业主的意见,选用方案一,详见图 2.6.10。

五、施工工艺要点和要求

1. 预应力精轧螺纹钢筋

(1)由于张拉工作在桥下空中操作,需事先搭好操作支架。如在船上操作,须注意船只稳定,油泵油管要有足够的长度。

(2)张拉预应力筋前,应事先在试验机上标定油压表与拉力的关系,以便准确控制张拉力。本桥预应力筋为直线,因此可以采用一端张拉。张拉应严格控制顺序,以减少混凝土的弹性压缩损失。张拉前应检查预应力钢筋是否有支挡或其他障碍物,螺母和垫板是否垂直,如不符合要求必须进行调整,调整合格检查无误后,即分级张拉到控制吨位,然后用特制的长扳手用力旋紧螺母,以尽量减少螺母压密损失。

(3)材料防护,预应力钢筋及其他一切外露材料,必须除锈,并按设计要求做防锈处理。

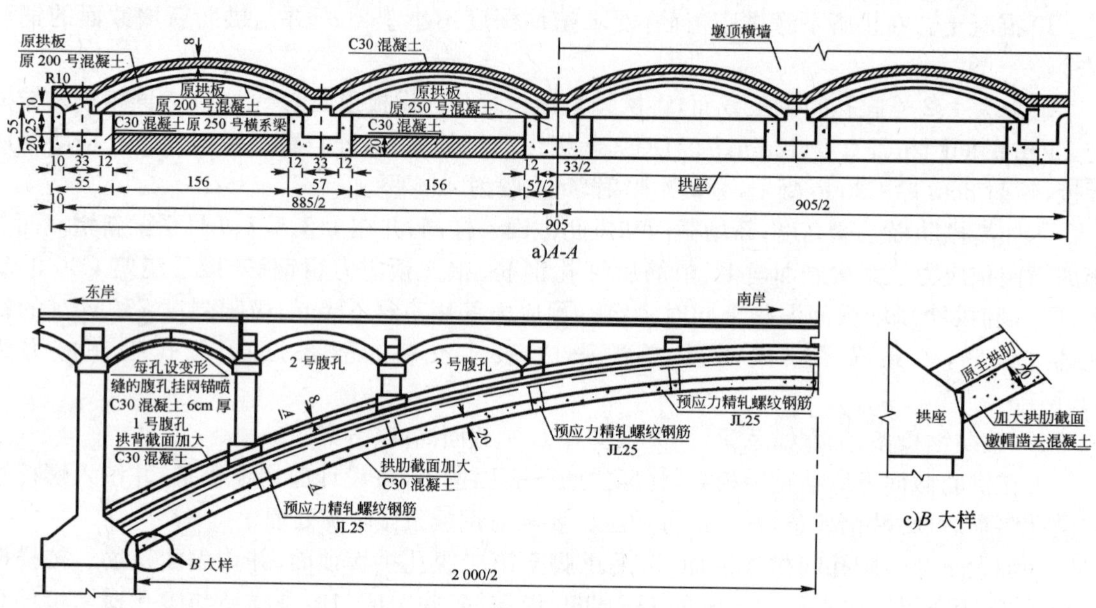

注:①图中尺寸除钢筋直径以 mm 计外,余均以 cm 计;
②混凝土用小石子混凝土,并按 2.0kg/m³ 的比例掺入网状聚丙烯纤维,进行强制拌和;
③拱板加厚和腹拱加固采用喷射混凝土施工;
④施工时要严格要求,避免对原结构的损坏。

图 2.6.10 引桥加固设计推荐方案

2. 环向预应力

(1)孔道留设与定位

塑料波纹管直接与钢筋笼绑扎,圆弧段采用喷灯加温弯曲成形(高温季节可直接弯曲成形),接头用配套专用连接管连接,定位方法与金属波纹管相同。圆弧段必须设拉筋定位,防止穿束时孔道移位。

(2)穿束方法

采用单根钢绞线穿束,为防止钢绞线刺破波纹管,在钢绞线端部套上弹性钢套。

(3)工作锚板及夹片的安装

在安装工作锚板时,尽可能不使钢绞线束扭绞。安装工作锚夹片要求夹片缝隙均匀,使用专用套管敲击夹片,使其均匀平整。

(4)工具锚的安装

安装工具锚时工作锚与工具锚的孔位要对准,使钢绞线不产生扭绞。

(5)张拉

采用上下交替的张拉顺序。要求分级张拉。张拉到设计强度后持荷 2min,再锚固。

(6)压浆

采用真空辅助压浆工艺。先用真空泵抽掉孔道内的多余空气,使孔内真空度达到0.1MPa负压时,接着往孔道内压浆。

(7)环向预应力技术复杂,施工难度大,工艺要求高,应选择持有专利技术的生产厂家或专业队伍施工,以确保施工安全和加固质量。

3.粘贴玻璃纤维

凿除缺损部位劣质混凝土,并对外露钢筋进行除锈。用NSF外加剂配置的改性水泥砂浆修补立柱表面的缺损。将表面打磨平整,并将边角打磨成圆角;粘贴玻璃纤维前用丙酮除去混凝土表面油脂、晾干,在混凝土表面涂抹一层均匀饱满的黏结剂,粘贴玻璃纤维布,并沿顺纤维受力方向挤压出气泡。重复以上过程,粘贴第二层玻璃纤维布。在纤维布表面涂抹浸渍树脂,固化前检查粘贴质量,如发现局部空鼓,可用注射器注入黏结剂补充粘贴。要求纤维布条的搭接长度不小于15cm,各搭接位置应相互错开。

4.钢构件防锈涂装

由于该桥外露钢构件处于一般大气和潮湿的环境中,同时考虑对大桥养护的要求,提出防腐设计方案按照确保25年、期望50年的周期去控制。钢板防腐涂装材料及工序见表2-6-10。

钢板防腐涂装材料及工序　　表2-6-10

序号	工序名称	涂层道数	施工方法	涂层厚度	稀释剂
1	喷砂	S_a2.5级	—	—	—
2	底漆IC531	1	喷涂	75μm	—
3	环氧云母氧化铁中间漆	1	喷涂	60μm	GTA007
4	脂肪族聚氨酯面漆	2	喷涂	共70μm	GTA713

注:上述外表面涂装体系是根据美国加州公路局钢桥防腐特许涂料和韩国内外公司IC531产品性能设计,仅供参考。

六、加固后效果评价

双曲拱桥的拱肋通过增大截面和加强横向联系(横向张拉预应力)显著地提高了拱桥的承载能力和整体刚度,加固效果显著。见图2.6.11和图2.6.12所示。

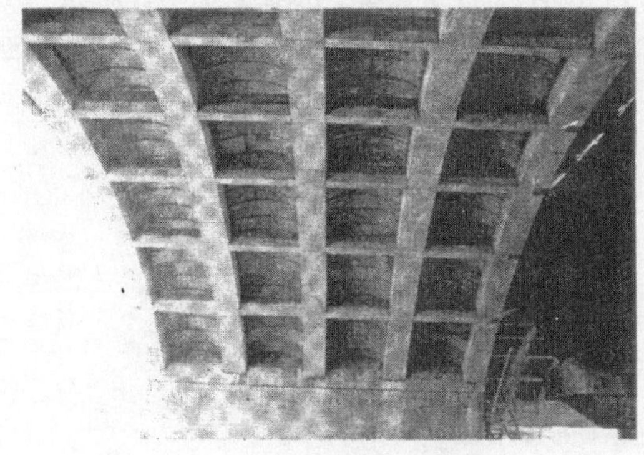

图2.6.11　加固后的拱肋

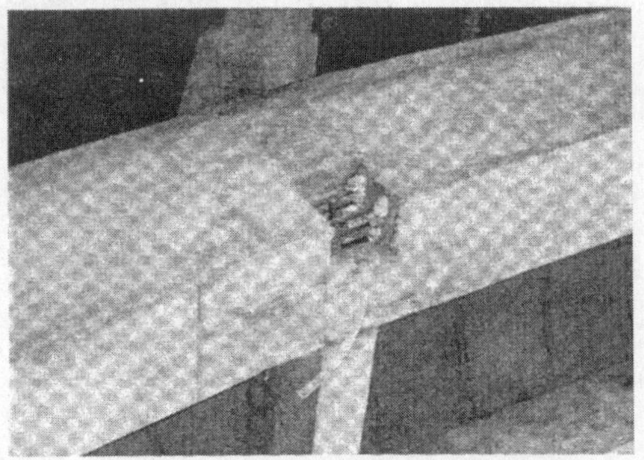

图2.6.12　横向预应力构造

第七章 双曲拱桥主拱圈的其他加固方法

第一节 主拱肋下加水平系杆加固主拱圈[25]

一、加固机理

对小跨度拱桥，如果矢跨比较小，在跨中荷载作用下（往往是不利布载位置），拱顶跨中局部下挠，其他部位均匀向下变形，如图 2.7.1a）所示。如果矢跨比较大，或大跨径拱桥，在均布荷载或跨中荷载作用下，拱跨中部局部下挠，大约在 $L/4$（或 $3L/4$ 拱跨）与 $L/8$（或 $3L/8$ 拱跨）之间局部上拱，如图 2.7.1b）所示。

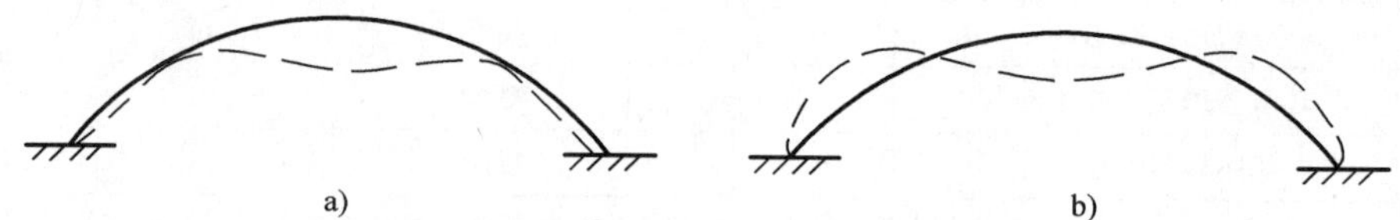

图 2.7.1 拱桥主拱圈在荷载作用下的变形模式

对于小跨径拱桥，且不受通航要求的，往往在拱肋下部加水平系杆就能够达到较好的效果。但水平系杆布置在什么部位是由多方面决定的。实际上，加水平系杆后就限制了拱肋的水平位移，减小了拱脚的水平推力，也能减小拱跨拱肋的弯矩。但如果水平系杆位置布置得不理想，即布置在荷载作用下拱肋水平位移较小处时就达不到加固效果，如图 2.7.2a）所示。对图 2.7.1b）所示变形模式的拱桥，水平系杆应布置在变形较大部位才能达到较好加固效果，如图 2.7.2b）所示。

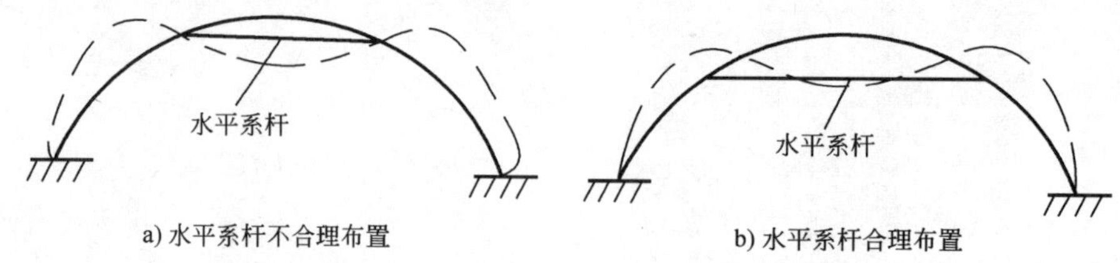

图 2.7.2 加固方案（水平系杆布置）比较

二、主拱肋下加水平系杆加固法实例

某甲桥和乙桥的主拱圈由 5 肋 4 波组成，跨径均为 10m，属于较小跨径的双曲拱桥。在均

布荷载和跨中集中荷载作用下，甲桥和乙桥的主拱圈变形模式接近图 2.7.1a)所示。

对于上述两座双曲拱桥，加固设计时，采取在拱肋 1/4 拱跨位置增加水平系杆(角钢)，如图 2.7.3 所示。

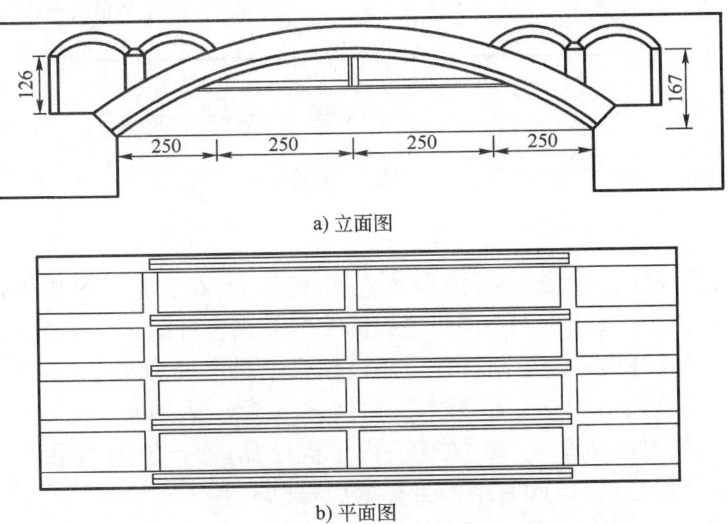

a) 立面图

b) 平面图

图 2.7.3 主拱肋下加水平系杆加固主拱圈(尺寸单位:cm)

另外考虑到在均布荷载和跨中集中荷载作用下拱顶产生局部下挠，为了减小局部下挠变形，及跨中正弯矩，在拱桥拱顶与水平系杆之间增加立杆(角钢)。实际上，增加立杆后可加强拱肋(拱顶部分拱肋)与水平系杆的整体性，使得拱顶在荷载作用下下挠时水平系杆也下挠，达到了拱肋与水平系杆共同承受外荷载弯矩(它们的工作原理为:水平系杆受拉，拱肋受压，形成抗矩)的目的。此加固方法简单实用，方便施工，且加固效果较理想。按汽车—20 级(双列)、挂车—100 荷载标准加载计算后，可以得出:拱顶正弯矩降低 50%，拱脚负弯矩降低近 30%，拱脚水平推力降低近 10%。这种加固方法仅增加了少量的结构恒载。

从经济角度上考虑，加固上述一孔拱桥只需约 1.8t 钢材，且施工简单，费用较少，能获得显著的经济效益。

第二节 腹孔增加水平系杆和斜撑加固主拱圈[25]

一、加固机理

在对旧桥进行加固时，需要彻底了解桥梁的受力状况、充分利用既有结构，才能真正从技术与经济结合的角度完善旧桥加固工作。对于拱桥，在每个腹拱圈拱座处加水平系杆，通过改变结构体系把腹拱圈和腹拱墩之间的连接体系加强，增加了桥梁结构的整体性和刚度。另外，对于跨度较大的拱桥，在均布荷载和跨中集中荷载作用下的变形模式也近似为图 2.7.1b)，只不过是拱肋局部上拱位置不同。因此，根据这种力学行为特点，还需要增加斜撑杆限制拱肋局部上拱，这样就使得拱肋受力(弯矩)均匀，不会出现某些部位承受很大弯矩(局部上拱处)，也使拱肋基本处于受压状态。采用腹拱圈拱座处加水平系杆与腹孔内增加斜撑的加固法，改变了拱桥结构的受力体系，见图 2.7.4 所示。

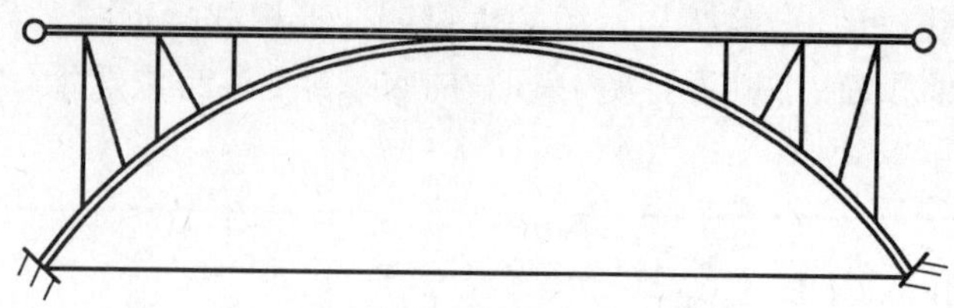

图 2.7.4　拱桥加固后的结构体系

二、加固实例

1. 加固实例一

某空腹式双曲拱桥的主拱圈由五根拱肋组成，跨径为 30m，是一种中等跨径的双曲拱桥。在均布荷载和跨中集中荷载作用下，该桥主拱圈变形模式接近图 2.7.1b)所示。

对于这种跨径的拱桥，本次加固设计采用在腹拱圈拱座处加水平系杆和增加斜撑的加固方法。此种加固方法简单实用，施工方便，一般情况下不需要中断交通，且加固效果显著。通过按汽车—20 级(双列)、挂车—100 加载进行结构计算，确定加固效果为：拱顶正弯矩降低 26%，拱脚负弯矩降低近 35%，同时结构自重增加得也不多。

另外从经济角度上考虑，加固上述一孔拱桥只需约 7.8t 钢材(含加固横隔梁的槽钢)，且施工简单，施工费用也较小，获得了显著的经济效益。

2. 加固实例二

某空腹式双曲拱桥主拱圈由四根拱肋组成，跨径为 60m，属于较大跨径的双曲拱桥。对该桥进行加固时，采用了腹拱圈拱座处加水平系杆与拱脚附近增设护拱的加固方法。通过计算比较，此法加固效果显著，拱脚负弯矩能降低约 35%，拱顶正弯矩能降低约 15%。用斜撑杆在拱脚附近护拱，由于斜撑杆另一端与桥台前墙及路堤锚固，拱桥在偏载作用下斜撑杆还具有斜拉护拱的作用。另外，采用腹拱圈拱座处加水平系杆与拱脚附近护拱加固法，用材省，施工简单，施工费用也较低，能获得较好的经济效益。

第三节　原拱肋下增设刚架拱加固主拱圈

一、加固机理

此方法是在原拱肋下面增设刚架拱片(并配上独立桥台)，通过新设刚架拱片与原拱肋设置适当的连接，保证新拱片与原拱肋共同工作，以达到增强双曲拱桥主拱圈结构的整体刚度和承载能力的目的。

二、加固实例[26]

1. 桥梁概况

广东省某桥于 20 世纪 60 年代中期修建，为单跨 36m 空腹式双曲拱桥，矢跨比为 1/8.5，扩大基础，基础下有松木群桩，原桥设计图纸不详。

2. 原桥主要病害情况

随着交通流量与车辆吨位的不断增大，该桥出现了明显的结构变形及多处裂缝。主要表

现在各条拱肋均不同程度地出现肋波分离现象，且中肋变形较大，边肋相对较小。当重车行驶时，在桥下可以明显地观察到拱肋的下挠；此时，肋波分离最大处为四分跨处，观察到的分离值有1cm。主拱肋在跨中、四分跨附近及拱脚处均存在多条裂缝；其中四分跨处几条裂缝即将贯穿全肋，裂缝宽度一般都超过0.3mm。重车通行时，可以观察到跨中附近的裂缝瞬时增大到0.5mm左右宽。拱脚处裂缝宽度和开展的高度都不太大。拱上建筑基本完好，桥台整体性较好。

经过进一步调查，得知原桥台下为松木群桩。按一般规律，拱肋下挠将在拱脚附近引起拱肋上缘出现裂缝(负弯矩裂缝)；但实际情况是拱脚处的拱肋下缘出现裂缝，裂缝开展的高度约为拱肋高度的1/3。根据这一情况推断，桥台在一定程度上出现了相对移动，亦可能是因为桥台在水平力作用下出现肋波分离所造成的。

3.加固方案比选

(1)增大拱肋截面、加强横梁法

根据以往的加固经验并参照相关资料，双曲拱桥普遍存在刚度不足的问题，而增大拱肋截面法是用得较多的一种；在增大拱肋截面的同时，亦相应地加强、加密横系梁。这种方法被证明是一种简单有效的加固方法。但是，这种方法有一个使用前提，就是要求拱桥的桥台必须是强大的，是不可位移的。因为加大拱肋截面和加强横系梁，势必增加拱桥恒载的重量，亦使得桥台处的推力大幅增加。根据计算得知，采用此法，将在每侧拱脚处产生150kN左右的水平推力，对桥台的安全是不利的。

(2)加固桥台法

当拱肋的强度和刚度足够，可以单纯地加固拱桥的桥台；但由于本桥台下有松木桩，使桥台加固显得有一定的难度。经过对原拱肋的验算，证明原拱肋强度亦不足；而且原拱肋混凝土标号过低，钢筋用量较少。因此，需要对该桥的主拱肋进行加强。

(3)加固方案的确定

根据以上分析，最后确定在旧拱肋下面增设一新刚架拱片(新做独立桥台)，通过新刚架拱片与旧拱肋设置适当的连接，保证新拱片与旧拱肋共同工作。

4.加固设计与施工

(1)初拟加固方案

原拱桥有5片主拱肋，加固时拟在每片主拱肋下加设一刚架拱片(见图2.7.5)，拱片厚度为25 cm，拱顶处高度为30cm，新加的刚架拱片应支撑在增设的独立桥台上。

(2)存在的问题及对策

按以上的加固原则要新设立桥台，桥台基础形式无外乎桩基和扩大基础两种。如果采用桩基础，由于桥下工作高度只有1～2m，不能搭设钻架，只能采用挖孔桩形式；如果采用扩大基础，势必引起桥下大面积的开挖。这两种方法有一个共同的缺点：由于开挖所必需的孔内或基坑内抽水作业必将引起原桥台外的地下水位降低较多，很有可能因为施工处理不当直接导致原桥台下沉，这是很危险的。

如果采用扩大基础形式，由于拟开挖的基础离原桥台太近，在开挖过程中极有可能导致原台底土体变形，进而原桥台下沉。

在实际设计中，经过充分研究分析认为，只有采用带水头的钻孔灌注桩基础才是可行的方案；但桥下净空高度太小，不可能容纳钻机钻孔。因此在设计中采用了超宽的桩间距设计，配合大刚度桩间横梁处理的方案来解决这个矛盾。即在原桥梁两个侧面设置钻孔灌注桩，通过

一根刚度较大的异形盖梁来连接桥梁两侧的钻孔桩。为争取较大的过水面积，异形盖梁（板凳桥台）没有设在双排桩的中间，而是正对第一排桩的轴线，见图 2.7.5 所示。

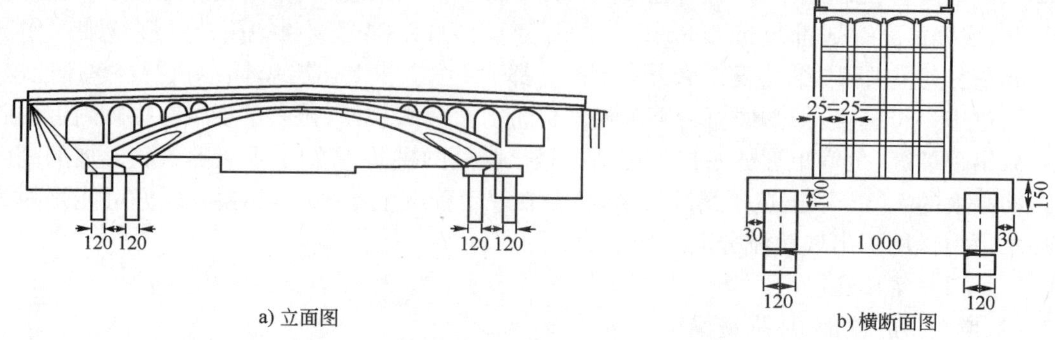

a) 立面图　　b) 横断面图

图 2.7.5　增设刚架拱片加固双曲拱桥（尺寸单位：cm）

采用这个方案可有效地解决钻机的架设问题；如果保证盖梁刚度有足够大，应该能控制超宽间距桩顶产生横向扭转。因此控制横梁刚度是本方案的一个设计重点。

（3）板凳盖梁的设计

加固方案的盖梁两侧桩间距达到 10m（在原桥宽度 7.5m 的基础上，加上预留的钻机工作宽度），盖梁主要由刚度控制设计。本工程刚度设计的控制条件计算如下。

①在最不利荷载作用下使桩顶的横桥向转角（盖梁下挠引起的桩顶转角与桩的纵桥向转角）值基本相等，用这个条件来拟定盖梁的截面尺寸。经过反复计算，得到拟定的盖梁尺寸，在盖梁跨中挠度为 5mm 时，达到上述要求。

②把盖梁跨中下挠 5mm 作为支座变形反加于上部结构上，计算加固后的桥梁在盖梁处下挠（实际计算时取 1cm）引起的结构次内力，用于荷载组合；进行结构的各部分强度验算。最终拟定盖梁高度为 1.5m，宽度为 1.7m。为协调刚架拱片的设置，在盖梁与刚架拱片相接部位作为异形处理。

（4）其他问题的处理

①新增刚架拱片与原拱肋的连接

为保证新增刚架拱片与原拱肋协同工作，首先在新增刚架拱片上的横梁位置预埋一块连接钢板（连接钢板尺寸 25cm×25cm），在原拱肋相应位置凿槽，使原拱肋主筋外露，待新刚架拱片合龙并达至设计强度后与连接钢板焊接。

②原肋波分离缝的闭合

设计中采用高强纯水泥浆灌填，对于缝宽较大地方适量地掺入铝粉（占水泥重量的 0.3%）。

③盖梁悬出部分末端与原台前墙待施工完成后采用细石子混凝土（C30）封填，以达到共同受力的目的

（5）维持通车的问题

刚架拱片采用分段预制、预留合龙段的施工方法进行施工，在刚架拱片没有合龙封闭前，由于支架的顶托作用，可以放行质量小于 8t 的车辆，并在桥上设置限速标志。所有拱肋进行一次性封拱，并在封拱混凝土内加入适量的早强剂，并掺入少量的铝粉，封拱混凝土强度等级为 C30。封拱时严禁机动车在桥面上行驶。待封拱混凝土强度达到 80%以上方可全面放行车辆。

5. 加固效果评价

该桥经过2个月完成施工，经多次现场检查，新增设的刚架拱片与原拱肋结合完好，重车作用下拱肋变形极小，不易观测到。桥台盖梁刚度较大；桥梁整体性良好。

经过该工程实践证明，在桥梁宽度不太大的情况下，由于原桥下工作面较小而不能安排钻机的，可以采用大刚度盖梁作为拱桥的拱座。只要对盖梁刚度作适当控制，其加固效果是可以达到设计预期的。

第四节 原拱肋下增设新拱肋加固主拱圈

一、加固机理

此方法是在原主拱圈的每片拱肋下再增设一道拱肋及基础，形成一座裸拱桥，以辅助有问题的上部结构共同受力。这实际上也是加大主拱圈截面的一种加固方法。

二、加固实例[27]

某钢筋混凝土等截面悬链线空腹式双曲拱桥，设计荷载为汽车—15级、挂车—80，桥面宽度为净—8.5m+2×1.5m(人行道)，单孔跨径为30m，桥梁全长157.2 m。该桥于1974年开工，1977年建成通车，并于2001年进行了维修加固。该桥由于采用民工建勤，边设计边施工，以及通车后长期失养，外表损坏较大。主要病害除桥面网裂、渗水，栏杆、人行道破损及其他附属工程损坏外，最严重的病害是东岸桥台刚完工后就出现下沉，致使该岸边孔拱顶下沉，拱肋开裂，桥梁安全隐患较大。经加固方案比选后，决定在东岸边孔每片拱肋下再增设一道拱肋及基础，形成一座裸拱桥，以辅助有问题的上部结构共同受力。结合东岸地基较高的特殊地形，在新形成裸拱桥的拱脚间增加几道纵梁及桩基础，以承受上部结构荷载并可传递邻孔的水平力，见图2.7.6所示。

该加固方法不但不会对邻孔增加水平力，而且可以承受水平力或将一部分邻孔的水平力传递到桥台，对新增基础的技术要求也可适当降低。

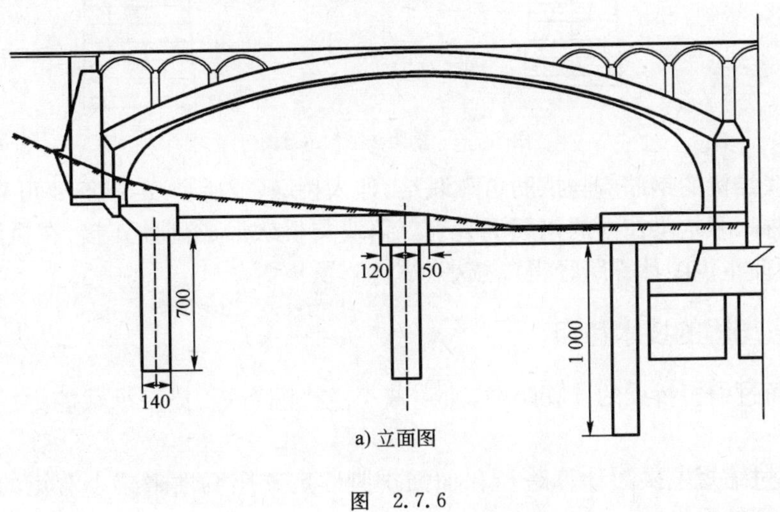

a) 立面图

图 2.7.6

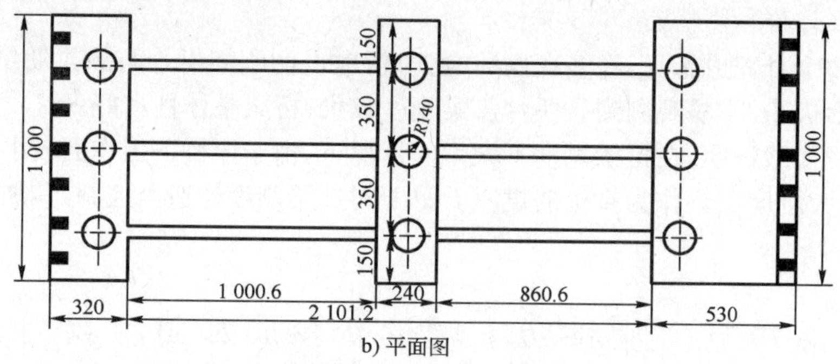

b) 平面图

图 2.7.6 原拱肋下增设新拱肋加固主拱圈(尺寸单位:cm)

第五节 缩跨法以提高主拱圈承载能力[28]

一、缩跨法加固机理

缩跨法的主要理论依据是通过减小计算跨径,使得主拱圈的最大弯矩减小以提高承载能力。缩跨法的技术措施如下。

(1)如图 2.7.7 所示,在桥墩上部浇筑一个包裹住桥墩、拱脚和拱脚附近部分拱圈的混凝土实体三角块,其中在拱肋和桥墩(或桥台)之间、相邻两跨的主拱圈之间布置钢筋,分别形成斜撑(暗撑)和联结梁(暗梁)。

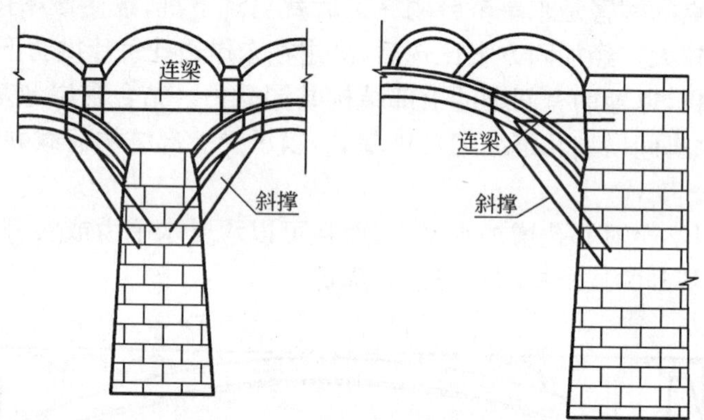

图 2.7.7 缩跨法结构示意图

(2)斜撑、联结梁的钢筋应与拱肋可靠联结,伸入桥墩(或桥台)的钢筋要可靠锚固。

(3)包括斜撑、联结梁在内的钢筋混凝土三角块与桥墩形成刚性连接,在拱脚处形成可靠的刚性区,从而使主拱圈计算跨径得以减小。

二、缩跨法加固的技术特点

缩跨法是通过缩短桥梁的计算跨径,达到减小主拱圈弯矩、提高承载能力的目的,其主要特点是:

(1)它是通过缩短主拱圈计算跨径和加强拱脚固定支座刚性来减小弯矩的,力学概念清晰,容易预测加固效果;

(2)不改变原有的主拱圈断面，便于进行验算；

(3)施工简便，工期较短，不需要中断桥面交通，加固后不影响桥下泄洪；

(4)节省材料与用工，经济效益较为显著。

三、缩跨法加固的适用范围

作为空腹式拱桥的一种加固方法，斜撑缩跨加固法也有一定的适用条件限制。在不同的情况下，可能需要做必要的处理。

(1)对于中小跨径的空腹式拱桥，不大的斜撑就可以明显缩短跨径，因此对于这类拱桥缩跨加固法比较适用。

(2)拱肋、拱波、拱板比较完好的空腹式双曲拱桥，只需要通过本方法加固，就可达到提高承载力的目的；如果主拱圈有重大损伤，则需要对主拱圈进行加固处理。

(3)对桥墩抗弯刚度较大的拱桥，使用本方法加固的机理比较明确；对于多跨而桥墩抗弯刚度较小的情况，则必须考虑连拱作用。

四、缩跨法加固实例

1. 桥梁概况

某公路桥是1971年修建的一座5孔跨径17.8m的钢筋混凝土空腹式双曲拱桥，全长为107.8 m，原设计荷载等级为汽车—13级、拖车—60，要求在加固改造后荷载等级提高到汽车—20级、挂车—100。经分析比较，决定对该双曲拱桥采用“缩跨加固”法，取得了良好的工程效果与经济效益。

2. 病害调查及结构检算

对该桥的观测、检查表明，拱轴线与原设计基本相符，主拱圈基本完好，拱肋拱波结合较好；未发现墩台基础的不均匀沉降、倾斜，仅横系梁混凝土有破损现象，且与拱肋结合处的钢筋大部分锈蚀。

静载试验结果表明，在原设计荷载下，拱顶挠度不到0.8mm，未发现拱肋有开裂现象；以汽车—20级、挂车—100荷载进行验算，结果表明在拱顶、$3L/8$处内力偏心距均超过规范规定的允许偏心距7%，在拱脚处的纵向力超过规范的材料设计强度15%，而其他部位验算均可通过。

根据上述分析认为：该双曲拱桥结构基本完好，对于原设计荷载有相当大的强度储备；对于汽车—20级、挂车—100荷载等级的承载能力不能满足要求，但相差不是很大。

3. 加固方法的确定

根据上述结果，本桥宜采取较为简单和经济的方法进行加固。为此，经过反复比较和研究，确定采用缩跨法进行加固提载。

本方案主要理论依据是：通过减小计算跨径，使得主拱圈的最大弯矩减小以提高承载能力。此外，在几何参数不变的情况下，无铰拱比两铰拱的最大弯矩要小。原桥由于拱脚构造上的问题，实际上不能完全保证拱脚支座为固定支座；按本方案加固后，形成了比较可靠的无铰拱结构，也有利于主拱圈最大弯矩的减小。

4. 加固后的承载能力验算

加固后计算跨径由原来的17.8m减小为15.8m，采用的验算荷载为汽车—20级、挂车—100。表2-7-1列出了主拱圈抗力效应验算的部分结果，分别是各种荷载组合条件下各个验算截面中弯矩出现最大值时的情况。

加固前后各截面最大弯矩变化情况比较　　表 2-7-1

截面	加固前后	M_{max} (kN·m)	N_{max} (kN)	偏心距 e(mm)	R_n (kN)	容许偏心距 e_0 (mm)
拱顶	加固后	113.7	1 125	0.101	1 578	0.128
	加固前	144.6	1 087	0.133	1 223	0.128
$\frac{3}{8}L$	加固后	121.9	1 128	0.107	1 513	0.128
	加固前	148.8	1 088	0.137	1 171	0.128
$\frac{1}{4}L$	加固后	102.9	1 075	0.096	1 622	0.128
	加固前	115.4	1 058	0.109	1 503	0.128
拱脚	加固后	−163.0	1 201	0.136	1 469	0.318
	加固前	−227.4	1 279	0.178	1 110	0.318

从验算结果可以看出，加固后主拱圈的受力状况得到改善，各截面弯矩最大值均得到明显削减，偏心距普遍减小，并且均在设计规范规定值之内。计算结果表明，采用缩跨法加固本桥后，可满足汽车—20 级、挂车—100 荷载等级的要求。

5. 静载试验结果

为了检验该桥经过加固后的承载能力及刚度，在加固工程完成后进行了荷载试验，并将试验结果与加固前进行了比较。检验项目如下：

(1)测量在不同试验荷载下各拱肋测点处的竖向位移；

(2)测定拱肋各指定截面的混凝土应力；

(3)拱肋的横向共同作用。

试验使用重车和轻车各 2 辆分为 2 行 2 列，车的轴距为 3.95m，横向车间距为 1.80m，纵向车间距 4.50m。加固前静载试验分 4 级加载，最大级别荷载为重车 175kN，轻车 127.5kN；加固后分 3 级加载，最大级别荷载为重车 200kN，轻车 142.5kN。静载试验结果证明，加固后的拱肋挠度在荷载增大的情况下，比加固前汽车—13 级荷载下的挠度有显著减小，表明加固后该双曲拱桥结构的刚度显著提高。

6. 加固效果评价

该双曲拱桥加固工程的实践表明，缩跨加固法是一种有效的加固方法。这种方法通过加设斜撑和连梁，在拱脚附近形成一个刚性区，缩短了主拱圈的有效跨径(计算跨径)，并保证了拱脚作为固定支座的刚性，从而减小了原桥的计算跨径，达到了减小主拱圈弯矩、提高承载能力的目的。

第六节　压抹混凝土加固双曲拱桥

一、大桥概况及结构检查

1. 原桥概况

袁河大桥位于江西省宜春市西村镇，跨越袁河，所连接的公路是宜春市西北区域的一条主

要县乡公路，交通量较大，对西村和邻近几个乡镇的经济发展和人民生活起着重要作用。该桥于1969年11月动工兴建，1971年元月竣工，同年5月1日正式通车。

袁河大桥全长150.24m，桥面净空：净—5.5m+2×0.25m(安全带)。上部构造：主桥为3孔净跨径35.28m等截面悬链线空腹式钢筋混凝土双曲拱，矢跨比 $f/L=1/6$，拱轴系数 $m=4.324$；主拱圈由5肋4波组成，总宽度6.14m，拱圈厚0.82m，每孔设有3道横隔板和12道横系梁，拱腔填料为黏土煤渣。

两岸引桥各为一孔跨径4m钢筋混凝土板拱。下部构造：扩大基础配重力式桥墩和U形桥台。桥梁原设计荷载：汽车—13级，拖车—60。

随着国民经济的不断发展，交通量逐年增加，且车辆吨位越来越大，大桥原设计荷载与实际车辆荷载相比明显偏低。由于大桥长期超载，且双曲拱桥的荷载横向分布性能不佳，导致主拱圈产生纵向裂缝，危及桥梁的营运安全。加固前，已在该桥桥头设置障碍，禁止大、中型车辆通行。

2.原桥的结构检查结果

为了全面了解大桥的病害情况和其产生的原因，对袁河大桥进行了全面的结构检查。检查结果及病害产生原因分析如表2-7-2所示。

桥梁存在主要病害及其产生原因分析表 表2-7-2

部位	存在的病害	产生原因分析
主拱肋（主桥）	(1)三孔主拱肋均出现局部混凝土剥落现象，相应主筋锈蚀较严重，部分主筋已完全锈断； (2)拱顶部分出现较细的横向裂纹	(1)船只和车辆装载过高，在通过桥下时撞击拱肋造成部分混凝土剥落，经长期风雨作用，钢筋产生锈蚀； (2)过桥重车大于桥梁设计荷载，造成拱顶局部开裂
拱波（主桥）	拱顶实腹段拱波纵向有较多裂纹，渗水较严重	(1)桥梁拱肋之间横向连接较薄弱； (2)桥面混凝土破坏严重，拱波受力不均匀
腹拱	腹拱拱圈局部出现纵横向裂缝，并产生渗水	桥面混凝土破坏严重，横向连接较差，通行车辆过重
副孔拱圈	(1)萍乡岸副孔拱圈有一条纵向贯穿的裂缝，横向在靠近宜春岸拱脚处有两条横向贯穿的裂缝，缝宽在1～4mm之间，渗水较严重； (2)萍乡岸副孔下游侧墙有较大裂缝，渗水严重	(1)桥面破坏严重，拱腔填料透水性较差； (2)拱腔填料为黏土煤渣，经水浸泡，膨胀，造成侧墙有较大裂缝； (3)通行车辆过重
桥面（包括引桥）	(1)主桥桥面铺装严重碎裂，纵向裂缝已贯穿，缝宽最宽达1.5cm，经雨水浸泡，拱腔填料产生唧泥，局部桥面已脱空； (2)萍乡岸引桥桥面严重下沉，下沉最大处达20cm以上，引桥台后侧面挡土墙有向外侧倾斜迹象，且挡墙侧面与正面出现较大裂缝，最宽处达2cm	(1)过桥车辆超过桥梁设计荷载； (2)桥面排水不畅(泄水孔间距较大；桥面为平坡；桥面垃圾较多、无人清理，堵塞泄水孔)； (3)桥面厚度较薄，强度低； (4)在桥墩中心处、桥台与引桥连接处未设置伸缩缝； (5)萍乡岸桥头引道与桥梁相接处突然产生变坡(由7%变为0%)，在此处车辆对桥面混凝土产生较大的冲击，致使该部分引桥桥面混凝土产生破坏

续上表

部位	存在的病害	产生原因分析
桥墩、桥台	(1)2号桥墩墩帽以下30cm左右出现一条贯穿的水平裂缝； (2)2号墩在上游侧有一条斜向裂缝由墩帽底伸向基础	(1)水流冲刷及挖砂船靠近挖砂等原因造成桥墩基底有局部冲空现象，并产生不均匀沉降； (2)船只行驶不当，对桥墩进行撞击
栏杆、扶手、安全带	(1)多根栏杆柱严重破碎，钢筋外露、锈蚀； (2)多根扶手混凝土剥落，钢筋外露、锈蚀，在桥墩墩中心处出现断裂； (3)安全带在桥墩中心处及桥台与引桥连接处发生断裂	(1)车辆在桥上会车，车身对栏杆柱及扶手产生挤刮而造成栏杆柱多处混凝土脱落、钢筋锈蚀； (2)在桥墩中心等处未设置桥梁伸缩缝，栏杆及安全带不能自由伸缩； (3)两跨的不均匀变形造成两跨连接处混凝土破碎
引道挡墙	(1)宜春岸引道挡墙上游侧距地面1m左右有一水平向裂缝，上游侧有一竖向裂缝，缝宽0.3mm左右； (2)萍乡岸引道挡墙两侧均有外倾现象，在挡墙与副孔连接处竖向裂缝贯穿，缝宽12cm左右，由中部向外拱出	挡土墙内填土透水性较差，桥面混凝土破坏和通行车辆直接作用，加上雨水渗入填料后膨胀对挡土墙产生向外推力

二、大修加固方案比选

1. 加固方案比选

袁河大桥主桥为三跨净跨35.28m钢筋混凝土双曲拱，两边各为1跨净跨为4m板拱引桥，在两岸引桥后均有一段引道，两侧均设置了挡土墙。表2-7-3分别针对不同结构部位和病害、缺陷提出两种加固方案供比选。

西村袁河大桥大修加固方案比选表　　表2-7-3

大修加固方案		加固理由
第一方案(推荐方案) (汽车—15级，挂车—80)	第二方案 (汽车—20级，挂车—100)	
一、拱圈 (1)对主拱肋混凝土剥落部位加钢板补强，并修复剥落的混凝土。 (2)将原实腹段内的横系梁全改为横隔板，其余横系梁每隔一根改为横隔板(共30根横系梁改为横隔板)。 (3)实腹段拱波底面锚固钢筋网，并压抹C30小石子混凝土厚6cm。 (4)空腹段的主拱圈顶面加钢筋网并浇筑10cm厚C30混凝土。 (5)对腹拱圈锚固一层钢筋网，并压抹6cm厚C30小石子混凝土。 (6)萍乡岸副孔拱圈底锚固一层钢筋网，并压抹6cm厚C30小石子混凝土	一、拱圈 (1)对主拱肋底面锚固一层钢筋网，并锚喷6cm厚C30混凝土。 (2)将所有横系梁改为横隔板。 (3)拱波底面锚固钢筋网并喷6cm厚C30混凝土。 (4)空腹段的主拱圈顶面加钢筋网并浇筑10cm厚C30混凝土。 (5)对腹拱圈锚固一层钢筋网，并锚喷6cm厚C30混凝土。 (6)萍乡岸副孔拱圈底锚固一层钢筋网，并锚喷6cm厚C30混凝土	(1)设计荷载的提高，主要靠主(腹)拱圈强度的增加来承担，因而应加大主(腹)拱圈截面。 (2)主拱圈整体刚度较差，横向联系不强，致使车辆通过有明显振感，考虑通过将原横系梁改为横隔板予以加强，使之达到提高荷载等级的目的

续上表

大修加固方案		加固理由
第一方案(推荐方案) (汽车—15级,挂车—80)	第二方案 (汽车—20级,挂车—100)	
二、桥面系 (1)凿除桥面混凝土,挖除拱腔内填料,换填碎石等透水性材料,采用钢筋混凝土桥面(每立方米混凝土内掺500kg钢纤维)。 (2)在每个腹拱墩顶、混凝土路面底加一根横梁(截面为30cm×30cm),路面混凝土与横梁之间布设两层油毛毡。 (3)恢复原泄水孔并加密桥面泄水孔(原两个泄水孔之间加一个泄水孔)。 (4)萍乡岸桥头引道与桥面之间的变坡点设置竖曲线。 (5)混凝土桥面在桥墩中心处及桥台和引道连接处均设置伸缩缝	二、桥面系 (1)凿除桥面混凝土,挖除拱腔内填料,换填碎石等透水性材料,采用钢筋混凝土桥面(每立方米混凝土内掺500kg钢纤维)。 (2)在每个腹拱墩顶、混凝土路面底加一根横梁(截面为30cm×30cm),路面混凝土与横梁之间布设两层油毛毡。 (3)恢复原泄水孔并加密桥面泄水孔(原两个泄水孔之间加一个泄水孔)。 (4)萍乡岸桥头引道与桥面之间的变坡点设置竖曲线。 (5)混凝土桥面在桥墩中心处及桥台和引道连接处均设置伸缩缝	(1)桥面直接承受车辆荷载的作用,加强桥面的刚度可提高拱圈的横向联系,因而铺筑钢筋混凝土桥面和在腹拱墩顶设置横梁有利于提高桥梁荷载等级。 (2)加密泄水孔有利于桥面排水,减少雨水对混凝土和拱腔填料的侵蚀。 (3)在变坡点处设置竖曲线,可减少车辆对桥面的冲击。 (4)设置伸缩缝可减少桥面等上部构造因温差引起的内力
三、栏杆、扶手、安全带 (1)对破碎较严重的栏杆立柱及扶手的混凝土全部凿除,更换立柱钢筋后恢复立柱。 (2)对破碎不严重的栏杆柱、扶手粉抹水泥砂浆恢复原样。 (3)在设置伸缩缝处,将原扶手断开,单栏杆柱变为双柱。 (4)安全带在设置伸缩缝处亦设置伸缩缝	三、栏杆、扶手、安全带 (1)对破碎较严重的栏杆立柱及扶手的混凝土全部凿除,更换立柱钢筋后恢复立柱。 (2)对破碎不严重的栏杆柱、扶手粉抹水泥砂浆恢复原样。 (3)在设置伸缩缝处,将原扶手断开,单栏杆柱变为双柱。 (4)安全带在设置伸缩缝处亦设置伸缩缝	栏杆柱、扶手、安全带亦应预留伸缩缝,可减小上部构造因温差引起的内力
四、桥梁墩(台) (1)对2号桥墩(萍乡岸)先初步采用抛石法加固基础,待枯水季节查明基础实际情况后,再根据实际情况进一步采取措施进行加固。 (2)在枯水季节对1号、2号墩墩身锚固一层钢筋网,并立模现浇(外包)15cm厚C30混凝土。 (3)0号桥台(宜春岸)两侧应挖出排水边沟,并采用浆砌片石砌筑	四、桥梁墩(台) (1)对2号桥墩(萍乡岸)先初步采用抛石法加固基础,待枯水季节查明基础实际情况后,再根据实际情况进一步采取措施进行加固。 (2)在枯水季节对1号、2号墩墩身锚固一层钢筋网,并立模现浇(外包)15cm厚C30混凝土。 (3)0号桥台(宜春岸)两侧应挖出排水边沟,并采用浆砌片石砌筑	桥梁墩(台)是桥梁的支柱,墩(台)的不均匀沉降等会引起桥梁各个部位产生破坏

2. 大修加固推荐方案

针对西村袁河大桥现已查明的病害和存在的缺陷,以及是否提高大桥的承载能力和标准,提出了两种方案进行比选。推荐方案的大修加固理由和原则为:原桥行车道只有5.5m,无人行道，且位于集镇附近，混合交通量大，按现行桥梁设计规范规定只能行驶一列汽车，加上大桥全长达150m，桥上会车势必造成交通阻塞、易引起交通事故等不良社会影响，且该桥在设计、施工中即存在一些缺陷。因而建议该桥近期按设计荷载汽车—15级、挂车—80进行病害处理和大修加固，以维持目前的交通通行需要，并同时积极着手筹建一座能够满足当地经济发展和交通运输需求的新桥。袁河大桥加固总体布置图见图2.7.8所示。

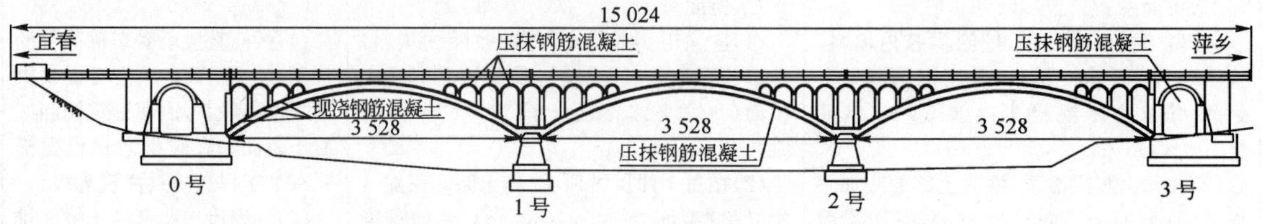

图2.7.8　袁河大桥加固总体布置图(尺寸单位:cm)

三、大修加固设计要点

1. 大桥加固设计标准

(1)设计荷载:汽车—15级,挂车—80。

(2)桥面净宽:净—5.5m+2×0.25m(安全带)。

2. 大修加固设计要点

(1)主桥主拱圈和副孔拱圈

袁河大桥主桥为三孔净跨径35.28m空腹式钢筋混凝土双曲拱桥，该种桥型的主拱圈整体受力性能较差，横向联系不强，横向刚度较弱，因而在车辆通过大桥时有明显振感，并产生有关病害。大桥加固设计通过以下措施予以加固和补强(见图2.7.9)：

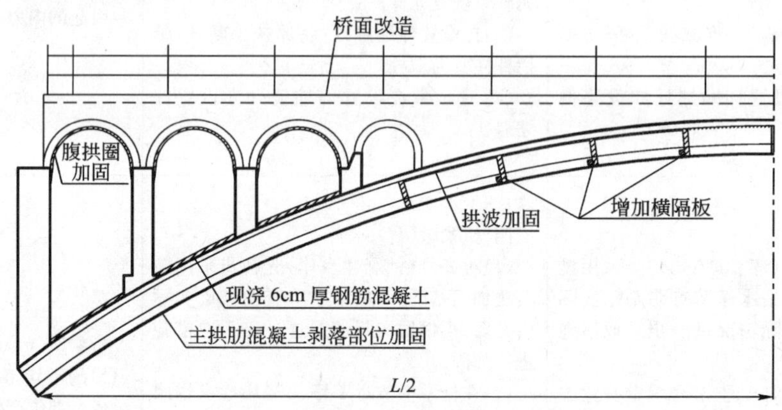

图2.7.9　主桥上部结构加固图

①对主拱肋混凝土剥落部位的主筋和箍筋分别用钢筋连接起来(焊接接头)，并修复剥落部位的混凝土，将外露主筋和箍筋保护起来；

②将实腹段内的横系梁全部改为横隔板，其余部位的横系梁每隔一根改为横隔板(全桥共计96根横系梁改为横隔板)；

③实腹段拱波底面锚固钢筋网，并压抹厚3cm的C30小石子混凝土；

④空腹段的主拱圈顶面现浇厚6cm的C30钢筋混凝土；

⑤在各腹拱圈底面锚固一层钢筋网，并压抹厚4cm的C30小石子混凝土；

⑥对萍乡岸副孔(跨径4m)拱圈底面锚固一层钢筋网，并压抹厚4cm的C30小石子混凝土。

(2)桥面系

桥面不仅承受车辆等荷载的直接作用，而且通过它将荷载传递给桥梁的承力结构，同时要求平整度较好，以利行车舒适和排水通畅。现袁河大桥桥面破碎、积水，亟待重建。

①凿除桥面混凝土，挖除部分拱腔填料并整平，现浇10～15.5cm厚贫混凝土基层(调平层)，其上现浇15cm厚钢筋混凝土桥面(内掺钢纤维)。

②恢复并加密桥面泄水孔(原两个泄水孔之间加设一个泄水孔)，确保桥面水及时排出桥外。

③混凝土桥面在桥墩中心处及桥台处均增设伸缩缝。

④萍乡岸桥头引道与桥面之间的变坡点设置竖曲线，并修建一段引道，以减少车辆对桥面的直接冲击。

(3)栏杆、扶手、安全带

①将破损较严重的栏杆立柱及扶手凿除掉，更换立柱钢筋后恢复立柱和扶手。

②对破损不严重的栏杆柱、扶手粉抹水泥砂浆，恢复原样。

③在设置伸缩处将安全带凿开并设置伸缩缝(安全带上设置沥青麻絮伸缩缝)，同时将扶手断开，在伸缩缝两侧分别设置栏杆柱，且恢复扶手。

(4)桥墩、桥台

①对2号桥墩(从萍乡岸起算)先初步采用抛石法加固基础，待枯水季节查明基础实际情况后，再根据实际情况进一步采取措施进行加固处理，避免桥墩的不均匀沉降引起桥梁其他部位的破坏。

②在枯水季节对2号桥墩墩身锚固一层钢筋网，并立模现浇(外包)厚10cm的C30混凝土。

③宜春岸0号桥台两侧挖出排水边沟，并采用浆砌片石砌筑(边沟尺寸为40cm×40cm)。

(5)加固设计相对加固推荐方案所作的调整说明

①袁河大桥主桥为3孔净跨35.28m空腹式钢筋混凝土双曲拱桥，该种桥型的主拱圈由于横向联系不强，横向刚度较弱，因而整体受力性能较差，亦是大桥的主要病害根源。所以，加固设计通过将原实腹段内的横系梁全改为横隔板，其余部位横系梁每隔一根改为横隔板，以增强各拱肋间的联系；通过重建钢筋混凝土桥面(内掺钢纤维)，并在其下修筑10～15.5cm厚贫混凝土基层(方案中为换填碎石等透水性材料，但其整体性不如贫混凝土，且不能在桥上碾压，而贫混凝土易施工，故予以调整)，以增强大桥的整体性能，改善了大桥的荷载横向分布性能。

②对主拱肋局部混凝土剥落和钢筋锈蚀与断开部位进行补强和修复。加固方案采用的是粘贴钢板和修补混凝土，施工图设计时考虑到粘贴钢板施工难度大，故改为将断开的主筋和箍筋分别用钢筋连接起来(采用焊接接头)，并采用环氧混凝土修复剥落部位，将外露主筋和箍筋保护起来。此方法的变更，既方便了施工，又能确保补强质量和效果。

③主桥实腹段拱波底面和空腹段腹拱圈顶面，以及萍乡岸副孔拱圈底面采用锚固钢筋网，并压抹混凝土，其目的是通过锚固钢筋网以增加正弯矩区拱板截面的抗拉能力，压抹混凝土则主要起到连接和防锈作用。所以，施工图设计对方案中的压抹混凝土厚度分别减少，主要理由

是在保证大修加固工程质量和效果的前提下，尽量方便施工，因为压抹混凝土过厚，施工分层就多，时间就长，自重亦要增加。但调整厚度后，施工时应将钢筋网贴紧拱圈底面，使钢筋的混凝土保护层尽量厚一点。

④主桥空腹段主拱圈顶面锚固钢筋网并现浇混凝土，其目的是通过锚固钢筋网以增加拱脚负弯矩区拱圈的抗拉能力，现浇混凝土主要起到连接和防锈作用。因而，施工图设计将方案中现浇混凝土厚 10cm 改小为 6cm。

⑤本施工图设计增加了萍乡岸引道的路基路面工程，其目的是有效改善引道和桥面的连接，以减少车辆对桥面的直接冲击，确保大桥能正常、安全地使用。

四、大修加固施工要点及工艺要求

(1)主拱肋混凝土剥落部位，待主筋与箍筋被焊接连接后，应及时采用小石子混凝土(内掺环氧树脂)修补并恢复到原设计尺寸。

(2)主拱圈实腹段拱波、增加横隔板的现浇湿接头、腹拱圈及萍乡岸副孔拱圈等加固施工时，应尽量将旧混凝土表面拉毛，并在压抹混凝土前将表面冲洗干净，且充分湿润，从而确保新、旧混凝土充分黏结。现场压抹小石子混凝土(碎石最大粒径 1cm)时，压抹力度以混凝土能和锚固的钢筋网及旧混凝土有效黏结、不掉落为宜。施工之后，要及时喷水养生一段时间，确保压抹混凝土的强度形成和不开裂。

(3)主拱圈空腹段背部现浇混凝土加固层施工。应将旧混凝土表面凿毛并冲洗干净；现浇混凝土前将旧混凝土充分湿润；浇筑的混凝土尽量振(或插)捣密实。

(4)桥面铺装层的贫混凝土基层施工，宜采用平板式振动器振捣密实、平整，且形成以桥中心线为界的双向 2%的横坡。

(5)桥面铺装层混凝土在拌和制配时，掺入钢纤维，以增加桥面混凝土的抗拉能力和改善荷载横向分布性能。

(6)在施工桥面的贫混凝土基层和桥面混凝土之前，应将增加的泄水管和原来的泄水管安置和恢复好，桥面施工时应确保其位置和今后能有效排水。并切实预埋好各伸缩缝的预埋件，预留好安装伸缩缝的位置，确保尺寸准确。

(7)本桥 2 号墩身采用外包钢筋混凝土加固，实施时应将墩身表面凿毛并冲洗干净，设置好锚杆并和增加的钢筋网焊接牢固。浇筑混凝土前，将墩身混凝土充分湿润；浇筑后注意喷水养生。

(8)大桥 2 号桥墩基础被冲空，先采用抛石临时加固，待枯水季节查明实情后，再根据实际情况作进一步有效处理。

(9)为确保大桥能正常、安全地使用，本大修加固设计考虑将大桥两头引道进行改建，如工程经费许可，应尽量安排和实施好。

五、加固效果评价

(1)袁河大桥经大修加固后通车营运已十余年，经跟踪观察，加固效果良好，达到加固设计要求。

(2)萍乡岸引道经同步施工改善后，较大程度地改善了该引道与主桥的衔接，实际使用情况非常好。

第七节　植筋法修复主拱肋实例

一、桥梁概况

(1)江西省鄱阳县某空腹式双曲拱桥，于1975年建成通车。原设计荷载为汽车—13级、拖车—60，桥面净空为净－6.5m＋2×0.75m(人行道)，桥梁全长为136.65m，上部构造为1孔净跨径40m＋1孔净跨径70m的双孔不等跨变截面悬链线钢筋混凝土双曲拱。下部构造为明挖扩大基础配履齿式桥台与重力式桥墩。

(2)该桥40m跨径桥孔的上部构造由4片拱肋通过横系梁与拱波组成，净矢高为610cm，净矢跨比为1/6.6，拱轴系数m=1.756。主拱圈截面由拱肋(高55cm)、拱波(总高为62cm)、填平层(高10～20cm)组成，主拱肋中至中间距为256cm；拱肋为300号混凝土(原标号)，拱波和填平层为250号混凝土(原标号)。拱波净跨为224cm，施工时将拱波分成宽30cm的块件预制安装。两拱肋间按拱轴等弧长划分为15等分，共设置了14根横系梁或横隔板。侧墙为200号混凝土(原标号)，仅在边肋附近设有少量填料，在主(腹)拱圈顶部，桥面板直接搁置于拱顶；桥面铺装层为10cm厚的200号(原标号)钢筋混凝土。

(3)该桥70m跨径的桥孔亦由4片拱肋组成，净矢高780cm，净矢跨比1/9，拱轴系数m=1.756。主拱圈截面由拱肋(高75cm)、拱波(总高62cm)、填平层(高12～20cm)组成，其中拱肋为300号混凝土(原标号)，拱波和填平层为250号混凝土(原标号)。拱波净跨为224cm，施工时将拱波分成宽30cm的块件预制安装。两拱肋间按拱轴线等弧长划分为26等分，共设置了25根横系梁(或横隔板)。侧墙为200号混凝土(原标号)，桥面铺装为10cm厚的200号钢筋混凝土，亦直接搁置于主(腹)拱圈顶。

(4)下部构造桥台为履齿式桥台，前墙采用200号(原标号)混凝土，侧墙、撑墙为80号(原标号)水泥砂浆砌片石，台帽采用200号(原标号)混凝土，底板用200号混凝土(原标号)浇筑，齿槛深120cm。桥墩为重力式桥墩，下部为实体墩，用200号混凝土(原标号)包片石，底板为履齿式，上部为200号混凝土(原标号)小拱墩。

二、结构检查及现状评定结论

通过对该桥全面的现场结构检查、室内分析和评定，主要结论如下。

(1)主拱圈结构和细部尺寸基本符合原设计值，桥面纵坡与原设计值相差较大，其主要为施工过程中的设计变更所产生。

(2)主拱肋未发现肉眼可见裂缝，但部分拱肋存在局部混凝土剥落、钢筋锈蚀严重等病害，已影响到大桥的承载能力和使用耐久性，应对该部分病害进行加固防护处理。

(3)主拱圈横系梁较少且截面积小，全桥整体受力性能较差，应采取措施加强大桥的横向整体性。

(4)桥面破损较严重，使车辆过往产生较大冲击力；桥面平坡不利桥面排水，建议凿除全部原桥面再重新浇筑钢筋混凝土桥面。

(5)部分人行道栏杆破损严重，危及行人安全，应对全桥破损栏杆进行修复或更换。

(6)腹拱墩立柱断裂、移位等病害较严重，已超出规范允许值，影响大桥的承载能力和营运安全,应及时加固修复。

(7)腹拱墩横梁贯穿裂缝较多,承载能力差,使腹拱圈受力不均匀,应采取加固修复措施。

(8)腹拱圈纵向裂缝较多,横向整体受力性能较差,应予以加固。

(9)桥面伸缩缝未正确设置,桥面及腹拱无法正常伸缩而产生较多病害,严重影响了桥梁结构的正常使用,建议重新正确设置伸缩缝。

(10)两岸桥台侧墙与前墙均存在较大的斜向裂缝及竖向裂缝,必须采取加固措施予以修复。

三、加固维修设计技术标准

(1)桥梁加固维修设计荷载标准:汽车—15 级,挂车—80,人群 3.5kN/m^2。

(2)桥梁净空:净－6.5m＋2×0.75m(人行道)。

四、加固设计要点

(1)结构检查结果显示,主拱圈大面积蜂窝麻面,拱肋拱脚段附近多处混凝土局部碎裂,钢筋外露、锈蚀严重,拱肋及拱波上均存在少许沿桥轴向的纵向裂缝。本次加固通过以下几个措施恢复主拱圈的受力性能(见图 2.7.10)。

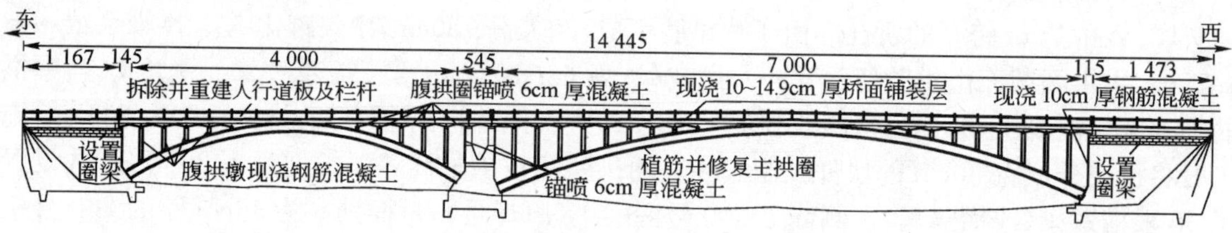

图 2.7.10 加固总体布置图(尺寸单位:cm)

①对蜂窝麻面严重、混凝土局部碎裂部位进行修复;将松散及局部破损部位的周边混凝土轻轻凿除;对已锈蚀的钢筋先除锈,并采用植筋法恢复其原有配筋率,再用环氧树脂混凝土恢复至原设计截面尺寸;

②对纵向裂缝进行修补。

(2)腹拱圈经结构检查发现存在较多的纵向裂缝,影响了腹拱圈的整体受力性能,因而采用在腹拱圈下缘锚固钢筋网后锚喷混凝土的方法进行加固。

(3)原有桥面大面积磨损、纵向呈锯齿状,两岸桥台、桥墩处桥面混凝土碎裂,严重影响行车。因此,本次加固在原桥面上重新铺设 10～14.9cm 厚 C40 防水混凝土铺装层(为使行车平顺统一设置纵坡与横坡),以使车辆行驶平顺。

(4)经检测,桥墩上腹拱墩身倾斜严重,且西岸的腹拱墩墩身西侧与主墩连接处产生横向贯穿裂缝,分析系因温差产生热胀冷缩所引起,因此本次加固在两岸桥台及桥墩上两腹拱墩墩顶各设置一道浅埋式伸缩缝(共 4 条)以满足腹拱与桥面的伸缩(应恢复伸缩缝处的预留槽宽为 4cm)。对墩身开裂处设置骑缝钢筋,并浇筑 10cm 厚的混凝土对腹拱墩墩身进行加固补强。

(5)两岸桥台前墙与侧墙裂缝较多且宽,部分部位已完全断裂并发生错位。本次加固在桥台台帽下缘设置一道钢筋混凝土圈梁,约束前、侧墙的进一步变形;对裂缝采用骑缝钢筋进行锚固,并在桥台前、侧墙上现浇(外包)一层 10cm 厚的混凝土。

(6)现场检测结果表明，大桥人行道基本与行车道相平，且局部人行道构件损坏严重，已严重威胁到桥上行驶车辆及过往行人的安全，因而本次加固拆除全部人行道构件后，重新设置人行道，使人行道较行车道边缘高 25cm。

五、加固维修施工要点

1. 腹拱圈采用锚固钢筋网后再喷射混凝土进行加固，施工时应严格按照锚喷工艺要求进行

2. 植筋法修复主拱圈

(1)施工工艺流程

①轻轻凿除蜂窝麻面严重、局部碎裂处的周边混凝土，使钢筋全部露出；

②用钢丝刷清除钢筋及混凝土表面上的铁锈和灰尘，在已锈断的钢筋旁加焊同样规格的钢筋以达到原有配筋率；

③设置模板，浇筑环氧树脂混凝土恢复至主拱圈原尺寸。

(2)施工注意事项

①凿除混凝土时，若该部位的钢筋未锈断，则仅需凿至钢筋周围 2.5cm 左右混凝土为止；若该部位的钢筋已锈断，则钢筋露出的长度应满足加焊焊接长度及所需工作面的要求；

②浇筑环氧树脂混凝土恢复至主拱圈原尺寸之前，须将待浇筑部位清洗干净，再在处理好的混凝土和钢筋上均匀地涂上一层环氧树脂胶液，以保证钢筋与混凝土的黏结性能。

3. 腹孔墩大修加固

(1)施工工艺流程

①对腹孔墩柱及横梁表面进行凿毛、清洗，对外露并已锈蚀的钢筋除锈；

②在腹孔墩柱表面钻孔，安置钢筋网；

③搭设模板，浇筑混凝土。

(2)施工注意事项

①对已锈蚀的钢筋除锈时，需将周边已碎裂的混凝土轻轻凿除，直至露钢筋周围 2.5cm 左右新鲜混凝土为止，而后用钢丝刷将钢筋上的锈迹去除；

②安置钢筋网和浇筑混凝土前须将腹孔墩、横梁凿毛并清洗干净，以保证新老混凝土的良好结合；

③安装现浇混凝土模板时，在靠墩顶 30cm 高范围内不安模板，待其余部分混凝土浇筑完毕后，该部分混凝土与腹拱圈底部混凝土一同锚喷。

4. 桥墩锚喷前应将接触面进行凿毛并清洗干净，以增强新老混凝土的接触

参考文献

[1] 黄小洛.公路桥梁加固方法及其实例[1].公路，1988(9).

[2] 谌润水，胡钊芳，帅长斌.公路旧桥加固技术与实例.北京：人民交通出版社，2002.

[3] 庞俊成.双曲拱桥拓宽改造新思维.中南公路工程，2002(1).

[4] 中华人民共和国行业推荐性标准.JTG/T J22—2008　公路桥梁加固设计规范.北京：人民交通出版社，2008.

[5] 薛兴伟.钢板碳纤维组合加固双曲拱桥应用技术研究.广州：广东工业大学，2005.

[6] 楼庄鸿，娄有原．关于双曲拱主拱圈截面特征的问题．公路交通科技，1989(1)．
[7] 王其祥．扩大拱肋截面加固双曲拱桥．公路交通科技，1997(4)．
[8] 黄秀凤，孙振海．加大截面法在双曲拱桥加固中的应用．西部交通科技，2007(5)．
[9] 江西赣路交通设计研究有限公司．萍乡市西门韶井大桥加固工程设计．2008，6．
[10] 孟庆贺，王统宁，林炳伟．在役双曲拱加固技术//中国公路学会桥梁和结构工程分会2005年全国桥梁学术会议论文集．2005．
[11] 贯成龙．碳纤维技术在双曲拱桥加固工程中的应用．南京市政，2004(4)．
[12] 周建庭，刘思孟，李跃军．石拱桥加固改造技术．北京：人民交通出版社，2008．
[13] 宋健．粘钢法在双曲拱桥加固中的应用．内蒙古公路与运输，2006(4)．
[14] 沈明燕，盛兴旺，钟新谷．古丈南门双曲拱桥的承载能力评估及粘钢加固设计．建筑技术开发，2006(1)．
[15] 于玲平，徐建东．双曲拱桥和石拱桥的维修加固与拓宽．北京交通管理干部学院学报，2000(2)．
[16] 李建成．钢筋混凝土双曲拱桥的病害机理分析及加固策略研究．兰州交通大学学报：自然科学版，2007(6)．
[17] 张征文，江根明，王巍．改变结构体系法加固双曲拱桥的设计及承载力评价．建筑施工，2007(11)．
[18] 梁辉如．鱿鱼头双曲拱桥的加固．公路与汽运，2005(4)．
[19] 张云．公路双曲拱桥加固方法的研究．南宁：广西大学，2006．
[20] 霍三胜．谈双曲拱桥加固新法——半箱形拱法．山西交通科技，2001(增刊)．
[21] 胡波，李子臣．体外预应力加固双曲拱桥工艺．山东交通科技，2001(3)．
[22] 朱胜东，魏化宇，孙佳友．用体外预应力法加固双曲拱桥上部构造．中南公路工程，1994(2)．
[23] 夏伟．双曲拱桥病害类型及加固方法研究．合肥：合肥工业大学，2006．
[24] 张劲泉，魏洪昌，徐岳，等．公路旧桥加固成套技术及工程实例．北京：人民交通出版社，2007．
[25] 王荣辉，周建春，邱波．双曲拱桥加固新方法//中国公路学会桥梁和结构工程学会2002年全国桥梁学术会议论文集．北京：人民交通出版社，2002．
[26] 赵海涛，龚晓利，林炳伟．采用板凳法加固拱桥的设计与实践//中国公路学会桥梁和结构工程学会2002年全国桥梁学术会议论文集．北京：人民交通出版社，2002．
[27] 朱新实，徐传伦，徐建东．对双曲拱桥拱顶下沉的维修加固方法．华东公路，2002(2)．
[28] 袁海庆，王佶，卢哲安．双曲拱桥的缩跨加固方法及应用．武汉理工大学学报，2002(6)．
[29] 刘晋华．双曲拱桥的现状及处治对策．山西交通科技，2005(3)．

第三篇

拱上建筑的加固与改造

双曲拱桥的拱上建筑有多种形式，从外形来看有空腹式和实腹式拱上建筑，从结构角度来看有拱式拱上建筑和梁式拱上建筑。这些拱上建筑形式不仅起到美观的作用，还可减轻桥梁自重从而减小主拱圈的负担，达到优化桥梁结构受力的作用。作为联系主拱圈与桥面系的关联结构，若其出现病害，将会对桥梁的整体稳定性以及受力状况产生相当大的影响。由于现有双曲拱桥修建时设计水平和技术标准相对而言均较低，所以拱上建筑对于目前的交通状况及荷载要求来说，显得相对薄弱；且在长期的运营过程中缺乏系统维修养护，使之成为了现存双曲拱桥病害高发的结构部分。通过大量的现场检测工作，并结合其他检测人员的检测成果综合来看，现有双曲拱桥的拱上建筑鲜有不出现病害者，且病害种类多样，危害程度不一，给桥梁的安全使用埋下隐患，需要采取适当的技术措施进行处理。但处理有关病害所采用的技术措施因具体桥梁功能和病害的不同而有所不同。

第一章 拱上建筑的加固技术

双曲拱拱上建筑主要包括腹拱圈(或简支板、连续板等)、腹拱墩、腹拱墩帽(或盖梁)、拱上侧墙等。拱上建筑各构件加固技术的应用在其他各篇、章均有提及,本章重点就各种加固技术的原理进行阐述,相关的工程应用情况可参见其他实例。

第一节 外包混凝土法加固腹拱墩

外包混凝土法是在原结构的表面外包一层钢筋混凝土,参与并改善原结构受力性能的一种方法。在旧桥加固中,外包混凝土法是一种较为常用的加固方式,它具有操作方便、技术简单、容易掌握等优点。无论是墙式腹拱墩还是排架式腹拱墩出现病害,都可以采用外包混凝土法予以加固,加固效果比较明显。

一、外包混凝土法机理简介

外包混凝土可增大结构构件截面,具有加强结构整体性和稳定性,提高构件强度、刚度等方面的作用,能有效改善腹拱墩的受力性能和稳定性。

二、混凝土破坏机理[1]

要了解外包混凝土如何达到提高构件强度、刚度并有效改善结构受力性能等目的,需先对混凝土的破坏机理有一定的认识。

关于混凝土构件在压力作用下破坏机理的理论中,目前国际上较为一致的观点是:

(1)混凝土的破损始于构件内加载以前已存在的初始缺陷——裂隙或微裂缝;

(2)混凝土在外荷载的作用下,内部的微裂缝[不论其所在部位是粗集料与水泥石的结合面(界面),还是在水泥石基材中)由于应力集中而不断扩展,导致了混凝土材料的破坏;

(3)混凝土承受轴向(纵向)荷载后,其横向将产生拉伸应力和应变,当其达到极限后即引起混凝土的破坏,这是混凝土受压破损的力学特征。

蒋家奋、汤关祚等通过对混凝土受压破损过程、本质以及变形与破损关系的研究,得出以下启示:如果能采用有效的方法约束或限制混凝土在受压下的横向拉伸应变,就是限制或约束了混凝土内部微裂缝的扩展和延伸,使混凝土内部结构在较高的轴向荷载作用下仍能保持连续性,从而提高混凝土的抗压强度,最终提高结构的承载力。这就是三向受压混凝土强度提高的微观机理,混凝土在三向受压状态下的强度提高是此机理的宏观表现。

三、套箍效应[2]

正是基于混凝土破坏机理的认识，人们提出了外包混凝土法(又称套箍法)加固承压混凝土构件。外包混凝土层不仅自身参与结构的受力，起到分担荷载的作用，还能对原构件实现两向或三向环包。当原结构处于三向受压状态时，由于侧压限制，使得原结构内部裂缝的产生和传播发展受到阻碍；荷载作用下结构稳定裂缝的传播扩展即将开始，但因侧压限制而被延缓和推迟，达到提高构件承载能力和增强构件稳定性的目的。这种效应又称之为套箍效应。

周建庭等对套箍效应的产生进行了理论分析，并结合混凝土三向受压试验的结果，证明混凝土结构在处于三向受压时，由于套箍效应，无论是处于何种情况，其强度均会有较大幅度的提高。

因此，采用外包混凝土法(又称套箍法)对空腹式双曲拱桥的腹拱墩进行加固，能够有效提高腹拱墩的刚度和强度，增强其抗压能力，并改善结构的整体稳定性。

四、加固设计要点与注意事项

(1)外包混凝土内应设 1 层(或 2 层)钢筋网，并与锚筋焊接；锚筋应锚于原结构内，以加强新旧结构间的连接。

(2)外包混凝土厚度一般为 10～30cm，根据结构计算结果以及方便施工等因素综合确定。

(3)若只考虑对腹拱墩进行外包混凝土处理，因腹拱墩截面的增大，全桥结构的自重也将增加，主拱圈受力状况将受此影响而发生变化。所以，需按设计荷载对全桥进行建模验算，必须确保腹拱墩进行外包混凝土处理后，不会影响到主拱圈的安全使用；否则需对主拱圈进行相应加固处理。

(4)为避免加固后主拱圈或桥墩受力不均匀，无论是单孔的双曲拱桥还是多孔的双曲拱桥，对腹拱墩外包混凝土的处理必需进行对称设计，即每跨两边的腹拱墩需要对称加固设计，且全桥总体上也需要对称设计。若多孔双曲拱桥设有单向墩，可考虑各单向墩之间、或是单向墩与桥台之间的相对对称设计。严格禁止不对称加固。

(5)若腹拱墩病害的出现是由侧墙或是桥面的病害所引起的，在设计时还需考虑对这些部位同时进行加固或维修，以避免腹拱墩加固后再出现类似病害。

五、施工方法及工艺

(1)将原腹拱墩表面凿毛并清洗干净、充分湿润。

(2)按设计位置在腹拱墩上钻取并清洗锚孔。需注意的是，若原腹拱墩为钢筋混凝土结构，钻孔时可做适当的孔位调整以避开原结构内钢筋；若原腹拱墩为砌石筑成，则需将锚筋锚于原砌缝内，切不可将锚孔钻取在砌石中。

(3)向锚孔内注入环氧树脂砂浆或植筋胶等黏结材料。

(4)植入锚固筋。

(5)待环氧树脂砂浆形成一定强度后(一般常取设计强度的 70%)，方可绑扎钢筋网，通常要求钢筋网定位后与锚筋点焊或绑扎以固定钢筋网。

(6)立模(可由下至上分段浇筑)。

(7)浇筑混凝土。

(8)养生。

(9)施工时应确保对称施工,不可一侧单独施工。

(10)若加固设计中对桥梁下部结构的基础和主拱圈也要进行加固,应在下部结构和主拱圈加固完成后再进行腹拱墩的加固。

第二节 改排架式腹拱墩为墙式腹拱墩

排架式腹拱墩是空腹式双曲拱桥中一种常见的腹拱墩形式。它是一般由立柱、横系梁、盖梁及底梁等部分组成的横桥向框架结构。

一、改排架式腹拱墩为墙式腹拱墩机理简介

排架式腹拱墩属于框架形式,一般由 3 根(或以上)立柱和 1 道(或以上)横系梁构成。排架式腹拱墩位于桥面系与主拱圈之间,是两者的联系构件,也是传力构件。排架式腹拱墩具有立柱截面小、自重轻的优点,能够一定程度上减少主拱圈承受的轴向力和弯矩,但是自身刚度相对较小。排架式腹拱墩常与梁板式或微弯板式腹孔配套使用。

排架式腹拱墩主要承受来自上部结构的自重和桥面上的活荷载,以及由桥面车辆冲击所引起的振动。由于排架式腹拱墩自身刚度相对较弱,因此容易出现裂缝等病害。若能采用有效的方法对排架式腹拱墩进行加固处理,以达到提高其刚度和强度、增强其对上部荷载的承受能力和对冲击振动的抵抗能力的目的,在加固维修(特别是有提载要求)的设计中就能很好地利用原构件进行改造,而不需要拆除重建,同时亦能节约加固成本。

正是基于这一目的,改排架式腹拱墩为墙式腹拱墩的加固处理措施不失为一种有效的加固方法。改为墙式腹拱墩后,与排架式腹拱墩相比,可较大地增加墩身截面面积,从而有效提高腹拱墩的刚度和强度,并且从根本上改变了原排架墩构件的受力体系。原排架墩的立柱、系梁、盖梁所承受的压力、剪力和弯矩等将由整体墙式腹拱墩承受,应力集中现象和局部的应力峰值基本消失,最大限度地改善了整个腹拱墩的受力状况,亦使得腹拱墩的承压能力得到长足的加强,同时也提高了构件的稳定性。

二、加固设计要点与注意事项

(1)改排架式腹拱墩为墙式腹拱墩不需要拆除原墩身,只需在原排架墩的框架内浇筑新的混凝土,并使之与原构件结合为整体,以求达到改变构件结构体系、重新分配内力的目的。

(2)设计时需进行加固前、后的结构计算,依据计算结果和设计要求确定浇筑混凝土的范围和面积(有的仅需对立柱进行增大截面的处理即外包混凝土,而不需要将整个腹拱墩改为墙式),设计时需考虑预留过人孔。

(3)新浇筑的混凝土内必须设置锚筋,锚筋端头锚于原结构内(若原立柱和系梁等构件截面厚度较小,可考虑穿过),以加强新旧混凝土间的连接,达到共同受力的目的。

(4)按加固设计荷载对全桥进行结构验算,必须确保腹拱墩进行加固处理后,不会影响到主拱圈及桥梁基础的安全使用;否则需对主拱圈及桥梁基础进行相应加固处理。

(5)为避免加固时主拱圈或桥墩因受力不均匀而产生病变,无论是单孔还是多孔的双曲拱桥,对腹拱墩的加固处理必需进行对称设计,即每跨两边的腹拱墩需要对称加固设计,且全桥

总体上也需要对称设计。若多孔双曲拱桥设有单向墩，可考虑各单向墩之间、或是单向墩与桥台之间的相对对称设计；严格禁止不对称加固设计。

三、施工方法及工艺

(1)将原排架式腹拱墩的新旧混凝土接触面进行凿毛并清洗干净、充分湿润；

(2)按设计位置在腹拱墩构件上钻取并清洗锚孔，钻孔时可对锚孔位置做适当的调整以避开原结构内钢筋；

(3)向锚孔内注入环氧树脂砂浆或其他结构胶；

(4)植入钢筋；

(5)待环氧树脂砂浆形成一定强度后(一般常取强度的70%)，方可焊接或绑扎加固钢筋；

(6)立模；

(7)浇筑混凝土；

(8)养生；

(9)施工时应确保对称施工，不可一侧单独施工；

(10)若加固设计要求对桥梁下部结构的基础和主拱圈也要进行加固，应在下部结构和主拱圈加固完成后再进行腹拱墩的加固。

第三节　腹拱圈下缘增设套拱加固法

双曲拱桥的拱上建筑通常采用空腹式结构，这样既可以节约材料，又可以减轻桥梁的自重，从而最大限度地提高桥梁对车辆荷载的承载能力。空腹式结构的拱上建筑有多种形式，常见的有拱式腹拱圈接墙式腹拱墩、简支(连续、微弯)板接排架式腹拱墩等。腹拱圈及墙式腹拱墩常采用圬工结构，腹拱上砌筑拱上侧墙，并在拱腔内填入填料，然后浇筑桥面。腹拱圈主要承受来自拱腔填料、桥面系以及车辆荷载的作用。

一、拱式腹拱圈常见病害

拱式腹拱圈的常见病害有：拱圈顺桥向开裂，拱顶横桥向开裂，拱顶侧墙开裂，腹拱圈底面渗水，拱顶下挠等，少数石砌腹拱圈还会出现腹拱变形、砌石脱落等严重的病害。

二、病害成因分析

拱式腹拱圈的上部即为拱上侧墙及拱腔填料，由于较早修建的双曲拱桥的侧墙一般都比较矮，拱腔填料层较薄，不能有效地分散来自桥面的荷载，故而对腹拱圈来说要承受来自桥面集中荷载的冲击作用，加重了腹拱圈的负担，导致拱顶出现裂缝和下挠、桥面龟裂下沉，甚至将拱腔填料挤向一侧，反过来又加重了车辆荷载对腹拱顶的冲击作用，如此恶性循环。加上桥面裂缝引起的渗水侵蚀作用，又进一步削弱了腹拱圈的承载能力。

由于双曲拱桥的腹拱常常是多孔连在一起，而各腹拱墩刚度不一致，以致各腹拱圈的受力状况各不相同，破坏了设计假定的平衡关系，在寻求新的平衡点时，就会互相作用，从而引起相对移动。这也会导致腹拱圈的变形或裂缝的出现。

三、套拱法加固拱式腹拱圈机理简介

在拱式腹拱圈的下缘新增套拱后，增加了腹拱圈截面面积，增大了腹拱圈的刚度，新的套拱与原腹拱圈连接成整体，共同承担上部荷载，且能减小原腹拱圈的变形，提高拱上建筑的刚度。

四、加固设计要点与注意事项

(1)结合现场检查的实际情况对原腹拱圈的截面及材料强度适当选取折减系数，并按加固设计荷载对全桥进行建模验算，以确定合理的加固套拱厚度。

(2)在加固前需对现有的病害如裂缝等进行修补。

(3)新增设的腹拱圈套拱为钢筋混凝土结构，内设1层或2层钢筋网，并与锚筋焊接或绑扎。锚筋锚于原腹拱圈内，以加强新旧腹拱圈间的连接，达到共同受力的目的。

(4)套拱的纵向钢筋在拱脚处伸入原腹拱墩内。若腹拱墩同时进行了外包混凝土加固，则将套拱的纵向钢筋与腹拱墩外包混凝土内的钢筋焊接在一起。

(5)考虑到套拱混凝土的收缩、徐变将会影响加固的质量，宜在混凝土内掺入适量的微膨胀剂。

(6)为避免加固后主拱圈或桥墩受力不均匀而产生病变，无论是单孔还是多孔的双曲拱桥，对腹拱圈的套拱加固处理必需进行对称设计、施工，即每跨两边的腹拱圈需要对称加固设计，且全桥总体上也需要对称设计。

(7)腹拱圈病害的产生如果是由侧墙或是桥面病害所引起的，在设计时尚需考虑对这些部位同时进行加固维修处理，以避免对腹拱圈加固后仍出现类似病害。

五、施工方法及工艺

腹拱圈下套拱的施工方法及工艺与外包混凝土加固方法类似，这里不再赘述。

第二章 改拱式拱上建筑为梁拱式拱上建筑[3]

具有拱式拱上建筑的双曲拱桥，由于实腹段的存在，不便于从上部加强主拱圈，故多采取从主拱圈下缘（拱腹）来加强主拱圈的方法。这种方法需要增大桥梁的自重，且不便于施工。本章介绍改变拱式拱上建筑的结构形式来加固双曲拱桥的方法，即通过拆除拱式拱上建筑中的传力结构（拱上填料、侧墙、护拱），使拱式腹拱圈的拱背完全暴露，然后根据设计施工梁式拱上建筑，最终形成梁拱式拱上建筑。这种加固方法在拱式腹拱圈的拱背上操作，施工比较方便，质量容易控制，造价也较低，因此是一种较好的加固方法。

第一节 加固设计要点与注意事项

改为梁拱式拱上建筑的双曲拱桥，由于减轻了拱上建筑的自重，改变了主拱圈的恒载变化规律，有时恒载压力线与拱轴线相差较多，因而必须按改造后的结构进行建模，重新计算。在采用这种方法进行改造设计时，除需遵守桥梁设计有关规范外，尚需注意以下几个问题。

(1)拆除腹拱圈可以减轻拱上建筑的重量，但要拆除腹拱圈（特别是石砌腹拱圈），需要搭设拱架；若保留腹拱圈，在安装简支板及加高腹拱墩时，腹拱圈就是很好的施工支架，会给施工带来很大的方便。正是基于这一考虑，本章实例将原腹拱圈予以保留，故而拱上建筑就形成了既有梁又有拱的这一特色。

(2)简支板上若重新浇筑桥面铺装层，应采用桥面连续构造。简支板的两端设伸缩缝，避免梁与拱在变形时互相牵制。

(3)在主拱圈拱脚处拱背上缘浇筑钢筋混凝土（或混凝土），能提高拱脚承受负弯矩的能力，若在混凝土内设置了钢筋，则纵向钢筋端头需锚入腹拱墩内，锚固长度按偏心受压构件的受拉钢筋确定。为了增强新老混凝土的结合，并有利于主筋的定位，在拱背还植入与拱轴线垂直的锚筋（在施工条件不允许的地方可以少设或者不设锚筋），锚筋的间距一般采用30～50cm。

第二节 施工方法及工艺

改拱式拱上建筑为梁拱式拱上建筑，在施工方法及工艺上应注意以下几点。

(1)拆除腹拱圈以上原拱上建筑部分。凿除桥面及拱腔填料的过程中不允许采用大型机械设备，应用人工凿除或挖除，以免对双曲拱桥的主拱圈和腹拱圈原结构造成新的损伤。拆除

腹拱圈以上的侧墙和填料时，应以腹拱墩及拱顶为对称轴逐渐拆除，以免因突然拆除或不对称拆除造成腹拱墩或腹拱圈垮塌，并切实做好安全保护工作（拆除腹拱圈上的拱上填料时应暂时中断交通）。

（2）在重建拱上建筑的施工过程中，自始至终都必须遵循对称、均衡的原则，每孔的左、右半拱必须对称施工。由于考虑各腹孔之间有连拱作用，各孔之间亦应均衡施工，尽量减小连拱作用的不利影响。

（3）为确保主拱圈拱脚处拱背上缘新浇筑混凝土能与老混凝土紧密结合，施工时需严格按照本篇第一章中描述的外包混凝土的施工方法和工艺进行。

第三节 改造为梁拱式拱上建筑实例

一、桥梁概况

某大桥为20世纪70年代初期所建9孔不等跨双曲拱桥（8孔净跨20 m加1孔净跨22.7m），设计荷载等级为汽车—13级、拖车—60。主拱圈均为等截面悬链线无铰拱，拱轴系数$m=3.5$，净矢跨比$f/L=1/6$。双曲拱的主拱圈为早期的截面形式：钢筋混凝土矩形拱肋（II级钢筋），混凝土填平式拱板。经检测，该桥的肋、波、板混凝土质量较好，仅有少数的拱波在施工时断裂，少数拱肋局部损坏，未发现超过容许宽度的受力裂缝。

该空腹式双曲拱桥采用的是拱式拱上建筑[图3.2.1a)]，腹拱圈为圆弧拱，净矢跨比为1/4，腹拱圈和腹拱墩均采用圬工砌体，质量较好。桥梁下部结构采用重力式墩台，均为15号混凝土，质量完好。但桥面损坏比较严重，有较多的网状裂缝，栏杆和人行道损坏均较严重。由于交通事业的发展，要求将本桥的荷载等级提高到汽车—20级、挂车—100，需要进行改造加固。经比较，确定采用改造拱式拱上建筑为梁拱式拱上建筑的加固方案。

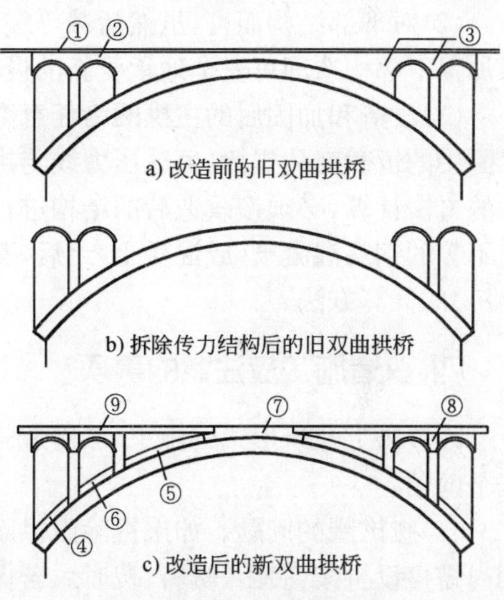

图 3.2.1 改造拱上建筑示意图

二、加固方法与施工程序

改造施工的顺序如下，其中涉及构件或部位的编号如图3.2.1所示。

（1）对称拆除：①桥面；②拱上填料；③侧墙及护拱；拱上建筑仅保留腹拱圈与腹拱墩。

（2）对称浇筑第1孔腹拱墩下面的区段④，加强拱背的材料均采用C30混凝土，主筋为HRB335级钢筋，用钢筋混凝土加强拱脚，提高区段④承受负弯矩的能力。

（3）对称浇筑区段⑤（第3孔腹拱下面）的钢筋混凝土，提高该区段承受正、负弯矩的能力。

（4）对称浇筑区段⑥（第2孔下面）的混凝土（此段一般只承受正弯矩，故通常只需用混凝土加强）。

（5）均衡浇筑拱顶上部的混凝土⑦（拱顶主要是承受正弯矩，而桥面铺装中又配置有钢筋网，故此段采用混凝土即可）。

(6)用 C20 片石混凝土对称加高腹拱墩⑧，其底部至少要高出腹拱圈顶 2～5 cm。

(7)对称安装简支板⑨，各简支板之间按桥面连续处理。

(8)浇筑桥面钢筋混凝土，成为梁拱式拱上建筑双曲拱桥，详见图 3.2.1c)所示。

三、改造技术的特点

(1)采用上述办法改造加固空腹式双曲拱桥，重点加强了拱脚、拱顶至 $3L/8$ 等受力最大的截面，拱脚增加了 30 cm 厚的钢筋混凝土，足以承受拱脚截面可能产生的负弯矩。拱顶截面增加了 30cm 厚的混凝土，与原桥相比截面抵抗矩增大了很多，由于拱肋中配有 HRB335 级钢筋（按全截面计算，超过了最小配筋率，故可按钢筋混凝土计算），改造后的拱顶截面可以承受很大的正弯矩。在最不利组合时，拱顶可能产生不大的负弯矩，其拉力可由桥面的纵向钢筋承受。$3L/8$ 截面需要承受正、负两个方向的弯矩，故拱背采用钢筋混凝土加强。其他截面主要是承受正弯矩，其数值均比拱顶截面小，故采用 15cm 厚的混凝土加强。加强后的主拱圈，能够承受新的设计荷载（汽车—20 级，挂车—100）。改造后，拱上建筑的自重减轻了许多，加强了主拱圈后，每孔桥跨结构总重减轻了 188kN。

(2)对下部结构而言，虽然活载等级提高了，但上部构造的自重减轻了，按连拱计算，不需要加强下部构造即可安全地承受新的设计荷载。

(3)改造和加固后的主拱圈为任意变截面组合拱。由于减轻了拱上建筑的自重，改变了主拱圈中的恒载变化规律，恒载压力线与拱轴线相差较多，因而主拱圈的内力不能按一般悬链线拱的方法计算，必须按改造后的结构进行建模，重新计算。在主拱圈拱脚处拱背上浇筑一层厚度不等的钢筋混凝土（或混凝土）之后，截面几何特性的计算也不能套用现行双曲拱桥（或箱形拱桥）的计算方法。

四、改造施工应注意的事项

改造拱上建筑形式的施工，除需遵守桥梁设计的有关规范和施工规范之外，尚需注意以下几个问题。

(1)腹拱圈的问题。如果拆除腹拱圈可以进一步减轻拱上建筑的重量，但要拆除石砌腹拱圈尚需搭设拱架，费工、费料、费时。若保留腹拱圈后，在安装简支板及加高腹拱墩时[分别为图 3.2.1c)中标注的⑨和⑧]，可给施工带来很大的方便，腹拱圈就是很好的施工支架；故本桥采用了保留腹拱圈的方案。

(2)加高后的腹拱墩，墩顶高度应在腹拱圈拱顶之上，避免了简支板与腹拱圈拱顶接触，形成“翘翘板”，见图 3.2.2 所示。

(3)在图 3.2.2 中，3 孔简支板的中间接头采用桥面连续构造，简支板的两端设 2cm 宽的伸缩缝，以免梁与拱在变形时互相牵制。

(4)在施工过程中，自始至终必须遵循对称、均衡的原则，每孔的左、右半拱必须对称施工。由于本桥有连拱作用，各孔之间亦应均衡施工，尽量减小连拱作用的不利影响。

(5)由于旧桥已使用多年，新老混凝土的结合面一定要认真凿毛，仔细清洗干净，使新老混凝土之间结合良好。

(6)拱脚加强钢筋 N1。为了提高拱脚承受负弯矩的能力，在第 1 孔腹拱的主拱圈拱背现

浇混凝土中设置主筋 N1，见图 3.2.2 所示。N1 钢筋的锚固长度按偏心受压构件的受拉钢筋确定。本桥采用Φ16 钢筋，间距为 18cm。

(7)垂直于拱轴线的锚固钢筋 N2。为了增强新老混凝土的结合，并有利于主筋的定位，在拱背植入与拱轴线垂直的锚筋 N2(因第 2 孔腹拱下净空高度小，施工不便，故未植入锚筋 N2)，N2 的间距采用 50cm。

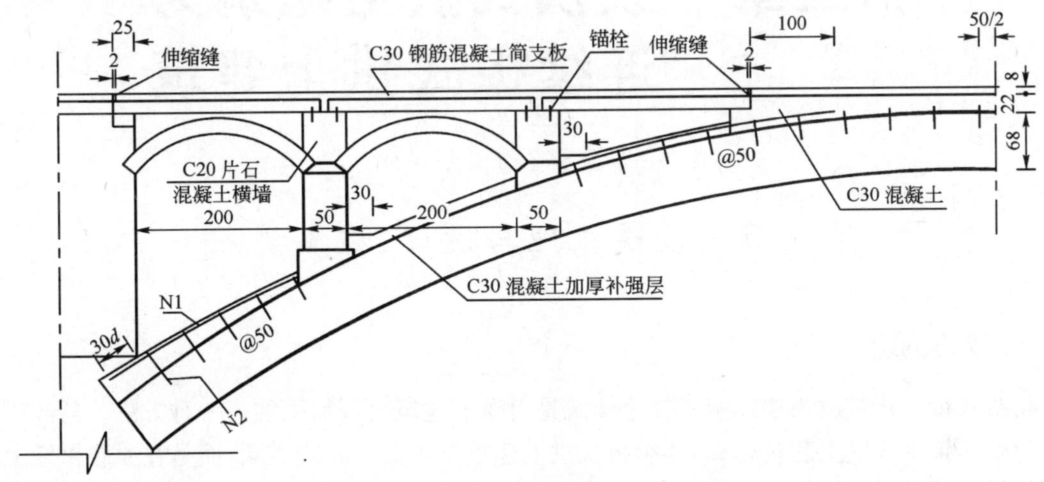

图 3.2.2　改造后的梁拱式拱上建筑构造(尺寸单位：cm)

第三章　改拱式拱上建筑为连续板式拱上建筑

第一节　改造机理与设计、施工要点

一、改造机理

将拱式拱上建筑改为连续板式拱上建筑是对拱上建筑改造加固的另一种方法。与改拱式拱上建筑为梁拱式拱上建筑相比，连续板式拱上建筑不再保留原腹拱圈，而是在原腹拱墩上加高并加设钢筋混凝土墩帽，且在主拱圈实腹段按等间距设置钢筋混凝土腹孔墩。腹孔墩上可现浇连续桥面板，也可先预制钢筋混凝土板，再现浇钢筋混凝土桥面，完成由简支受力体系转换为连续板受力体系的过程。若改造中需对桥面加宽，可将重设或增设的腹孔墩帽加长、悬挑出去，并同时对原腹拱墩外包一层钢筋混凝土，以增强现有腹拱墩的整体受力性能和承载能力。其主要加固原理概括起来就是调整拱上自重、改变拱上建筑的结构体系。早期修建的双曲拱桥，拱上建筑一般为拱式腹拱，这种结构自重较大，恒载在拱脚产生的负弯矩偏大，压力线在拱脚区段偏离截面核心，这是造成荷载组合后拱脚处偏心距不满足规范要求的主要原因之一。改造拱上建筑之后，还可辅以其他的一些加固方法，以提高主拱肋抵抗正、负弯矩的能力。这种加固方法可以减轻桥梁恒载、改善拱肋拱脚受力状况，使原来单一的拱式体系转化为柔拱一刚梁体系，从而提高旧双曲拱桥的荷载等级。

二、适用条件

当双曲拱桥由于自重或地基承载力不足，致使拱脚发生水平位移或转动、拱轴线发生变形时，在条件允许的情况下，可采取调整拱上自重的布置、改变双曲拱桥拱上建筑结构体系的方法来改善主拱圈和下部结构的受力状况，以达到加固拓宽的目的。

优点：改变结构体系，内力重新分布；改善结构受力状况，提高桥梁的荷载等级。

缺点：工程量大，需拆除原拱上建筑结构、中断交通，应特别注意施工安全。

三、改造设计要点与注意事项

与改拱式拱上建筑为梁拱式拱上建筑一样，在将拱式拱上建筑改为连续板式拱上建筑后，由于减轻了拱上建筑的自重，改变了主拱圈的恒载变化规律，恒载压力线与拱轴线相差较多，因而也必须按改造后的实际结构建模，重新计算。一般还需要在主拱圈拱脚处拱背上缘浇筑

一层钢筋混凝土(或混凝土)以抵抗拱脚附近的负弯矩。在采用这种方法进行改造设计时,除需遵守桥梁设计规范外,尚需注意以下几个问题。

(1)拆除大桥现有腹拱圈、侧墙,并挖除所有拱腔填料,以减小拱上恒载的作用。

(2)对现有各腹拱墩采用外包混凝土法进行加固,以增强现有腹拱墩的整体受力性能和抗弯强度,并在腹拱墩顶加高或增设钢筋混凝土墩帽(可以加长墩帽悬挑长度来实现对桥面的加宽)。

(3)在原主拱圈实腹段按等间距增设钢筋混凝土腹孔墩。

(4)现浇连续桥面板,或将预制好的钢筋混凝土薄板安装就位,再现浇钢筋混凝土,完成由简支受力体系转换为连续板受力体系。

(5)主拱圈拱脚处拱背上缘浇筑的钢筋混凝土能提高拱脚承受负弯矩的能力,其构造要求与改造为梁拱式拱上建筑时在拱背上缘现浇混凝土的相关事项一样。

四、施工方法及工艺

1.总体施工要求

通过拆除拱上建筑及实腹段范围内的填料、加高和增设腹拱墩、现浇连续桥面板或预制安装薄板后浇筑钢筋混凝土桥面板、用混凝土外包加强原有拱上腹拱墩,可以加强拱上建筑刚度,使整个桥梁结构体系向柔拱刚梁转化,从而促使主拱圈在活载作用下主要承担轴力,将弯矩转移给加固后的拱上建筑。

2.具体施工工艺与要求

(1)拆除拱上建筑及填料,增设腹拱墩,将原腹拱墩加高并设置钢筋混凝土墩帽,并使主拱圈仅承受恒载及活载引起的轴压力。

(2)原拱上建筑的拆除严格按照对称、均衡、分层进行。由跨中对称向拱脚方向进行拆除,且两侧的拆除进度应基本一致,相差最多不得超过2m,以确保施工过程中结构的稳定,注意不要损坏拟留用的主拱圈构件。

(3)进行原桥拆除和改建加载作业的施工时,应随时对主拱圈变形进行观测。

(4)对保留的主拱肋进行全面质量检查,包括强度试验、内部探伤以及几何线形等。

(5)新结构的安装与浇筑应严格按照加载程序施工。

(6)对需要更换拱波的主拱圈,应精确测量主拱肋拱背曲线及拱肋实际间距,按照实测值放样预制拱波尺寸。

(7)严格质量管理,确保预制拱波与主拱肋间的连接质量以及横隔板与主拱肋间的连接质量,保证主拱结构的整体稳定性。

(8)精确放样新增腹拱墩的位置。新增腹拱墩底需在相应的主拱圈背部设置锚固钢筋与其相连,并严格控制新增腹拱墩及加高之后的腹拱墩墩顶高程。

(9)按设计要求在被加固表面钻锚固孔,洗净孔中灰尘,用植筋胶嵌固钢筋。钻孔前必须使用钢筋探测器探测构件原有钢筋的位置,避免钻孔植筋时破坏原结构。钻孔遇到原有结构钢筋时必须做孔位移动。未尽事宜,遵照《混凝土结构后锚固技术规程》(JGJ 145—2004)及产品使用说明执行。

(10)为了增强主拱圈的整体性和承载能力、保证改造拱上建筑施工时的安全,应先对主拱圈的裂缝进行修补及其他相应加固措施。

(11)应对称拆除拱上侧墙,并挖除拱腔填料。若主拱圈病害较严重,应先在桥孔下架设拱架支撑住主拱圈后再对拱上建筑进行施工。

(12)完全中断行车,同时加强交通标志的设立及交通管理。

五、施工程序

对于需要增设腹拱墩并接高原腹拱墩的双曲拱桥:拆除桥面结构→拆除拱上填料及侧墙→拆除腹拱圈→主拱圈加固→正确放样新增腹拱墩位置→在主拱圈上搭设支架,现浇腹拱墩并接高原腹拱墩→现浇连续桥面板或预制安装钢筋混凝土薄板并现浇桥面→施工桥面系。要求拆除作业和改建加载作业均由拱脚向拱顶依次进行,并随时观测拱圈变形。

第二节　改造为连续板式拱上建筑实例一[4]

一、桥梁概况

某桥为单孔净跨 30m 空腹式双曲拱桥,桥面净宽 7.5 m,矢跨比 1/8。各孔拱式腹拱净跨径为 3m,排架式腹拱墩立柱(25 cm×40cm)由混凝土砌块构成;桥面混凝土厚 12cm,设计荷载等级为汽车—15 级、挂车—80。上部结构总质量为 273t,水平推力为 3 658kN,两岸桥台的基础为 9m×4m×3m 的沉井基础。该桥地基土质为坚实粉砂土,基础、桥台及主拱圈现状良好。各构件损坏情况主要为立柱开裂、位移;腹孔拱板全部断裂;桥面上坑坑洼洼,严重危及行车安全,必须进行维修加固。

二、维修加固方案

原有基础、桥台、主拱圈仍完好,决定将原桥面、腹孔、立柱全部拆除,重新浇筑立柱底梁、立柱、盖梁,上设矩形板梁,全桥铺筑钢筋混凝土桥面铺装层。这样,可有效地增加桥梁的整体性能,提高承载能力。

三、结构设计

(1)腹孔立柱底部现浇底梁尺寸为宽 65cm,高 30cm,长 600cm (同主拱圈宽度),位置仍设在原拱桥立柱根部。

(2)底梁上设 4 根 40cm×50cm 现浇立柱,立柱中主筋分别伸入底梁及盖梁。

(3)立柱上设现浇盖梁,宽度为 60cm,高度为 30cm,长度为 750cm。盖梁内设上、下两层主筋,立柱处设弯起钢筋。

(4)桥面板为装配式预制板,宽 99cm,高 18cm,长 325cm。

(5)现浇连续板式桥面层,采用 20cm×20cm 间距布筋,厚度为 10cm。

(6)现浇 20cm×30cm 安全带及栏杆。

四、施工要点

(1)立柱底座浇筑前应对主拱圈表面凿毛,使底梁与主拱圈能较好地连成整体。

(2)在拆除原桥面、腹拱圈、立柱和底梁,以及重新浇筑底梁、立柱、盖梁时都要以主拱圈拱

顶为对称，两边同时、均衡地进行，安装板梁时也要两边同时进行，以防主拱圈单边受压而损坏。

(3)在拆除上部结构时，对主拱圈要采取保护措施，以防损伤。

五、改造效果评价

该双曲拱桥将拱式拱上建筑改为板式拱上建筑后，恢复了原有的设计荷载能力，行车安全得到保证。修复后，经过对全桥多次观测，改造效果是理想的，各部位没有发现裂缝和下沉等损坏现象。

第三节 改造为连续板式拱上建筑实例二

一、大桥概况

吕蒙渡大桥位于老206国道K1419＋880，景德镇昌江区和乐平市之间，距昌江市区约4km处。该桥于1974年10月建成通车，桥梁全长243.82m。

(1)该桥上部构造由六孔净跨径36m等截面悬链线空腹式钢筋混凝土双曲拱及两岸各一孔净跨径6m的钢筋混凝土矩形板组成。双曲拱净矢跨比为$f_0/L_0=1/6$，拱轴系数$m=2.240$。

①主拱圈由四肋三波组成，宽度为8.20m；拱肋采用"⊥"形截面，高及底宽均为40cm。拱肋按三分段预制无支架吊装及裸肋卸架加载施工，接头布置在反弯点附近，采用台阶式搭接接头，结合面用环氧树脂胶接。拱脚采用方形拱座，设计假定拱座底面仅承受垂直力，水平力和弯矩由端面承受。

②拱上为排架式空腹构造。跨墩设有一孔简支板，拱上为四孔连续的微弯板，靠近拱顶处设置一孔简支板暗孔。在桥墩及拱顶附近的简支板处各设变形缝一道，以利主拱圈的升降变形。

(2)本桥下部构造共设有中墩五座、桥台两座及边跨板梁的轻型桥台两座。

①桥墩采用钢筋混凝土桩柱式基础配重力式墩身。桩柱直径为1.30m，按两端嵌固设计配筋。根据覆盖层厚薄及桩的长短，1号、4号及5号墩各布置双排共四根桩，2号、3号两墩各布置双排共六根桩。为节省圬工，各墩身下部埋置5个内径为1.30m、高4.0m的圆管使其挖空。

②景德镇岸采用灌注桩基础及后座(圬工砌体)组合式桥台。设计考虑桩基仅承受全部垂直力，水平力则由后座支撑砌体的摩阻力及静止土压力平衡。乐平岸桥台为明挖基础独立前墙式台身，配四道台后撑墙支撑于岩体上。两岸边跨桥台均为明挖扩大基础配直立墙式台身。

吕蒙渡大桥总体布置详见图3.3.1。

(3)大桥原设计技术标准如下。

①设计荷载：汽车—13级，拖车—60，人群3.5kN/m^2。

②桥面净空：净—7m＋2×1.0m(人行道)。

③河流通航等级：Ⅵ级。

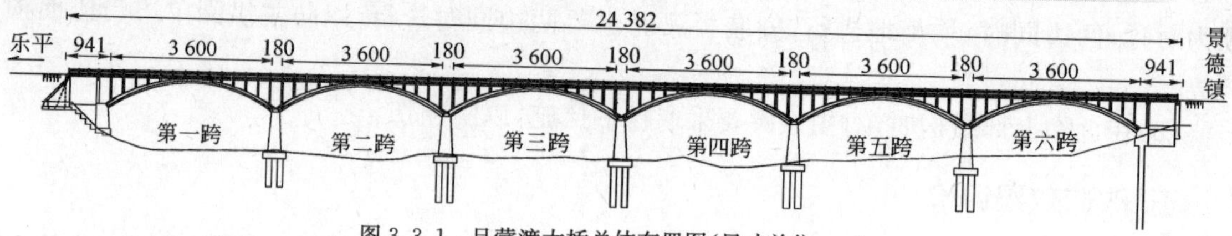

图 3.3.1　吕蒙渡大桥总体布置图(尺寸单位:cm)

二、大桥主要病害原因分析

随着国民经济建设的发展,通过 206 国道和吕蒙渡大桥的交通量和载重量均远远超过了原设计标准和承载能力,使大桥造成严重的损坏。目前已发现吕蒙渡大桥拱上腹孔微弯板多处有横向贯通裂缝;拱上排架式腹拱墩多处立柱有裂缝,少许端部压碎;桥面铺装破碎、网裂现象严重,人行道板和栏杆多处损坏等病害。

1. 桥面铺装层大面积开裂、网裂,甚至破碎下沉的原因分析

(1)大桥设计荷载标准为汽—13、拖—60,然而随着国民经济建设的发展,交通量和载重量亦不断增加,已远远超过大桥原设计要求和承载能力,是导致吕蒙渡大桥产生多种病害的主要原因和直接原因之一。

(2)由于桥面铺装层原设计为旧 200 号混凝土,车行道边缘厚 6cm,按 1.5%的横坡推算,桥中心铺装层厚 11.25cm,而全桥铺装层中未设置钢筋网。所以,当车辆荷载作用在桥面上,且引起过大的挠度和变形时,铺装层底面混凝土产生的拉应力超过其容许拉应力而被拉裂,进而扩展到铺装层混凝土表面。

(3)大桥主跨设计为 6×36m 空腹式双曲拱,全桥五墩未设计一个制动墩,且全为桩基础;各墩顶宽 1.8m,底宽虽然放大至 3.0m,但为节省混凝土,墩身底部埋置了 5 个内径 1.5m、高 4.0m 的圆管。所以,各墩身刚度较小,全桥连拱作用明显。排架柱式腹拱墩与微弯板腹拱结构在大交通量和重车作用下均显轻巧、柔弱。墩与两岸边跨简支矩形板的板厚和混凝土标号(旧 200 号)相对实际使用要求亦显不够,因而跨中下挠与变形过大,导致桥面铺装层混凝土网裂与下沉。

(4)在上述各因素的综合作用下,全桥车行道产生不规则和不均匀的纵、横向变形,两处人行道缘石被拉裂、路面下沉,以及桥面铺装层大面积开裂、网裂和破碎下沉。

2. 排架柱式腹拱墩的立柱顶部压裂、破碎、露筋,以及部分盖梁开裂、露筋等病害原因分析

(1)立柱顶部压裂、破碎与露筋等病害,基本上均发生在拱上四孔连续微弯板靠近拱顶方向的两个腹拱墩上。尤其是最靠近拱顶的一个腹拱墩,立柱高度小,在立柱截面尺寸、配筋与间距等都相同的情况下,相对其他较高的腹拱墩来讲,其刚度最大。而四孔连续的微弯板腹拱,实际上通过现浇微弯板已和各腹拱墩形成上、下部构造固结的整体结构。当四孔连续微弯板腹拱上部构造作用荷载时,其产生的水平力和弯矩将根据各腹拱墩的刚度进行分配,刚度大的分配到的水平推力和弯矩亦大。所以,在交通量和载重量均超过设计所考虑的程度情况下,越靠近拱顶的腹拱墩的立柱上端部受到较大的水平推力和弯矩,并在此水平力和弯矩的反复作用下,立柱和盖梁间产生拉(压)应力。当产生的拉应力超出立柱的容许拉应力后,立柱顶部即产生拉(压)裂、破碎等病害,进而混凝土碎落后露出钢筋。

(2)盖梁的病害。由于腹拱墩立柱和盖梁均为固结,当立柱上端部因分配到较大的水平推

力而产生较大的拉(压)应力时，节点及附近的盖梁混凝土亦相应受到影响而产生拉(压)应力。当超出盖梁容许拉应力后，引起盖梁开裂，严重者碎裂露筋。

3. 拱上腹拱的四孔连续微弯板产生横向贯通裂缝原因分析

(1)施工原因。据"吕蒙渡大桥通过 98t 重车的试验"一文介绍："根据试验前对该桥检查的情况，主拱圈未发现裂缝，拱上微弯板的裂缝很多，而且有少数微弯板在施工中即已出现断裂现象，尤其是南昌岸的拱上第四小孔，微弯板的裂缝最多而且也最宽，最大裂缝宽度达 0.33mm，已超过了一般容许裂缝宽度 0.2～0.3mm"。

(2)受力原因。全桥的微弯板横向贯通裂缝均发生在四孔连续微弯板的中间两孔，且均为距靠近拱顶方向两个高度较小的排架柱式腹拱墩的 $3L/4$ 断面附近。由于整个微弯板(预制和现浇部分)上部构造和腹拱墩盖梁与立柱固结成一整体受力结构，所以微弯板承受竖向荷载时，还需传递轴向力和弯矩。当传递过大的弯矩，所产生的拉应力超过截面的抗拉能力后即开裂，直至贯通、露筋。各孔腹孔靠近拱顶的微弯板端部和墙式实体腹拱墩亦因固结传力，全部产生局部压碎与剥落病害。最严重者为第三孔乐平岸腹孔的墙式实体腹拱墩被拉裂产生一水平贯通裂缝。

4. 乐平岸主跨桥台基础被淘空的病害原因分析

根据大桥原设计图纸反映，该桥台基础埋置在裸露的砂砾岩层上。由于该露头岩层面急剧向河心降低，所以，桥台基础内襟边虽嵌岩深 1.5m 左右，但靠河心的外襟边仅搁置在岩层表面上。而裸露岩层必定由表及里地被腐蚀与风化，因此，基础底部的岩层较易被水流将风化部分冲刷掉。尤其是因桥台身和基础阻水引起局部冲刷，更加剧了基础底部岩层被冲淘的程度。

5. 两岸边跨轻型桥台的直立墙式台身病害原因分析

(1)两岸的直立墙式台身中部均存在一条沿施工缝产生的水平贯通裂缝，其产生的主要原因是：净跨 6m 的边跨板梁支点，原设计为一端固定(200 号砂浆，0.8cm 厚)，另一端 0.8cm 厚 3 层油毡作为活动端；经观察，板梁现与墩、台帽贴紧，均不能自由伸缩，也即将直立墙式台身向河岸方向顶紧。如果桥跨内有向岸方向的水平力必将推向台身顶部；台后填料亦有向河心方向的土压力合力作用于距台顶 2/3 台高的位置上。所以，在上述两种力共同作用下，在台身中部最薄弱处(施工缝位置上)产生贯通裂缝。

(2)景德镇岸台身上游一侧和八字墙挤裂的病害原因是：由于台身和八字墙间的沉降(变形)缝不平顺，当两部分变形不一致时即产生挤裂病害。

(3)两岸上、下游的八字墙均存在不同程度的侧(外)倾病害，其原因是：墙身较高，体积与自重较大；同时，墙后填土较高，坡度较陡，从而以较大的土压力推、挤八字墙，而且填土表面未作任何防护，当雨水渗入填土后，更加剧了向外推挤的土压力，使之产生侧(外)倾病害。

三、大桥大修加固的必要性和可行性分析

1. 大桥大修加固的必要性分析

(1)吕蒙渡大桥是老 206 国道景德镇境内的一座重要桥梁，也是景德镇通往乐平、万年、鹰潭等地的必经之桥，亦是到达南昌最短的途径。该桥不仅为景德镇市及大桥周边村镇的国民经济建设和交通运输的发展作出了重要贡献，也为 206 国道上的过境车辆提供了畅通坦途。虽然，景德镇至乐平段的 206 国道已改道新建，吕蒙渡大桥将不再是国道上的桥梁，但此路段

仍是景德镇市至乐平等地最短的公路，而且，大桥乐平岸附近有较多的厂矿，吕蒙渡大桥仍将是该地区通往景德镇市的重要桥梁和最短的路径。

(2)据 2001 年 3 月份的交通量观测资料反映，206 国道及吕蒙渡大桥路段现有混合交通量已达 2 309 辆/日。其中，当地车辆占多数，而大部分过境车辆改走其他道路。

2. 大桥大修加固的可行性分析

(1)吕蒙渡大桥结构检查结果反映，除乐平岸主跨桥台基础局部被淘空外，主跨墩、台身与主拱圈的主要结构尚好，为本桥大修加固或提高荷载等级提供了可靠依据。

(2)"吕蒙渡大桥通过 98t 重车的试验"一文介绍，当总重 98t 的试验荷载车辆作用于大桥，"试验的结果：主拱圈拱顶的最大挠度为 5.73mm，约为净跨的 1/6 283；重车通过后，拱圈没有出现裂缝；桥墩水平位移上下水平均为 2.3mm，桥台水平位移上下水平均为 0.10mm。试验表明，该桥的承载力很大，98t 重车完全可以安全通过。"

虽然，吕蒙渡大桥建成通车多年，随着时代的发展，通行其上的交通量、载重量，以及超重车均远远超过原设计要求。但是，上文介绍的大桥通过 98t 重车的试验结果，仍证明吕蒙渡大桥上、下部主要结构具有承载潜力。

(3)主拱圈是大桥的主要承重结构，它的好坏直接影响着大桥的正常使用和安全。结构检查尚未发现主拱圈有明显裂缝等病害，证明本桥的大修加固和提高荷载等级具有可行性。

(4)吕蒙渡大桥作为拱式桥梁，其拱上建筑的联合作用，使桥梁上部结构具有一定的承载潜力。大量的试验证明：拱上建筑的联合作用影响，除可提高主拱结构的整体刚度外，主要在于腹拱具有一定抗推刚度，约束着主拱圈的水平变位。其抗推力产生的弯矩，使主拱弯矩和挠度折减很大。以往在进行拱桥设计计算时，常常不考虑"拱上建筑联合作用"的正影响，也不考虑"活载横向分布"的负影响，视为两者互补抵消。但实际上这两种影响在拱顶截面可基本"互补抵消"，而腹拱区段还是"联合作用"影响大，故使拱桥具有承载潜力。

(5)由于吕蒙渡大桥的桥面铺装层已大面积破损，大修加固势必将其挖除，更换为钢筋混凝土桥面铺装，因此，可大大提高大桥的纵、横向结构整体受力性能，亦可改善和提高大桥的承载能力。

综上所述，对吕蒙渡大桥进行大修加固，甚至提高其承载力是完全可行的。

四、大桥大修加固方案的制订

1. 按汽车—15 级、挂车—80 荷载标准的大修加固方案(第一方案)

(1)凿除旧桥面，重建钢筋混凝土连续桥面铺装(内掺钢纤维)

①本桥现有桥面破碎、开裂严重，急待重建；

②本桥系双曲拱桥，由于结构本身的整体性较差，重建整体性强的钢筋混凝土桥面，有利于改善和加强桥梁的整体受力性能；

③各孔均有四孔腹孔微弯板存在横向贯通裂缝，且渗水痕迹明显，反映腹孔已断裂并形成单铰，除对裂缝本身应处治外，尚需通过整体性强的桥面铺装来补强和改善其受力状况；

④各孔排架柱式腹拱墩，因盖梁和腹孔微弯板固结，使得部分立柱上端部承受较大的拉(压)应力而开裂、压碎和露筋，盖梁亦部分被拉开裂，所以在处治相应病害的同时，亦应通过加强桥面的荷载分布能力来改善腹拱墩的受力状况；

⑤全桥墩、台，除乐平岸桥台外，均为桩基，且未设置制动墩，桥墩底部亦挖空较多，本桥连

拱作用明显，大桥振感很强，故全桥宜做成桥面连续，并相应处理好负弯矩区的受拉问题。

(2)腹拱结构的维修与加固

①损坏的腹拱墩立柱加固：端部粘贴钢板，四周外包钢筋混凝土。

②盖梁有病害部位的维修：采用粘贴钢板补强、环氧砂浆修补空洞与裂缝等病害。

③腹孔微弯板裂缝、麻面露筋等病害的维修：待桥面重建后，采用环氧砂浆或高强度等级砂浆修补、封缝。

(3)乐平岸桥台基础被淘空病害的处治

由于大桥下游建有鲇鱼山水利大坝，桥址处水位较高，同时水流速度也已减缓。故对基础淘空病害宜先采取抛石防护措施，待水位较低，具备围堰条件时，再探明实际淘空程度并作根治处理。

(4)两岸边跨轻型桥台病害处治

①先开挖凿除原破损的台帽背墙，然后重新浇筑，并增设一条 80 型钢伸缩缝，全桥共两条。

②对台身中部水平贯通裂缝采用“骑马钉”加固，然后用高强度等级砂浆封缝和修补破损部位。

(5)两岸桥台八字墙病害处治

①修整平顺与桥台间的沉降缝，并填充防水与膨胀材料。

②对八字墙上边坡采用浆砌片石铺砌，防止雨水渗入填土里而加剧八字墙病害。

(6)损坏的栏杆柱、扶手、缘石与人行道的维修

损坏的均按原设计进行修复。

2.按汽车—20 级、挂车—100 荷载标准的加固提载方案(第二方案)

(1)凿除旧桥面，重建钢筋混凝土连续桥面铺装(内掺钢纤维)。

(2)主拱圈加固提载：

①主拱肋和拱波底面分别锚固钢筋网，然后锚喷 6cm 厚混凝土；

②加强横向联系，将横系梁改为横隔板；

③主拱圈的腹拱部分背部现浇 10cm 厚钢筋混凝土加固。

(3)腹孔结构加固与改造

①对损坏的腹拱墩立柱与盖梁进行加固修复(同第一方案)；

②将腹孔的四孔连续微弯板、跨墩与暗孔的简支板全部拆除，更换为钢筋混凝土连续板。相应整治各腹拱墩的盖梁，并增设橡胶板支座。

(4)重建两岸边跨简支板

①拆除旧简支板(全桥两孔)，然后重建；

②墩、台上相应增设橡胶板支座。

(5)乐平岸桥台基础被淘空病害处治：同第一方案。

(6)两岸边跨轻型桥台病害处治：同第一方案。

(7)两岸桥台八字墙病害处治：同第一方案。

(8)损坏的栏杆柱、扶手、缘石与人行道的维修：同第一方案。

3.按汽车—20 级、挂车—100 荷载标准的加固提载方案(第三方案)

(1)主跨拱上建筑

①凿除原有桥面铺装层，并凿除原有腹孔上部构造；

②将原有腹拱墩柱外包钢筋混凝土，将腹拱墩柱截面增大至40cm×40cm，并在腹拱墩盖梁顶面锚固钢筋、浇筑混凝土至设计高程；

③在原拱桥实腹段以拱顶为对称轴增设腹孔墩(每隔2.70m设置一道)；

④在腹孔墩盖梁顶纵向中心处设置板式橡胶支座与四氟滑板橡胶支座(规格为100mm×150mm×15mm)；

⑤将预制好的6cm厚钢筋混凝土薄板安装就位，并现浇12cm厚钢筋混凝土桥面，使桥面薄板由简支受力体系转换为连续板受力体系；

⑥浇筑8cm厚钢筋混凝土桥面铺装层。

(2)主拱圈维修加固

①在主拱圈横系梁处增设横隔板，增强主拱圈的横向整体受力性能；

②对主拱肋以拱顶为对称轴左右各15m弧长范围内粘贴两层碳纤维布(宽25cm)，以增强拱肋抗弯强度。

(3)副孔

①拆除副孔简支板，并重新预制安装简支板；

②在轻型桥台前墙锚固一层钢筋网，并现浇10cm厚混凝土层，以增强桥台台身的抗弯性能；

③凿除桥台背墙并重新浇筑背墙与台帽混凝土；

④副孔桥墩(主跨桥台上的墩)墩身水平裂缝处理：a.锚固骑缝钢筋；b.高压灌注环氧水泥浆修补裂缝；c.在骑缝钢筋外侧固定钢丝网并抹2cm厚环氧树脂水泥砂浆层进行修补(抹面宽为50cm)。

(4)人行道系

拆除全桥原有人行道系，重新预制安装人行道系。

(5)主跨桥台

在枯水季节应进一步调查清楚乐平岸桥台基础冲刷情况，并根据实际情况采取相应措施进行加固处治。

五、结构验算

1.计算参数取值

(1)设计荷载：汽车—20级，挂车—100，人群3.5kN/m^2。

(2)温度变化：

①体系整体升温20℃；

②体系整体降温20℃。

(3)考虑到该桥营运已三十余年，桥梁墩(台)沉降已基本稳定，本次计算未考虑墩(台)的沉降作用。

(4)该桥已营运三十余年，本次计算不考虑混凝土收缩徐变的影响。

2.结构分析

结构分析模型建立：根据该桥的实际结构尺寸、施工步骤，将本桥分为主拱圈浇筑、腹拱墩浇筑、桥面板安装浇筑及安装人行道等二期恒载共4个施工阶段进行分析，分析模型见图3.3.2。

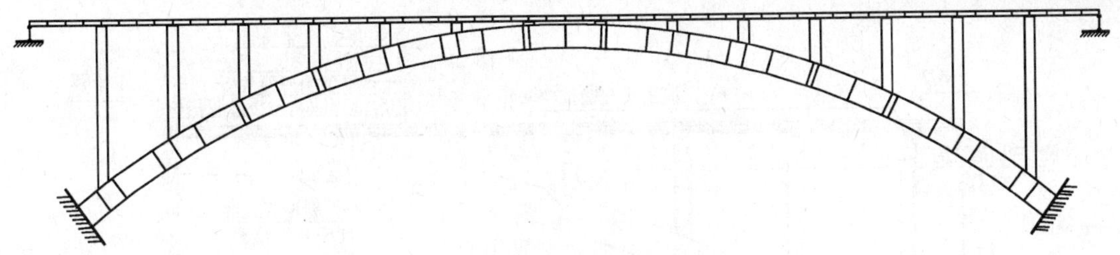

图 3.3.2　吕蒙渡大桥结构离散图

根据以上模型采用交通部公路科研所编制"公路桥梁结构设计系统 GQJS8.6"进行计算，并采用广州市政设计研究院编"桥梁结构静动力 CAD 系统 V5.0"进行复核。

六、大桥加固提载的方案决策

1. 吕蒙渡大桥的现状评定

(1)吕蒙渡大桥结构检查结果反映：除乐平岸主跨桥台基础局部被淘空外，主跨墩、台身与主拱圈的主要结构尚好。

(2)主拱圈是大桥的主要承重结构，它的好坏直接影响着大桥的正常使用和安全。结构检查尚未发现主拱圈有明显裂缝等病害。

(3)由于吕蒙渡大桥的桥面铺装层已大面积破损，增大了车辆通行时的冲击力，已严重影响了大桥的使用安全和舒适性。

2. 大桥加固提载的方案决策

(1)吕蒙渡大桥虽然因 206 国道改道新建、不再是国道上的桥梁，但仍是景德镇市至乐平等地最短公路上的大桥；而且，大桥乐平岸附近厂矿较多，仍将是该地区通往景德镇市的重要桥梁和最短的路径。因此，对吕蒙渡大桥进行加固维修和提高荷载等级，是适应当地国民经济发展的重要举措。

(2)为适应大桥周边地区的国民经济建设和交通运输事业的发展，以及城镇化建设进程的需要，吕蒙渡大桥因荷载等级低和结构固有缺陷等已产生严重结构病害的现象必须根治。因此，及时对大桥进行加固维修和提高荷载等级是非常必要的。

(3)综合考虑大桥现状评定结果和影响因素，对吕蒙渡大桥实施加固维修病害并提高荷载等级至汽车—20 级、挂车—100、人群 3.5kN/m² 是科学的和必要的。

(4)经结构检算和综合分析，决定采用第三方案对吕蒙渡大桥实施加固提载。

根据结构检查有关数据及进一步对吕蒙渡大桥进行结构检算，对吕蒙渡大桥采用的加固改造措施详见图 3.3.3 和图 3.3.4 所示。

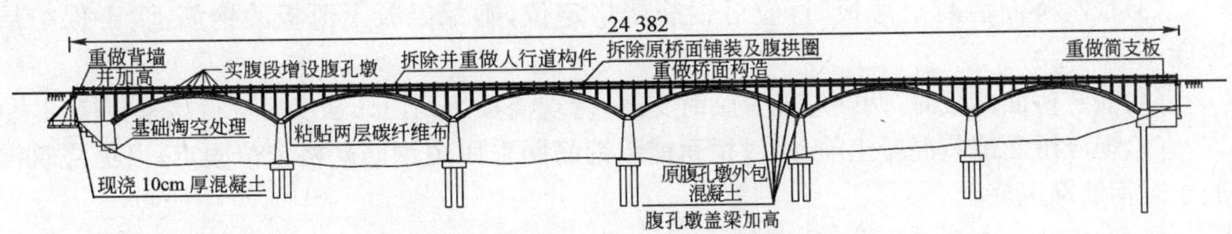

图 3.3.3　吕蒙渡大桥加固总体布置图(尺寸单位:cm)

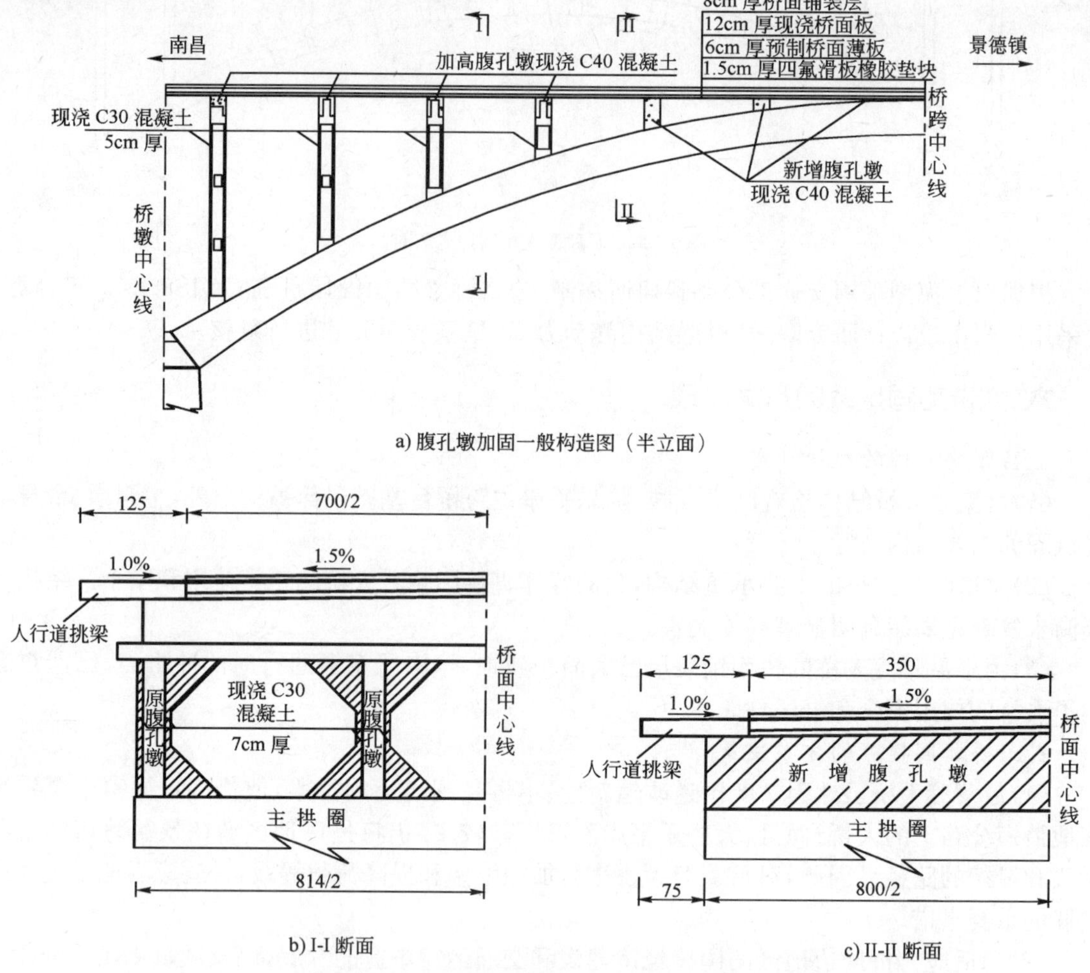

图 3.3.4　吕蒙渡大桥腹孔墩加固一般构造图(尺寸单位:cm)

七、施工要点

(1)凿除大桥桥面及腹孔上部构造过程中,不允许采用大型机械设备,应采用人工进行凿除或挖除,以免对大桥主拱圈产生新的损伤,并应及时将废料运至弃土场地;

(2)拆除腹孔时应注意以腹拱墩及拱顶为对称轴,对称、逐渐地拆除,以免突然拆除或不对称拆除而造成腹拱墩和拱肋垮塌,并应切实做好安全保护工作;

(3)预制桥面混凝土薄板时,应对钢筋严格定位,确保混凝土薄板的钢筋上、下保护层厚度;

(4)安装桥面薄板时,两端应设置临时支撑,待现浇板达到设计强度后进行体系转换;

(5)现浇桥面铺装混凝土前,应对桥面铺装钢筋网采用短钢筋严格定位固定,以免浇筑混凝土时钢筋网沉底。

第四章 改造拱上建筑的其他方法

第一节 将拱式拱上建筑改造为弧形框体结构

一、改造机理简介

前面介绍的两种对拱上建筑的改造形式比较类似，都保留了部分拱上建筑予以利用。本章将要介绍的将拱式拱上建筑改造为弧形框体结构的改造方法，是一种将拱上建筑全部拆除并重建的方法。主要通过在原主拱圈拱背上加设拱伏和拱伏横系梁，并在其上设置立柱、主梁、横向肋梁等，组成一个框体结构来代替原来的拱式拱上建筑形式。由于框体底纵梁为拱肋形式的弯梁，呈弧形，故而形象地称之为弧形框体结构。整个拱上建筑成为一个框架体系，提高了桥梁的整体刚度和稳定性，新增的弧形肋梁又能有效地为原主拱圈减压，因此这种方法能有效地提高桥梁承载能力。

二、加固设计要点与注意事项

(1)为了提高主拱圈的刚度和承载力，需在原主拱圈每根拱肋对应的拱波顶部增设一道弧形的拱肋形式的拱伏。拱伏间设置横系梁从而联成一个整体，横系梁的设置位置与立柱的设置位置相对应。

(2)在立柱顶面浇筑纵梁和横梁，从而和新增拱伏、立柱等形成一个稳定的框架结构。若需要加宽桥面，只需按设计在浇筑横梁时从两边悬挑出去即可。

(3)重新浇筑桥面系。

三、施工方法及工艺

(1)拆除大桥现有桥面系并挖除所有拱腔填料，然后依次拆除侧墙、腹拱圈、腹拱墩，以减小拱上恒载对主拱圈的作用。原拱上建筑须严格按照分层、对称、由中央向两端逐渐均衡卸载的原则进行拆除，并切实做好安全保护工作。

(2)凿除桥面及拱腔填料的过程中不允许采用大型机械设备，应用人工凿除或挖除，以免对桥梁主拱圈造成新的损伤。

(3)在重建拱上建筑的施工过程中，自始至终也都必须遵循对称、均衡的原则，每孔的左、右半拱必须对称施工。

四、改造为弧形框体结构实例一[5]

1. 桥梁概况

某空腹式双曲拱桥于 1974 年建成通车，设计拱轴系数 $m=2.24$，净跨径为 40m，全桥长

64.2m，矢跨比为1/8，桥宽为净—8.9m+2×0.62m。桥面纵坡为平坡，主拱圈为6肋5波，拱肋宽25cm，拱肋间净距为1.68m。上部构造两端空腹部分各由5个圆弧拱组成，桥台部分各有两个空腹拱支承于桥台基础上；下部结构为浆砌片石基础，置于密实卵石土层上。原桥设计荷载为汽车—13、拖车—60。该桥造型美观，与桥位地形配合较好。

2.老桥病害状况

(1)主拱圈裂缝

①主拱圈拱波纵向裂缝。桥梁横向中心线处于第3片拱波波顶处，检查时发现中波波顶存在纵向裂缝，自拱顶开始至$L/4$附近为止，裂缝宽度最大约0.3mm。

②拱肋裂缝。仅在横向第2、第3片拱肋上发现细微裂缝，位置在拱顶前后6m左右范围，裂缝宽度最大约为0.2mm，其他各片拱肋情况基本完好，未发现裂缝。

③肋、波连接处裂缝。拱脚附近的拱波与拱肋的连接处有较细的裂缝，并伴有水泥砂浆脱落和渗水现象。

(2)拱轴线下沉

在对该桥进行加固改造方案设计之前，对桥梁的上、下游拱圈下缘部分特征点用全站仪进行了坐标和高程测量，发现主拱圈拱轴线普遍下沉，拱顶下沉量达14～16cm，而且上、下游下沉量不一致。

(3)桥面变形及碎裂

沥青混凝土铺装层碎裂，桥面平整度差，已呈波浪形。汽车通过时有明显的振动感，部分栏杆被车辆撞断。

(4)腹拱、立墙病害

腹拱及立墙为浆砌片石，由于防水层质量差，腹孔及立墙上均有渗水痕迹，并发现有裂缝。

3.老桥结构分析

(1)拱轴线的拟合

对主拱圈坐标进行测量只能得到一些离散点位的坐标值，不可能直接得到拱轴线形的数学描述。曲线拟合就是通过对这些坐标数据进行处理，得到与输入数据相匹配的数学描述。选择适当的拟合曲线线形，可保证最终得到的数学描述连续、光滑、单调递增，同时与输入数据之间的偏差较小，从而得到与实际拱轴线形近似的数学描述。

由于悬链线能保证单调递增的要求，便于评估和设计计算，对于悬链线拱桥可采用悬链线进行曲线拟合。拟合过程为：

①计算得到实际净跨径、净矢高；

②假设初始拱轴系数m；

③根据假设的拱轴系数m，计算得到计算跨径和计算矢高；

④根据假设的拱轴系数m，求得与各个观测坐标值最接近的拱圈下缘点的坐标；

⑤计算得到中误差和最大偏差；

⑥调整拱轴系数，重复③～⑤项工作，求得最佳拟合曲线。

(2)改造前主拱圈计算

计算时按实测坐标拟合后的拱轴线建立空间模型，拱肋、拱板的尺寸按实测值取用。在计

算时考虑了以下几点：

①拱肋与拱波形成的组合截面作为主拱圈的截面，将拱上建筑与桥面系作为集中或分布荷载作用在主拱圈上；

②拱上构造与主拱圈联合作用的影响已经不大，在计算活载内力时没有考虑这种作用；

③收缩徐变经多年的运营已经完成，在计算中不计收缩徐变内力；

④混凝土的强度采用现场实际测定值，经对老桥拱肋多个部位采用超声—回弹法采集的数据分析整理判定，混凝土强度等级为 C25，弹性模量 $E_n = 2.58 \times 10^4$MPa，用于旧桥时容许应力提高 10%。

对桥梁进行有限元离散，拱肋以梁单元建立，拱板单元以板单元建立。全桥共有梁单元 215 个，板单元 700 个，节点 882 个，拱脚处固结。

由计算结果可知，在荷载组合Ⅰ的作用下，最大压应力达 12.80MPa，拉应力达 1.06MPa；在荷载组合Ⅲ的作用下，最大压应力达 14.65MPa，拉应力达 1.97MPa；这表明老桥状态下的主拱肋压应力水平过高，且其最大拉应力及压应力均已超过规范容许值，确需对本桥进行加固改造。

4.加固改造设计

(1)老桥的拱上建筑拆除

双曲拱桥的拆除一定要遵守分层、对称、由中央向两端逐渐均衡减载的原则。分层则是自上至下分为若干层进行拆除，第 1 层拆除护栏、安全带及桥面铺装或面层，第 2 层挖除拱上填充料，第 3 层拆除侧墙及空腹拱拱顶结构，第 4 层拆除空腹拱立柱或立墙。每拆一层都要遵守对称、由中央向两端逐渐均衡卸载的原则，不让主拱结构因荷载不均衡发生变形而失去稳定。

(2)加固设计要点

从对全桥检查及分析的情况来看，未发现桥台基础存在病害，所以该桥主要针对上部结构和桥台后座进行加固处理。

①对保留的主拱圈存在的裂缝进行修复；为了提高主拱圈的刚度和承载力，需在原主拱圈每根拱肋对应的拱板顶部增设一道 30cm×30cm 的拱伏；在桥梁横向需在立柱对应位置处增设底梁，底梁与拱伏相互贯穿。

②立柱、主梁及横向肋梁与拱伏在跨中相互贯穿形成实腹段。拱伏施工时，立柱的钢筋与拱伏贯穿的主梁钢筋可以直接预埋在拱伏内。横向肋梁与主梁贯穿，在边主梁位置挑出形成悬臂梁，悬臂长度与桥面宽度相适应。

③桥面

桥面板的设计厚度为 20～25cm，为了通过提高桥面板的刚度改善活载横向分布性能，在桥面板内设计了双层钢筋网。

④桥台后座

桥台后座路面改为钢筋混凝土板，减小了活载对侧墙的土压力，并增加了侧墙的抗剪能力和基底摩阻力。

(3)加固改造后主拱圈验算

①加固后计算模型的建立

对桥梁进行有限元离散，拱肋、横系梁、拱伏、底梁、立柱、主梁、横向肋梁以空间梁单元建立，拱板、桥面板单元以板单元建立。全桥共有梁单元 620 个，板单元 940 个，节点 1 407 个，拱脚处固结。桥梁安全带、栏杆以恒载作用于边主梁上。

②加固后拱肋各截面应力计算

经计算得出，改造后拱肋的恒载内力(轴向压力)明显降低，且整体应力水平比加固前大大降低。与加固前的计算结果相比较可知，在荷载组合Ⅰ的作用下，主拱肋的最大压应力由12.80MPa降低至8.81MPa，降低幅度达31%；在荷载组合Ⅲ的作用下，主拱肋的最大压应力由14.65MPa降低至9.86MPa，降低幅度达33%，整个主拱肋无拉应力出现。从以上比较可以看出，加固后主拱肋应力状态的改善十分明显，且各截面的应力指标均满足规范要求，完全能够达到对该桥进行维修加固的目的。

5.加固改造施工

(1)拆除老桥的拱上建筑

按设计要求和拆桥原则，先搭设钢管桩支架，然后拆除全部拱上建筑，保留主拱圈。因增设钢筋混凝土桥台帽梁，桥台前墙仅需凿除至梁底设计高程即可。

(2)裂缝修复

对保留的原拱肋及拱板结构上的裂缝采用压力灌浆法进行修复。

(3)植筋施工

为了保证新浇筑的混凝土与旧混凝土的联结，即新浇的拱伏与原拱板顶部的联结，采用了植筋技术。主要施工步骤如下。

①混凝土打毛、钻孔：待拱上建筑全部拆除完毕以后，用水清洗干净，根据设计图纸放样出对应拱肋处增设拱伏的准确位置，在底梁与拱伏段的范围内按设计图纸的尺寸要求，将其范围内主拱圈上的混凝土打毛并冲洗干净，骨料如有松动，必须处理掉。测量放样，按设计要求确定的钢筋位置，利用墨线弹出十字线标定植筋的位置。在主拱圈上用电锤打眼植筋。钻孔前由质检人员检查钻头尺寸，钻孔结束后，由质检人员对钻孔深度、孔径进一步检查，钻孔深度用钢卷尺量，孔径以采用相同直径的钢筋能够自由插入为合格。对于使用的钻头，注意因磨损过大而孔径偏小，一般要求孔径应比设计的植筋直径大4～6mm，钻孔过大反而不利于植筋的效果，同时注意钻孔的垂直度。

②清孔：清孔是植筋施工的一道重要工序，直接影响钢筋的锚固效果，施工中必须高度重视。清孔时，先将高压空气用硬质排气管插入孔底，再向上拔1～2cm，吹出孔内残留物；再用对应孔径的毛刷对孔壁进行反复清刷或用高压空气进行清孔，最后重复刷孔清孔，直至孔内清干净为止，孔内严禁有水。

③植筋：植筋胶在使用前，先将管头部分混合胶弃掉，对于孔深较深的孔，用加长管将植筋胶直接注入孔底，注入胶的量约为孔深的2/3。钢筋清洁，除去锚筋上的锈斑、浮土等，作好插入深度控制标记。如果发生植筋胶不足的现象，必须拔除钢筋，补加植筋胶后重新植入(本过程必须在4～5min内操作完毕)，严禁直接从顶部补加。植筋时，配备4人为一组进行，应缓慢旋转插入钢筋，使每个螺纹均被黏合剂裹敷，多余的黏合剂从孔内挤压而出。至孔底时用力顶出，按深度标记检查植筋的深度。植筋过程控制要点：

a.固定植筋操作人员，施工单位派固定人员跟踪检查，填写施工记录，质检员、施工员在记录上签字；

b.每一结构植筋全部做的隐蔽工程，隐蔽工程检查记录由施工员和监理工程师签字；

c.植筋施工时，每批植筋都应对清孔、钻孔深度、植筋深度、植筋胶饱满度四个影响植筋质

量的指标进行重点检查，做到每孔必查，每孔均有记录；

d. 施工中钻孔碰到原结构物内的钢筋时，均由施工单位、监理单位提出，与设计单位协商调整孔位或原孔位继续钻进等处理措施，确保植筋施工过程始终处于受控状态；

e. 钻孔、清孔、植筋应采取流水作业的方法，随钻、随清、随植，不可在主拱圈上同时留有许多钻孔而影响主拱圈的强度，待植筋以后可以认为通过植筋胶的胶结作用对主拱圈的强度没有影响。

(4)混凝土结构施工

混凝土结构施工须严格按照施工技术规范进行，所有进场材料必须符合规范要求，按规定抽检频率进行检验。现场拌制的混凝土，须按照理论配合比，结合施工时砂、石的含水量换算成施工配合比，施工时严格控制坍落度，确保混凝土施工质量。

浇筑混凝土前为了保证新老混凝土黏结牢固，要使原混凝土表面处于潮湿状态，再浇筑混凝土。混凝土由手推车运送到工作平台后，用铁锹分层铲入模内，每层不超过 30cm 厚，用插入式振动棒振捣至密实，再铲入混凝土直到结束为止。混凝土初凝后，用湿麻袋进行覆盖养护，终凝后洒水养护。

非承重侧模板应在混凝土强度能保证其表面及棱角不致因拆模而损坏时方可拆除，一般应在其强度达到 2.5MPa 时方可拆除侧模。钢筋混凝土结构的承重模板、支架和拱架，应在混凝土强度能承受其自重及其他可能的叠加荷载时方可拆除。当构件跨径不大于 4m 时，一般要求混凝土强度符合设计强度标准值的 50%后方可拆除；当构件跨度大于 4m 时，要求混凝土强度符合设计强度标准值的 75%后方可拆除。拆模后仍然覆盖洒水养护，直到混凝土达到设计强度为止。

6. 改造效果评价

该双曲拱桥的拱上建筑改造施工工艺简单，施工方便，既节省了工程经费，又加快了施工进度。经加固改造后，该桥既保留了双曲拱桥的特色，又满足了新的设计荷载的要求。

五、改造为弧形框体结构实例二[6]

1. 原桥的现状及病害调查

某空腹式双曲拱桥，净跨径为 25m，三肋两波，桥台宽 6.2m，桥梁宽 4.6m，桥全长 43.2m，净矢高 3.125m，净矢跨比 1/8，两端各有 3 个空腹拱。

通过对该双曲拱桥现状的详细调查，发现该桥的主要病害可归结为如下几点。

(1)桥面系：桥面铺装层老化，且损坏较严重，存在多处纵、横向裂缝，桥面存在多处网状龟裂，局部有坑槽、剥落现象。

(2)主拱肋、拱波及拱上建筑：拱肋本身存在少量的横向受力裂缝，拱肋两支点部位均存在渗水、侵蚀现象，有明显渗水痕迹，局部混凝土开裂；拱肋与拱波局部脱离；拱上侧墙略有外倾，且局部开裂。

(3)检查结论：通过对该桥的外观质量检测和分析，认为该桥桥面系破坏较为严重，桥宽已满足不了通行要求，且承载力不足；但拱肋尚处于较好的工作状态，主拱圈基本完好，老桥有利用价值，应尽量改造利用并予以拓宽，以节省资源。

2. 改造前原拱桥主拱圈分析

将该桥进行有限元离散，主拱圈的拱肋按梁单元建模，拱波和拱板模拟成同一种板单元，

两者通过刚性约束与拱肋连接,拱肋拱脚处固结,拱波的拱脚处采用铰接;立柱采用梁单元进行模拟,桥面系采用板单元模拟,拱上填料模拟成与实际相一致的仅能传递压力荷载的单元。一般拱桥计算中假定全部外荷载由主拱承担,而把拱上建筑当作传递荷载的局部受力构件,不与主拱共同工作。实际上,主拱与拱上建筑存在不同程度的联合受力,主拱的弹性变形影响到拱上建筑的内力;而拱上建筑又约束了主拱的变形,所以这种不考虑拱上建筑的联合作用对主拱的计算是偏于安全的。建模后整个旧桥划分为 1 848 节点和 1 415 个单元。

当作用汽车—10 级荷载时,该老桥在荷载组合 I 作用下的应力及截面验算均满足要求;但在荷载组合 II 作用下,中拱肋的 $L/4$ 处、拱顶处截面和边拱肋的拱顶截面验算均不满足承载能力极限状态的强度要求(截面计算偏心距大于允许偏心距,偏心系数不满足要求),相应的截面应力也出现了拉应力,结构稳定性在上述位置也不满足要求。

3. *拓宽改造方法及结构有限元计算*

(1)拓宽改造方法

第一步,拆除原桥拱上建筑,保留原有主拱圈,在其上新增刚架片(弧形框体)。新增的刚架片本身有较大的强度与刚度,再通过立柱、腹杆以及实腹段(尤其是实腹段)、拱伏与原桥主拱圈联成一个整体,见图 3.4.1 所示。增加的刚架片使原主拱圈成为类似刚架拱桥的主拱腿,大大减小了原主拱圈的负担。

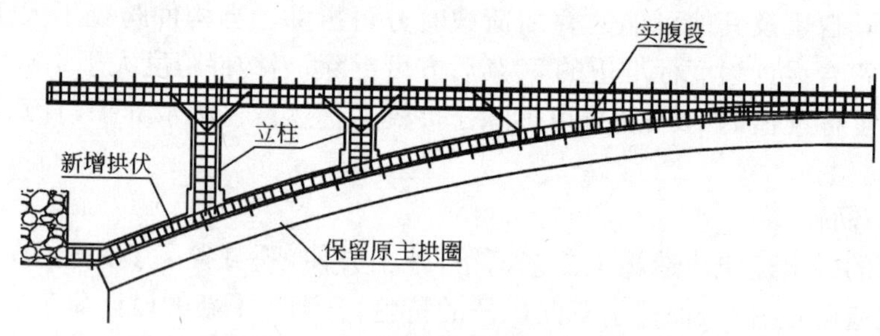

图 3.4.1 改造原双曲拱桥拱上建筑

第二步,在原有主拱拱肋上增设拱伏,它同时起到增大拱肋截面和箍紧拱肋共同抵抗温度和荷载效应的作用,新体系的承载能力超过了原主拱圈的承载能力。

第三步,利用 25 m 刚架拱双面拓宽(见图 3.4.2),最后通过现浇的桥面系,包括钢筋混凝土桥面板及钢筋混凝土横向肋梁,并且让刚架片的上弦杆、横向肋梁与桥面板间相互贯穿,在原桥上形成一个类似于"肋形楼盖"的桥面体系,同时原桥与拓宽部分通过桥面和横梁来共同承受汽车荷载的冲击与振动,并且使整座桥梁的上部结构形成了一个牢固的整体,完全克服了原双曲拱桥"结构组成划分过细,整体性能较差,容易出现裂缝"的弊病。根据"超静定体系内

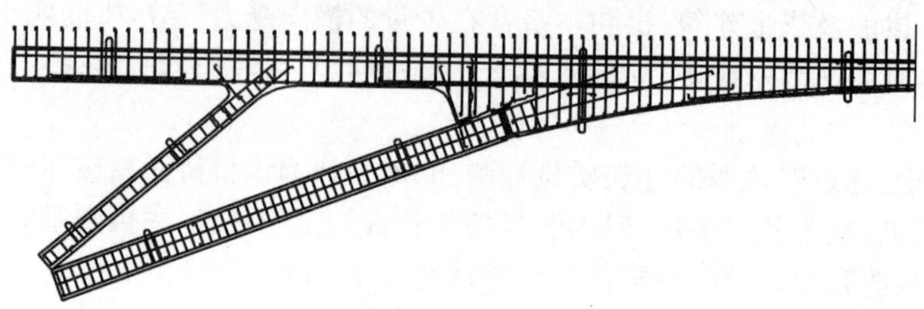

图 3.4.2 拓宽部分刚架拱片半立面图

力重分布的理论”，本桥拓宽部分的刚度大于改造后老桥部分的刚度；因此，经内力重分布，原有老桥可以大大减轻负荷，从而提高了整座桥梁的承载能力并进一步改善原主拱圈的受力。

(2)改造后拱肋截面配筋验算及拱顶截面底缘裂缝宽度验算

验算截面选择荷载效应较大的中拱肋控制截面，并将不同受力性质的截面按偏心受压构件的强度计算公式进行配筋设计、验算。经设计计算，改造后的老桥中拱肋拱顶位置在荷载组合Ⅱ作用下偏心受拉，但拱肋的截面配筋和拱顶截面底缘的裂缝宽度是满足规范要求的；拓宽后的老桥较拓宽前的减载程度，与拓宽所用刚架拱的刚度、新旧结构的连接方式等有关。

六、改造效果评价

由于改造后的荷载等级提高了，而拱上建筑的改造对于老桥拱脚的水平推力改善不大，所以桥台的抗滑稳定性不可忽视，仍需通过加阻滑板、台后注浆等方法进行桥台加固。

总之，双曲拱桥采用改变结构受力体系的方法进行加固，应符合以下条件：

(1)老桥经技术鉴定，质量优良、无结构性的损坏，桥台无位移，主拱圈完好，允许拱波在拱脚和立柱附近有轻微裂缝，宽度在规范允许值内；

(2)通过加固改造，一般要达到提高一级荷载等级的目的，满足当前交通运输需要和结构使用的耐久性要求；

(3)与建新桥相比，可节省较多的资金，加固费用不应大于新建桥梁费用的60%。

第二节 将简支板拱上建筑改造为空间桁架式拱上建筑实例

一、改造为桁架式拱上建筑实例一[7]

1.桥梁概况

某空腹式双曲拱桥位于乡村道路上，建于20世纪70年代初，当时设计标准为汽车—10级。当地管理部门拟保留利用该桥，并拟将荷载等级提高至汽车—15级。由于年久失修，且无任何技术资料可供查阅，为了综合了解该双曲拱桥的使用状态，恢复桥梁的技术档案，为加固改造设计提供依据，现场检测时做到：①采用全站仪对拱轴线、主拱跨径及矢高进行了详细的测量，并对拱肋、立柱、微弯板、桥面系等构件的几何尺寸进行详测，基本恢复了桥梁的几何构造资料；②采用超声回弹综合法对双曲拱桥主拱圈及拱上立柱混凝土强度进行检测；③凿除主拱肋局部混凝土保护层，对主拱肋的配筋情况进行了解。根据实测情况推定，该桥结构形式为3跨等截面悬链线无铰拱，桥梁全长为147.26m，桥面纵坡为1.40%，每孔主拱圈净跨径为40.28m，净矢高为5.85m，净矢跨比为1/7。桥面净宽4.75m，无人行道，两侧设置40cm宽的栏杆。该桥主拱圈由3肋2波组合构成。主拱圈拱肋有2处严重露筋现象，裸露钢筋均已锈蚀，露筋处周围混凝土剥落，分别位于中跨西边拱肋跨中和南跨西边拱肋拱脚。拱板(拱波顶面)上有露筋现象多处，主要集中在中跨南半拱，裸露钢筋已严重锈蚀，露筋区域周围混凝土碎裂或剥落。拱波底面有多处纵、横向裂缝，宽度为0.2～0.3mm。个别裂缝周围有水渍及碱渍，有些裂缝已贯穿。

2.加固与改造技术方案

根据现场病害的调查结果，在对原双曲拱桥结构进行理论复核和验算分析的基础上，决定在不改变原双曲拱桥外观并结合周围发展需要的前提下，采用主拱肋底粘贴碳纤维布及改变拱上建筑结构形式等加固增强技术措施，对原桥病害进行全面的综合整治加固。

(1)主拱肋粘贴碳纤维布补强

采用高强度碳纤维布(其设计厚度 0.111mm，抗拉强度为 3 400MPa)对主拱圈各拱肋拱顶实腹段长度范围内的拱肋下缘粘贴碳纤维布 2 层，对主拱圈 $L/4$ 截面 5m 长度范围内拱肋下缘及侧面粘贴碳纤维布 2 层。

(2)改变拱上建筑结构的受力体系

凿除原有桥面铺装层和腹拱立柱盖梁以上的拱上建筑，挖除填料，在保留的立柱盖梁上植筋，并与桥面钢筋网绑扎，然后重新浇筑整体桥面，使新做的桥面系与拱上立柱形成刚结。通过改变桥面构造和在立柱式腹孔墩之间设置斜杆，使桥面板、立柱、斜杆及拱肋组成桁架片结构，从而形成空间整体受力体系，达到有效地提高双曲拱桥结构承载能力和整体稳定性的目的。

3. 荷载试验

为了检验该双曲拱桥技术改造后的效果，并考虑到桥位现场的具体情况，决定选取南侧第 1 孔进行加固改造的同步荷载试验。荷载试验分为 2 个阶段完成，第 1 阶段在灌缝处理及碳纤维布粘贴完成后进行，第 2 阶段在斜拉杆、桥面施工完成后进行。荷载试验主要测试关键截面的变形及应力，2 次荷载试验采用相同的加载工况。

4. 空间有限元计算

该桥桥梁结构加固前为简支板拱上建筑双曲拱桥，经过加固改造后成为空间桁架拱上建筑双曲拱桥，截面受力性状较复杂，结构受力具有明显的空间特性。为了全面准确地反映测试截面上各测点的纵、横向应力及同一断面上不同测点处挠度的分布情况，采用空间有限元分析方法进行结构理论计算分析。结构理论计算采用大型结构分析程序 SAP2000 为计算工具，把一跨 40 m 双曲拱桥离散成由许多板单元和部分梁单元(拱肋、立柱、斜拉杆)组成的空间结构体系，建立空间有限元计算模型(图 3.4.3 和图 3.4.4)进行各工况荷载作用下的应力、变形计算及分析。加固前计算模型共划分为 428 个结点，单元总数 559 个。加固后计算模型共划分为 428 个结点，单元总数 584 个。

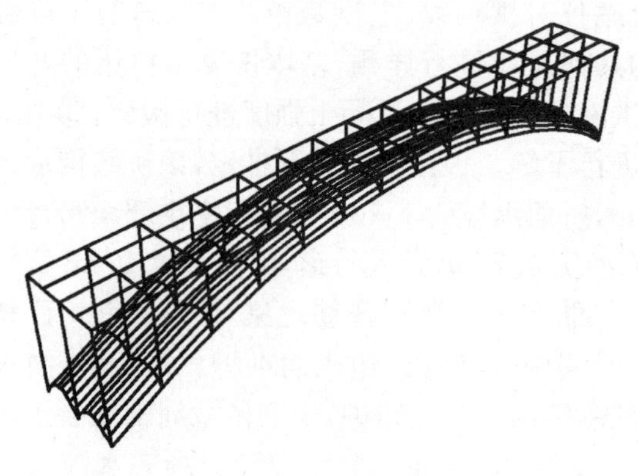

图 3.4.3 计算模型(加固前)

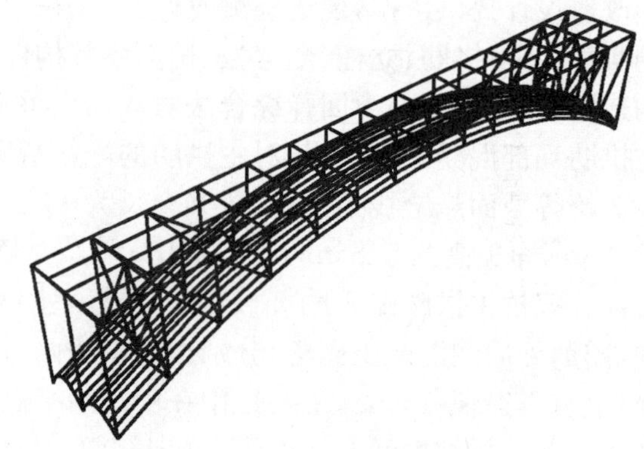

图 3.4.4 计算模型(加固后)

5. 加固效果评价

该双曲拱桥加固改造后的效果主要通过将荷载试验实测值和有限元计算值进行对比分析

来评价。

(1)主拱圈跨中挠度

根据中拱肋实测挠度值和有限元计算值整理绘制了对应加载工况挠度的实测曲线(图 3.4.5)。通过对比分析,发现各实测挠度值均小于理论计算值。所以,为了提高双曲拱桥结构的承载能力和整体刚度,改变结构体系比结构补强更有效。

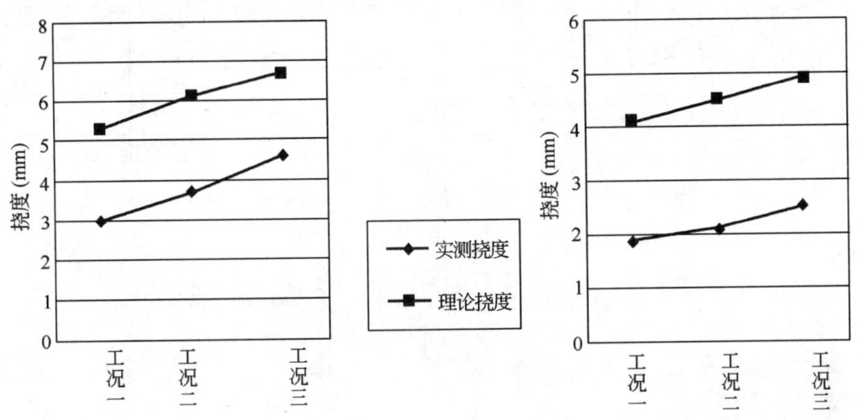

图 3.4.5　跨中截面中拱肋 2 次试验实测挠度与理论挠度对照曲线

(2)主拱圈跨中应变

根据双曲拱桥各控制截面加载工况,2 次静载试验所测得的跨中截面中拱肋底缘应变值均为加载后的应变增量值。工况 2 结果见表 3-4-1。

跨中截面中拱肋底缘最大拉应变实测值与理论计算值对照表　　表 3-4-1

试　验	实　测　值(MPa)	理　论　值(MPa)
第 1 次试验	1.68	1.83
第 2 次试验	1.19	1.56

由表 3-4-1 可知,通过主拱肋粘贴碳纤维片、增设斜杆和桥面系整体化改造,可以使原结构满足正常使用要求。

(3)结论

结构补强和改变原有结构的受力体系可以有效地提高结构的承载能力和结构刚度,使结构的荷载等级得到一定提高,达到再利用的目的。目前,需要利用的双曲拱桥数量众多,因此这种改造技术对于双曲拱桥的再利用有着重要的经济价值和良好的社会价值。

二、改拱式拱上建筑为桁架式拱上建筑实例二[8]

江苏省宁—杭线上的南渡桥,单孔跨径 40m,矢跨比为 1/8,建于 1970 年。原桥净宽为净—7m+2×1.5m(人行道),设计荷载:汽—13 级、拖—60。经过两次地震灾害,腹拱损坏严重,实际承载能只相当于汽—10 级,定为险桥。要求通过技术改造荷载能提高到汽—20 级、挂车—100,桥宽增加到净—9m+2×1.0m(人行道)。桥下通航要求净空不能降低,两岸桥台比较牢固,有承载潜力,宽度也能满足拓宽需要。鉴于原桥现状,江苏省交通科研所采取了改变上部结构体系的加固方案,利用原双曲拱圈作为下弦杆,腹拱部分以斜杆、竖杆及上弦杆代替,将双曲拱桥改造为桁架拱桥，见图 3.4.6 所示。这种加固方法减轻了上部恒重，同时提高了承载能力，也解决了双曲拱桥整体性差的问题，最后达到了改造目的。

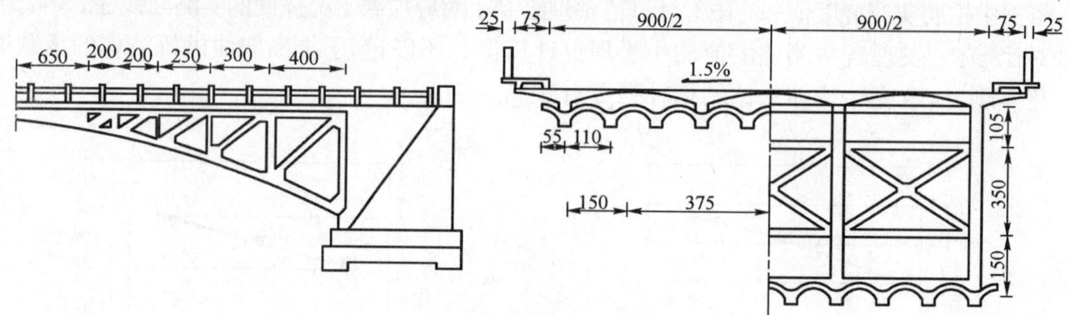

图 3.4.6　宁—杭线南渡桥改造设计图(尺寸单位:cm)

第三节　改造拱上建筑形成刚架拱[9]

一、改造机理分析

通过将双曲拱桥拱上建筑结构体系转变为刚架拱，且在顺桥方向将双曲拱主拱圈与新的拱上建筑组成整体受力结构，拱上建筑不再单纯地传递荷载，而是参与承受荷载；在横桥方向，通过微弯板与现浇桥面组成整体受力结构。使结构轻型化既减少了自重荷载，又降低了附加力的影响，因此承载能力可大为提高。

(1)计算结果表明，改造后形成的刚架拱在空腹范围内，其主拱圈的弯矩比无铰双曲拱要小，而且拱脚弯矩减小较多。

(2)实腹段按柔拱刚梁改造后，空、实腹交界附近断面的刚度远大于跨中拱顶断面，使拱顶活载负担减轻。

(3)体系转变后，结构以承受轴向力为主，而轴向力引起的变形比弯曲引起的变形要小得多。因此，结构在实现轻型化的同时提高了整体刚度。

(4)原双曲拱桥拱脚构造上是固结的，在计算时可按铰结考虑。因为主拱圈没有中间立柱的支撑，其自由长度显著增大，降低了抗弯刚度，而弦杆断面高度较大，并有桥面组合作用，较为刚劲。从实腹段传来的弯矩大部分被弦杆吸收，主拱圈把分配来的弯矩再传至拱脚，其值显然是不大了。故假定拱脚铰接是可行的，这也是附加力降低的原因。

所以，将双曲拱改造后形成的刚架拱仍为高次超静定结构，其内力和变形一般可采用平面杆系有限元法计算。简化计算可近似取图 3.4.7 所示基本结构。

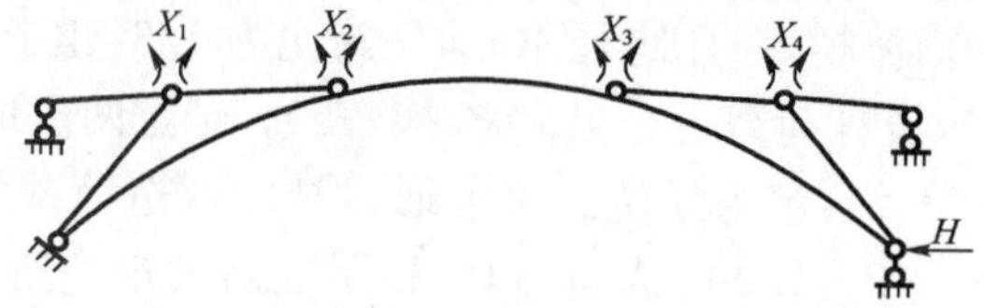

图 3.4.7　改造后形成的刚架拱

二、改造拱上建筑形成刚架拱实例

1. 老双曲拱桥概况

(1)甲桥

甲桥为一孔净跨 40m 的等截面悬链线空腹式双曲拱桥，4 肋 3 波，矢跨比为 1/ 8，桥面宽度为净—7m＋2×0.25m(安全带)，钢筋混凝土打入桩基础；设计荷载为 1967 年《公路桥涵车辆荷载及净空标准暂行规定》中的汽车—15 级、拖车—60；1971 年 12 月竣工。

(2)乙桥

乙桥为一孔净跨 24 m 的等截面悬链线空腹式双曲拱桥，7 肋 6 波，矢跨比为 1/6，桥面宽度为净—7m＋2×0.75m(人行道)，木桩基础；设计荷载为 1956 年《公路工程设计准则》中的汽车—13 级、拖车—60；1967 年 2 月竣工。

改造前对两桥分别进行了详细的结构检查：桥台无位移，主拱圈结构完好，仅拱波顶面在拱脚附近有少量裂纹。

2. 改造方法

两桥改造按二级公路技术标准进行，要求将桥面加宽到净—9m＋2×1.5m(人行道)，总宽度不小于 12m；设计荷载提高到汽车—20 级、挂车—100。

改造方法：两侧加宽，在老桥两侧各新建由两片刚架拱片组成的刚架拱；拆除老桥拱上建筑，利用原主拱圈将甲桥改建成 4 片、乙桥改成 7 片刚架拱片，再与两侧新建的刚架拱连接成新、老结构为一体的刚架拱桥，这样可大大地增加全桥的刚度和承载能力，见图 3.4.8 所示。这种改造方法使拼宽部分和加固部分的强度和刚度基本一致。

在利用老桥改造的刚架拱片中，实腹段和拱腿利用原双曲拱桥的主拱圈改造，弦杆和斜撑为新增构件，采用预制安装。由于乙桥跨径较小，不设斜撑。利用老双曲拱桥改造的刚架拱片如图 3.4.9 所示。

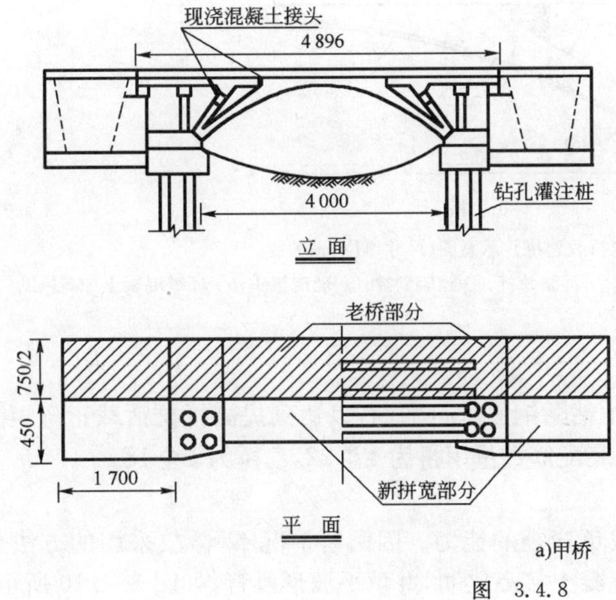

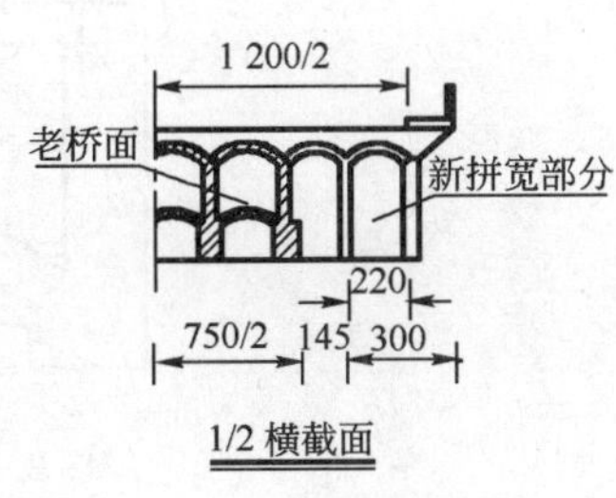

a)甲桥

图 3.4.8

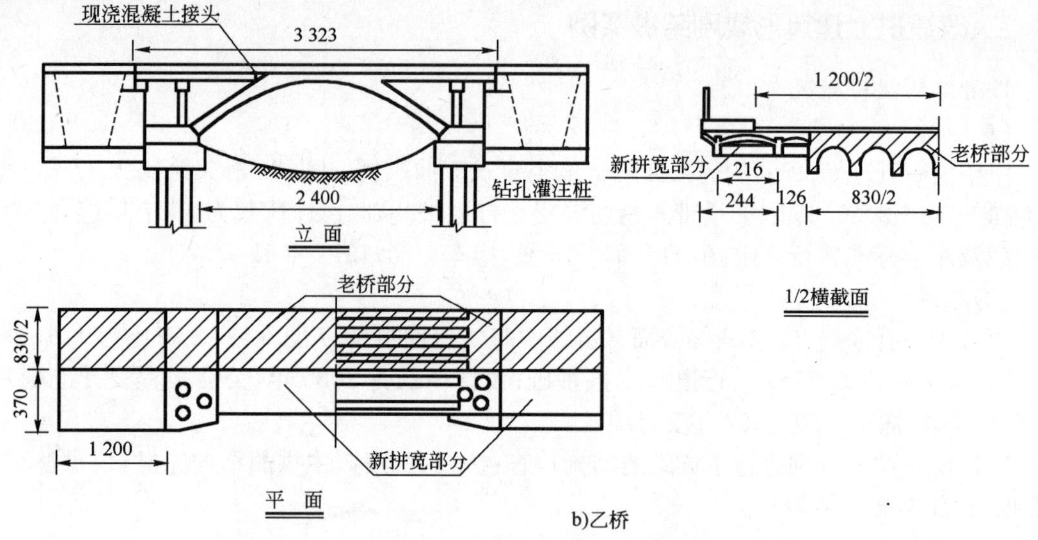

b)乙桥

图 3.4.8　双曲拱桥改变为刚架拱桥示意图(尺寸单位:cm)

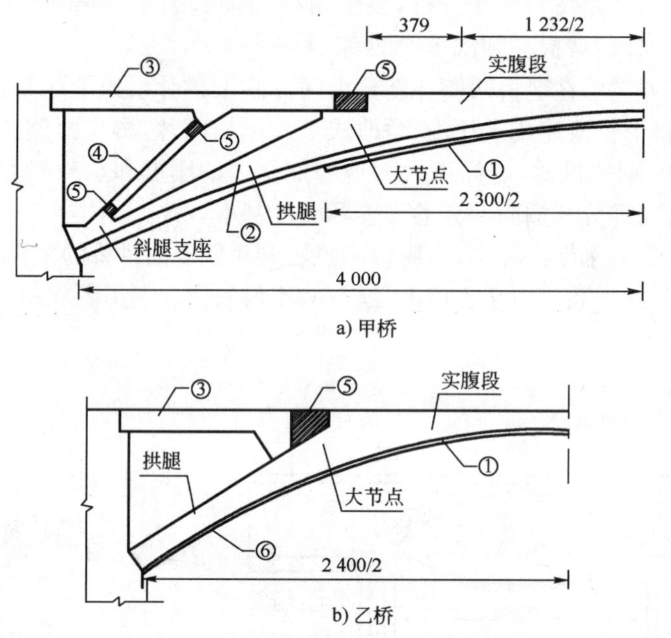

图 3.4.9　老桥改建拱片示意图(尺寸单位:cm)

①-环氧粘贴钢筋;②-拱背现浇钢筋混凝土;③-预制弦杆;④-预制斜撑;⑤-现浇接头;⑥-环氧混凝土加高拱肋

3. 老双曲拱桥加固改造要点

(1)中段肋底

老双曲拱桥中段肋底用环氧混凝土粘贴钢筋进行加固,以达到提高抵抗活载正弯矩能力的要求。环氧混凝土厚为4cm,每根肋底配筋数量甲桥为4Φ22,乙桥为4Φ18。

(2)主拱圈边段

加固主拱圈边段,以提高抵抗活载负弯矩的能力。因两桥情况不同,故采用的方法也不同:甲桥老桥主拱圈边段顶面用C30混凝土接高拱肋,并填平波形拱背,如图3.4.10所示;乙

桥老桥拱肋边段在肋底用环氧混凝土加高。

(3)实腹段改造

实腹段改造按柔拱刚梁思路进行。

①甲桥

甲桥实腹段的拱顶实腹段和拱顶实腹段～大节点区段[见图 3.4.9a)]，分别处理：

a. 拱顶实腹段长 12.32m，由于公路改建，路面提高，桥面高程需相应提高，因此，在老桥面上再铺设厚约 12cm 的 C30 钢筋混凝土桥面；

图 3.4.10　甲桥主拱圈边段加固示意图(尺寸单位：cm)

b. 拱顶实腹段～大节点区段长 3.79 m，做成空腹形式，用 C30 钢筋混凝土接高拱肋，其上再做微弯板桥面。

②乙桥

乙桥实腹段(两大节点间)在凿净贫混凝土填料后，重新浇筑填平层和桥面混凝土，拱顶断面高度降低 12cm，桥面高程相应降低。

(4)大节点构造和斜撑支座

甲桥大节点和斜撑支座等在拱圈上现浇形成，大节点构造如图 3.4.11 所示。

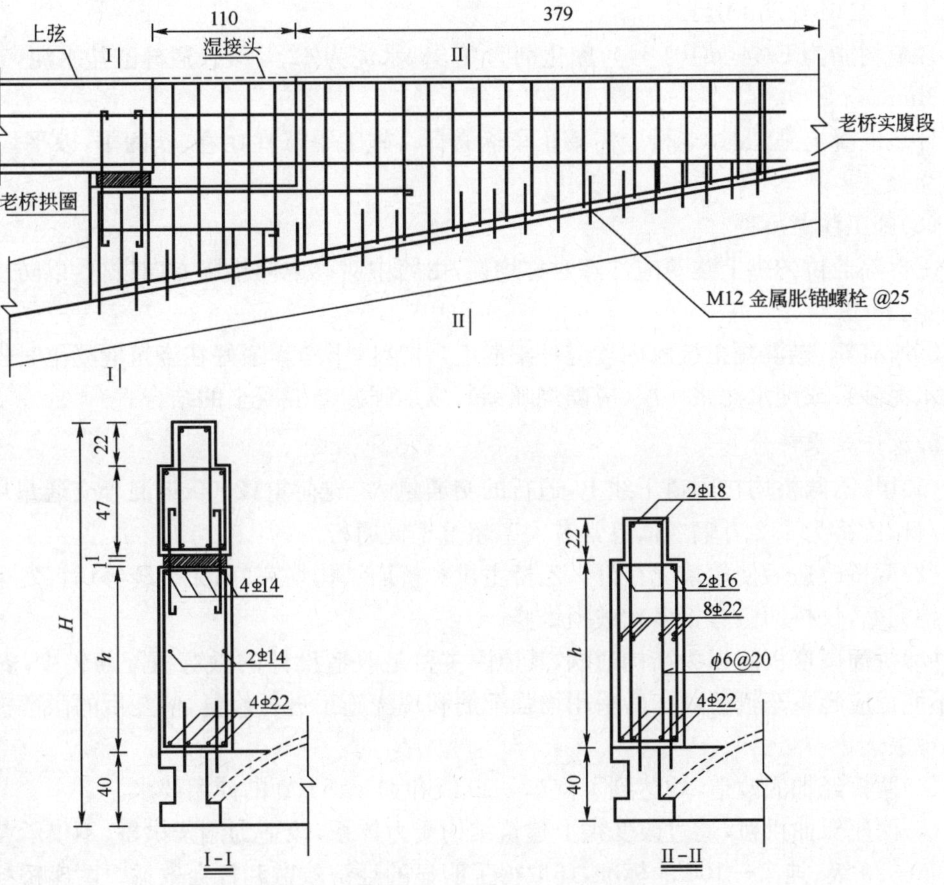

图 3.4.11　甲桥大节点、接高肋构造图(尺寸单位：cm)

(5)新、老拱片与桥面处理

新、老桥拱片间用预制横隔板连接成整体，新老桥桥面接合处做假缝，以调整变形。

4. 施工要点

(1)施工步骤

整个改造施工分四步进行，施工中桥梁维持通车，不搭便桥。

第一步：老桥两侧新拼宽部分的下部结构施工。

第二步：先建成一侧的两片新刚架拱片，并将该侧老桥边肋部分拱圈改建成刚架拱片，将新、老三片刚架拱片连成一体，铺筑宽约4.5m的桥面作为一个车道通行汽车，和老桥共同维持交通，施工时需保证拱的横向稳定和交通安全。

第三步：同样完成另一侧的刚架拱，也作为一个车道通行汽车。

第四步：拆除剩余老双曲拱桥的拱上建筑，改建为刚架拱片，然后与上、下游两侧的刚架拱连成整体，并调整桥面行车道布置，将上、下游边侧改建成人行道，全桥开放通车。

(2)环氧混凝土粘贴钢筋施工

先凿去老桥拱肋底面混凝土保护层，露出箍筋；将加固钢筋与老肋箍筋点焊连接，点焊时注意防止灼伤混凝土；彻底清除混凝土表面的松动碎屑，除净焊渣，然后浇筑环氧混凝土。

环氧混凝土的重量配合比为：环氧树脂∶固化剂∶水泥∶中粗砂∶碎石∶丙酮＝1∶0.25∶1∶1.5∶2.5∶0.15。

环氧树脂为E-44(6101号)，固化剂为T-31，水泥为42.5级普通硅酸盐水泥，碎石粒径为6～13mm。

环氧混凝土施工时，老桥上需禁止车辆通行。施工季节宜在春、秋两季，以平均气温20℃左右为佳。

(3)施工注意事项

①拆除老桥的拱上建筑应注意对称均衡，由跨中对称地向拱脚方向进行，以防主拱圈变形和失稳。

②所有新、老混凝土接触面均应仔细凿毛，并清洗干净。最好在浇筑混凝土时先铺高强度等级水泥砂浆或纯水泥浆一层(应随浇随铺)，以加强新老混凝土的结合。

5. 改造效果评价

(1)甲、乙两桥均在国道干线上，通行的交通量大，载荷重；2000年混合交通量甲桥为1.5万辆/日，乙桥为1.2万辆/日，且常有大型超重车辆通行。

(2)两桥改造后使用情况良好。乙桥主拱和桥面结构均完好，无裂缝等病害发生。甲桥主拱结构完好，仅桥面微弯板多次破损维修。

(3)桥面微弯板破损为结构通病，其原因主要是改造设计的微弯板配筋较少，安全储备不足，不能适应超重车辆行驶。后采用增强配筋和现浇施工进行修复，修复后的微弯板再未出现损坏现象。

(4)两桥经加固改造，均达到了汽车—20级和挂车—100的使用要求。

(5)两座双曲拱桥，通过改变拱上建筑结构受力体系，改造为刚架拱桥，不仅承载能力提高到汽车—20级、挂车—100的标准，还取得了明显的经济效益和社会效益。两座桥梁加固改建成功，表明这一方法是可行的。

第四节 换填拱上填料改造拱上建筑

一、改造机理

早期修建的双曲拱桥由于桥面与路面为同种材料，而且大部分未设防水层，极易造成桥面积水渗透至拱腔填料，透水后造成拱腔填料土层不均匀沉降，在重车荷载的作用下，原桥面铺装逐渐开裂，甚至碎裂。同时由于拱腔填料产生了不均匀沉降，致使主拱圈局部应力集中、拱波开裂。

将部分或全部拱上填料进行挖除，重新换填入轻质高强的拱腔填料后，一方面能够减轻主拱圈所受荷载，另一方面还能够有效改善和加强桥面荷载的扩散效应。

二、加固改造设计要点与注意事项

(1)换填料的目的是为了提高桥梁的承载能力，或是能有效地改善主拱圈的受力性能。所以，新填入的填料需要具有轻质高强的特点，确保在换填后能大大降低全桥自重。

(2)选择的拱腔填料若为拌和料，则需制定合理的配合比、水灰比。

(3)在原拱圈顶面加设一层防水材料。

(4)换填拱上填料后，重做桥面板，以确保填料不会再次受到破坏。

三、施工方法及工艺

(1)拆除原桥面及挖除原拱腔填料的过程，一律由跨中对称地向拱脚方向进行，两侧的拆除进度基本一致，进度差最好不要超过 2m，以免主拱圈因受力不均而损坏。

(2)换填拱上填料前需按设计要求在拱圈顶面铺设一层防水材料。

(3)严格按照设计的配合比、水灰比对填料进行拌制，填入新的拱腔填料。

(4)铺设桥面钢筋，重新浇筑新的桥面板。

四、加固实例及效果[10]

1. 桥梁概况

某桥于 1978 年改建为双曲拱桥，其上部结构采用 3 孔 30m、矢跨比为 1/5 的双曲拱，主拱圈由 6 肋 5 波组成；下部结构为直径 120cm 的钻孔灌注桩，桥面净宽为 10m+2×1.0m(人行道)，桥梁全长 109.38m。原桥设计荷载为汽—15、挂—80。桥面铺装为厚 15cm 的 C30 水泥混凝土，桥面基层及拱上填料均为 12%石灰土，拱背上石灰土最小厚度为 15cm(相当于路面基层)。此桥由于拱上填料及路面基层为同种材料，且厚度不等，加上未设防水层，造成全桥透水，透水后石灰土基层不均匀沉降，在重车荷载的作用下，原桥面铺装的水泥混凝土路面呈现粉碎性断裂。同时由于不均匀沉降，致使主拱圈局部应力集中，造成拱波开裂。

2. 加固改造方案的确定

经现场观察该桥外观，主拱圈未出现异常变化，尚能利用。但如挖开拱上填料，重新换上石灰土并进行夯实或碾压，已开裂的拱波将经不住夯实或压路机的作用而彻底损坏。另外从外观上看，全桥透水已对桥体产生了很大的危害，并可见混凝土上附着有碱迹且有一定厚度，而此桥的混凝土构件已经开裂。经过慎重考虑、充分论证，决定对老桥进行如下加固改造措施：对双曲拱主拱肋采用外包混凝土法加大成马蹄形截面加固，并挖除原拱上结构的拱腔填料，以一种轻质高强的材料作替换，同时加设土工布制作防水层。桥面铺装采取Φ 12、Φ 18 螺纹钢筋组成间距为 10cm×10cm 钢筋网，重新浇筑厚 10cm 的 C40 钢筋混凝土面层。加固改造后的桥梁荷载标准为汽—20、挂—100。

3. 拱上换填料的选定

加固改造方案确定后，通过对数种轻质材料进行鉴别试验，选定陶粒和沸石作为混凝土的粒料。这两种材料制成的混凝土，具有轻质高强的特点。所以，最终采用陶粒混凝土来换填原拱上填料。

4. 施工方案的组织和实施

(1)由于拆除的桥梁较长，拱上建筑的填(废)料较多，而且不能抛于河道中，并应遵循均衡对称的卸载原则，所以经过卸载计算和卸载过程中的不断观察，确定下列卸载施工方案：

①全桥沿纵向分成三条，每条宽 2.0～2.5m，中间一条保留作为施工便道，便于出料、人员进出，吊车作业等；

②先拆除实腹段两侧各 2.5m 范围内的桥面结构，再挖除拱上填料至跨中拱顶；

③挖除空腹段填料；

④拆除预留的便道，从中孔对称地拆；

⑤拆除过程中一律由跨中对称地向拱脚方向进行，两侧的拆除进度基本一致，进度误差不宜超过 2m。

拱上填料等恒载卸去，发现波形拱板和拱波产生明显回弹分离、上翘起拱现象，经高程测量，拱跨顶部拱背回弹达 2cm，没有发现桥墩纵向位移。

(2)换填为拱上填料的陶粒混凝土施工配合比为 3：1：5：4(32.5 级水泥：水：陶粒：沸石)，水灰比为 0.33，采用混凝土搅拌机进行拌和，拌和时间 2min，用小型振捣器和棒式振捣器配合振捣，浇筑后效果较好。

(3)桥面铺装由原厚 15cm 的 C30 混凝土减少为厚 10cm 的 C40 钢筋混凝土。换填拱上填料及浇筑面层混凝土时，也必须对称进行，由拱脚向跨中进行，进度误差最好不超过 2m；严禁在桥上堆放施工材料。

5. 换填拱上填料和改造后效果评价

此次施工共挖除原拱上填料石灰土 436m^3，填料自重 732.48t。新换筑的轻质高强陶粒混凝土拱上填料自重仅为 348.8t，单此项就减轻桥梁自重 383.68t。拱上填料自重的减轻，即拱圈所受非均匀分布荷载减小，主拱圈任意点的剪力、弯矩及轴向力均减小。而其内力又与水平推力呈线性关系，水平推力又与分布荷载呈线性关系，由恒载引起的主拱圈内力也与拱上分布荷载呈线性关系，所以由恒载引起的主拱圈内力将减小近 1 倍。由此可见，这种处理方式能够大大提高双曲拱桥的承载能力。

参考文献

[1] 蒋家奋，汤关祚. 三向应力混凝土. 北京：中国铁道出版社，1988.

[2] 周建廷，等. 钢筋混凝土套箍封闭主拱圈加固拱桥成套技术研究报告(重庆市科技攻关项目). 2002，12.

[3] 王国鼎,杜志刚.拱桥改造加固新途径——梁拱式拱上建筑新桥型专题之一.公路,2001(12).

[4] 寿华,李飞泉,盛寿桥.一种双曲拱桥维修加固的措施.华东公路,1999(1).

[5] 马昌龙."肋梁楼盖"在双曲拱桥加固改造中的应用研究.南京:南京林业大学,2006.

[6] 姚鑫,李国芬.双曲拱桥拓宽改造后内力重分布的探讨.森林工程,2006(6).

[7] 吕云海,施建振,姜舟.双曲拱桥加固方法的研究.公路交通技术,2005(4).

[8] 李仁志,赵焕春,毛丽.双曲拱桥的加固与技术改造.东北公路,1996(3).

[9] 何柏春.用刚架拱加固改建双曲拱桥.公路,2001(5).

[10] 孙晶辉,孙中强,王文革.拱上换填法维修加固双曲拱桥的实践.山东水利,2006(2).

第四篇

桥面系的加固改造及拓宽

双曲拱桥的桥面系与其他桥梁一样由行车道、人行道、伸缩缝、排水系统和栏杆扶手等组成，它的主要作用是直接承受作用于桥面的车辆、行人和自然因素等作用，并将荷载分布传递给桥梁的承重结构。对双曲拱桥来说桥面上的荷载是通过拱上建筑再传递给主拱圈的；另外，桥面系还承担着保护桥面以下部分的桥梁结构不受外界自然因素的侵蚀（如水）作用，保证行车和行人安全舒适通过的功能。由于其直接承受行车荷载、行人和自然因素等交互作用，所以其应力状态较为复杂，加上历史的原因（桥面行车道的质量相对于主体结构而言质量较差），该部分一般比较容易出现病害并损坏。

近年来，随着车辆的日趋大型化、重型化以及交通量的迅速增长，车辆对桥梁构件的冲击力增大，对桥面的破坏作用也呈增强的趋势，以致钢筋混凝土桥面板被损坏的情况时有发生，直接影响到车辆安全舒适地通行，危及交通安全。因此必须采取各种维修和加固措施，以策安全。由于交通量的急剧增加，也对桥梁通行能力（桥面宽度）提出了更高的要求；但是由于历史和现实的原因，大部分桥面的通行能力均难以满足现行交通的要求。

上述现象使得双曲拱桥桥面系的改造与加固维修成为必然。本篇将结合实例介绍如何采用技术与经济最佳结合的办法做好此项工作。

第一章　重建双曲拱桥桥面系

重建桥面系主要指以下几个方面:其一是桥梁主体结构良好且能够适应现在和将来一段时间交通的发展要求,但是桥面系已经损坏且不能体现良好的工作状况;其二是桥梁主体结构和桥面系从结构受力角度来说均能够满足要求,但桥梁的通行能力不能够满足现行和将来一段时间内交通的发展要求,需要进行桥面拓宽;其三是主体结构与桥面系均已损坏,根据维修加固设计的需要,对主体结构和桥面系需要同时进行加固维修;其四是桥梁的主体结构已经损坏,根据主体结构加固设计的需要,对桥面系进行重建。

鉴于桥面系的行车道受到行车和自然因素的交互作用,受力情况比较复杂,所以重建时更多采用的是钢纤维混凝土。本章着重介绍采用钢纤维混凝土重建桥面系的行车道。

第一节　重建钢纤维混凝土桥面机理

一、加固机理

钢纤维增强混凝土是近 20 年来迅速发展起来的一种新型复合材料,就是在普通混凝土中掺入乱向均匀分布的短钢纤维。它不仅具有普通混凝土的优良特性,同时由于钢纤维的存在,限制了混凝土因温差和收缩而产生的裂缝发展,从而使原来本质为脆性的混凝土材料呈现出很高的抗裂和裂缝滞后,大的延性和韧性,优良的抗拉、抗折、抗冲击、耐磨损、抗疲劳等特性。[1]

二、钢纤维混凝土的配合比设计[2]

钢纤维混凝土的配合比设计可按《钢纤维混凝土试验方法》(CECS 13:89)进行,设计内容包括计算配制强度,确定水灰比、钢纤维体积率、单位用水量、单位水泥用量、含砂率及集料、钢纤维用量。按初步配合比试拌,调整砂率、单位用水量,强度试验用基准配合比,调整水灰比和钢纤维体积率,确定施工配合比。

钢纤维混凝土以抗压强度和抗弯强度为指标进行控制,根据强度标准值以及施工配制强度提高系数确定试配抗压强度与抗弯强度。

按上述方法确定的施工配合比,还应根据现场实际情况对钢纤维混凝土各材料用量进行调整。

三、施工工艺[2]

钢纤维混凝土桥面加固施工的主要施工工序为:凿除原桥面沥青混凝土→测量放样→涂刷界面处理浆→整理原钢筋网→加设新钢筋网→浇筑钢纤维混凝土→桥面拉毛→养护。

(1)桥面经过几年的使用,现行高程与原设计高程存在差异。施工前首先对整个加固段进行统一测量放线,不满足设计要求的局部段落(如桥面铺装厚度不足、引桥结合部不平)要进行人工修整,确保桥面基层的顺直、平整。

(2)根据桥梁的具体情况,采用机械与人工相结合的方式凿除已经损坏的桥面结构层。在清理完桥面钢筋网同桥面底板间的杂物后,用水把桥面底板冲净,但不能有积水。

(3)在旧基面上均匀涂刷界面处理浆,使钢纤维混凝土同桥面底板能很好地结合成整体共同受力,因为钢纤维混凝土和基体的黏结强度不够,是影响复合材料性能进一步提高的重要原因。

(4)为使原钢筋网起到应有的效果,对原钢筋网应进行拉直、焊接、加密、重新绑扎等工作,利用竖向植筋或短钢筋与新铺设的钢筋网连接,保证钢筋网不会变形弯曲、脱绑,从而大大提高了钢纤维混凝土的整体强度、抗变形能力和防裂效果。

(5)钢纤维混凝土的施工主要需掌握混凝土的搅拌、浇筑与成型三大施工工艺,这是保证施工质量的关键。钢纤维结团、倒钩、添加方式不妥都可能造成钢纤维缠绕,分布不匀,从而影响到钢纤维混凝土的强度。因此,在施工过程中应采取以下保证措施。

①把好原材料质量关,严格按设计和规范要求使用。

②为了使钢纤维能均匀分散不结团,防止纤维产生弯曲或折断,采取先干后湿的拌和工艺,用水平双轴型强制式搅拌机搅拌。投料采用下列顺序:碎石→1/2 钢纤维干拌 1min→砂→水泥→1/2 钢纤维干拌 1min→加水和外加剂湿拌 1.5min。总搅拌时间控制在 6min 内,且每次搅拌量不大于搅拌机额定搅拌量的 80%。

③搅拌钢纤维混凝土材料的用量应按施工配合比的一次搅拌量确定,并按各种材料的称量偏差来控制。

④运输钢纤维混凝土应尽量缩短时间,浇筑时的卸料高度不超过 1.5m,避免运输、卸料过程中拌和物离析。钢纤维混凝土水泥含量较高,初凝时间较短,坍落度损失较快,钢纤维混凝土从搅拌机卸出到浇筑完成时间应小于 30min。要注意运输时的温度,避免造成混凝土的施工和易性下降。当温度偏高,则采取一定的覆盖措施或避免高温时间施工作业,保证钢纤维混凝土的整体质量。

(6)浇筑钢纤维混凝土应尽量采取整幅(或半幅)桥面宽度一次性浇筑,避免留下施工接缝影响桥面铺装的整体受力;拌和料送到浇筑点后,应及时摊铺,松铺系数按 1.2～1.3 控制。钢纤维混凝土的浇筑必须连续进行,每次倒料相差 15～20cm,保证钢纤维分布的均匀性和桥面结构整体连续性。应采用机械振捣,严格振捣工艺,不得采用人工插捣,对上浮的钢纤维及时用泥抹子拍入混凝土内;禁止因拌和料干涩而加水。在浇筑过程中,钢纤维有结团须撕开抖散或剔除。为确保钢纤维的三维分布,振捣时宜使用平板振动器振捣成型。钢纤维混凝土的流动性较差,为保证边角混凝土密实,对每块边角处先用钢钎人工捣实,然后再用振捣棒顺桥面边线模板方向插入振实,使钢纤维成纵向条状集束,从而使钢纤维的排列有利于抵抗板体收缩应力、温度应力及荷载的传递。振捣持续时间以混凝土停止下沉、不再冒气泡并泛出水泥浆为准,同时防止过振。混凝土采用斜面分层法施工,并将混凝土中的泌水排除。整平做面时,采用压纹器压纹工艺,不得使钢纤维裸露在混凝土表面,防止钢纤维因锈蚀而破坏混凝土表面强度。

(7)使用双层塑料薄膜进行淋水养生,保持相对大的湿度和较高的温度,可使钢纤维混凝

土强度在短期内有很大的提高。一般养护时间不少于14d,待混凝土达到28 d龄期,测试强度达到规定的强度再开放交通。

四、质量控制[2]

1.钢纤维混凝土拌制和浇筑检查

(1)检查钢纤维混凝土组成材料的质量和用量。每一工作班次不少于2次,当含水量有显著变化时,增加次数;根据检测结果及时调整用水量和材料用量。钢纤维混凝土搅拌后,每工作台班检测一次拌和物的均匀性、稠度及钢纤维体积率;钢纤维混凝土拌和物应拌和均匀,颜色一致,没有离析、泌水、钢纤维结团现象。钢纤维混凝土搅拌完成后应在施工现场分别取样检测混凝土的坍落度、含气量,并观察拌和物的黏聚性和保水性。

(2)在拌制地点和浇筑地点检查钢纤维混凝土的坍落度;在施工地点随机抽取混凝土的抗折强度试件,取样频率、组数及检验评定等规定按照《公路工程质量检验评定标准(土建工程)》(JTG F80/1—2004)进行;随时检查钢纤维混凝土的搅拌时间。

2.钢纤维掺量检验

(1)钢纤维的掺量在混凝土浇筑地点取样检验,每一工作班至少检验2次。

(2)通过水洗法检验掺量。将钢纤维从混凝土中采用水洗磁铁收集钢纤维的方法在浇筑地点取样洗出,晒干后称量,单个取样钢纤维含量偏差不得超过配比掺量的20%;每3个取样以上钢纤维含量平均值的偏差不得超过配比掺量的5%。

(3)钢纤维混凝土浇筑完毕后应及时检查保护层的表面质量和厚度,要全面检测一次平整度。钢纤维混凝土桥面的平整度采用平整度仪进行动态平整度的检测,3m直尺检测平整度作为施工过程中质量控制的检测项目;施工中要依据工程的要求制作试件,进行抗压强度、劈拉强度或弯拉强度、弯曲韧性等试验。

第二节　重建钢纤维混凝土桥面工程实例[3]

一、桥梁概况

岳西水吼大桥于1982年12月竣工通车,该桥为双曲拱结构,单孔跨径为35m,共四跨。桥长179m,桥宽10.5m。随着交通量的增大、重型车辆的增多,桥面已出现裂缝和局部破损下沉,桥中孔腹拱拱波也产生断裂,对主拱圈受力非常不利。2004年10月有关部门对水吼大桥损坏的拱波进行了维修更换,同时对破损的桥面采用钢纤维混凝土进行重建。

二、重建钢纤维混凝土桥面施工工艺

水吼大桥桥面重建的主要施工工序为:人工凿除原桥面混凝土→清除拱背回填河卵石→更换损坏的拱波→二灰土回填、夯实→清扫基层→测量放样→浇筑钢纤维混凝土桥面→桥面拉毛→养护。

(1)在人工凿除混凝土桥面的过程中,要注意保护桥面面板、主拱以及人行道板的整体结构,避免其受损而影响桥梁的使用寿命。此外,要清除拱背回填砂砾石,更换损坏的拱波。

(2)重新用二灰土回填,严格按照施工规范进行压实。

(3)钢纤维混凝土的搅拌和运输是影响其整体质量的一个至关重要的因素。钢纤维结团、倒钩、添加方式不妥都可能造成钢纤维缠绕和分布不均,从而影响钢纤维混凝土的强度,故在施工过程中应采取以下措施。

①把好原材料质量关,钢纤维选用剪切型钢纤维,抗拉强度大于550MPa,直径为0.5mm,长度为40mm,粗集料最大粒径为2cm。对钢纤维混凝土混合料中其他材料的要求,与普通混凝土路面相同。对不符合设计规范要求的材料坚决不能使用。

②采用L350型搅拌机拌和,每拌砂、石、钢纤维等材料都要过磅称量,以保证计量的准确。

③将搅拌设备放在桥头,以减少运输距离,保证钢纤维混凝土的整体质量。

④搅拌过程中,先把钢纤维均匀洒布于碎石上干拌一段时间,以1min为准,再加砂砾、水泥干拌1min左右,然后加水湿拌。其搅拌时间较普通混凝土要长,并加放适量的高效缓凝减水剂,以保证运输和施工操作的需要。

⑤施工配合比与普通混凝土路面相同,钢纤维用量按占混凝土的体积百分比计,采用1.0%~1.2%。集料要连续级配。

(4)由于钢纤维混凝土施工对天气的要求比较严格,应尽量在良好的天气条件下施工,并做好突降大雨的预防。

(5)由于该桥处于交通要道,因而采取半幅施工,桥面中心线处设置一道纵缝;每距离15m设置一道横缝。浇筑过程中,振动棒的振动间距要减短,振动时间要长,提升速度要缓慢,以防止混凝土出现不密实或离析现象。由于振动梁过长,为防止变形,可在其上方焊接钢结构桁架,以确保桥面钢纤维混凝土的平整度和厚度符合设计要求。

(6)安排专人养生,采取每小时浇水养生一次,以水湿透混凝土表面为度,这样可保持相对大的湿度,使钢纤维混凝土强度在短期内有很大提高,缩短施工期限,保证过往车辆的安全。

三、施工注意事项

(1)为使栏杆和人行道上的混凝土保留不动,采用人工凿除混凝土面板,这样可以避免机械凿除对其他结构的影响,以保证桥面板与人行道的整体稳定。

(2)重建桥面施工是在边通车边施工的条件下进行的,为避免堵车现象的发生,一定要做好交通控制和施工现场的安全工作。

(3)钢纤维混凝土达到设计强度的75%以后,方可通车。

(4)钢纤维混凝土坍落度小,运输、振动等各道工序要严格控制,以确保混凝土的密实度。

除上述重建钢纤维混凝土桥面来加固双曲拱桥外,普遍采用的还有“钢筋网与混凝土补强层法”和“钢筋网与膨胀混凝土补强层法”来改造和加强双曲拱桥桥面,这两种方法已在许多双曲拱桥的桥面改造工程中运用,技术与经济效果都较好,故在此不作过多介绍。

第二章 重建桥面系的同时拓宽桥面(实例)

第一节 黄花大桥概况

黄花大桥位于江西省萍乡市湘东区改建后的320国道K1127～K1128段，是萍乡市湘东镇于1974年建成的、跨越萍水河下游的一座钢筋混凝土双曲拱桥，全长188m，主桥三跨，每跨净距28.5m，两岸引桥各为六孔，跨径4～6m不等。主桥设计荷载：汽—13，拖—60。桥面净宽7.3m，无人行道，矢跨比1/6，设计拱轴系数$m=2.20$，主拱圈宽度为8m，拱圈厚0.88m，立柱式腹拱墩。下部构造为：15号片石混凝土实体墩和桥台，桥墩顶宽2.5m，基础均为明挖扩大基础。

1987年320国道改线测设时经与新桥方案反复比较后决定利用该桥。为判定黄花大桥既有结构状况和承载能力及进行加固的可行性，1992年元月对该桥进行了详细的结构检查和静载试验，以期对大桥上下部构造的承载能力(强度和刚度)进行鉴定，为加固拓宽利用该桥提供科学依据。图4.2.1为黄花大桥加固拓宽后总体图。

由于该桥分主桥、引桥、引道，故下面介绍不加说明时均指主桥。

图4.2.1 黄花大桥加固拓宽后总体图(照片)

第二节 原桥检查及试验情况

一、原桥结构检查情况

1. 结构尺寸

经实际丈量，桥面净宽为7.32m。各孔净跨径分别为28.21m、28.35m和28.62m。主拱圈厚度93cm，主拱圈宽度7.94m；拱肋底宽37cm，肋距(中到中)1.8m；横系梁高25cm，宽12cm。其余尺寸基本上符合原设计尺寸。

2. 裂缝情况

(1)主拱圈的拱肋和拱波经搭设支架检查，均未发现裂缝。

(2)萍乡岸桥台靠下游第一根立柱,靠老关一侧有一竖向裂缝,缝宽0.1～0.3mm,长为2m。

(3)老关岸桥台靠老关方向台上小拱立墙,距地面1.7m和2.2m处,各有一条水平贯通裂缝,最宽处为2mm。

3.拱肋混凝土强度测定

主桥拱肋混凝土设计标号为25号,经用"超声—回弹综合法"测定,实际混凝土标号达到设计值。

4.桥面平顺性

经水平测量,桥面基本上较平顺。

5.下部构造

两岸桥台发现局部裂缝,桥墩身未发现任何病害。

二、静载试验情况

1.试验内容与目的

本试验共进行五项内容:测定桥梁荷载横向分布情况,测定主拱圈纵向影响线,测定主拱截面强度、墩台位移情况及连拱作用。

试验目的是测定大桥的既有承载能力和受力状态。

2.静载试验结果

为鉴定黄花大桥的现有承载能力,试验时选定两种加载车型,其中两辆"罗曼"并列作用于桥上时,经结构计算相当于汽—15级车队对大桥的作用效应,而两辆"大交通"并列作用于桥上时,相当于汽—20级车队对大桥的作用效应。因此实测的主拱圈纵向影响线即相当于汽—15级车队作用下的影响线,实测主拱圈应力与墩台位移即相当于汽—20级车队作用下的内力和墩台位移。

(1)由实测的桥梁荷载横向分布系数可知,大桥各肋分配内力较均匀,整体性能较好。

(2)在两辆"罗曼"车作用下,无论是跨中截面的混凝土和钢筋应力,还是$L/4$和拱脚截面混凝土应力,其沿桥跨的纵向分布情况,以及相应的纵向影响线均和理论情况相吻合。说明该桥的施工质量和使用性能较好。拱上建筑与拱圈联合作用明显。

(3)静载试验所采用的两辆"大交通"车在拱顶和拱脚加载的作用效应,经结构计算相当于汽—20级车队对大桥的作用效应。实测的跨中截面混凝土最大压应力为1.5MPa;拱脚混凝土最大拉应力为0.36MPa;钢筋最大拉应力为2.52MPa;拱脚处拱圈顶面混凝土最大压应力为0.31MPa。同时考虑恒载的内力,则拱顶截面混凝土压应力为9.2MPa,拱脚混凝土拉应力为0.62MPa,均小于25号混凝土的容许应力:拉应力$[\sigma_{zl}]=1.9$MPa,压应力$[\sigma_a]=11$MPa。从而说明该桥可以利用,并通过适当的加固后可达到汽—20、挂—100的设计荷载标准。

(4)该桥主拱圈试验前经全面仔细地检查未发现裂缝,试验时经同时观察也未发现裂缝。另外在两辆近300kN的重车作用下主拱圈竖向挠度亦很小,最大仅为0.565mm,大大小于允许值。从而说明该桥刚度较好,尚有承载潜力。

(5)在相当于汽—20级车队的加载车作用下,桥墩和桥台均未发现竖向位移,从而说明该桥的墩台基础承载能力能满足汽—20级荷载作用要求,墩台的水平位移最大值仅为0.006mm,说明该桥的刚度较强,亦能满足汽—20级荷载作用要求。

三、大桥结构检查和静载试验结论

该桥墩台以及基础基本上能够满足汽—20 级荷载要求，而大桥上部构造亦能继续利用，并通过适当的加固和拓宽后能够达到汽—20、挂—100 的荷载要求，以及二级路的桥面净宽要求。

第三节 大桥受力状态的理论分析及结构验算

一、理论分析

由于近年来计算理论的发展和测试经验的积累，充分证明了过去在双曲拱桥的设计计算中许多因素未予考虑，诸如拱上建筑的联合作用和活载的横向不均匀分布等都客观存在，本桥的测试结果亦有所反应。

下面就本桥和其他几座拱桥的静载试验实测结果与相应计算的结果比较所证实，在拱桥计算或验算时应予考虑的几个因素简述如下。

1. 拱上建筑的联合作用

荷载试验的实测应力和挠度，大多数拱桥除拱顶截面与计算值相接近外，拱脚和 $L/4$ 截面均较小，尤其是像本桥空腹式拱桥的腹拱段计算值与实测值出入较大，从而说明拱桥拱上建筑联合作用的存在，对拱桥受力影响较大，在活载内力和挠度计算中应予考虑。目前在拱桥计算或验算中考虑拱上建筑联合作用时通常采用一系数来对主拱各截面的弯矩和挠度予以折减。

2. 活载的横向分布影响

以往对拱桥计算时未考虑“活载横向分布”影响，而按“均布”处理。但拱顶截面的实测值有时较计算值更大，即横向分布影响是客观存在的，应予考虑。一般在拱桥计算或验算时，只对拱顶及 $L/4$ 点的正弯矩和拱脚的负弯矩才计入，而对 $L/4$ 点的负弯矩不计。具体作法是在计算中引入一横向增大系数。

3. 混凝土开裂的影响

主拱圈是大桥的主要承重结构，它的好坏直接影响着大桥的正常使用安全。假如主拱圈存在横向裂缝，轻者出现截面应力重分布，重者可随裂缝开展形成结构体系转换，从而由无铰拱变成有铰拱，直到破坏；如存在结构性纵向裂缝则势必破坏主拱圈横向联系，使桥梁的整体受力受到削弱和破坏。

黄花大桥主桥的主拱圈未发现上述致命性的纵、横向的结构性裂缝，则为加固和提高荷载等级提供了可能性和可行性。

对于超静定结构的拱桥，对墩台微弱的位移、温度变化及本身混凝土的收缩徐变等所产生的附加力十分敏感，这尤其是双曲拱桥组合构件整体性差的内在特点，因此常出现：波顶开裂、肋波分裂、拱顶下缘或拱脚上缘开裂等。试验结果证实：拱桥按开裂影响计算混凝土应力及挠度与不考虑开裂计算结果两者，前者与实测值更接近，且偏安全。

因此在拱桥验算中应考虑开裂所引起的内力重分布影响，即当混凝土截面拉应力超限时应按材料进入塑性状态验算。

4. 墩台位移的影响

墩台是桥梁的重要组成部分，其强度和稳定性在很大程度上决定了桥梁的耐久性和能否正常使用，并关系到桥跨上部结构在平面和高程上的位置，将上部结构承受的荷载传递到地基。墩台承载能力不足，或出现下沉、倾斜、位移及转动将引起上部结构的损坏，严重时甚至会造成整座桥梁的坍塌。

试验证明：当拱桥墩台产生 $L/1\,600$ 的位移，则在拱顶、拱脚及 $L/4$ 截面所产生的附加力与同桥的恒载内力值基本相当。因此，墩台的牢固是保证和提高拱桥承载能力的重要因素。对于无墩台位移的拱桥其承载潜力是很大的，也是提高使用荷载标准的前提。

二、结构验算

1. 原有桥梁承载能力验算

(1)原设计尺寸

单孔净跨：2 850cm。

矢跨比：1/6。

净矢高：474.7cm。

拱厚：88cm。

拱轴系数：$m=2.2$。

拱上建筑：腹拱净跨 280cm，每边 3 孔，腹拱墩为立柱式。

(2)截面几何特性

原设计截面单元如图 4.2.2。截面几何特性计算见表 4-2-1。

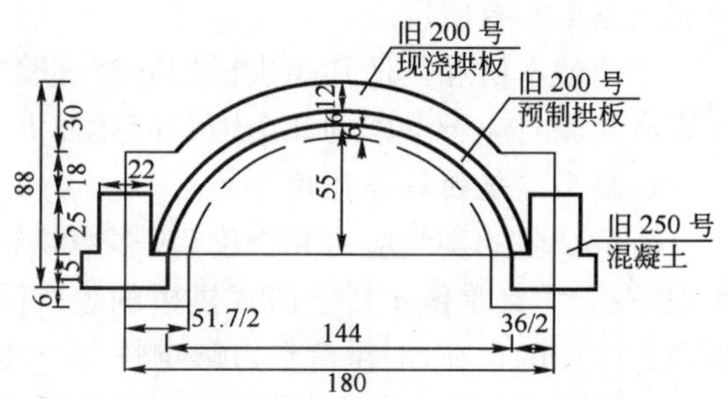

图 4.2.2　计算截面尺寸(一个单元)(尺寸单位：cm)

截面几何特性(一个单元)　　表 4-2-1

项　目	拱　肋	拱　波	拱　板	波　沟	拱圈换算截面
截面积(cm^2)	1 090	1 225	2 945	2 567	5 341
形心至全截面上缘高(cm)	70.408	35.491	26.834	11.893	38.373
自身惯矩(cm^4)	147 762	385 065	775 009	181 683	2 922 389
每米重量(kN/m)	2.616	3.062	7.067		16.746

注：①波沟只作填平层面积计算用，不计入拱圈截面；

②拱肋 $E=2.9\times10^4$ MPa，预制拱波、拱板 $E=2.7\times10^4$ MPa，换算截面按 $E=2.7\times10^4$ MPa 计。

实线为原截面，虚线为加固后截面(拱波加厚 6cm，拱肋每侧加宽 7.85cm)。

(3)拱圈及拱上构造几何特性及重量计算

按原设计图 $L/4$ 拱轴坐标为 3.817，拱顶拱轴坐标为 4.862，则：

$$\frac{y_{L/4}}{f}=\frac{4.862-3.817}{4.862}=0.215$$

则相当于拱轴系数 $m=2.514$。

主拱截面形心至下缘：0.88－0.383 73＝0.496 27(m)。

腹拱净距：2.80m。

腹拱矢跨比：1/5.6。

腹拱厚度：0.15m。

立墙宽度(立柱顶帽宽)：0.50m。

第 1 腹拱脚至主拱脚背面距：0.70－0.25＝0.45(m)。

侧墙顶宽：0.45m。

立柱顺桥宽 0.4m，横桥向 5 根各宽 0.36m[全桥宽 1 排立柱面积 $0.4\times0.36\times0.72\text{m}^2$，按拱宽 7.85m、立墙顺桥宽 0.5m 计，共相当的重度 $\gamma=\dfrac{0.72\times25}{7.85\times0.5}=4.586(\text{kN/m}^3)$]。

经计算得拱圈数据如下：$m=2.514$，计算跨径 $L=29.119\text{m}$，计算矢高 $f=4.863\text{m}$。

拱脚水平投影 $\Delta x=0.549\text{m}$，竖直投影 $\Delta y=0.687\text{m}$。

拱轴各点坐标、倾角如表 4-2-2。

拱轴各点坐标、倾角计算结果 表 4-2-2

点　号	x_i	y_i	φ_i	点　号	x_i	y_i	φ_i
1	0	0	38°38′40″	7	7.279	3.818	16°47′00″
2	1.213	0.904	34°40′50″	8	8.493	4.148	13°42′00″
	2.360	1.646	（第 1 立柱点）		8.757	4.211	（最后腹拱脚）
3	2.426	1.685	30°48′00″	9	9.706	4.412	10°46′00″
4	3.639	2.356	27°03′00″	10	10.919	4.612	7°57′40″
5	4.853	2.929	23°27′20″	11	12.133	4.752	5°15′00″
	5.660	3.261	（第 2 立柱点）	12	13.346	4.836	2°36′30″
6	6.066	3.414	20°01′50″	13	14.559 5	4.863	0°00′00″

各立柱高（拱背至腹拱起拱线）H_i 及其上承重 P_i（立柱、腹拱及填平层）：

$H_1=2.503\text{m}$　　$P_1=59.3\text{kN}$

$H_2=0.924\text{m}$　　$P_2=52.8\text{kN}$

$H_3=0.002\text{m}$　　$P_3=22.7\text{kN}$

实腹段分为 4 部分，其重点化为作用于 9～12 点上的集中荷载：

$P_9=33.8\text{kN}$，$P_{10}=17.9\text{kN}$，$P_{11}=11.5\text{kN}$，$P_{12}=7.8\text{kN}$

以上重量均指横向一个单元宽度（1.80m）范围内的恒重，未包括桥面栏杆重量。全跨在一个单元宽范围内桥面栏杆重按 8.17kN/m 计。

(4)主拱内力、应力

①主拱圈内力

主拱圈内力如表 4-2-3。

主拱圈内力计算表（按每单元计） 表 4-2-3

内容 ＼ 部位		拱脚 N(kN)	拱脚 M(kN·m)	L/4 N(kN)	L/4 M(kN·m)	拱顶 N(kN)	拱顶 M(kN·m)
恒载		923.5	22.2	805.7	−28.0	757.2	32.0
汽—15	M_{max}	170.3	191.4	66.4	149.3	156.0	130.2
	M_{min}	124.4	−174.9	181.9	−108.7		
挂—80	M_{max}	180.7	248.5	109.5	167.8	247.4	134.9
	M_{min}	215.8	−242.2	196.0	−135.5		
恒＋汽	M_{max}	1 093.8	213.6	872.1	121.3	913.1	162.2
	M_{min}	1 047.9	−152.7	987.6	−136.7		
(恒＋挂)/1.25	M_{max}	883.4	216.6	732.7	111.8	803.7	133.5
	M_{min}	911.4	−176.0	801.4	−130.8		

②拱圈应力(恒载加活载)

单元拱圈截面积 $F=0.5341\text{m}^2$,惯矩 $I=0.02922389\text{m}^4$。

形心至上缘 $y_{上}=0.38373\text{m}$,形心至下缘 $y_{下}=0.49627\text{m}$。

(以上均按换算为C20混凝土计算)

拱脚:

$$\text{正弯矩}\begin{cases}\text{上缘应力 }\sigma=\dfrac{883.4}{0.5341}+\dfrac{216.6}{0.02922389}\times0.38373=4498(\text{kN/m}^2)\\[2ex]\text{下缘应力 }\sigma=\dfrac{883.4}{0.5341}+\dfrac{216.6}{0.02922389}\times0.49627=-2024.8(\text{kN/m}^2)\end{cases}$$

$$\text{负弯矩}\begin{cases}\text{上缘应力 }\sigma=\dfrac{911.4}{0.5341}+\dfrac{-176.0}{0.02922389}\times0.38373=-605(\text{kN/m}^2)\\[2ex]\text{下缘应力 }\sigma=\dfrac{911.4}{0.5341}+\dfrac{-176.0}{0.02922389}\times0.49627=469.5(\text{kN/m}^2)\end{cases}$$

$L/4$:

$$\text{正弯矩}\begin{cases}\text{上缘应力 }\sigma=\dfrac{872.1}{0.5341}+\dfrac{121.3}{0.02922389}\times0.38373=3226(\text{kN/m}^2)\\[2ex]\text{下缘应力 }\sigma=\dfrac{872.1}{0.5341}+\dfrac{121.3}{0.02922389}\times0.49627=-427(\text{kN/m}^2)\end{cases}$$

$$\text{负弯矩}\begin{cases}\text{上缘应力 }\sigma=\dfrac{987.6}{0.5341}+\dfrac{-136.7}{0.02922389}\times0.38373=-54(\text{kN/m}^2)\\[2ex]\text{下缘应力 }\sigma=\dfrac{987.6}{0.5341}+\dfrac{-136.7}{0.02922389}\times0.49627=4170(\text{kN/m}^2)\end{cases}$$

拱顶(正弯矩):

上缘应力:

$$\sigma=\frac{913.2}{0.5341}+\frac{162.2}{0.02922389}\times0.38373=3840(\text{kN/m}^2)$$

下缘应力:

$$\sigma=\frac{913.2}{0.5341}+\frac{162.2}{0.02922389}\times0.49627=-1045(\text{kN/m}^2)$$

拱圈上缘最大拉应力−0.605MPa,均无问题。

拱圈下缘最大拉应力−2.024MPa,均无问题。

拱脚下缘虽有较大拉应力,但其上缘压应力很富余。按混凝土开裂截面应力重分布计算当无问题,且拱肋下缘原已配钢筋。故通过汽—15、挂—80没有问题。

2.加固后桥梁承载能力验算

加固后拱圈截面见图4.2.2中虚线所示,即肋、波一般加厚6cm(且在拱脚段拱背亦加厚,计算中不计),现根据此种截面验算在汽—20、挂—100活载下的内力及应力。

(1)截面几何特性

表4-2-4的计算采用表4-2-1的说明,虽截面用喷锚混凝土加厚,但由于黏结状况使全断面整体受力打一定折扣,故计算时加于拱肋、拱波上的混凝土均按原拱肋、预制拱波标号计算。

加固后截面几何特性计算结果(一个单元) 表 4-2-4

项目	拱肋	拱波	拱板	波沟	拱圈换算截面
截面积(cm^2)	1 636	2 309	2 945	2 567	7 011
形心至全截面上缘高(cm)	75.769	37.357	26.834	11.893	42.564
截面惯矩(cm^4)	261 664	667 613	775 009	181 683	4 452 385
每米重量(kN/m)	3.925	5.772	7.067		16.764

(2)拱圈及拱上构造几何特性及重量计算

主拱圈主要为下缘加厚 6cm，跨径变化甚小，故主拱计算跨径、矢高及立柱等部分均视为与前边 1(3)数据相同，唯腹拱加厚及新做桥面部分重量另行计算。

①腹拱加厚重量

$$\theta=2\times\arcsin\frac{280}{2\times222}=1.364\,73(\text{弧度})$$

每单元宽(1.8m)一个腹拱增重：

$$\Delta P=1.364\,73\times2.22\times0.06\times1.80\times25=8.18(\text{kN})$$

故各立柱上作用力变为：

$$P_1=5.93+0.818=67.5(\text{kN})$$

$$P_2=5.28+0.818=61.0(\text{kN})$$

$$P_3=22.7+\frac{8.18}{2}=26.8(\text{kN})$$

②桥面重量

按加固设计的悬臂梁、板、桥面铺装、人行道铺装等总体积为 271.4m^3，人行道、栏杆重改为 42+14=56(m^3)，按主孔桥长 31.0×3=93(m)计，横向按 4 个单元均担，每单元桥面部分荷载集度为：

$$Q=(271.4+56)/(93\times4)\times25=22.0(\text{kN/m})$$

原桥面要清除，故仅计算新桥面荷重。

(3)主拱圈内力计算及应力计算

①拱圈内力

恒载内力计入拱圈、腹拱喷锚加厚重量。

温度内力考虑圬工拱桥有一定滞后作用，取±15℃计算，活载内力按汽—20、挂—100、人群荷载 3 000kN/cm^2 计。内力计算如表 4-2-5。

加固后主拱圈各截面内力计算结果表 表 4-2-5

序号	内力		拱脚		L/4		拱顶	
			N(kN)	M(kN·m)	N(kN)	M(kN·m)	N(kN)	M(kN·m)
1	恒载		1 420.4	31.1	1 241.1	−50.5	1 163.8	79.2
2	汽—20+人群	M_{max}	235.3	279.3	161.8	230.2	266.4	206.2
3		M_{min}	195.1	−317.9	252.8	−161.2	119.9	−49.1
4	挂—100	M_{max}	225.1	307.5	136.9	209.7	308.2	170.6
5		M_{min}	263.2	−305.1	244.9	−169.4	0	0
6	温度	升 15°	62.3	253.1	73.7	−12.2	77.7	−124.7
7		降 15°	−62.3	−253.1	−73.7	12.2	−77.7	124.7

续上表

序号	内力			拱脚		L/4		拱顶	
				N(kN)	M(kN·m)	N(kN)	M(kN·m)	N(kN)	M(kN·m)
8	恒+汽	①②	M^+	1 655.7	310.4	1 402.9	179.7	1 430.2	285.4
9		①③	M^-	1 615.5	−286.8	1 493.9	−211.7	1 283.7	30.1
10	恒+汽+温	1/1.25	M^+	1 374.4	450.8	1 063.4	153.5	1 082.0	328.1
11			M^-	1 242.5	−431.9	1 254.1	−179.1	1 089.1	−75.7
12	恒+挂	①④	M^+	1 316.4	270.8	1 102.4	127.4	1 177.6	199.8
13		①⑤	M^-	1 346.9	−219.2	1 188.8	−175.9		

表 4-2-5 中 10、11 项由 8 或 9 与 6 或 7 叠加得，选择弯矩同号者叠加。

②拱圈应力

拱圈截面积 $F=0.701\ 1\text{cm}^2$，惯矩 $I=0.044\ 523\ 85\text{m}^4$。

截面形心至上缘 $y_{上}=0.425\ 64\text{m}$。

截面形心至下缘 $y_{下}=0.88+0.06-0.425\ 64=0.514\ 36(\text{m})$。

先按素混凝土公式 $\sigma_{\frac{上}{下}}=\dfrac{N}{F}\pm\dfrac{M}{I}\times y_{\frac{上}{下}}$ 计算，结果如表 4-2-6。

加固后主拱圈各截面应力计算结果表 表 4-2-6

部位 / 内容	拱脚		L/4		拱顶	
	M^+	M^-	M^+	M^-	M^+	M^-
轴向力 N(kN)	1 374.4	1 242.5	1 402.9	1 493.9	1 082.0	
弯矩 M(kN·m)	450.8	−431.9	1 797	−211.7	328.1	
上缘应力(MPa)	627.0	−235.7	371.9	10.7	468.0	
下缘应力(MPa)	−324.8	676.2	−0.75	457.6	−224.7	
控制内力	恒+汽+温	恒+汽+温	恒+汽	恒+汽	恒+汽+温	

按素混凝土计算拱顶及拱脚应力偏大，改按钢筋混凝土截面计算，按设计图(图 4.2.3)下缘原配 3Φ22 钢筋，现喷锚部分又加 2Φ16 钢筋。原拱脚段上缘配筋为 5Φ12 钢筋，现加厚又加配 3Φ16 钢筋。

计算结果见表 4-2-7。

故加固后拱圈通过汽—20、挂—100 荷载无问题，且拱脚段的上缘加厚并未计入，拱脚实际应力会更小些。

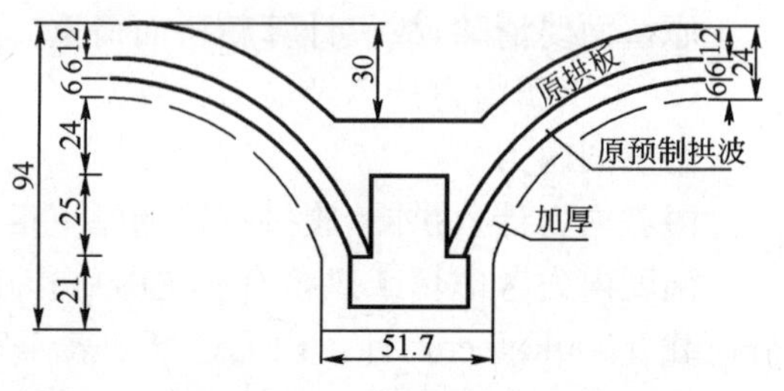

图 4.2.3 计算截面尺寸图(一个单元)(尺寸单位:cm)

加固后主拱圈按钢筋混凝土截面计算结果表 表 4-2-7

应力	拱脚		拱顶
	M^+	M^-	M^+
混凝土压应力(MPa)	9.267(上缘)	7.910(下缘)	6.574(上缘)
钢筋拉应力(MPa)	101.334(下缘)	−54.125(上缘)	−63.583(下缘)

以上计算考虑到：虽拱圈已用喷锚混凝土加厚，但由于黏结状况使全断面整体受力打一定折扣(如江西省德兴市香屯大桥新老混凝土黏结效果实测为 68%)，故计算时，将 C30 锚喷混凝土按原桥 200 号混凝土取值验算。

验算结果表明混凝土和钢筋应力均在容许范围之内，故锚喷加固后该桥可以满足汽—20、挂—100、人群 3kN/m² 的荷载要求。

第四节 加固及拓宽技术的研究和设计

一、加固技术及采用方案

1. 上部构造

由于设计荷载增大，桥面拓宽，车辆横向不利位置较原桥面净宽不利位置外移[原桥设计荷载为汽—13、拖—60，桥面净宽：净—7.3m+2×0.25m(安全带)]，增加了人行道活载，故对主拱圈，腹拱圈、拱上立柱等均采用锚喷混凝土加固，边肋亦予以加宽，拱背现浇混凝土加固。

2. 下部构造

根据结构检查和静载试验结果，证明主桥墩台的强度和刚度能满足现设计荷载要求，地基也坚实可靠，故对主桥墩台不予加固。

二、大桥拓宽技术的研究

1. 拓宽原则

由于原桥面净宽 7.3m，无人行道，为配合二级路的宽度要求，需将桥面拓宽至 12m，即净—9m+2×1.5m(人行道)。而主桥两岸引桥(引道)均铺筑好混凝土路面，故主桥拓宽必须沿桥中心线对称地在上下游加宽。

2. 拓宽方案拟订与比选

(1)拓宽方案一

于墩台上挑出悬臂梁，然后增设边拱肋，修建拱上构造，拓宽桥面至净—9m+2×1.5m，重修桥面铺装。

优点：拓宽部分直接传力到墩台上，受力明确，对原桥各拱肋受力影响不很大。

缺点：墩台上挑出的悬臂梁，因要承受增设的拱肋，故必须做得较强劲，造价较高，施工难度较大。

(2)拓宽方案二

在桥的两侧和重修的桥面一道现浇车行道悬臂板和人行道悬臂梁，再在人行道悬臂梁上搁置微弯板。

优点：采用悬臂梁(板)加微弯板结构，构件轻巧，并充分利用了重建混凝土桥面作为悬臂梁(板)的锚固端，造价比方案一低，施工(安装)也方便。

缺点：悬出部分主要依靠边肋承受，故受力不如方案一有利，因此应对拱肋予以加固加强。

经对方案一、二的经济技术比选，最后采用拓宽方案二作为本桥拓宽方案。

3. 拓宽设计要点

(1)由于该桥为空腹式双曲拱桥，现采用悬臂梁结构来拓宽大桥桥面，所以应尽量使悬臂梁处于拱上立柱或附近，使得尽量通过立柱来传力给主拱圈和墩台上。

(2)车行道桥面悬臂板和人行道悬臂梁根部支于原拱桥侧墙上，悬臂板和悬臂梁相交处亦浇成一个整体。人行道板采用轻巧的少筋微弯板。

(3)为加强主桥的整体性,减少桥面接缝,桥面铺装采取全桥连续,仅在桥面两头各设置一道伸缩缝,桥面在跨墩(柱)部分底层设置钢筋网。

三、主桥拓宽计算

1. 结构尺寸情况

(1)由于该桥为空腹式双曲拱桥,现采用悬臂结构来拓宽大桥桥面,所以应尽量使悬臂梁处于拱上立柱上或附近,使得尽量通过立柱来传力给主拱圈和墩、台上。因此,经立面布置确定,人行道悬臂梁间距(中到中)为345cm(或344cm)。

(2)人行道板:采用微弯板(少筋),为适应悬臂梁间距需要长度取为325cm,相邻微弯板现浇湿接头20cm(或19cm),宽度为175cm,满足1.5m人行道和安设栏杆(柱)的需要。

(3)车行道拓宽部分,采用悬臂板和悬臂梁相交处亦浇成一个整体。

2. 人行道悬臂梁(一根)计算

(1)荷载计算

①人行道微弯板(一块自重)

$$P_{道}=18.1\text{kN}$$

②栏杆、栏杆柱

$$P_{栏}=1.52\text{kN/m}\times3.45\text{m}=5.244\text{kN}$$

③人群荷载

$$P_{人}=3\,000\text{N/m}^2\times1.5\text{m}\times3.45\text{m}=15.525\text{kN}$$

$$(P_{人}=3\,000\text{N/m}^2\times3.45\text{m}=10.35\text{kN/m})$$

④悬臂梁自重

$$P_{自}=(0.4\times0.2+0.42)\div2\times(1.5+0.575)=2.49(\text{kN})$$

(2)悬臂梁固端内力计算

①剪力

$$\begin{aligned}P_{端}&=P_{道}+P_{栏}+P_{人}+P_{自}\\&=18.1+5.24+15.525+2.49\\&=41.355(\text{kN})\end{aligned}$$

②弯矩

$$\begin{aligned}M_{端}&=P_{栏}\times2.075+(P_{道}+P_{人})\times(0.75+0.575)+P_{自}\times L_2\\&=5.24\times2.075+(18.1+15.525)\\&\quad\times1.325+2.49\times0.922\\&=57.72(\text{kN}\cdot\text{m})\end{aligned}$$

(3)悬臂梁固端截面尺寸拟定和强度验算

①尺寸拟定

$$a\times b=0.4\text{m}\times0.4\text{m}(端部\ 0.2\text{m}\times0.4\text{m})$$

②配筋

配筋见图4.2.4所示。

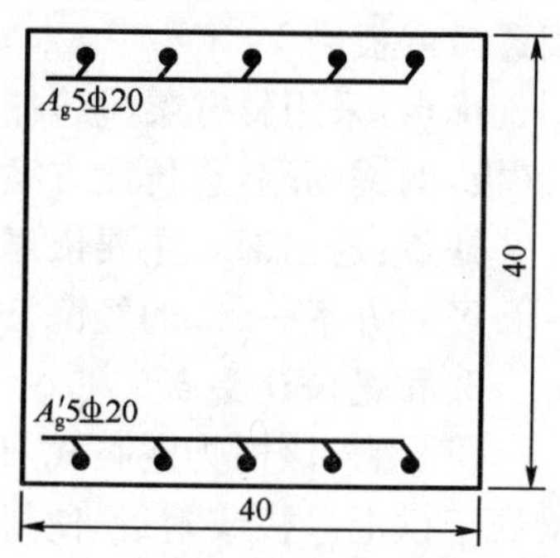

图4.2.4 悬臂梁固端截面配筋图(尺寸单位:cm)

③截面强度验算

a. 按单筋

$$R_a = 17.5\text{MPa}(\text{C30 混凝土})$$

$$R_g = R'_g = 340\text{MPa}$$

$$x_1 = \frac{R_g A_g}{Rab} = \frac{340 \times 15.7}{17.5 \times 40} = 7.626(\text{cm})$$

b. 按双筋

$$x'_2 = \frac{340(A_g - A'_g)}{Rab} = 0$$

c. 判别

$$\psi_{jgho} = 0.55 \times 37 = 20.35(\text{cm})$$

∵

$$x_1 = 7.626\text{cm} < \psi_{jgho} = 20.35\text{cm}$$

$$x_x < \psi_{jgho} < 2a' = 6\text{cm}$$

∴按单筋计算。

d. 单筋计算

$$\begin{aligned} M_R &= \gamma_b \frac{R_a}{\gamma_c} bx_1 \left(h_0 - \frac{x_1}{2}\right) \\ &= 1 \times \frac{17.5}{1.25} \times 0.4 \times 0.07626 \left(0.37 - \frac{0.07626}{2}\right) \\ &= 0.1417(\text{MN} \cdot \text{m}) \\ &= 141.7(\text{kN} \cdot \text{m}) \\ &> M_j = 5.772(\text{t} \cdot \text{m})[57.72(\text{kN} \cdot \text{m})] \end{aligned}$$

(4)抗剪验算

①混凝土

$$\begin{aligned} Q_{h下限} &= 0.038R_1bh_0 = 0.038 \times 1.75 \times 40 \times 17 = 45.2(\text{kN}) \\ &< Q_j = 1.2 \times (18.1 + 5.24 + 2.49) + 1.4 \times 15.525 \\ &= 52.73(\text{kN}) \end{aligned}$$

须考虑斜截面抗剪强度验算。

应考虑钢筋(斜筋、箍筋)共同受力，即按 $Q_j \leqslant Q_{hk} + Q_w$ 计算。

②按《规范》(JTJ 023—85)

a. $Q_{hk} = \gamma_b\left(\frac{Q_h}{\gamma_c} + \frac{Q_k}{\gamma_s}\right) = 0.0349bh_0\sqrt{(2+P)\sqrt{R}\mu_k R_{gk}}$

式中：

$$b = 10\text{cm}, h_0 = 37\text{cm},$$

$$\mu_k = \frac{A_k}{S_k b} = \frac{4 \times 0.283}{10 \times 40} = 0.002825$$

$$R_{gk} = 240\text{MPa}(\phi 6)$$

$$R = 30\text{MPa}$$

$$P = \frac{A_g}{bh_0} \times 100 = \frac{15.7}{40 \times 37} \times 100 = 1.0608$$

$$\begin{aligned} \therefore Q_{hk} &= 0.0349 \times 10 \times 37\sqrt{(2 + 1.0608)\sqrt{30} \times 0.002825 \times 240} \\ &= 43.5(\text{kN}) \end{aligned}$$

b. $Q_w = 0.08\dfrac{\gamma_b}{\gamma_s}R_{gw}\sum A_w \sin\alpha$

$= 0.06R_{gw}\sum A_w \sin\alpha$

$= 0.06 \times 340 \times (3.142 \times 2) \times \sin 45°$

$= 90.6(\text{kN})$

③综合考虑混凝土、斜筋(弯起筋)和箍筋的共同受力,则

$Q_j = 41.4\text{kN} < Q_R = Q_{hk} + Q_w = 43.5\text{kN} + 90.6\text{kN} = 134.1\text{kN}$,满足抗剪要求。

3. 车行道悬臂板

由于车行车道悬出距离不大,车轮只作用在板的悬出根部,故其尺寸和配筋参照悬臂梁构造,不作具体计算。

4. 引道人行道拓宽计算

(1)设计资料

①在混凝土路面边缘中心处钻孔深 10cm,锚入 ϕ20 钢筋,间距纵向 20cm 一根,钢筋与混凝土路面黏结力按 1.35MPa。

②人行道荷载 3 000kN。

③悬臂及板均为 C25 混凝土。

(2)尺寸

图 4.2.5 为引道人行道拓宽截面一般构造图。

(3)结构计算

①悬臂梁计算

a. 恒载

(a)抹面层:

$P_a = 0.02 \times 1.72 \times 1.25 \times 24 = 1.032(\text{kN})$

$M_a = 1.032 \times \dfrac{1.25}{2} = 0.645(\text{kN}\cdot\text{m})$

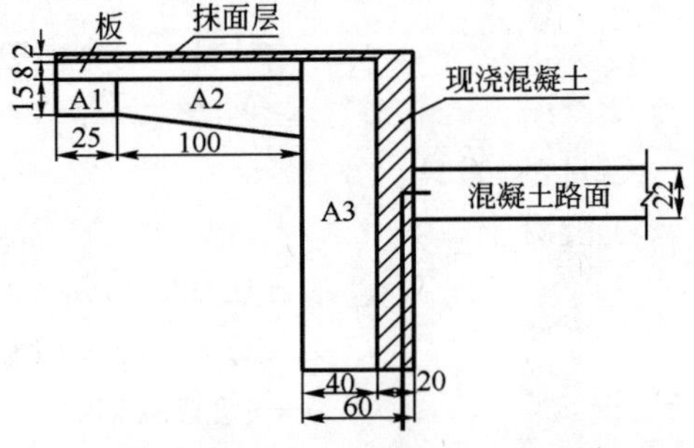

图 4.2.5 引道人行道拓宽截面一般构造图(尺寸单位:cm)

(b)人行道板:

$P_b = 0.08 \times 1.72 \times 1.25 \times 25 = 4.3(\text{kN})$

$$M_b = 4.3 \times \frac{1.25}{2} = 2.68(\text{kN}\cdot\text{m})$$

(c)悬臂梁:

$$P_{c1} = 0.25 \times 0.15 \times 0.4 \times 25 = 0.375(\text{kN})$$

$$M_{c1} = 0.375 \times \left(1.00 + \frac{0.25}{2}\right) = 0.422(\text{kN}\cdot\text{m})$$

$$P_{c2} = \frac{0.15 + 0.25}{2} \times 1.00 \times 0.4 \times 25 = 2(\text{kN})$$

$$M_{c2} = 2 \times \frac{1.0 \times (0.25 + 2 \times 0.15)}{3 \times (0.15 + 0.25)} = 0.917(\text{kN})$$

(d)栏杆、扶手:

$$P_d = (2 \times 0.08 \times 0.12 \times 1.54 + 0.18 \times 0.8) \times 25 = 0.91(\text{kN})$$

$$M_d = 0.91 \times 1.125 = 1.02(\text{kN}\cdot\text{m})$$

$$\sum M_{恒}=0.645+2.68+0.422+0.917+1.02=5.68(\text{kN}\cdot\text{m})$$

b. 人行荷载

$$P_{人}=3\times1.00\times1.72=5.16(\text{kN})$$

$$M_{人}=5.16\times\frac{1.00}{2}=2.58(\text{kN}\cdot\text{m})$$

总计：

$$M=1.2\times5.68+1.4\times2.58=10.43(\text{kN}\cdot\text{m})$$

$$Q=(1.03+4.3+0.375+2+0.91)\times1.2+1.4\times5.16=17.56(\text{kN})$$

c. 截面承载能力极限状态验算

设受拉钢筋为 4 Φ 20，$A_g=12.56\text{cm}^2$，$h_0=25-3=22(\text{cm})$。

求中性轴：

$$145\times40x-12.56\times3400=0$$

$$x=\frac{3400\times12.56}{145\times40}=7.36(\text{cm})$$

$$M_j=\frac{1}{\gamma_c}R_a bx\left(h_0-\frac{x}{2}\right)=\frac{1}{1.25}\times1450\times40\times7.36\times\left(22-\frac{7.36}{2}\right)$$

$$=62.56(\text{kN}\cdot\text{m})>M=10.43(\text{kN}\cdot\text{m})$$

d. 截面抗剪验算

(a)尺寸验算

$$Q_j=0.051\sqrt{R}bh_0=0.051\times\sqrt{25}\times40\times22=224.4(\text{kN})>17.56(\text{kN})$$

符合要求。

(b)是否需进行斜截面抗剪强度计算

$$Q_j=0.038R_1bh_0=0.038\times1.55\times40\times22=51.8(\text{kN})>17.56(\text{kN})$$

不必进行斜截面抗剪强度计算，可按构造要求配筋。

②人行道板计算

a. 恒载

$$P=0.08\times0.86\times1.25\times25=2.15(\text{kN})$$

$$M_{中}=\frac{1}{8}\times(0.08\times1.25\times25)\times0.86^2=0.231(\text{kN}\cdot\text{m})$$

$$Q_{支}=1.08(\text{kN})$$

b. 人行荷载

$$q_{人}=3\times1.0=3(\text{kN/m})$$

$$M_{人}=\frac{3}{8}\times0.86^2=0.277(\text{kN}\cdot\text{m})$$

$$Q_{支}=3\times\frac{0.86}{2}=1.29(\text{kN})$$

$$\sum M=1.2\times0.231+1.4\times0.277=0.665(\text{kN}\cdot\text{m})$$

$$\sum Q=1.2\times1.08+1.4\times1.29=3.102(\text{kN})$$

c. 按承载能力极限状态验算

设板受拉钢筋为 6 ф 12，$A_g=6.79\text{cm}^2$，$h_0=8-2=6(\text{cm})$。

中性轴位置：

$$x=\frac{3\,400\times 6.79}{145\times 125}=1.27(\text{cm})$$

$$M_j=\frac{1}{1.25}\times 1\,450\times 125\times 1.27\times\left(6-\frac{1.27}{2}\right)=159.59(\text{kN}\cdot\text{m})>0.665(\text{kN}\cdot\text{m})$$

d. 抗剪验算

(a)尺寸验算

$$Q_j=0.051\sqrt{R}\times 125\times 6=191.25(\text{kN})>3.102(\text{kN})$$

(b)验算是否需进行截面抗剪强度计算

$$Q_j=0.038\times R_1\times bh_0=0.038\times 1.55\times 125\times 6=54.2(\text{kN})>3.102(\text{kN})$$

不必进行抗剪强度计算。

(4)抗倾覆计算

①安装预制件阶段

$$M_{倾}=0.422+0.917=1.34(\text{kN}\cdot\text{m})$$

$$M_{稳}=0.4\times 0.4\times 0.98\times 25\times 0.2=0.78(\text{kN}\cdot\text{m})$$

因设置了水平锚筋，其抗拔力为：

$$P_{拔}=(M_{倾}-M_{稳})/(2\times 0.64)=\frac{1.34-0.78}{2\times 0.64}=446(\text{kN})$$

$$\tau=\frac{446}{\pi\times 2\times 10}=0.07(\text{MPa})<[\tau]=1.35(\text{MPa})$$

故安全。

②使用阶段

$$M_{倾}=0.323+1.34+1.34+1.02+1.29=5.31(\text{kN}\cdot\text{m})$$

$$M_{稳}=0.86\times 0.6\times 1.0\times 25\times 0.3=3.87(\text{kN}\cdot\text{m})$$

$$P_{拔}=\frac{5.31-3.87}{4\times 0.64}=563(\text{kN})$$

$$\tau=\frac{563}{\pi\times 2\times 10}=0.089\,5(\text{MPa})<[\tau]=1.35(\text{MPa})$$

故安全。

5. 主桥拓宽设计对施工的要求

由于主桥的拓宽采用拱上外悬、墩台不预加宽，所以桥面的悬臂板和人行道的悬臂梁施工非常重要和关键。施工时务必保证质量。新旧混凝土接触面应凿毛和冲洗干净，切实保证两者牢固结合。并应将主筋锚入旧混凝土中，深度不小于 15cm。

(1)主筋：采用ф 20 钢筋。

(2)混凝土：C30 混凝土；

(3)为保证悬臂梁(板)的根部切实可靠，其浇筑施工应和桥面一次性整体浇筑。

6. 主桥、引桥及引道的加固与拓宽关键部位横剖面

如图 4.2.6 所示。

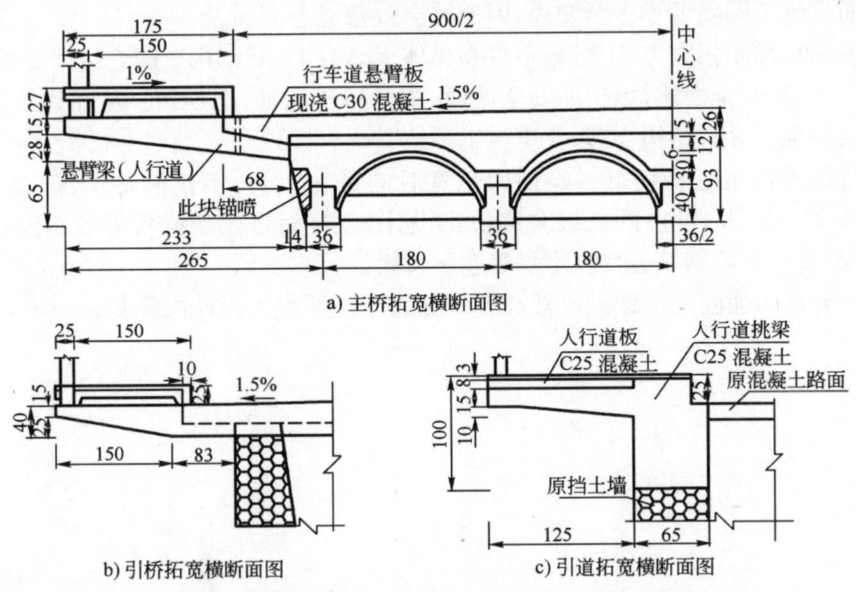

图 4.2.6　主桥、引桥及引道加固拓宽横断面图（尺寸单位：cm）

四、施工要点简述

(1)主拱圈、腹拱圈、拱上立柱等采用外包钢筋网并用锚喷混凝土加大截面，施工时严格按照锚喷工艺要求进行。

(2)桥面和人行道的拓宽施工。由于本桥的拓宽采取拱上外悬，墩台不予加宽，所以桥面的悬臂板和人行道的悬臂梁施工非常重要和关键。施工时要切实保证施工质量，悬臂板（梁）的根部和原桥侧墙的结合面要毛糙和干净，桥面钢筋网（包括悬出部分——悬臂板）和悬臂梁的钢筋应一道绑扎或焊接。

(3)桥面施工必须在主拱圈、腹拱、立柱加固完毕后进行。

(4)最后按照有关工序要求进行伸缩缝的施工。

第五节　加固效果与社会效益分析

黄花大桥于 1993 年 10 月完成加固与拓宽施工并通车，营运至今，大桥状况良好，现该桥通行的交通量达 6 000 余辆/日。

(1)社会效益好。320 国道是江西省东西向最主要的公路运输通道，是江西省连接浙江、上海等省、市的东大门，是联系湖南省的西大门，亦是通往安徽、福建、湖北等省的主要干线公路。所以，320 国道上的交通量非常大，江西省政府和交通厅已申请国家批准修建一条东西向高速公路，以适应高速发展的经济建设需要，亦可缓和 320 国道的交通拥挤和压力。但由于高速公路的全封闭性，因而，320 国道在沿线国民经济建设中的作用和地位仍然非常重要且不可替代。确保该公路的正常使用和安全可靠，依然重要和任务繁重。该桥地处 320 国道经萍乡通往湖南的咽喉地带，附近有水泥厂、碳酸钙厂，并且集镇密布，必须确保交通畅通。

(2)本桥梁采用锚喷钢筋混凝土加固和悬臂式拓宽的技术方法改造，不仅便于施工，易于确保质量，而且施工期间可不中断交通，因而社会效益显著。

(3)本桥采用加固拓宽方法改造，不仅在总体上具有上、下部构造配合恰当之优点，而且给人们以轻巧、优美、安全之感，施工亦安全简便，质量易于保证，工期短。从而说明该桥加固拓宽设计新颖、美观、实用，结构合理，便于施工。

(4)该桥梁改造工程费用低。经加固拓宽后的黄花大桥，不仅满足了汽—20、挂—100，净—9m+2×1.5m(人行道)的二级公路桥梁设计要求，而且比新修桥梁节约经费150多万元。同时节约了大量的钢筋、水泥、木材等建筑材料。

(5)黄花大桥的加固与拓宽设计被江西省交通厅授予优秀设计二等奖。

第三章　增设钢筋混凝土悬臂挑梁拓宽桥面

增设钢筋混凝土悬臂挑梁是最简便和有效的桥面拓宽改造方法，同时还可和其他桥梁上部结构加固补强法一并使用。当旧桥墩、桥台及基础完好、能够满足拓宽甚至提载要求时，可在对主要承重结构的上部构造进行合理的加固和提载后，拆除两侧栏杆和人行道板，凿除并重浇加强的钢筋混凝土桥面铺装层，相应增设人行道悬臂梁和车行道悬臂板，重新安装人行道板和栏杆，从而达到加宽桥面之目的。

这种桥面拓宽方法一般适用于双侧加宽的旧桥桥面拓宽，它的突出优点是不必加宽桥墩(台)，加固工作量相对较小。

第一节　悬臂挑梁拓宽桥面工程实例[4]

一、桥梁概况

益阳资江一桥位于湖南省益阳市裴公亭，跨越资江，联系益阳两岸城区，为319国道上的一座特大桥梁。该桥于1972年5月开工，1974年12月竣工通车。

该桥为等截面悬链线双曲拱结构，桥梁全长618.1m(不包括南岸跨线桥部分)。主桥净跨4×72m，横跨资江河道，拱轴系数 $m=2.24$，矢跨比1/8。北岸引线净跨为6×28m+4×24m=264m，矢跨比均为1/6。桥面全宽为9m(净宽)+2×2m(人行道)+2×0.25m=13.5m，荷载标准为汽车—20级、挂车—100，人群荷载3.5kN/m^2。

主桥主拱圈截面为6肋5波，全高1.35m，全宽12.0m，每孔横向设15道横系梁，采用无支架施工，拱肋分3段预制吊装。主拱2侧各布置4孔净跨径为5.1m的腹拱，腹拱为圆弧拱，矢高0.85m。0号、1号、3号腹拱墩为柱式，上下设盖梁和底梁，3号、4号腹拱墩为墙式。北引桥主拱圈截面为7肋6波，采用满堂支架施工。

主桥下部结构为重力式墩台。0号台采用明挖基础，2号、3号墩和4号台为沉井基础。桥址处基岩为泥质页岩，河道中基岩上覆盖卵石层和砂层。北岸引桥28m跨基础为钻孔桩基础，24m跨基础为沉井基础。

二、大桥桥面病害和改造方案

1.桥面病害的产生原由分析

益阳资江一桥近年来由于交通繁重，通行量远超过设计通行能力。拓宽改造前桥面系破损严重，沥青混凝土路面出现大量壅包、车辙，特别是人行道在悬臂板根部出现纵向裂缝，板端下沉，人行道板整体横向向外位移，尤以墩顶处更为严重，达 10cm 以上，已有脱空的危险，严重威胁交通安全。

从该桥的实际情况来看，除桥面破损外，其主要承重结构墩台、主拱圈、腹拱等均未发现不良迹象，表明在现有状况下，该桥的主体结构工作正常。但由于桥面系受行车和自然因素的交互作用，该桥桥面铺装为沥青混凝土，路面基层材料为泥结碎石，在雨水、温度变化和重荷载的作用下，基层材料呈黏塑态向两侧挤压人行道板；同时，由于人行道构件底部与侧墙连接的锚固钢筋在雨水作用下锈蚀，逐渐失去锚固作用，导致人行道构件外移。这种病害的产生在同类桥梁的设计施工中亦应引以为戒。

2. 大桥桥面拓宽改造方案

现通过该桥的交通量大，但原设计车行道宽度仅 9m，而桥面通行的又是混合交通，加上部分人行道因危险不允许通行，更造成桥面上的交通混乱。为了消除大桥桥面已产生的病害，恢复该桥的正常使用，综合考察该桥的实际情况，经分析和研究，拟定了恢复性维修方案，同时对大桥桥面进行适当拓宽。

具体维修拓宽方案如下。

(1)卸去全桥人行道、栏杆、路面面层和基层等桥面系构造。

(2)设置挑梁，将人行道外移，该桥主拱圈和腹拱圈横向宽度均为 12m，现将车行道由原 9.0m 拓宽为 11.6m，增加 2.6m，使桥面有 2 个 3.75m 宽的机动车道和 2 个 2.0m 宽的非机动车道。人行道改为 2×1.7m，照明灯柱移至栏杆以外。桥面全宽虽只增加 2m，但通行能力却得到了大大的提高。

(3)路面基层材料换成 C15 混凝土。

(4)安装排水管、人行道板、灯柱和栏杆等附属构造物。

(5)铺设改性沥青路面。

在桥面维修拓宽方案中，路面铺装厚度恢复到原始设计的 8cm，为尽量减小钢筋混凝土挑梁的梁高，挑梁采用断面尺寸 20cm×30cm 扁平形状，道路中线高程亦可恢复到原始设计高程，栏杆采用金属栏杆，这样拓宽之后整个桥面系恒重增加不大。实测目前该桥桥面铺装层厚度为 11cm，其他桥面部分按原设计图计算，目前桥面系共重约 106kN/m。按上述维修拓宽方案计，桥面系共重约 120kN/m，即拓宽后恒载较目前增重 14kN/m。拓宽前后桥面系构造如图 4.3.1 所示。

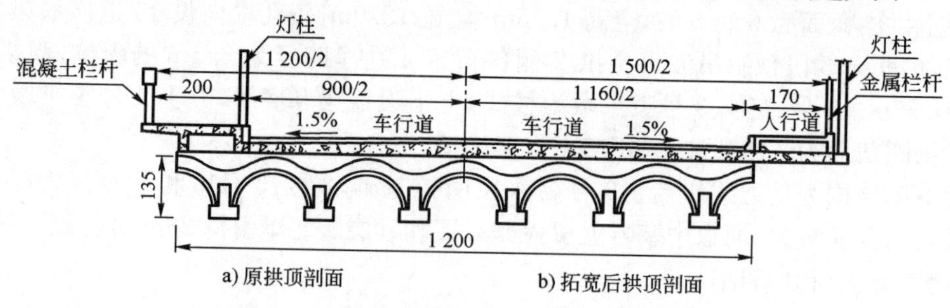

图 4.3.1　拓宽前后桥面系构造图(尺寸单位：cm)

三、主桥(4×72m 双曲拱)承载能力验算

1. 计算简图

益阳资江一桥主桥为净跨 4×72m 双曲拱结构，主拱圈截面在拱脚至 1 号立柱范围内拱

板填平，与一般截面略有不同。主拱圈拱肋材料为C30混凝土，拱波拱板材料为C20混凝土。取3跨桥体的主要承重结构(包括主拱圈及桥墩)进行计算，计入连拱作用，不计入腹拱圈的联合作用，取主拱圈和桥墩截面全宽进行计算。结构共划分149个结点、148个单元。空腹段拱上恒重按集中力施加于主拱圈上，实腹段拱上恒重按均布荷载施加。计算模型见图4.3.2。

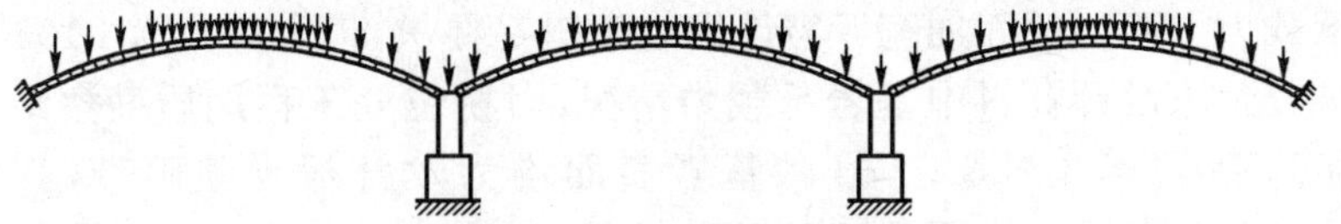

图4.3.2 计算模型示意图

2. 内力计算与内力组合

依照前述的维修拓宽方案恢复该桥的正常使用，在成桥状态，桥面系恒重按拓宽设计施工图计，其值比现状将略有增加。活载中汽车荷载仍按3列车队计入，同时折减20%；人群荷载横向作用宽度按3.4m计入；考虑温降±15℃的影响力。计算结果见表4-3-1～表4-3-3。表4-3-1为维修拓宽前后恒活载作用下拱脚水平推力的变化值；表4-3-2为维修拓宽后恒活载作用下墩底的技术指标计算结果；表4-3-3为维修拓宽后恒活载作用下各关键部位的技术指标计算结果，表中只计算拱脚、拱顶截面抗力，其他截面明显满足要求。

拱脚水平推力比较 表4-3-1

位置	恒载			承载能力组合		
	原状(kN)	拓宽后(kN)	拓宽后水平推力/原状水平推力	原状(kN)	拓宽后(kN)	拓宽后水平推力/原状水平推力
1号拱	−30 420	−31 470	1.035	−41 910	−43 450	1.037
2号拱	−30 430	−31 470	1.034	−41 960	−43 500	1.037
3号拱	−30 420	−31 460	1.034	−41 900	−43 430	1.037

基底承载力计算结果 表4-3-2

位置	承载能力组合		计算偏心距(m)	容许偏心距(m)	最大应力(kPa)	最小应力(kPa)
	M_{max}(kN·m)	N相应(kN)				
1号墩底	−51 360	−61 210	0.839	1.500	1 100	198
2号、3号墩底	−51 670	−64 360	0.803	1.900	850	280

维修拓宽后 L_0=72m 主拱圈计算结果 表4-3-3

位置		恒载内力		承载能力组合			计算偏心距(m)	容许偏心距(m)	偏心系数 d	结构抗力 dAR_d/d_m(kN)
		M(kN·m)	N(kN·m)	M_{max}(kN·m)	N相应(kN)	组合类型				
2号拱	0	1 626	−34 210	−11 100	−26 840	Ⅱ	0.041	0.518	0.399	−34 272
	1/8	−3 217	−32 980	−9 149	−44 320	Ⅰ	0.206	0.393		
	1/4	−975	−31 950	−5 675	−42 600	Ⅰ	0.133	0.393		
	3/8	2 865	−31 560	9 905	−41 190	Ⅰ	0.240	0.282		
	1/2	2 127	−31 470	9 058	−32 630	Ⅱ	0.278	0.338	0.563	−40 525
	5/8	2 885	−31 560	9 937	−41 160	Ⅰ	0.241	0.282		
	3/4	−940	−31 930	−5 576	−42 570	Ⅰ	0.131	0.393		
	7/8	−3 189	−32 960	−9 217	−44 310	Ⅰ	0.208	0.393		
	1	1 626	−34 200	−11 030	−26 800	Ⅱ	0.412	0.518	0.397	−34 072

3. 计算结果分析

(1)从计算结果来看，该桥维修拓宽后，主拱圈各项指标均满足《公路砖石及混凝土桥涵设计规范》(JTJ 022—85)的要求，因而拓宽后主拱圈承载能力足够。从对主拱圈无损检测结果来看，受力最大的拱脚部位的混凝土强度推定值均在 30MPa 以上。

(2)桥墩承载力方面。桥面加宽后容许偏心距满足要求，最大应力为 1 100kPa。墩底基岩为泥质页岩，未查到原设计资料中基岩承载力情况，对桥位处工程地质勘察结果表明，1 号墩基岩承载力为 1 500kPa，2 号墩、3 号墩基岩表面均为发育板岩破碎带，其容许承载力为 1 000kPa，较围岩大幅降低。从原设计资料看，2 号、3 号墩基础尺寸较 1 号墩大，其计算基底应力较 1 号墩小，也能够满足承载力要求的。通过对 1 号、2 号、3 号桥墩基础的水下调查发现大桥建成后河水对这 3 个桥墩基础冲刷影响很小。

(3)桥台水平推力方面，拓宽后的水平推力比目前增大 3.7%。该桥在维修拓宽后，0 号桥台(基础底面为阶梯状)的抗倾覆稳定安全系数 $K_0=1.315>1.3$，满足规范要求。另外，在考虑阶梯状基础底面的阻力后，桥台抗滑稳定性也不会有问题。

(4)按前述施工程序，经计算，主拱圈各项受力指标在施工期间均在容许范围之内。

四、桥面悬臂拓宽后效果评价

1. 全桥静载试验

益阳资江一桥拓宽改造工程于 2000 年 10 月开工，2000 年 12 月结束。全桥选择受力较为不利的一孔 72m 跨和一孔 28m 跨作为试验跨，在 12 月 20 日进行了拓宽改造后的静载试验。试验共使用了 200kN 重车 12 辆，进行了 5 种工况加载。对主拱圈的拱脚和拱顶以及 28m 跨的一个墩柱进行了应力测试，对跨中挠度变形进行了观测，对拱顶、拱脚及墩柱进行了裂缝观测。试验内容涵盖了反映桥梁主要构件承载特性的各个方面，所有静载效率系数均在 0.89～1.05 之间，满足规范要求。表 4-3-4 为挠度实测值与计算值对比数据。

挠度实测值与计算值对比　　表 4-3-4

测　点	72m 跨跨中	28m 跨跨中	测　点	72m 跨跨中	28m 跨跨中
实测值(mm)	13.89	1.97	实测值/计算值	0.34	0.42
计算值(mm)	41.0	4.7			

通过荷载试验，各试验跨经历了一次设计荷载的考验，试验中未出现任何异常情况，未观测到任何裂缝。分析测试数据表明，由于拱上建筑参与主拱受力，主体结构试验实测值比理论计算值要低。

2. 加固改造效果评价

(1)对 28m 跨和 24m 跨拟定模型进行内力计算分析，结果表明拓宽改造后结构各项指标均满足要求。

(2)原桥主体结构具有较大的安全储备，拓宽改造后，更增加了结构的刚度和整体性，承载能力能够满足设计要求，大桥安全可靠。

第二节　组合式悬臂挑梁拓宽桥面工程实例[5]

一、桥梁概况

某桥始建于 20 世纪 70 年代初，全长 338.5m，为 10 孔跨径 32m 的空腹式双曲拱桥，矢跨

比为 1/8，实体式墩台，沉井基础。设计荷载为汽车—15 级、挂车—80，桥面为净—7m＋2×0.5m护轮带。该桥经过 20 余年的使用，除桥面及栏杆等均出现严重破坏外，尚无其他明显的结构改变，且整体性完好。但该桥处于齐黑公路和 111 国道必经之地，近几年随着两侧公路等级的提高，形成了宽路窄桥的局面，因此拓宽此桥已迫在眉睫，同时大吨位车辆的增加也要求提高该桥的荷载等级。此桥是讷河市出城必须经过的路段，因此须边通车边施工，这也给加固拓宽设计和施工带来了很大困难。该桥经过使用性能和承载能力检测以及结构验算，结果表明将现有旧桥进行拓宽和提高承载能力是完全可行的。

二、设计与施工要点

1. 下部工程

下部墩台基础为沉井基础，墩台身为实体混凝土，经过 25 年的使用，尚无破坏，其强度和刚度都具有一定的潜能，且沉井基础一般都能保证其结构尺寸准确。混凝土强度相对较高，因此根据桥规关于地基土承载力提高的规定，如进行上部结构改造对下部结构影响不大，故只对下部结构的防护工程进行加固。

2. 主拱圈

主拱圈从使用情况来看，无裂缝或其他变形，混凝土品质亦满足设计要求，但因施工中发现拱肋的钢筋保护层过厚，有的达 5～6cm，使其在施工中与横隔板联结筋的联结出现问题。施工中为了不使拱肋因凿除保护层混凝土而导致其截面损失，造成应力集中而破坏，其联结处采用了环氧树脂黏合剂黏结方法，既保证了主拱圈不受损坏，也保证了二者的连接强度。

3. 拱上建筑

拱上建筑的改造是满足设计标准的关键。本桥为了达到加宽提载的目的，采用了在整个桥的宽幅内每隔 220～241cm 设置钢筋混凝土横挑梁，其断面形式为凸形，底宽 40cm，高 38cm，每两侧悬臂 1.7m，悬臂挑梁上盖有宽 1.2m、长 2.20～2.40m、厚 15cm 的钢筋混凝土矩形板，桥面铺装为厚 5cm 的混凝土。采用这种组合式悬臂挑梁将桥面拓宽的方法主要是将上部结构受力状态稍加变化，增加其拱上建筑的整体性，同时又保持拱受力状态的优越性。这种方法可保证半幅施工，即边通车边施工。其上部结构形式如图 4.3.3 所示。

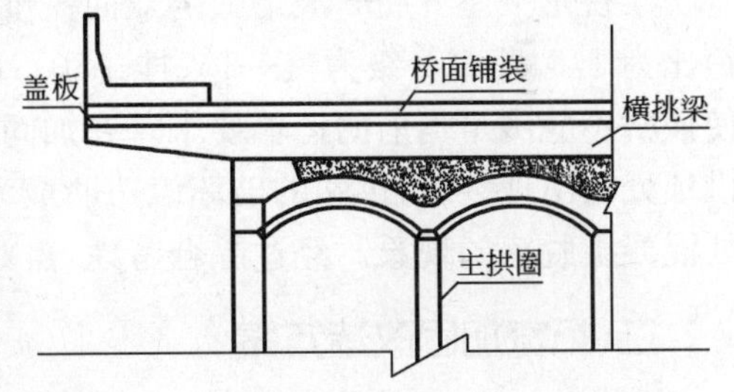

图 4.3.3　组合式悬臂挑梁拓宽桥面示意图

三、加固拓宽效果

本桥通过采用钢筋混凝土横挑梁，其上搁置钢筋混凝土矩形板的组合方式成功将桥面予以拓宽。可以看出，在基础好的双曲拱桥上，进行简单拓宽是可行的，同时由于拱上填料不做大量挖除，既保证了拱的受力状态，又减少了施工工序，且节约大量资金，是一种充分利用现有双曲拱桥的好办法。

第四章　增设边拱肋的拓宽方法

拆除双曲拱桥一侧(或两侧)栏杆及人行道板后,在一侧(或两侧)增设边拱肋,可实现拓宽双曲拱桥桥面的目的。用这种方法拓宽桥面时,首先应测量桥墩(台)顶宽度是否能放置新增的拱肋,若不够时,应对墩(台)帽进行加宽处理。新增部分应该与原有部分稳妥有效地进行联结,且要承担原主拱圈传递的荷载,所以,在采用增设边拱肋进行拓宽设计时需要重点关注新旧结构的连接。

这种方法一般用于需要拓宽桥面,同时又需提高桥梁承载能力的旧桥。其特点是通过新增加的边拱肋既拓宽了桥面,而且要利用新拱肋比原桥拱肋强劲,在参加荷载分配时将分配较多的荷载特点,达到使原桥拱肋分配的荷载减少,从而提高承载力的目的。此拓宽方法需要同时拓宽桥梁墩台及基础,或靠近原有桥梁另外单独建造拓宽部分的墩台。

第一节　单侧增设边拱肋拓宽双曲拱桥工程实例[6]

一、桥梁概况

某桥是一座6肋5波形式的双曲拱桥,全长62m,桥面净宽—7m+2×1m(人行道),净矢跨比为1/5,荷载等级为汽—15、挂—80。该桥由于年久失修,加之近年来车辆荷载的增大,致使该桥不能满足当前的运输要求。在加固前出现的主要问题有:桥面系损坏严重;所有拱肋在拱顶处均出现裂缝;拱肋的破坏以边肋最为严重;拱波亦在拱顶2m范围内出现了与拱肋连接处混凝土脱落的现象。经过综合考虑,需对该桥进行拓宽及加固改造。

二、拓宽加固改造方案

针对该桥目前状况,改造方案为:在桥一侧增设π形边肋,使该桥拓宽后桥面净宽可达到净—11m+2×0.5m防撞墙。同时,对原桥拱肋采用外包混凝土进行加固,增设横隔梁来加强各片拱肋以及新增拱肋与原桥拱肋之间的横向联系。另外,重新铺设整体受力的钢筋混凝土桥面铺装,以期主拱圈受力更为合理。加固后主拱圈横截面如图4.4.1所示。

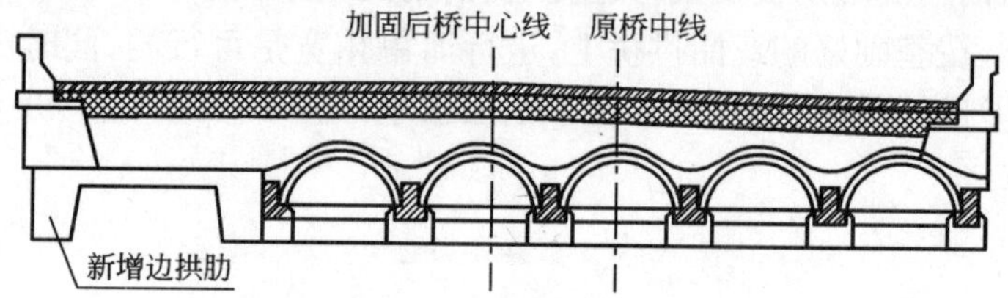

图4.4.1　加固后主拱圈横断面示意图

三、改造后力学性能分析

1. 截面性质的变化

改造后，由于对原混凝土拱肋外包了一部分新混凝土，拱圈的截面性质有了新的变化，如图 4.4.2 所示。按照双曲拱桥换算面积的原则，它的新换算面积为：

$$A_n = A_0 + \eta_1 A_1 + \eta_2 A_2 + \eta_3 A_3 \qquad (4\text{-}4\text{-}1)$$

式中：A_0——标准层的截面积(通常取拱板为标准层)；

A_1, A_2, A_3——拱波、拱肋及新增的截面面积；

η_1, η_2, η_3——拱波、拱肋及新增的材料换算系数。

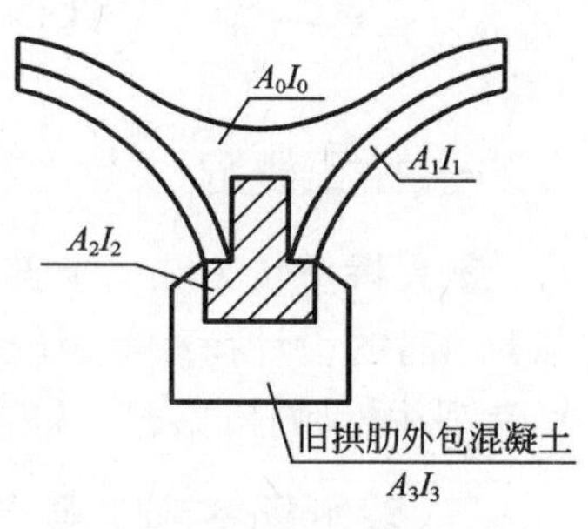

图 4.4.2　主拱圈截面换算

同理，新的换算截面惯性矩为：

$$I_n = I_0 + \eta_1 I_1 + \eta_2 I_2 + \eta_3 I_3 \qquad (4\text{-}4\text{-}2)$$

式中：I_0——标准层的截面惯性矩；

I_1, I_2, I_3——拱波、拱肋及新增的截面惯性矩。

用此方法确定了截面几何特性以后，各种内力的计算步骤和方法与一般空腹式双曲拱桥的计算方法基本相同。

2. 主拱截面强度

双曲拱桥主拱肋属于偏心受压构件，按照上述方法将其截面换算为矩形截面后，其正截面强度可按照下列公式计算：

$$N_j \leqslant \frac{\gamma_b}{\gamma_c} R_a bx + \frac{\gamma_b}{\gamma_s}(R'_g A'_g - \sigma_g A_g) \qquad (4\text{-}4\text{-}3)$$

其中，中性轴 x 的位置可由下式来确定：

$$R_a bx\left(e - h_0 + \frac{x}{2}\right) = \sigma_g A_g e \mp R'_g A'_g e' \qquad (4\text{-}4\text{-}4)$$

由式(4-4-4)可得：

$$x = (h_0 - e) + \sqrt{\Delta} \qquad (4\text{-}4\text{-}5)$$

其中

$$\Delta = R_a^2 b^2 (e - h_0)^2 - 2R_a b(\sigma_g A_g e \mp R'_g A'_g e') \qquad (4\text{-}4\text{-}6)$$

由式(4-4-5)、式(4-4-6)可知，中性轴 x 有所增大。

另外，在对原混凝土拱肋外包了一部分新混凝土之后，按照换算截面的概念，x 值亦有所增大，因而由式(4-4-3)可以得知，在对拱肋加固改造之后，其截面强度有所增强。

3. 主拱圈空间受力性能分析

要想更好地了解双曲拱桥的受力性能，必须对其进行全面的空间结构受力分析。由于双曲拱桥的特殊构造，使它在空间受力性能上有别于其他的肋拱桥。精确的分析十分复杂且不便于设计推广，因此，仍然可以使用横向分布这个概念。计算双曲拱桥横向分布系数的方法有多种，本桥采用三维实体有限元法进行计算。利用通用程序建模，再求解得到各拱肋的横向分布系数。计算结果证明，新增边拱肋将分担大量的活载，可有效地减轻旧拱肋的负担。

四、加固拓宽效果

通过上述力学性能的分析可知，双曲拱桥在采用此种加固方法之后，增设的边拱肋不但可

以起到拓宽桥梁的作用，而且还将起到分担一部分活载的作用。同时，增设的横系梁加强了各拱肋之间的横向联系，对于全桥的整体性十分有益。

第二节　双侧增设边拱肋拓宽双曲拱桥工程实例[7]

一、桥梁概况

某大桥全长202m，上部结构为6孔净跨30m的双曲拱桥。该桥建成于20世纪60年代，由于当时的设计荷载等级较低，现已出现了不同程度的破损。1999年6月对该桥进行了加固改造：采用双侧拓宽，并以拓宽结构分担部分旧桥荷载。

二、双侧拓宽施工要点

1. 拱肋施工在双曲拱桥工程中的重要性

拱肋对双曲拱桥的重要性主要体现在结构受力与工期两方面。

(1)拱肋不仅是新建加宽部分的主要受力结构，同时也是分担部分旧桥荷载、加固旧桥的受力结构，故拱肋强度是该桥此次拓宽提载的关键。

(2)本桥拓宽的新增拱肋采用五分法浇筑和单侧六孔同时落架的施工程序，决定了拱肋施工是该桥拓宽改造工期的主要制约条件；而大量的拱上建筑均需在拱肋施工完成后施工，所以拱肋施工是全桥施工的主体和先行。

2. 拱肋施工工艺

(1)技术上的准备

①应准确控制拱肋线形

拱肋是双曲拱桥的主要受力构件，所以准确控制拱肋线形是确保全桥拓宽改造工程质量的关键所在。

②科学设置预拱度

为确保拱肋轴线符合设计要求，综合考虑拱肋在重力作用、温度下降和墩台变位等因素以及拱肋支架在承受荷载后产生的弹性和塑性变形的影响，拱肋支架顶面在上述计算结果的基础上预加一定的拱度。该桥结构沉降为1.7cm，并从拱顶按抛物线向拱脚递减；地基沉降为0.5cm，亦在全跨内均匀分布。

(2)拱肋施工

①施工工艺流程

场地准备→铺设枕木→拱座凿毛→基底加固→支立拱架→加固拱架→调整高程→铺底模木方(纵横向)→恢复拱肋中线→铺设底模→拱上立柱及系梁平面位置放样→拱肋钢筋绑扎→拱上立柱钢筋的焊接→封拱段挡板安装→安装侧模→侧模校正→拱肋浇筑前的准备(料斗的制作安装，混凝土施工平台，模内清理)→浇筑混凝土→拱肋整容→拆模→处理封拱段混凝土→拱上建筑→桥面系施工→清理现场→通车。

②施工要点

a. 地基处理：地基排水是确保地基稳定的前提，尽可能抬高地基或在地基外设置截水沟是保证拱架基础水稳定性的有效手段。

拱架施工场地准备：作为拱肋施工的首道关键工序应由专人负责，及时对场地的有效面

积、平整度、稳定性进行检查控制，对多跨流水作业的拱桥施工尤为重要。

b. 铺设枕木：在稳定的地基上铺设枕木是减小拱架基础沉降、加强拱架稳定的必要工序。首先应按拱架的纵横间距在地基上自拱顶向两侧对称放样，枕木的摆放方向应以稳定为前提，尽量增大枕木与地面的接触面积。铺设时应确保枕木顶面平整且与地面密实接触。对枕木的底面或侧面缝隙可用砂砾填实，必要时需将枕木用土培实，以进一步加固。

c. 拱座凿毛：为加强拱肋与拱座的刚性接触，需对拱座与拱肋的接触截面凿毛。凿毛前应首先在拱座上恢复拱肋中心线，并依此放出接触截面边线。凿毛应沿中心线施工，深度适中。

d. 调整高程：拱底高程是通过拱架顶托高程进行控制的，而顶托高程应以拱底高程为基数。故拱架安装后应再次详细复测拱架立柱底座高程。调整时，在设计高程的基础上应根据经验预留 1.5cm 荷载预压差(包括行车荷载，拱肋及拱上建筑自重荷载)和 1.7cm 的地基沉降差。荷载预压差应在全跨平均分布，地基沉降差应自拱顶向拱脚方向按抛物线递减分布。为加快调整进度，仅用钢尺量测拱架横向两最外侧顶托的高程，中间可用一长水平尺找平。

e. 支立侧模(预留封拱段)：拱肋侧模由竹胶板裁制而成。侧模的制作原则是侧面平齐、顶面圆顺。

因为拱肋混凝土浇筑应分两次进行，故支立拱肋侧模前应先安装封拱段挡板。封拱段分别设在四分之一断面处、拱脚处及拱顶。

侧模安装后，应全面检查，并校正其整体顺直度，并将封拱段加固。

f. 浇筑混凝土及科学封拱：浇筑混凝土是拱肋施工的关键工序。施工前应做好充分的准备，以便浇筑时一气呵成。

与其他混凝土施工不同的是拱肋施工五个施工段同时浇筑振捣，即自两拱脚和四分之一处分别向上同时浇筑。

待混凝土强度达到设计强度 70%时即可拆模，拆模后应及时养生并对封拱段进行拆模凿毛修整处理。待混凝土强度达 100%时进行封拱段浇筑。应该特别注意的是，整个拱肋的施工应该绝对确保在高温施工拱肋混凝土，而在低温时浇筑封拱段混凝土。

三、拓宽施工效果评价

该桥 6 孔两侧新增拓宽的拱肋无变形、拱盔无裂缝，是保证该桥此次拓宽改造施工的成功所在。

(1)拱架地基的稳定是前提：每孔拱架的地基均经换土回填和分层夯实碾压等处理，同时有效地减少积水对地基的浸泡，从而确保了地基的稳定。

(2)枕木的横向铺设既增大了枕木与地基的接触面积，又避免了支架底脚落在枕木接头而局部失稳现象。

(3)拱架与拱盔一体化施工及支架整体稳定性使拱肋施工中处于静态环境。

(4)拱肋的五分法浇筑避免了大批混凝土前期徐变对拱肋的整体影响，拱肋与横系梁同时浇筑一次成型，增强了同孔拱肋的整体稳定。

(5)科学封拱是混凝土拱肋施工的关键环节：封拱段截面垂直拱肋轴线，封拱段截面浇筑前的凿毛和低温浇筑都是确保拱肋整体性的关键所在。

(6)坚持全桥单侧六孔同时落架和科学的吊装，有效地均衡全桥拱座和拱肋的受力，从而确保了拱肋的稳定和不变形。

第五章 改造拱上建筑的同时拓宽桥面(实例)

第一节 走马岗大桥概况

一、大桥概况

走马岗大桥位于江西省修(水)武(宁)公路K2+520处(新桩号),该桥建成于1974年,运营至今近三十年。大桥全长105.7m,上部构造为2跨40m等截面悬链线空腹式钢筋混凝土双曲拱及两岸各一孔净跨径4m的半圆弧拱副孔(设置在桥台上)。桥面净空为:净—7m+2×0.35m(栏杆)。根据同年代类似桥梁推定该桥原设计荷载为:汽车—13级,拖车—60。双曲主拱的净矢跨比为$f_0/L_0=1/10$,拱轴系数(按实测值推算)$m=2.514$。

(1)上部构造:每跨主拱圈由4肋3波及2个悬半波组成,拱肋中距为185cm,主拱圈全宽7.4m。主拱圈截面由基肋、拱波和现浇混凝土填平层组成;其中拱肋宽25cm、高50cm,施工过程中分三段预制后无支架吊装,接头位置在反弯点附近,采用环氧树脂水泥胶卡砌接头。每跨拱肋各由按等弧长设置11道横隔板联结。每跨各设8个腹拱,腹拱跨径为250cm左右。

(2)下部构造:桥台为明挖扩大基础配U形桥台与重力式桥墩。

(3)据调查,该桥在使用过程中未进行过大修加固。

(4)改造前大桥主要病害。

由于大桥使用近三十余年,并常有重型运输货物车辆经过,从外观看(图4.5.1)(走马岗大桥加固前照片),第二跨(靠武宁岸)拱顶部位已明显下沉,桥面坑洼不平,栏杆扶手亦损坏严重;且桥面较窄[净—7m+2×0.35m(栏杆)]、原设计荷载偏低,已不能适应当地经济发展的需要。为配合正在按照二级公路标准进行改建的修(水)武(宁)公路,对走马岗大桥进行加固

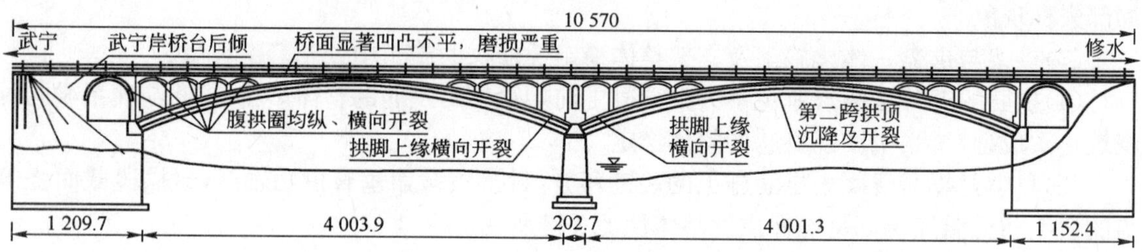

图4.5.1 走马岗大桥现状总体布置图(尺寸单位:cm)

与拓宽改造，加固前进行了全面的结构检查，并对结构检查数据进行了综合分析。具体结果如下。

(1)拱肋变形及裂缝

第一跨主拱肋尚好，未发现有影响结构受力的病害，仅在拱脚附近上缘发现因负弯矩过大产生的横向裂缝，裂缝最宽达 1mm 左右。

第二跨主拱肋拱脚也存在同样类型裂缝。第二跨主拱肋因长期受到重车荷载作用，加上武宁岸桥台在承受水平推力时有向后倾斜的趋势，拱顶产生较大的沉降，改变了原结构的受力状态；拱肋拱顶下缘因承受过大拉应力产生裂缝。

(2)腹拱圈及拱上侧墙

大桥自修水岸起算，3、6、11、14 号腹拱圈为整体现浇腹拱圈，基本上存在横向贯穿全宽的裂缝，缝宽 0.1～2mm 不等；其余腹拱圈系由预制混凝土拱板用水泥砂浆砌筑而成，经现场检查，发现水泥砂浆不饱满现象比较严重，腹拱圈拱顶附近都存在 0.5～6mm 宽的横向贯穿裂缝。

拱上侧墙混凝土风化及局部剥落严重、侧墙裂缝大多与腹拱圈裂缝贯穿。

(3)腹拱墩

腹拱墩采用混凝土预制块砌筑而成，裂缝没有规律，部分腹拱墩座与拱圈相交处存在裂缝。

(4)桥面

大桥因长期承受重荷载作用，桥面损坏严重、坑洼较多，纵向呈波浪形，特别是第二跨跨中桥面明显下沉。桥面的损坏加大了车辆通行时产生的冲击力，严重影响了大桥的使用和舒适性，也加剧了桥梁结构的破坏。

(5)墩、台

桥墩未发现有影响结构受力的病害。

武宁岸桥台有向后倾斜的迹象，且两侧墙开裂，缝宽 0.1～7mm，部分片石风化、碎落，局部砂浆不饱满。两岸桥台副孔拱圈经检查，未发现有影响结构受力与使用的病害。

二、走马岗大桥现状综合评定

通过对修武公路走马岗大桥全面的现场结构检查、室内分析，对该桥现状综合评定如下。

(1)走马岗大桥桥面坑洼较多，纵向成波浪形，特别是第二跨跨中桥面明显下沉，加剧了车辆通行时产生的冲击力，增大了活载作用时的内力，因而应及时进行维修。

(2)走马岗大桥第一跨主拱肋尚好，未发现有影响结构受力的病害，仅在拱脚附近背缘发现横向裂缝(分析为负弯矩过大产生)，拱波及横隔板未发现有肉眼能见的裂缝，横向整体受力性能较好。

(3)第二跨拱肋拱顶产生较大的沉降，继而使拱肋拱顶下缘因承受过大拉应力而开裂(裂缝宽尚在规范允许范围内)，并且使原本较坦的拱圈变得更坦，改变了原结构的受力状态。

(4)大桥腹拱圈损坏严重，纵、横向贯穿裂缝较多，已严重影响了腹拱圈的受力与使用安全。

(5)两岸桥台上副孔拱圈，目前使用状况尚好，未发现有影响结构受力与使用的病害。

(6)拱上侧墙砌石风化较为严重，局部碎裂，已影响到大桥的整体使用安全。

(7)武宁岸桥台有向后倾斜迹象,应采取相应措施进行加固。

(8)桥墩水面以上未发现有影响结构受力的病害,应在枯水季节或维修加固施工时,对桥墩基础进行详细的调查探明。如发现病害,应及时采取相应措施进行加固。

第二节　走马岗大桥拓宽提载技术

经过对大桥的结构检查和主要构件结构强度的验算,大桥极限状态下承载能力满足原设计荷载(汽车—13 级,拖车—60)的使用要求,但不符合修武二级公路改造的设计要求。且考虑到大桥第二跨在拱顶下缘与拱脚上缘均存在裂缝,影响了大桥使用的耐久性,须进行拓宽提载综合改造。

一、拓宽提载设计要点

1. 加固拓宽设计标准

(1)设计荷载:汽车—20 级,挂车—100,人群 3.5kN/m²。

(2)桥面净空:净—9m+2×1.5m 人行道。

2. 拱上建筑和桥面加固拓宽

(1)拆除大桥现有腹拱圈、侧墙并挖除所有拱腔填料,以减少拱上恒载的作用。

该桥腹拱圈存在较多横向裂缝,部分已贯穿至侧墙,桥面和人行道系损坏严重,故考虑拆除现有腹拱圈、侧墙,并挖除所有拱腔填料以减少拱上恒载重量,再改拱式拱上建筑为梁式拱上建筑。梁式拱上建筑与拱式拱上建筑相比,造型更为轻巧美观,拱上建筑自重减小,具有更好的受力性能。走马岗大桥的主拱和下部构造系按汽车—13 级、拖车—60 设计,通过改变拱上建筑的形式可以减轻恒载,提高承受活载的能力,见图 4.5.2 所示。

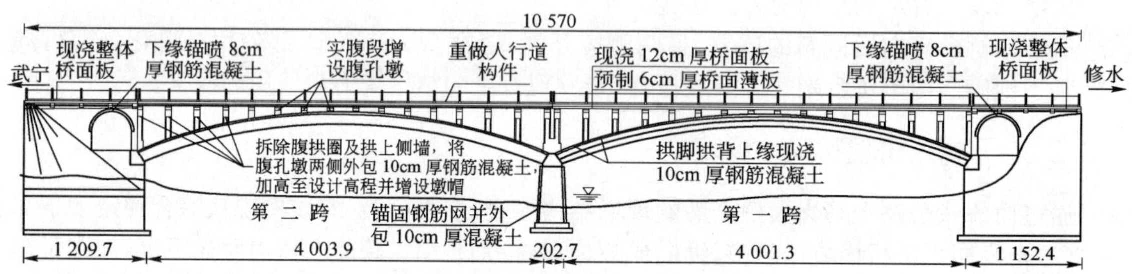

图 4.5.2　拓宽提载总体布置图(尺寸单位:cm)

(2)在现有各腹拱墩两外侧(纵桥向)各设置一层钢筋网,每侧现浇 10cm 厚混凝土,以增强现有腹拱墩的整体受力性能和抗弯强度,并在腹拱墩顶设置钢筋混凝土墩帽(每侧悬出长度为 2.3m)。

腹拱墩起着将桥面所受荷载传递给主拱圈的作用,使用中希望腹拱墩整体受力性能强,传递给主拱圈的应力能够均匀。因此,在现有腹拱墩两外侧(纵桥向)各设置一层钢筋网和锚固短钢筋,每侧再现浇 10cm 厚混凝土,以增强整体受力性能和抗弯刚度。并将腹拱墩按设计要求加高,设置每侧悬出 2.55m 的钢筋混凝土墩帽以拓宽桥面。

(3)在原拱圈实腹段按等间距设置 8 道钢筋混凝土腹孔墩(均外悬设置 12m 长墩帽)。

在各跨原实腹段增设 8 个腹拱墩，各腹拱墩设有每侧悬出 2.55m(全长 12.5m)的墩帽。为使新、旧腹拱墩受力一致，采用相同的配筋形式，即在两外侧(纵桥向)各设置一层钢筋网，悬挑墩帽内设受力钢筋，见图 4.5.3 所示。

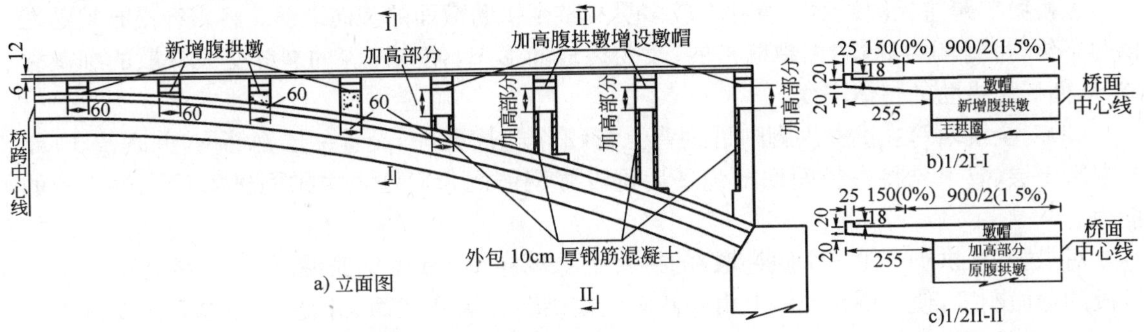

图 4.5.3　腹拱墩加固构造图(尺寸单位:cm)

(4)将预制好的 6cm 厚钢筋混凝土薄板安装就位，并现浇 12cm 厚钢筋混凝土桥面，并使薄板由简支受力体系转换为连续板受力体系，见图 4.5.4 所示。

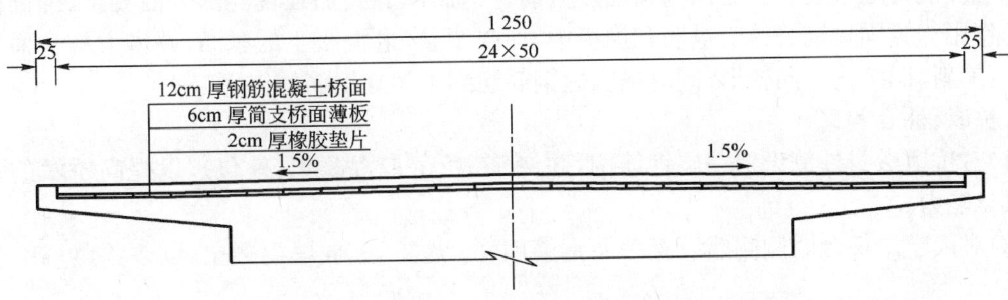

图 4.5.4　拱上桥面薄板布置图(尺寸单位:cm)

改造后的桥面系采用预制 6cm 厚钢筋混凝土薄板，再现浇 12cm 厚钢筋混凝土桥面，并使薄板由简支板体系转化为连续板体系；在桥面铺装上重做人行道板和栏杆、扶手。

预制桥面薄板内设置由纵向钢筋和弯起剪力筋焊接而成的钢筋骨架承受正弯矩和剪力。纵向钢筋在近支点处弯起，以承受简支桥面薄板转化为连续薄板后支点处的负弯矩。约 30cm 左右设置两组交叉短钢筋，使薄板内钢筋形成牢固的骨架。各预制桥面薄板通过桥面铺装横向钢筋与箍筋牢固焊接形成整体共同受力。

桥面板在温度升降、混凝土收缩徐变的作用下会产生变形。若桥面板与腹拱墩直接固接，桥面板的变形会给腹拱墩产生推力，所以每跨选择近跨中的一个腹拱墩与桥面板固结，其余腹拱墩与桥面板间设置橡胶薄板，以利桥面板的自由变形。

3. 主拱圈加固维修

(1)对第二跨拱肋下缘粘贴 2 层碳纤维布，以增强拱肋的抗弯能力。

(2)对第一跨拱肋下缘拱顶两侧各 5m 长范围(弧长)粘贴 1 层碳纤维布，以增强拱肋抗弯强度。

经计算，第一跨主拱肋下缘需粘贴一层以跨中为对称轴的 15m 长(弧长)的碳纤维布。第二跨主拱肋下缘粘贴两层碳纤维布，第一层 15m 长(弧长)，第二层 10m 长(弧长)，两层碳纤维布均以跨中为对称轴。在粘贴碳纤维布前应拆除桥面和腹拱圈来减轻恒载，使主拱肋恢复一

定的弹性变形，以充分发挥碳纤维布的高强性能。在黏结胶达到强度前禁止重荷载的作用，避免影响粘贴质量。待碳纤维布粘贴固化后，其表面还可以涂一层与混凝土颜色一致的涂料，使其不影响结构的外观。

大桥第二跨主拱圈拱肋下缘存在较多贯穿整个拱肋截面的竖向裂缝。将碳纤维布粘贴在拱肋下缘，可封闭裂缝，约束裂缝扩展，改变裂缝的形态，使宽而深的裂缝变成分散的细微裂缝，从而提高拱肋的整体刚度。

(3)对全桥两跨主拱圈拱脚附近拱背上缘(2个边腹孔内)设置一层钢筋网，并现浇10cm厚混凝土层(要求先将拱板间凹槽浇平后再设置钢筋网)，以增强主拱圈拱脚承受负弯矩的能力。

对拱脚(从拱脚至第二个腹拱墩)的拱背上缘现浇10cm厚钢筋混凝土，可显著增大拱脚区段的截面刚度，使大桥在受力上由等截面无铰拱转变为变截面无铰拱。与等截面无铰拱相比，变截面无铰拱的负弯矩随拱脚刚度的增加而增大。对拱顶的正弯矩有“卸载”作用，即拱脚刚度愈大，拱顶正弯矩愈小。这种加固方法有利于改善拱脚、拱顶两个控制截面的受力状态，提高大桥的承载能力。

在现浇混凝土中设有钢筋网和锚固短钢筋。钢筋网起到加强现浇部分混凝土、抑制横向裂缝的作用。锚固短钢筋植于拱肋和拱板中，加强了新、老混凝土的联结，并增大结合面的抗剪能力，使新、旧结构共同变形；同时锚固短钢筋起到了架立钢筋的作用。

4.桥墩、桥台加固

(1)对桥墩墩身外侧设置一层钢筋网，并浇筑10cm厚混凝土(外包)，以提高桥墩的强度和抗风化能力。

(2)对武宁岸桥台两侧侧墙设置一层钢筋网，并浇筑10cm厚混凝土，以改善侧墙的受力性能。

武宁岸桥台两侧墙存在0.1～7mm宽的裂缝，本次加固采用灌浆法(环氧砂浆)修补裂缝，设骑缝钢筋控制裂缝的继续开展。对存在裂缝的两侧墙浇筑10cm厚混凝土，内设钢筋网来提高侧墙的抗裂性，并设锚固短钢筋来加强新、旧结构的联系。锚固筋亦可防止收缩裂缝的出现。

5.桥台拓宽

桥台拓宽见图4.5.5所示。

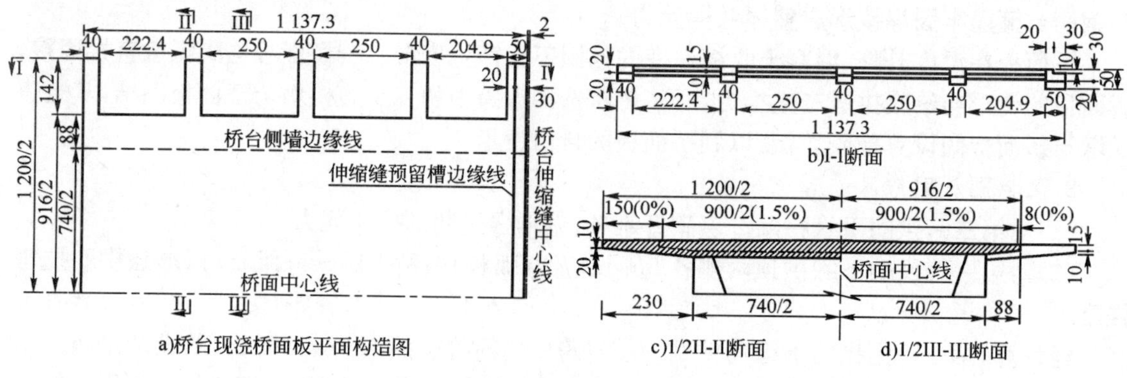

图4.5.5　桥台上整体现浇桥面板构造图(尺寸单位：cm)

拆除两岸桥台处桥面和人行道系，加高桥台侧墙至设计尺寸，再现浇车行道悬臂板和人行道悬臂梁（现浇成一整体）。

采用悬臂结构来拓宽大桥桥面，构件轻巧，充分利用了重建混凝土桥面作为悬臂梁（板）的锚固端。

6. 锚喷混凝土加固桥台副孔拱圈

对台上腹拱圈采用锚喷法加固。锚喷法加固通过锚喷混凝土与原结构紧密黏结在一起，既阻止了腹拱圈继续开裂，又充分发挥原结构的作用，共同承受荷载。通常在锚喷混凝土中设置补强钢筋网，其作用主要有以下三点：

(1)帮助原结构承受拉应力；

(2)成为新增混凝土部分的骨架；

(3)承受喷射混凝土因收缩变形产生的拉应力，减少或避免收缩裂缝的产生。

走马岗大桥在台上腹孔拱圈下缘锚固一层补强钢筋网(ф 12)，并锚喷 10cm 厚混凝土，以增强副孔拱圈的承载能力。为了使喷射混凝土能更好地传递应力至补强钢筋上，设有锚固短钢筋来加强喷射混凝土与原腹拱圈的结合。

值得提出的是，由于设计锚喷混凝土厚度为 10cm，若一次性喷射容易因喷射混凝土的自重大于副孔拱顶受喷面的黏结强度，而下垂或脱落；若喷层太薄会增大回弹。经试验资料表明，分层喷射的混凝土对抗压强度没有影响，故应采取分层喷射，每层厚度宜为 2～3cm。

在台上副孔拱圈下缘锚固一层钢筋网，并锚喷 10cm 厚混凝土，以增强副孔拱圈的承载能力。

7. 其他

(1)重新预制安装人行道构件、栏杆与扶手。

(2)在桥墩及桥台上各设置一道行车道桥面伸缩缝。

二、加固拓宽施工要点

1. 施工流程

根据本桥加固拓宽特点，按照图 4.5.6 所示施工流程进行加固拓宽施工。

2. 施工工艺要求

(1)施工单位应按基本建设程序的规定，根据设计和相应规范的要求及本施工单位的人员、设备情况，在每道工序施工之前制订出详细的施工组织设计或施工方案，并报监理工程师审查批准，从而确保桥梁施工安全和质量。

(2)凿除大桥桥面及拱腔填料过程中，不允许采用大型机械设备，应人工凿除或挖除，以免对大桥主拱圈产生新的损伤；并应及时将废料运至弃土场地。

(3)拆除腹拱圈时应注意以腹拱墩及拱顶为对称轴，对称地逐渐拆除，以免突然拆除或不对称拆除而造成腹拱墩和拱肋垮塌，并应切实做好安全保护工作（拆除腹拱圈时应暂时中断交通）。

(4)粘贴碳纤维布施工过程中应严格按照《粘贴碳纤维增强复合材料加固混凝土工程施工与验收暂行规定》（建设部建筑物鉴定与加固规范管理委员会颁：建规固[2001]008 号）进行施

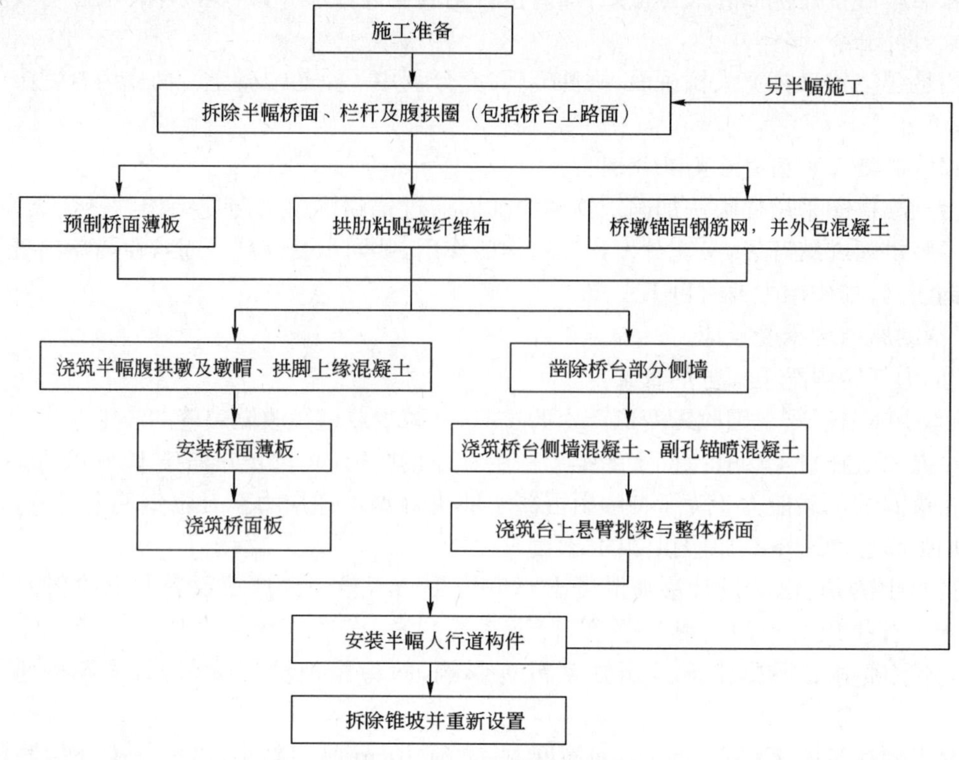

图 4.5.6　走马岗大桥施工流程图

工，并应特别注意以下几点：

①粘贴碳纤维布应在拆除半幅桥面与腹拱圈之后进行，尽量减轻上部构造的恒载作用，以充分发挥碳纤维布的高强性能；

②粘贴碳纤维布时及黏结胶达到强度前，不允许对上部构造增加重荷载作用，以免影响粘贴质量；

③在粘贴碳纤维布胶达到强度后，开始浇筑腹孔墩与桥面；

④粘贴前应清除拱肋下缘表面疏松部分，至露出混凝土结构层，若有裂缝，应先行修补，用修补材料将混凝土表层修复平整，要求平整度达到 5mm/m；

⑤粘贴碳纤维布时，应使碳纤维布材料充分浸润，确保黏结质量；

⑥施工前应对粘贴表面混凝土含水率及所处的环境进行测量，若混凝土表层含水率大于4%或现场气温低于 5℃时，应停止施工或采取措施后施工；

⑦碳纤维布是否与被黏结面充分黏合直接关系到碳纤维布的施工质量，在粘贴后应仔细检查粘贴面，若发现碳纤维布与拱肋混凝土底面之间有气孔，应采用注射针管进行注射黏结胶修补，确保碳纤维布与拱肋底面充分黏合。

(5)预制桥面混凝土薄板时，应切实采取措施确保混凝土薄板的钢筋上、下保护层厚度。

(6)桥面板、腹孔墩墩帽及墩身左右半幅钢筋要求焊成整体。

(7)桥台上副孔拱圈采用锚固钢筋网后再喷射混凝土进行加固。

走马岗大桥加固拓宽前后对比见图 4.5.7 所示。

a) 走马岗大桥加固前照片

b) 走马岗大桥加固后照片

图 4.5.7 走马岗大桥加固拓宽前后对比照片

第六章　加大边肋截面拓宽桥面(实例)[8]

第一节　桥梁概况

一、原设计概况

某桥是一座7孔30m的五肋四波双曲拱桥,设计荷载汽车—15级,挂车—80,桥面净宽7.0m+2×0.25m。下部构造为柱式墩台,浅基础。拱肋分两段预制,吊装合龙后在拱顶用法兰盘螺栓连接。

二、存在的主要问题

该桥于1971年建成,由于上部结构设计尤其是施工中的一些问题,致使该桥使用十余年后即出现拱顶下沉、横向联系断开和拱肋开裂等病害。随后病害越来越严重,拱顶继续下沉,裂缝明显增加。至1988年,最不利孔第四孔各拱肋分别下沉了23～33.5cm,相邻的第三孔、第五孔在拱顶分别下沉了7～17cm。裂缝到处可见,其宽度达到0.4mm。该桥已进入危桥状态。

为此,交通管理部门不得不对车辆采取限重限速行驶,严重阻碍了该线的交通运输,极大地影响了该地区的经济发展。为了改变这种局面,需要加宽桥面,并提高承载能力;桥面净宽加宽到净—9.0m+2×0.25m,荷载等级提高到汽车—20级、挂车—100。

第二节　加固拓宽设计方案

一、拓宽桥面方案一

在原边肋的外侧分别加一条高80cm、宽50cm的钢筋混凝土拱肋,每孔用五道强大的混凝土横隔板加以连接形成整体,同时在两边悬出半波(图4.6.1)。

二、拓宽桥面方案二

在五条旧拱肋的外边缘加包钢筋混凝土以扩大其截面,达到提高承载力的要求,为了加宽桥面,再在两侧各加一条新拱肋和拱波,变成七肋六波双曲拱桥。

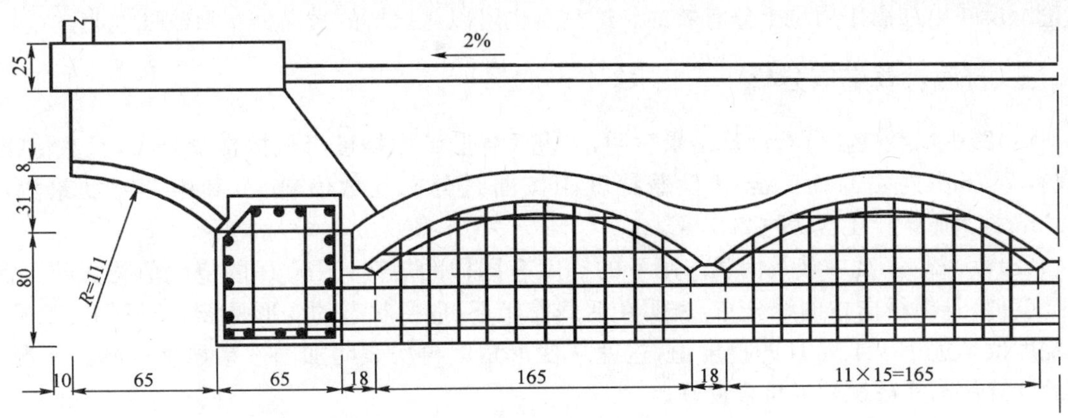

图 4.6.1 加大边拱肋拓宽桥面(方案一)示意图(尺寸单位:cm)

三、方案选择

经过比较分析,决定采用第一方案。该方案除满足加固后承载能力和桥面净宽的要求外,最主要的特点是全桥新加拱肋采用统一的形式,并通过矢跨比的变化来调整新加拱肋的位置,使全桥旧拱肋都处于新加拱肋的遮挡之内。这样不管是从桥面还是从上、下游纵观加固后的桥梁,都给人一种结构全新的感觉,避免了以往遗留的加固痕迹。

在对上部结构加固拓宽的同时,考虑到原来的浅基础柱式墩台对应于提高后的荷载等级和桥面净宽,尤其是两条新加拱肋拱座设置的要求,必须对基础和墩台也分别进行加固和接长。考虑到第四孔拱顶下沉最大,病害最严重,相应的新拱肋的矢跨比也较其他六孔小,为此,加固后的第四孔的两个桥墩均将原来的柱式墩改为实体式墩,以承受增大的水平推力。

第三节　原结构复算与新结构计算要点及结果

一、计算模型的选择

旧桥加固后最终是以组合结构的形式参与受力的,因此,危旧拱桥加固改造全过程可以认为由加固前和加固后两个阶段组成。其中,加固前包括原设计竣工状态和危桥状态,为便于分析,定义前者为工况 I,后者为工况 II,这两个工况下的主拱圈截面尺寸及相应的恒载质量(含拱上建筑)可看成是完全相同的,不同的是工况 II 下各肋拱轴线与工况 I 相比发生了严重的偏离,这种偏离势必导致静力效应发生相应的改变;改造后的阶段则以新、旧肋形成的组合截面承受荷载,将这种状态定义为工况 III,则整个加固全过程可以通过这 3 个特定的工况来描述。

二、内力计算结果分析

(1)工况 I 及工况 II 的汽—20 荷载截面内力相差不大,且在自重和恒载作用下,截面轴力相差不大,但两工况下的恒载弯矩却相差很大,即工况 II 的恒载弯矩远大于工况 I 的恒载弯矩。这种情况对于拱桥来说,受力是极为不利的。

(2)仅边肋增大截面加固后,在工况 III 下边肋内力明显增大,中肋内力显著减小,这就从理论上反映出加固作用是十分有效的。这一点也可以从拱桥的横向分布系数来说明。

三、挠度计算结果分析

(1)跨中恒载挠度分布计算结果表明,工况 I 各肋跨中挠度近似按常量分布,且数值很小(只有 7.7mm 左右);而工况 II 恒载挠度则按曲线分布且数值较大,其中一号肋最大,达 17.7mm,为原设计工况 I 的 2.3 倍。

(2)汽—20 荷载中载及偏载作用下的挠度有同样的规律:工况 II 的挠度值均大于工况 I 的挠度值,且横桥向按曲线分布,表明在活载作用下,危桥状态的变形是极为不利的;工况 III 的挠度值均远小于工况 II 的挠度值,这就从变形角度再次表明加固效果显著;同时,工况 III 下的计算值与实桥试验值符合良好。

(3)根据挠度、抗弯刚度和荷载分布的关系,可以得到定量的分析,即在中载和偏载时各种工况下边肋跨中分配的外荷载的比例(记为 m)。

中载情况下,可以认为工况 I 和工况 II 下各肋的挠度值相同,工况 III 下一、二、三、四、五号肋的挠度值分别为:3.17mm、4.40mm、4.93mm、4.40mm、3.17mm。故有(f 为挠度,E 为抗弯弹性模量):

$$m_{\mathrm{I}}=m_{\mathrm{II}}=\frac{f_{边}\,E_{边}}{\sum\limits_{i=1}^{5}f_iE_i}=\frac{f_{边}}{\sum\limits_{i=1}^{5}f_i}=0.2$$

$$m_{\mathrm{III}}=\frac{f_{边}\,f_{边}}{\sum\limits_{i=1}^{5}f_iE_i}=\frac{3.17\times0.028\,32}{3.17\times0.028\,32\times2+4.40\times0.004\,93\times2+4.93\times0.004\,93}=0.363$$

加固后,中载时边肋分配的外荷载提高了 81.5%。

偏载情况下,各种工况下各拱肋的挠度值见表 4-6-1。

各种工况下的各拱肋挠度值(单位:mm) 表 4-6-1

工况 \ 拱肋号	1	2	3	4	5
工况 I	5.13	7.48	8.51	8.90	9.26
工况 II	7.39	10.23	11.79	12.24	12.24
工况 III	2.22	3.34	4.53	4.71	4.36

则:

$$m_{\mathrm{I}}=\frac{f_{边}}{\sum\limits_{i=1}^{5}f_i}=\frac{9.26}{5.13+7.48+8.51+8.90+9.26}=0.236$$

$$m_{\mathrm{II}}=\frac{f_{边}}{\sum\limits_{i=1}^{5}f_i}=\frac{12.24}{7.39+10.23+11.79+12.24+12.24}=0.227$$

$$m_{\mathrm{III}}=\frac{f_{边}\,E_{边}}{\sum\limits_{i=1}^{5}f_iE_i}=\frac{4.36\times0.028\,32}{(2.22+4.36)\times0.028\,32+(3.34+4.53+4.71)\times0.004\,93}=0.497$$

加固后,偏载时边肋分配的外荷载比工况 I 提高了 110.6%,比工况 II 提高了 118.9%。偏载情况下更具说服力,加固效果显著。

第四节　施工要点和加固效果

一、施工工艺要点与要求

在加固施工过程中对原有五条拱肋不做任何改动，只拆除旧桥栏杆和安全带以后，先在支架上浇筑两条新拱肋的混凝土，并在每道横隔板的下缘预留 2 个 ϕ45 圆孔，待新肋混凝土达到其设计强度的 70%以上后，两预留孔分别穿入两端有螺纹的 ϕ32 16Mn 圆钢，拧紧螺母拉紧圆钢，然后适当松弛，使其内力接近于零时再浇筑横隔板混凝土，待两者均达到设计强度后，才拆除原桥面，加固拱上部分。

二、加固效果评价

加固前该桥已成危桥，为防止发生意外，未进行加固前的荷载试验，而仅对加固后进行了实桥现场试验。

加载荷载选用两辆 ROMAN 自卸车，每辆车载重 25t，相当于两辆汽车—20 级加重车的 0.8 倍，即荷载效率为 0.8。

由各载位的实测值与计算值的比较可以看出，各主要测点的校检系数 $\eta=0.42\sim1.0$，说明该桥加固后的承载力符合《公路旧桥承载能力鉴定方法》的要求。在比较中虽发现部分测点的实测值与计算值相比差异较大，离散性较突出，但仍能反映出结构在受荷时各种变化趋向。造成上述差异的原因是多方面的，如 η 值过大可能说明组成结构的材料强度不均匀，结构各部分联结性能较差，刚度较低等。η 值过小可能说明材料的实际强度及弹模较高，拱上建筑与拱圈共同作用，计算理论或简化的计算图式偏于安全等。此外，试验时加载物的质量误差、仪表的误差也有一定的影响。总之，旧有结构不像新建结构那样规范标准，对各种影响因素的考虑不可能面面俱到。

通过竖向位移的比较可以说明加固后的横向刚度较大，新旧拱肋能够很好地共同工作。

加载试验时，由第 5 孔拱顶截面的测点读数可以看出，加固后的桥梁其连拱作用不明显。

第七章　双悬臂人行道挑梁拓宽桥面(实例)

第一节　上饶市信江大桥概况

一、大桥概况

江西省上饶市信江大桥建成于1978年10月,大桥全长226.435m,桥面净空:净—11m+2×2m(人行道)。上部构造为6孔净跨径34m的等截面悬链线空腹式钢筋混凝土双曲拱;下部构造为扩大基础配重力式桥墩和U形桥台。通过实测拱肋下缘坐标推算得到跨径34m双曲拱主拱圈净矢跨比为$f_0/L_0=1/7.78$,拱轴系数为$m=1.988$。按同年代修建的同类桥梁推论,大桥的设计荷载标准为:汽车—15级,挂车—80。

每跨主拱圈结构由7根基肋、6片拱波、两侧悬半波和现浇混凝土填平层组成,主拱圈全宽为15.4m。其中每片拱肋宽度为40cm、高度为18cm,拱肋间净距为189cm。

每片主拱肋施工分三段预制吊装而成,各拱肋间均设置有7道横隔板及4道横系梁。每跨均设有6个腹孔,此外,3号桥墩(单向推力墩)上设有一个腹孔,腹拱圈采用钢筋混凝土现浇,净跨径为260cm,腹拱圈厚度均为20cm。主拱圈及桥墩上的腹拱墩均为横墙式,其底座和墩帽为现浇钢筋混凝土,墩身由混凝土预制块砌筑而成。主拱圈上腹拱墩身厚度为60cm,桥墩上腹拱墩身厚度为80cm。

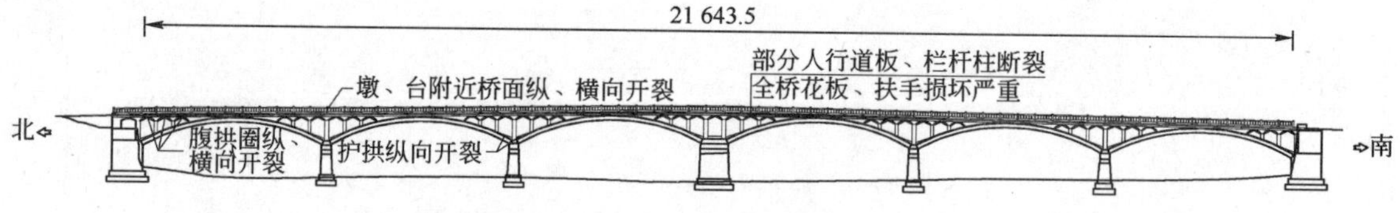

图4.7.1　信江大桥加固前现状图(尺寸单位:cm)

二、大桥目前的使用状况

从外观看:①上饶市信江大桥部分主拱肋已出现裂缝,并伴有局部混凝土碎落、钢筋外露并锈蚀现象;②主拱圈拱脚附近拱背纵向开裂;③主拱肋与拱波连接处开裂现象较普遍且渗水严重;④腹拱圈与腹拱墩连接处渗水、腹拱圈混凝土蜂窝麻面较严重;⑤墩、台附近桥面混凝土纵、横向开裂。

第二节 大桥结构病害检查及其产生原因分析

一、桥面系病害检查

上饶市信江大桥采用22cm厚混凝土桥面，并设有纵、横缝，缝宽约为3cm。全桥未设伸缩缝。

人行道采用在内、外侧缘石上安装预制人行道板（厚度为8cm）的形式。在对大桥进行美化、亮化时，对栏杆、扶手进行了涂装。

经检查，桥面系主要存在以下病害。

(1)桥梁墩、台附近的桥面纵、横向开裂，其中以纵向开裂为主。裂缝基本贯穿整块板，并伴有局部碎裂。大部分裂缝宽度为0.5～2mm。综合分析桥面病害，可以确定桥面纵向开裂系由于大桥横向联系不足，在活载作用下横向各受力构件不能共同参与受力所致。

(2)栏杆柱损坏较严重，多为扶手预留孔处断裂、钢筋外露，甚至帽石碎落。分析其产生的原因是：扶手在受到温度变化的影响后产生变形，对栏杆柱产生推、拉力，以致栏杆柱扶手预留孔处（该处也是截面薄弱部位）开裂，又经长期的日晒、风雨的侵蚀，使得栏杆柱损坏严重。

(3)部分人行道板断裂，南岸桥台上的人行道板损坏尤为严重。

(4)全桥扶手、花板损坏较多，桥墩附近的扶手损坏尤其严重。这是由于拱圈与桥墩相比刚度较小，在活荷载作用下拱圈与桥墩的变形不相协调，在桥墩上形成负弯矩区段，扶手无法承受较大的拉应力而开裂。扶手、花板的损坏对过往行人造成安全隐患，需全部更换。

(5)南岸桥台上路缘石损坏严重，需要拆除并重做。

二、主拱圈病害检查与分析

主拱圈是拱式桥梁受力的核心部分，它的好坏直接关系到桥梁的受力状况。因此对每跨主拱圈进行了详细的检测，主要检测内容有拱轴线、拱圈裂缝以及主拱肋局部损坏情况调查。

经使用专用桥梁检测车对大桥主拱圈进行详细的检查，发现主拱圈主要存在以下病害。

(1)由泄水孔流出的水大面积渗流至主拱肋上，拱波砌缝局部渗水严重，部分有白色结晶。以上渗水对主拱肋及拱波造成严重侵蚀，从而对主拱圈的承载能力造成了不利影响。

(2)第三跨1号、2号主拱肋跨中附近开裂，第二跨7号主拱肋$L/4$处下缘开裂，缝宽均为0.08mm左右，在规范允许范围内。但随着时间推移和交通量的日益增长，裂缝的存在无疑会对拱圈耐久性与安全性产生不利影响。

(3)主拱肋、拱波、悬半波局部保护层厚度不足，混凝土的碳化深度达到钢筋的范围，使得钢筋周围失去碱性，钝化膜被破坏，致使钢筋锈蚀，削弱了钢筋的受力断面。钢筋发生锈蚀后引起体积膨胀，致使混凝土产生剥离、开裂，削弱了钢筋（抗拉）和混凝土（抗压）的共同作用，降低了材料的耐久性，影响桥梁的使用寿命。

(4)第二跨3号腹孔内拱背混凝土质量很差，存在混凝土空洞。

(5)1～5 号墩两侧主拱圈拱脚附近拱背纵向开裂。拱背处缝宽 0.2～2mm 不等。

(6)各跨跨中和 $L/4$ 附近部分拱波在其拱顶截面纵向断裂。

(7)横系梁、横隔板与拱肋连接处局部开裂,部分开裂处混凝土碎落、钢筋锈蚀。

(8)各跨两拱脚处拱波渗水较严重。

综合分析上述病害,其产生的主要原因是:①在汽车荷载等活载作用下,主拱肋跨中正弯矩产生的拉应力超过混凝土抗拉强度而开裂;②主拱圈的横向联系刚度较低,且存在横系梁与拱肋连接处开裂的现象,因此在活载作用下各片主拱肋不能共同受力、协同变形,以致主拱圈受力较大的部位(跨中、$L/4$ 下缘,拱脚上缘)的拱波纵向开裂;③主拱圈局部混凝土保护层太薄以致露筋并锈蚀;④各跨主拱圈在 1 号、6 号腹拱范围内浇筑了护拱,但护拱施工质量相对较差,振捣不够密实,加之未设钢筋网,因而护拱在混凝土收缩、左右幅变形不相协调等综合因素的共同作用下产生纵向裂缝。

三、腹拱圈病害检查与分析

大桥腹拱圈采用整体现浇混凝土的方式施工,厚度为 20cm,宽度与主拱圈相同,为 1 540cm。现场检测发现紧靠墩台的腹拱圈两拱脚处设有油毛毡,为两铰拱,其余均为无铰拱。靠近桥台的腹拱墩顶设有变形缝。经采用移动式桥梁检测车进入到腹孔内对腹拱圈详细检查后,发现以下主要病害。

(1)每跨靠近墩台的 2 个腹拱圈纵、横向开裂严重。纵向裂缝宽度为 0.05～0.5mm,横向裂缝基本贯穿整个腹拱圈,缝宽为 0.5～2mm。腹拱圈横向开裂处渗水严重,并有大量白色结晶析出,部分结晶已呈钟乳石状。经分析,产生横向(横桥向)开裂的原因是靠近墩台的腹拱圈处于拱圈与墩台变形不协调过渡段,加之靠墩台的第 1 个腹拱是两铰拱,同样荷载作用下,拱顶截面产生的内力相对要大,混凝土受到的拉应力过大所致。

(2)部分腹拱圈与腹拱墩相接处渗水,其中以近桥台的两铰拱渗水最为严重。

(3)部分腹拱圈存在蜂窝、麻面、空洞现象,影响到了腹拱圈的承载能力。

腹拱圈是大桥的主要承重构件,因而它的好坏亦直接关系到大桥的使用和安全。信江大桥腹拱圈纵、横向裂缝多且宽,已严重影响到大桥的承载能力和使用安全,应及时进行维修。

四、腹拱墩病害检查与分析

上饶市信江大桥腹拱墩底座和墩帽为现浇钢筋混凝土,墩身为水泥砂浆砌筑混凝土预制块。经现场检查,腹拱墩存在以下主要病害。

(1)第 1 跨 5 号腹拱墩及第 3 跨 5 号腹拱墩底座与墩身相接处开裂。部分腹拱墩墩帽与腹拱圈间接缝处开裂且渗水较严重,使得腹拱墩身长期受雨水侵蚀,对其正常使用产生不良影响。

(2)第 4 跨 4 号腹拱墩基座在桥面中心线处开裂,裂缝上宽下窄,向拱脚延伸至 6 号腹孔内。分析其成因,是由于来往车辆的作用,主拱圈以中肋为基准两侧产生变形,腹拱墩身因承受过大的负弯矩开裂。

(3)各跨第 1、6 号腹拱墩及各墩上的腹拱墩上设有过人孔。第一跨 1 号腹拱墩过人孔拱圈上有一空洞,钢筋外露并锈蚀。部分腹拱墩过人孔拱圈纵、横向开裂。

五、桥台结构检查与分析

上饶市信江大桥两岸桥台均为重力式混凝土U形桥台，桥台台身已完全伸入护河堤中。经现场检查，除拱脚处拱波有曾经渗水留下的水迹外，未发现肉眼可见病害。

六、墩结构检查与分析

大桥桥墩为实体重力式混凝土桥墩。墩帽上污物堆积，且主拱圈拱脚渗水严重，使桥墩受到侵蚀。经检查各桥墩除部分存在收缩开裂现象外，未发现有影响结构受力的病害存在。因检查时江水较深而浑浊，建议在枯水季节再查看桥墩基础的冲刷情况。

第三节 主要构件专项检测

一、主要构件碳化深度检测

混凝土碳化深度检测在混凝土强度测区附近进行。对混凝土钻孔采用丙酮清洗后立即采用酸碱指示剂(1%的酒精酚酞溶液)滴在混凝土新鲜面上，用碳化深度测量仪测量表面至深部不变色边缘的垂直距离1～2次，该距离即为测区的碳化深度值。

本次检测对第1跨北岸拱脚处拱肋及第6跨南岸拱脚处拱肋进行碳化深度测定，得到第1跨北岸拱脚处的碳化深度为2～3mm，第6跨南岸拱脚处的碳化深度为5～8mm。

二、主要构件混凝土强度检测

由于未查询到该桥原设计、施工及竣工资料，为确定拱圈混凝土强度，本次结构检查对拱肋混凝土强度进行了现场检测。检测方法采用目前我国使用较广的“超声—回弹综合分析法”，即现场同时测量混凝土超声传播速度与回弹值，以确定混凝土的实际抗压强度。

根据现场实际情况，本次检测选取以下部位进行测试：①第1跨第1、2、3号主拱肋北岸拱脚处；②第6跨第3、4、5号主拱肋南岸拱脚处。每片拱肋设3个测区，全桥主拱肋共18个测区，其中回弹法每个测区为16个测点，超声法每个测区3个测点。

依据《超声回弹综合法检测混凝土强度技术规程》(CECS 02:88)确定混凝土强度推定值：拱肋各测区混凝土强度换算值最低为24.1MPa，最高为30MPa。根据《超声回弹综合法检测混凝土强度技术规程》(CECS 02:88)第5.0.3条：“当按单个构件检测时，单个构件的混凝土强度推定值$f_{cu,e}$，取该构件各测区中最小的混凝土强度换算值$f_{cu,min}$”规定，推定信江大桥拱肋混凝土强度值为24.1MPa。

三、主拱肋钢筋直径与混凝土保护层厚度检测

为了能更加准确地测定出主拱肋中钢筋直径、位置及其保护层厚度，采用钢筋保护层测试仪，测出拱肋混凝土保护层厚度、钢筋直径及钢筋位置等参数。

经检测，上饶市信江大桥主拱肋下缘设置了4根Φ22的钢筋，混凝土保护层厚约为3.9cm。

四、钢筋锈蚀电位测定

钢筋锈蚀电位是由 $Cu/CuSO_4$ 半电池与钢筋/混凝土半电池通过“电解液”相接触形成一个电池来测量的。由于 $Cu/CuSO_4$ 电池的电位值不随时间和温度变化而相对恒定，因此在所有其他因素不变的情况下，用半电池测得的实际电位值仅与钢筋/混凝土半电池的电位变化即钢筋锈蚀活化状态有关。

本次检测对主拱肋拱脚部位选择 2 个测区进行检测，每个测区采用 7×4 矩阵采集数据。检测结果表明 28.6%的实测电位值小于－100mV，其余均在 0～－100mV 之间，可以判定钢筋基本没有锈蚀活化。

第四节　上饶市信江大桥现状评定

通过对上饶市信江大桥进行全面的结构检查、室内分析及控制断面结构检算，根据交通部颁《公路工程质量检验评定标准》与《公路桥涵养护规范》(JTG H11—2004)相关条文，对上饶市信江大桥目前的使用状况进行综合评价：

(1)桥面铺装在各墩台附近开裂较严重，桥面积水易渗入拱腔内，应及时凿除并重做；

(2)栏杆、扶手、花板损坏严重，人行道板部分断裂，为保障过往行人的安全，需要更换已损坏的人行道构件；

(3)腹拱圈纵、横向贯穿裂缝较多，严重影响了腹孔的承载能力和使用安全；

(4)腹拱墩与腹拱圈连接处开裂，改变了腹拱圈的受力状态；

(5)腹拱圈拱脚处渗水严重，腹拱墩受渗水侵蚀；

(6)第 3 跨 1 号、2 号主拱肋跨中附近因正弯矩产生的截面下缘拉应力超过其抗拉强度开裂，缝宽未超过规范规定值，但任其发展会致使主拱肋承载能力降低，建议采用化学灌浆法予以封闭；

(7)部分横系梁与拱肋连接处断裂，使主拱圈横向联系刚度大大降低，以致拱顶、$L/4$ 及拱脚的拱波纵向断裂，拱脚处拱背纵向开裂，严重影响了主拱圈的横向整体性和承载能力，对大桥的安全使用造成极大隐患；

(8)第 4 跨 6 号拱肋拱顶较其余 6 片拱肋低，使拱圈变坦，改变了主拱肋的受力形态。

由于上饶市信江大桥位于上饶市市区，混合交通量大且常有重型车辆过桥，已超过该桥的原设计荷载承载能力，而且该桥业已存在的病害又较为严重，为保证大桥长期、正常地使用和过往行人及车辆的安全，急需对全桥进行全面的大修加固。

第五节　上饶市信江大桥维修加固方案

对上饶市信江大桥进行了全面结构检查与专项检测，并对相关检测资料与收集到的相关资料进行了综合分析与研究。依据上述工作成果，针对性地提出四个维修加固方案。

一、维修加固方案Ⅰ

方案Ⅰ按原设计荷载：汽车—15 级，挂车—80，人群 3.5kN/m^2 进行维修加固设计(详见图 4.7.2)，桥面净空为：净—11m(行车道)＋2×2m(人行道)。

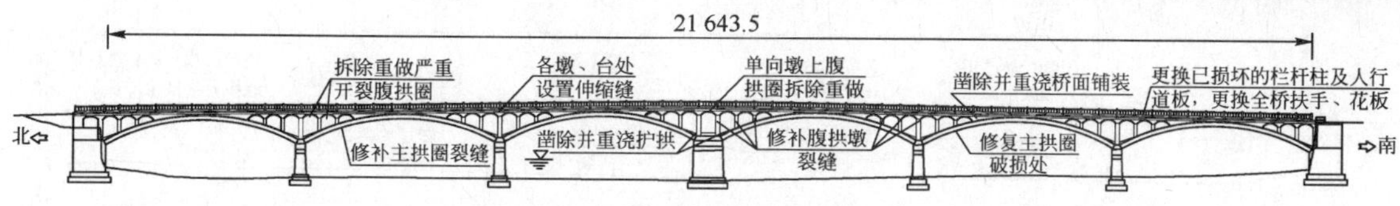

图 4.7.2 方案Ⅰ立面图(尺寸单位:cm)

1. 主拱圈维修加固

(1)鉴于第 3 跨 1、2 号主拱肋在拱顶附近存在一定细微裂缝,部分拱波纵向断裂,影响主拱圈的使用安全和耐久性,拟对裂缝采用化学灌浆法予以封闭和补强。

(2)对主拱肋、拱波、悬半波及横隔板局部混凝土碎落、空洞、钢筋锈蚀处采取对钢筋除锈,用环氧树脂小石子混凝土修复的方法予以维修。其方法步骤为:①轻轻凿除周边混凝土直至露出箍筋;②对锈蚀钢筋进行除锈;③采用压抹环氧树脂小石子混凝土修复。

(3)对主拱肋与横隔板或横系梁相接处开裂的部分,采用凿除已开裂混凝土,再对钢筋除锈,最后用环氧树脂小石子混凝土修复。

(4)全桥护拱纵向开裂严重,已无法继续使用,故将全桥护拱部分凿除,再现浇一层钢筋混凝土。

2. 腹拱圈维修加固

腹拱圈病害较严重,已严重影响到桥梁的安全使用。部分腹拱圈纵、横向裂缝多而宽,渗水极其严重,应拆除并重建存在横向贯穿裂缝的腹拱圈,并相应地对侧墙、人行道系进行更换或拆除重做。对损坏较小的腹拱圈采用修补裂缝,对裂缝两侧打骑缝钢筋控制裂缝继续扩展,并采用砂浆抹面(4cm 厚)对骑缝筋进行防护。

3. 腹拱墩维修加固

对横墙式腹拱墩裂缝采用化学灌浆法修复,设置骑缝钢筋补强,采用环氧树脂砂浆抹面对骑缝筋进行防护。对过人孔拱圈空洞处先对钢筋进行除锈,再用小石子环氧混凝土修复;过人孔拱圈开裂处用化学灌浆法修补。

4. 桥面系维修加固

(1)上饶市信江大桥原有桥面铺装在桥墩、台附近开裂较严重,严重影响了大桥横向整体受力性能,因而本次维修拟凿除全桥桥面铺装层,设置双层焊接钢筋网后重新浇筑钢筋混凝土整体式桥面铺装层。

(2)增设伸缩缝。原大桥全桥未设伸缩缝,为保证温度变化时桥面铺装及人行道构件能自由变形,在两岸桥台及各桥墩上设置型钢伸缩缝,全桥共 7 道。

(3)栏杆、人行道构件修复:重做已损坏的栏杆柱,修复缘石,并将全桥扶手、花板予以更换。

二、维修加固方案Ⅱ

方案Ⅱ为提载方案(详见图 4.7.3),提载后设计荷载为:城市 A 级,人群 3.5kN/m^2,净空为:净—11m(行车道)+2×2m(人行道)。

1. 主拱圈提载加固

主拱圈维修加固在方案Ⅰ的基础上增加主拱圈下缘锚固钢筋网后锚喷混凝土,以增大主拱圈截面。

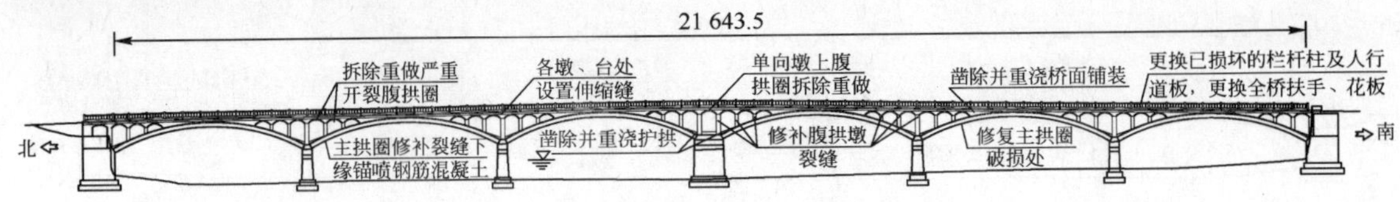

图 4.7.3　方案 II 立面图(尺寸单位:cm)

2. 腹拱圈提载加固

具体加固措施同方案 I。

3. 腹拱墩提载加固

具体加固措施同方案 I。

4. 桥面系提载加固

具体加固措施同方案 I。

三、维修加固方案 III

方案 III 为拓宽提载方案(详见图 4.7.4 和图 4.7.5)。设计荷载提载后为:城市 A 级，人群 3.5kN/m^2。桥面净空拓宽后为:净—15m(行车道)＋2×2m(人行道)。

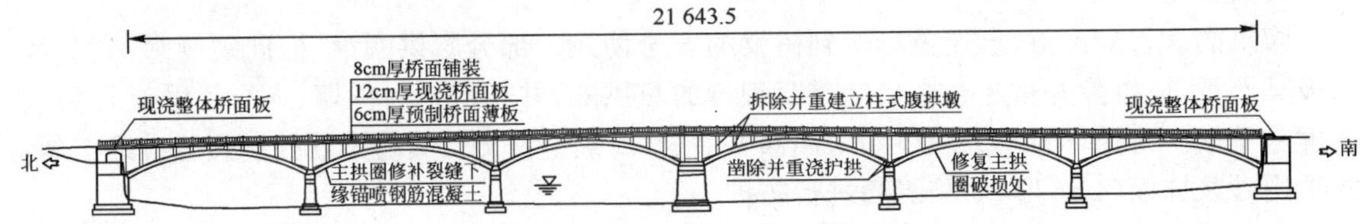

图 4.7.4　方案 III 立面图(尺寸单位:cm)

1. 主拱圈提载加固

主拱圈提载加固的具体措施与方案 II 相同。

2. 改拱式拱上建筑为梁板式拱上建筑

鉴于拱式拱上建筑自重较大，且上饶市信江大桥腹拱圈、桥面系及人行道系损坏较严重，因此将拱上建筑改为梁板式拱上建筑可以使大桥的结构造型轻巧美观，同时减轻拱上恒载。

(1)凿除腹拱墩身以上部分(包括腹拱墩身)，设置立柱与盖梁形成组合式腹拱墩(盖梁上、下游两侧设置成悬臂式)。

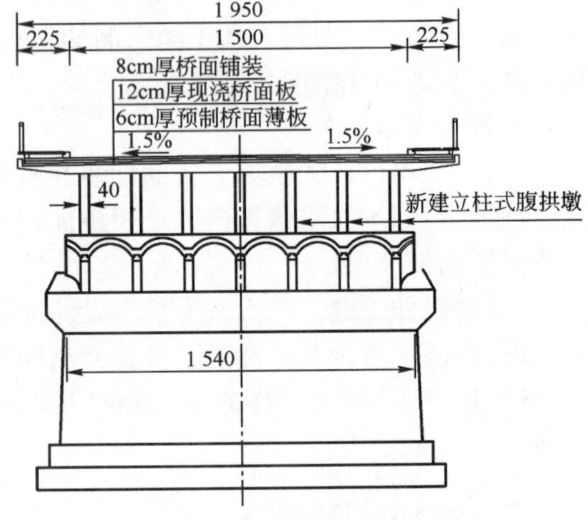

图 4.7.5　方案三横断面图(尺寸单位:cm)

(2)设置先简支后连续的桥面板，桥面板支承在原腹拱墩接高后的悬臂式盖梁上，并在桥面板与腹拱墩盖梁之间设橡胶支座。

(3)将两岸桥台台身加高到设计高程，再现浇整体桥面板及人行道挑梁。

(4)重新设置人行道构件、铺设桥面铺装(桥面铺装内设双层钢筋网)。

(5)全桥在两岸桥台及各桥墩处设置仿毛勒型钢伸缩缝，全桥共 7 条(共 105m)。

四、维修加固方案 IV

方案 IV 为拓宽提载并在北岸桥头增设立交方案（详见图 4.7.6）。设计荷载提载后为：城市 A 级，人群 3.5kN/m^2。桥面净空拓宽后为：净—15m（行车道）＋2×2m（人行道）。调整桥面纵坡为：1’号墩至 3 号墩桥面纵坡为平坡，3 号墩至 6 号桥面纵坡为－1.5%，北岸立交引道端部至 1’号墩纵坡为 2%。全桥在 1’号墩中心线及 3 号墩中心线处各设置凸形竖曲线。

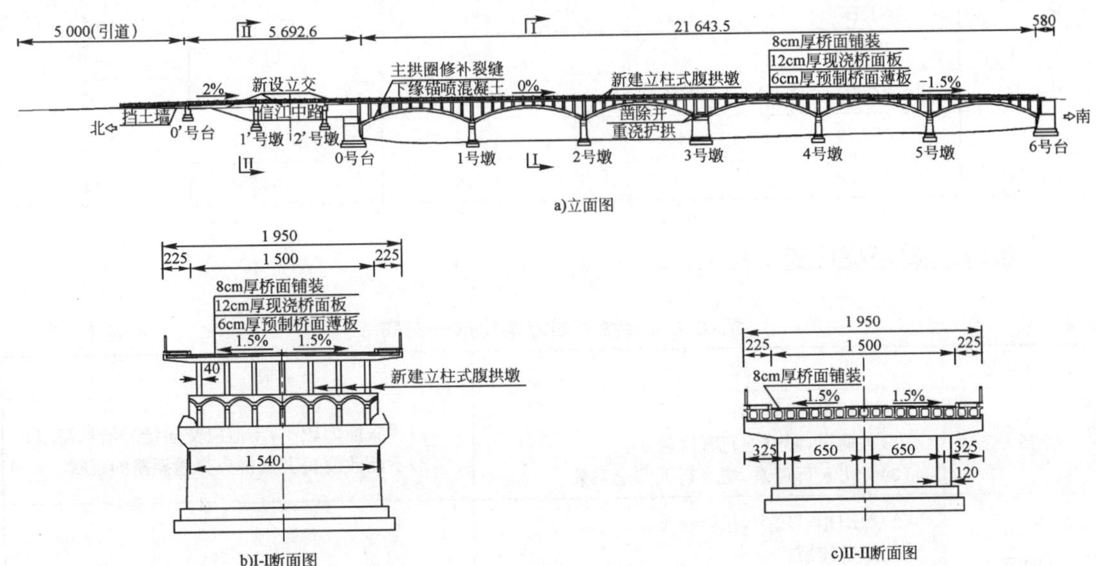

图 4.7.6　方案 IV：维修、提载、拓宽且北岸增设立交方案（尺寸单位：cm）

1. 主拱圈提载加固

主拱圈提载加固与方案 II 相同。

2. 改拱式拱上建筑为梁板式拱上建筑

(1)凿除腹拱墩身以上部分（包括腹拱墩身），设置立柱与盖梁形成组合式腹拱墩（盖梁上、下游两侧设置成悬臂式）。

(2)拆除北岸桥台部分台身（保留部分用作支承拱上桥面板及引桥），再将墩上腹拱墩及北岸桥台加高至设计高程。

(3)将南岸桥台台身加高到设计高程，再现浇整体桥面板及人行道挑梁。

(4)主拱上设置先简支后连续的桥面板。桥面板支承于组合式腹拱墩的悬臂式盖梁上，并在桥面板与腹拱墩之间设橡胶支座。

3. 北岸桥头增设立交

北岸桥头立交上部构造采用 2 孔跨径 22m 预应力混凝土简支空心板＋1 孔跨径 11m 钢筋混凝土空心板，再以引道形式接顺至路面。下部构造采用扩大基础配双柱式墩及独立前墙式桥台。

4. 全桥桥面系及人行道系

(1)重新设置人行道构件、铺设桥面铺装。桥面铺装内设双层钢筋网。

(2)全桥在主跨各桥墩、台及 0’号台处设置仿毛勒型钢伸缩缝，全桥共 8 条（计 120m）。

第六节 大修加固方案比选

一、桥梁大修加固主要工、料数量估算(表 4-7-1)

大桥大修加固主要工、料数量估算表

表 4-7-1

工料 方案	人工 (工日)	钢筋 (t)	水泥 (t)	碎石 (m^3)	砂、砂砾 (m^3)
方案 I	18 094	46	266	1 552	369
方案 II	27 321	125	537	2 073	747
方案 III	46 619	406	1 173	2 171	1 409
方案 IV	74 753	567	2 016	3 294	4 113

二、维修加固方案比选(表 4-7-2)

信江大桥维修加固方案比选一览表

表 4-7-2

方案号	优点	缺点
方案 I	(1)费用少,投资小; (2)工期短,影响通行程度较小; (3)美化人行道系,增大行人安全系数	(1)承载能力较小,不适应交通量的增长需求; (2)不能改变桥上及桥头交通拥挤的现状
方案 II	(1)费用相对较少,投资较小; (2)工期较短; (3)提高桥梁承载能力,增大了桥梁安全系数; (4)美化人行道系,增大行人安全系数	不能改变桥上及桥头交通拥挤的现状
方案 III	(1)提高了桥梁承载能力,且加宽了行车道,适应交通量日益增长的需求,改善桥上通行能力; (2)上部构造轻巧,增强全桥美感	(1)不能改变桥头的交通拥挤现状,桥头停车现象依然存在; (2)工期较长; (3)费用较高,投资较大
方案 IV	(1)彻底改变了大桥桥上及桥头的交通现状,增大桥梁安全系数; (2)全桥轻巧美观,增强美感	(1)费用大,投资高; (2)工期长,影响大桥及北岸道路的交通时间长

经综合分析上饶市信江大桥的实际情况及四个维修加固方案的优缺点,最后决定按方案 III 进行维修加固。

第七节 加固设计及施工要点

一、加固设计要点

1. 加固设计原则

(1)本次维修设计提高设计荷载标准为城市—A 级、人群 3.5kN/m^2。

(2)维修后的桥梁结构应满足设计的极限承载能力及正常使用功能的要求。

(3)采取有效措施处置结构物现有病害，对结构性受力病害进行补强，对非结构性受力病害进行修复加固，提高结构耐久性。

(4)大桥的加固维修按保留下部结构、主拱圈和腹拱墩进行设计，桥面系拓宽为净－15m＋2×2.0m(人行道)。

2.结构计算分析

加固后的桥梁按照施工阶段建立结构有限元模型，分析桥梁主拱结构受力。桥梁受力分析采用桥梁博士和midas按照不同建模方法分别进行计算和分析。主拱设计以平面杆系计算结果为主要设计依据。

3.加固设计要点

根据信江大桥调查发现的现有病害情况和产生的原因分析，对信江大桥采取以下维修加固措施进行提载和拓宽(见图4.7.7)。

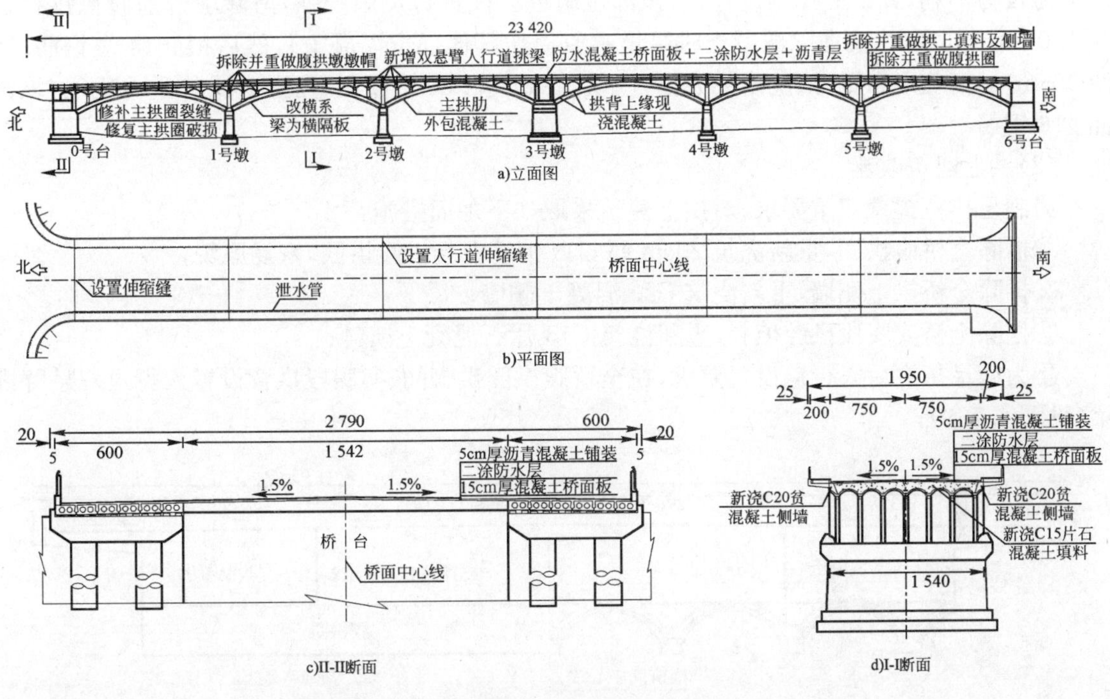

图4.7.7　拓宽提载总体布置图(尺寸单位:cm)

(1)主拱圈维修加固

由于原设计荷载偏低、施工、使用等方面原因，信江大桥主拱结构存在开裂、混凝土劣化、钢筋锈蚀、混凝土空洞、渗水等病害，欲提高桥梁荷载等级，对这些病害必须结合提载要求分别进行维修和加固处理。

①化学灌浆法修补裂缝

对墩台身和拱顶裂缝进行环氧树脂灌浆修复。凿除劣化、松散、空洞、混凝土保护层不足等部位的混凝土，采用高强度环氧砂浆(环氧砂浆强度不低于50号)修复。

②横系梁改横隔板

为提高桥跨结构整体性，将每跨4道横系梁改为横隔板。

③主拱圈拱肋外包混凝土加固

为满足提载要求，对主拱圈拱肋采取以下加固措施（见图 4.7.8）：a. 采用小型机具凿除 2cm 厚拱肋加固区域内混凝土保护层；b. 将新设箍筋与拱肋原有箍筋双面焊接，焊接长度 $5d$；c. 绑扎拱肋加固钢筋，拱肋底面设置 8 根ф 20钢筋；d. 浇筑 C35 自流平小石子混凝土，自流平小石子混凝土碎石最大粒径小于 10mm。

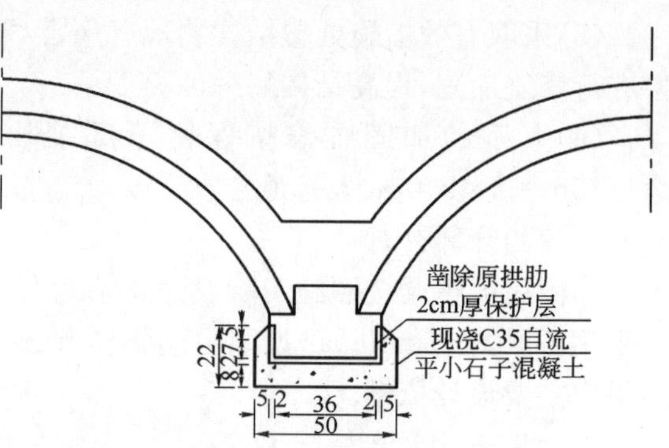

图 4.7.8 主拱圈拱肋加固构造图（尺寸单位：cm）

④拱脚处拱背加固

由于提载后活载作用下应力变化较大，在恒载＋活载＋降温荷载组合下主拱圈拱脚部位受力较为不利，并以此控制设计，对该部位附近区段进行加固补强：凿除墩台前腹拱拱背混凝土 0～15cm 厚（注意凿除混凝土时尽量避免损伤其他部位混凝土），然后植ф 14 短钢筋（间距 30cm）呈梅花形布置，清洗凿毛表面，浇筑 10cm 厚 C30 混凝土，内置横桥向ф 12 钢筋，纵桥向ф16 钢筋。

（2）拱上建筑改建

为满足拓宽提载双重要求，对拱上建筑采取如下加固措施：

①拆除全桥腹拱圈，重新浇筑 20cm 厚 C30 钢筋混凝土腹拱圈，恢复原貌；

②拆除全桥拱上侧墙，重新浇筑 C20 混凝土侧墙；

③挖除全桥实腹段拱腔填料，重新浇筑 C15 片石混凝土填料；

④为满足拓宽后人行道设置要求，在全桥腹拱圈拱脚间、实腹段拱背设置人行道双悬臂挑梁（见图 4.7.9）；

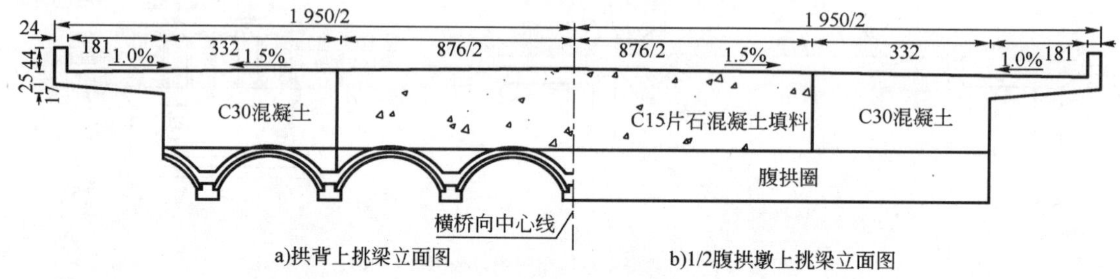

图 4.7.9 人行道双悬臂挑梁构造图（尺寸单位：cm）

⑤拆除部分腹拱墩墩帽及混凝土预制块，重新设置腹拱墩墩帽。

（3）南、北岸喇叭口

南、北两岸在交叉路口处，设置喇叭口以利于车辆行驶，南岸喇叭口设置于拓宽空心板上，空心板采用标准跨径 10m 钢筋混凝土空心板，板宽 100cm、板高 45cm。因拓宽而增设的桥墩采用桩柱式桥墩，桩径 120cm、柱径 100cm；桥台处拓宽段桩径 120cm。拓宽空心板部分用于行车道，部分用于人行道；人行道部分采用铺筑细砂后铺设 3cm 厚花岗石火烧板装饰；北岸喇叭口设置于桥台及引道上。

（4）桥面系

桥面采用 15cm 厚 C40 防水混凝土桥面板＋二涂防水层＋5cm 厚沥青层，桥面板内设

置ф 12@10焊接钢筋网，在全桥每个人行道双悬臂挑梁顶面设置100cm长ф8加强钢筋。

二、施工要点及施工顺序

根据信江大桥现有病害情况、加固提载的要求以及拱桥特点，维修加固的施工顺序如下。

(1)施工前准备工作。

(2)按顺序拆除拱上建筑：由于信江大桥是连拱桥，拆除拱上建筑宜对称进行。0号台～3号墩和3号墩～6号台各组成一个施工单元分组对称拆除。作业要求两组拆除进度、部位对称。在每一拆除施工单元，应先拆中孔拱顶上部建筑，后拆两边孔拱顶上部建筑；先拆中孔拱脚，后拆两边孔拱脚上部建筑；拆除时，尽量保持对称。

(3)拆除拱上建筑后，进入主拱加固维修施工。拱脚加固及横隔板施工也应尽量按照先中间跨(第2跨、第5跨)、后两边跨的顺序进行。

(4)拱上建筑施工：拱肋加固施工完成后，拱上建筑施工宜按照先中孔后边孔，先拱顶后拱脚，防止施工的临时荷载不对称造成腹拱墩在不平衡推力下位移或变形。

(5)其他

伸缩缝施工宜根据温度，合理调整缝宽，防止安装后温度变化造成伸缩缝抵拢和拉开过大。

第八章　单边新建桥梁拓宽双曲拱桥

当原有公路路线是以单边拓宽进行改建，或原桥已成为交通要道的“瓶颈”，亟待加宽，且不能中断交通，或原桥弃之可惜，只能降低荷载标准使用等情况时，一般可采取在老桥的一侧新建桥梁来加宽桥梁，达到提高通行能力和满足提高承载能力的目的。

当这样拓宽桥梁时，还需要相应地加宽桥梁墩台，或靠近原有桥梁的一侧另外单独建造拓宽部分的墩台。

第一节　单边建新桥拓宽双曲拱桥实例一[9]

一、桥梁概况

太原市胜利桥为太原市内环北线跨汾河的一座重要桥梁。该桥始建于 1970 年，为 15 孔预制混凝土装配式双曲拱桥，单孔净跨 30m，全长 486. 17m。桥面总宽 16. 71m，其中车行道宽 13m，两侧人行道净宽 1. 5m。设计荷载：汽—18，拖—80，人群荷载 400kg/m^2。下部结构采用钻孔灌注桩基础，柔性墩，箱形桥台。设计洪峰流量为百年一遇，$Q_{1/100}=3\ 245m^3/s$。

鉴于胜利桥的桥宽已不能满足内环线上交通量日益增长的需要，2001 年初开始对该桥进行拓宽改造。兼顾安全、经济、实用、美观，决定将桥面整体加宽至 36. 71m。加宽思路：保持原桥立面形式基本不变，平面上形成整体式断面。即：在现状桥南、北两侧各架一幅宽度 10m 的连续肋拱桥，桥面形成车行道宽 22. 5m（双向六车道）和两侧慢车道宽各 5m、人行道（含栏杆）宽 2. 1m 的横断面布置形式。

二、新桥总体布置情况

旧胜利桥是一座 15 孔净跨 30m 的连拱双曲拱桥，下部桥墩承台横桥向长 19m，顺桥向宽 2m。基础为单排 6 根 ϕ1. 2m 钢筋混凝土灌注桩；考虑连拱产生的水平推力，桥台承台横桥向长 26m，顺桥向宽 6. 6m，基础为双排 16 根 ϕ1. 2m 钢筋混凝土灌注桩。由于胜利桥东西桥头分别与城市快速干道滨河东、西路分离式立交相衔接，西台台后距滨河西路立交东台 9m，东台台后距滨河东路立交西台仅 7m，因此，新架桥梁只能在有限的空间进行布设。

1. 新桥布置基本原则

要求新旧桥在平面上形成整体式断面形式，同时为了使新桥结构对旧桥结构影响尽量减小，不致对旧桥使用产生危害，新桥布置宜满足以下几方面的要求：

（1）新旧桥上部结构尽量贴合，以便新旧桥面整体式衔接；

（2）新桥下部结构在满足受力要求的情况下，尽量增大桩距，不对旧桥基础结构产生影响；

(3)新桥立面与旧桥保持基本一致,以保留其历史造型。

2. 新桥桥台布置

受旧桥桥台布置的影响及台后有限空间的限制,新桥桥台布置合理与否是该工程设计的关键。经多方案比选,以保持旧桥立面基本不变为指导思想,结合旧桥桥台形式,新桥桥台采用钢筋混凝土薄壁、框架组合型桥台,见图 4.8.1 和图 4.8.2 所示。

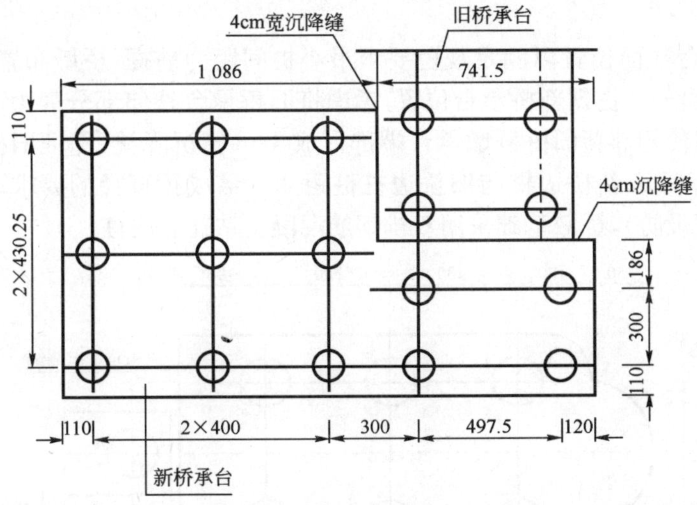

图 4.8.1 新、旧桥承台群桩布置图(尺寸单位:cm)

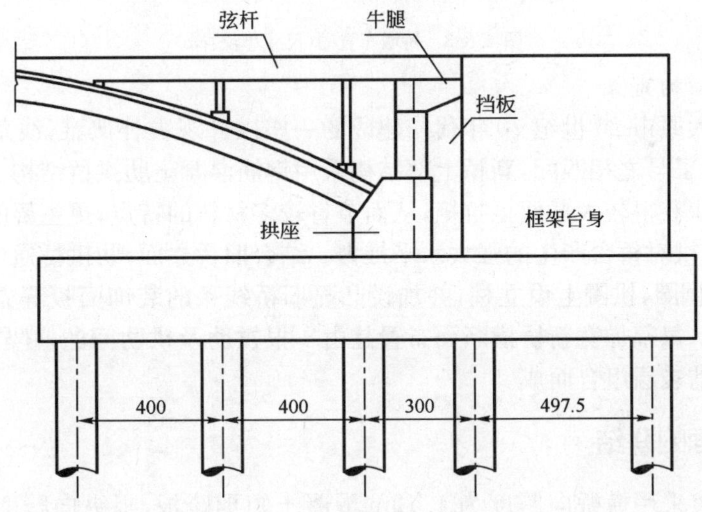

图 4.8.2 新、旧桥桥台结构示意图(尺寸单位:cm)

新桥台的承台平面成 L 形,并通过缩短边跨跨径(由净跨 30m 缩为 27.8m)将 L 形宽阔一端置于旧桥台前,以便布置钻孔灌注群桩抵抗连拱效应对桥台产生的水平推力。同时在此部分承台上布置与新桥同宽的薄壁前台身,薄壁台身下设拱座固定拱肋,上设牛腿支撑上部结构弦杆,并传递桥面系部分产生的垂直荷载。这样,不仅为新旧桥面整体式衔接创造了条件,而且承台布置的前移避免了新桥桥台对滨河东、西路立交毗邻桥台的干扰。L 形承台狭窄一端部分与旧桥承台平齐,上设框架式台身,结合侧面设置挡板使新桥桥台立面与旧桥保持基本一

致，并对旧桥台身起到掩饰作用。新桥L形承台与旧桥承台相邻面间均设4cm宽沉降缝，同时桩间距应满足规范要求。

3. 新桥桥墩布置

旧桥桥墩置于治理后汾河河槽Ⅰ级台地及主河槽中，主河槽中桥墩承台底面距汾河水面近1m。新桥桥墩布置不仅要保持与旧桥统一协调，满足规范和受力要求，同时还要满足汾河公园景观要求。

结合新桥桥台平面位置以满足规范要求最小桩间距为前提，桥墩布置如图4.8.3所示。由于旧桥桥墩承台外伸占据新桥承台位置，考虑将旧桥承台外伸部分静力凿除1m，用水泥砂浆封抹承台端头，使相邻新旧桥桥墩承台端部形成4cm宽沉降缝，保证旧桥桩基满足边桩外侧与承台边缘距50cm、新桥边桩与旧桥边桩桩距2.5倍成孔直径的要求。考虑地震力效应（新桥按8度烈度设防），桥墩基础采用双排钢筋混凝土钻孔灌注桩。

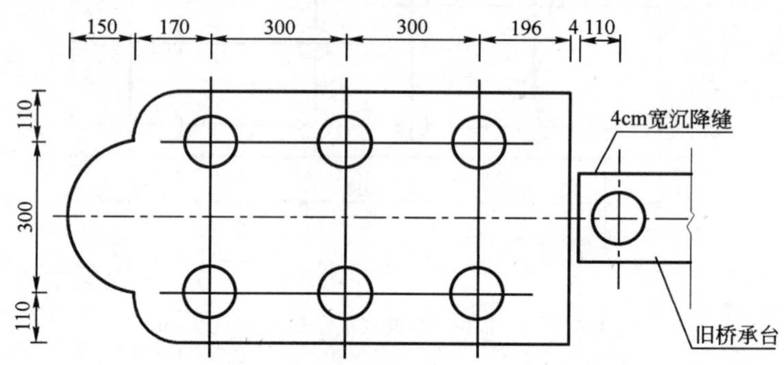

图4.8.3 桥墩布置图（尺寸单位：cm）

4. 新桥上部结构布置

旧胜利桥是太原市20世纪70年代初建成的一座以外观古朴典雅，线条细致优美见长的多孔双曲拱桥；为了与之相匹配，新桥上部结构采用钢筋混凝土肋拱桥结构。肋拱桥不仅具有通过较小截面面积获得较大截面抵抗矩，从而节省较多材料的特点，更主要的是能大大减轻结构自重，以减少连拱对桥台产生的强大水平推力。结合旧桥立面，肋拱桥通过采用与旧桥相同跨径的T形断面拱圈，拱圈上设立柱，并加设凸显旧桥线条的装饰面板等方法实现了新旧桥立面的基本一致。每幅加宽新桥横断面布置是由4根拱肋及拱肋间的横隔板、桥面预制肋腋板及现浇混凝土铺装层组合而成。

三、新旧桥面的联结

新旧桥的衔接采用横桥向跨度为1.12m混凝土矩形跨板，板纵向跨度结合立柱间距确定。跨板采用结构静力学中单边固定与两角点支承的力学模式进行受力计算。矩形跨板在新桥侧固结（采用矩形板邻新桥侧伸出的水平钢筋与新桥肋腋板伸出的水平钢筋焊接，并与新桥混凝土一起浇筑形成固结），在旧桥侧搭接（见图4.8.4）。由此形成新旧桥既彼此连接，又各自分离的结构形式，使新旧桥受力各自独立，桥面整体式衔接对旧桥产生的影响尽量小。

跨板与旧桥搭接端作如下构造处理。

（1）搭接端设4cm宽沉降缝，通长至桥面沥青混凝土铺装层下。缝间嵌高压聚氯乙烯闭孔泡沫塑料板，并在跨板顶面设6mm厚板式橡胶止水带防水。

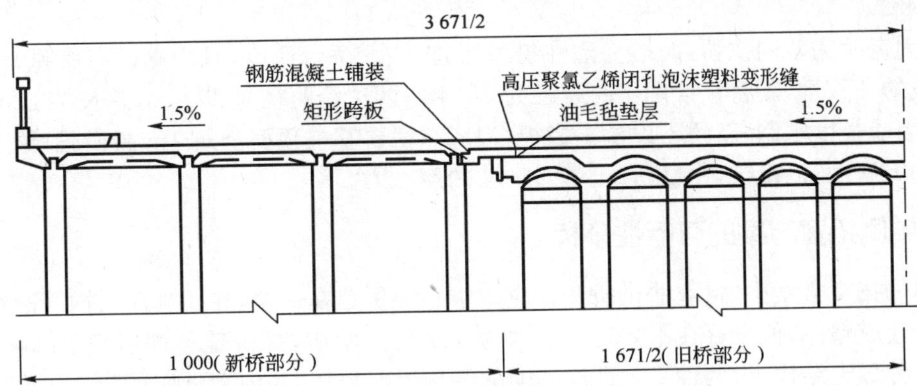

图 4.8.4 新、旧桥面连接图(尺寸单位:cm)

(2)在跨板上加浇钢筋混凝土铺装层(加强跨板刚度,减少结构挠度变形,避免跨板固定端产生裂缝)。结合新桥结构布置,为保证新旧桥面平顺衔接,加浇混凝土厚度在满足结构受力的同时全桥横向统一按 1.5%放坡。

(3)全桥现浇钢筋混凝土铺装层上涂防水涂料两层。为加强搭接缝处的防水和连接,以搭接侧沉降缝中心对称,在防水涂料上加铺 1.9m 宽沥青铺面专用土工布,利用该材料防水和延缓反射裂缝的特点,对桥体进行二次防水处理,同时兼顾道路路面使用美观要求。

四、拓宽改造效果

胜利桥拓宽改造工程于 2002 年 9 月完成并通车。该桥的立面布置和整体式断面联结均满足了工程要求。尤其是新旧桥面的衔接处理,经过一段时间的运营,表现出良好的防水性和平整度,联结效果较理想。

第二节 单边建新桥拓宽双曲拱桥实例二[10]

一、桥梁概况

某桥始建于 1969 年,净宽 7m,两侧安全带各宽 0.4m,全长 77m,上部构造为四孔跨径 16.4m、矢跨比为 1/5 的等截面悬链线双曲拱桥,下部构造桥墩为双柱式钻孔灌注桩桥墩,桥台为双柱式钻孔灌注桩台基础 U 形桥台后座,设计桥高 10m。由于桥两岸道路加宽改造的需要,要求将该桥单侧加宽到 18m,即桥面净宽 15m,两侧各 1.5m 的人行道。经现场勘测,原桥桥面和栏杆扶手损坏,但不影响承载。因此,该桥加宽方案为:在原桥的上游架一座新桥,再将新旧桥连成整体。

二、单侧拓宽改造方案的制订

(1)该桥的加宽采用整体式。即在旧桥的上游并排架设一座新桥,新旧桥的连接采用ф 20 的横向钢筋和 ф8 的纵向钢筋共同组成钢筋网,分上下两层钢筋网片进行连接,并浇筑桥面铺装层。

(2)考虑到双曲拱桥易出现裂缝且不利于抗震和不易施工等因素,新加宽的部分采用板桥结构,即上部构造采用预应力空心板,下部构造采用双柱式墩台,钻孔灌注桩基础(桩径 1.5m,

柱径 1.1m)。

(3)因老桥为双曲拱桥,两端为灌注桩基础加 U 形桥台后座,且两端设有腹拱,考虑到新旧桥锥坡的一致性,新桥设计两中跨跨径为 16.4m,两边跨跨径为 22.2m,总长 78.2m。

(4)因受长度限制,新桥不设桥头搭板,但应在桥台基桩顶面浇筑 1m 高横梁,梁上砌挡墙至盖梁的下底面,以抵抗桥台后背土基对护坡的侧压力。

三、单侧拓宽方案的可行性分析

在单侧拓宽方案中,将双曲拱桥和预应力空心板桥建在一块,并通过双层钢筋网将其桥面铺装部分连成整体,似乎存在不妥之处。因为在结构力学中,拱桥是一种超静定结构,而空心板桥是一种静定结构,将两种受力性质不同的结构连成整体,其内力更加复杂。在均布荷载作用下,在板桥的跨中处弯矩最大。而在拱桥的设计中,所选取的拱的形状与相应简支梁弯矩图的形状一样,在所给荷载作用下,其合理拱轴线中无弯矩、无剪力。在简支板桥中,通过作截面内力影响线可知:在移动荷载作用下,简支板桥最不利荷载位置在跨中,跨中的挠度最大。所以并桥后,沿并桥的连接缝跨中处最易出现裂缝而破坏。可见要将新旧桥连成整体,最大限度地减小板桥跨中的挠度是该方案能否实施的关键。

一般梁桥跨中的挠度由两部分产生,一部分是活载产生的挠度,另一部分是行车道系自身恒载产生的挠度,后者在施工中以设置预应力反拱度予以抵消。以标准跨径 13m 的预应力空心板桥为例,其恒载挠度为 2.20cm(该数据来源于人民交通出版社 1998 年出版的《桥梁计算示例集》,下同),其预应力反拱度为 2.95cm,其静活载下挠度为 0.87cm,其最后挠度为 $F=2.20+0.87-2.95=0.12$(cm)。可见,其叠加后挠度比较小。原因一是在实际施工过程中,将新旧桥连成整体时,桥面无活荷载,由于预应力空心板梁反拱度的设置,这时的实际挠度为恒载挠度减去预应力反拱度,上例中该值为-2.95cm,负值表示方向向上。原因二是桥面铺装层加调坡层,在新旧桥接缝处的厚度为 17.7cm,其中设置了双层连接钢筋网,起到了很好的抗剪作用。该桥位于县城东街,通过该桥的主要是人群荷载和小型车辆,因此,实际活荷载要远小于设计活荷载。根据以上分析,可将该桥的设计活荷载作合理的调整后,使得上述叠加后的挠度 $F=0$;可见,该并桥方案在技术上是适用、可行的。

四、单侧拓宽方案实施效果

在该桥单侧拓宽改造竣工后,对大桥的不同部位进行了跟踪观测。观测数据反映该方案十分成功,使用效果良好。

现经过多年的通车检验,新旧桥连接完好,无变形、无裂纹,汽车从桥面经过,桥面振动很小。虽然无桥头搭板,但桥头未下沉,桥下新旧桥锥坡连接良好,无变形。

以上结果证明,将双曲拱桥、预应力空心板桥并在一起连接成整体的桥梁加宽方案在技术上是可行的。

第三节　单边建新桥拓宽双曲拱桥实例三[11]

一、桥梁概况

某桥是 1973 年建造的一座 3 孔净跨 30m 等截面悬链线双曲拱桥。桥面净宽为 8m,两侧

各设 90cm 宽的人行道，总宽 9.8m。设计荷载标准为汽—13、拖—60，矢跨比为 1/7，拱轴系数 $m=2.814$。U 形桥台、桥墩基础均置于天然地基砾石层上，埋置深度2.5m以上。

由于该桥位于道路平曲线的起点以及纵坡的坡脚，且通行的交通量达 8 000 辆/日以上，因而该桥多次发生交通事故，为此决定拓宽改造。拓宽改造后的桥面宽度与路基设计同宽度(17m)，总长 110.2m，设计荷载标准提高到汽—20、挂—100。由于该桥位于重要干线上，需要在不中断交通的情况下进行加固和拓宽。

该桥于 1991 年 8 月正式进行拓宽改造施工，同年 12 月竣工。为检验加固效果，鉴定加固后的承载效果，对通车后的桥梁进行了裂缝观察，未发现新的裂缝，证明加固效果良好。

二、加固前桥梁病害的调查

1.拱顶下沉量

加固之前通过测量桥梁的矢高，并与设计矢高相比，发现各孔拱肋的拱顶均有一定的下沉。

2.拱波纵向裂缝

部分拱波存在纵向裂缝。

3.其他病害

部分横系梁有长 15cm 的微裂缝；西岸桥台台身有 0.4mm 宽的竖向贯通缝；各拱拱波都有部分渗水现象。

三、病害产生的原因分析

造成该桥病害的原因较多，主要有以下几个方面。

(1)主拱圈厚度不足，拱肋截面偏心

该桥设计荷载为汽—13、拖—60，而实际通行的荷载已达汽—20、挂—100，按经验公式计算，主拱圈厚度应不小于 95cm，拱肋高度应不小于 39.5cm(有支架施工)；而实际拱圈厚度仅为 85cm，拱肋高度仅为 30cm，这显然是不够的。

(2)横向联系薄弱

该桥横向联系仅拱顶采用横隔板，其余均为 10cm×10cm 的横系梁，这样设置的横向联系作用是有限的。

(3)拱波采用素混凝土，施工吊装过程中，由于重力作用将会产生裂纹。

(4)该桥无拱顶填料，桥面为素混凝土，因此冲击荷载较大。

(5)桥台已产生沉陷。

该桥基础承载能力虽然可达 4～6MPa，但是基础在施工过程中已浸水，又没有及时采取有效措施进行处理，导致西岸桥台出现不均匀沉陷而出现裂缝。

四、旧桥状况评价

(1)根据调查结果进行评价

从现场调查发现该桥拱肋没有出现明显裂缝，但拱波有渗水现象；桥面基本完好；立柱混凝土有剥落、露筋现象；栏杆多次被毁。从测量的拱轴线来看，尽管主孔拱顶有变化，但未发生令人担心的拱轴畸变，拱轴线仍保持悬链线形状，矢跨比基本保持在 1/7。

东岸桥台无变化，西岸桥台中间出现竖向裂缝，该裂缝在运营过程中基本没有变化；桥墩无变化，桥墩台均采用扩大基础。根据地质资料，地基承载能力达 4～6MPa，因此，老桥有利用价值。

(2)分析计算老桥的实际承载能力

由于通过该桥的实际交通情况已发生很大变化，交通量达 8 000 辆/日，并经常有超重车辆经过。为分析老桥的实际承载能力，根据老桥的主拱圈拱肋尺寸，按汽—20、挂—100 荷载进行了结构验算。验算结果表明，拱顶下缘混凝土拉应力为 $\sigma_{下}=3.13$MPa，说明理论计算与实际情况存在较大的差距；因为在现场检测中并未发现主拱肋有开裂现象，而理论计算结果却反映拱肋已经开裂。即使允许开裂按钢筋混凝土截面验算，仍然超过极限拉应力(未考虑联合作用)。说明该桥已不适应目前交通量发展需要，必须加固提载。

五、拓宽方案的选定

为了使改造后的桥梁总宽(与路基同宽)达 17m，同时符合路线要求，需拓宽桥的两侧。制订拓宽方案时选择了两种桥型进行方案比较，即用梁式桥型拓宽或用拱式桥型拓宽。

(1)梁式桥型拓宽的优缺点

梁式桥拓宽可以采用预制梁拼装，施工速度快，比较适宜大交通量情况下桥梁的拓宽。但对于双曲拱桥，梁式桥不便与旧桥联成整体(受力过程中，挠度变化规律不同)，并且拓宽桥梁形式与原桥配合也不美观。

(2)拱式桥型拓宽的优缺点

拱式桥施工是集零为整进行拼装，施工工期要求较长，施工所用脚手架多。但是拱式桥桥型美观，特别是采取一系列技术措施处理后，可使整个桥梁联成整体，横向分布系数可进一步趋于平均。

因此，决定采用拱式桥型拓宽方案。

六、拓宽加固设计要点

根据本桥的结构特点及病害情况，为了同时达到既拓宽桥面又提高该双曲拱桥承载能力的目的，主要采取了以下技术措施。

1. 加强主拱圈

如前所述，主拱圈厚度不足，拱肋尺寸偏小，致使截面强度不足。由于原桥拱肋与拱波之间结合较好，基本没出现环向缝，为此，采用外包混凝土局部加大拱肋截面的方法进行补强加固。

由于双曲拱桥是由拱肋、拱波和现浇拱板拼装而成，因此保证双曲拱桥的整体性，特别是横向整体性十分重要。该桥需拓宽至 17m，在横桥向跨中截面容易产生裂缝；为此更需加强横向联系，将所有的横系梁改造成横隔板，并增设横向通长钢筋将其联成整体。

2. 调整压力线

为改善主拱圈的受力状况，需要使拱轴线与压力线尽量吻合，加固后的主拱圈由于截面的增大，压力线与拱轴线有一定的偏差，可采用加厚桥面的方法，使拱轴线与压力线基本吻合，而且对提高桥梁的横向刚度、桥面的平整度都有益处。

3. 合理安排大拱肋在横桥向的位置

本桥不仅需要提高原桥的承载能力，而且需增加桥宽，为此采取了增设大拱肋的方法。该方法的出发点力图使增设的大拱肋承受尽可能大的荷载，尽量减少原结构的受力，进而减少对原结构的补强工作。本桥对称地采用了增大拱肋并结合施工使原桥两边肋在改造后最大。这样，减少了加固补强的工作量。具体设计如下。

(1)总体设计

全桥设计拱轴系数 $m=2.814$，矢跨比 $f/L=1/7$，采用 3 孔 30m 的悬链线双曲拱进行拓宽加固。桥面总宽为 17m，两侧各拓宽 3.7m，总长为 110.2m，荷载等级为汽—20、挂—100。为使桥梁在加固拓宽之后，其结构性能、承载能力及耐久性等都能达到使用要求，在设计过程中采取如下技术措施：

①新旧桥桥面一次浇筑成型，钢筋全幅布置；

②新老桥边肋钢筋联结成整体；

③新老桥立柱、盖梁、底座联结成整体；

④新老桥墩台用钢筋联结成整体。

为了使上述技术措施采取后不会产生过大的次应力，在设计计算过程中，要求两侧新桥及加固的老桥拱圈单元刚度基本相等，并使新老桥拱轴线基本重合(计算的新老拱肋拱轴线之差仅 0.18mm)。

总体设计计算结果表明，拱脚混凝土的拉应力为 1.03MPa，施工过程中由于两侧拓宽，行车时，实际拱脚混凝土的拉应力为 1.15MPa。达到设计要求。

(2)老桥加固设计

①加大拱肋截面(见图 4.8.5 和图 4.8.6)

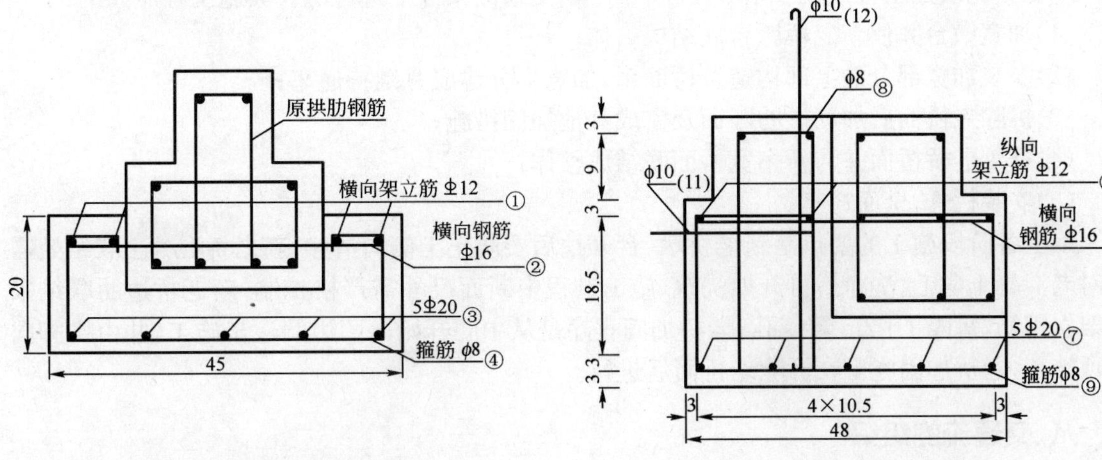

图 4.8.5 外包加固中间拱肋
(尺寸单位：直径 mm，长度 cm)

图 4.8.6 外包加固边拱肋
(尺寸单位：直径 mm，长度 cm)

原拱肋截面为倒 T 形，下矩形尺寸为 24cm×18cm，下设 2⌀20+2⌀16 钢筋。改造后的拱肋，在不改变拱轴线的情况下，另加马蹄形截面(宽度达 45cm，加宽高度为 20cm)，下层设 5⌀20钢筋，主拱圈高度由 85.5cm 增加为 95cm。

②增加横隔板。改 $L/8$、$3L/8$ 截面处拉杆为横隔板。

③增加整体性措施，所有裂缝均用环氧树脂封缝。

④原桥面为素混凝土桥面，板厚为10～13.5cm不等。此次加固先挖除原桥面板，再重新铺设钢筋混凝土桥面(厚度为20cm)。

(3)新加宽桥梁的设计

新加宽桥梁两侧各为3.7m。由于施工时的交通流组织需要，按单行道车辆布载设计。拱肋尺寸设计考虑新老桥面联结成整体，选定拱肋尺寸为40cm×39.5cm，下层为5Φ20钢筋，见图4.8.7和图4.8.8；拓宽桥梁采用横隔板，铺设钢筋混凝土桥面。

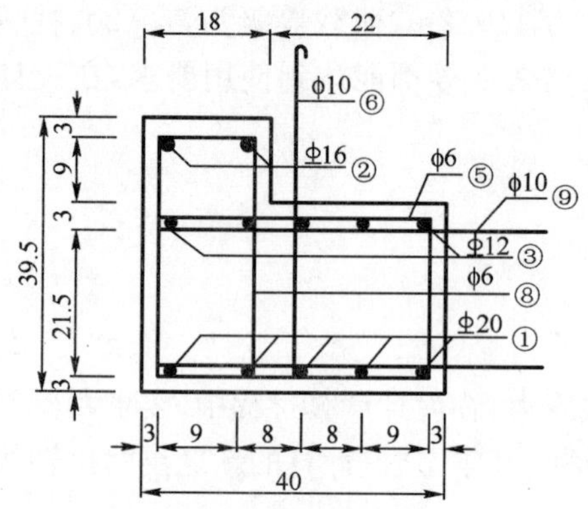

图4.8.7 新加边肋断面图
(尺寸单位：直径mm，长度cm)

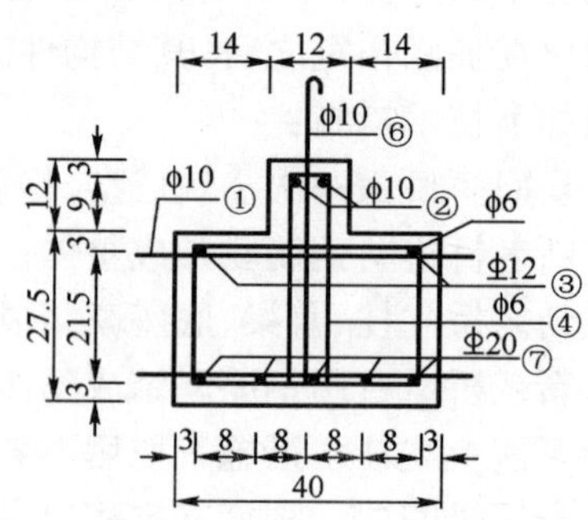

图4.8.8 新加中间拱肋断面图
(尺寸单位：直径mm，长度cm)

七、施工要求

本次拓宽改建工程是在不搭设便桥、不中断交通的条件下进行的。其施工程序如下：

(1)加宽墩台并使新老桥墩台联结成一体；

(2)安装加宽部分的上部构造及桥面系，加宽部分建成并维持通车；

(3)拆除老桥面后加固拱肋断面及完成其他加固措施；

(4)铺筑老桥桥面并与新拓宽桥面联结成整体；

(5)安装栏杆，全面通车。

以上各阶段施工的要点是新老桥墩、台开挖后要防止土侧向滑移，新老桥混凝土联结处需要对老混凝土凿毛、洗净后再开始浇筑，施工过程中断面尺寸需严格控制；新老桥边肋联结采用架立钢筋，每隔1～2m穿一孔；老桥加固程序是从中肋开始向两边肋逐步施工，并由拱脚向拱顶施工，老桥加固施工在拆除老桥面后进行。

八、交通流的组织

施工的顺序为先拓宽两侧新桥再改造老桥，因而交通流组织如下：

(1)在两侧拓宽过程中，主要在老桥7m范围内行车(其余位置为拓宽过程中架设桥梁之用)；

(2)拓宽部分的桥宽为3.7m，除护轮带外，余均作为两侧单向通行车辆之用；

(3)全桥拱肋联结成整体后，先半幅铺桥面，然后再铺另半幅桥面，最后全面开放交通。

九、加固效果评价

该桥加固完毕后已使用多年，其间已有若干次重车通过，最重达79t，经现场观察未发现裂缝出现。经专家评估该桥墩、台比较稳定，上部结构合理，无渗水，此次加固达到预期效果。

(1)拓宽加固桥梁宜用同一种结构形式，这样既可使新老桥联结成整体，受力过程中新老桥变形基本一致且容易协调，另外还可通过技术设计使新老桥联结处产生较小的内应力，使新老桥面裂缝出现的可能性降低到最低限度。

(2)在拓宽并提高老桥荷载等级的桥梁改造过程中，对称采用刚度相对较大的两侧主拱圈，使新老桥横向分布系数趋于合理，可减少加固的工作量。

(3)为了使老桥拱肋加固过程中，新老混凝土共同承受弯矩重力，除提高混凝土品质等要求外，加固过程中宜拆除部分(最好是全部)拱波以上结构进行卸载；并且采用膨胀混凝土加固马蹄形拱肋截面。

(4)目前许多桥梁的加固改造设计中往往仅注意桥梁结构部分的设计，却不注意加固改造施工时交通流的组织设计和施工程序设计，因而在桥梁加固改造施工过程中产生许多不必要的浪费。该桥在加固拓宽设计过程中注意了交通流的设计，施工过程中没有出现堵车等交通事故，也节省了搭便桥的经费，同时也保证了该桥的结构性能达到设计要求。

第四节 单边建新桥拓宽双曲拱桥实例四[12]

一、桥梁概况

某大桥为20世纪70年代初修建的9孔双曲拱桥。原设计为22.10m＋25.60m＋7×22.10m不等跨连续拱桥，设计荷载：汽车—13级，拖车—60；桥面净宽：净—7m＋2×1.25m(人行道)，矢跨比1/6，采用空腹式拱上建筑，腹拱为净跨1.6m和2.0m两种，腹拱矢跨比为1/4。由于交通量的增加，该桥在运营期间产生了较多的病害，而且荷载等级和桥面宽度均不能满足现有交通运输的要求，制约了当地经济的发展。

二、旧桥病害状况

旧桥主拱圈为矩形拱肋，经检查拱肋质量较好，未发现裂缝；旧桥采用填平式拱板，拱波采用的是双曲拱桥创建初期的平口相接；拱波间砂浆欠饱满，中部拱波顶有纵向裂缝，拱波和拱板混凝土质量较好，未发现超过容许宽度的受力裂缝。作为横向联系的横系梁(未设横隔板)比较薄弱，个别横系梁还有混凝土剥落、钢筋锈蚀现象。腹孔拱圈和腹拱墩均出现少量纵向裂缝。桥面行车道出现较严重的网状裂缝、破碎、坑洞；栏杆不同程度破损。该桥的墩台曾经过加固改造，在原圬工砌体外包有一层钢筋混凝土，现状基本完好，无裂缝。

三、加固改造前的检测

为了解旧桥结构和承载力状况，对该桥进行了静载试验以鉴定旧桥实际承载能力。选择了两跨进行应力(应变)测试、挠度测试和墩台变位测试。

根据该桥现状结构尺寸，经有限元结构分析计算，该桥不能承受汽车—20级、挂车—100

荷载等级。按汽车—15级、挂车—80、人群3.5kN/m^{2}荷载等级，经结构计算得出各控制截面内力影响线，以实际加载车辆按最不利荷载位置布载，以获得较大的荷载效率；根据加载车辆的实际技术指标，选定了6个加载工况进行试验。采用平面杆系桥梁综合程序对主孔进行内力分析计算，对相关测试数据分析后得出以下结论。

(1)在各静力载位下，各控制截面实测应变值与理论值接近，结构强度较好。该桥残余应变较小，结构弹性工作状况较好。

(2)试验荷载下，实测拱顶截面挠度值均大于理论计算值，荷载作用于拱顶附近时结构的整体刚度稍差。

(3)试验荷载下，拱顶截面应变及挠度横向分布不均，结构联合作用稍差；拱脚和1/4截面实测挠度、应变均小于计算值，联合作用较好，横向分布比较均匀。

(4)试验荷载下，桥台变位值较小，基础稳固。

(5)试验荷载下，墩顶变位值较小，连拱作用不明显。

根据检测结果，本桥加宽改造时可充分利用老桥，除对主拱圈予以加强外，还应对拱顶附近的横向联系予以加强，使其达到汽车—20级、挂车—100荷载等级的要求。

四、加固改造设计

1.总体设计

根据旧桥检测结果，经多方案技术经济比较，对旧桥加固改造(提高承载力)后作为半幅桥，在旧桥下游平行新建半幅桥，以预制钢筋混凝土槽梁架设在两幅桥之间作为中央绿化带，从而形成一座新桥。建成后桥长为226m，桥宽为2.5m(人行道)+7m(行车道)+1.5m(中央绿化带)+7m(行车道)+2.5m(人行道)。

2.新半幅桥设计

因9孔拱桥按现行桥规需设恒载单向推力墩，而旧桥未设单向推力墩，现在再建双曲拱桥不合适。从造价、美观等方面考虑，选择了梁桥设计方案：主梁采用后张法预应力宽幅空心板；下部构造采用双柱式墩、扩大基础；三孔一联，桥面连续。

五、施工要点

1.施工总体方案

先施工下游新半幅桥，利用旧桥作为新建半幅桥施工的预制场和施工便桥，半封闭施工，再利用新建成的半幅桥作为旧桥加固的施工便桥。

2.旧桥加固改造施工。

旧桥加固改造严格遵守“对称均衡”的施工原则。

(1)旧桥拱上建筑部分拆除：拆除时，安排专人负责随时观察主拱圈变异情况，确保施工安全。按设计要求采用人工拆除栏杆和人行道；旧桥面用风镐破碎后，再用小型挖掘机分车道、分部位挖装，用农用车运输弃方。

(2)上游旧拱桥的加固改造。

第一步：拆除侧墙、护拱、拱上填料等，使主拱和腹拱拱背完全露出来。

因拆除腹拱圈施工较难且很不安全，保留腹拱圈作为施工支架，可方便施工、节省造价。

主拱圈拱背加固：根据主拱圈弯矩图，分别设计主拱圈不同区段的加厚厚度和钢筋配置，

以提高主拱圈承载能力。

拱脚(腹孔边跨)承受较大的负弯矩,用C30钢筋混凝土加固;顺桥向采用30～15cm渐变加厚,设直径为16mm的HRB335级钢筋(间距为15.5～18cm)并锚固在墩台内50cm长(其锚固长度按偏心受压构件的拉力钢筋确定,即锚入桥墩台的长度为30d);横桥向设直径为8mm的R235级钢筋,间距为50cm。

$3L/8$至拱顶段采用30cm厚C30素混凝土加固,改实腹段为实体混凝土,增大了截面抵抗矩;因原拱肋中配有II级钢筋,按全截面计算超过了最小配筋率,故可按钢筋混凝土计算,改造后的拱顶截面可以承受较大的正弯矩。在最不利组合时拱顶可能产生不大的负弯矩,其拉力可由桥面铺装层的纵向钢筋承受。

$3L/8$截面附近需承受负弯矩,故拱背采用钢筋混凝土加强,其钢筋布设与拱脚段基本相同。

其他截面主要承受正弯矩,其数值均比拱顶截面小,故采用15cm厚素混凝土加固。

为增强新老混凝土的联结,在主拱圈拱背设置部分锚固钢筋(直径为12mm的HRB335级钢筋,间距50cm)。

第二步:加高腹拱墩架设简支板。简支板间桥面铺装按三孔一联桥面连续设计。简支板应高出腹拱圈拱顶,避免与腹拱拱顶接触形成"翘翘板";简支板两端设2cm宽伸缩缝,以避免梁与拱变形不同产生裂缝。

(3)简支板安装:采用吊车在新桥上安装简支板。

其中20m跨经加固后,每孔减轻188.4kN;而22.7m跨经加固后,每孔减轻173.5kN。

六、改造效果评价

(1)在交通量小的地方,还有许多双曲拱桥仍完好或者病害较少,随着交通量的增加及载荷的加大,将双曲拱桥加固并予以拓宽改造具有很高的价值。

(2)双曲拱桥加固改造的方法很多,对比其他设计方法,本桥的加固改造设计经济、安全、环保、方便施工。旧桥加固费用还不到新建半幅桥造价的一半,同时减少了建新桥的施工便桥等费用。

(3)将旧桥拱上建筑由拱式改为梁拱式,其优点有:①减少了拱上建筑的重量;②因减轻了上部构造的重量,按连拱计算,一般不需加固下部构造;③本桥采用双曲拱桥主拱圈拱背加厚的方法施工方便,可不封闭交通进行施工,而且可根据结构计算,采用不同的加固厚度和不同的配筋,达到科学、经济的目标。

(4)该改造方案利用旧桥建新桥、新桥改造旧桥,节省了投资,新旧桥用中央分隔带(绿化带)连成整体,科学、适用、美观。

(5)加固改造后,经静载试验证明,满足汽车—20级、挂车—100荷载等级通行和使用要求。

(6)该双曲拱桥主拱圈拱背加厚加固方法再次被应用到附近一座大桥(3孔净跨43m双曲拱桥)的加固改造中,在不中断交通的情况下施工,亦取得了很好的实效。

第九章　预制安装整体式桥面板拓宽双曲拱桥(实例)

第一节　桥 梁 概 况

沙滩大桥建成于1974年,位于江西省修水县界茅线,是修水县境内一座跨越修河支流——沙滩河的重要公路桥梁,大桥全长113.00m。

(1)沙滩大桥上部构造为2孔净跨径40m的空腹式双曲拱桥,见图4.9.1所示。

图4.9.1　修水县沙滩大桥

①实测推定大桥主拱圈净矢跨比为1/6,拱轴线为等截面悬链线,推定拱轴系数$m=3.893$。主拱圈由3肋2波加两个悬波组成。主拱肋宽度为35cm,拱肋间净距为160cm,主拱圈宽度为485cm。

②每跨主拱圈对称设置有6个腹孔,腹孔采用无肋双曲拱式腹拱圈配墙式腹拱墩结构。两岸桥台均设置有1个腹孔。

(2)由于检测时水位较高,未能查看到水下基础的形式。据当年参与建桥的技术人员反映,大桥下部构造为扩大基础配重力式桥墩及扩大基础配U形桥台,桥墩和桥台基础置于岩层中。

(3)参照同年代类似桥梁,推定大桥原设计荷载为:汽车—15级,挂车—80。

大桥净宽:净—4.5m+2×0.325m栏杆。

大桥桥面过窄,已不能满足现行交通运输的需求,亟须拓宽(见图4.9.2)。另外,大桥已使用多年,存在影响大桥结构安全的病害。经检测,发现大桥主要存在以下病害。

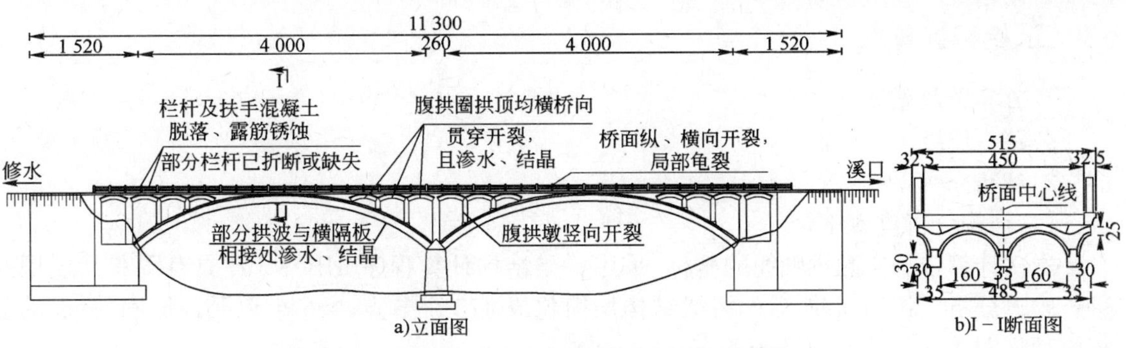

图 4.9.2 沙滩大桥加固前现状总体布置图(尺寸单位:cm)

(1)桥面沥青面层纵、横向开裂，局部呈龟裂现象。裂缝宽度多在 0.5～3mm 之间，且横向裂缝多位于主、腹拱圈拱顶附近。溪口岸桥头桥面存在局部下沉现象。从现场检测得到的桥面行车道两边线及中心线处的高程发现，部分横断面中心线比边线更低，呈负坡现象；顺桥向桥面高程呈波浪形，平整度较差，影响行车舒适性，增大了车辆对大桥的冲击。

桥面横向开裂主要是由于腹拱圈拱顶横桥向开裂，裂缝反射至桥面铺装所致；纵向开裂则是大桥横向整体刚度较差的反映。桥面局部沉陷主要是由于桥面开裂，加上桥面横向局部呈负坡、排水效果较差，致使积水渗透至拱腔填料内，降低了填料的强度，在车辆荷载的作用下发生了不均匀沉陷的缘故。

(2)栏杆缺失、折断现象普遍。这是由于现沙滩大桥桥面较窄，且未设置人行道及防撞设施，过往车辆极易对栏杆产生刮蹭或碰撞，致使其遭到破坏，同时也增大了行车与行人的危险。

(3)各腹拱圈(双曲拱)拱顶位置处均有一条横桥向贯穿裂缝，且伴有渗水、结晶现象。部分腹拱圈双曲拱拱波纵桥向开裂，个别腹孔墩墩身竖向开裂。

腹孔双曲拱由预制拱波纵、横向拼接而成，整体性较差，在车辆荷载的作用和冲击下，容易沿拼接缝开裂。加上桥面渗水的侵蚀，加重了腹拱圈的病害，给桥梁的安全使用带来隐患。腹拱墩由混凝土预制块砌筑而成，容易因整体性较差产生竖向裂缝。

(4)经现场使用免棱镜全站仪对主拱圈拱轴线进行实测后，发现主拱圈实际线形与推定的理论拱轴线较为吻合。主拱圈存在个别拱波拱顶处开裂，局部拱波与横隔板相交处、拱波砌缝处、拱脚处均存在渗水、结晶现象。分析主要原因是主拱圈为预制拼装构件，横向整体性较差，容易发生拱波拱顶纵向开裂的现象。而桥面积水下渗至拱背进而渗入到主拱肋及拱波，对主拱产生侵蚀，并产生渗水、结晶现象。

(5)现场检查时发现，第二跨各腹拱墩顶处均设有变形缝，而第一跨并未设置。部分未设置变形缝的腹拱墩墩顶处侧墙因两侧腹拱圈变形，承受了超过其抵抗能力的拉力，发生了竖向开裂现象。

第二节 拓宽提载设计

一、拓宽提载设计标准

(1)设计荷载：公路—II 级。

(2)桥面净宽：净—7m＋2×0.25m 栏杆。

二、结构计算

1. 验算荷载等级

公路—II 级。

2. 结构分析

(1)结构分析模型建立

本次计算依据实测拱轴线的坐标,采用桥梁结构计算程序 MIDAS 建立有限单元模型并进行验算分析。将加固前、后的桥梁结构均简化成 475 个节点,656 个单元。加固前、后的分析模型见图 4.9.3、图 4.9.4 所示。

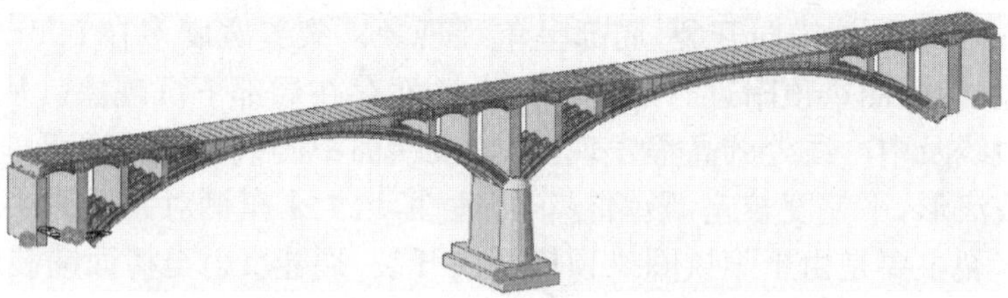

图 4.9.3 沙滩大桥加固前结构计算模型图

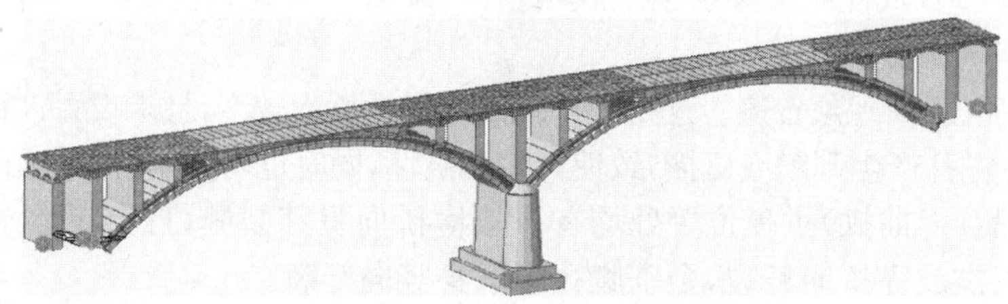

图 4.9.4 沙滩大桥加固后结构计算模型图

(2)计算荷载组合采用的类型

大桥计算荷载组合主要采用承载能力极限状态设计基本组合、正常使用极限组合设计作用短期效应组合和作用长期效应组合。

3. 结构验算结果

根据沙滩大桥结构形式、实际状况及受力特点,着重对主要控制断面(拱脚、四分跨、跨中)部位进行验算。计算时拱背现浇混凝土、新浇底板混凝土和原结构采用联合截面进行验算。验算结果详见表 4-9-1～表 4-9-2 所示。

加固前主、腹拱圈截面结构计算结果一览表 表 4-9-1

位置		荷载组合	弯矩(kN·m)	轴力(kN)	偏心距(m)	弯矩抗力(kN·m)	轴向抗力(kN)	容许偏心距(m)
主拱圈	拱脚	组合四	−2 887.7	−9 561.0	0.302	—	−12 443.3	0.424
	$L/4$	组合四	+2 913.4	−7 911.3	0.368	+6 324.0	−6 843.6	0.304
	跨中	组合四	+3 092.2	−8 013.1	0.386	+5 796.2	−6 170.2	0.304
腹拱圈	拱脚	组合四	−154.8	−727.4	0.212	—	−6 439.4	0.215
	跨中	组合四	+159.6	−605.2	0.263	—	−61.2	0.175

注:表中轴力“−”号表示压力,“+”号表示拉力;弯矩“+”号表示正弯矩,“−”号表示负弯矩。

加固后主、腹拱圈截面结构计算结果一览表

表 4-9-2

位置		荷载组合	弯矩(kN·m)	轴力(kN)	偏心距(m)	弯矩抗力(kN·m)	轴向抗力(kN)	容许偏心距(m)
主拱圈	拱脚	组合四	−6 598.5	−10 937.9	0.603	−12 554.1	−10 324.4	0.543
	$L/4$	组合四	+3 526.3	−8 768.6	0.402	—	−25 661.9	0.458
	跨中	组合四	+4 154.8	−8 874.9	0.468	+8 598.1	−9 221.3	0.458
腹拱圈	拱脚	组合四	−207.8	−1 019.8	0.204	—	−10 701.0	0.207
	跨中	组合四	+202.5	−733.1	0.276	—	−10 701.0	0.314

注：表中轴力“−”号表示压力，“+”号表示拉力；弯矩“+”号表示正弯矩，“−”号表示负弯矩。

计算结果表明，大桥采用满足新规范规定的桥面净宽时，在加固设计荷载的作用下，加固后的沙滩大桥除主拱圈拱顶及拱脚两断面外，其余各控制截面偏心距均在容许偏心距范围内，其承载能力满足公路—II级荷载要求。对于偏心距超过容许限值的断面系按钢筋混凝土偏心受压构件进行设计，其承载能力亦满足公路—II级荷载要求。

三、拓宽提载设计要点

由于沙滩大桥的下游有一座发电厂水库大坝，因水库蓄水需要，现桥址处常水位高出大桥起拱线约1m，水深约7m。加上大桥地处山岭重丘区，该路段的交通路网状况没有绕道的可能；但若考虑搭设便桥来维持通车将会显著提高加固改造工程造价。根据现场结构检查有关数据及进一步对沙滩大桥进行结构检算的结果，在不考虑搭设便桥以节省造价的前提下，对大桥采用以下措施进行拓宽提载（见图 4.9.5）。

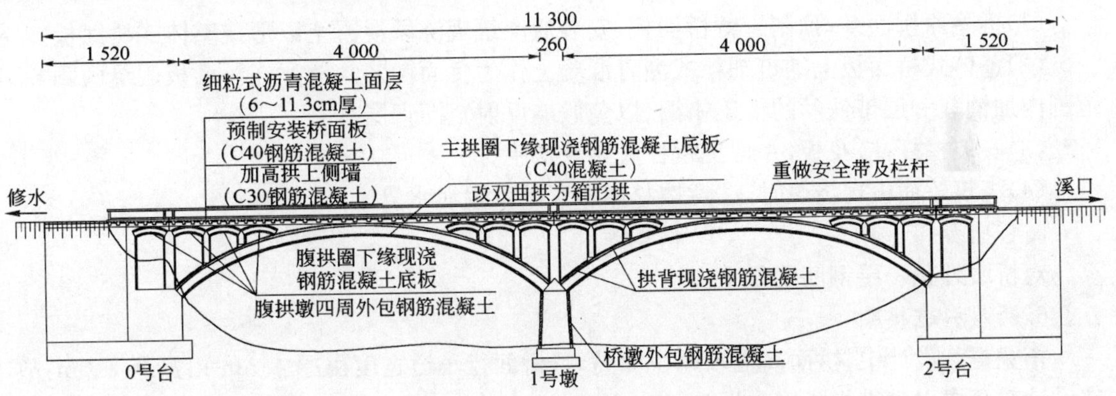

图 4.9.5 沙滩大桥拓宽提载总体布置图（尺寸单位：cm）

1. 主拱圈加固提载（见图 4.9.6）

（1）在主拱圈下缘现浇整体式钢筋混凝土底板，改双曲拱为箱形拱以增强主拱圈的整体刚度，并显著提高主拱圈的抗扭和承载能力。注意在底板上设置排气孔。

（2）在距各拱脚最近的两个腹孔范围内的拱背上缘均现浇一层钢筋混凝土，提高主拱圈拱脚截面抵抗负弯矩的能力。

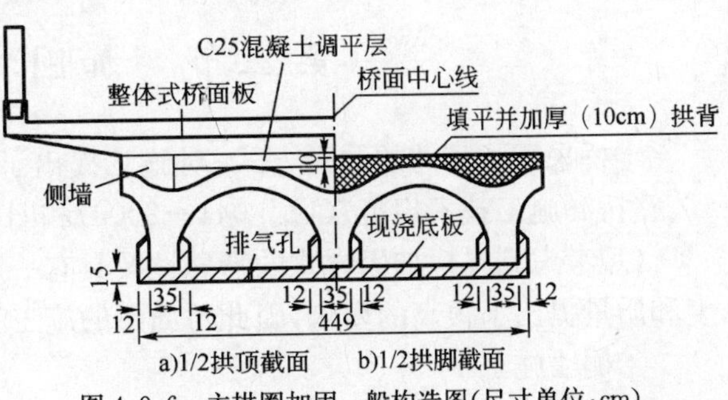

图 4.9.6 主拱圈加固一般构造图（尺寸单位：cm）

(3)化学灌浆法修补主拱圈裂缝,并对破损处进行钢筋除锈后采用环氧砂浆或掺环氧树脂的小石子混凝土进行修复。

2. 腹拱墩及腹拱圈加固提载

(1)在腹拱圈下缘现浇整体式钢筋混凝土底板,以增强腹拱圈整体刚度、提高承载能力。

(2)原腹拱墩由混凝土预制块砌筑而成,整体性较差,故本次加固对腹拱墩四周外包钢筋混凝土进行加固。

(3)化学灌浆法修补腹拱圈及腹拱墩裂缝,并对破损处进行钢筋除锈后采用环氧砂浆或掺环氧树脂的小石子混凝土进行修复。

3. 拱上侧墙加固及增高

(1)钢筋混凝土加高侧墙。在加高侧墙上预留槽孔,以便安装预制桥面板。

(2)对除桥面假缝对应位置的侧墙裂缝及变形缝压注水泥浆,再在裂缝和变形缝两侧锚固骑缝钢筋(在骑缝钢筋外抹一层内置 ϕ2 钢丝网的环氧砂浆)以控制变形。

4. 桥面系拓宽(见图 4.9.7)

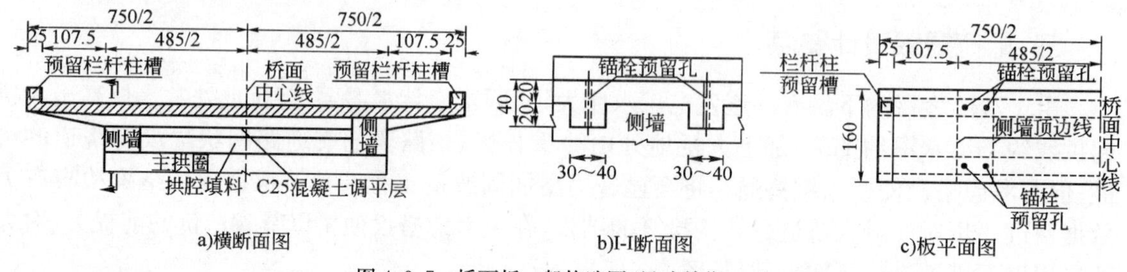

图 4.9.7 桥面板一般构造图(尺寸单位:cm)

(1)拆除原桥面系,预制悬臂桥面板,安装后浇筑现浇段混凝土以形成整体式桥面板。

(2)整体式桥面板上铺筑细粒式沥青混凝土作为桥面铺装。注意在桥面板假缝两侧各 1m 范围内加铺装一层带铁丝的土工格栅,以免假缝反射至沥青层。

(3)安装栏杆柱、花板,并现浇栏杆底座及扶手。

(4)浇筑桥面板现浇段时,注意按总体布置图设置泄水管。

5. 桥墩加固

对桥墩外包一层钢筋混凝土。

6. 两岸引道接顺

拓宽提载设计中,桥面高程较原桥面高,且桥面行车道宽度由原 4.5m 拓宽至 7.0m,故本次设计对两岸引道进行了接顺设计。

第三节　加固拓宽施工要点

本桥采用了特殊的加固方式,对施工提出了相当高的要求,施工中应严格按照交通部颁《公路桥涵施工技术规范》(JTJ 041—2000)和旧桥加固各项目中的相关特点进行施工。

(1)考虑到本桥加固方式的特殊性及具有一定的难度,特别是在桥面施工过程时对施工精度和质量提出了很高的要求,因此桥面系的施工工艺流程及注意事项如下。

①侧墙施工

a. 拆除半幅栏杆及侧墙范围内的桥面。

b. 施工半幅侧墙。

c. 拆除另半幅栏杆及侧墙范围内的桥面。

d. 施工另半幅侧墙。

e. 侧墙施工放样的实际尺寸应该与预制板的相应尺寸相适宜，以保证桥面预制板安装的顺利进行。

②垫层施工

a. 逐段拆除老桥面，拆除后的结构上禁止直接通车；应按分段拆除的长度，在保证交通安全的前提下，制作整体式钢质支架板维持通车。

b. 拆除工作经监理验收（监理应在现场跟班作业）后，立即现浇 C25 混凝土垫层（垫层槽口应使用钢模制模），混凝土应掺入早强剂（掺入量通过试验确定），要求终凝时间不宜太长，且三天强度能够达到设计强度的 50%以上。槽口钢模应在混凝土强度达到 70%后再拆除。

c. 垫层混凝土的水灰比应严格控制，且整个桥梁垫层的水灰比应保持一致，以避免干缩过大，对桥面荷载传递造成严重影响。

d. 垫层表面的平整度及垫层与侧墙顶之间的高程均应严格控制，要求用 5m 的铝合金尺在混凝土初凝前逐段重叠（纵、横向）检查混凝土表面的收浆情况，如果存在空隙应在混凝土初凝前处理；考虑到垫层混凝土的收缩，垫层混凝土顶面可比侧墙相应顶面高出约 0.5～1mm。

e. 垫层强度达到 4MPa 后方可开放交通，但应限速（不超过 20km/h）限载（小于 8t）行驶。

f. 要求垫层全幅铺设双层土工布进行养生，要保证垫层处于湿润状态。

g. 未安装桥面板之前的垫层，应坚持每天检查顶面高程与侧墙相应位置之间的高差，如果存在行车磨损情况，后续施工的垫层顶面高程可根据磨损情况进行调整。

③预制桥面板安装

a. 为便于安装，建议每浇筑完成一段侧墙后，再制作与之相对应的预制桥面板并编号，预制桥面板在安装时其强度应达到设计强度的 85%以上。

b. 预制桥面板的底模和侧模应采用正规厂家制作的整体式成型钢模，钢模应有足够的刚度且经周转使用后不变形，以保证预制桥面板的尺寸符合设计要求。

c. 预制桥面板对尺寸精度的要求较高，应将所有模板在预制场拼装并检查尺寸，将检查尺寸与侧墙尺寸对照，如果存在误差，应该对模板进行调整。

d. 为避免因预制安装的桥面板与侧墙或贫混凝土垫层间脱空，而在侧墙上产生集中应力，导致侧墙破坏，甚至桥面倾覆的严重后果，要求在垫层顶面铺设厚度不超过 1cm 的 M15 砂浆。该层砂浆铺设后先用工具捣实并找平，然后用铝合金尺检查平整度；如果存在空隙应立即处理，并应该在砂浆初凝前完成预制桥面板的安装，以保证预制桥面板与桥面垫层紧密联结。要求杜绝预制桥面板与侧墙或混凝土垫层间脱空、放置不平的现象。

e. 安装工作开始前，应将垫层和预制桥面板充分湿润，以免砂浆调平层中的水分损失所导致的调平层砂浆强度损失。

f. 安装预制桥面板时，桥面板中心线须与桥面中心线对齐，横向错位控制在±5mm 以内。

g. 预制桥面板安装完成后，其间的现浇段混凝土（可掺入适量的早强剂和微膨胀剂，掺入量应该通过试验确定）强度达到设计强度的 50%以上后方可开放交通，但行车道顶面应铺设三层土工布（保持湿润状态）以减小行车的振动作用，且在整个施工过程应设立明显的安全标志，并派专人维持交通，严格禁止超速行驶，严格禁止超重车辆的通过。

h. 桥面板横梁与加高侧墙间采用螺栓连接，螺栓孔内应采用小石子混凝土进行填充，以确保其黏结性和抗拔性。

④交通维持

a. 施工阶段应分时段开放交通，并采取相应的措施保护桥梁各结构的安全。

b. 在对大桥进行施工期间，通行于大桥的所有车辆均应限速（不超过 20km/h）限载（小于 8t）行驶。建议请交通警察并配合专人维持交通，并通过电视等媒体通告本桥的限速和限载情况及对违反规定车辆的处罚措施。

⑤其他注意事项

a. 在桥面系拓宽改建施工期间，应随时观测各跨四分跨、拱顶的挠度、横向位移及构件裂缝，以免主拱圈受力状态发生不利变化而造成垮塌性事故。

b. 在凿除原桥面系的过程中，不允许采用大型机械设备。应人工凿除或挖除，以免对大桥产生新的损伤（尤其注意不要伤及主拱圈），并应及时将废料运至弃土场地。

c. 预制桥面板及现浇桥面板现浇段时，应严格按设计要求对钢筋网片进行定位，确保钢筋网上、下保护层厚度符合设计和相关规范的要求。

d. 现浇桥面板现浇段时注意按总体布置图要求设置泄水管道孔洞。

e. 预制桥面板时注意预留桥面假缝及栏杆柱预留孔。

f. 整个施工过程中应控制交通，做到限速行驶（不超过 20km/h）限载（小于 8t）单车道通行，并设立好安全标志，以确保施工和行车的安全。

(2)在主拱圈、桥墩、腹孔的加固及侧墙加高时均用到植筋方法，需按先植筋、布置好钢筋网后再浇筑混凝土的方案进行。

(3)在原构件外包混凝土或增设底板时，须对原构件混凝土存在的缺陷凿除至密实部位，并将构件表面凿毛。要求凿除面积大于应凿除面积的 80%，凿除深度大于碳化层厚度，并凿成麻坑或沟槽状，沟槽深度不小于 6mm，并露出粗骨料。

(4)根据该桥的结构受力和加固施工特点，制定图 4.9.8 所示施工工艺流程，并按此流程安排总体拓宽提载施工。

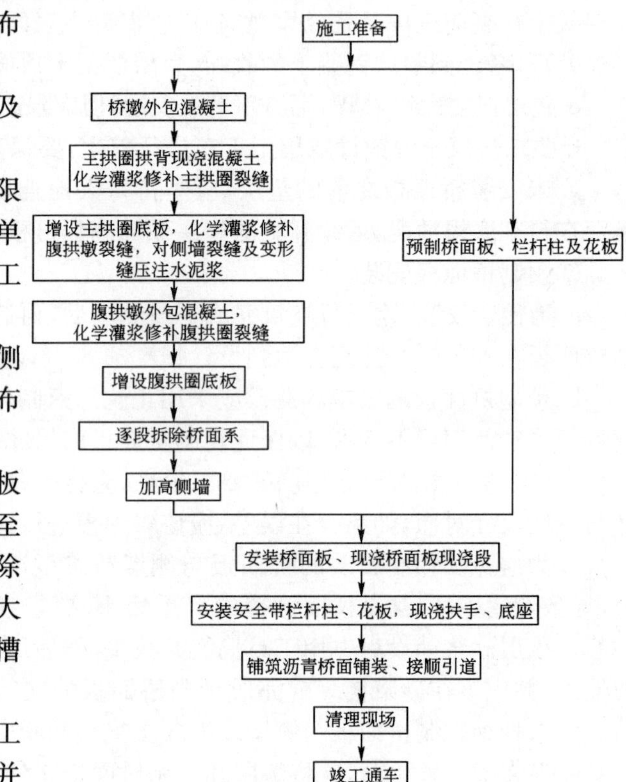

图 4.9.8 施工工艺流程图

参考文献

[1] 赵淑荣，张志振. 浅析钢纤维在水闸交通桥面加固工程中的作用. 治淮，2002(3).

[2] 朱建国，蒋德稳. 桥面加固中钢纤维混凝土的应用研究. 交通科技，2006(5).

[3] 吴跃田. 钢纤维混凝土在桥面加固施工中的应用. 交通标准化，2005(9).

[4] 孙小华，邵旭东．双曲拱桥的加固、拓宽改造技术研究．湖南城建高等专科学校学报，2003(3).

[5] 王东坡，陈海涛，刘国民．双曲拱桥拓宽加固方法的探讨．黑龙江交通科技，1998(1).

[6] 周勇超，郝宪武．双曲拱桥拓宽加固改造实例及力学性能分析．山西建筑．2006(1).

[7] 祝永泉．谈双曲拱桥加固拓宽工程中的拱肋施工．辽宁交通科技，2003(5).

[8] 张劲泉，王文涛．桥梁检测与加固手册．北京：人民交通出版社，2007.

[9] 刘丽娟，陈永顺．双曲拱桥结构拓宽实例．城市道桥与防洪，2004(1).

[10] 吴大军．双曲拱桥加宽预应力空心板桥结构方案探讨．河南科技，2007(9).

[11] 丁钝之．黄梅桥改造浅析．江苏交通科技，1994(2-3).

[12] 黄启林．永安大溪大桥病害分析与加固．公路，2006(8).

第 五 篇

双曲拱桥墩、台及基础的加固与改造

桥梁一般由桥面系、上部构造、下部构造、基础和附属工程组成。其中上部构造承担活载和其他外部荷载的作用，并将所承担的活载、外部荷载和自身恒载传递给下部构造；下部构造则将其所承担的外部荷载和自身的恒载传递给基础，并通过基础传递给地基；而附属工程则起着保证主体工程具有良好工作状态的作用。从上述力的传递过程来看，一座桥梁能否正常工作与各组成部分的实际状况密切相关。桥梁墩、台和基础能否正常工作，或能否通过加固恢复其承载能力对判断一座桥梁有没有加固与改造的可行性起着至关重要的作用。

由于主观和客观因素的作用和影响，桥梁墩、台和基础总会产生各种病害，使其偏离正常的工作状态。桥梁下部构造和基础常见的缺陷与病害主要有：地基不均匀沉陷；基础滑移、倾斜，以及基底局部被淘空；基础结构物在异常应力作用下的开裂；墩、台身裂缝（包括横向、竖向和网状裂缝）；墩、台身混凝土剥落、空洞、老化；墩、台身钢筋外露、锈蚀；墩、台身结构变形、移位等。如何保证桥梁墩、台具有正常的工作状态，使其可靠性与预期相一致，这不仅是设计和施工应该考虑的问题，同样是桥梁加固、改造应该认真考虑的问题。

针对下部构造常见的缺陷和病害，本篇着重介绍以下几种常用的加固处理方法：

(1)外包钢筋混凝土加固重力式墩、台；

(2)扁担梁法加固重力式桥台；

(3)圈梁法加固重力式墩、台;

(4)现浇整体盖板加固 U 形桥台;

(5)拉梁法加固重力式桥台;

(6)顶推法调整拱桥拱脚水平位移;

(7)锚杆法加固 U 形桥台;

(8)扩大墩台基础,提高承载能力。

地基可采取的加固方法较多,本篇第四章主要介绍了高压旋喷注浆法和注浆法两种地基加固方法。

第一章　重力式墩、台常用加固方法

第一节　外包钢筋混凝土加固重力式墩、台

一、加固机理

当桥梁墩台身产生横向和竖向裂缝时，可用外包混凝土法来加固。外包混凝土加固法又称为增大截面加固法，它是通过增大构件的截面并加以配筋，在产生裂缝的墩台表面外包一层钢筋混凝土，用以提高构件的强度、刚度、稳定性和抗裂性。

在对墩、台进行外包混凝土前，一般先修补裂缝，以便更有效地防止裂缝的发展。当墩、台身仅产生几条裂缝，没有其他结构性病害时，仅修补裂缝即可，不必外包钢筋混凝土。其具体做法是：先采用化学灌浆法或压注水泥浆法对裂缝注入浆液，然后垂直裂缝走向锚固骑缝钢筋，最后在钢筋表面抹环氧砂浆进行防护，为防止砂浆脱落，在砂浆内铺设钢丝网，且要求钢丝网固定在骑缝钢筋上。

对重力式墩、台采用外包混凝土法加固时，先在墩、台身锚入锚筋（锚筋按梅花形布置），然后加铺钢筋网（根据裂缝的宽度及计算结果确定布设单层或双层钢筋网），最后搭设模板、浇筑混凝土并养生。

二、施工工艺

1. 裂缝修补施工工艺

（1）修补裂缝施工工艺

对混凝土墩、台宜采用化学灌浆法修补裂缝。化学灌浆修补裂缝一般的施工工艺流程为：设计布嘴图→清洗裂缝→粘灌浆嘴→封闭裂缝→检查裂缝封闭情况→补漏气处→配浆→灌浆→检查效果。对浆砌圬工墩、台，则采用压注水泥浆的方法进行裂缝修补。压注水泥浆时，要选择适当的水灰比，如果水灰比太小，浆体不容易流动，注浆不饱满；如果太大，浆体流动性大，容易流到土体中，浪费材料。不论采用哪种修补裂缝的方法，都应顺着裂缝的走向，按先下后上的顺序灌浆。

（2）布设骑缝钢筋

修补裂缝后，还需沿裂缝走向设置垂直于裂缝的骑缝钢筋。要求骑缝钢筋锚入墩、台身的深度符合构造要求，且不小于 $15d$（d 为钢筋直径）。

（3）布设钢丝网

应对外包混凝土范围外的裂缝布设钢丝网。钢丝网采用厂家已成型产品，并要求钢丝网固定在骑缝钢筋上。

(4)抹环氧砂浆

为保护骑缝钢筋不致锈蚀,在其表面抹一层5～10cm厚的环氧砂浆进行防护。

2. 外包混凝土施工工艺

外包混凝土施工工艺基本上分为六个流程:钻孔→布设锚固钢筋→布设钢筋网→架立模板→浇筑混凝土→养护。

(1)钻孔

按指定的间距由下至上钻锚固孔,钻孔直径按照设计要求施工。若设计没有明确规定,一般钻孔直径比锚固钢筋直径大2～6mm。对于浆砌圬工墩、台,孔位最好布置在砌缝内。

(2)布设锚固钢筋

一般锚固钢筋的锚入长度与设计长度间的误差应控制在±5mm以内,露出原构件表面的一端设置成直角,并与增设钢筋网连接。

(3)布设钢筋网

增设钢筋网一般按照设计的要求布置,施工时需结合锚固钢筋的具体位置适当调整钢筋间距。增设钢筋网与锚固钢筋间采用点焊连接或绑扎连接。采用点焊连接时,需在钢筋根部采取降温措施,以免因温度过高导致环氧树脂或植筋胶老化。

(4)架立模板

按照设计要求并结合施工现场的具体情况架立模板。

(5)浇筑混凝土

混凝土可由下往上分段浇筑,但需采取必要的措施来保证分段混凝土的整体性。

(6)养生

混凝土的养生时间不宜少于14d。

值得注意的是,在对裂缝表面抹环氧砂浆,以及对墩、台表面外包混凝土前,应将拟浇表面凿毛并充分湿润,凿毛深度不小于6mm。对于浆砌圬工墩、台,应先凿除砌缝内已松散的砂浆,用水清洗干净并修复后再进行外包混凝土的浇筑。

三、外包混凝土加固墩、台实例[1]

早在20世纪70年代,外包混凝土法就已经应用于双曲拱桥墩、台的加固中。

甘肃省天水地区祁山堡桥为一座8孔净跨径为25m,矢跨比为1/7的双曲拱桥。该桥于1968年建成通车。由于施工质量不好,各墩、台均存在自拱肋边缘向下竖向延伸的裂缝,且墩身出现水平环向裂缝。

有关部门将该桥评定为危桥,限速限载。1979年在进行桥梁抗震加固的同时对墩台进行了加固。在墩身四周及桥台前、侧墙三面分别外包30cm厚的钢筋混凝土箍套(内配ϕ8@20cm的钢筋网)。外包混凝土与墩、台身用锚筋相连。首先在墩台身上钻锚孔,锚筋一端固定在钢筋网上,另一端做成弯钩插入孔内,用混凝土填塞,使箍套能与墩、台共同受力。箍套埋入一般冲刷线以下1～1.5m。加固后墩、台身裂缝得到封闭,正常使用效果良好。

四、外包混凝土加固桥台实例

1. 桥台概况

某大桥两岸桥台均为混凝土组合式桥台，由台身和台座两部分组成。台身基础采用双排桩基础，主要承受竖向力，拱的水平推力主要由后座基底的摩阻力及台后的土压力来平衡。台身与后座间设置了变形缝。两岸桥台尺寸一致，高度均为6.78m，宽度为9.3m，台身与后座的长度均为6m。

大桥运营了近20年后，两岸桥台前墙均出现上宽下窄的竖向裂缝，且缝宽超过规范限值。另外，北岸桥台存在横向裂缝，且裂缝延伸至侧墙1m范围处。

2. 加固方案

针对桥台存在的病害情况，对桥台采取先修补裂缝，后外包钢筋混凝土的加固方案。桥台加固及施工要点如下。

(1)先对侧墙及前墙采用化学灌浆法进行裂缝修补，然后外包钢筋混凝土加固。南岸桥台外包混凝土的范围仅为前墙，北岸桥台除对前墙进行外包混凝土外，还需对侧墙开裂的范围外包混凝土。

(2)外包混凝土采用15cm厚C30混凝土。在桥台前墙横向开裂范围内布设双层钢筋网，台身段设单层钢筋网；钢筋网中，横向钢筋采用ф14螺纹钢筋，竖向钢筋采用ф12螺纹钢筋，钢筋间距取15cm×15cm。为了能让外包的混凝土与老桥台成为一个整体，达到共同受力的目的，在老桥台内设锚固钢筋(锚筋采用ф14螺纹钢筋)。锚筋按梅花形布置，间距为30cm，锚固深度为25cm，要求锚固孔的深度误差控制在±5mm以内。为保证锚固钢筋与钢筋网间连接牢固，要求两者采用点焊连接。

五、外包混凝土加固桥墩实例一

1. 桥梁概况

江西某大桥位于206国道，为3孔净跨径40m的拱桥，建成于1994年。随着国民经济的不断发展，通行于该桥的交通量与重载交通急剧增大。2007年8月，在对该桥进行检查时发现：①两岸桥台侧墙斜竖向开裂；②各桥墩竖向开裂，见图5.1.1a)；③桥面横向开裂。

2. 产生病害的原因分析

由于超重、超载车辆急剧增加，拱脚长期受到较大的竖向压力作用，致使桥墩产生多条竖向裂缝，裂缝宽度为5～30mm，并伴有墩身片石混凝土外拱、严重破碎的现象。通过对桥墩基础进行开挖检查，发现裂缝尚未延伸至基础，可以判定墩身开裂并非基础不均匀沉降所致，而是由于墩身强度不够的缘故。

3. 桥墩加固设计要点

(1)对桥墩墩身外包20cm厚C35钢筋混凝土；

(2)外包钢筋混凝土中钢筋的规格：①水平向钢筋ф16mm；②竖向钢筋ф12mm；③锚固钢筋ф16mm(见图5.1.1)。

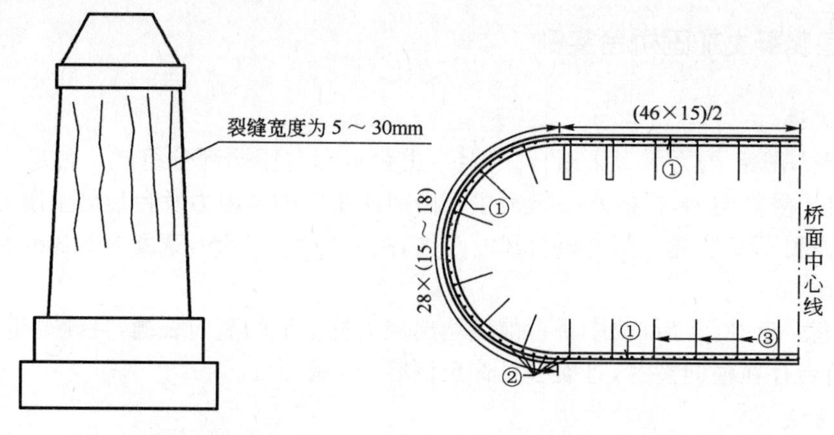

a)墩身竖向裂缝示意图　　b)桥墩外包混凝土构造图

图 5.1.1　桥墩外包混凝土加固(尺寸单位:cm)

六、外包混凝土加固桥墩实例二

1. 桥梁概况

江西某大桥是一座公路城市两用桥梁,于 1969 年 9 月正式通车。大桥原设计荷载为:汽车—13 级,拖车—60。上部结构为 7 孔净跨径 20m 的悬链线拱桥,下部结构为明挖扩大基础(片石混凝土)配浆砌片石重力式桥墩与 U 形桥台。大桥全长 176.345m,桥面净宽为:净—7m+2×0.75m 人行道。

由于该桥原设计荷载标准较低,桥面净空较窄,达不到二级公路桥梁的使用要求。改建时若在原桥址新建桥梁,必须先搭汽车便桥,拆除老桥再建新桥,如此工程建设费用相对较高、建设周期也较长。所以,决定对该桥采取加固提载并拓宽处理后继续利用,以取得较大的社会和经济效益,同时亦能缩短施工工期、降低施工难度。

2. 大桥墩、台存在的主要病害

各墩、台基础底部均存在不同程度的淘空现象

3. 墩、台的主要加固提载措施(图 5.1.2)

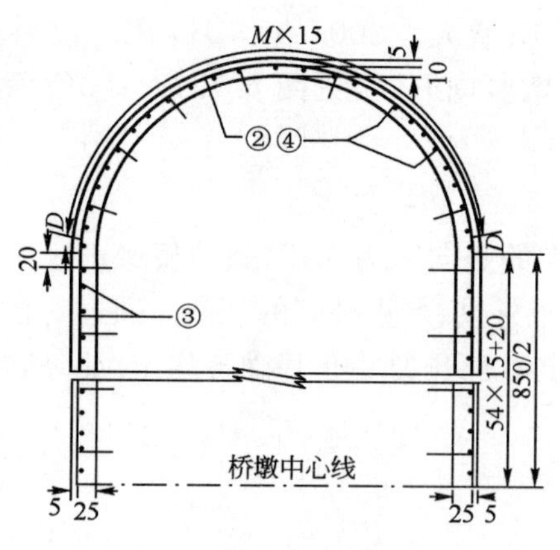

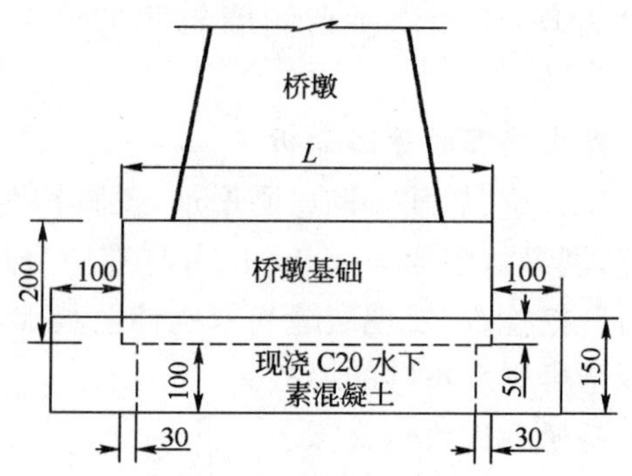

a)墩身外包钢筋混凝土　　b)桥墩基础外包混凝土

图 5.1.2　墩身及基础外包混凝土加固(尺寸单位:cm)

②-增设横向钢筋;③-增设竖向钢筋;④-增设锚固钢筋

(1)对桥墩墩身外包15cm厚钢筋混凝土予以加固;

(2)对桥墩、桥台基础外包水下混凝土予以加固。

第二节　扁担梁法加固重力式桥台

一、加固机理

当重力式桥台的一面发生竖向裂缝,且裂缝较窄时,可以采用扁担梁法加固。其基本原理就是通过在垂直裂缝方向设一道或多道U形钢筋混凝土带(扁担梁),并在混凝土内配置双层钢筋,包裹发生裂缝的台身表面,从而增大台身的刚度和抗剪性能,起到抑制(或控制)裂缝进一步扩展的作用。具体使用扁担梁法时,可依据桥台病害的具体情况,选择前、侧墙三面设置扁担梁(当前墙竖向开裂,或前、侧墙均竖向开裂时);或在侧墙设置扁担梁,且扁担梁延伸至前墙表面一定范围内(仅侧墙竖向开裂时)(图5.1.3)。考虑到锥坡能起到抵抗台后填土对侧墙产生的土压力作用,同时为了减小土方开挖量、节省造价,扁担梁仅需在锥坡以外的侧墙表面设置。

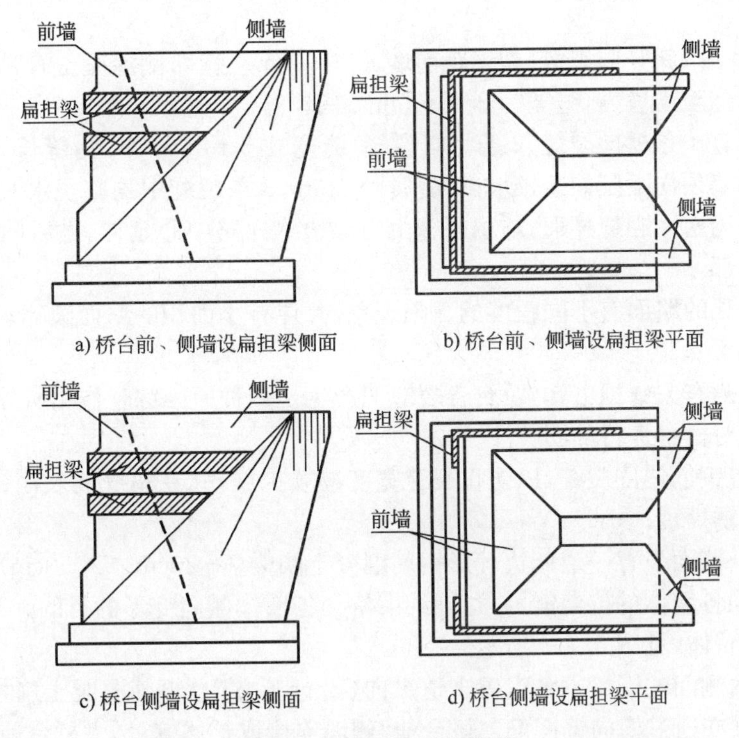

图5.1.3　扁担梁法加固桥台

在浇筑扁担梁前,须对裂缝进行修补,裂缝修补方法与外包混凝土中裂缝的修补方法相同。为了让新混凝土与原结构能够很好地连接,使之成为一个整体共同受力,应在台身内锚入钢筋(锚固钢筋)。扁担梁的宽度可取桥台高度的1/10且不小于50cm为宜,梁间距可采用75～100cm,厚度可根据桥台高度及计算结果取20～50cm。

扁担梁的基本构造为:在扁担梁内设置双层钢筋网,并且要求钢筋网与锚固钢筋连接牢

固，二者连接方法可以用点焊连接，也可以采用绑扎连接。为保证连接的牢固性，一般采用点焊连接。

二、扁担梁加固法施工工艺

采用扁担梁法加固桥台的施工方法基本上和外包混凝土加固桥台的方法相似，施工顺序分为：清洗裂缝→对裂缝灌浆→钻孔注浆→锚入锚固筋→挂钢筋网→立模→浇筑混凝土→养护。若扁担梁需要设置多道时，要求施工时从下往上，一道一道施工。

三、加固实例

1. 桥梁概况

某桥下部构造为扩大基础配混凝土U形桥台，该桥于1997年建成通车。

(1)南岸桥台

左侧墙有1条竖向裂缝，裂缝距前墙215cm左右，由侧墙顶向下延伸至锥坡内，缝宽约1mm左右；右侧墙亦有一条裂缝沿侧墙向下延伸至锥坡内，缝宽1～10mm不等；桥台前墙有数条细微裂缝，缝宽0.1～0.3mm，裂缝边缘有白色结晶体析出。

(2)北岸桥台

①左侧墙有一条斜竖向裂缝(裂缝距前墙46～90cm)，缝两侧混凝土有稍许错位现象，裂缝由墙顶向下延伸至锥坡内，缝宽为3～10mm不等。

②右侧墙亦有1条横向裂缝、2条竖向裂缝，缝宽0.5～3mm不等，缝长300cm左右。两条竖向裂缝由侧墙顶向下延伸至锥坡内，缝宽约1mm；3条裂缝中均有积水及白色晶体析出，且横向裂缝与前墙水平裂缝连通，前墙裂缝由右幅边缘向路中心延伸，之后向上呈45°斜向向上延伸至台顶底部。

③桥台填土顶的路面有不同程度的下陷现象，并伴有小面积的路面破碎。

2. 加固设计要点

根据结构检测有关数据可知，桥台各裂缝的产生是多种原因综合作用所导致的。所以，确定采用以下方法对桥台进行加固。

(1)采用骑缝钢筋锚固裂缝，以防止裂缝宽度继续扩展，并在骑缝筋表面抹一层环氧树脂砂浆进行钢筋防锈处理。

(2)在台身外侧面设置一道四边环形钢筋混凝土圈梁(宽20cm×高50cm)，恢复已开裂桥台的整体性，增强各墙体的抗剪能力，达到约束桥台各墙体侧向变形的目的。圈梁通过横向锚固筋与桥台连成整体，见图5.1.4所示。

(3)在桥台两侧面的圈梁下各设置1道纵向(沿行车方向)钢筋混凝土扁担梁(宽20cm×高50cm)，扁担梁亦通过横向锚固筋与桥台前、侧墙连接成整体，以增大桥台前、侧墙的刚度和抗剪能力。

(4)考虑到台后钢筋混凝土圈梁较长，如同一道搁置在弹性支承上且两端固接的连续梁，受力较复杂，因而在该段圈梁下设置一层厚20cm的贫混凝土层，以增强该段圈梁下基础的刚度。

3. 施工要点

(1)由于圈梁施工需开挖台后局部填土及路面，因而采用半幅施工、半幅通车的方式进行

施工。要求充分作好施工的前期准备工作，尽量缩短中断交通的时间。

(2)台后填土及路面开挖后，应先对槽底的填土进行人工夯实，以减小填土的工后沉降，然后浇筑圈梁下贫混凝土基础。

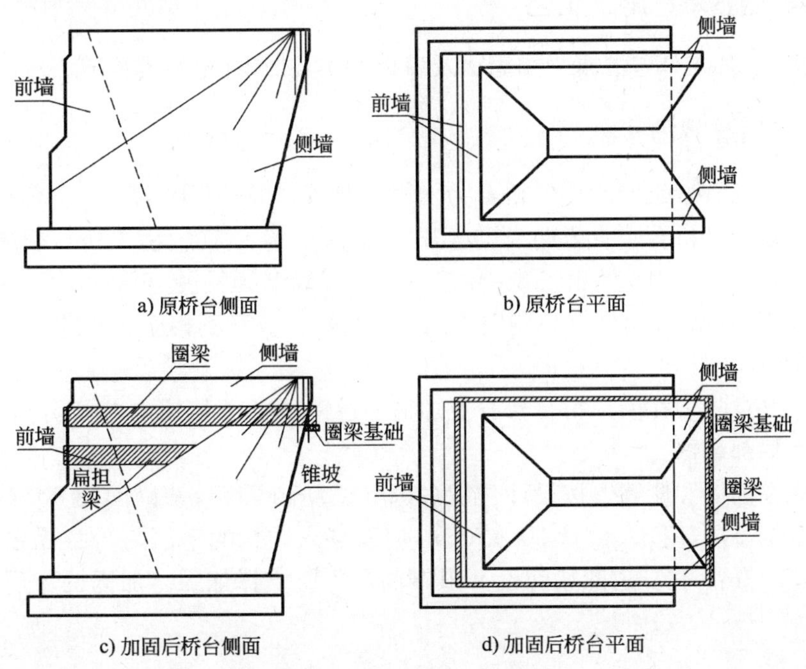

图 5.1.4 桥台加固一般构造图

(3)对桥台裂缝采用环氧树脂灌浆法修补以前，应对裂缝表面进行清洗及封缝。

(4)骑缝钢筋锚固施工工艺流程：在台身上确定锚孔位置→钻孔→清洗→注入环氧砂浆→插入骑缝钢筋→表面抹环氧砂浆封闭防锈。

(5)圈梁和扁担梁施工工艺流程：台身侧(前)墙上确定锚固筋位置→钻孔→清洗→注入环氧砂浆、插入锚固筋→开挖台后填土及路面(半幅)→浇筑贫混凝土基层→绑扎圈梁(半幅施工、预留接头)和扁担梁钢筋网(台背圈梁钢筋应错位搭接)→安装模板→浇筑混凝土→养生。

(6)浇筑圈梁及扁担梁混凝土前，应对原桥台侧(前)墙上接触面拉毛并清洗干净。

(7)台后圈梁(建议在混凝土中掺早强剂)施工完毕后，按照原路面结构形式恢复路面。

(8)圈梁施工中破坏的锥坡按原结构予以恢复。

第三节 圈梁法加固重力式墩、台

一、加固机理

当重力式桥墩、桥台发生竖向裂缝，且裂缝较宽、长度较长，前、侧墙整体性较薄弱时，可采用圈梁法来加固(图 5.1.5)。采用圈梁法进行加固时，一般可在墩、台身上、中、下分设三道圈梁或者更多；其间距应大致相当于桥墩侧面的宽度。每个圈梁的宽度

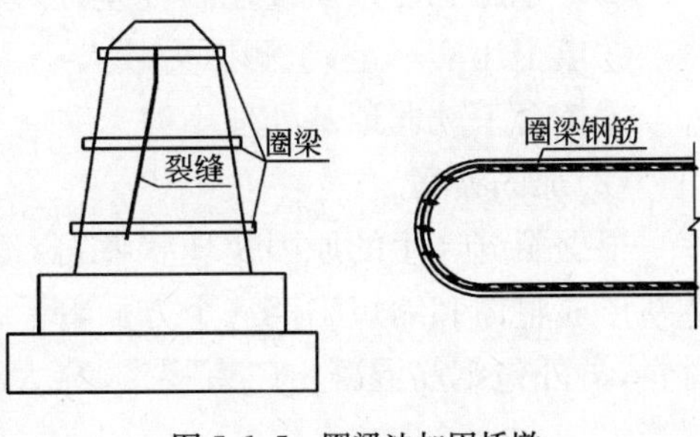

图 5.1.5 圈梁法加固桥墩

需根据裂缝发展情况和宽度而定，一般为墩台高度的1/10左右，厚度采用20～50cm。同时为了加强圈梁与墩台的连接，应在墩台身上埋置锚筋，并把圈梁的钢筋网点焊在锚筋上。

二、圈梁法加固墩台施工工艺

圈梁法施工工艺与外包混凝土加固法及扁担梁法类似，这里不再赘述。

三、圈梁法加固墩台实例一[1]

某桥的重力式石砌墩台，除南岸桥台为木桩基础外，均奠基于岩层上。该桥于1964年建成，通车前即发现南岸桥台竖直方向沿砌缝开裂，通车一年后检查，南岸桥台裂缝发展至5mm宽，北岸桥台在台顶以下2m处也发现裂缝。其后，裂缝继续发展，至1981年加固前，南岸桥台裂缝宽度已达10mm，竖向裂缝将侧墙与前墙(台身)分成互不相连的两部分，车辆过桥时有明显振动。

采取的加固方法是：在南岸桥台台身上加箍三道钢筋混凝土圈梁，将已分离的侧墙与台身箍成整体；桥面局部翻修。

施工时，先在前墙和侧墙上按设计位置(20cm×20cm间距)钻锚固孔90个，圈梁绕前墙及侧墙两侧面，侧墙尾部折入台背30～70cm，借助穿入锚孔的钢筋与台身固定，每道圈梁长24m，厚23cm，高1m。在三道圈梁间设9道钢筋混凝土支撑加强。加固两年后检查，未发现新的病害。

四、圈梁法加固墩台实例二[2]

1. 桥梁概况

某桥桥台为浆砌片石重力式U形桥台，台高为12.7m，台身宽18m，斜宽23.5m。地下水位深3.5m，台基埋深3.2m。桥台基础为两层各75cm高浆砌片石，基础下设30cm厚砂砾垫层和直径30cm石灰砂桩(生石灰)，桩中到中距离1m，梅花形布置。桥台于1994年2月施工完毕，3月即发现桥台两侧墙产生裂缝，墙顶缝宽分别达8.5mm和27.5mm。裂缝自上而下至基顶，裂缝两侧相对下沉6mm，相对错位5mm。因此，前墙在自重及上部构造竖向荷载的偏心压力下，两侧墙墙体受拉并超过其抗拉强度，造成侧墙断裂。

2. 原因分析及加固方案

(1)裂缝产生原因

①桥台前墙、侧墙较高，但放坡尺寸相对偏小；

②冬季施工砂浆质量控制较差，砂浆强度偏离设计要求；

③填土压实不足，土侧压力较大；

④桥台下软弱地基处理不够。

(2)加固方案

根据裂缝产生的原因及现状，结合工期要求，桥台加固处理应着重从减轻土侧压力、台身重新形成整体和缩短工期三个方面着手。最后选用的加固方案是：先将桥台内填土换成轻质材料，再外包钢筋混凝土(“束腰带、穿大衣”)，从而使桥台形成整体，使之在外力作用下能够整体受力。

3. 圈梁法加固施工工艺要点

包箍时应从台基础顶部开始，向上每隔 0.75～1m 设钢筋混凝土圈梁一道，最后根据墩台的高度和裂缝的长度设置了多道圈梁。

(1)备料

①用Φ 20 的螺纹钢筋，截成 55cm 长，做成一端弯成直钩的锚筋；

②用旧钢轨，按桥台周边尺寸下料；

③制作墙角处连接钢板，钢板厚度 20mm。

(2)施工

①按设计要求在包箍下方墙身处钻孔，孔深 25～30cm；

②插入锚筋并用环氧树脂砂浆固定，养生 1d；

③将钢轨底面贴墙置于锚筋上，用钢丝扎牢，台背一边设 3 根原木作临时支撑，搭接处钢轨夹板先用螺栓固定，然后按夹板全长双侧与钢轨焊接，台角处连接钢板与钢轨底面要严格焊接；

④台后及侧墙埋于土中部分的钢轨，除锈并涂红丹漆和沥青漆用以防腐。

(3)裂缝处理

①用清水将裂缝冲洗干净；

②用 M30 干硬砂浆堵塞裂缝两侧，每条缝预留压浆孔 5 个；

③自下而上压注 M30 砂浆(2 个大气压)使裂缝充填密实。

(4)台内填土

用含 5%石灰的炉渣填筑桥台，并分层夯实，4m 以下压路机难以到达处采用人工夯实，每层摊铺厚度不得超过 20cm，压实度不低于 93%；4m 以上采用压路机配合人工夯实，每层摊铺厚度 30cm，压实度不低于 95%。

(5)外包钢筋混凝土

①安置脚手架；

②在墙身上钻孔以安插锚筋，锚筋布置为水平方向 75cm 一个，垂直方向 50cm 一排，按梅花形布置；

③绑扎钢筋网，水平方向采用Φ 16 钢筋，垂直方向采用Φ 12 钢筋，间距为 15cm×15cm；

④将钢筋网挂于锚筋上并绑扎牢固，因台角处应力集中，须加设内层钢筋网，加强范围为 2m，设置 2.5cm 厚垫块以保证有足够的保护层；

⑤垂直方向分层支立钢模板，模板应确保顺直、严密、安装牢固，每层模板不高于 75cm；

⑥浇注 250 号混凝土，用插入式振捣棒振捣密实；

⑦用草袋覆盖，洒水养生 28d。

(6)锥坡

按规范要求填筑锥坡，并砌筑片石。

4. 加固效果

加固工程完工后，1994 年 4 月中旬即按时试通车，同年 7 月底全部工程竣工通车。通车 4 年后，通过详细检测，未发现任何不良变化，达到了预期效果。该桥桥台成功实施圈梁法加固，证明："束腰带"法加固 U 形桥台，施工工艺简便易行，外观美观，经济可靠。对台后路基处可采用钻孔穿钢轨进行施工，从而和侧墙上的外包混凝土梁形成闭合的圈梁。

第四节　现浇整体盖板加固U形桥台

一、加固机理

一般路桥过渡段的施工是在桥涵结束施工以后进行的，由于工作面狭小，同时为避免对桥台造成过大的土压力，只能采用小型夯实机械对台腔填料及过渡段进行压实作业，压实度难以得到保证。通车一段时间后，极易发生跳车现象。加上早期建设的各类桥梁的桥台(包括双曲拱桥)一般都没有设置搭板，汽车荷载通过台后路面直接作用在台腔填土上，原本压实不够的填土被逐渐挤密，以致台后路面沉陷、破碎。这一现象的间接后果是地表水下渗至台腔，增大台腔填土对前、侧墙的土压力，甚至导致前、侧墙开裂或破坏。

解决上述问题的一种有效方法是在U形桥台顶面增设一块整体式钢筋混凝土盖板。整体盖板的三边分别支撑在桥台的前墙和两个侧墙上。这样做的目的是：①将活载的竖向力直接传递到前墙和两侧墙上，减小过往车辆荷载对台腔填土的压力，以防台腔填土沉陷；②整块的盖板能防止雨水渗入台腔；③对约束侧墙外移、变形起到一定作用。

整体盖板法加固的基本做法是：在桥面高程已确定的情况下，先凿除一定高度的侧墙(凿除侧墙的高度要根据混凝土板的厚度和桥面高程确定)，然后在U形桥台顶部现浇整体式钢筋混凝土盖板，浇筑盖板前应在板下设置垫层，垫层可采用素混凝土或者级配碎石，从而保证整体式钢筋混凝土盖板底部不致脱空。

二、施工工艺及注意事项

(1)在施工前，根据桥台的尺寸确定整体式钢筋混凝土盖板的厚度和宽度，然后根据桥面高程计算需要凿除侧墙的高度。

(2)观测台后填料类别、是否压实，必要时应挖除原有填料，换成模量比较大、容易压实且透水性好的材料，例如石灰土、级配碎石、砂粒等。也可采用轻质路基填料如气泡混合轻质土、泡沫聚苯乙烯、粉煤灰等。

(3)若对台背换填材料时，应严格按照设计和规范要求施工。在对台背填料进行施工时，应特别注意三个问题：

①填料压实度；

②排水措施；

③桥台防护。

(4)在设置盖板的同时，应注意材料的选择，整体式钢筋混凝土盖板的混凝土强度等级宜与桥面铺装的强度等级相同。盖板的混凝土施工一般采用就地浇筑，盖板宽度与桥台同宽。

(5)施工一般顺序为：凿除侧墙→台后回填土处理→垫层→安装模板→铺设沥青油毡基层→绑扎盖板钢筋→混凝土浇筑→整修表面→养护。

三、现浇整体盖板法加固U形桥台实例

1. 桥梁概况

某桥的桥台为明挖扩大基础配浆砌片石U形台身，两岸桥台宽度均为1 230cm。施工过

程中，因桥台基底承载力满足不了设计要求，故在施工过程中对两岸桥台基底进行了砂砾换填。通车十余年后，桥台存在以下主要病害。

（1）南岸桥台

该桥台开裂较为严重，已严重影响到桥梁的正常使用，具体表现如下。

①前墙在距左、右侧墙边缘1.4m左右各有一至两条竖向裂缝，裂缝由台顶开始，一直向下延伸至基础，裂缝最宽达10mm。竖向裂缝两侧错位最大达1cm左右。

②左侧墙有一裂缝自桥台顶部开始基本沿前墙边缘线（沿砌缝）向下延伸至锥坡，缝宽为3～5mm不等。

③右侧墙存在从安全带顶面起一直向下延伸入前墙内的裂缝，并伴有外凸现象，外凸最大达2cm左右。

④桥台台顶左侧局部碎裂，并有前倾趋势，台顶部还有一条2～3cm宽的水平裂缝。

（2）北岸桥台

北岸桥台较南岸桥台情况好，经检查仅在右侧墙台顶下缘处发现一裂缝，缝宽约3～4mm，长30cm。

（3）台后路面

行车道路面纵横向凹凸不平，且明显下沉，最低处沉陷达50mm以上，台后路面严重破碎。

2.桥台产生病害的主要原因

（1）南岸桥台台身太高（高达14m以上），台后填土对前、侧墙产生的主动土压力过大，致使桥台产生侧墙开裂的病害。

（2）台后填土土质较差，多为非透水性材料，压实度未达到设计与施工规范要求，经车辆荷载不断作用，台后填料产生工后下沉，并引起路面严重开裂，雨水经裂缝渗入填料后无法排出台腔外，随温度不断变化产生膨胀与收缩，不断推挤桥台侧墙与前墙，引起桥台侧（前）墙开裂现象。

（3）桥台基底地基为砾石层，虽填筑了砂砾垫层，但地基承载力仍不能够满足要求，在车辆荷载作用下，基底产生不均匀沉降，引起基础开裂，并连带桥台前、侧墙开裂。

（4）路面下沉后，桥台前墙与台后路面形成台阶状，车辆行驶通过时，对前墙产生向前的水平冲击力，而前墙系浆砌片石砌筑而成，抗剪、抗拉强度较低，因而在前墙与侧墙连接处逐渐被拉裂，并呈前倾之势。

（5）重型车辆不断增加，部分超载运输车辆的重量已完全超出本桥设计荷载，当其行驶于桥台上时，台腔填土对桥台侧墙产生的土压力过大，也是引起和加剧侧墙开裂的主要原因之一。

3.加固设计要点

（1）对前、侧墙裂缝采用骑缝钢筋予以锚固（每隔15cm设置1根），增加裂缝两侧砌体的整体性。

（2）对南岸桥台前墙、侧墙（仅限于未被锥坡所覆盖的部分）现浇（外包）一层15cm厚的钢筋混凝土，以增强前、侧墙的连接以及侧墙的强度和抗推刚度。

（3）对缝宽超过0.2mm以上的裂缝采用高压灌注环氧树脂砂浆法予以补强。

（4）为了减小台后填土对侧墙的主动土压力，减少雨水渗入台腔填料中，并改善桥台侧墙、

前墙的受力状态，采取在台顶现浇 25cm 厚整体式钢筋混凝土盖板，其下台腔范围内设置一层 15cm 厚贫混凝土垫层(见图 5.1.6)。

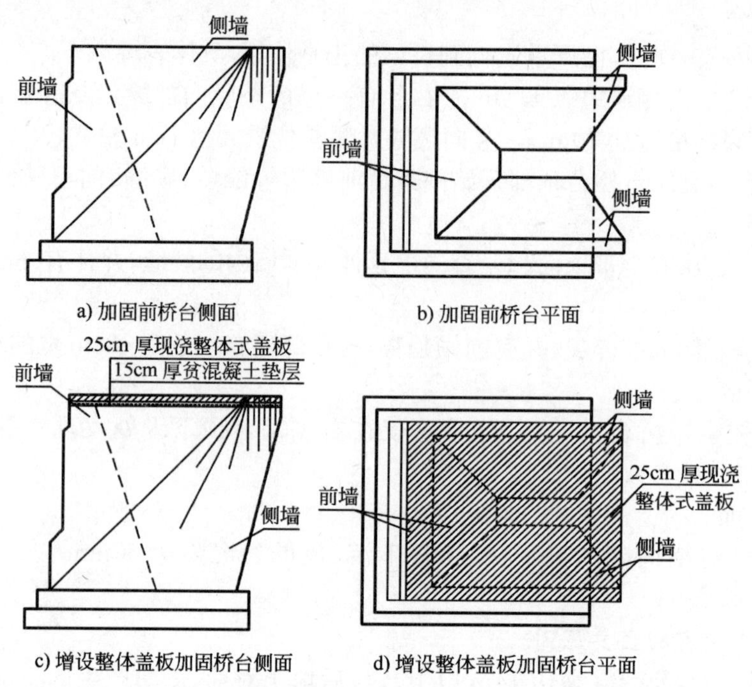

图 5.1.6 现浇整体混凝土盖板法加固 U 形桥台

4. 加固施工要点

(1)对桥台裂缝采用灌注环氧树脂砂浆修补以前，应对各裂缝表面进行清洁。

(2)浇筑混凝土前，对桥台新老混凝土接触面进行拉毛，清洗干净，并使接触面充分湿润，以增强混凝土与桥台前、侧墙的黏结性。

(3)施工中注意现浇混凝土的上层横向钢筋与侧墙竖向钢筋的焊接，以增强桥台侧墙的抗倾覆性。

(4)浇筑整体式钢筋混凝土盖板下贫混凝土垫层前，应对填土采用小型机械进行夯实，压实度应达到设计要求。

第五节 拉梁法加固重力式桥台

一、加固机理

当桥台由于地基承载力不够或台后土压力过大等原因，使得桥台向河中心发生滑移或者发生沉降时，可采用拉梁法加固。拉梁法加固的基本方法为：把拉梁埋于台后路基中，一端伸入原有桥台前墙内，与桥台前墙形成“П”形状，从而增加前墙抗推能力，以防止桥台向河中滑移，同时也可改善桥台前墙的基底应力并防止沉陷。

二、拉梁法加固桥台实例

1. 桥梁概况

某桥的南岸桥台基底置于天然地面以下 2m 处，其下有 1m 厚砂垫层。台前基顶裸露、护坡始于基顶以下。该桥台存在的主要问题有：

(1)桥台下沉，桥台台帽、基顶的上下游高程相同，但较竣工时有明显降低，以第一孔安全带及桥面中心线高程计算，该桥台已下沉 11cm；

(2)从竣工图与实测值比较，台身约向路堤方向后倾 3°～4°；

(3)两侧翼墙及相连的前墙已有贯通的横向裂缝，最宽处达 5～6mm，1981 年已发现桥台上的裂缝，以后便日渐严重；

(4)台后路基下沉，为消除桥头路基下沉引起的跳车现象而加铺台后路面约 4～5 次。1986 年加高后，桥头跳车依然明显，估计自建桥后该处路基沉陷至少 20cm。

2. 加固方案

(1)第一方案：灌注混凝土加固。即在台后 5m 左右范围内用钻机打梅花孔，深至桥台基底，孔距约 40～50cm，然后灌注混凝土，使台后填土取得一定程度的固结并增加内摩擦角。

(2)第二方案：采用设置与台背形成"π"形拉梁的台背加固方式，拉梁埋于台后路基中，伸入原有桥台前墙内，以防止桥台向河中的位移，同时亦可改善桥台基底应力并防止沉陷，见图 5.1.7 所示。

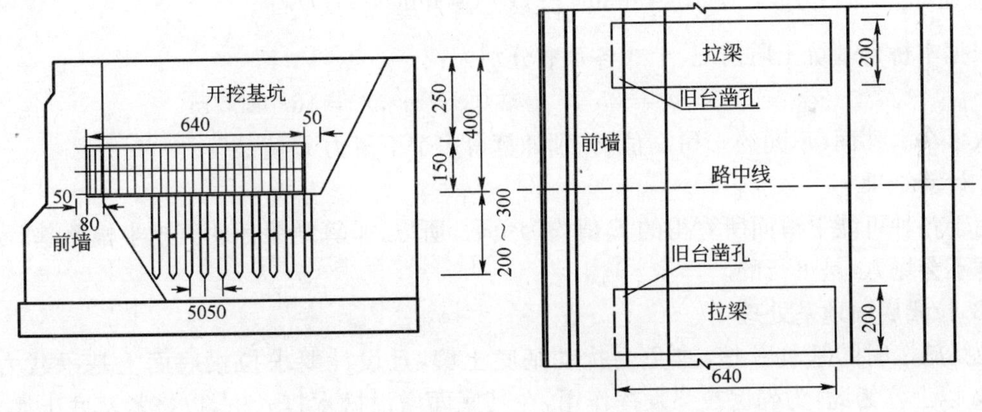

图 5.1.7 拉梁法加固重力式桥台(尺寸单位：cm)

3. 加固设计与施工

(1)加固措施

经对两个方案进行技术经济比较后，决定采用第二方案进行加固。即在台背设置两根钢筋混凝土拉梁，与台背形成"π"形。拉梁一端伸入原有桥台前墙内，以防桥台向河中位移，同时亦可改善桥台基底应力过大并防止沉陷等病害。

两根拉梁的尺寸均为：长×宽×高＝6.4m×2m×1.5m。各拉梁底面均设置小松木桩，以挤密土壤，提高基底承载力。

(2)拉梁施工时基坑开挖计算

由于本桥在加固桥台的同时,需维持原有交通而不能中断。所以,拉梁施工的基坑仅能采取半幅路基开挖,且要确保另半幅路基的安全和稳定,见图 5.1.8 所示。为此,对未开挖的半幅路基验算了以基坑面为临空面的滑移稳定性。

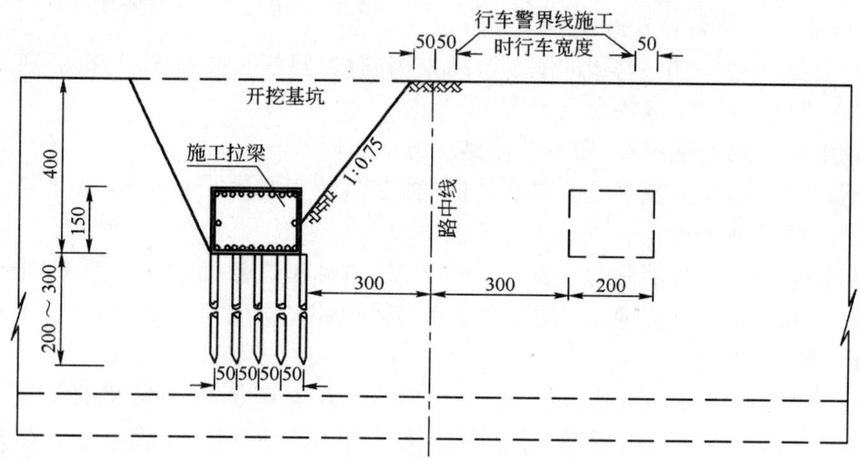

图 5.1.8 拉梁施工及基坑开挖(尺寸单位:cm)

①计算要点

下滑力计算公式:

$$E = W\sin\alpha - (W\cos\alpha\tan\varphi + cL)/k$$

根据本桥台基坑土质情况,上式各系数分别为:

$$k = 1.25, \varphi = 35°, c = 4.0\text{kN/m}^2, \gamma = 16.0\text{kN/m}^3$$

取多个滑移面(不同的 α 和 L 值)分别计算得多个下滑力 E 值。

②计算结果

由于各种可能下滑面所算得的 E 值均为负数,所以,验算结果证明开挖半幅路基后,另半幅路基不会塌方,是可行的。

(3)拉梁底面地基处理

拉梁施工时的基坑开挖,难免会扰动基底土壤,且设计要求拉梁底面土基承载力应在 300kPa 以上。为此,为确保拉梁发挥作用,在其底面增设松木打入桩,以挤紧基底土壤,提高其承载力。

①计算资料

台背填料为细亚砂土,天然孔隙率 $e_0=0.8$,液性指数 $I_L=0.92$,水上,中密,饱和度 $S_r=0.36<0.5$,稍湿。

②基底要求

$$e = 0.5,\text{密实},[\sigma_0] = 350\text{kPa}, \varphi = 38°$$

③计算公式

$$l = 0.952\sqrt{\frac{1+e_0}{e_0-e}}d$$

式中：l——桩的间距；

d——桩的直径。

经试算后，确定采用ϕ15cm松木桩，间距50cm，呈梅花形布置，桩长视打入情况取2～3m。

(4)加固施工工艺要点

基坑开挖应选择无雨天气，施工时应确保基坑边坡的稳定性。基底加小木桩主要是挤紧土壤、提高承载力，如开挖后承载力在300kPa以上时可不加松木桩。

应按设计要求保证拉梁伸入旧桥台中的深度。

回填土仍用原路基砂性土，必须分层洒水夯实。两根拉梁回填完成后再铺筑桥头路面。

第二章　顶推法调整拱桥拱脚水平位移

第一节　工 作 机 理[3-4]

双曲拱桥的拱轴线线形不仅直接影响到主拱圈的内力分布及承载能力，而且它与结构的耐久性(开裂影响)、经济合理性及施工安全等有密切关系。对于主拱圈实际拱轴线与压力线偏离较大的双曲拱桥，若仅仅对主拱圈截面进行补强加固，已不能有效地改善主拱圈的受力状况，这就需要对拱轴线与压力线进行调整，使两者尽量吻合，以改善主拱圈的受力状况。

对于修建在软土地基上或基底处理不当的双曲拱桥，往往容易发生桥台变形或位移而影响上部结构的正常使用，此时可用顶推法来调整拱脚位移，同时也调整了主拱圈结构的内力。顶推时在拱脚处设置夹具或刚性横隔梁，千斤顶顺拱脚拱轴线方向放置并施力，使拱脚产生水平位移并相应抬高；顶推后拱脚处形成的空隙应采用快硬性水泥混凝土进行填充，待混凝土强度达到设计值后，放松千斤顶压力，使拱轴线恢复。

在已发生拱脚变位病害的双曲拱桥中，拱脚处均有相当大的负弯矩，使拱脚背部混凝土开裂；拱顶则为正弯矩，使拱顶下缘混凝土严重开裂，以致降低了双曲拱桥的承载力。如果采用顶推工艺，将顶推端拱脚处的千斤顶妥善布置，使其合力中心与拱脚截面的换算截面重心重合，就能在顶推过程中基本上释放掉顶推端拱脚的负弯矩，并能减少拱顶正弯矩。当顶推距离合适时，可使拱顶弯矩接近于零，不仅解决了桥台位移的病害，还可恢复原桥的承载能力。

传递顶推力的结构有两种：一种是刚性横隔梁方法，适合拱脚起拱线较高，具有可供安装千斤顶和顶推施工作业空间的双曲拱桥；另一种是钢夹具方法，其适应性强，能多次重复使用。

1. 刚性横隔梁

其构造如图 5.2.1 所示。刚性横隔梁按钢筋混凝土结构设计计算，与主拱圈结合面的抗剪强度可由高强螺栓的预拉力所产生的摩阻力提供。

2. 钢夹具

结构示意图如图 5.2.2 所示。

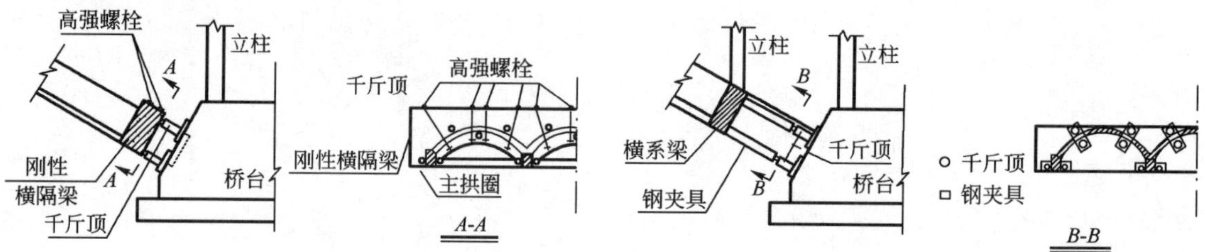

图 5.2.1　刚性横隔梁顶推法示意图

图 5.2.2　钢夹具顶推法示意图

第二节　顶推法的设计计算[3,5]

一、计算需要千斤顶数量

1. 按受力要求计算千斤顶数量 n_1

$$n_1 = \frac{KN}{P}$$

式中：K——安全系数，可取 1.2～1.5；

N——拱脚处的计算恒载轴向力；

P——每台千斤顶允许顶力。

2. 按构造要求确定千斤顶数量 n_2

先根据算得的 n_1，按合力的中心与主拱圈（拱脚处）的换算截面重心重合的原则，沿主拱圈截面试布置千斤顶。同时要满足构造要求，即每条拱肋应布一对千斤顶，每一拱波内至少布置两台千斤顶，且对称于截面纵轴均布，尽量使每台千斤顶负担的主拱圈换算截面积相等。反复试布、调整，最后确定千斤顶数量 n_2（$n_2 \not< n_1$）和其安装位置。

二、顶推水平距离的确定

控制双曲拱桥设计承载力的主要截面一般在拱顶和拱脚。通过顶推施工，顶推端拱脚负弯矩得以释放，非顶推端拱脚弯矩向正弯矩转化，两处受力状态均得到改善。所以，通过顶推能够使拱顶正弯矩接近于零，辅以一般处理可认为有位移病害的拱桥已恢复了原承载能力。据此在拱桥桥台变位为已知的条件下，可用下式拟定顶推水平距离。

1. 恢复拱桥承载能力的顶推水平距离

$$\Delta = k\eta(\delta_u + \delta_\theta) + \xi\delta_{sh} + \delta_M$$

式中：δ_u——桥台已发生的相对位移，其符号以跨径增大为正；

δ_θ——桥台已发生的转角当量位移；

δ_{sh}——混凝土收缩当量位移；

δ_M——拱顶恒载弯矩当量位移；

k——换算系数，即桥台单位水平位移引起无铰拱体系拱顶弯矩与单铰拱体系拱顶弯矩之比；

η——考虑混凝土徐变引起应力松弛和混凝土受力开裂对截面削弱的综合系数，η=0.25～0.45，η 取值原则是桥台相对位移与跨径之比大者取高值，小者取低值；

ξ——混凝土徐变对混凝土收缩当量位移的折减系数，ξ=0.45。

$$k = \frac{M_u}{M_{u1}};\delta_\theta = \frac{M_\theta}{M_u};\delta_{sh} = \frac{M_{sh}}{M_{u1}};\delta_M = \frac{M_o}{M_{u1}}$$

M_θ——按无铰拱图式，桥台转角引起的拱顶弯矩；

M_{sh}——按无铰拱图式，混凝土收缩引起的拱顶弯矩；

M_o——按无铰拱图式，恒载拱顶弯矩；

M_u——按无铰拱图式，拱脚单位水平位移引起的拱顶弯矩；

M_{u1}——按单铰（拱脚）图式，铰支座单位水平位移引起的拱顶弯矩。

2.最大顶推水平距离

当顶推的双曲拱桥有特殊要求(比如恢复通航净高的要求),上式中顶推水平距离Δ不能满足要求时,可实施超顶。但超顶距离Δ′必须满足如下条件:顶推后拱顶截面的实际内力加上活载、温度变化等最不利荷载组合之后,应能确保拱顶截面上缘混凝土不开裂(桥面不开裂),即拱顶截面上缘混凝土的拉应力小于或等于混凝土材料的容许拉应力。满足此条件的最大顶推水平距离为:

$$\Delta_{max}=\Delta+\Delta'$$

第三节　采用顶推法的工程实例

一、实例一[6]

某桥为单跨 $L=50.4$m 的双曲拱桥,矢跨比为1/9,拱轴线为悬链线形。拱肋为钢筋混凝土矩形截面,由三段拼装而成,组合式桥台,桥台基底为软塑黏性土。1991年竣工通车,不久即出现拱顶下沉(北侧29.3cm、南侧24.3cm,平均下沉26.8cm),拱肋跨中产生不同程度裂缝;桥台不均匀沉降(北侧3.2cm、南侧0.1cm,平均沉降1.65cm)等病害。

通过全面的分析,认为该桥病害是由于桥台水平位移过大引起的,验算结果亦表明桥台台背填土及钻孔桩提供的水平抗力不足,使桥台过量位移。因此决定对桥台进行加固并对水平位移进行主动调整。具体做法如下。

(1)采用顶管加固技术增加桥台水平抗力,即在桥台两侧回填管芯,其加固效果从该桥的顶推加固及顶推后的荷载试验中得到证实。

(2)采用顶推法整治拱脚位移,调整主拱圈结构内力,使拱肋径向受力裂缝趋向闭合,同时抬高拱顶高程,恢复拱桥通行能力。施工中首先在位移变化较大侧的拱脚处浇筑顶推梁,设置4台100t、6台200t的千斤顶施顶,历时7h,顶推达到预定的技术数值后采用高强混凝土封固拱脚。

二、实例二[1]

广西桂林雉山桥为1孔56m、矢跨比1/10的双曲拱桥,桥面净宽12m+2×3m(人行道),设计荷载为汽车—13级、拖车—60。采用空腹式轻型桥台,地基为砂卵石层。1972年7月27日开始吊装拱肋,8月8日发现拱顶下沉4.33cm,至10月,桥梁除人行道外已基本建成,此时拱顶下沉增加,桥台明显位移,当即停工。至1973年3月,两台分别下沉3.8~6cm,拱顶下沉35.3 cm,两台相对位移7cm,拱圈裂缝增多,当即对桥台用钻孔灌浆法加固,位移虽减缓但未终止,1974年经静载试验(压重50t),认为桥梁可以加固后利用。

桥梁于1986年10月开始加固施工。加固前经检查,得到两台分别下沉40mm及134mm,相对位移96mm(向路堤水平向),拱顶下沉400mm,主拱 $3L/8$~$5L/8$ 区段下缘径向裂缝每肋有80余条,缝宽0.15~0.20mm。两端第一个腹拱顶横向裂通,缝宽5~8mm。

加固措施是先加固桥台,后用顶推法调整位移。桥台加固是以浆砌片石填实腹孔,在两台后增设长24 m的2ϕ1.7m顶管,将东台后挡墙与新建的立交桥基础连成一体,以增加桥台的抗推能力。拆除原桥面改做钢丝网水泥混凝土薄桥面,减轻恒载。将已开裂腹拱拆除重建并增设8根腹孔拉杆。在主拱 $3L/8$ 和 $5L/8$ 处各增设一道横系梁。最后再进行顶推作业。顶

推前，先在两台拱脚浇筑一钢筋混凝土顶推横梁，用38台100t和8台200t的液压千斤顶同步施顶，使拱脚沿拱轴线方向移动。两拱脚顶推水平位移63mm，拱脚抬高30mm。顶推过程中，东、西两台各产生3mm水平位移，顶推终止后稳定。顶推后，拱顶抬高150mm，拱肋下缘径向裂缝大部分合龙，残留裂缝宽度均在0.10mm以内。经验算并参照1974年静载试验报告，认为该桥已恢复设计承载能力。

三、实例三[1]

安徽省宿县地区立新桥为2孔27m、矢跨比1/8的双曲拱桥，明挖基础配组合式桥台，于1976年建成通车。1980年检查该桥时发现，拱顶累计下沉15 cm，并继续发展，部分拱肋开裂。经分析，主要是桥台断面不足所致，决定采用顶推法调整拱脚位移。具体施工方法是：在距台后约10～16m处开挖填土，开挖至路面以下2.45m后改挖立井为作业场，用2台200t千斤顶将受力管往桥台方向顶进，使它与原台组合受力，改善桥台的受力状态。受力管为直径138cm的钢筋混凝土圆管，顶进后管内以片石混凝土填充。加固后恢复通车，情况良好。

四、实例四[1]

江苏省吴江县某桥为1孔60m双曲拱桥，桥宽8.4m，设计荷载汽—10，履—50，两台后各有长20m的挡墙，借以增大桥台的抗滑力。桥台奠基于粉细砂夹黏土层，容许承压力为80～90kPa，其下为流塑状淤泥薄砂层，容许承压力50～60kPa，曾用石灰桩加固地基但效果不好。

在上部结构施工的两个多月内，两桥台合计向外位移10cm，但沉降较为均匀；因此从吊装拱肋开始，即采用顶推法调整位移。在南拱脚设置牛腿夹具，用22只抗拉强度为871.5MPa的ϕ24高强螺栓将钢制牛腿夹具夹紧在拱肋侧面，依靠夹具和拱肋的摩阻力传递给置于桥台拱座处千斤顶推力，千斤顶顺拱轴方向设置并施力，使拱脚产生水平位移并相应抬升，顶推后形成的拱座处空隙用快硬砂浆填充。

顶推分4期进行，第1次在拱肋合龙时，顶力355t，分6级共顶进46.02mm；第2次在安装桥面板后，顶力475t，分5级共顶进34.02mm；第3次在安装人行道板后，顶力522t，分5级共顶进43.63mm；第4次在桥梁竣工后260天进行，顶力600t，顶进35.95 mm。4期顶进累计159.80mm，加上设计容许位移30mm，合计189.80mm，与该桥累计20年会产生的水平位移预测值相近(187mm)。该桥建成后得以正常使用。

五、实例五[1]

江苏省无锡县某桥为1孔55m双曲拱桥，净宽4.5m。设计荷载为汽—10、履—50，于1981年3月建成。北台基底为淤泥，容许承压力40kPa，其下为[R]=250kPa的硬塑亚黏土；南台基底淤泥[R]=80kPa，其下为[R]=140kPa的可塑性亚黏土，再下为[R]=270kPa的半硬亚黏土。

该桥施工至拱肋合龙后，桥台即发生位移，至1981年10月拱脚已产生水平位移，其中：南台16.4 mm、北台36.2mm。跨径增大52.6mm。经采用千斤顶在拱脚施力384t后，顶进40mm，拱顶抬高84.2mm。顶推位移连同拱的设计容许位移，与预计20年累计桥台相对位移大致相当。

第三章　锚杆法加固U形桥台[7]

第一节　加固机理及设计要点

预应力锚杆对拉技术加固桥台，是使台后填土的土压力通过预应力锚杆传递给框架，再通过框架和侧墙传给台后填土。加固后的桥台在横向成为一个自平衡体系，使得桥台侧墙不再发生向外的侧移。预应力锚杆对拉技术加固桥台，是在没有改变原有桥台结构的基础上增加了结构的整体性，其施工工艺简单易行，所占用的空间有限，是一种经济实用、合理有效的桥台加固方法。

一、锚杆张拉控制力的确定

台后填土在运营阶段已基本固结稳定，所以台后土侧压力按静止土压力计算。台后土侧压力分为台后填土引起的土侧压力和汽车荷载引起的土侧压力两部分，其中汽车荷载引起的土侧压力是按汽车轮重换算为等代均布土层来计算的。计算公式如下。

1. 台后填土引起的土压力

$$\sigma_{T_0} = K_0 \gamma z$$

2. 汽车荷载引起的土侧压力

$$\sigma_{l_0} = \gamma h K_0$$

式中：K_0——静止土压力系数，根据经验取值为0.5；

γ——土的重度；

z——距侧墙顶面的距离；

h——等代均布土层的厚度。

二、锚杆张拉控制力的计算

所有台后填土的土压力将由预应力锚杆承担。根据计算所得的台后土侧压力，按照“半分法”计算每层锚杆的张拉控制力，每根锚杆分担其与上下左右相邻锚杆间距所构成矩形区域内的土压力的1/2。各锚杆采取等间距布置，每层各锚杆的张拉控制力相等。

三、锚具及外锚头的设计

预应力锚具可采用高强精轧螺纹钢筋锚具。为满足局部承压的要求，设锚垫板，锚下采用螺旋筋来提高其局部承压能力，锚头采用内置式。

四、锚杆的防腐措施

预应力筋张拉完毕进行孔道灌浆，预应力筋包裹在水泥砂浆中免受腐蚀。封锚之前用环氧树脂在锚头表面进行涂刷，后用 M30 水泥砂浆封锚进行防护处理。

第二节　施工方法及注意事项

一、施工设备

预应力锚杆加固施工所需的施工设备包括：钻孔设备、张拉设备、注浆设备、混凝土搅拌设备、下料设备等。其中，钻孔设备包括钻机、空压机、风镐等，要根据现场实际情况合理选用适当的型号；预应力高强精轧螺纹钢筋的专用张拉设备为 YG—70 型穿心式单作用千斤顶；注浆设备包括注入水泥浆和水泥砂浆的注浆泵、搅拌设备、高压输送浆液管路。注浆泵应根据注浆材料和注浆量来选用；预应力高强精轧螺纹钢筋下料采用砂轮锯切割，不要采用电焊或氧割进行切割。

二、施工流程及施工工艺

1. 施工流程

在材料、设备、水电以及相关的工作人员到位后，施工现场搭设施工平台，侧墙上测定孔位，专用钻机钻孔，钻孔的同时，制作预应力筋锚杆。

钻孔完毕，安放锚杆，然后在侧墙上植筋、绑扎钢筋、安设模板、浇筑混凝土框架。待混凝土框架设计强度达到 80%后用已经标定完毕的设备进行分级循环张拉。张拉完毕进行孔道灌浆、锚头防护处理，最后清理施工现场。

2. 钻孔施工工艺

钻机对中性要好，晃动量要小，钻进过程中要有一定的稳定性；钻进回转速度要与选用的成孔方法相匹配，以保证钻进效率；钻机要具有大扭矩、高起拔力，以便于处理孔内故障。

钻孔时一般要控制 5 个参数：孔口坐标、孔径、孔深、锚固孔轴线的空间走向和倾角。为保证孔道走向正确，每一两个回次测量一次，随时掌握孔向数据。根据孔向数据，及时纠正钻机回转器或钻具轴向工作方向。

3. 锚杆制备施工工艺

(1)下料前预应力钢筋必需调直，清除表面的浮锈、污物、泥土，钢筋两端由钢厂剪切造成的扁头应予锯去，钢筋表面如有明显凹坑、缺陷，应剔出该段，不得使用；

(2)预应力精轧螺纹钢筋下料应采用砂轮锯切，严禁使用电焊切割；

(3)精轧螺纹钢筋需要接长时，在接长端可用油漆标出 1/2 连接器长度以保证被连接钢筋与连接器相对位置的准确，在连接螺纹处涂抹环氧树脂，防止接长钢筋与连接器在施工中可能松扣；

(4)预应力高强精轧螺纹钢筋在非张拉端露出锚具的长度应等于或大于钢筋的直径，在张拉端露出锚具的长度应大于等于钢筋 6 倍螺距；

(5)张拉结束后切割所留的露出锚具的长度应等于或大于钢筋的直径;为保证锚杆处于孔道的正中,在锚杆上设置限位器。

4. 锚杆张拉锁定施工工艺

张拉前要对千斤顶、油泵、油管、压力表校验,校验合格后将千斤顶与油泵配套进行标定。

钢筋混凝土框架浇筑后的强度要达到设计强度的80%才能张拉锚杆,采用一端张拉。正式张拉前取30kN的预紧张拉力,采用多次循环预紧方式对每根精轧螺纹钢进行预紧张拉,使其各部位的接触紧密。

第三节　锚杆法加固U形桥台工程实例

一、桥梁概况

某桥下部结构采用U形桥台,桥台台身高7.13m,基础均采用扩大基础,台后填土采用密实度达95%的石渣土。使用过程中桥台的侧墙发生向护栏外侧的位移,最大位移量达14 cm,并造成侧墙及前墙出现裂缝,但前墙未有明显位移发生。在随后的桥台加固中,在裂缝灌浆时消耗了大量的水泥浆,可推断台后填土不密实且流失严重。

二、病害原因分析

由于路面渗水,造成桥台后土压力增大,进而使桥台侧墙发生向外的侧移。由于桥台为浆砌片石结构,其抗弯抗剪能力有限,于是在土压力及车辆荷载的作用下,侧墙上出现了1~3条沿着竖向砌缝的主裂缝,在侧墙向外整体侧移的同时,还在前墙上造成与侧墙交界处的竖向裂缝。另外侧墙的外移带动了锥坡的移动,造成桥台锥坡及挡土墙也出现裂缝。

从养护部门的长期监测资料来看,发现以上病害已有10年左右的时间,且有缓慢发展的趋势,对桥台安全极为不利,有必要进行加固处理。

三、加固方案的选择

根据对病害产生原因的分析,侧墙的外倾主要是由于倾覆力矩较大而侧墙抗倾覆力矩不足所造成。加固桥台侧墙通常有体外支护、预应力地锚、预应力对锚等方法。

体外支护法需要占用较大的空间,加固效果不显著,加固后对桥台的美观影响较大,造成与周围环境的不协调。预应力地锚加固基本不需要占用桥台外部的空间就可以完成对桥台侧墙的加固,其最终将台后填土的土侧压力通过预应力锚杆传给地层,因此对地层的承载力要求较高,一般需要有坚固的岩层才会达到良好的加固效果。预应力对锚是通过桥台本身的自平衡来达到加固桥台的目的,与预应力地锚相比,不但有占用体外空间小的优点,而且对地层本身没有严格要求,在相同的地层条件下会有比预应力地锚更好的加固效果。

考虑到实际工程中岩层比较深,因而采用通过两侧墙的预应力锚杆对拉来减小侧墙所受倾覆力矩,以限制桥台变形的进一步发展。在两侧墙上合理布置一定数量的孔位,垂直侧墙用钻孔机水平钻孔,并穿透两侧墙,在孔内安放锚杆,接着在侧墙上浇筑钢筋混凝土框架,利用框架提供锚杆反力并增强侧墙的整体性,待框架达到设计强度后张拉锚杆,最后进行灌浆和外锚

头的防护处理。锚杆法加固桥台框架及锚索的具体布置详见图 5.3.1 所示。

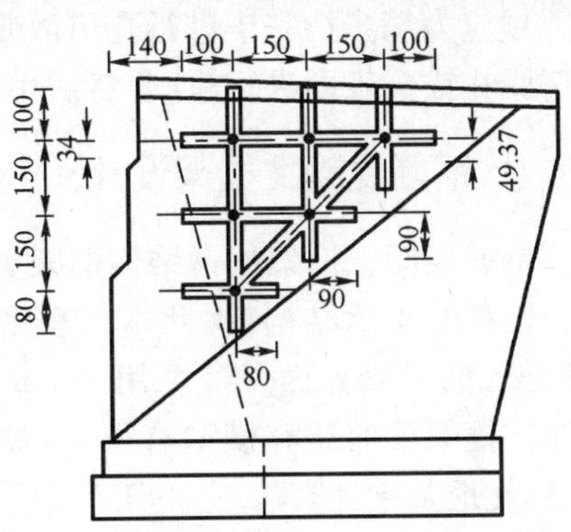

图 5.3.1 锚杆法加固 U 形桥台示意图(尺寸单位:cm)

四、锚杆设计

预应力锚杆是加固中最主要的承重部件,为了限制侧墙继续向外发生位移,设计中预应力锚杆将承担所有的台后填土和活载引起的土压力。

本加固工程锚杆采用Φ 25 精轧螺纹钢筋制成,抗拉设计强度 $f_{pd}=650$MPa,轴向抗拉力设计值为 319 kN。

根据实际尺寸以及相应的施工规范进行下料,如果锚杆长度不够,使用 YGL25 型连接器进行加长,不得采用其他任何形式的连接,见图 5.3.2 所示。

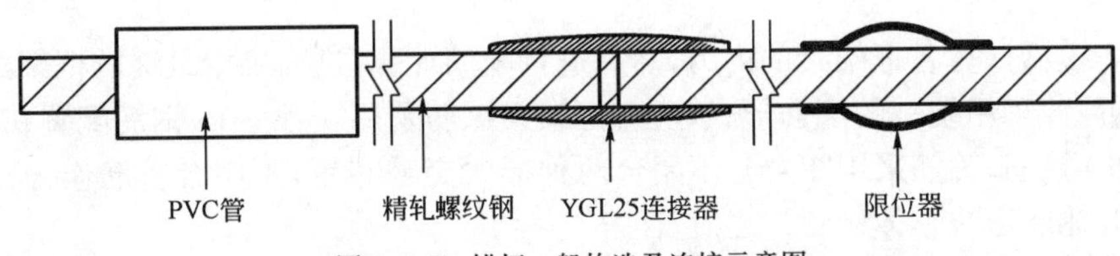

图 5.3.2 锚杆一般构造及连接示意图

五、台后土侧压力计算

采用本章第一节的计算公式进行土压力计算。

台后填土引起的土压力:

$$\sigma_{T_0}=K_0\gamma z=0.5\times21\times z=105z(\text{kN/m}^2)$$

汽车荷载引起的土侧压力:

$$\sigma_{l_0}=\gamma hK_0=21\times0.778\times0.5=8.169(\text{kN/m}^2)$$

六、锚杆张拉控制力的计算

根据计算所得的台后土侧压力,按照“半分法”计算每层锚杆的张拉控制力。最后计算得各层锚杆的张拉控制力见表 5-3-1。

各层锚杆的张拉控制力 表 5-3-1

层 编 号	锚杆张拉控制力 σ_{con}(kN)	层 编 号	锚杆张拉控制力 σ_{con}(kN)
第 1 层	71	第 3 层	145
第 2 层	121		

七、锚具及外锚头的设计

预应力高强精轧螺纹钢筋的锚具为 YGM25 型锚具。为满足局部承压的要求,锚垫板采用 120 mm×120mm×24mm 的尺寸,锚下采用螺旋筋来提高其局部承压能力,锚头采用内置式。

预应力筋张拉完毕进行孔道灌浆，使预应力筋包裹在水泥砂浆中免受腐蚀。封锚前用环氧树脂在锚头表面进行涂刷，然后用水泥砂浆封锚进行防护处理。

八、钢筋混凝土框架设计

钢筋混凝土框架比钢结构框架更适于作为预应力锚杆的支承结构，因此本工程采用钢筋混凝土框架，框架梁界面尺寸采用 30cm×30cm 矩形截面。框架梁的计算模型有很多，如连续梁计算法、弹性地基梁计算法等，本工程中采用连续梁计算法，见图 5.3.3 所示。

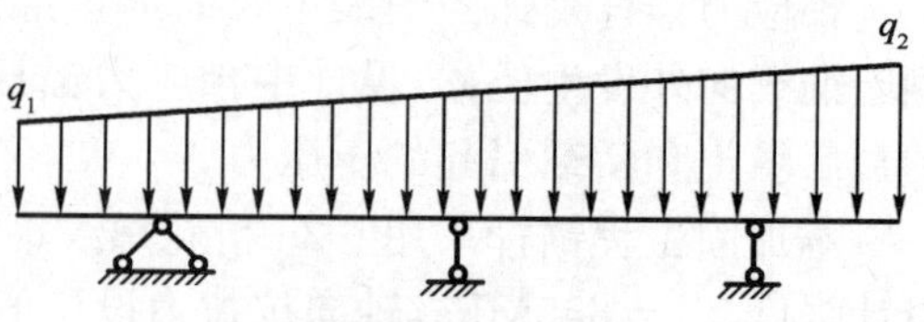

图 5.3.3　钢筋混凝土框架梁计算简图

计算时将锚杆等效为支座，每一排框架梁简化为支撑在锚杆上的连续梁，连续梁承受墙体给它的分布荷载。锚杆的张拉控制力等效为支座反力，梁体所受分布荷载通过静力平衡方程求得。

根据受力模型计算各框架梁的内力，然后进行配筋计算，进而确定最终的框架配筋。为了施工方便，各截面采用统一的配筋形式，所有框架梁纵筋采用 4 根Φ 16 钢筋配置在角部，每隔 15cm 配置 ϕ10 箍筋，箍筋采用闭合与不闭合两种形式交替布置，不闭合箍筋作为植筋植入墙体以使框架与侧墙形成整体。

对加固后的桥台进行跟踪观测表明，经加固的桥台侧墙稳定，达到了预期的加固效果。

第四章　双曲拱桥墩、台地基与基础的加固

第一节　注浆法加固墩、台地基

一、加固机理

墩、台地基加固的方法众多，本节仅介绍旋喷法和注浆加固方法。两者的共同的目的就是把浆液灌注到墩、台基础以下的地基中，让水泥或其他浆液在土体周围中通过渗透、填充、压密、扩展形成浆脉。

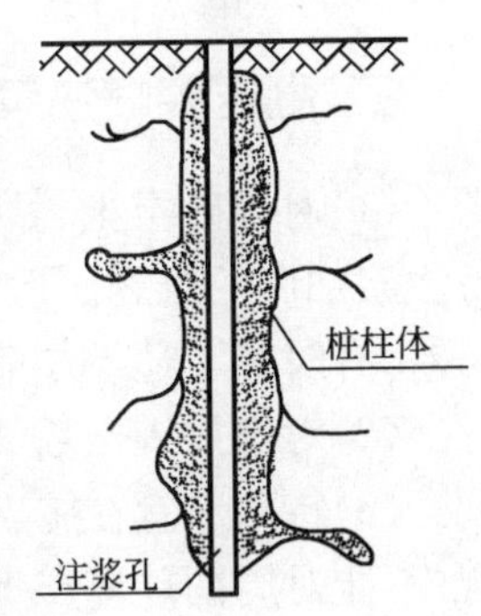

图 5.4.1　注浆加固机理示意图

由于地层中土体的不均匀性，注浆法的目的是通过钻孔向土层灌入一定水灰比的浆液，一方面灌浆孔向外扩张形成圆柱状浆体，钻孔周围土体被挤压充填，紧靠浆体的土体遭到破坏和剪切，形成塑性变形区，离浆体较远的土体则发生弹性变形，钻孔周围土体的整体密度得到提高；另一方面，由于土体裂缝的发展和浆液的渗透，浆液在地层中形成方向各异、厚薄不一的片状、条状、团块状浆体，纵横交错的浆脉随着凝结硬化，形成复合土体之间紧密而粗糙的接触，沿灌浆管形成不规则的、直径粗细不同的桩柱体（图 5.4.1）。这种桩柱体与压密的地基土形成复合地基，两者共同作用起到控制沉降、提高承载力的作用。[8]

高压旋喷注浆法是利用钻机把带有喷嘴的注浆管钻至土层的预定位置后，用高压设备将浆液或水泥浆以 20MPa 左右的高压流从喷嘴中旋喷出来，冲击破坏土体，同时钻杆以一定速度渐渐向上提升，将浆液与土粒强制搅拌混合，浆液凝固后在土中形成一个固结体。旋喷法主要用于加固地基、提高地基的抗剪强度、改善土的变形性质，也可组成闭合的帷幕用于阻截地下水流和治理流砂。旋喷法施工后在地基中形成的圆柱体，称为旋喷桩。[9]

高压旋喷注浆法的目的(表 5-4-1)是通过地基中形成的水泥固结体与桩间土一起形成复合地基，使地基强度增加，从而提高地基的承载力、减少地基的沉降变形、增强应力扩散，达到加固地基结构的目的。[9]

通过对地基进行加固处理，可以提高桥梁墩、台基础下的地基承载力(提高填土、砂卵石层的密实度至原设计水平的 0.95 以上)，降低地基变形量，从而消除地基的不均匀沉降，使墩台的变形、开裂等得到控制。

高压旋喷注浆法的目的　　表 5-4-1

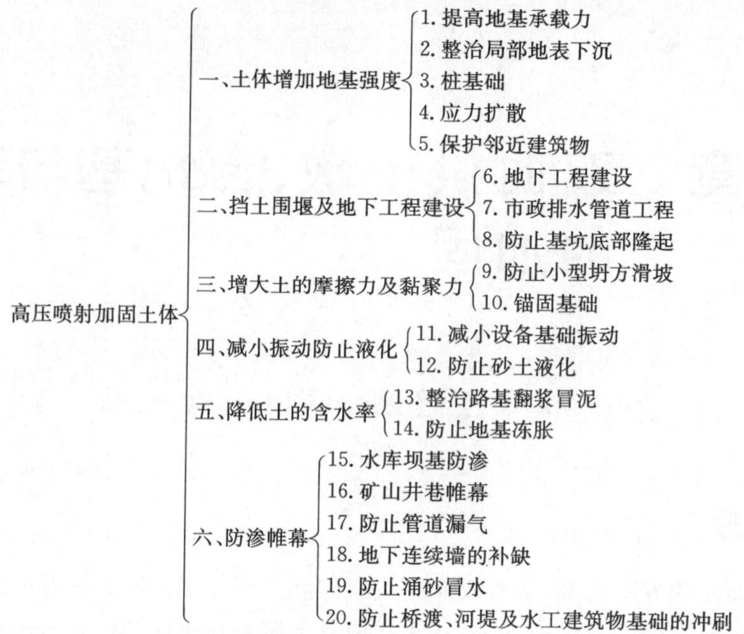

二、高压旋喷注浆法的适用条件[9]

(1)对于砂类土、黏性土、黄土和淤泥等都能进行喷射加固，效果较好，解决了小颗粒土不易注浆加固的难题。但对于砾石直径过大、砾石含量过多及有大量纤维质的腐殖土，旋喷质量稍差，有时甚至还不如静压注浆的效果。

(2)对于贯入击数 $N=0\sim30$ 的砂土、粉土、黏性土、黄土和淤泥等都能进行喷射加固。

(3)特别适宜在施工场地狭窄，净空低，上部土质坚硬、下部软弱，施工时不能停止生产运营，不能对周围环境产生公害和不能影响邻近建筑物时采用。

三、注浆法加固墩台地基的设计[10]

1. 注浆法的分类

注浆法是被广泛采用的地基加固方法，它既适用于已有结构物地基处理，也适用于新建工程。注浆可分为水泥灌浆法、硅化法和碱液法。

(1)水泥注浆法

①水泥注浆法适用于砂土和碎石土中的渗透注浆，也适用于黏性土、杂填土和黄土中的压密注浆与劈裂注浆。

②水泥应选用普通硅酸盐水泥或矿渣水泥，其等级不低于 32.5 级。水泥浆的水灰比可取为 1∶1。为防止水泥浆被地下水冲失，可在水泥浆中掺入相当水泥重量 1%～2%的速凝剂，常用的速凝剂有水玻璃和氯化钙等。

(2)硅化法

硅化法可分双液硅化法和单液硅化法等。地基土的渗透系数为 0.1～80m/d 的粗颗粒土，可采用双液硅化法(水玻璃、氯化钙)；对地基土的渗透系数为 0.1～2m/d 的湿陷性黄土，可采用单液硅化法(水玻璃)；对自重湿陷性黄土，宜采用无压力单液硅化法，以减少施工时的

附加下沉。

(3)碱液法

①碱液(氢氧化钠溶液)法适用于处理既有建筑物的非自重湿陷性黄土地基。

②施工时用洛阳铲或用钢管打到预定处理深度,孔径为50～70mm,孔中填入粒径为20～40mm的小石子至注浆管下端的高程处,将ϕ20mm的注浆管插入孔中,管子四周填入粒径5～20mm的小石子,高度约200～300mm,再用素土分层填实至地表。

③灌注桶中的溶液可用蒸汽管加热或用火在桶底加热至80～100℃,溶液经胶皮管与注浆管自流渗入灌注孔周围形成加固柱体。氢氧化钠的用量可采用加固土体干土重量的3%左右;溶液浓度可采用100g/L。

④在基础两侧或周边应各布置一排灌注孔,孔距可根据处理的要求确定。当要求将加固体连成一片时,孔距可取0.7～0.8m。

⑤为减少施工时的附加下沉,各孔应间隔灌浆,合理安排灌注顺序,控制施工速度,防止浸湿区连成一片。

2. 注浆法设计步骤及注意事项

(1)设计前必须通过调查研究,设计时应包括下述内容:注浆有效范围、注浆材料的选择、初凝时间、注浆量和压力、注浆孔布置和注浆顺序等。

(2)注浆工艺和有效范围应根据不同工程要求,达到防渗堵漏、提高土体强度和模量、充填空隙及托换等目的。注浆土的覆盖点应大于2m。

(3)选定浆液及其配比的设计,必须考虑注浆的目的、地质情况和地基土的孔隙大小、地下水的状态等,在满足所需目的范围内选定最佳配比。

(4)注浆法处理软土的浆液材料可选用以水泥为主剂的悬浊液,也可选用水泥和水玻璃的双液型混合液。丙凝具有凝结时间短的特点,聚氨酯有遇水膨胀的特性,化学浆液因对环境有污染,选用时应慎重考虑。在有地下动水流的情况下,不应采用单液水泥浆。

(5)用作防渗的注浆至少应设置三排注浆孔,注浆液应选用水玻璃或水玻璃与水泥的混合液。注浆孔间距可按1.0～1.5m范围设计。动水情况下的堵漏注浆宜采用双液注浆或初凝时间短的速凝配方。

(6)用作提高土体强度的注浆液可选用以水泥为主剂的悬浊液,注浆孔间距可按1.0～2.0m的范围设计。

(7)初凝时间必须根据地基土质条件和注浆目的决定。在砂土地基中注浆,一般使用的浆液初凝时间为5～20min;在黏性土中劈裂注浆时,一般浆液初凝时间为1～2h。

(8)注浆量取决于地基土性质和浆液的渗透性等因素。在进行大规模注浆施工时,宜在施工现场进行试验性注浆以决定注浆量。一般黏性土地基中的浆液注入率为15%～20%。

(9)在砂性土中注浆,若以防渗为主要目的,则应考虑第二次注浆,第二次注浆的时间宜在第一次注入的水泥浆初凝后进行。注浆材料应采用水玻璃等低黏度的化学注浆材料。

(10)对劈裂注浆,在注浆的范围应尽量减小注浆的压力。注浆压力的选用根据土层的性质及其埋深确定。砂性土时的经验数值是0.2～0.5MPa,黏性土时的经验数值是0.2～0.3MPa。

(11)对压密注浆,注浆压力主要取决于浆液材料的稠度。如采用水泥砂浆液,坍落度可在25～75 mm左右,注浆压力可选在1～7MPa范围内,而且坍落度较小时,注浆压力可取上限值。如采用水泥—水玻璃双液快凝浆液,则注浆压力应小于1MPa。

(12)注浆孔的布置原则,应能使被加固土体在平面和深度范围内连成一个整体。

(13)注浆顺序必须适合于地基土质条件、现场环境及注浆目的,一般不宜采用自注浆地带某一端单向推进的压注方式,应按跳孔间隔注浆方式进行,以防止串浆。对有地下动水流的特殊情况,应考虑浆液在动水流下的迁移效应,应自水头高的一端开始注浆。

(14)注浆时应采用先外围、后内部的注浆施工方式。注浆范围以外有边界约束条件时,也可采用自内侧开始顺次往外侧注浆的方法。

3.注浆法的技术要点

(1)注浆法适用于处理砂性土、粉性土、黏性土和一般填土层。

(2)注浆法处理的目的是防渗堵漏、提高地基土的强度和变形模量、托换和控制地层沉降。

(3)注浆设计前,应查明加固土层的分布范围、含水量、土的颗粒级配、地下水和孔隙率等土体的物理力学性质指标。

(4)对重要工程,注浆设计前必须进行室内浆液配比试验。此外,尚宜进行现场注浆试验,以求得合适的设计参数,并检验施工方法和设备。

四、注浆法施工[10]

1.水泥浆注浆法

水泥浆注浆法是以水泥浆作为注浆材料的施工方法。

注浆施工必须根据设计要求并考虑周围环境条件进行。施工前,设计单位应向施工单位提供注浆设计文件并负责技术交底。

注浆施工情况必须如实和准确地记录,应有压力和流量记录,宜采用自动流量和压力记录仪,并对资料及时进行整理记录,以便指导注浆工程的顺利进行,并为验收工作做好准备。

(1)塑料阀管注浆施工可按下列步骤进行:

①钻机与灌浆设备就位;

②钻孔;

③当钻机钻到设计深度后,从钻杆内灌入封闭泥浆;

④插入塑料单向阀管到设计深度,当注浆孔较深时,阀管中应加入水,以减少阀管插入土层时的弯曲;

⑤封闭泥浆凝固后,在塑料阀管中插入双向密封注浆芯管进行注浆;

⑥注浆完毕后,应用清水冲洗塑料阀管中的残留浆液;对于不宜用清水冲洗的场地,可考虑用纯水玻璃浆或陶土浆灌满阀管内。

(2)花管注浆法施工可按下列步骤进行:

①钻机与灌浆设备就位;

②钻孔或采用振动法将花管压入土层;

③若采用钻孔法,应从钻杆内灌入封闭泥浆,然后插入花管;

④待封闭泥浆凝固后,移动花管自下向上(或自上向下)进行注浆。

(3)压密注浆施工可按下列步骤进行:

①钻机与灌浆设备就位;

②钻孔或采用振动法将金属注浆管压入土层；

③若采用钻孔法，应从钻杆内灌入封闭泥浆，然后插入孔径5cm的金属注浆管；

④待封闭泥浆凝固后，捅去金属管的活络堵头，然后向地层注入水泥—砂稠状浆液或水泥水玻璃双液快凝浆液。

(4)注浆孔的钻孔孔径一般为70～110mm，注浆孔有设计角度时应预先调节钻杆角度，倾度偏差不大于20°。

(5)当钻到设计深度后，必须通过钻杆注入封闭泥浆，直到孔口溢出泥浆方可提杆。当提杆至中间深度时，应再次注入封闭泥浆，最后完全提出钻杆。

(6)封闭泥浆的7d立方体抗压强度宜为q_u=0.3～0.5MPa，浆液黏度为80～90s。

(7)塑料单向阀管每一节均应作检查，要求管口平整无收缩，内壁光滑。事先将每6节塑料阀管对接成2m长度以备用。准备插入钻孔内时应复查一遍，必须旋紧每一节螺纹。

(8)注浆芯管的聚氨酯密封圈使用前要进行检查，孔口应无残缺和大量气泡现象，上部密封圈裙边向下，下部密封圈裙边向上，都应涂上黄油，所有注浆管接头螺纹均应保持有充足的油脂，这样既可保证丝牙寿命，又可避免浆液凝固在丝牙上，造成拆装困难。

(9)若进行第二次注浆，化学浆液的浓度应较小，不宜采用自行密闭式密封圈装置，宜采用两端用水加压的膨胀密封型注浆芯管。

(10)注浆开始前应充分做好准备工作，包括机械器具、仪表、管路、注浆材料、水和电等的检查及必要的试验，其中压力表和流量测定器应是必备的仪表，注浆一经开始即应连续进行，避免中断。

(11)浆的流量一般为7～10L/min，对充填型灌浆，流量可适当加快，但也不宜大于20L/min。

(12)注浆用水应是可饮用的自来水、河水、井水及其他清洁水，不宜采用pH值小于4的酸性水和工业废水。

(13)注浆所用的水泥宜用42.5级或52.5级普通硅酸盐水泥，一般不得超过出厂期2个月，受潮结块不得使用，水泥的各项技术指标应符合国家现行标准，并应附有出厂试验单和合格证。

(14)浆体必须经过搅拌机充分搅拌均匀后，才能开始压注，并应在注浆过程中不停地缓缓搅拌，搅拌时间应小于浆液初凝时间，浆体在泵送前应经过筛网过滤。

(15)如注浆中途发生地面冒浆现象应立即停止注浆，调查冒浆原因，如系注浆孔封闭效果欠佳，可待浆液凝固后重复注浆；如系地层灌注不进，则应结束注浆。

2.化学浆液注浆法

化学浆液注浆法是以灌注水玻璃或者水玻璃加氯化钙为主的灌浆法。

(1)施工前应通过现场试验编制施工组织设计，内容应包括：注液管及电极管的布置图和打(或钻)入深度、化学浆液浓度和用量、注液方法、灌注速度、灌注压力以及加固效果的要求等。采用电动硅化法加固时，应提出合理的电压梯度、通电时间和方法。

(2)注液管宜采用钢管，其内径为20～38mm。如用钢筋作为电极时，其直径不得小于22mm。

(3)压力硅化用的泵或空气压缩机，应能在0.6MPa(表压)的压力以内向每个注液管供应5～10L/min的溶液。

(4)管路系统的附件和设备，以及检验仪器(压力计)应符合规定的压力。

(5)拔出注液管后，留下的孔洞应用水泥砂浆或土料填塞。

3. 注浆法施工质量检验方法

(1)水泥浆液注浆法的施工质量检验

①对注浆效果的检查，应根据设计提出的要求进行，检验时间在注浆结束28d后。可选用标准贯入和静力触探对加固地层进行检测。

②注浆效果检测点一般为注浆孔数的2%～5%，如检验点不合格率等于或大于20%，或虽小于20%，但检验点的平均值达不到设计要求时，在确认设计原则正确后应对不合格的注浆孔实施重复注浆。检测点位置应视检测方法和现场条件由施工单位和设计单位协商决定。

(2)化学浆液注浆法的施工质量检验

①硅化地基的验收：砂土和黄土应在施工完毕15d以后进行，黏性土应在60d以后进行。

②砂土硅化后的强度，应取试块作无侧限压试验，其值不得低于设计强度的90%。

③黏性土硅化后，应按加固前后沉降观测的变化，或使用触探检测加固前后土中阻力的变化，以确定质量。

④黄土硅化后的质量可视具体情况，采用上述两种方法之一进行检验。

⑤地基硅化后的整体性和外形，均可采用触探检验。

⑥硅化地基验收时，应提交出下列资料：

a. 施工记录；

b. 材料的试验记录；

c. 试块试验记录；

d. 触探法测定阻力变化记录；

e. 竣工剖面图和钻孔位置平面图。

五、高压旋喷注浆法加固实例[10]

某桥采用U台扩大基础，台高9.8m，基础宽11m，长9m。1978年底桥台建成并铺设钢筋混凝土桥面。

1. 存在的主要问题

1979年3月进行台背填土，当填土到3m时，发现北桥台发生严重的不均匀下沉，至1981年3月进行旋喷桩加固前为止，桥台前趾左角累计下沉46mm，右角下沉44mm，台后左角下沉112mm，右角下沉106mm，严重影响了结构的正常使用。

2. 原结构复算要点

(1)结构复算依据

原桥设计资料及《公路桥涵地基与基础设计规范》(JTJ 024—85)。

(2)计算模型的选择

按常规U形扩大基础重力式桥台计算模型分别对地基及基础的应力、沉降和稳定性进行验算。

3. 加固设计方案

(1)加固设计要点

由于在桥台基底下10m左右有一承载力很高的砾岩地层，容许承载力大于5MPa。因此，

按支承桩进行加固设计，单桩承受的最大荷载由桩体强度决定。

(2)估算原有地基极限承载能力 σ_0

由于该桥建成后一年多来不断下沉，又属不均匀性质，故现有地基支承系数取 $\alpha=0.85$。

(3)加固前地基实有平均压应力

桥台最大荷重：

$$W=18\,640\text{kN}=1.864\times10^7\text{N}$$

桥台面积：$A=11\times9=99(\text{m}^2)$，则：

$$\sigma=\frac{W}{A}=\frac{1.864\times10^7}{99}=180\,000(\text{Pa})=0.18(\text{MPa})$$

故地基可以承受的极限强度为：

$$\sigma_0=\alpha\cdot\sigma=0.85\times0.18=0.15(\text{MPa})$$

(4)现场土壤进行配方试验

现场旋喷试验的固结体强度 $\sigma_{桩}$ 均大于 2.5MPa，故设计时取 2.5MPa。

(5)求桩的总面积

安全系数取 $K_1=2$，$W=18\,640$kN，则

$$\begin{aligned}A&=(W-\sigma_0A)/(\sigma_{桩}/K_1-\sigma_0)\\&=(1.864\times10^7-0.15\times10^6\times99)/(2.5\times10^6/2-0.15\times10^6)\\&=3.45(\text{m}^2)\end{aligned}$$

(6)计算和试验表明，采用新配备的设备和旋喷工艺，固结体有效直径 D 均大于 46cm，故设计时令 $D=46$cm。这样，旋喷桩数量 m 为：

$$m=\frac{A_{桩}}{\frac{1}{4}\pi D^2}=\frac{3.45}{\frac{1}{4}\pi\times0.46^2}=20(\text{根})$$

实际采用 20 根。

(7)加固后桥台成为分期受力的复合地基，可计算桥台的总承载安全系数 K_α。20 根桩总截面积为：

$$A_{桩}=20\pi\left(\frac{D}{2}\right)^2=20\pi\left(\frac{0.46}{2}\right)^2=3.32(\text{m}^2)$$

则：

$$\begin{aligned}K_\alpha&=\frac{A_{桩}(\sigma_{桩}-\sigma_0)+\sigma_0A}{W}\\&=\frac{3.32\times(2.5\times10^6-0.15\times10^6)+0.15\times10^6\times99}{1.864\times10^7}=1.23\end{aligned}$$

即桥台在最不利荷载作用下，基础有 1.23 的安全系数，满足加固要求。

(8)孔位布置

由于桥台顺线路中线是轴对称的，故每侧布置 10 根。同时桥台现有病害是台后沉陷较前趾大，故旋喷孔在桥台后部较前部略多。除在两侧襟边布孔外，还在 U 形桥台中央底板较薄处布置 6 孔，见图 5.4.2 所示。

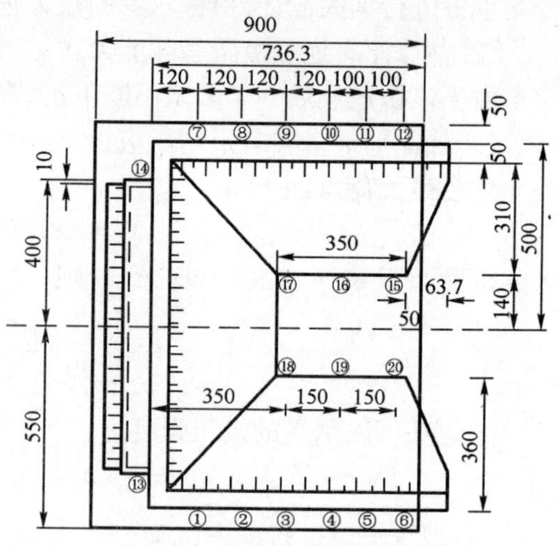

图 5.4.2 高压旋喷注浆孔位布置图(尺寸单位:cm)

至于每个固结体的长度则根据各孔的基岩高程决定。因加固前未发生危险,故不用验算桥台倾覆。

4. 施工工艺

(1)施工工艺要点

本加固施工有两个特点:一是使用了双重管旋喷工艺,在标准贯入度 N 值较大的砂黏土中获得了较大的固结体;二是直接对桥台基底和襟边以下的土层进行旋喷加固。这样既扩大了基底面积,又使旋喷固结体和台基联成一体,在台基的下面形成一个承受力的桩群。其要点如下。

①喷前要检查高压设备和管路系统,其压力和流量必须满足设计要求。注浆管及喷嘴内不得有任何杂物,注浆管接头的密封必须良好。

②垂直施工时,钻孔的倾斜度一般不得大于 1.5%。在插管和喷射过程中,要注意防止喷嘴被堵,在拆卸或安装注浆管时动作要快。水、气、浆的压力和流量必须符合设计值,否则要拔管清洗再重新进行插管和旋喷。使用双喷嘴时,若一个喷嘴被堵,则可采取复喷方法继续施工。

③喷射时,要做好压力、流量和冒浆量的量测工作,并按要求逐项记录。钻杆的旋转和提升必须连续不中断;拆卸钻杆继续旋喷时,要注意保持钻杆有 0.1 m 的搭接长度,不得使喷射固结体脱节。

④深层旋喷时,应先喷浆再旋转与提升,以防注浆管扭断。

⑤搅拌水泥时,水灰比要按设计规定,不得随意更改,在旋喷过程中应防止水泥浆沉淀,使浓度降低。禁止使用受潮或过期的水泥。

⑥施工完毕,立即拔出注浆管并彻底清洗注浆管和注浆泵,管内不得有残存水泥浆。

(2)主要施工机具及技术参数

①施工机具

XJ—100 型地质钻机一台;

SNC—H300 型黄河水泥注浆机一台;

Y—1 型电动液压注浆泵一台;

76 型振动钻机一台;

另外现场应急修补用小型电焊机、氧乙炔焊具和钳工用具等器材若干。

②旋喷技术参数

喷嘴直径:ϕ2.5 及 ϕ3.2mm(共两个)。

喷射压力:20MPa 左右。

旋转速度:20r/min。

提升速度:0.12~0.2m/min(注:冒浆量大时可采用较快的提升速度,一般均为 0.12m/min)。

(3)施工场地布置

因桥台地方狭小,宜顺路堤纵列布置,留出通道便于施工机具和材料运送。

地质钻与振动钻均置于钢轨排架上，放在桥台的一侧施工，水泥注浆车则放在另一侧。当一侧施工完后，车子开上桥面，将轨道拨向另一侧，再将车退至空出的地方。

5.加固效果评价

由于地基岩面起伏大，局部土层松软，有些地方空隙较大，甚至存在小范围的空洞，旋喷施工时不但每孔旋喷深度相差较大，而且用浆量亦有相当大的出入。如台西第18号孔旋喷长度为15.9m，注浆量约28m^3；台西北第12号孔旋喷长度为11.5m，注浆量16m^3。而台前第1号孔旋喷长度为8.85m，注浆量3.5m^3。所有施工孔位均有冒浆情况发生，18号和12号孔起初不冒浆，以后才逐渐开始少量冒出，可见在18号孔和12号孔附近存在有较大空隙的土层或局部空洞，在这些地方除了形成桩形的固结体外，水泥浆还填充固结了土层周围的空洞和孔隙。相反，在桥台前部14号孔处土层覆盖厚度较浅土质又较硬，注浆量相对减少。

本桥台自1981年6月完工后通车，经过多年的雨季考验，一直未发现有下沉迹象，使用正常，说明使用旋喷注浆技术对该桥台地基进行加固是成功的。

六、注浆法加固实例一[11]

广东省韶关某桥为7孔拱桥，主桥为3孔34m+60m+34m双曲拱桥，两岸引桥分别为3孔15m+20m+24m及1孔24m石拱桥；桥面净宽7m+2×1m(人行道)，1972年建成。通车后不久，奠基在细砂砾石夹黏土上的4号、5号墩基础受洪水冲刷，发生沉陷，墩身发生位移，导致4～6孔上部主拱变形开裂，墩上侧墙拉裂；4孔及6孔左拱脚处拱肋断裂，5孔拱顶开裂，部分拱波有径向裂缝；拱肋裂缝最宽8mm，4～6孔跨中桥面向上游偏移1～20cm。

加固方法是：先在墩周抛石，填塞冲空部位后灌浆。施工时，先按设计位置由桥面往下钻孔，墩身平面内的钻孔自桥面起经墩上横墙、墩身及基础直至基底。砂砾或黏土层钻至基底以下7m为止，岩层钻至基底以下3m为止。基础四周的钻孔用帷幕灌浆，以固结外围土壤，防止以后灌浆流失。在完成墩身平面内钻孔灌浆后，再灌浆加固横墙。为检查加固效果，14d后进行复钻取样以判明灌浆情况，决定是否需要补充灌浆。3个桥墩共钻23孔，钻进544m，灌注水泥337t。

灌浆前为了解土壤吸浆能力，先做水压试验。灌浆时，浆液先稀后浓，浓度以水与水泥重量比表示，从8:1开始，依次为6:1、4:1、2:1，直至1:1。墩上横墙先以人工灌浆，以水泥与砂的体积比表示，从1:1.5开始，依次为1:2、1:2.5，然后再改用机械灌浆。

加固后进行了静载试验，桥墩变位仅0.1～0.2mm，不久即趋稳定。最后在肋底以环氧砂浆粘贴钢筋加固拱肋。加固后曾经有多次洪水，均未发现基础冲刷及墩身变位现象。

七、注浆法加固实例二[11]

湖南省长沙市五一路湘江大桥为全长1 250m、主跨76m的双曲拱桥，1972年建。3号墩位于东侧主航道内，常水位深5～10m，冬季枯水深约4m。钢板桩围堰施工的双层扩大基础。1985年9月检查发现墩位处河床冲刷严重，第二层基础(2m×13m×22.3m)混凝土部分冲空，南面(上游)冲成长8m、高0.5～1m，深0.6～2m的空洞，东面冲成长6m、高0.2～1m、深0.2～2m的空洞；东南角空洞对穿，深2m多。经潜水检查，发现基础混凝土施工质量不好，混凝土松散，水泥含量很少，但钻探取样证实，在受力部位质量较好，为防止空洞继续扩大，用纱布袋装混凝土填实空洞后，在基础东南侧用混凝土堆码围堰并抛填片石加固围堰外河床，然后对空洞压浆，使填塞的袋装混凝土与基础连成一体。加固工期一个月，九个月后潜水检查，填补的混凝土结构密实，围堰完整、护床片石堆码整齐，加固效果良好。

八、注浆法加固实例三[12]

1. 桥梁基本概况

某桥建于1978年，为9孔8m桥梁，桥面净宽7.8m，设计荷载：汽—15，挂—80。桥轴线与河流中心夹角85°，桥墩采用10号浆砌块石重力式桥墩，长10m，宽1.4m，高2.87m；墩台基础采用浆砌片石刚性扩大基础，长12.0m，宽2.4m，深1.2m，埋置深度2.1m；坐落在红色页岩及沉积河卵石上。

1998年7月发生了50年一遇的特大洪水，该桥8号墩、9号墩基础及10号桥台基础经山洪冲刷，基底悬空平均长度2.5m，约占桥宽1/3，基础最深冲空1.0m，当时采取抛石填充方法作为抢险措施。大汛过后，对该桥作了全面特殊检查，主拱圈没发现明显的裂缝、变形，上部结构完好，墩台基础未发生变形；但是发现基础底部过水，说明基底部分已淘空。为此对加固措施作了认真详细分析，按以往加固措施采用扩大浅基础，俗话说的“穿靴子”，基础外部也只是砌石镶嵌，里面始终无法充实；即使上游增加了消力池，桥下增加铺砌，仍然无法根本解决基础变形下沉问题，治标不治本。经研究决定采用压浆技术解决浅基悬空问题，利用灰浆在一定压力下具有流动性的特点，达到对桥墩甚至桥台进行加固的目的。在不中断交通的情况下，花费较少的资金，短时间内使桥梁墩台恢复其承载能力，达到事半功倍的效果。

2. 压浆前的准备工作

首先为压浆做好施工准备工作，要加固的桥梁墩台需要设置围堰，抽干基坑，对风化岩剔旧见新，然后立模浇筑长12m、宽0.4m、高1.4～2.2m的C25混凝土护墙。浇注前预埋4～5个、弯角为90°～110°的厚壁钢管。一端深入基础抛石部位，另一端露出混凝土外0.5m，浇筑后的护墙待养生达到设计强度后即可压浆。

3. 水泥灰浆的配比及压浆

浆体的配料选用水泥、粉煤灰、早强剂、膨胀剂、水。压浆前各种材料在试验室经过严格的配比，做好的试块养生后，进行抗压试验，其抗压强度不低于5MPa，最后选定配比为：水∶水泥∶粉煤灰∶早强剂∶膨胀剂＝24∶35∶35∶4∶2。粉煤灰为球磨灰，严防结块，最大粒径不大于1mm，以便在压浆管中减少摩擦；水为饮用水；膨胀剂可用铝粉代替；水泥选用42.5级硅酸盐水泥；早强剂选用建筑常用的JK24型。压浆设备由一台灰浆搅拌机(JW l80L型)和一台压浆泵(UB-3A型)组成，工作压力为5MPa，水平输送150m，垂直输送40m。

压浆过程应该均匀进行，密切观察压力表；将拌和均匀的浆体从压浆管压入，如浆体从另一侧压浆管喷出，要及时用木塞堵住并继续压浆，直到压力表的读数达到1.5MPa。此时可以看到浆砌墩台脱缝处出浆，此时应停止压浆。

每个桥墩台基础需制作灰浆试块3块，试模采用三联带底砂浆试模，试块养护7d(正常养护6d，饱水1d)，抗压强度不得低于5MPa。

4. 压浆工艺施工注意事项

(1)压浆管外端应用布包好，防止石块或其他杂物进入管孔，影响压浆流畅，内端需放到抛石空隙内部，以防压浆管被堵塞，造成压浆管报废。

(2)每根压浆管在压浆过程中要一气呵成，如中途停止，则浆液很快会凝固进而堵塞管孔。

(3)拌和应先将水泥、粉煤灰与早强剂放入拌和设备干拌两遍，然后加水，膨胀剂应最后放入，以防止稠度太大，过早形成结块，造成压浆不流畅。

(4)压浆机管头与压浆管靠膨胀螺栓的摩擦力结合在一起，在压浆管压力过大或膨胀螺栓没有上牢固时，都有可能腾空喷浆，所以，工作人员不要靠近接头。

5. 加固效果评价

(1)注浆法加固施工不需要中断交通；

(2)施工工艺简便易行，因地取材、材料坚固耐久，施工安全有保障；

(3)注浆法用于桥梁浅基加固，可充分利用流动性好、干缩性小、短时间速凝且凝固后有较强的耐久性的浆体来加固桥涵地基。

(4)通过试验证明，该桥基础底部的空隙全部充满浆体，且试块抗压强度不低于 5.0MPa，使桥梁在较短时间恢复其承载能力。

第二节　扩大墩、台基础加固法

一、加固机理

扩大桥梁墩台基础底面积以增大基础的受力面，达到提高基础承载能力目的的加固方法，称为扩大基础加固法。这种方法适用于地基承载力不足或埋深不够的刚性扩大基础，采用此方法加固时，要特别注意材料的选择，混凝土强度等级不低于 C30。鉴于基础位于水位以下，长期受水的侵蚀，钢筋的保护层厚度一定要保证(图 5.4.3)。

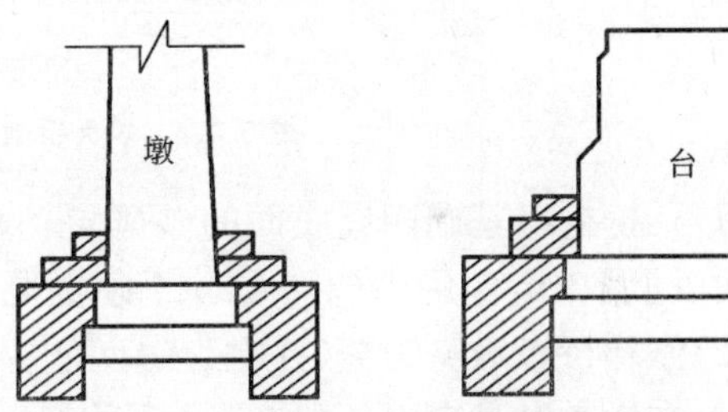

图 5.4.3　扩大墩、台基础加固示意图

二、施工方法及注意事项[13]

墩台扩大基础加固的施工顺序如下：

(1)先在应拓宽的范围内打桩围堰，如果墩台基础土壤不好时，应作必要的加固；

(2)在堰内把水抽干；

(3)挖出堰内土壤，直至必要的深度(注意墩台的安全)；

(4)按设计要求，在原墩台侧面钻孔并植入锚固钢筋；

(5)立模，浇筑混凝土并养生至设计强度。

扩大墩台基础加固主要注意新旧基础应结合牢固，以便能使加固后的扩大基础能与原结构共同受力。

三、加固实例

1. 桥梁概况

江西省某大桥于 1975 年建成通车，全长 146.62m。该桥上部构造由 4 孔净跨径约 30m

的等截面悬链线空腹式钢筋混凝土双曲拱组成。实测并推定双曲拱净矢跨比为 $f_0/L_0=1/6$，拱轴系数 $m=2.240$。下部构造共设有三座桥墩、两座桥台。桥墩采用浆砌片石重力式墩身，两岸桥台采用浆砌片石重力式U形桥台。大桥原设计荷载：汽车—13级，挂车—50。

2. 大桥墩台存在的主要病害

(1)桥墩基底被水流严重冲空，已发现的空洞深度最大值达0.6m，纵桥向贯穿至桥墩中心线处，而且桥墩部分基础未放置在岩层上，极大地危害到了大桥的安全使用；

(2)各墩、台砌缝均被水流严重冲空，且部分桥墩基础破损严重；

(3)1号桥墩墩身竖向开裂现象较为严重。

3. 墩台基础加固设计要点(见图5.4.4)

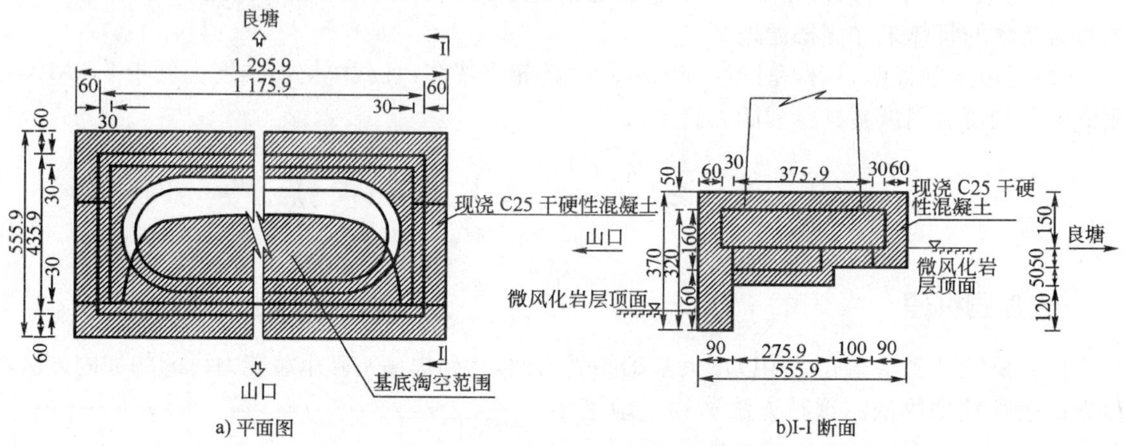

图5.4.4 扩大桥墩基础加固法(尺寸单位：cm)

(1)开挖桥墩基础四周底面的砂砾层，直到进入微风化岩层50cm深处，再对开挖面至基础顶面以上50cm范围内现浇C25干硬性混凝土；

(2)修补桥墩墩身裂缝，并在裂缝两侧锚固骑缝钢筋，以控制裂缝宽度继续发展；

(3)在桥墩墩身表面外包20cm厚C30钢筋混凝土。

4. 扩大墩台基础施工要点

(1)对桥墩基础基底的砂砾层及微风化岩层进行开挖时，为了保证桥梁本身和施工时的安全宜使用“跳槽法”开挖。即将基底砂砾层及岩层开挖呈槽形(每个槽体宽度以1.5m为宜)，且每次以桥面中心线为对称轴开挖一至两个槽，在对这些槽体浇筑完混凝土，且混凝土强度达到设计强度的80%以后，再开挖剩余部分的砂砾及岩层并浇筑混凝土。

(2)对岩层的开挖宜采用预裂微差爆破，以加快施工进度，并尽量减少对桥墩基础产生扰动。

(3)在开挖桥墩基础基底砂砾层和微风化岩层时应在现场预置枕木和型钢，并对桥墩基础高程进行实时观测，如果存在发生沉降的征兆，应立即将预置枕木和型钢垫入基底，待基础稳定后再进行后续操作。

(4)在浇筑混凝土时应在每个槽体内预埋2根“L”形灌浆孔(可插入PVC管或镀锌钢管作灌浆管)，在浇筑完混凝土后，在新旧结构间的缝隙内压注水泥净浆。

(5)施工时应采用现浇干硬性混凝土(坍落度为1～3cm)。

第三节 墩台、基础维修加固的其他方法

一、墩台和基础的维修[13]

维修是为了使结构物保持完整、牢固、稳定、不发生倾斜，并减少行车振动和基础冲刷。当墩台表面风化剥落，深度在 3cm 以内的可喷刷 M10 以上的水泥砂浆修补；如损坏面积较大，深度超过 3cm 的须浇筑混凝土层予以裹覆（图 5.4.5）。

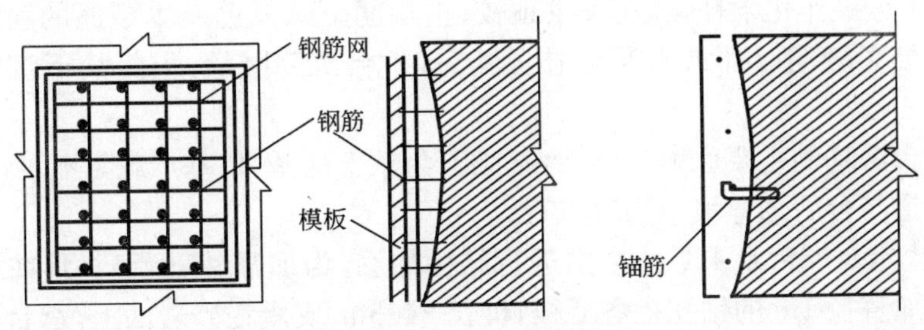

图 5.4.5 墩台表面风化剥落维修示意图

二、用台后加孔法处理软基沉陷病害[1]

1. 加固机理

此方式主要是解决台身抵抗土压力的问题，但是台后加孔不宜采用拱桥，因为不能够抵抗土压力的桥台也就不一定能够抵抗后拱桥的水平推力。

2. 加固实例

浙江省丰惠桥为 1 孔 30m、矢跨比为 1/8 的双曲拱桥，1979 年 9 月基本建成时，发现桥台明显下沉，拱顶 3～4 m 范围内拱肋下缘开裂，拱脚处主拱圈与拱座脱开，裂缝宽 9～13mm；台后挡墙开裂，距台口 5m 处裂缝最为严重，缝口上窄下宽，当即停工。经设点观测，8 个月累计位移不超过 10mm，桥台前趾及后趾总沉降分别为：百台 175～207.5 mm，丰台 199～273mm，桥台处土质表层为淤泥，下为深 2m 的黏土，再下为亚砂土及粉砂；土质松软，含腐殖物；3m 深处土基容许承载力约为 150kPa。针对上述病害，为减少沉降，采用在台后加孔减载法加固。

具体加固作法是：拆除台后 10m 长的挡墙和填土，改为 2×5m 钢筋混凝土板梁桥，挡墙分两次拆除，先拆一部分，待新加孔的墩台基础以及与原台基础间的混凝土支撑地梁完工后，再将挡墙拆至原台基顶高程。在地梁施工前，先在拱脚肋座脱离处塞入三角楔形铁块。加孔完工后再加固拱肋，自第二道横梁起，在肋的两侧逐渐向拱脚加宽拱肋截面。加固后运营正常，经跟踪观测，沉降量增加很少。

三、用加桩法加固桥梁墩台

当桥台地基强度不足或有软卧层，而发生沉降以及桥墩基桩因受冲刷入土深度不足时，可采用加桩法加固。

1. 加固实例一[1]

广东省五马岗桥为9孔(4×25m+32m+3×42m+32m)双曲拱桥，桥面净宽7m+2×0.75m(人行道)，设计荷载汽—13、拖—60，于1970年10月建成。通车时即发现第1孔(25m跨)因桥台下沉导致台上腹拱变形，顶铰错位，腹拱与侧墙分离，通车3d即停止交通，修复后再正式通车。

1972年冬，因桥台及1号墩上腹拱变形，顶铰错位，在两腹拱上加盖钢筋混凝土板加固。

1973年秋发现第1孔主拱开裂严重，拱顶累计下沉3.2cm，桥台前后趾累计下沉9.9cm及21.2cm，腹拱变形，靠1号墩立柱脚水平断裂。

1974春对1号拱作化学补强，在腹拱顶铰、主拱肋下缘及已基本裂通的肋波间以环氧树脂粘贴钢板，各处裂缝均以环氧灌浆修补。其后，桥台沉降减缓，但年均下沉值仍有1.5cm左右。

经分析，桥台沉降的主要原因是，桥台基础下为软土地基，桩基承载力不足；施工时为赶工期，台前开挖河道与台后加速填土同时进行。

1978年冬决定对广台及1号孔主拱进行结构加固，为加强基础承载力，在承台上下游及台前三面，每面加直径1m的钻孔桩各2根，桩长34.3m，支承在砂岩面上，承台以上的全部荷载均由6根新桩承受，原桩不再受力。新加承台从三面围住原承台，结合面凿成剪力槽并以Φ25锚筋加强联结。桥台加固后，在1号孔下搭架将拱肋顶住，由中肋向两边逐肋以钢筋混凝土包大，侧面超过肋顶6cm，拱肋断面由30cm×38cm包大至46cm×53 cm；肋底加焊4Φ16钢筋，填平波形拱板并加厚。1号立柱加厚5cm，托住已错位的腹拱脚。加固施工期间不中断交通。加固后经一年观测，拱顶上升0.3mm，桥台不再有明显沉降。

2. 加固实例二[1]

某桥在1984年修建施工时因5号墩沉井基础没有沉至较硬的半风化泥质页岩面，约1/4基底下有0～1.6m厚软土，发生不均匀沉降，导致主拱圈开裂。虽以水玻璃化学灌浆加固，但效果甚微，累计沉降值上游侧5～15mm，下游侧27～32mm。

后改用加桩法加固成功。作法是在沉井内加钻10根直径80cm的钻孔桩，桩穿过墩身和沉井，深入井底以下7m深的泥质页岩。新加桩基只考虑承受加固后所加荷载。通车后观测，桥墩沉降终止。

3. 加固实例三[1]

广西桂林地区大溶江桥为4孔35m双曲拱桥，1972年建。1976年发现桥台开裂，以后逐渐扩展至各孔上部结构。桥台裂缝宽20～28mm，主拱肋裂缝宽5～20mm，沿轴线裂缝通达跨中。在台前挖坑观察，探明上下两层基础均已开裂，最宽裂缝宽度达40mm，估计台身及基础已整个断开。该台基础上游部分置于岩层，下游部分置于松软黏土层上，其下仅用木桩加强。

具体的加固方法是：先以环氧树脂水泥砂浆修补各处裂缝，以钢拉杆加强肋间横系梁，以旋喷桩加固桥台地基。在台基靠下游部分钻孔，孔距×排距＝2m×1.3m(据资料介绍，钻孔灌浆渗透直径为3m)，用X J100型回旋式钻机，以直径91mm的合金钢钻头自桥面往下钻孔，孔深直至基底(自桥面起算17.47～19.72m)，共钻8孔，有一半钻到基岩内2.4～2.8m。然后用BWL型多缸浆泵灌浆。浆液用较稠水灰比的纯水泥浆(0.6∶1或0.5∶1)，共注浆152.75m^3，平均耗水泥量550kg/m^3。在灌浆过程中，部分孔口产生60～120kPa的压力，但自

桥面以下 7m 部位，因砌体漏浆严重，压力无法上升。为检验加固效果，注浆结束后对其中一个孔复钻，进尺 18m，取出的样品，结实紧密，证明台身及基础已固结，估计承载力在 400kPa 以上。

四、桥台滑移倾斜的其他处理方法[13]

1. 支撑法加固

对于单孔小跨径桥梁的桥台，为防止桥台滑移，可在两桥台之间建水平支撑，如整跨浆砌片石铺底板或钢筋混凝土支撑梁。

2. 增建辅助挡土墙加固法

对于因桥台台背水平土压力太大而引起桥台倾斜，应设法减小桥台后壁的土压力，可在台背建挡土墙以增强挡土能力。

3. 减轻荷载法

建于软土地基上的桥台，常由于填土较高受到较大侧向土压力作用而使桥台产生前移倾斜；一般可采取更换台背填土，或在桥台后加一孔以减小土压力的方法予以加固。

参考文献

[1] 黄小洛. 公路桥梁加固方法及实例[4]. 公路，1989(2).
[2] 刘河森，宋子房. U 形桥台加固. 公路，1998(8).
[3] 陈湘灵. 顶推整治双曲拱桥拱脚水平位移新工艺. 华东公路，1986(5).
[4] 周丽芹. 双曲拱桥常见病害及其处理. 中国公路，2006(12).
[5] 张书廷. 双曲拱桥拱座位移病害整治的顶推技术. 公路交通科技，1986(3).
[6] 张道省，崔士强. 双曲拱桥加固应用技术. 辽宁交通科技，2002(3).
[7] 武建，朱纬，朱雨林. 预应力锚杆在桥台加固中的应用. 湖南交通科技，2007(4).
[8] 胡晓，周世良. 灌浆技术在桥台加固工程中的应用. 重庆交通学院学报，2003(S1).
[9] 周建庭，刘思孟，李跃军. 石拱桥加固改造技术. 北京：人民交通出版社，2008.
[10] 张劲泉，王文涛. 桥梁检测与加固手册. 北京：人民交通出版社，2007.
[11] 黄小洛. 公路桥梁加固方法及实例[5]. 公路，1989(4).
[12] 郑继耀，杨德生，周涛. 运用压浆技术加固桥梁基础. 华东公路，2003(4).
[13] 徐犇. 桥梁检测与维修加固百问. 北京：人民交通出版社，2002.
[14] 谌润水，胡钊芳，帅长斌. 公路旧桥加固技术与实例. 北京：人民交通出版社，2001.
[15] 中交第一公路勘察设计研究院有限公司. JTG/T J22—2008 公路桥梁加固设计规范. 北京：人民交通出版社，2008.

第 六 篇

双曲拱桥拆除技术

直观地看，桥梁的拆除似乎没有什么技术性，只要将老桥全部拆掉即可。但是不同的桥梁结构具有各自的力学特点、建筑工艺等，而拆除更涉及环境保护要求和拆桥人员与设备的安全，以及节约拆桥费用等方面，这使桥梁拆除的技术性自然显现。

随着国家经济的发展，20 世纪 60～80 年代修建的部分危旧桥梁面临着两种出路：其一是维修、提载、加固后继续使用，其二是拆除重建。而我国独有的双曲拱桥由于其技术特点和使用现状使得这种选择来得更为迫切，尤其是部分双曲拱桥已经失去了维修加固的意义，面临必须拆除重建的选择，如何安全、环保、经济地拆除危旧双曲拱桥就需要系统而认真地对待。特别是多座双曲拱桥在拆除过程中不断发生安全事故，这要求人们高度重视桥梁的拆除工作。如 2002 年沿江某市发生一起拆除双曲拱桥的垮塌事故，造成 8 人死亡；2002 年 3 月 3 日苏北地区红星河桥发生的拆除垮塌事故，导致施工人员 2 人死亡，2 人重伤；2003 年 7 月 6 日的一起苏北地区三区桥拆除垮塌事故，导致 3 人死亡，1 人重伤[1]；2008 年 8 月 3 日，江西某县一双曲拱桥在拆除时，由于拆除方法不当导致整体垮塌，造成 2 人死亡，2 人重伤。

第一章　正确、科学地进行桥梁拆除

第一节　双曲拱桥拆除事故分析

双曲拱桥拆桥事故发生的原因，归纳起来主要有内因和外因两个方面。内因主要是双曲拱桥结构本身的问题；外因则主要是与拆桥工程相关的人员专业素质和其采用的拆除技术与方法的问题。从双曲拱桥拆除的角度来看，所有的事故基本上是内因和外因共同作用的结果，其主要表现在以下几个方面。

一、拆除双曲拱桥的结构问题

1. 双曲拱桥的结构特点

(1)施工过程“化整为零”预制，之后“集零为整”安装，形成双曲拱桥的“组合式”上部结构；

(2)较为充分地发挥了圬工材料的抗压性能；

(3)当时的设计理论和设计假设与实际情况存在较大的出入；

(4)当时的设计标准和施工质量相对现时的要求来说均偏低；

(5)由于上部结构是组合结构，各构件的结合部位存在薄弱环节；

(6)从现实的角度来看，拱上建筑既是主拱圈所承受的恒载，也与主拱圈一道共同参与承担部分外荷载，尤其是当桥梁处于临界破坏状态时，拱上建筑参与受力的程度可能更高。

2. 双曲拱桥拆除时存在的主要结构问题

(1)桥梁结构本身的状态是否适合“从上至下”逐步拆除的方式进行拆除？

(2)从结构受力角度来说，是否选择了正确的拆除顺序？

(3)从结构承载的角度来说，拆除过程是否需要进行适当的支挡防护？

(4)从结构特点来说，正确的拆除方式应该如何？

这些主要结构问题，如果没有得到正确的认识并采取相应的技术措施进行处理，或者在拆除过程中没有认真执行相应的技术措施，就为事故的发生留下了隐患。

二、与拆桥施工相关的问题

1. 拆除前桥梁的检测评价

拆桥前的检测需要解决的主要问题有：

(1)双曲拱桥主体结构(包括拱上建筑)的病害程度和其具体位置；

(2)双曲拱桥的病害在拆除过程中的影响程度；

(3)是否适合采用自上而下逐步拆除的方式进行拆除，如果不适合但环境等因素要求使用这种拆除方式时，是否需要采取适当的防护措施；

(4)是否存在影响安全拆除的重要的结构因素。

2. 拆桥方案设计

从设计惯例来看，设计者一般均较为重视新桥的设计，但对旧桥拆除的方案及方案所应包括的控制和防护措施不够重视，这为旧桥的安全拆除留下了隐患。通常拆除方案的设计应该根据检测单位的检测结果和评价，重点解决如下问题：

(1)适当的拆除顺序；

(2)正确的拆除方法；

(3)具体的支撑防护要求；

(4)关键工序的处理要求。

3. 拆除施工及其控制

桥梁拆除是一项专业性、技术性较强的工作，选择具备相应专业资质的施工企业和专业素质优秀的技术人员，是安全拆除旧桥的基本保障。前面提及的红星河桥拆除中发生的事故就是因为中标单位将拆除工程非法转包给不具备拆除施工能力的队伍，且不加强过程管理和控制所导致的；而三区桥的拆桥垮塌事故则是中标单位的项目经理和技术人员本身专业素质差，又雇用了一批不懂技术的农民工盲目蛮干的结果。所以从桥梁拆除施工及其控制的角度来看，应该重点解决以下几个方面的问题[1]：

(1)选择具有相应施工资质和施工能力的施工企业，并要求配备具有与拆除旧桥相适应的专业水平的技术人员；

(2)承担拆除任务的施工企业应该有较为完备的质量管理和保障体系；

(3)应根据拆桥方案的要求，制订完备的拆除施工方案和相应的应急保障措施；

(4)如果设计资料不完备，施工单位还应该根据桥梁的具体情况，进行充分的检测(必要时应该请专业人员进行检测)、调查和分析；

(5)严格按照拆桥施工方案开展旧桥的拆除施工。

4. 拆除桥梁的监督和管理

作为拆除桥梁的监督与管理的建设单位和监理需要解决的主要问题是：

(1)选择具备相应资质的施工企业，并督促该企业配备相应的技术人员；

(2)做好事前的监督、管理和控制工作；

(3)评价并审批施工单位的拆桥施工方案和应急保障措施；

(4)督促施工单位认真按照批准的拆桥施工方案实施旧桥的拆除工作。

上述与拆桥施工有关的各个环节如果存在漏洞和隐患，而且施工单位技术安全管理不到位，现场施工人员素质低下的话，再加上双曲拱桥独特的上部结构特点等内因作用，出现拆桥垮塌、死伤人员事故的概率将大大增加。

第二节　拆除双曲拱桥的一般作业顺序[2]

一般地说，拆桥是建桥逆过程，按逆过程一步一步地操作，基本上就符合了拆桥的规律。双曲拱桥的拆除一定要遵守分层、对称、由中央向两端逐渐均衡减载的原则。分层是指将双曲拱桥的上部结构(桥面系、拱上建筑、主拱圈等)自上而下分为若干层进行拆除。

第一层:拆除护栏、安全带及桥面铺装或面层。

第二层:挖除拱上填料。

第三层:拆除拱上侧墙及腹拱圈。

第四层:拆除空腹拱立柱或立墙,然后拆除主拱圈。

每拆一层都要遵守对称、由中央向两端逐渐均衡卸载的原则,确保主拱结构不会因荷载不均衡,发生变形而失去稳定。由于双曲拱桥主拱圈一般是少筋混凝土结构,主拱结构失去稳定的破坏来势非常突然,无明显的预兆,一般来不及防范,而且破坏又非常彻底,对执行拆桥作业的人身与机械设备的安全威胁极大,故必须遵守上述原则开展拆桥工作,以防患于未然。图 6.1.1～图 6.1.4 为拆除双曲拱桥的一般作业顺序图。

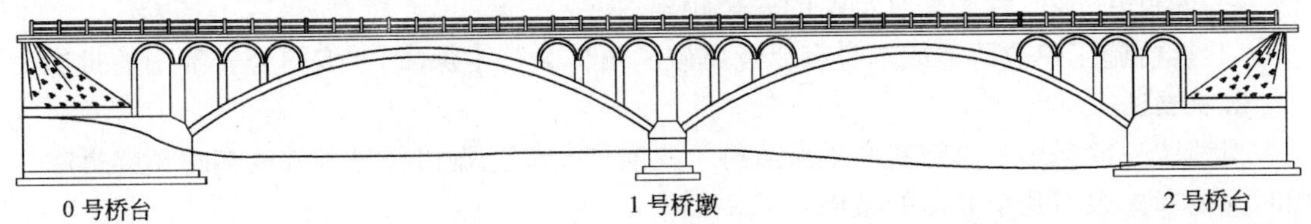

图 6.1.1　原有双曲拱桥布置图

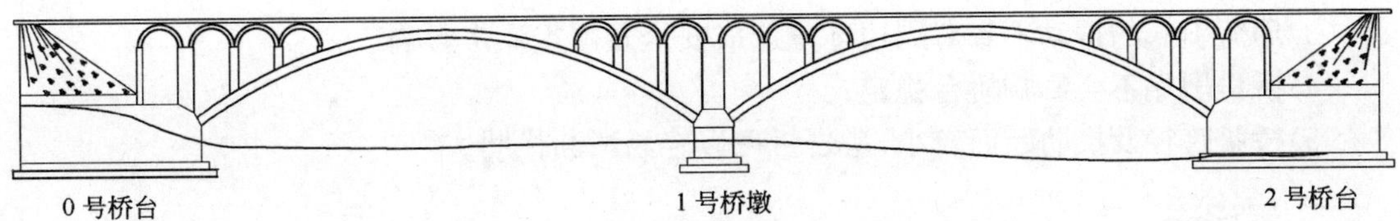

图 6.1.2　拆除护栏、安全带及桥面铺装或面层(拆除第一层)

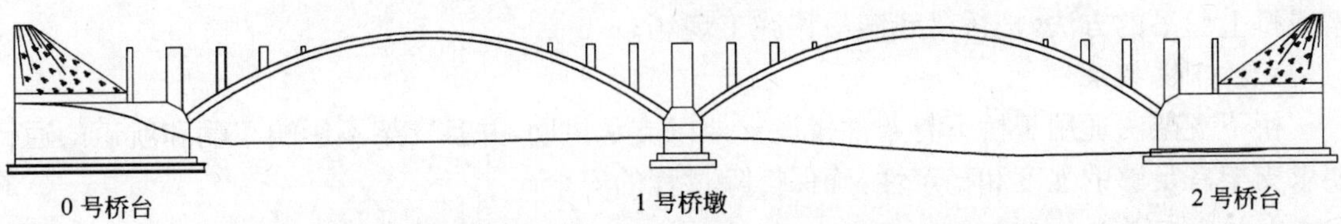

图 6.1.3　挖除拱上填料,拆除拱上侧墙及腹拱圈(拆除第二层和第三层)

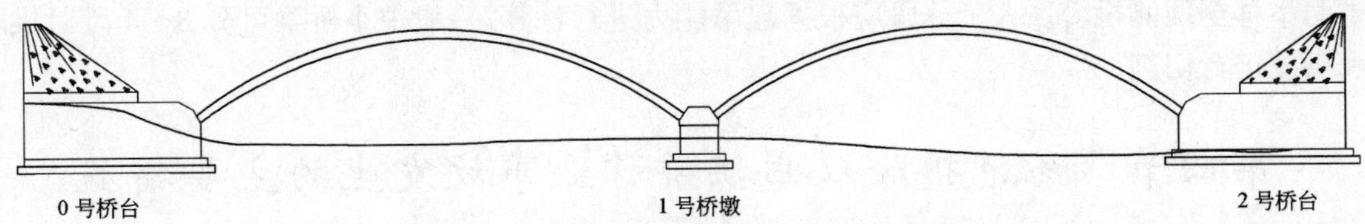

图 6.1.4　拆除空腹拱立柱或立壁(拆除第四层)

第三节　常用双曲拱桥的拆除方法[3]

双曲拱桥的拆除,按残骸是否落入桥下可归纳为两大类:一类是残骸可以落入桥下,我们称为“塌落法”;另一类是不容许残骸落入桥下,必须采用其他方法吊移的,称之为“吊移法”。

一、塌落法

“塌落法”一般有两种方法可使桥梁整体、安全地塌落桥下。一种是用爆破的方法，称为爆破法；另一种是用长臂凿岩机在桥台后方破坏拱肋，造成桥梁整体塌落，称为机凿法。

1. 爆破法

在环境容许的情况下，爆破法适用于各种双曲拱桥的拆除，国内已有很多成功经验。选用时主要考虑以下几方面条件：

(1)桥下容许塌落；

(2)桥下有条件清除桥梁残骸；

(3)附近建筑物、管线等有足够的安全距离；

(4)拆桥施工单位聘请或本身有专业爆破队伍作为技术保障，并取得公安部门的批准。

2. 机凿法

机凿法一般适用于单跨双曲拱桥或桥下具有履带式挖掘机行进条件的多跨桥梁拆除。选用时主要考虑以下几个方面的条件：

(1)桥下容许塌落；

(2)桥下有条件清除桥梁残骸；

(3)塌落引起的振动不致对周边环境造成安全及严重噪声影响；

(4)桥梁坍塌不会影响桥台稳定；

(5)桥梁跨径及拱肋断面较小，凿岩机可以轻易凿断拱肋。

二、吊移法

在拆除的双曲拱桥残骸不容许落入桥下时，只能采用吊移法进行拆除作业。通过桥下支架或桥上起吊的方法，把桥梁残骸吊移施工现场。

1. 桥下支架法

桥下支架法适用于桥下有条件搭设支架以支承拱肋，并且支架不影响车辆和航道的通行。要求支架有足够的强度和稳定性，确保拆除过程的安全。

2. 桥上起吊法

桥上起吊法一般先用贝雷梁吊挂拱肋，人工切割分段后用陆上吊机、水上浮吊或缆索吊将拱肋吊移至两侧桥台。人工分段应根据起吊能力进行计算，一般中小桥梁可分 3～4 段对拱肋和拱波进行切割。

第四节　防范拆除双曲拱桥作业事故发生的主要措施

加强双曲拱桥拆除的安全管理，既是拆除工程参与各方责任主体安全生产的需要，也是保障实施拆除施工人员和财产安全的需要。要保证拆除双曲拱桥的作业安全应该认真抓好以下几个关键环节。

一、选择安全合理的拆除方法[4]

双曲拱桥的拆除应根据具体的桥梁状况、施工条件、施工环境，选用经济、合理、安全的拆

桥施工方案。目前在双曲拱桥的拆除中，对于桥下允许落下残骸的桥梁，主要采用爆破拆除、搭设支架配合挖掘机配凿岩机头的方法拆除。

根据国内同类地区的经验，在跨径大于25m或桥位附近能够爆破的地方，可以采用爆破拆除的方法；对于较小跨径的双曲拱桥可以采用搭设支架配合挖掘机配凿岩机头的拆除方法。

对于较大跨径和主拱圈在拆除前已经破坏的双曲拱桥，一般可考虑控制爆破拆除或其他安全的拆除方法。爆破拆除应该注意的事项包括：

(1)由有经验的工程技术人员对桥梁整体状况，特别是主拱圈的状况作出客观的认定；

(2)邀请公安人员指导、协助做好警戒工作，业主(桥梁管理单位)、监理、施工单位派专人对陆地及水域危险区进行严格警戒；

(3)采用在拱脚处打眼施爆的方法，同时采用四层湿草袋、一层装砂纺织袋对施爆点加以覆盖，如在拱肋及墩顶立墙施爆时，还应在侧面悬挂篱笆等遮挡物，阻挡飞石外溢，同时让拱圈失稳，从而将拱圈及其以上的拱上梁板、立柱、系梁等所有上部结构一次性垂直塌入河床；

(4)爆破法拆除双曲拱桥，钻孔工作量少，速度快，防护简单，爆破成本低，爆破安全性也好，为确保拱圈及拱上结构能被垂直爆落而不发生任何偏移，应采用单侧拱脚打眼施爆的方法，这样，在被爆破的拱肋断裂后，主拱圈在绕未施爆端拱脚向下旋转掉落过程中所受的约束力为线约束，保证了整体主拱圈的掉落方向只能是垂直向下；

(5)施工中的炮泥应该选用优质炮泥，对炮孔加以严密堵塞。

二、拆桥作业的技术要点[5]

在拆除双曲拱桥时，必须掌握双曲拱成型受力机理。要做到安全拆除必须掌握以下几点原则。

1."原路返回"和"均衡卸载"

双曲拱桥上部构造的施工(拼装)过程，一般是:安装拱肋→横系梁→拱波→加厚层及三角槽混凝土→立柱→腹拱→腹拱加厚层及三角槽混凝土→拱上侧墙→拱上填料→栏杆扶手→桥面。

在拆桥时必须仍按"原路返回"的原则，从拆除桥面开始一直到拆除拱肋，循序渐进。整个拆除过程包括两个部分:前期是从拆除桥面开始直到拆完立柱，形成裸拱(主拱圈)；后期是从拱波拆到拱肋，全部拆除主拱圈。前期拆除的部分都是传力结构，后期拆除的部分是受力结构。

在双曲拱桥正常营运状态下，传力结构的自重及桥上活载都是由主拱圈承担，所以在前期拆除拱上构造时，主拱圈的拱轴线随之变化。如果忽视这个变化，拆除刚开始即步入施工"盲区"，这是很可怕的。更有甚者，仅从拆桥便捷考虑，拆时"一头清"，从一个方向拆除运走，拱轴线的偏离也无从知晓，这就更危险。

应该知道在双曲拱桥安装之初，从拱肋拼装合龙、横系梁联结成型形成骨架自立以后，在其上不断加载，拱波、拱板、三角槽混凝土等顺次叠加。在这些过程中每一道工序始终保持一定的压顶重量，目的是使前道工序形成的拱受压均匀而稳定，并且阻滞了可能发生的轻微偏载而引起拱轴线失衡，所以"压顶"在建双曲拱桥时不可缺少。在拆除双曲拱桥时也同样必不可少。所以，拆除双曲拱桥时"一头清"是绝对错误的。其正确的拆除方法是保证每一道工序在有压顶重量的前提下，以桥身的横向中心线为对称，在其左右 $L/4$ 点处，对称均衡卸载。特别是在拆除主拱圈时，拆除方法以每道拱波为单元，从 $L/4$ 点处向上下左右 4 个方向对称“蚕食”，直至一条拱波拆除干净，切记不能将拱波全部开凿。其原因是凿除一条拱波时，有可能发生受力不均衡的现象，要保证主拱圈本身仍存在，就能“包容”这种偏载，主拱圈还是稳定的。如果主拱圈由多个拱波组成，应以桥梁纵向中心线为对称逐条拆除。

这一切操作顺序的目的是时刻保证拱轴线的稳定。在拆除双曲拱桥施工中，如果能建立一个观测系统，随时掌握和控制拱轴线的变化，就能把拆桥安全的主动权牢牢地掌握在手中。

2. 观测系统与支承系统缺一不可

(1)随着不断拆除使上部结构减载，主拱圈的稳定性也逐步发生变化、拱轴线逐渐向上抬起，这就必须搭设支架详细观测和记录曲线变化，有针对性地拆除，达到均衡卸载稳定拱轴线的目的。观测系统应自成体系，在主拱圈两侧的 $L/2$、$L/4$ 处设点，共设 6 个观测点；对于跨径大于 30 m 的拱桥，分别在主拱圈两侧的 $L/2$、$L/4$、$L/8$、$3L/8$ 点处设点，共设 14 个观测点。每天早、中、晚各施测一次。从拆桥开始连续观测，记录并绘出拱轴线变化曲线，从而指导卸载。

对通航河道上的桥梁可用水准仪观测(通航河道必须采用航道管制措施，必要时断航)。在不通航河道上可以在观测点下打木桩，固定木质竖杆，并贴近测设点位做好刻度标志，随时观测拱轴线的变化情况。在此木桩周围要有护桩，防止碰撞，以免影响观测准确性。观测系统与支承系统必须相互独立。

(2)拆桥支承系统的作用有两点：其一是支承拱肋自重，当主拱圈的拱波预制块被全部拆除后，留下拱肋和横系梁，这时就需要在拱肋下面用楔块垫紧，使拱肋自重落在支承系统上，然后切割拱肋和横系梁，用水中浮吊船将其吊走，摆放在指定位置上，直至拱肋全部拆除结束；其二是不使拆除物坠落河中影响河道通航。

拆除主拱圈时，在拆除部位利用支承系统铺设木板，垫上 4 层草包使拆除的断片碎渣坠落其上，然后收集、吊离现场，防止拆除物坠落河中造成航运安全隐患。

3. 无肋双曲拱桥拆除

随着交通事业的发展，在中低等级公路和农村机耕道上，无肋双曲拱桥在 20 世纪 70 年代应运而生。它为普及公路交通、推动工农业生产发展完成了一定的历史使命。随着重车不断增加，部分该类桥梁已经难以负重，必须拆除重建。

从上述拆桥工艺流程来看，拱肋是作为裸拱的最后依托，逐个拆卸吊走的，而无肋双曲拱桥拆除时没有拱肋作为依托。拆除的方法是，如果是多拱波的无肋拱桥，当均衡地拆除拱上建筑以后，仍然是以桥梁纵向中心线为对称，从两侧拆除拱波带，桥下搭设支架回收拆除物，不得坠入河中。当拆至最后留下单条或两条拱波以后，利用拱圈在 $L/4$ 断面的负弯矩区是全主拱圈最薄弱截面的原理，在此部位逐步施加产生负弯矩的力，让拱轴线失衡，拱圈断裂，直至倒伏。具体做法可在桥台竖立人字扒杆，将钢丝绳一头包勒住拱圈 $L/4$ 处，钢丝绳另一头向上经过滑轮组穿入人字扒杆，沿着人字扒杆向下经转向滑轮固定在卷扬机上，卷扬机启动不断运转，使拱圈 $L/4$ 处受拉逐渐上抬→裂缝→断开→拱圈倒伏。需要说明的是：

(1)如果有拱波加厚层时，纵向加固筋必须在起吊前割断；

(2)拆除无肋双曲拱桥仍然应该搭设观测支架指导均衡卸载，搭设平台搜集拆除物，但是在拉倒拱圈之前必须将上述两种设施拆除；

(3)在拉倒主拱圈之前，为防止拆除物影响河道，可在桥下河段两头筑坝抽水，在桥下铺设

草包,将倒伏在草包上的拱圈碎块清除干净,再开坝放水。

4. *有病害的双曲拱桥拆除*

大中型双曲拱桥的拆除作业绝不能轻率鲁莽,特别是对于有病害的双曲拱桥,必须制订出整套的安全拆除方案。例如204国道的三合桥为1孔净跨径40 m的双曲拱桥,建于1967年,在1993年因204国道进行技术改造,需拆除重建。

在拆桥前先对该桥病害逐一测量登记、绘图、标注裂缝的长度和宽度,以便掌握拆除过程中裂缝的发展情况。经勘查发现主拱圈的拱轴线与设计拱轴线在拱顶部位已下沉5.3 cm,主拱圈$L/4$点拱轴线上移0.8 cm,拱肋与拱波之间出现环状裂缝,这是由于主拱圈混凝土收缩、徐变及长期营运所造成的病害。在拆桥前通过对主拱圈两侧边肋详细测量得出实际拱轴线,并以此拱轴线和裂缝的变化指导上部结构均衡拆除施工。该桥按照上述的拆除顺序,经过一个月施工,安全拆除。

在拆除过程中要注意掌握施工速度,不要太快。因为当拱上逐步减载以后,拱轴线变化有着它自身调整和恢复的过程,之后才能观测出拱轴线的真实变化,指导安全拆除。

三、加强双曲拱桥拆除方案的审定并做好前期准备工作[1]

在拆桥工程招标时,评标人员要加强对投标单位编制的拆除方案的安全性和可行性进行认真研究。方案明显不合理、不可行或不详细的,应该予以否决,不应该把选择中标单位的眼光盯在拆除费用的低廉上。

中标单位进场前,要向桥梁管理或建设单位、监理单位报送详细的拆除桥梁施工组织方案和安全技术方案,由建设单位或建设单位按合同委托监理单位组织专家对拆除施工方案进行论证审定。方案可行时,监理单位方可签发开工令。没有批准开工的坚决不让其开工,在此基础上层层搞好施工安全技术交底,加强对雇工、农民工安全和技术要领的培训交底。

四、切实加强拆桥工程的建设管理[1]

施工单位和工程项目部要加强施工方案执行情况的检查和监督,防止盲目蛮干、违章指挥、违章施工,要按有关规定设立安全警示标志。拆桥施工单位要注意防止和克服老、弱、病、残人员从事现场安全管理工作的现象,切实强化施工现场的管理,坚决防止非施工人员和非相关人员进入拆除施工区域。

在严格把好投标队伍资质关和人员素质关的基础上,防止中标单位违法将拆桥工程分包给不具备资质的施工队伍;防止中标单位降低标准,将没有拆桥经验和技术的人员安排从事拆桥的具体工作。按照法律规定和合同约定,建设工程管理部门应落实参与拆桥工程各方的安全责任,层层落实安全责任制。要督促拆桥施工单位及时编制拆桥作业安全事故的应急救援预案。监理人员应按期到位,履行监理职责,实施对拆桥工程的安全、进度、投资的控制与管理,对发现的事故隐患,要及时采取有效措施,并实施跟踪管理,从而确保安全措施落到实处,并应确保拆桥安全作业费用的合理使用。

第二章　拆除双曲拱桥实例

第一节　机凿法拆除双曲拱桥实例[3]

某道路拓宽工程需要将原有三跨双曲拱桥拆除。该桥桥跨组成为：22.6m＋23.2m＋22.6m，桥宽9m，矢跨比为1/7。桥梁主拱圈由四肋三波组成，拱肋断面为30cm×30cm，拱波厚6cm，拱波净跨径为1.5m。该桥建于20世纪80年代，经检查桥梁状况较好，目前仍在通行各种大型货车，主要结构没有发现明显裂缝。河道水面宽度约50m。设计要求对该段河道进行清淤，且河道可以封航。由于工期较紧，一开始考虑采用爆破法拆除方案，但施工单位不具备爆破资质，且距居民点较近，爆破风险较大。经反复研究，决定采用机凿法拆除该双曲拱桥。图6.2.1为机凿法拆除双曲拱桥示意图。

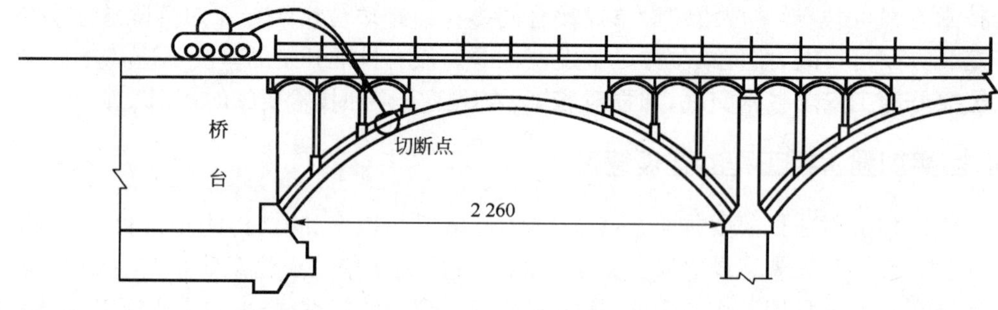

图6.2.1　机凿法拆除双曲拱桥示意图(尺寸单位：cm)

施工工艺流程如下：河道围堰→抽水清淤→封闭陆上交通→对称、均匀平衡地拆除栏杆和桥面混凝土→南侧桥台用凿岩机依次凿断腹拱和拱脚。此时，第一孔整体坍塌。按计算，第一孔整体坍塌后，南侧桥墩在水平推力作用下将发生较大的倾斜，有可能引起连锁反应，即在第一孔整体坍塌后，后两孔也接连坍塌。若倾斜角度较小不致引起第二孔坍塌，则需继续凿断第二孔拱脚，依次达到整桥全部坍入桥下的目的。

实际拆除时，第一孔按设想整体坍塌，拱肋断裂成段状(部分钢筋暴露)，长度大多在1.5～4m之间；拱波波顶折断，沿拱肋的纵向折断成长短不一的大块(最长3m左右)，达到了能使用机械清理残骸的目的。但南侧桥墩倾斜不明显，没有造成连锁坍塌，履带凿岩机在继续凿断第二、三跨拱脚后，顺利坍塌。整个坍塌过程比较平稳，对周边没有造成任何影响。

第二节 吊移法拆除双曲拱桥实例一[6]

一、工程概况及有关要求

1.工程概况

某大桥建成于1973年，分东、西两幅，两幅桥宽均约为9m，桥长约116m，设计荷载等级为汽车—15级、挂车—80。该桥东幅为简支T梁桥，跨径组合为1×10m+3×30m+1×10m。西幅桥为四肋三波双曲拱桥，主拱净跨为75m，主拱圈为钢筋混凝土等截面悬链线无铰拱。拱肋截面尺寸为40cm×50cm；拱波为混凝土预制圆弧形构件；该桥主拱中部28m范围内为实腹段，两侧腹拱墩为立柱，上设微弯板拱片（见图6.2.2），东西两幅桥桥面均为沥青混凝土。现决定拆除该桥老桥后，在原桥址上重建一座新桥。

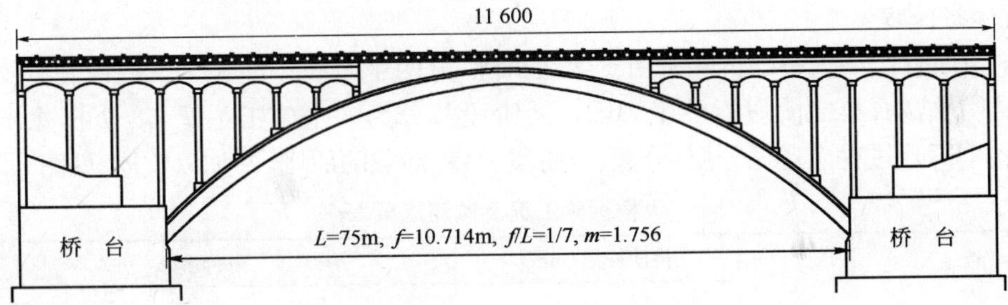

图6.2.2 大桥西幅拱桥立面图（尺寸单位：cm）

2.双曲拱桥的设计参数

$L=75\text{m}, f/L=1/7, m=1.756$。

3.原大桥现状

经现场对西幅双曲拱桥经过详细检查，发现存在如下问题：

(1)拱波表层混凝土已风化剥落、破损严重；

(2)主拱圈中间两根主肋离北拱脚2m处有三道东西方向的裂纹，长50cm、宽2～3mm；南侧拱脚周围未发现裂缝；

(3)南岸四排柱（伸缩缝处）顶曲梁支点已破碎；

(4)南第三排柱上曲梁挑出护轮带部分有贯穿裂缝。

4.工期目标

西幅的双曲拱桥要求在66d内完成拆除工作。由于西幅双曲拱桥以人工配合机械拆除为主，为控制旧桥拆除工期，以人工工日为依据安排旧桥拆除工期。西幅双曲拱桥钢筋混凝土总量为918m^3，其中桥面系已拆除，剩721m^3，人工凿除工作量约240m^3，按《公路工程施工定额》（人民交通出版社，1997）计算共需人工工日为1 600工日，按30d完工，则需54人。

5.拆除旧桥工程数量

桥面：110m×9m=990m^2。人行道：110m×2m=220m^2。栏杆：110m×2=220m。腹拱及立柱：4×12孔=48孔。实腹段：6×4.83m=29m。拱波：3×75m=225m。拱肋：4×75=300m。桥台：两座。

二、拆除方案的分析和确定

1. 拆除方案的分析

双曲拱桥的建造过程是将主拱圈的各个组成部分化整为零，再集零为整，施工次序是先拱肋、拱波，后拱板，再拱上结构，各组成部分先后参与共同受力。因此，主拱的压力线是随着恒载的增加而不断变化的。根据这一特点，双曲拱桥的拆除应按施工的逆顺序进行，严格按照一定的次序逐步拆除卸载，控制不断变化的主拱压力线与拱轴线的偏离在允许范围之内，这样才能保证拆除过程中主拱圈的稳定。

该大桥主拱的矢跨比为1/7，拱轴系数为1.756，属坦拱。因此，在拆除过程中应重点考虑拱的纵向稳定，特别是拱上结构的拆除对主拱圈压力线的影响很大，若卸载方案不当，则会影响拱的纵向稳定，甚至导致整体垮塌。所以，在拆除卸载过程中，必须对主拱圈进行应力、应变监测，根据监测数据来调整卸载的顺序和幅度，从而控制主拱压力线的变化。

2. 总体拆除方案

根据上述情况，该大桥的拆除采用支架法拆除，分两个阶段。即在拱下搭设满堂支架，第一阶段拆除拱上结构，第二阶段拆除主拱圈。两阶段共分为4个施工工况，38个拆除步骤(见表6-2-1)。整个拆除过程应遵循分层、分区、分阶段、对称卸载的原则，并加以监控，见图6.2.3所示。

大桥拆除工况及监测成果表 表6-2-1

拆除阶段	拆除工况	拆除顺序	拆除内容	质量(t)	拱肋变形(mm)				拱肋应变(με)							
					$L/4(3L/4)$点		$L/2$点		拱脚				拱顶			
									上缘		下缘		上缘		下缘	
					增量	累计	增量	累计	增量	累计	增量	累计	增量	累计	增量	累计
拆除拱上结构	拆除弯板及实腹段	1	1区微弯板	25.49	+0.45	+0.45	+0.30	+0.30	+2.00	+2.00	+6.25	+6.25	−3.00	−3.00	+1.00	+1.00
		2	实腹段现浇混凝土	84.10	+2.00	+2.45	+6.50	+6.80	−29.0	−27.0	−20.0	−13.8	+18.0	+15.0	−2.50	−1.50
		3	5区微弯板	25.49	−0.65	+1.80	−0.80	+6.00	+16.0	−11.0	+13.7	−0.10	+28.0	+43.0	+7.50	+6.00
		4	6区端横墙	13.51	+0.78	+2.60	+1.35	+7.30	−0.67	−11.7	+4.69	+4.59	+23.0	+66.0	+1.50	+7.50
		5	实腹段填料	15.62	+1.00	+3.60	+3.00	+10.3	−8.00	−19.7	−9.33	−4.74	−17.0	+49.0	−2.50	+5.00
		6	2区微弯板	25.49	+2.00	+5.60	+2.50	+12.8	+11.0	−8.70	+8.00	+3.26	+8.00	+57.0	+2.50	+7.50
		7	实腹段填料	26.22	−2.00	+3.60	−0.20	+12.6								
		8	实腹段填料	4.89	+3.50	+7.10	+3.00	+15.6	−3.0	−11.7	−11.3	−8.07	−19.0	+38.0	−9.00	−1.50
		9	3区微弯板	25.89	+2.10	+9.20	+2.10	+17.7								
		10	实腹段填料	2.44	−2.40	+6.80	+2.15	+19.8	−13.0	−24.7	−6.33	−14.4	−16.0	+22.0	+2.50	+1.00
		11	1区微弯板	25.49	+4.00	+10.8	+5.50	+25.3	−5.00	−29.7	−7.67	−22.1	+3.00	+25.0	+1.00	+2.00
		12	实腹段填料	8.41												
		13	4区微弯板	25.49												
	拆除横系梁及曲梁	14	1区曲梁	20.70	−0.25	+10.5	−1.00	+24.3								
		15	5区曲梁	20.70												
		16	实腹段现浇混凝土	17.74	+1.75	+12.3	+3.00	+27.3	−7.50	−37.2	−6.33	−28.4			−9.50	−7.50
		17	2区曲梁	20.70												

续上表

拆除阶段	拆除工况	拆除顺序	拆除内容	质量(t)	拱肋变形(mm)				拱肋应变(με)							
					$L/4(3L/4)$点		$L/2$点		拱脚				拱顶			
									上缘		下缘		上缘		下缘	
					增量	累计	增量	累计	增量	累计	增量	累计	增量	累计	增量	累计
拆除拱上结构	拆除横系梁及曲梁	18	实腹段现浇混凝土	27.60												
		19	实腹段现浇混凝土	7.75	+2.25	+14.5	+1.00	+28.3	−1.50	−38.7	+1.00	−27.4			+2.00	−5.50
		20	3区曲梁	20.70												
		21	实腹段现浇混凝土	3.88												
		22	1区外曲梁	20.70												
		23	4区曲梁	20.70												
		24	实腹段现浇	11.04	+4.25	+18.8	+2.00	+30.3	+7.00	−31.7	−13.0	−40.4			+67.0	+61.5
	拆除立柱及盖梁	25	15号立柱及盖梁	9.21												
		26	16号立柱及盖梁	5.59												
		27	14号立柱及盖梁	12.89												
		28	17号立柱及盖梁	3.64	−2.15	+16.6	−4.70	+25.6								
		29	13号立柱及盖梁	21.32												
拆除主拱圈	拆除拱波、拱板及拱肋	30	8区拱板及拱波	2.25												
		31	4区拱板及拱波	4.30												
		32	6区拱板及拱波	3.36												
		33	2区拱板及拱波	4.63												
		34	7区拱板及拱波	4.15	+3.50	+21.1	+16.6	+42.2								
		35	3区拱板及拱波	5.21												
		36	5区拱板及拱波	1.66												
		37	1区拱板及拱波	5.86												
		38	拆除拱肋													

说明：①本次监测主要是对拱上结构拆除过程中对主拱圈影响比较大的拆除工况进行监测；

②应变监测采用ZX—205T表贴式结构应变计。

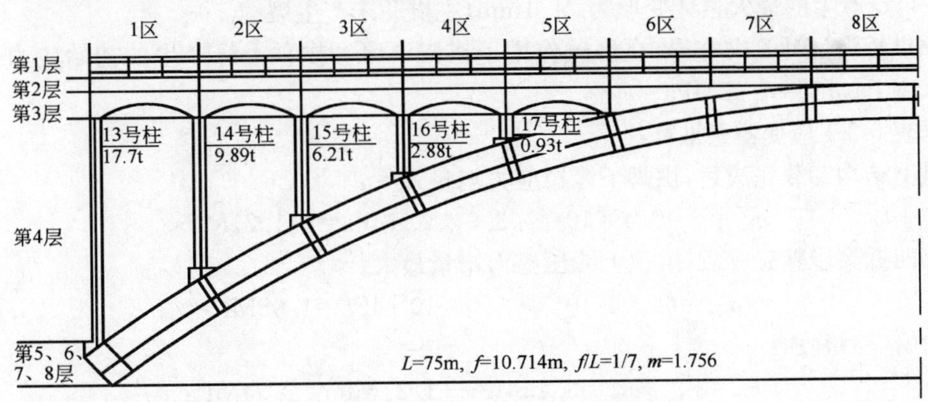

图6.2.3　分层、分区示意图

支架设计按最不利情况考虑，即桥面附属结构凿除清理后，拱桥结构荷载完全由支架及拱脚承担，根据拱桥的结构质量约为1 710t，结合该河河床的地质情况，经计算，支架的两侧支点分别采用 4 只 ϕ2.5m 的钢护筒填砂后连成整体，上设 15 排单层贝雷片组横梁，在横梁上搭设满堂网络支架，支架立杆间距 90cm，在拱肋部位立杆间距加密为 30cm，见图 6.2.4 所示。

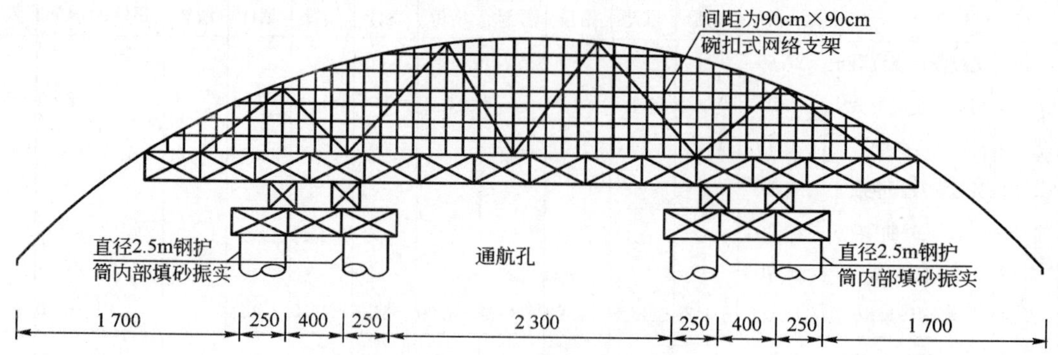

图 6.2.4　拆除支架简图(尺寸单位:cm)

三、拆除情况的监测

1. 监测控制的原理

通过变形观测，可以从直观上掌握拱的变形和位移情况；通过对拱肋应变增量的测量，计算出每一拆除工况下拱肋内应力的变化，再与恒载作用下拱肋产生的内应力进行叠加，得出每一拆除工况下拱肋的内应力，通过与拱肋混凝土的强度设计值比较来验证或调整拆除卸载的方案，从而达到将不断变化的主拱压力线与拱轴线的偏离控制在允许范围内的目的。在该大桥拆除过程中，我们对每一拆除工况下主拱肋的应力、应变情况进行了观测，见表 6-2-1。

2. 监测部位及内容

变形监测：①观测拱肋 $L/4(3L/4)$ 点、$L/2$ 点的变形；②观测拱脚水平位移。

应变监测：观测拱脚和 $L/2$ 点拱肋的上、下缘。

裂缝监测：观测拱脚、$L/4(3L/4)$ 点、$L/2$ 点拱肋混凝土裂缝的产生情况。

3. 监测情况及分析

从表 6-2-1 可以看出，在整个拆除过程中，拱肋 $L/2$ 点产生的最大累计变形为 42.2mm，$L/4(3L/4)$ 点产生的最大累计变形为 21.1mm，主拱肋未产生裂缝。

由原拱桥设计计算书查得：在恒载作用下拱脚下缘和拱顶上缘产生的初始应力分别为：$\sigma'_{jx}=3.45\text{MPa}$，$\sigma'_{ds}=4.42\text{MPa}$。

根据表 6-2-1 应变增量推算：

在拱上结构卸载完成后，拱脚下缘拉应力增量最大：

$$\sigma_{jxz}=-40.4\times10^{-6}\times3.0\times10^{6}\text{MPa}=-1.21\text{MPa}$$

在第四拆除步骤完成后，拱顶上缘压应力增量最大：

$$\sigma_{dsz}=66.0\times10^{-6}\times3.0\times10^{6}\text{MPa}=1.98\text{MPa}$$

与初始应力叠加：

$$\sigma_{jx}=\sigma'_{jx}+\sigma_{jxz}=3.45\text{MPa}-1.21\text{MPa}=2.34\text{MPa}$$

未产生拉应力；

$$\sigma_{ds}=\sigma'_{ds}+\sigma_{dsz}=4.42\text{MPa}+1.98\text{MPa}=6.40\text{MPa}<f_{cm}=16.5\text{MPa}$$

拱肋混凝土不会破坏(f_{cm}为C30混凝土弯曲抗压强度设计值)。

经观测,拱脚最大位移为内移1cm。

通过现场监测过程和结果来看,以理论分析的结果来控制拱桥拆除的过程是可行的,也是十分必要的。另外可以肯定,严格控制拱肋的变形是非常重要的,只要变形在允许范围内,拱桥的拆除就是相对安全的,在这个基础上再以应变的变化作为参考。

四、拱桥安全拆除的技术要点

1.合理制订方案

大跨径双曲拱桥的拆除具有一定的复杂性,因此,必须对拱桥的结构进行仔细的分析和研究,熟悉并掌握拱结构受力的特点和拱桥的施工程序,在此基础上制订一个切实可行的方案,是保证拆除安全顺利的前提。

2.严格过程控制

有了一个可行的方案,仅仅是解决了技术上的问题,而加强过程控制,确保严格按方案执行,是安全拆除的保证。为此,在总体拆除方案确定后,必须对拆除方案进行细化,制订详细的拆除顺序和步骤,最后形成分层分区拆除操作程序图,并对施工人员进行详细的技术交底,确保在拆除过程中的每一个步骤严格按方案实施,杜绝随意性和盲目性,做到人人心中有数、方案明确、程序清楚,才能保证拆除过程安全、有序、稳妥、可靠。

3.加强拆除过程的监测

在拱桥拆除过程中,必须对主拱圈的应力、应变和裂缝情况进行监测,以便从直观上掌握拱圈的变形情况。同时,为从理论上对主拱圈压力线的变化进行分析提供依据,及时发现拆除过程中主拱圈受力结构上可能出现的安全隐患,从而合理地调整拆除步骤和方案,为拆除过程中的结构安全再增加一道保护措施。

4.加强安全管理

拆除施工的安全管理除了涉及桥梁本身的结构安全外,还包括水上航运、高空作业、交通管制等方面的安全管理,施工干扰因素多,安全管理难度大。因此,必须制定严格的安全管理规章制度,成立健全的安全管理组织,对拆除过程进行全员、全方位、全过程的管理和控制,特别要加强对施工现场的检查和监督,及时消除安全隐患。

第三节 吊移法拆除双曲拱桥实例二[3]

某桥是一座跨越运河的双曲拱桥,单跨38m,桥宽8m,矢跨比为1/8,主拱圈由四肋三波组成。由于使用时间较长,拱肋多次受到船只碰撞,多处出现裂缝;跨中下挠严重,承载能力很难确定,被有关部门定性为危桥,需拆除重建。由于该段运河航运十分繁忙,封航24h即可引起长达几公里的船只堵塞,为此,业主要求在不影响正常通航的条件下安全拆除该桥。由于该桥桥下净空较小,很多超过航道标准的船只经常出入该段河道,一些空载船只的顶棚几乎与拱肋底平齐,在桥下搭设任何支架都是不可能的。最后选择了在桥上搭设贝雷桁架悬吊拆除的方法,拆除物用“电葫芦”适当移位后,用大吨位履带吊车起吊挪移。

施工工艺流程:人行道及栏杆拆除→组装贝雷桁架、悬吊整桥及桥下设防护网→桥面混凝土分块凿除清理→拆除拱上结构→拆卸拱波→依次切割横系梁和拱肋。

贝雷桁架组装是拆除本双曲拱桥工程的关键，该工程沿桥梁纵向设置了13组贝雷片，总长3m×13=39m，两端设置支承，支承高度为50cm。横桥向布置8片，每2片一组，共4组，每组间距80cm。排架间设置角钢螺栓横向连接，使排架形成整体，提高悬吊排架的横向稳定性。排架上端设置双拼8号槽钢，间距为2.2m，基本与拱肋横系梁位置一致，以便设置悬吊设备进行桥体分解拆除施工（见图6.2.5）。

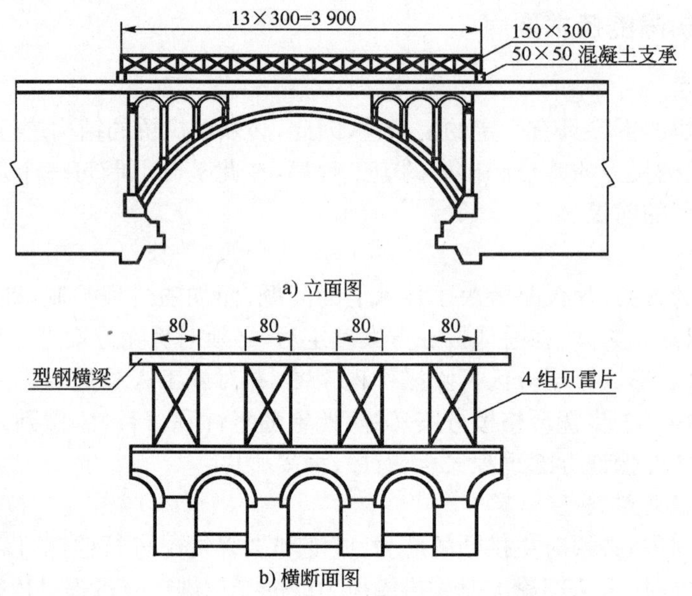

图6.2.5　悬吊法拆除双曲拱桥示意图（尺寸单位：cm）

第四节　吊移法拆除双曲拱桥实例三[7]

一、被拆桥梁概况

浙赣线K784+135处上跨铁路的一座空腹式双曲拱桥（图6.2.6），跨度为20m，宽7.86m，主拱圈为6肋5波形式，矢跨比为1/4.83。由于原技术资料缺失，拱轴系数及工程技术资料均不详。

该桥不能满足浙赣线电气化及开行双层集装箱列车对桥下净空的限界要求，必须拆除。

二、拆除工作的特点及难点

根据资料情报检索结果，在既有电气化铁路上利用行车间隙拆除双曲拱桥在我国尚属首次。

(1)该桥技术资料缺失，所有施工中需必备的技术数据（包括主拱配筋及混凝土标号等）均必须通过外业检测调查来取得，这对拆桥前的结构检测、验算提出了较高的要求。

(2)浙赣线是重要铁路干线，不能长时间中断行车，拆除过程不能影响行车安全，故拆除只能利用行车间隙及有限的封锁时间。

(3)由于电气化已贯通，桥下跨中0.6m处有2.2万V的电气化铁路电力贯能线，对拆除施工作业空间提出了要求。

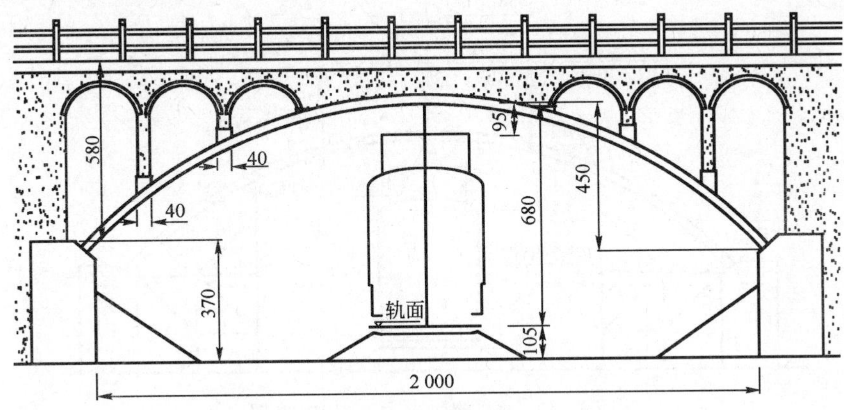

图6.2.6 全桥结构布置图(尺寸单位:cm)

三、拆桥方案的制订

鉴于既有电气化铁路线上不能采用爆破及长时间中断行车的人工拆除法，根据外业调查资料及拱桥结构检测、验算的力学特点，决定参照双曲拱桥成桥顺序的倒序来分阶段拆除。为保证行车安全及充分利用铁路封锁时间，主拱拆除采用无振动线切割设备与技术。根据主拱分段拆除的吊装重量及吊机平面布置，设计了3台(50t)配重同吊的方法吊装主拱中断切割部分，见图6.2.7所示。

图6.2.7 现场三台吊机同时抬吊

1.拆除的顺序

对双曲拱桥采取不同的卸载方式将使主拱圈呈现不同的受力状态，如果卸载不当将导致主拱圈受力体系的破坏，从而影响到拆桥施工安全及铁路行车安全。因此，拆除前应对每一阶段主拱圈受力状态进行验算，并严格执行验算规定的拆桥顺序。其拆除顺序原则规定如下：

(1)从拱桥顶中部开始向两端对称拆除，拆除过程中的施工荷载必须对称布置；

(2)按成桥顺序的反序，先拆除拱上填充物(含路面栏杆)，再拆副拱，最后拆除主拱；

(3)根据吊装、铁路限界及主拱验算要求，主拱在支护后分三段拆除，见图6.2.8所示；

(4)为保证主拱圈拆除过程中的稳定性，主拱圈拱波按图6.2.9所示顺序拆除。

主拱圈拆除顺序为：首先拆除2号和4号拱波，然后以两条拱肋夹带一道拱波的整体切割方式拆除余下的所有主拱圈部分。见图6.2.10和图6.2.11所示。

2.拆除主拱圈的吊装验算

主拱肋的技术资料(配筋、混凝土强度)按实际调查取证验算，施工时主要需验算主拱肋第一段的吊装，为防止起吊时主拱肋翻转，本次吊装特按三吊点布置(见图6.2.7)，具体验算如下。

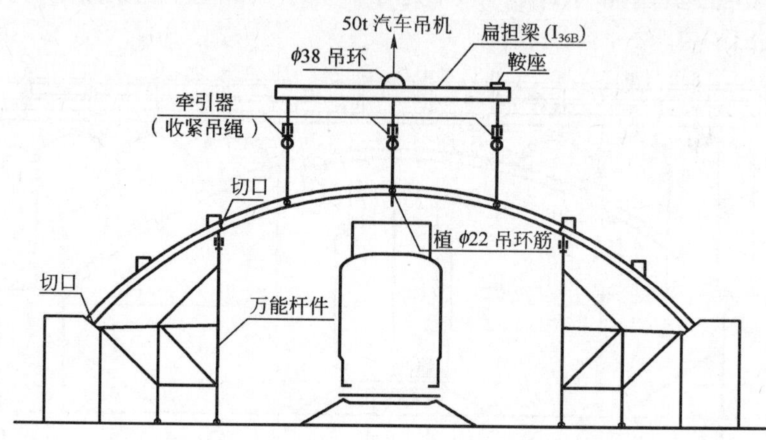

图 6.2.8 主拱圈切割、吊装支护示意图

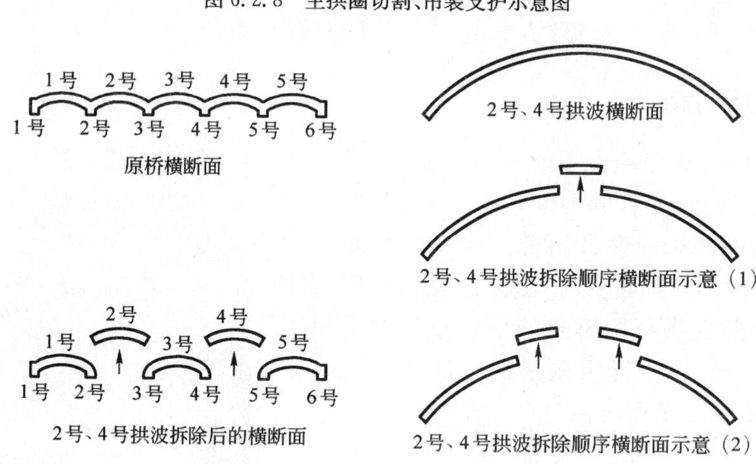

图 6.2.9 拆除拱波顺序示意图

图 6.2.10 拆除 2 号和 4 号拱波

图 6.2.11 两条拱肋夹带一道拱波

(1)计算参数

经分析确定主拱圈上部结构按建桥时的步骤反向拆除，主拱圈的拆除步骤需要计算确定。该桥为双曲拱桥，主拱跨径为20m，拱圈矢高为4.3m，横向有6个拱肋，拱肋截面尺寸为20cm×40cm，主拱圈混凝土为C25混凝土；拱波跨径为1.5m，板厚20cm。由于该桥没有原始的设计图纸，故主拱圈的钢筋根据构造要求估算。主拱圈拆除顺序如图6.2.8所示。图中切口为分段点，按照第一段、第二段、第三段的顺序沿主拱圈纵向分割，切割时沿横向的切割范围如图6.2.12所示。

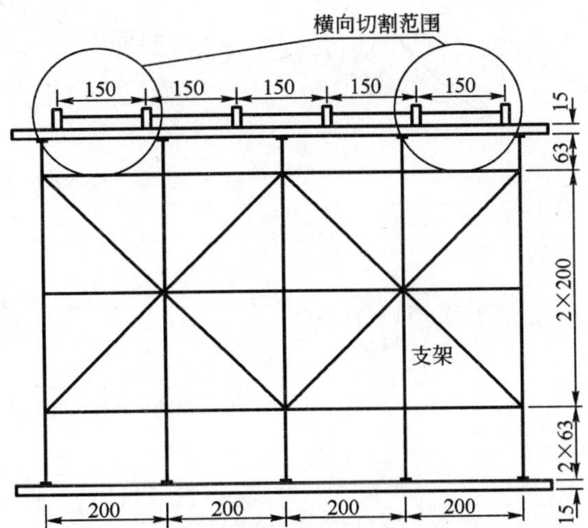

图6.2.12 拆除拱桥横向切割范围示意(尺寸单位:cm)

(2)拱肋分段吊装计算

根据主拱圈拆除顺序图6.2.8可知，第一段的吊装是整个拱圈拆除的控制部分，根据拱肋的配筋和吊装过程中稳定的需要，在第一段拱肋中共设置了3个吊点，吊点布置如图6.2.13所示。按照图6.2.13所示的吊点布置情况，采用通用有限元程序计算吊装时拱肋截面产生的内力，计算时动力系数取1.2，计算模型如图6.2.14所示，主拱圈截面内力大小如图6.2.15所示。

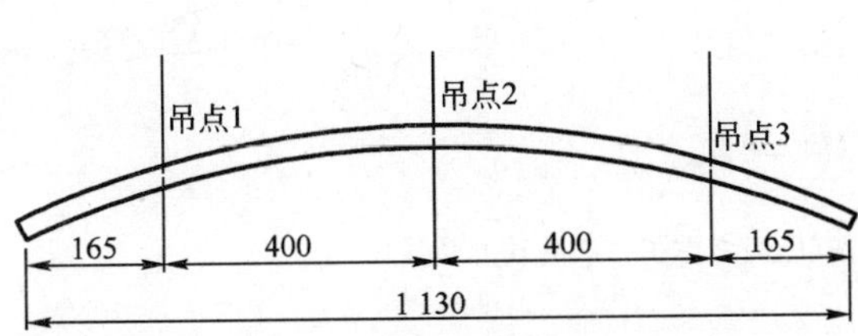

图6.2.13 拆除拱桥第一段吊点布置图

(尺寸单位:cm)

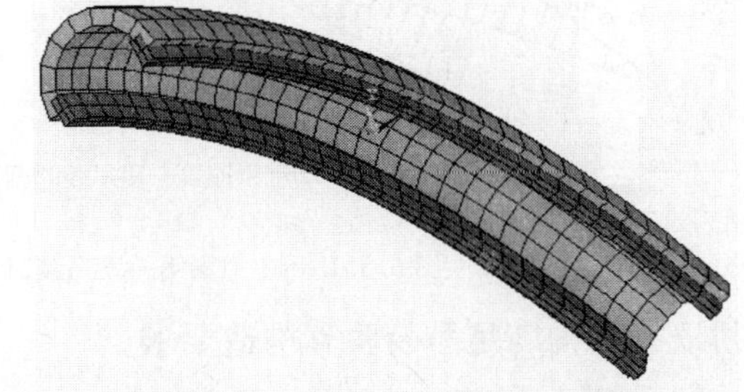
图6.2.14 拆除拱桥第一段计算模型

(深色为主拱圈，淡色为拱波)

由图6.2.15可以得到：主拱圈第一段吊装时，面内最大弯矩为12.8kN·m，面外最大弯矩为3.7kN·m，轴向拉力为5kN，压力为20.5kN，剪力最大值为16.3kN。

面内取弯矩M=12.8kN·m和轴力N=20.5kN进行强度计算。计算结果表明在截面的上、下部只需要各配置2根直径10mm的HRB335级钢筋。

面外取弯矩M=3.7kN·m和轴力N=20.5kN进行强度计算。计算结果表明在截面的上、下部只需要各配置2根直径10mm的HRB335级钢筋。

抗剪计算结果表明主拱圈截面只需要按照构造配置箍筋即可。

(3)验算结果

①上述计算结果证明，按照图6.2.8和图6.2.12所示的拆除方案是可行的，主拱圈拆除控制段按照图6.2.13所示方案进行吊装时不会出现强度破坏及失稳问题。

②现场实测得到拱桥主拱肋共配有6根ϕ14II级螺纹钢，其中上下各2根，中部2根，故

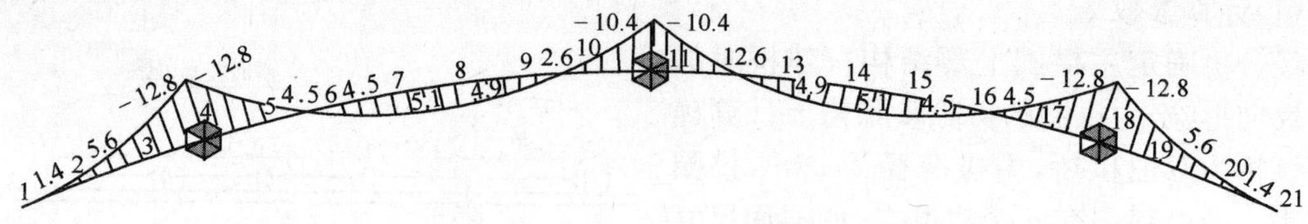

a)主拱圈第一段吊装时面内弯矩（弯矩单位：kN·m）

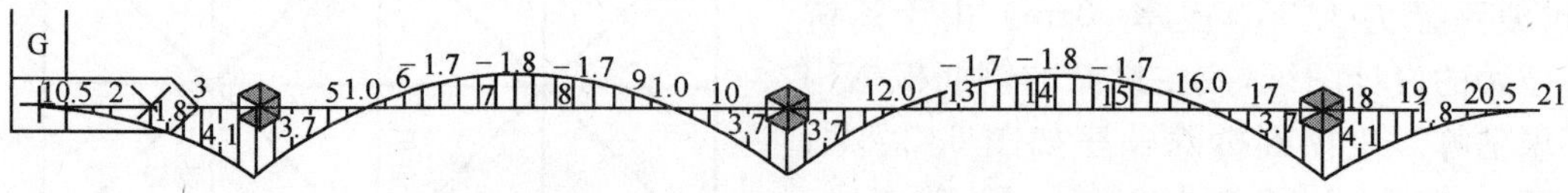

b)主拱圈第一段吊装时面外弯矩（弯矩单位：kN·m）

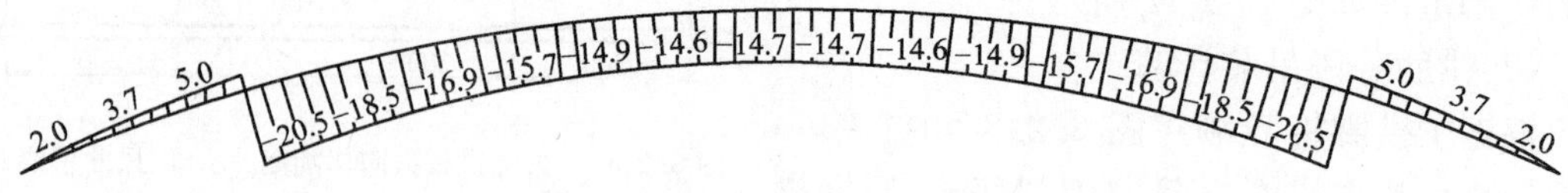

c)主拱圈第一段吊装时面轴力（轴力单位：kN）

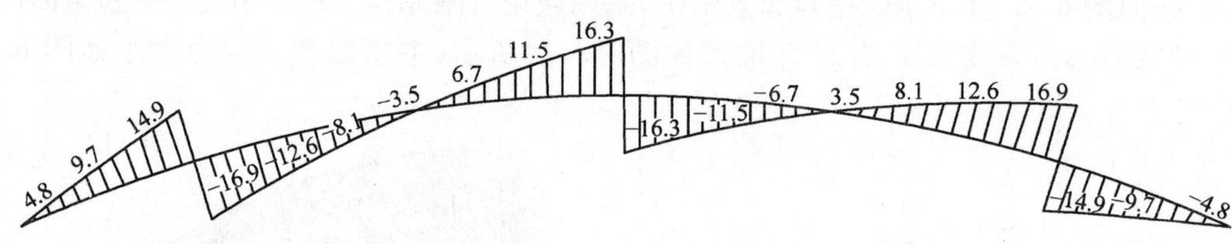

d)主拱圈第一段吊装时面剪力（剪力单位：kN）

图 6.2.15　主拱圈第一段吊装时内力图(已经考虑了 1.2 的动力系数)

拱桥既有结构满足吊装验算构造要求。

四、拆除主拱圈的具体实施

1. 主拱圈的支护

主拱圈的支护与拆除是本次施工的要点与难点，根据主拱圈分段拆除的设计及铁路限界要求，主拱圈支护间距 11.6m，切割点间距为 11.3m，切口按 45°仰斜切割以便吊装。

根据验算，主拱圈应分三段切割吊装拆除，采用 YUK—M 型万能杆件支护，具体支护布置如图 6.2.16。

2. 切割技术与设备

为确保每次分段拆除的主拱圈在 90min 的铁路封锁时间内完成，主拱圈的连接解除采用 2 台 DS—NSS30 液压链锯，链锯最大速度为 27m/s。为防止卡锯，切割时吊机按计算吊置 80%预提吊。本次拆桥实际每次切割时间为 65min。

五、实施拆除效果

(1)本次拆除双曲拱桥施工按照验算结果和论证的拆除工艺与工序，采用无振动切割技术

与设备,有效地保证了既有铁路线上拱桥拆除的安全要求及作业时间和空间要求,使本桥拆除工期只用了35d,7个90min的铁路线路封锁点,就圆满地完成了拆除任务。

图6.2.16 主拱圈切割与支护

(2)本次拆桥工作解决了既有电气化铁路线上跨双曲拱桥无法采用爆破法拆除和大面积、长时间的人工拆除施工的问题。根据双曲拱桥受力特点,按照双曲拱桥成桥顺序倒序分阶段,利用铁路行车间隙时间,采用无振动切割技术及设备,结合吊装手段,成功拆除了双曲拱桥,为桥下空间作业有严格要求的既有铁路、公路、河道的拱桥拆除提供了成功的经验与模式。

第五节 吊移法拆除双曲拱桥实例四[8]

一、拆除前桥梁结构概况

某跨越运河的一座市区桥梁,该桥桥长为116m,桥宽10.6m,其中两侧人行道各宽0.8m。主桥的主拱净跨为80m,两侧对称各设跨径为15m的副拱。

主桥的主拱圈为钢筋混凝土等截面悬链线无铰拱,拱轴系数$m=2.24$,矢跨比为1/6,主拱圈由7根拱肋、6个拱波和两侧的悬半波组成,拱肋与拱肋之间每4m设一根横系梁。

拱肋为300号混凝土,截面尺寸为40cm×50cm。拱波为200号混凝土预制圆弧形构件,净跨径为1.14m,矢跨比为1/3,厚度为6cm,宽度为30cm;拱波上现浇200号混凝土拱板,厚度17cm。

该桥采用实腹式拱上结构,主桥主拱与副拱均采用浆砌块石侧墙,内填粉煤灰填料,桥面为8cm厚的沥青混凝土。其结构如图6.2.17和图6.2.18所示。

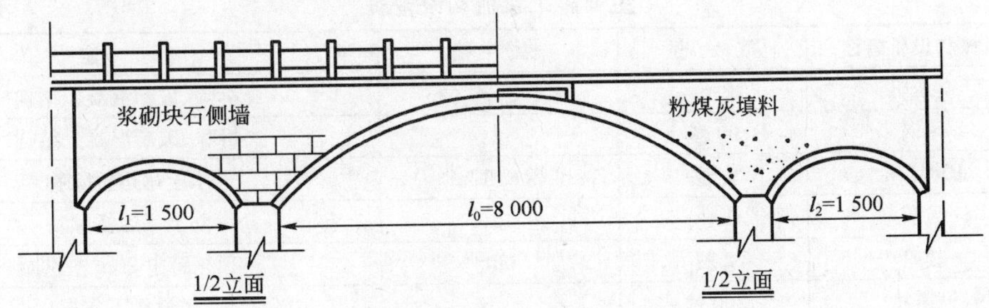

图6.2.17 拆除前大桥结构示意图(尺寸单位:cm)

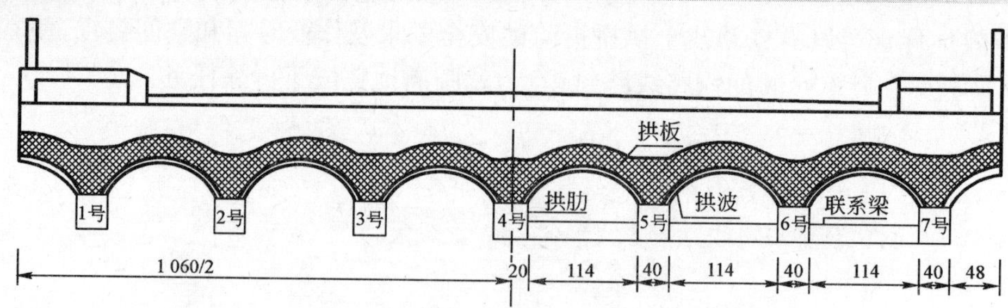

图 6.2.18　主拱圈构造图(尺寸单位:cm)

经过几十年的风风雨雨,该桥的结构已严重破损,在市政桥梁质量普查中被确定为危桥,决定拆除重建。

二、总体拆除方案的确定

1. 遵循的原则

由于双曲拱结构是对称结构,在恒载的作用下,其结构受力具有一定的对称性,因此,双曲拱结构的拆除也要遵循对称的原则,即:对称卸载,左右半拱拆除的进度应平衡。

2. 拆除顺序

双曲拱桥的拆除应严格按照逆施工顺序进行,即:后施工的先拆除,先施工的后拆除。

3. 主桥主拱拆除方案

由于双曲拱特殊的结构形式和受力特点,因此在主拱肋的拆除过程中,任一截面切断后,主拱圈就成为非稳定结构,所以在切断拱肋之前必须搭设支架对主拱圈进行支撑。由于两侧副拱位于陆地上,且跨径较小,因此,只要在拱下搭设满堂支架,在拆除拱上结构及拱板、拱波后利用风镐直接破断拱肋,用吊车吊离即可。跨径为 80m 的主拱圈的拆除是本桥拆除的关键,且在拆除过程中运河主航道要留有 20m 的通航宽度,因此,主跨跨中 20m 宽度范围内主拱圈的拆除是该桥拆除的难点,方案的可行和稳妥与否是该桥能否安全拆除的关键。

在该桥的拆除过程中,经过反复的分析、讨论和比较,最终确定主跨的拆除方案为:跨中 20m 段拱肋拆除采用浮船顶托,一次切除运走;拱肋的两侧部分采用搭设支架分段切割吊运的拆除方案。

三、主要机械和设备

本双曲拱桥拆除施工过程中选用的主要机械和设备如表 6-2-2 所示。

主要施工机械和设备表　　表 6-2-2

序号	机械和设备名称	数　量	规　格	用　途
1	空压机	2 台	$9m^3$	拆除、破断混凝土结构
2	风镐	20 套		拆除、破断混凝土结构
3	10t 浮吊	1 艘	臂长 12m	水上吊运拆除物
4	吊车	1 台	16t	陆上吊运拆除物
5	驳船	2 艘	60t	顶托跨中 20m 主拱圈
6	贝雷片	200 片		搭设拱下支撑
7	ϕ2m 钢护筒	3 只	长度 3m	水中支点

四、拆除施工的实施

1. 拱上结构的拆除

先拆除栏杆、灯柱、人行道等附属结构，再利用风镐拆除沥青混凝土面层，主、副拱之间粉煤灰填料采用挖掘机挖装、自卸汽车运走，浆砌块石侧墙采用人工风镐拆除。拆除拱上结构时，两侧应对称，进度应平衡。

2. 副拱的拆除

首先在拱下用碗扣式网络支架搭设 90cm×90cm 的满堂脚手架，脚手架上部用可调式上托顶紧拱肋，然后拆除拱板及拱波，再逐根破断拱肋，用 16t 吊车吊离。

3. 主桥主拱圈的拆除

主拱满堂支架的搭设。为了保证拱圈的整体性和稳定性，同时减少拱肋跨中 20m 段切断后两侧拱肋对支架的压力和水平推力，1～4 号拱肋采用逐根拆除，5～7 号拱肋采用 3 根整体拆除的方案。因此，主拱满堂支架的搭设要考虑 3 根拱肋在同时切断中间 20m 段后所产生的水平推力和压力。根据计算，单根拱肋总质量约为 60t(考虑 20％的增重系数)，跨中 20m 段重约 16t，两侧 30m 段重约 22t。根据河床土质情况和单根拱肋的分段重量，满堂支架的河中支点和平台按图 6.2.19 设置。

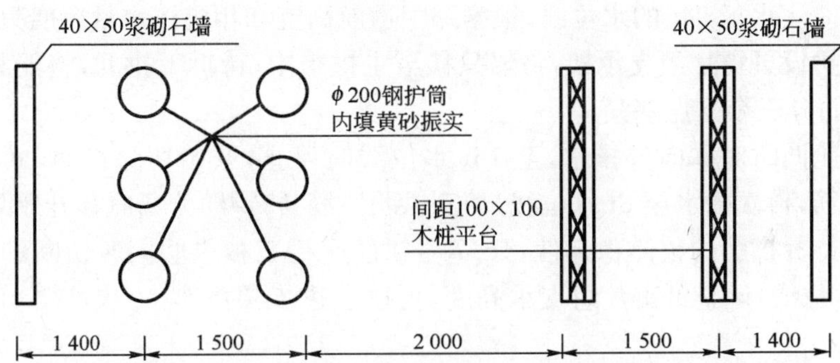

图 6.2.19　主桥满堂支架和平台布置图(尺寸单位：cm)

满堂脚手采用碗扣式网络支架搭设，通航孔两侧四排支架纵横向间距为 30cm，其余间距为 90cm，支架顶用可调式上托将拱肋顶紧，为了增大支架的整体性和抗推力，横向每排支架正反向各设四道剪刀撑，见图 6.2.20 所示。

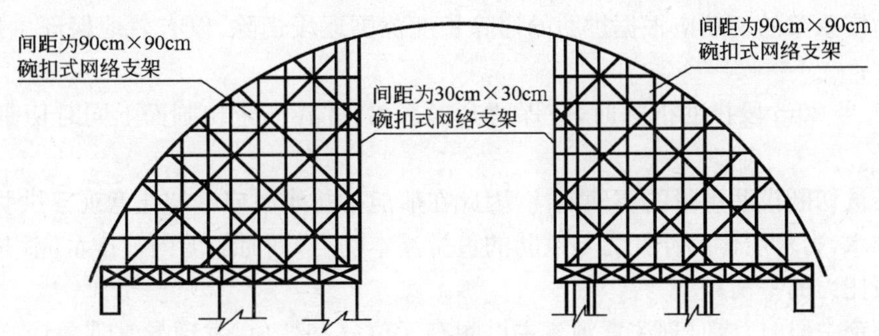

图 6.2.20　主拱支架布置示意图

4. 拱波及拱板拆除

拱波及拱板拆除一定要遵循逐行对称拆除的原则，即：从 $L/4$ 点和 $3L/4$ 点同时向跨中和拱脚处进行，拆除方案采用风镐整体切断，浮吊吊运。拆除顺序及切断位置如图 6.2.21 和图 6.2.22 所示。

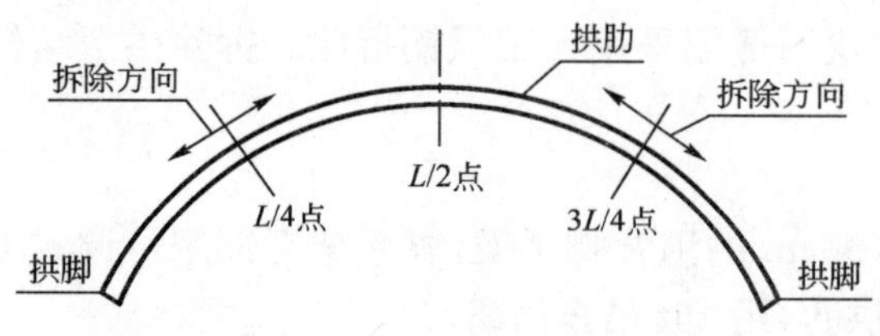

图 6.2.21　拱板及拱波拆除方向图

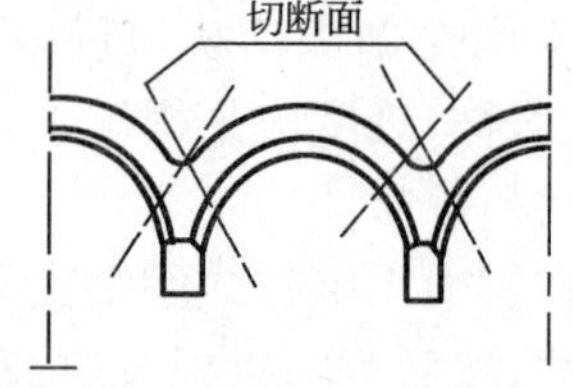

图 6.2.22　拱板及拱波切断位置图

5. 主拱肋的拆除

主拱肋跨中 20m 段的拆除是整个拱肋拆除的关键，拆除方案采用浮船顶托，整体切断运走的方案，其详细步骤如下。

(1)将两艘 60t 驳船用钢丝绳和贝雷片组横梁固定成整体，根据船舱的尺寸进行精确计算，用红漆在仓壁上画出仓内注水量为 8t、16t、24t、48t 时的水位，并测出相应注水量后船只增加的吃水深度。

(2)在船舱内注水至 24t 的水位线，根据跨中通航高度和相应注水量后船只吃水深度进行计算，在船舱上拼设贝雷片组支承架，将船只移至主拱跨中，待拆下拱肋，将船只固定后，用枋木将 20m 段拱肋分三个支点塞紧。

(3)两只船舱同时对称向外排水，至 16t 水位线时停止，开始切除拱肋，断面混凝土拆除后，保留拱肋主筋，再次抽水至 8t 水位线，切割拱肋主筋，将拱肋分离后移开船只。

(4)为保证待拆拱肋的整体稳定性，4～7 号拱肋采用三根拱肋同时切断的方案，即：将仓内注水至 48t 水位线，调整贝雷片组支承高度，再按上述步骤操作，一次性要切断三根拱肋跨中 20m 段。

(5)跨中 20m 段以外的拱肋，以 6m 为一个切割段，切断后用浮吊吊运。

(6)主拱肋拆除注意事项：

①根据对拱的受力体系分析可知，切割第一块拱肋使整个拱的受力体系发生了转换，由于其断面的压应力，使得切割段拱肋混凝土被卡住，因此切割面应按“八”字形切割，以便于该段拱肋混凝土脱落；

②拱肋横系梁的切断应根据拱肋的切除长度范围逐段切除，以有效地保证主拱圈的整体性和稳定性；

③4～7 号 20m 段拱肋拆除时，应保留其横系梁，并在 6 个切割面上同时切割，且进度应一致；

④由于被切断拱肋重量的不确定性，因此在船舱抽排水时应密切注意观察拱肋的变化，适时停止抽排水，力求船体的浮托力与拱肋的重量基本吻合，同时船舱内抽排水应均衡、对称，以确保船体顶托力的平衡；

⑤切割跨中段时，应时刻注意观察主拱圈有无位移和变位，发现异常现象应立即停止，采取可靠措施后方可继续进行；

⑥在整个拆除过程中，要狠抓安全生产，制订严格的安全防范措施，并确保措施落实到位，以确保拆除过程安全无事故。

五、效果评价

双曲拱结构的拆除施工极易发生事故，制订切实可行的拆除方案是确保双曲拱桥安全拆除的首要条件。另外，在拆除过程中，每一个步骤都应仔细验算、严格控制、加强观察，消除事故隐患，确保安全施工。

参考文献

[1] 李金荣.双曲拱桥拆除事故原因及对策.劳动保护，2005(7).

[2] 马昌龙.肋梁楼盖在双曲拱桥加固改造中的应用研究.南京：南京林业大学，2005.

[3] 孟文华.双曲拱桥拆除方法.市政技术，2005(5).

[4] 李金荣，孙军.双曲拱桥拆除施工安全事故发生的原因及对策.建筑安全，2004(12).

[5] 孙成龙.拆除大中型双曲拱桥安全施工要点.公路，2004(9).

[6] 薛海，刘永兵，万建银.钢筋混凝土双曲拱桥安全拆除的技术要点.城市道桥与防洪，2007(1).

[7] 雷风，周燕强.在既有电气化铁路上拆除双曲拱桥的新方法.桥梁，2007(8).

[8] 万建银，周峰.浅析钢筋混凝土双曲拱桥的拆除.城市道路与防洪，2003(5).